세계, 중국의 길을 묻다

: 전 세계 싱크탱크가 본 중국

全球精英眼中的中国战略走向

全球精英眼中的中国战略走向
人民出版社

ⓒ2014 門洪華 · 蒲曉宇
　　　Men Honghua · Pu Xiaoyu
ⓒ People's Publishing House, 2014
　　This translation is published by arrangement with People's Publishing House.

중국전략보고
·
시리즈 02

세계, 중국의 길을 묻다

: 전 세계 싱크탱크가 본 중국

全球精英眼中的中国战略走向

먼훙화 · 푸샤오위 편저
성균중국연구소 옮김

성균관대학교
출판부

차례

한국어판 서문

(1)

21세기 들어 전 세계는 전략을 구상하는 시대를 맞이했다.

전략은 역사에 대한 결론이자 현재의 파악이요, 그리고 미래의 선택이다. 국가의 미래를 위해 전략을 수립하는 것은 매우 중요하다. 전략 연구는 국가의 전략 수립에 필요한 이론적 기반, 역사적 통찰, 세계적인 안목 그리고 국제적 시야를 갖도록 해준다. 전략 목표를 확정하고, 전략 노선을 선택하며 전략 프로세스를 구축하는 일은 매우 중요하다. 전략 연구는 국가의 실력과 국제적 영향력을 이어주는 다리로서 국가의 미래와 긴밀히 연계돼 있다. 극단적으로 말하자면, 전략 연구는 한 국가의 빈부(貧富)는 물론 흥망성쇠(興亡盛衰)와도 밀접하게 관련된다.

전략의 중요성을 숭상함에 있어 역대 전략연구가들은 붓과 먹을 아끼지 않았다. 예를 들어 "막사에서의 전략 수립이 천리 넘어서의 승패를 결정짓는다."『사기 · 고조본기(史記 · 高祖本紀)』, "전략은 지휘관이 갖춰야 할 덕목이다. 전략은 나라의 존망과 정권의 존립으로까지 이어진다."『구당서 · 권84(舊唐書 · 卷八十四)』등이 있다. 전략연구는 현실에서의 수련뿐 아니라 학자들이 실제로 해나가는 것이 더욱 필요하다. 아울러 전략연구는 무엇보다 전략 연구가들이 중요하다는 사실을 강조한다. 그들의 주도면밀한 계획과 원대한 생각이 나라의 장기적 안정을 위한 기본 요소라고 여겼기 때문이다. 오양시우(歐陽脩)는 "흥망(興亡)의 이치가 천명에 달려 있다고 하지만 어찌 인사에 달려 있지 않다고 할 수 있겠는가?"『신오대사 · 영관전 서(新五代史 · 伶官傳 序)』라고 언급했다. 아울러 맹자는 "탕왕은 70리, 문왕은 100리에 불과한 영토를 가졌을 뿐이었다."(『맹자 · 공손추 상(孟子 · 公孫醜 上)』)라고 말했다. 즉 물질적 기반이 충분히 갖춰지지 않았음에도 불구하고 위대한 전략가들은 결국 공을 세우고 대업을 이뤘다는 뜻이다. 대전략(大戰略)은 종합적이고 거시적이며 전향적이라는 특성을 가진다. 이러한 특성을 고려하면, 전략 연구가들은 반드시 전문적이고 전략적인 소양을 갖춰야 한다는 걸 알 수 있다. 다시 말해 전략 연구가들은 학식이 풍부한 사학자이자, 통찰력을 갖춘 사상가, 그리고 민첩한 전략가들이어야 하고, 풍부한 학식과 유연한 마음, 깊은 지혜와 진취적인 정신 또한 갖추어야 한다.

전략 연구는 시대의 흐름을 파악하고, 시대의 특징을 드러내며, 시대의 요구를 충족시켜야 한다. 엥겔스는 "모든 시대의 이론적 사고는 우리 시대의 이론적 사고이자 역사적 산물(産物)이다. 이는 각기 다른 시대에 서로 다른 형태를 가지고 있을 뿐 아니라 서로 다른 내용을 가지고 있다"고 했다. 시대의 흐름을 파악하고 시대적인 추세를 예견하며 선도할 때, 전략연구의 진정한 가치가 비로소 실현되는 법이다.

전략 연구는 형이상학적이면서도 형이하학적인 중요 어젠다로서 인류 발전의 장기적인 사고와 철학적 이해를 구현하고 있을 뿐 아니라 구체적인 노선 설계도 담고 있다. 삼라만상(森羅萬象)이자 천태만상(千態萬象)이라 할 수 있다. 전략연구의 중요성이 바로 여기에 있고, 그 즐거움 또한 여기에 있다.

(2)

중국의 발전을 전 세계가 주목하고 있다. 이러한 거대한 역사적 변화는 1949년 중화인민공화국의 건립에서부터 시작되었고, 1978년 개혁개방으로 가속화되면서 최고조에 이르렀다. 이 거대한 변화의 최종적인 결과는 여전히 예측할 수 없음에도 불구하고, 전 세계는 이미 중국의 발전으로 야기되는 새로운 변화에 촉각을 세우고 있다.

21세기 들어 종합국력 경쟁이 나날이 치열해지는 추세이다. 국가 간 힘의 조합과 이익의 배분 또한 심각하게 변화하고 있다. 중국의 미래 방향에 대해 전 세계가 관심을 가지면서 중국의 부상은 이미 전 세계가 주목하고 연구하는 중요한 어젠다가 되었다. 중국의 부상과 세계의 변화는 약속이나 한 듯이 유사하게 나아가면서 중국에게 거대한 전략적 공간을 제공하였다. 다른 한편으로는 이러한 역사적인 조합이 인류의 발전에 전대미문의 기회를 가져다주었을 뿐 아니라, 전 세계로 하여금 거대한 도전에 직면하게 만들었다.

전 세계의 관심이 중국에 집중되면서 여타 강대국들의 전략 또한 정세에 따라 변화하고 있다. 전략적 경쟁은 새로운 시대의 핵심적인 어젠다로 대두했다. 각 국은 중국의 발전에 더욱 민감하게 반응하고, 부적응에서 점차 적응으로의 과정을 거치고 있다. 중국 부상의 앞날은 평화발전 노선을 유지하고, 변화무쌍한 세계 변화의 근원을 탐구하며, 전 세계 발전 추세에 순응하고, 국가의 흥망성쇠 이치를 심도 있게 분석하며, 전략의 내재적 논리를 파악하고, 타국과의 관계를 적절히 처리할 수 있는가에 달려있다. "도량은 우선 천하를 덮을 수 있어야 능히 천하도 품을 수 있는 법"이기 때문이다. (『육도 · 순계(六韜 · 順啓)』)

세계적 차원에서 보자면 오늘날 수많은 강대국들이 모두 전략을 도모하고 만들고 있다. 중국의 입장에서 보자면 현재는 전략을 요구하는 시대이자 만드는 시대이다. 전략 연구가들은 이러한 시대를 직접 경험할 수 있게 되었다. 중국의 부상은 이들에게 국가의 대사를 논하고, 옳고 그른 것에 대한 자신의 견해를 마음껏 글로 써낼 수 있는 역사적인 기회를 제공한다.

중국의 신속한 평화발전은 세계의 주목을 받게 되었고, 중국의 전략은 전 세계를 연구하는 데 있어 핵심적인 어젠다가 되었다. 이러한 추세에 세계가 미처 대비하지 못하기도 했지만, 중국의 전략적 대비 또한 부족한 상태임은 분명하다. 따라서 중국 전략에 대한 연구는 더욱 중요하다. 중국의 국력과 국제적 영향력이 점차 증대됨에 따라 중국 사회과학 분야의 발전에 다음과 같은 세 가지 중요한 특징이 나타나고 있다. 첫째, 중국 연구는 각 분야가 모두 관심을 갖는 핵심적인 주제가 되었다. 둘째, 중국과 세계 간의 관계가 양호해짐에 따라 국내와 국제 간 상호작용에 대한 연구가 점차 학술연구의 핵심으로 자리 잡게 되었고, 또한 단일 학문적 한계를 넘어 범분야적인 연구가 활발해졌다. 셋째, 중국의 전통이 국내외에서 보편적으로 관심 받는 연구 대상이 되었다. 이러한 세 가지 추세는 서로 어울려 중국의 사회과학이 한 단계 더 발전하는데 필요한 광범위한 상상력 및 공간을 만들어내고 있다. 중국 전략 연구는 이러한 세 가지 추세를 포함한 주요 연구영역으로서 오늘날 발전의 황금기를 구가하고 있다.

(3)

구엔우(顧炎武)는 "군자가 배우는 목적은 도를 밝히고 세상을 구하기 위함이다"(『고염무문집 · 권4 (顧炎武文集 · 卷四)』)라고 말했다. 중국 전략 연구가 정책결정자, 학계, 심지어 일반 대중들까지 관심 갖는 이슈가 되었음에도 불구하고 중국은 물론 세계적으로도 '전략보고서'라고 일컬어지는 잡지나 학술지가 여태껏 없었다. 심지어 이를 전문적으로 연구하는 곳조차 많지 않았다. 이는 매우 유감스러운 일이지만, 다른 한편으로 본다면 시대를 충분히 반영하고 중국의 전략에 대해 전문적으로 연구하는 주류 잡지를 창간해야 할 이유가 명백한 것이었다. 이에 우리는 세계 각국에서 전략을 연구하는 저명한 학자들과 함께 《중국전략보고》를 창간하기로 협의한 후, 2013년부터 인민출판사에서 발간하고 있다. 《중국전략보고》의 취지는 다음과 같다. 세계 주요 강대국들의 전략 추세를 참조하고, 중국의 전략과 관련된 주요 어젠다를 핵심적으로 연구하며, 국내와 국제 간 상호작용에 기반함으로써, 중국이 세계적인 강대국으로 성장하는 것을 목표로 하는 것이다.

《중국전략보고》는 개방적이고 포용적이며 글로벌한 시각을 지향한다. 저명한 중국문제 전문가인 이희옥 성균관대 중국대학원 원장 겸 성균중국연구소 소장님의 노고 덕분에 《중국전략보고》의 한글판과 중문판이 동시에 발간될 수 있었다.

이 자리를 통해 이희옥 교수님께 감사의 말씀을 전한다. 아울러 한글로 번역하느라 애쓴 성균중국연구소의 교수, 연구원 그리고 출판사 관계자분들께도 감사의 말씀을 전한다. 우리는 한·중 양국 학자들 공동의 노력으로 이루어진 이번《중국전략보고》한국어판이 중국의 전략을 탐구하고 이해하는 중요한 플랫폼으로 자리잡고, 한국과 중국 양국의 우호와 협력에 기여할 수 있기를 기대한다.

먼 홍 화(門洪華)
《중국전략보고》편집책임자
중공 중앙당교 국제전략연구소 교수 겸 국제전략연구센터 부주임
퉁지대학교 중국전략연구원 원장 겸 석좌교수
2014년 12월 25일

출간사
- 〈중국전략보고 시리즈〉 2집 발간에 부쳐

중국은 시진핑 정부 출범 이후 적극적인 개혁드라이브를 걸고 있다. 반부패와 의법치국(依法治國), 특권과의 전쟁은 모두 중국 정치에 새로운 기풍을 진작하겠다는 의도이다. 이것은 짧게는 2021년 창당 100년, 길게는 2049년 건국 100년이라는 '두개의 백년'에 대한 전략적 포석이다. 즉, 오늘의 중국모델과 공산당 지배체제의 정당성을 앞으로도 유지하기 위해서는 당국가체제의 성취와 '중화민족의 위대한 부흥'을 국민들의 인식 속에 심어야 할 것이기 때문이다. 이 때만이 중국공산당의 지속가능성을 확인하고 미래중국의 길을 담보할 수 있다. 중국에서 다양한 국가전략연구의 결과물이 쏟아져 나오는 배경도 여기에 있다. 이러한 전략연구를 수행하는 중추기관의 하나는 중국공산당의 파워엘리트를 교육하고 배양하는 중공 중앙당교 국제전략연구소이다.

성균관대학교 동아시아학술원 성균중국연구소는 중공 중앙당교 국제전략연구소와 오랫동안 교류해왔고 2년 전부터는 학술교류협약을 맺어 다양한 연구, 출판사업을 함께 추진하고 있다. 이미 지난해 『중국의 매력국가 만들기(中國軟實力的戰略思路)』를 성균관대학교 출판부에서 출간한 바 있다. 이를 기획한 중공 중앙당교의 먼훙화 교수는 한국어판 서문에서 "21세기 세계는 전략구상이라는 새로운 시대를 맞이하고 있다."고 말했다. 따지고 보면 국가전략은 국가의 빈부, 흥망성쇠, 존망과 관련된 매우 중요한 주제이다. 이번 《중국전략보고》 시리즈 2집은 전 세계 엘리트들의 눈에 비친 중국전략에 대한 분석과 평가를 담고 있다. 중국은 최근 중국위협론과 중국예외주의 가능성을 주목하는 국제사회의 시선을 의식해왔다. 이를 위해 소프트파워, 공공외교, 문화외교, 인문교류를 강조해오는 등, 상대국가가 중국을 어떻게 인식하고 평가하고 있는가를 예의 주목해왔다. 특히 중국의 국가전략이 강력하게 투사되는 국가들의 반응을 조직화하여 대응논리를 만들거나 건설적으로 수용하면서 중국의 전략방향에 조정을 가하기도 했다.

이번 책은 세계 유수의 중국연구기관의 책임자들과 중국 내 국가전략의 대가인 칭화대학의 후안강(胡鞍鋼), 저우톈용(周天勇) 교수 등이 함께 참여했다. 특히 먼훙화(門洪華) 교수 등 중국전략의 대강과 총론을 쓴 세 사람의 중국학자를 제외한 18명의 학자들은 모두 해외의 주요 중국연구기관에 소속되어 있다. 우선 미국에서 활동 중인 골드스타인(Avery Goldstein), 섐보(David Shambaugh), 램튼(David Lampton), 쟈오쉬성(Sam Suisheng Zhao) 다이지에(Jacques de Lisle), 옌윈샹(Yunxiang Yan) 등이 참여하고 있고 특히 의미 있는 것은 한국에는 크게 소개되지 않았던 유럽과 남미 그리고 아프리카와 아시아의 연구 동향을 이해할 수 있다는 점이다. 중국의 부상과 중국의 국가전략의 향방은 전 세계 중국연구의 가장 뜨거운 연구대상이라는 점을 확인하는 기회이기도 하다.

이 책은 먼훙화 교수와 미국 네바다주립대학의 소장학자인 푸샤오위(Pu Xiaoyu) 교수가 공동으로 편집했다. 먼훙화 교수는 베이징대학, 칭화대학, 중공 중앙당교가 기획하는 국가전략 프로젝트에 거의 대부분 책임자로 참여하는 등 후안강과 함께 중국 전략연구의 선두주자라고 할 수 있다. 푸샤오위 교수는 최근 전통적인 국제관계이론을 정치사회학적으로 재해석하고 있는 중국계 소장 국제정치학자이다. 그리고 이를 뒷받침하는 《중국전략보고》 국내외 편집위원으로 중국과 홍콩 그리고 구미와 아시아의 주요 연구자 25명이 참여하고 있다. 예컨대 중국에서는 중공 중앙당교, 외교학원, 베이징대학, 칭화대학의 중견학자들이 참여하고 있고, 타이완, 홍콩, 싱가포르 등 중화권, 그리고 일본의 동경대학교, 서울대학교, 성균관대학교, 미국의 하버드대학교, UCLA 등의 중국 전문가들이 참여하고 있다.

이 책은 모두 네 부분으로 구성되어 있다. 우선 중국이 부상한 이후 '중국적 길'에 대한 중국의 입장과 모색들을 소개하고 있다. 중국학자들은 서구가 걸었던 길과는 다른 새로운 길을 찾고 있다는 점을 강조하고 있고, 이를 위한 전략 목표와 전략적 배치를 하고 있다는 점을 밝혔다. 대외정책도 국내전략과 깊이 연계되면서

21세기에 부합하는 새로운 유형의 평화 발전의 길을 지속적으로 걸을 것임을 설명하고 있다. 이에 대해 해외학자들은 중국의 전략적 방침이 과거와 다른 완전히 새로운 길인지 그리고 그 길이 국제사회에서 어떻게 수용되고 투영되고 있는지를 평가하고 있다. 중국공산당이 축소와 적응을 국가전략으로 추구하고 있다는 점과 중국이 새로운 도덕적 규범으로 무장하고 이를 국가전략과 국가전략 담론의 확산에 활용하고 있다고 지적하는 분석도 있다.

둘째, 지역 전략에 대한 것이다. 중국은 이미 신형대국관계와 주변 외교를 본격적으로 가동하고 있다. 신형대국외교는 충돌하지 않고 대결하지 않고 상호 윈윈한다는 중국형 강대국개혁주의(great power reformism)를 표방한다. 그리고 주변외교는 이미 친·성·혜·용(親·誠·惠·容)이라는 방침을 제시하면서 주변을 적극적으로 끌어들이고 있다. 이것은 단순히 미국의 재균형정책에 대한 반발이라기보다는 중국 외교의 새로운 실험으로 볼 수 있다. 그러나 문제는 이러한 외교행위의 대상국들이 어떻게 반응하고 평가하고 있는지는 다른 영역이라는 점이다. 이런 점에서 신형대국외교의 주요 대상인 미국과 러시아 그리고 주변 외교의 대상 지역인 한국과 말레이시아 등에서 보는 중국의 세계 전략과 지역 전략을 평가하고 조망하고 있다.

셋째, 중국의 글로벌전략의 배치이다. 중국은 이미 중국형 국제관계이론을 도입하고 실천하기 위한 다양한 시도를 해왔다. 이것은 서구학계의 국제정치이론에 대한 이론적 개입을 시도함과 동시에 새로운 세계질서 그리고 중국의 부상이 가져온 새로운 변화를 중국적 문법으로 설명하겠다는 것을 의미한다. 주로 탈(脫)미국주의, 다극화, 중국의 미래, 미중관계, 글로벌 경제전략 등이 그것이다. 이러한 중국의 전략적 재구성에 대한 러시아의 관점, 미중관계의 장기적 기초에 대한 미국의 시각, 중국의 새로운 제조업 재구성(re-shoring)이 가져온 새로운 세계질서 규범에 대한 유럽의 논의들을 소개하고 있다.

넷째, 중국 외교의 방향에 관한 것이다. 구성주의 비관론자들은 중국의 부상에서 주로 중국민족주의의 강화(hardening)를 통한 전략문화의 변화를 포착해왔고 현실주의 비관론자들은 중국의 군사력 팽창과 이에 따른 안보딜레마가 심화되는 현상을 주목해왔다. 이러한 민족주의나 중국 군부의 변화에 대한 시각과 평가를 확인할 수 있다. 또한 중국 외교가 도광양회(韜光養晦)를 버리고 유소작위(有所作爲)로 전환하고 있다는 평가에 대해서도 미국, 호주, 한국의 학자들의 눈을 통해 중국 외교의 지속과 변화를 새로운 시각에서 세심하게 관찰하고 있다.

이 책에 참여한 필자들은 모두 세계적 중국연구 싱크탱크의 수장들이다. 미국에서 네 곳(존스홉킨스대학 중국문제연구소, 조지워싱턴대학 중국정책부서, 펜실베니아 대학 중국연구센터, 덴버대학교 Joseph Gobel 국제관계학원)의 싱크탱크가 참여했고 아시아권에서는 말레이시아(말레이시아 국립대학)가 참여했으며 이 밖에 영국(런던정경대학), 남아프리카공화국(스텔렌보쉬대학 중국연구센터), 러시아(러시아과학원 극동연구소 및 세계경제와 국제관계연구소), 브라질(리우데자네이루 국제관계연구소), 콜롬비아(보고타대학 CESA), 뉴질랜드(오클랜드대학), 호주(뉴사우스웨일스대학 사회과학원), 벨기에(브뤼셀 당대중국연구센터) 등이 참여하였다. 한국에서는 성균관대학교 성균중국연구소와 서울대학교 미중관계연구센터의 이희옥, 정재호 소장이 직접 집필에 참여했다.

중국의 부상은 더 이상 변수가 아니다. 이미 부상한 중국은 국제사회의 변화를 이끌고 있는 상수가 되었다. 특히 세력전이, 지역전이 등의 논의에서 보듯이 중국이 향후 포스트 미국질서의 변화를 추동하거나 새로운 게임의 룰을 제정하는 행위자가 될 것은 자명하다. 이와 관련해 중국은 최근 담론권력(discourse power)을 강화하고 전통적인 근대화론이나 민주주의적 편견(democratic bias)을 거부하고 전인미답의 '중국적 길'을 걸을 준비를 서두르고 있으며 평화 발전의 새로운 기원을 이루겠다는 의지를 표명하고 있다. 이러한 현상은 후진타오 시기와는 달리 강력한 권력 기반을 통해 정체성의 정치(politics of identity)를 추구하는 시진핑식 개혁과정에서 보다 확연히 드러나고 있다.

이러한 중국의 변화에 대해서는 서로 다른 평가가 있다. 즉 중국의 전략적 목표가 공세적으로 전환되었다는 평가가 있는 반면, 중국의 전략적 재배치는 부상한 힘에 따른 자연스러운 현상이며 조작적 수준(operational level)의 변화로 보는 견해가 있다. 사실 그동안 중국의 부상을 중국 자신이 설명해 온 것은 객관적 논의의 결과라기보다는 일방적인 해명에 가까웠다. 중국 스스로도 부상에 놀라고 있다는 점에서 더욱더 그러하다. 이런 점에서 세계의 중국연구 싱크탱크들의 균형 잡힌 견해를 통해 부상하는 중국과 중국의 전략을 '있는 그대로' 보는 것은 중요한 의미가 있다. 정치학에서 '비교'를 강조하는 것은 사물과 현상의 실체를 객관적으로 보게 해주는 이점이 있다. 이런 점에서 중국의 국가전략을 비교의 관점, 다른 시각과 관점에서 평가해볼 수 있다는 점은 중국으로서도 기존의 힘에 기반한 능력국가로부터 상대국가가 존중하는 매력국가로 나아갈 수 있도록 하는 계기가 될 수 있다.

이 책의 번역작업은 성균중국연구소의 교수들과 연구원들이 참여했다. 양갑용·김도경·서정경 교수, 이주영·이춘복·양철 책임연구원, 최정우 연구원 등이 참여했으며, 동아시아학술원의 장윤미 교수, 고영희·김현주 박사가 지난해와 마찬가지로 유려한 번역에 힘을 보탰다. 특히 이 작업을 세심하게 챙긴 이지윤 연구원의 노고가 컸다. 요즘 들어 국제회의와 잡지 출판, 새로운 의제 개발 등 격무에 시달리는 연구소 식구들에게 또 하나의 짐을 안겨드려 미안한 마음이다. 다만 이 작업이 중국연구로 나선 길에서 작은 보람이 되기를 기대할 뿐이다.

국내에서 출간되는 거의 대부분의 번역서들은 먼저 현지에서 출판된 이후 저작권 협의를 거치고 번역에 착수하여 '따뜻한' 책을 받아보기 어려운 점이 있었던 데에 비해, 이 책은 현지 출판과 동시에 번역 작업을 진행하여 한중 동시 출판의 효과를 거둘 수 있었다. 이것은 인민출판사와 성균관대학교가 장기적인 출판협약과 저작권 문제를 사전에 정리했고 양 연구소의 긴밀한 협의와 학문적 우애로 가능한 것이었다. 특히 이 책의 편집자들은 번역의 수월성과 정확성을 위해 중국어본과 영문본을 동시에 제공해주어 번역의 정확성을 기하는 데에도 크게 도움이 되었다. 이것은 새로운 한중 간 번역 출판 모형이라고 할 수 있다.

앞으로도 성균중국연구소는 중국에 대한 지식 인프라를 축적하고 중국과의 네트워킹을 강화하여 공동연구의 모형을 개척하며 정기간행물의 안정적인 출판을 통한 연구 성과의 국제화에도 기여하는 사업을 지속해나갈 것이다. 중국연구의 국제화와 한국에서의 중국연구의 소명의식을 가지도록 북돋아 주신 학교법인과 총장님을 비롯한 학교 당국의 전폭적 지지에 감사드린다.

2015년 신년
성균관대 동아시아학술원
성균중국연구소장
이희옥 배

서문
중국이 걸어가는 길, 중국의 전략적 방향

2012년 11월 8일 중국공산당은 제18차 전국대표회의를 개최하여 미래 10년, 더나아가 장기간에 걸친 중국 발전의 청사진을 그리기 시작했다. 미래에 중국이 어떠한 깃발을 높게 들게 될 것이며, 어떠한 길을 가게 될지, 그리고 '중화민족의 위대한 부흥'이라는 원대한 목표를 어떻게 실현하게 될 것인지가 중국 및 세계로부터 주목 받는 핵심 어젠다가 되었다.

시진핑을 총서기로 한 신임 중앙지도부는 출범 이후 '중국의 꿈'과 '두 개의 100년'이라는 전략구상을 신속히 제시하고 개혁, 개방, 발전에 관한 중요한 조치들을 취해나가고 있다. 아울러 국가 거버넌스 체계의 구축과 전 세계 전략적 이익 추구를 위해 애씀으로써 참신한 중국 이미지를 빠르게 창출해내고 있다. 전 세계는 중국 전략의 발전 방향에 더욱 더 주목하게 되었다.

21세기 두 번째 10년에 접어든 오늘날 중국 연구는 전 세계의 '현학'이 되었다. 전 세계 각국 각지에서 중국연구센터를 설립하여 중국의 정치, 경제, 사회, 문화, 안전, 생태 등 문제에 대해 전문적으로 연구하고 있다. 저명한 중국전문가들이 끊임없이 연구에 매진함과 아울러 중국연구 영역에 새로운 엘리트들이 등장하면서 중국 연구 인력이 그 어느 때보다도 풍부해졌다. 또한 중대한 영향력을 갖춘 담론들도 생성되고 있다. 관련 연구들은 오늘날 중국의 어젠다에만 초점을 맞추고 있는 것이 아니며, 중국이 걸어왔던 길을 전면적으로 평가하면서 중국의 미래를 함께 전망하고 있다.

이에 필자와 푸샤오위 박사는 2012년 말부터 중국을 연구하는 각계의 저명한 학자들에게 중국이 걸어가는 길, 중국의 전략적 방향 등에 관한 글을 청탁했다. 중국, 미국, 러시아, 영국, 브라질, 남아프리카, 한국, 호주, 뉴질랜드, 벨기에, 말레이시아, 콜롬비아 등의 훌륭한 학자들이 적극 협력하여 주었고, 그중에서 21편을 선정하여 《중국전략보고》 제2권-『세계, 중국의 길을 묻다: 전 세계 싱크탱크가 본 중국』을 펴내게 되었다.

이 책의 저자들은 아시아, 북아메리카, 라틴아메리카, 유럽, 아프리카, 오세아니아 등 출신으로서, 이 중에는 이미 명성이 높은 중국연구 대가들도 있고 새롭게 떠오르는 스타들도 있다. 저자들은 각자의 연구영역 및 자국에서 중요한 학술적, 정책적 영향력을 지니고 있기에 비교적 광범위한 대표성을 가지고 있다. 이들이 쓴 글들은 중국의 국가발전, 지역전략, 세계 구도, 외교정책 등 다양한 영역에 걸쳐있다. 정치, 경제, 안보, 사회, 문화, 외교 등 각 분야에서 중국의 길 및 미래전략의 방향에 대해 심도 있게 분석했다. 특히 중국의 국내 건설과 국제적 영향 분석에 주력한 것들로 중국연구에 관한 걸작이라 할 수 있다.

이 글들을 통해 학술계와 전략 연구계의 전략적 사고들을 심도 있게 구현해 나가고, 중국의 길이 갖는 세계적 의미를 분석하며, 중국의 미래 전략 방향을 전망함으로써 중국을 연구해 나가는 데 도움이 되길 기대한다.

먼 홍 화(門洪華)

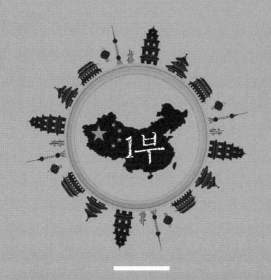

1부

중국의 국가발전 전략

1장
중국특색 자주적 혁신의 길

후안강(胡鞍鋼)

신중국이 수립된 지 60여 년 지난 지금 중국은 세계적으로 '현대 과학기술이 전무한' 국가에서 진정한 의미의 세계적인 과학기술 대국으로 부상했다. 과학기술력은 이미 세계 2위를 차지하며, 미국과의 상대적 격차는 빠른 속도로 좁혀지고 있다. '과학을 향한 진군'에서 "관습에서 벗어난 비약적 발전'까지, '과학기술은 곧 생산력'에서 '과학기술은 곧 제1의 생산력'까지, '과학 및 교육을 통한 국가부흥 전략'에서 '자주적 혁신능력 제고'까지, '혁신형 국가 건설'에서 '혁신에 의한 발전 전략'에 이르기까지, 중국은 부단한 모색을 통해 독자적인 중국특색 자주적 혁신의 길을 걸어왔다. 중국은 이미 오늘날 세계에서 중요한 영향력을 지닌 과학기술 대국으로 부상했고, 지금은 과학기술 강국을 향해 매진하고 있다. 중국이 걸어온 이 길은 중국의 국가적 상황에 부합하고 서로 다른 발전 단계에 적용되며, 사회주의 제도의 우월성과 후발국가의 후발주자 우위(latecomer advantage) 그리고 시장경제의 경쟁 우위를 충분히 활용한 길이다. 뿐만 아니라 이는 중국특색의 사회주의 현대화 과정의 중요한 부분이 되었다. 이로써 중국이 나아갈 총체적인 길에 중대한 혁신과 기여를 해왔으며, 신중국 과학기술의 발전사를 통해 '과학기술의 부흥이야말로 민족의 부흥이며, 과학기술의 강성이야말로 국가의 강성이다'라는 사실을 입증해주었다. 필자는 중국이 자주적 혁신의 과학기술 발전의 길을 선택한 이유와 성과를 종합하여 2020년 중국이 예정대로 세계적인 혁신형 국가건설을 실현할 것을 주장한다.

후안강(胡鞍鋼)_ 칭화대학 국정연구원 원장, 교수, 박사학위 지도교수, 『국정보고』편자

세 계적인 국제경쟁은 경제분야 뿐만 아니라 과학기술분야에서도 이루어진다. 역사는 "과학기술의 부흥이야말로 민족의 부흥이며, 과학기술의 강성이야 말로 국가의 강성이다."[1]라는 사실을 증명해왔다. 중국은 한때 '경제적으로 가난하고 문화와 과학기술이 낙후한(一窮二白)' 국가였다. 현대 과학기술의 대열에서 낙오된 국가로서 마오쩌둥(毛澤東)이 '열 가지 관계를 논함(論十大關系)'에서 말한 것처럼 "'궁핍(窮)'은 이렇다 할 공업이 부재하고 농업 역시 발달하지 않은 상황이었고, '공백(白)'은 백지상태와 같이 문화수준과 과학 수준이 저급하였다."[2] 1949년, 중국에서 전국적으로 전문연구기관은 30여 개에 불과했고 과학기술에 종사하는 인원도 5만 명이 채 안 되었다.[3] 세계 최대의 농업인구를 가진 국가였지만, 농업기술에 종사하는 인원이 1천 명도 되지 않았고, 농업기술 보급 및 지원센터(推漢站)의 인력도 매우 부족했다.[4] 저우언라이(周恩來)는 "우리가 이어받은 구시대의 중국은 어디 하나 성한 데 없는 만신창이에 엉망진창이었다. 우리는 국민당 반동파의 수중에서 도대체 과학기술 분야와 관련된 무슨 유산을 물려받았는가? 그들은 과연 우리에게 어떤 과학 기자재, 설비나 자료 등을 남겨주었는가? 남겨준 것이 너무 적다."[5]라고 말한 바 있다. 당시 중국의 현대 과학기술인력과 시설기반이 얼마나 심각하게 낙후했는지 거의 '백지 상태'라고 해도 과언이 아니었다.

중국의 과학기술은 신중국 수립 이후 지금까지 60여 년 간 중국특색 자주적 혁신이라는 발전의 길을 걸어왔다. 오늘날 중국은 이미 세계에서 중요한 영향력을 가진 과학기술 대국으로 발돋움했으며,[6] 현재 세계적인 과학기술 강국을 향해 나

••••••••••••••

1 2013년 9월 30일, 중국공산당 중앙정치국 제9차 집단학습에서 시진핑(習近平) 주석이 "혁신에 의한 발전 전략 실행(實施創新驅動發展戰略)"을 주제로 했던 연설. 新華網北京, 2013.10.1.
2 毛澤東, "論十大關系(1956.4.25)", 『毛澤東文集』第7卷(北京: 人民出版社, 1999), p.44.
3 科技部, 『科技曆程』, http://www.most.gov.cn/kjfz/kjlc (中國科學技術部網站, 2013.9.1)
4 "中共中央批轉〈關于全國農業科學實驗工作會議的報告〉(1965.4.5)", 中共中央文獻研究室編, 『建國以來重要文獻選編』第20冊(北京: 中央文獻出版社, 2011), p.115.
5 周恩來: 『周恩來選集』下卷(北京: 人民出版社, 1984), pp.23-24.
6 과학기술부 장관 완강(萬鋼)에 따르면, 2012년까지 중국의 연구개발(R&D) 인력은 연간 320만에 달해 세계 1위를 차지했다. 『과학기술논문 인용색인』(SCI)에 수록된 중국의 과학기술 논문 수가 빠르게 증가해 4년 연속 세계 2위를 차지했고 발명 특허권 취득 수는 21만 7천 건으로 거뜬히 세계 3위를 차지했다. 전국적으로 기술계약 거래액은 연간 증가율이 20%를 넘어서며 6,400억 위안에 달했다. 뿐만 아니라 첨단 산업의 총생산액이 지속적으로 급속 성장하여 약 10조 위안에 달했다. 최근에는 전국적으로 연구개발 비용이 연간 20% 이성 증가해 현재 1조 위안을 돌파했다. 『科技日報』, 2013.10.12.

아가고 있다. 중국은 세계적인 과학기술 혁명의 추격자로서 자주적 혁신정책을 펼치는 몇 안 되는 개발도상국 중 하나이다. '과학기술을 통해 나라를 세우고(科技立國)' '과학기술을 통해 국가를 부흥시키는(科技興國)' 두 가지 전략을 잇달아 실행했고 지금은 '혁신에 의한 발전(創新驅動發展)' 전략, 즉 '과학기술 강국(科技强國)' 전략을 실시하고 있다. 과학기술의 정책적 측면에서는 순차적으로 '자력갱생 위주, 외국원조 획득 보조', '대외개방, 나래주의(拿來主義)[7]', '자주적 혁신 독려', '원천혁신, 통합혁신, 도입·소화·흡수를 거친 재혁신', '협동혁신' 등의 방침을 실행했다. 과학기술의 시스템적 측면에서 보면, 중앙정부 계획의 과학기술 시스템, 과학기술에 대한 정부의 단일적 투자, 과학기술 국유기관을 중심으로 한 기술혁신에서 국가 차원의 과학혁신 시스템, 기업 주체·시장 주도·산학연 결합의 기술혁신 시스템으로 발전했다. 또한 기존의 과학기술 인재 유동 제한에서 벗어나 자유로운 이동을 격려하기도 했다. 과학기술 자원의 활용 측면에서 보면, 주로 국내 과학기술 자원을 이용하는 것에서 글로벌 혁신 자원도 함께 활용하는 방안으로 발전해왔다. 여기에는 외국인 직접투자 유치, 외자 연구·개발기구 설립 촉진, 글로벌 인재 유입, 해외 혁신인재 흡수 등도 포함된다.

그렇다면, 중국은 과학기술을 어떠한 방식으로 따라잡고 세계적인 과학기술 대국으로 발돋움할 수 있었는가? 왜 중국이 독자적인 자주적 혁신의 길을 걸어왔다고 말할 수 있으며, 그 이론적 배경은 무엇인가? 어떠한 역사 발전의 논리를 따랐는가? 중국은 이 길을 어떻게 개척해왔으며, 향후 어떻게 세계적인 과학기술 강국이 될 것인가?

과학기술 추격의 역사적 사실과 분석 틀

앵거스 매디슨(Angus Maddison)은 세계 56개국을 대상으로 1820~1992년의 경제성

••••••••••••••

7 역자 주: 나래주의는 루쉰(魯迅)이 1934년 제기한 것으로 동·서양의 문화유산에 대해 맹목적인 수용이 아닌 취사선택을 해야 한다는 내용을 담고 있다. 이후 덩샤오핑(鄧小平)은 개혁개방 초기 현대화를 실현하기 위해 세계 선진기술을 도입하는 '나래주의'를 주장했다.

장에 대한 정량연구를 진행했다. 기술발전, 물적 자본의 축적, 경제 통합화 그리고 인간의 기술·교육·조직 역량의 개선 등 네가지 요소가 1인당 생산량의 빠른 증가의 가능성을 설명해 줄 수 있다고 주장했다. 매디슨은 특히 기술발전이 변화를 가져오는 가장 기본적이며 장기적인 효과를 발휘하는 요소라고 강조했다. 또한 기술발전의 관점에서 '주도국가와 추격국가' 라는 이분법의 분석 틀을 구축했다. 매디슨은 추격국가가 물적 자본·인적 자본 축적, 경제개방의 무역 편리화, 흡수능력 배양제도를 형성하여 주도국가의 기술과 자금을 유치할 수 있다고 보았다. 주도국가의 기술 사용권은 절대 '공짜 점심' 은 아닐 것이다. 그러나 추격국가들이 옳은 대책을 취한다면 주도국가에 비해 훨씬 많은 편의를 얻을 수 있다. 매디슨은 전형적인 추격국가의 성공사례로 일본을 꼽았다. 일본경제는 1950~1973년 사이 고속성장을 이뤘으며, GDP는 연평균 9.25%의 성장률을 보였고, 노동생산성 증가율은 7.69%, 총요소생산성 증가율도 5.08%에 달했다. 매디슨은 이러한 현상이 일반적으로 기술발전의 가속화로 해석되지만, 사실은 기술추격의 과정이라고 지적했다.[8]

하지만 매디슨은 일본이 기술추격을 실현할 수 있었던 메커니즘이 무엇인지, 어떤 조건 속에서 추격과 유지가 가능한지에 대해서는 상세한 분석을 내놓지 않았다. 그렇다면 중국과 같은 후발 대국은 기술추격에 과연 성공할 수 있으며, 어떤 과학기술의 전략과 방침을 실시하는 것이 가장 효과적인 것인가?

후발국가와 선발국가 간에는 거대한 과학기술 격차가 존재하지만 확실히 후발 주자로서의 우위가 있기 때문에 비약적인 발전을 이룰 가능성이 있다.[9] 경제 글로벌화와 경제 통합화라는 흐름 속에서 과학기술추격을 위한 가장 적합한 전략은, 곧 기술확산이 가져다 준 수렴효과(convergence veffect, 趨同效應)를 충분히 활용하여

••••••••••••••

8 [英] 安格斯·麥迪森(Angus Maddison), 李德偉·盖建玲譯, 『世界經濟二百年回顧』(北京: 改革出版社, 1997), pp.12-19.
9 장쩌민은 2000년 처음 "후발주자의 우위 발휘, 비약전 발전" 이라는 구상을 제기했다. 장쩌민은 오늘날 세계의 발전 추이를 보면, 정보화가 사회·경제 발전을 이끄는 데에 매우 중요한 역할을 하기 때문에 반드시 정보화를 통한 산업화 추진에 힘써야 한다고 말했다. 또한 후발주자의 우위를 십분 발휘하여 사회 생산력의 비약적 발전을 실현해야 한다고 밝혔다. 『江譯民文選』第3卷(北京: 人民出版社, 2006), p.121.

기술 재혁신능력과 자주적 혁신능력을 더욱 높이는 것이다. 개발도상국의 기술 획득 및 사용방법에는 다음과 같이 세 가지 메커니즘이 있다. 첫째, 대외개방을 통해 해외 기술을 직접 구매하고 도입한다. 기술적 후발국가의 후발주자로서의 우위, 즉 기술도입의 확산율(T_1)이 기술 선진국의 기술혁신 속도(T_b)보다 빠른 점을 활용하는 것이다. 이 방법에는 적어도 세 가지 경로가 있다. (1) 대외수입무역을 통해 자본재(기술과 기술설비 포함)를 직접 수입하거나 특허권·허가증·판권 등을 구매한다. (2) 대외수출무역을 통해 글로벌 생산 사슬과 가치 사슬에 직접 진입하거나 간접적으로 국제적 기술 흡수 및 활용 능력을 높인다. (3) 외국인 직접 투자(FDI) 유치를 통해 자국에서 생산·제조·수출뿐만 아니라 외국 기술을 직접 들여온다. 둘째, 도입한 국외 기술을 재혁신할 수 있는 능력을 강화한다. 기술적 후발국가가 가지는 비용 측면의 우위, 즉 도입기술 개선의 확산율(T_2)이 기술 선진국의 기술혁신 속도(T_b)보다 우위에 있는 점을 활용하는 것인데, 이 방법에도 최소 세 가지 경로가 있다. (1) 도입기술에 대한 모방과 혁신이다. 여기에는 단순한 모방과 복잡한 모방이 포함된다. (2) 도입기술 응용에서 현지화 혁신을 이루어 기술을 더욱 폭넓게 확산시키며 현지 조건과 응용에 더욱 적합하도록 만든다. (3) 도입기술·방법·생산·보급·수출 등에 대한 시스템적인 통합 혁신을 이룬다. 셋째, 자체 기술혁신 능력(T_3)을 끊임없이 높이고 자국의 과학기술 자원과 우위를 활용한다. 이를 통해 원천기술혁신(原始創新)에 대한 독려와 지원, 지식재산권 보호, 국내 기술시장의 발전을 촉진한다.[10] 이상의 세 가지 기술은 후발국가의 기술원천을 이루며, 도입기술의 재혁신 능력, 각종 기술을 이용하는 통합혁신능력, 자국의 원천기술 혁신능력 등을 나타내준다. 이 세 가지 혁신능력은 상호 연관성·보완성·점진성이 있으며, 후발국가의 혁신능력을 이룬다. 따라서 이 세 가지 능력의 지속적 제고 및 강화, 세 가지 기술혁신 축적속도의 지속적 증가, 확산범위와 시장규모의 지속적 확대야말로 경제와 기술추격을 성공적으로 이끌 수 있는 주요 메커니즘이자 근본적인 방

· · · · · · · · · · · · · ·

10 1991년 중국의 기술시장 거래액은 95억 위안으로 GDP에서 차지하는 비중이 0.43%에 불과했다. 그러나 2012년에는 큰 폭으로 증가해 각각 6,437억 위안과 1.24%를 기록했다. 國家統計局編, 『中國統計摘要2013』(北京: 中國統計出版社, 2013), p.19, p.167.

안이다.

요컨대 기술 후발국가의 기술력(T^a)은 세 가지 능력의 총합이라고 할 수 있다.

$$T^a = T_1 + T_2 + T_3$$

그중에서 T_1은 기술도입 능력이다. T_2는 기술 재혁신의 능력(도입혁신, 모방혁신, 통합혁신 포함)이며, T_3은 기술의 자주적 혁신능력이다.

기술 후발국가의 기술 확산율(T_1)이 기술 선진국의 기술혁신 속도(T_b)보다 현저히 높을 때 후발국가는 선진국을 추격하고 비슷한 발전추세를 보인다. 후발국가가 모방혁신(T_2)을 보일 때 기술추격에 박차를 가할 수 있다. 후발국가가 자주적 기술혁신(T_3)을 이룰 때 기술추격의 속도가 대폭 빨라질 수 있다. 후발국가가 선진국의 기술을 성공적으로 따라잡게 되면 노동생산성이 눈에 띄게 제고되고 경제적 추격도 촉진되면서 선발국가와의 경제적 격차도 좁힐 수 있게 된다. 따라서 후발국가의 기술추격 조건을 아래의 공식으로 나타낼 수 있다.

$$\frac{(dT_1^a + dT_2^a + dT_3^a)}{dt} \ggg \frac{dT^b}{dt}$$

이 공식은 후발국가의 기술추격의 기본 경로는 물론 후발주자로서의 우위도 반영하고 있다. 첫째, 기술 후발국가의 기술도입 확산율(T_1)은 선진국의 기술혁신 속도(T_b)보다 현저히 앞선다. 둘째, 기술 후발국가들은 기술 개발자는 아니지만 기술응용의 최대 수혜자이다. 따라서 동일한 기술을 획득하는 데 드는 시간적 비용이 훨씬 적게 드는 장점이 있다. 셋째, 후발국가들이 세 가지 혁신에 쏟는 비용은 기술 선진국이 연구·개발에 들이는 비용보다 훨씬 낮다는 우위를 가진다. 이것이 바로 기술 후발국가가 기술 선진국을 추격할 수 있는 중요한 메커니즘이자 우위인 것이다.

이 밖에도 중국은 더욱 특수한 우위를 하나 더 보유하고 있는데 그것은 바로 거대 국가의 규모효과 우위(T_4)다. 그 어떠한 종류의 기술혁신이라도 거대 시장이라는 규모의 효과를 톡톡히 누리고 있다. 이를 통해 기술혁신을 위한 경제적 비용뿐만 아니라 기술혁신 확산 및 응용의 거래비용을 크게 낮출 수 있다. 특히 투자규모가 큰 중대사업의 기술이나 국방과학 기술 분야는 더욱 그렇다. 중국이 유일하게 미국이나 EU(27개국)에 필적할 수 있고 초대형 규모와 고도의 과학기술 혁신 시스템, 방대한 인적 자원을 갖추고 있는 이유도 여기에 있다.

후발국가로서 중국이 기술추격을 실현할 수 있었던 이유를 설명 · 해석할 수 있는 이론적 분석 틀은 다음과 같다. (1) 1949~1959년 중국은 동방세계(사회주의 진영)를 향해 문을 열었다. 주로 구소련에서 기술(T_1)을 도입한 후 기술추격이 나타났고, 이와 동시에 중국은 자체 기술능력(T_3)을 발전시키기 시작했다. (2) 1960~1965년 구소련이 중국에 대한 기술원조와 수출을 중단하자 중국은 폐쇄된 조건 속에서도 자체 기술능력(T_3)의 발전을 강화했다. (3) 1966~1976년까지 '문화대혁명'은 중국의 자체 기술능력(T_3)에 큰 타격과 영향을 주었다. 1972년 이후 서방국가의 과학기술(T_1)을 도입하긴 했지만, 전반적으로 기술 선진국과의 격차는 더 크게 벌어졌다. (4) 1977년 이후 중국은 '나래주의(拿來主義)' 정책을 펼쳐 외국기술(T_1)을 지속적으로 대규모 도입해 경제 추격에 박차를 가했다. 하지만 본국의 자체 기술 능력(T3)은 상대적으로 어느 정도의 제약을 받을 수밖에 없었다. 특히 연구개발 지출이 GDP에서 차지하는 비중은 지속적으로 하락했다. (5) 1995년 이후 이 비중은 상승하기 시작해 21세기 들어 중국은 기술 유입 능력(T_1)의 대폭 확대, 기술 재혁신 능력(T_2)의 충분한 활용, 기술의 자주적 혁신 능력(T_3)으로의 대대적 전환을 통해 기술추격을 빠르게 이루고 많은 영역에서 세계의 선진 기술들과 '어깨를 나란히 하는 수준'에까지 이르게 되었다.

자주적 혁신의 길에 대한 시도(1949~1976년)

중국의 과학기술은 매우 낮은 수준에서 출발하여 현대 과학기술로 발전하기까지 처음부터 '과학기술의 추격'이라는 전략을 선택했다.

현대중국 과학기술 발전의 첫 번째 황금기는 제1차 5개년 계획 시기이다. 저우언라이에 따르면, 이 시기 중국은 구소련으로부터 특혜 차관을 제공받아 250개 항목의 공업 관련 기업 설계와 대부분의 설비를 제공받았다. 또한 수많은 전문가가 파견돼 다른 부문의 기술 원조도 제공받았다.[11] 이 시기 과학기술의 발전 방침은 '자력갱생 위주, 외국 원조 보조'로 구소련의 첨단 기술을 적극적으로 도입·학습·소화·흡수해서 과학기술 발전에 박차를 가했다. 중국은 기술 도입의 계기를 적극 활용해 도입기술의 재혁신 능력을 육성하기 시작했으며, 자주적 혁신기술 인력을 적극 양성했다. 이에 따라 1955년 말 전국적으로 과학기술 연구·교육·보건·문화·예술 등 5개 영역에 종사하는 지식인은 모두 384만 명에 달했다. 중국은 이미 현대화 공장·갱도·교량·수리 시설 등을 설계·건설할 수 있었으며, 대형 기계·기관차·선박 등 분야의 설계 능력도 크게 향상됐다. 1952~1956년에는 시범 제작에 성공한 신종 기계만 해도 3,500여 종에 이르렀으며, 그중 몇 개는 이미 세계적인 수준에 도달했다.[12] 1957년, 전국적으로 과학연구기관 및 종사 인원은 각각 580여 곳과 2만 8천 명으로 1952년에 비해 2배 이상 증가했다.[13] 동시에 해외 유학자들도 귀국해 힘을 보탰는데, 1957년까지 해외 귀국 인원수가 3,000명을 넘어서면서 신중국 수립 전의 해외 유학생과 학자의 과반수를 넘어섰다. 이로써 중국은 자주적 혁신 능력을 기본적으로 갖추게 되었으며, 제2차 세계대전 후 개발도상국 중 규모와 자주적 능력을 갖춘 과학기술 대국으로 성장했다.

1956년 1월 14일 저우언라이는 중국공산당 중앙위원회를 대표해 전당과 전국 인민을 대상으로 '과학을 향한 진군'이라는 구호를 내걸었다. 중국이 과학과 문화적 역량을 최대한 빨리 확대하고 끌어올려서 짧은 시간 안에 세계의 선진 수준을 따라잡아야 한다고 주장했다.[14] 같은 해 1월 25일 마오쩌둥은 제6차 최고 국무회의에서 다음과 같은 내용을 제기했다. "중국 인민은 원대한 계획을 가져야 마땅하다. 몇십 년 안에 중국의 낙후된 경제·과학·문화 개선에 힘써 하루속히 세계의 선진 수준으로 끌어올려야 한다."[15] 같은 해 2월 24일 중국 공산당 중앙위원회는 '지식인 문제에 관한 지시'에서 보다 명확하게 제안하였는데, 즉 "가장 시급한 과

• • • • • • • • • • • • • •

11 周恩來, "第一個五年計劃的執行情況和第二個五年計劃的基本任務", 『周恩來選集』下卷, p.217.
12 周恩來, "關于知識分子問題的報告(1956.01.14)", 『周恩來選集』下卷, p.164.
13 劉國光主編, 『中國十個五年計劃硏究報告』(北京: 人民出版社, 2006), p.108.
14 『周恩來選集』下卷, p.180.
15 『毛澤東文集』第7卷, p.2.

학부문에서 12년 내에(제3차 5개년 계획 기간 말) 세계적인 수준에 근접하도록 노력한다. 이로써 중국이 추진하고 있는 수많은 복잡한 자연과학·기술 방면의 문제가 점차 자체 역량으로 해결할 수 있도록 한다."[16]는 것이다. 이후 중국 정부는 『1956~1967년 과학기술 발전 장기 계획』을 제정해 중국의 과학기술 발전의 길이 "사회주의 건설에 더욱 기여하기 위해 반드시 점차 자립의 길을 가도록 힘써야 한다."고 명확하게 밝혔다. 이는 신중국이 과학기술의 낙후된 면모를 쇄신하고 선진국 추격의 꿈을 실현하기 위한 하나의 청사진으로서 신중국의 과학기술 발전을 위한 중요한 초석이 되었다.

1960~1970년대의 중국은 자주적 혁신이라는 발전의 길을 걸을 수밖에 없었다. 1960년 7월 구소련은 중·소 '국방기술협력 협정'을 일방적으로 파기하고 중국에 대해 도움의 손길을 끊었을 뿐만 아니라 기술 원조를 위해 파견한 전문가들을 철수시켰다. 중국의 과학기술 발전은 서양과 소련의 이중적 봉쇄라는 외부환경에 직면하게 되었지만, 이것은 오히려 중국 과학기술계가 자주적 발전의 길을 걷게 되는 자극제가 됐다. 마오쩌둥은 다음과 같이 말했다. "소련이 전문가들을 철수시키고 계약을 파기한 것은 우리에게는 오히려 잘된 일이다. 별다른 방법이 없으니 자기 자신의 힘과 두 손을 의지할 수밖에 없다."[17] 이 시기 중국 과학기술 사업은 어느 정도 중대한 성과를 얻었다. 1960년 물리학자 왕간창(王懸昌) 등은 안티시그마 마이너스 하이퍼론(anti-sigma minus hyperon)을 발견해냈다. 또한 중국은 1960년 우주 관측 로켓과 근거리 미사일을 성공적으로 발사했다. 1964년 10월 16일에는 처음으로 원자탄 폭발에 성공했으며, 같은 해 중거리 미사일을 성공리에 발사했다. 1967년에는 처음으로 수소 폭탄 공중 폭발에 성공했다.

이러한 과정에서 '대약진운동'의 실패로 심각한 타격을 입기도 했지만, 중국은 국민경제를 과감하게 조정하고 빠르게 회복시켜 '4개 현대화' 전략을 실시하기 위해 준비했다. 1963년 1월 저우언라이는 "농업 현대화, 공업 현대화, 국방 현대화와 과학기술의 현대화를 실현한다. 우리의 조국을 사회주의 강국으로 건설하기 위

---

16 中共中央文獻研究室編, 『建國以來重要文獻選編』第8冊(北京: 中央文獻出版社, 2011), p.113.
17 『毛澤東文集』第8卷(北京: 人民出版社, 2006), p.338.

한 관건은 과학기술의 현대화에 있다."[18]고 지적했다. 이는 중국 지도자가 구상한 국가 현대화의 총체적 계획 중 과학기술이 차지하는 전략적 위상을 잘 보여준다. 힘겨운 노력 끝에 중국은 다양한 분과 학문과 비교적 우수한 시설을 갖춘 연구소들을 설립해 높은 수준과 역량을 자랑하는 과학 연구진들을 대거 양성했다. 또한 많은 과학기술 분야에서 세계 선진 수준에 근접하거나 따라잡게 되었을 뿐만 아니라 선진국과의 격차를 좁혔다. 1965년 말 전국적으로 자연과학 기술 인력은 모두 245만 8천 명에 달했고 그중 대학원 졸업생이 1만 6천 명, 대학교 졸업생이 113만 명이었다. 전국에 전문적인 과학연구기관이 1,714개, 과학연구 종사자가 12만 명에 달했다. 중국은 다칭(大慶) 유전을 성공적으로 개발·건설하여 원유와 석유 관련 제품을 전부 자체 조달할 수 있게 되었다. 중국에서 제작한 1만 톤급 수압기와 대형 수직선반(vertical lathe)은 당시 세계 선진 수준에 도달했다. 세계 최초로 소의 인슐린을 인공 합성했는데, 이는 당시 세계 최고 수준의 과학기술 성과였다. 세계 최초로 왜성도(矮性稻, dwarf rice)를 개발하고 대규모로 재배하여 중국의 1무(畝)당 벼 수확량을 50~100kg까지 늘렸다.[19] 1964년 저우언라이는 마오쩌둥에게 정부업무 보고서를 제출하면서 다음과 같이 언급했다. "우리에게는 세계 일류의 과학자들과 엔지니어들이 있고, 그중 일부 연구 성과는 이미 세계 선진 수준에 도달했거나 근접했다고 봅니다."[20] 여기서 우리는 당시 중국이 선진국과의 과학기술 격차를 빠른 속도로 좁혔으며, 『1956년~1967년 과학기술 발전 장기 계획』에서 밝힌 추격 목표를 어느 정도 실현했음을 알 수 있다. 이때가 바로 중국 과학기술 발전의 두 번째 황금기이다.

주목할 점은 당시 세계에는 제3차 산업혁명, 즉 정보혁명이 이미 일어나기 시작했고 중국은 낙오자가 아닌 선도자, 동행자 또는 추격자가 될 수 있었다. 1964년 9월 16일, 천보다(陳伯達, 당시 중국 공산당 중앙 정치연구실 주임 겸 중국과학원 부원장)는 전자산업 발전 문제와 관련해 '전자기술이 제2차 산업혁명을 현실화하고 있다'는

---

18 『周恩來選集』下卷, p.412.
19 中共中央黨史研究室, 『中國共産黨歷史 第二卷(1949-1978)』下册(北京: 中共黨史出版社, 2011), pp.684-689.
20 中共中央文獻研究室, 『建國以來毛澤東文稿』第11册(北京: 中央文獻出版社, 1996), p.287.

외국 언론을 언급하면서 다음과 같이 말했다. "제2차 산업혁명은 중국이 완성할 가능성이 크다. 이에 따라 중국은 반드시 일련의 새로운 기술을 도입해야만 한다. 중국이 언제까지나 선진국의 뒤꽁무니를 쫓으면서 1940년대, 50년대, 60년대 수준에 머물러서는 안 된다." "전자기술 발전을 중심으로 새로운 산업혁명을 불러일으켜야 한다." 이러한 의견에 동의한 마오쩌둥은 10월 23일 이 발언 내용을 수정하여 다음과 같이 말했다. "중국이 산업을 일으키려면 구소련의 방법만 배울 게 아니라 전 세계로 눈을 돌려야 한다." 마오쩌둥은 이 의견을 국무원 총리와 부총리에게 전달해 참고하도록 했다.[21] 천보다는 전자공업 발전에 관한 10개년 계획과 20개년 계획을 제안했다. 얼마 후 마오쩌둥은 느림보주의(爬行主義)에 반대하며 과학기술의 급진적 발전을 주장했다. 마오에 의하면 "중국은 세계 각국이 걸었던 기술발전의 낡은 길을 걸어서는 안 되며 다른 사람의 뒤에서 한 걸음 한 걸음 천천히 기어가듯 뒤쫓아 가서는 안 된다. 반드시 관습을 깨고 선진 기술을 적극 도입해 그렇게 길지 않은 시간 안에 이 나라를 사회주의 현대화 강국으로 건설해야 한다."[22]는 것이다. 마오쩌둥은 1960년대와 다가올 1970년대에 따라잡아 몇 차례 5개년 계획 기간 동안 세계 선진 수준을 뛰어넘어야 한다고 주장했다. 이 구상에 근거해 국가계획위원회는 『3차 5개년 계획 준비 상황에 관한 종합 보고 요강』(초안)에서 다음과 같이 제시했다. 즉 3차 5개년 계획 준비단계에서 세계 선진 수준에 대한 추격·추월을 중요한 전략 방향으로 삼으며, 5차 5개년 계획 시기에 중국이 과학기술의 많은 영역에서 세계 선진 수준을 추격·추월한다는 계획이다.[23] 그러나 안타깝게도 마오쩌둥은 이 새로운 과학기술 혁명에 지속적인 관심을 두지 않고 오히려 '문화대혁명'을 일으켰으며, 이로써 중국은 제3차 산업혁명에 참여할 기회조차 잃어버려 새로운 낙오자로 전락하였다.

무려 10년이나 지속된 '문화대혁명'은 자기 봉쇄의 시대였다. 중국의 수출입 무역이 세계에서 차지했던 비율은 저조하기 이를 데 없었을 뿐 아니라 지속적으로

•••••••••••••••

21 中共中央文獻研究室,『建國以來毛澤東文稿』第11冊, pp.198-199.
22 『毛澤東文集』第8卷, p.341.
23 『建國以來重要文獻選編』第20冊(北京: 中央文獻出版社, 2011), p.364, p.389.

하락했다(1973년에는 0.7%에도 미치지 못했다). 기술 수입은 특히나 한계가 있었다. 끊임없는 정치운동은 과학기술 활동에 심각한 타격을 입혔고, 선진국과의 과학기술 격차는 다시 크게 벌어졌다. 게다가 수많은 지식인이 타도의 대상이 되어 과학기술 관리는 마비상태에 빠졌고 연구기관은 해체됐다. 당시 과학기술에 종사하던 수많은 사람들이 강제로 과학연구를 멈추고 농촌이나 공장, 광산으로 하방(下放)되어 노동을 할 수밖에 없었다. 이처럼 중국의 과학기술 발전은 심각하게 훼손·파괴되어 자주적 혁신 능력도 심각한 영향을 받았다. 그러나 중국의 과학기술 종사자들은 극도로 어려운 조건에도 불구하고 여전히 일련의 중요한 성과를 거뒀다. 1973년 중국은 세계에서 처음으로 인디카 교잡 벼(indica hybrid rice)를 성공적으로 배양했고 3세대 컴퓨터를 자체 연구·제조했다. 또한 레이저 적외선 기술을 개발했고 반도체와 집적회로를 연구·개발·생산했다. 1967년 6월 17일 처음으로 수소 폭탄 공중 폭발 실험에 성공했으며, 1969년 6월에는 지하 핵실험을 성공적으로 진행했다. 1970년 4월 24일에 성공적으로 첫 인공위성을 발사했고, 1971년 9월에 처음으로 핵 잠수함을 제조하여 시험 운행에 성공했고, 대륙 간 로켓의 최초 비행에 기본적으로 성공했다.[24] 1975년 11월에는 회수용 원격탐지 인공위성을 성공적으로 발사했다. 이 모두가 중국 과학기술의 성과를 여실히 보여주는 것이다.[25]

1978년 전국의 전민소유제(국유) 과학기술 인력은 434만 5천 명에 달했는데, 이는 1952년의 10.2배에 해당하는 수치였다. 그중 엔지니어가 157만 1천 명, 보건 기사가 127만 6천 명, 교육자가 89만 4천 명, 농업기술자가 29만 4천 명, 과학연구원이 31만 명에 달했다.[26] 뿐만 아니라 중국은 일련의 신흥 과학기술 부서를 처음으로 설립했다. 이는 개혁개방 후 과학기술의 중요한 인적자본과 기반시설이 되었다.

계획경제 시기 중국은 역량을 모아 큰일을 이루는 사회주의의 이점을 활용하고 선택과 집중의 원칙으로 자주적인 과학기술의 획기적 발전을 달성했다. 하지만 이

24 中共中央黨史硏究室著,『中國共産黨歷史 第二卷(1949-1978)』下册(北京: 中共黨史出版社, 2011), p.974.
25 葉劍英,『在慶祝中華人民共和國成立三十周年大會上的講話』, 1979.9.29.
26 國家統計局編,『中國統計年鑒 1984』(北京: 中國統計出版社, 1984), p.497.

역시 중앙정부의 계획경제 체제 틀 안에서의 시도로서 여러 가지 부족한 점이 있었다. 정부 지원의 수단만 있고 시장경쟁의 수단이 부재해 마치 한 손만 쓰는 격이었다. 또한 국유 기관의 과학기술 역량만 존재했고 비국유 기관의 과학기술 역량은 부족해 한 발로 걷는 것과 같았다. 중국은 오랜 기간 부득이하게 폐쇄와 반(半)폐쇄적인 상황에서 자주적 모방, 연구·제작 및 혁신을 추구할 수밖에 없었다. 이는 후발국가가 대외개방 속에서 후발주자의 우위를 충분히 활용하는 데 불리했다. 실제로 '문화대혁명' 당시 기술 도입 능력(T_1), 통합 기술 혁신 능력(T_2) 및 자체 기술 능력(T_3)은 신중국 수립 후 거의 가장 낮은 수준이었다. 이로 인해 이 시기 중국과 서양 선진국의 과학기술 수준 격차는 좁혀지기는커녕 오히려 더 벌어지고 말았다. 이는 훗날 덩샤오핑(鄧小平)이 개혁개방을 결정하게 된 중요한 원인으로 작용했다.

자주적 혁신의 길에 대한 탐색(1977~1994년)

중국이 10년의 문화혁명을 거쳐 온 시기는 세계적으로 과학기술이 빠르게 발전했던 시기이다. 하지만 중국은 오히려 폐쇄정책을 단행하여 신중국 수립 후 빠르게 좁혀졌던 서구 산업화 국가와의 과학기술 격차가 다시 빠르게 확대되고 말았다. 덩샤오핑은 매우 실용적이고 미래지향적인 '나래주의'를 주장했다.[27] 1977년 9월 29일, 덩샤오핑은 세계적으로 가장 선진적인 성과는 모두 배워야 한다고 지적하며 외국의 선진기술 도입에 있어서 '나래주의'를 주문했다. 같은 해 11월 3일 덩샤오핑은 과학기술의 성과가 인류 공동의 재산이라며 중국이 일본을 벤치마킹하고 '나래주의' 방침을 취해야만 과학 발전을 빠르게 이룰 수 있다고 지적했다.[28] 이 정책은 바로 외국의 선진기술을 적극 도입·채용하자는 것이다. 다시 말해 중국은 후발국가의 후발자 우위를 제대로 활용하여 기술추격의 첫 단계에 진입했다. 즉

27 中共中央文獻硏究室編,『鄧小平年譜(上)』(北京: 中央文獻出版社, 2004), p.211.
28 中共中央文獻硏究室編,『鄧小平年譜(上)』, p.236.

기술 후발국가의 기술 확산율(T_1)이 기술 선진국의 기술 혁신 속도(T_b)보다 현저히 빨라진 것이다.

1978년 3월 18일, 전국 과학대회 개막식 연설에서 덩샤오핑은 다음과 같이 밝혔다. "독립·자주는 쇄국정책을 의미하지 않으며 자력갱생 또한 외국에 대한 맹목적인 배척을 의미하지 않는다. 중국의 과학기술 수준이 아직 세계 선진 수준과 비교할 때 격차가 크고 과학기술 역량 역시 취약하다. 현대화 건설의 수요에 부응하기에는 아직 부족하다는 사실을 냉정하게 직시해야 한다."[29] 덩샤오핑은 대회에서 '과학기술은 곧 생산력', '지식인은 곧 노동자 계급의 일부'이며 '4개 현대화 실현의 관건은 과학기술의 현대화에 달려있다'는 등의 명언을 남겼다.

전국 과학대회에서 『1978년~1985년 전국 과학기술 발전 계획 요강』(초안)이 심의됐다. 1978년 10월 9일에 중국 공산당 중앙위원회에서는 본 요강을 승인 이첩했다. 요강은 '전면적 안배, 중점 부각'이라는 방침에 따라 1978~1985년 과학기술 사업 목표를 다음과 같이 명확히 했다. 즉 과학기술에서 중요한 일부 분야는 1970년대의 세계 선진 수준에 근접하거나 도달해야 하며, 과학연구 전문인력을 80만 명까지 확대한다. 또한 과학실험 현대화 기지를 대거 보유하고 전국적인 과학기술 연구 시스템을 구축한다는 것이다. 요강에서는 108개의 프로젝트를 전국 과학기술 중점연구로 선정했을 뿐만 아니라 향후 몇 년 동안 역량을 집중하여 농업·에너지·원자재·컴퓨터·레이저·우주·고에너지 물리·유전공학 등 8개 기술 분야의 뛰어난 성적을 주문했다.[30] 같은 해 12월 22일 『중국 공산당 제11기 중앙위원회 제3차 전체회의 공보』에서는 "자력갱생을 기반 삼아 세계 각국과 평등 호혜의 경제협력을 적극 추진하고 세계 선진 기술과 설비를 적극 도입한다."[31]는 입장을 명확히 하여 기술도입의 기본방침을 세웠다.

이 시기는 중국이 새롭게 기술 도입과 설비 수입을 추진한 최고 절정기라 할 수 있다. 잠정적인 통계에 따르면, 1980~1984년 중국의 기술 도입과 설비 수입은 모

•••••••••••••••
29 『鄧小平文選』第二卷(北京: 人民出版社, 1993), pp.90-91.
30 譚宗級·葉心瑜主編, 『中華人民共和國實錄 第四卷(上)』(長春 : 吉林人民出版社, 1994), pp.154-155.
31 『中國共産黨第十一屆中央委員會第三次全體會議公報』, 1978.12.22.

두 1만 6천 건으로 총 120억 달러의 비용이 들었다.[32] 이는 중국 기술의 중요한 공급처가 됐을 뿐만 아니라 중국 기술 발전의 단계성, 즉 기술 도입 및 모방 시기와도 적절히 맞아떨어지는 것이었다. 중국은 대외개방으로 세계 선진 기술과 설비를 들여와 수많은 기술적 공백을 메워나갔으며, 도입·소화·흡수·확산·보급 등의 과정을 거쳐 세계 선진 기술과의 격차를 크게 좁혀나갔다. 이는 이 시기 중국의 총요소생산성(TFP)이 뚜렷하게 향상되는 것으로 나타났다.

또한 이 시기에는 과학기술 발전을 촉진하는 제도적 시스템을 구축했다. 그 첫 번째가 상표제도다. 1982년 8월 23일 제5기 전국인민대표대회 상무위원회 제24차 회의에서 '중화인민공화국 상표법'이 통과됐고, 1993년과 2000년에 각각 1·2차 수정을 실시했다. 상표법의 제정 목적은 상표관리 강화, 상표 전용권 보호, 생산 및 경영자의 상품·서비스에 대한 품질 보장 촉진, 그리고 상표 신뢰성 유지에 있다. 이를 통해 소비자, 생산자, 경영자의 권익을 보호하고 사회주의 시장경제의 발전을 촉진하고자 하였다. 두 번째는 특허제도이다. 1980년 1월, 중국 정부는 특허제도를 공식적으로 구축하고 중국특허국을 설립했다. 1984년 3월, 전국인민대표대회 상무위원회에서 『중화인민공화국 특허법』이 통과·발표되었다. 세 번째는 민법총칙이다. '중화인민공화국 민법총칙'에서는 저작권, 특허권, 상표권, 발견권, 발명권 및 기타 과학기술 성과권 등 지식재산권의 여섯 가지 종류를 규정했다. 이 밖에도 지식재산권의 민법 보호제도를 규정했다. 네 번째는 저작권법이다. 1990년 9월 7일 제7기 전국인민대표대회 상무위원회 제15차 회의에서 '중화인민공화국 저작권법'이 통과됐다. 중국은 지식재산권 제도를 구축하는 데 있어 '후발주자' 였으나, 후발자 우위를 충분히 활용함으로써 지식재산권 보호와 발전을 촉진하는 '도약자'가 되었다. 이로써 서양이 몇 백 년을 통해 구축한 지식재산권 제도를 상대적으로 짧은 시간에 완성했고, 30년이 채 안 되는 시간에 세계 최대의 규모를 자랑하는 특허 신청, 상표, 저작권, 지식재산권 국가로 빠르게 부상했다.

1985년 중국 공산당 중앙위원회에서 과학기술 제도 개혁에 관한 결정을 발표하여 과학기술 제도 개혁이 시작되었다. 이를 통해 단순히 행정수단에 의지해 과학

---

32 李嵐清, 『突圍－國門初開的歲月』(北京: 中央文獻出版社, 2008), p.197.

기술 업무를 관리해오던 관행을 바로잡고 국가의 과도한 독점 및 관리의 폐단을 개혁하며 경제적 장려책을 도입하고자 했다. 중앙위원회 역시 "기술 개발 업무에서의 전환이 필요한 시점이며, 기술 도입을 생산 기술 발전 및 기존 기업 쇄신 과정에서 중요한 위치에 올려놓아야 한다"[33]고 주문했다. 이후 중국 정부는 국가 첨단기술 산업 개발 단지를 연이어 비준·건립했으며, '불티계획(星火計劃)', '863계획', '횃불계획', '등반계획' 및 중대 프로젝트 돌파계획, 중점성과보급계획 등 일련의 중요 계획을 잇달아 제정했다. 또한 중국 자연과학 기금제도 수립 등 신(新)시기 중국 과학기술 산업의 새로운 틀을 세웠다.

자주적 혁신의 길에 대한 개척(1995년~현재)

1995년 5월 장쩌민(江澤民)은 다음과 같이 언급했다. "혁신은 민족 진보의 영혼이자 국가의 흥망과 발전을 위한 끊임없는 동력이다. 자주적 혁신 능력의 제고 없이 기술 도입만 의존한다면 영원히 낙후한 국면에서 벗어나지 못할 것이다. 또한 혁신력이 없는 민족은 세계 선진 민족들과 당당히 어깨를 겨눌 수 없다. 독립·자주적인 사회주의 대국으로서 중국은 반드시 과학기술에서도 자신의 운명을 장악해야 할 것이다. 중국은 이미 어느 정도의 과학기술 능력과 인프라를 가지고 있으며, 자주적 혁신 능력도 상당히 갖췄다. 우리는 반드시 외국의 선진 기술을 배우고 도입하는 동시에 국가의 자주적 연구개발 능력 제고에 끊임없이 힘써야 한다."[34] 같은 해 9월 중국공산당 14기 5중전회에서 '과학·교육을 통한 국가부흥(科敎興國)'이라는 전략을 확실히 하고 경제사회 발전을 위해 과학 발전을 중요한 위치에 올려놓아 경제건설 촉진의 중요한 동력으로 삼기로 했다.[35] 1999년 8월 장쩌민은 다음과 같이 주장했다. "중국은 이미 일부 분야에서 비약적인 기술 발전 실현을 위한 기초와 조건을 갖췄다. 중요한 것은 외국의 선진 기술을 학습·소화·흡수함은 물

33 "中共中央關于科學技術體制改革的決定", 『人民日報』, 1985.3.30.
34 『江澤民文選』第一卷(北京: 人民出版社, 2006), p.432.
35 『江澤民文選』第一卷, pp.462-463.

론 자주적 혁신, 인재 육성, 혁신 기지 건설 등을 강화해야 한다. 또한 기업 혁신 능력 제고에 힘써야 하며 과학기술 발전의 주도권을 확보하여 더욱 높은 수준에서 과학기술 발전의 도약을 실현해야 한다."[36] 그는 2002년 11월 중국공산당 제16차 전국대표대회보고에서 다음과 같은 입장을 밝혔다. 즉 '과학·교육을 통한 국가 부흥(科敎興國)' 전략을 대대적으로 실시하고 과학기술이 제1의 생산력으로서의 역할을 발휘할 수 있도록 해야 한다는 것이다. 그는 과학기술 혁신을 장려하여 중요 분야와 일부 과학기술 발전의 최전선에서 핵심기술을 확보하고 자주적 지식재산권을 보유하며, 과학과 기술의 장기적 발전 계획 제정을 주문하였다. 2006년 1월 후진타오는 나아가 "중국이 중국특색 자주적 혁신의 길을 걸어야 한다"고 명확하게 밝혔다. 이 길은 바로 "자주적 혁신, 즉 국가의 혁신 능력 강화에서 출발하여 원천 혁신, 통합혁신, 도입·소화·흡수·재혁신 능력 등을 강화하는 것이다. 강력한 자주적 혁신 능력을 보유한 국가야말로 격렬한 국제 경쟁에서 기회를 선점하고 주도권을 확보할 수 있다."[37]고 말했다.

이를 위해 국무원에서 『국가 중장기 과학 및 기술 발전 강령(2006~2020)』을 제정하고 2020년까지 혁신형 국가를 건설한다는 목표를 세웠다. 즉 '세계적 과학기술 대국'에서 '세계적 과학기술 강국'으로 도약하는 것인데, 그 궁극적인 목적은 중국의 종합 국력과 국제 경쟁력을 강화하는 것이다. 이 강령에서는 '자주적 혁신, 중점 도약, 발전 지원, 미래 선도'라는 방침을 제정하고 자주적 혁신을 힘써 추진할 뿐만 아니라, 원천적 혁신 능력, 통합 혁신 능력, 도입·소화·흡수·재혁신 능력 등을 강화하여 2020년까지 중국을 혁신형 국가로 만들기로 제안했다. 또한 계량화된 과학기술 지표를 제시했다. 즉 "2020년까지 사회 전체 연구개발 투자가 국내총생산(GDP)에서 차지하는 비중을 2.5% 이상, 과학기술 발전 기여도를 60% 이상의 수준으로 끌어올리고 대외기술 의존도를 30% 이하로 낮추며, 자국인의 발명 특허권에 대한 연간 취득 수와 국제 과학기술 논문의 피인용 횟수 모두 세계 5위권

•••••••••••••

36 『江澤民文選』第二卷, p.396.
37 胡錦濤, 『走中國特色自主創新道路爲建設創新型國家而奮斗－在全國科學技術大會上的講話』, 2006.1.1.
38 國務院, 『國家中長期科學和技術發展規劃綱要(2006-2020)』, 2006.2.9.

으로 진입시킨다."는 방침이다.[38]

중국공산당 제18차 전국대표대회에서 혁신에 의한 발전 전략을 시행하기 위한 중대한 계획이 수립되었으며, 이를 통해 과학기술의 혁신이야말로 사회생산성과 종합 국력을 끌어올릴 전략적 기반이기 때문에 반드시 이를 국가발전의 틀에서 중요한 핵심 위치에 놓아야 한다고 강조되었다. 이러한 조치는 중국공산당 중앙위원회에서 국내외 정세를 종합적으로 분석하고 국가발전이라는 전체 국면에 입각해 내놓은 중대한 전략적 결정으로서 매우 중대한 의미를 지닌다. 이는 중국이 전면적인 혁신시대, 전국민의 혁신시대에 진입했음을 의미한다. "중국특색 자주적 혁신의 길을 흔들림 없이 걸어 나가야 한다. 과학기술 체제 개혁을 한층 심화시켜야 하며, 국가 혁신 발전의 새로운 장을 끊임없이 열어야 한다. 신속하게 경제대국에서 경제강국으로 전환해야 한다."[39]는 시진핑 총서기의 발언처럼, 우리는 중국이 2020년 진정한 의미의 세계적인 과학기술 혁신 강국이 되리라 예측할 수 있다.

과학기술력의 끊임없는 고도화 (1980~2010년)

중국은 과학기술 혁신능력에서 미국과의 격차를 부단히 좁혀나가고 있다. 이는 과

표-1 국제 과학기술 논문 발표 수가 세계에서 차지하는 비중(1980-2011)

단위 : %

국가	1980	1985	1990	1995	2000	2005	2009	2011
중국	0.2	0.6	1.3	1.7	3.7	7.2	10.9	14.1
미국	39.7	33.5	34.9	31.4	28.6	28.8	29.0	30.1
EUa	32.2	28.1	29.6	31.6	34.2	33.1	36.5	-
일본	7.2	7.0	7.6	8.0	9.6	8.6	6.7	6.0
소련/러시아b	5.7	6.3	6.2	3.3	3.3	2.6	2.6	2.0
미국/중국(배)	198.5	55.8	26.8	18.5	7.7	4.0	2.7	2.1

자료 출처: Web of Science. 2010, 2011년 데이터는 필자가 과학기술부에서 발표한 『과학기술 통계 데이터(科技統計數据) 2011』과 『과학기술 통계 데이터 2012』에 근거하여 산출해낸 것임.

• • • • • • • • • • • • • •

39 2013년 9월 30일, 중국공산당 중앙정치국 제9차 집단학습에서 시진핑 주석이 "혁신에 의한 발전 전략 실행(實施創新驅動發展戰略)"을 주제로 한 연설.

학기술 논문의 발표 수에서 중국과 미국의 격차가 좁혀지고 있는 것만 봐도 알 수 있다. 1980년에만 해도 미국과의 상대적인 격차가 최고 198.5배에 달했지만, 1990년에는 26.8배로 줄어들었다. 이후 상대적인 격차가 빠르게 줄어들면서 2000년도에는 7.7배로 감소했고, 2011년도에는 2.1배로까지 떨어졌다.(표1 참조)

과학기술 논문의 질적 측면에서 보면, 중국의 수준이 끊임없이 향상되어 세계적 순위가 계속해서 상승하고 있다. 일반적으로 한 국가의 과학기술 논문의 질적 수준은 주로 일정 기간 내 피인용 횟수와 세계 랭킹의 변화에 따라 측정된다.『과학기술논문 인용·색인』(SCI) 의 데이터베이스 통계를 보면, 1994~2004년 중국의 세계 순위는 18위였다. 2001년에서 2011년 11월까지 중국의 과학기술 종사자가 발표한 국제 논문은 총 83만 6천 편으로 세계 2위를 차지했다. 논문의 피인용 횟수는 총 519만 1천 회로서 세계 7위를 기록했다. 논문마다 평균 피인용 횟수가 6.21회인 셈이다.[40] 또한 12개 분과학문의 논문 피인용 횟수가 세계 10권 안에 들었으며, 그 중 화학·재료과학·공학기술·수학 등 4개 분야의 논문 피인용 횟수는 세계 2위를 차지했다.[41] 이런 추세로 발전하면 2013년에는 세계 5위권으로 진입할 수 있으며,『중국 중장기 과학기술 계획 발전 강령(2006~2020)』에서 제기한 '국제과학기술 논문 피인용 횟수의 세계 5위권 진입' 목표를 7년 앞당겨 실현하게 된다.

중국은 이미 세계 최대의 특허 신청 국가가 됐다. 2001년 중국의 특허 신청 수량은 세계 전체 수량의 3.05%를 차지했지만, EU 27개국이 차지하는 비중은 11.18%로 중국의 3.67배에 달했다. 한편 미국이 세계에서 차지하는 비중은 49.53%로 중국의 16.24배나 되었다. 2011년 중국의 특허 신청 수량의 세계 비중은 17.27%까지 상승했고, EU 27개국이 차지하는 5.02%에 비해 3.44배나 되었다. 미국은 세계 전체 비중의 16.07%를 차지했는데, 이로써 중국이 미국의 1.03배에 달하게 되었다. 2012년에는 중국의 특허 신청이 전 세계에서 차지하는 비중이

• • • • • • • • • • • • • •

40 中國科學技術信息研究所,『中國科技論文統計結果(2011)』, 2011.12.2.

41 2001~2011년까지 중국의 각 분과학문에서 인용된 횟수가 상위 1% 안에 드는 논문 중 최다 피인용 논문 수는 세계 6위, 최다 클릭 논문 수는 세계 5위를 차지했다. 2010년『네이처(Nature)』와『사이언스(Science)』등 과학기술 권위지에 게재된 중국 논문 수는 세계 9위, 세계 각 분과학문 권위지에 발표한 논문 수는 세계 2위를 차지했다. 中國科學技術信息研究所,『中國科技論文統計結果(2011)』, 2011.12.2.

20%까지 급상승했다.

국제 발명 특허 신청 수량을 보면, 1985년에는 중국이 전 세계에서 차지하는 비중이 0.01%에 불과했으며 미국과는 최고 2,600배 차이가 났다. 1995년에는 0.3%까지 끌어올려 미국과의 격차가 166배로 줄었으며, 2000년에는 49배까지 격차를 줄였다. 또한 2011년에 중국이 세계에서 차지하는 비중은 9.0%를 기록해 미국과의 격차를 3배로 따라잡았다. 세계지적재산권기구(WIPO)에서 2012년 3월 6일에 발표한 '2011년 국제 특허 신청 상황 보고'에 따르면, 중국이 2011년 특허협력조약(PCT) 아래 신청한 국제 특허 건수는 세계 총 건수의 10.2%인 1만 6,406건으로 세계 4위를 차지했다.

중국 과학기술의 경쟁력은 국제시장에서의 경쟁력으로 빠르게 전환했다. 최첨단 기술 상품의 생산과 수출은 한 국가의 기술의 실제 응용 전환력 및 세계시장에서의 점유 능력으로 여실히 드러난다. 1980년 중국의 최첨단기술 상품의 수출액이 세계에서 차지하는 비중은 0.03%에 불과했고, 미국과는 상대적으로 870배나 차이가 났다. 1990년 중국은 0.6%를 기록해 22.0%를 기록한 미국과는 36.7배나 차이가 났다. 2000년에는 중국과 미국이 각각 3.7%, 19.6%를 기록해 중국은 미국과의 격차를 5.3배로 좁혔다. 2002년에 중국은 일본을 넘어섰고 2005년에는 미국에 거의 근접했으며, 2006년에는 미국과 EU 27개국을 제치고 세계 1위를 차지했다. 2010년 중국이 세계에서 차지하는 비중은 20.4%에 달해 EU의 1.30배, 미국의 1.42배, 일본의 3.40배를 기록했다.(표2 참조)

표-2 5대 경제체 첨단 기술 상품 수출액의 세계 비중(1980-2010)

단위 : %

	1980	1985	1990	1995	2000	2005	2010
중국	0.03	0.2	0.6	1.8	3.7	13.5	20.4
미국	26.1	27.5	22.0	19.0	19.6	13.6	14.4
EUa	24.7	22.6	20.2	17.2	16.9	17.3	15.7
일본	15.2	21.4	15.0	15.0	11.5	7.8	6.0
소련, 러시아b	3.3	2.4	0.3	0.3	0.4	0.2	0.3
미국/중국(배)	870	137.5	36.7	10.6	5.3	1.01	0.71

자료 출처 : IHS Global Insight, World Industry Service database; National Science Foundation, Science and Engineering Indicators 2010 & 2012.

1990년대 이후 중국은 연구개발 투자에서 미국과의 격차를 대폭 줄여나가 오늘날 세계 제2위의 연구개발 투자 국가가 되었다. 1990년 중국의 연구개발 경비지출이 세계에서 차지한 비중은 1.7%로 36.1%를 차지한 미국과 21.2배나 차이가 났다. 2000년 중국의 이러한 비중은 2.9%까지 향상된 반면, 미국은 29.4%로 떨어졌다. 2009년도 중국은 일본을 제치고 세계 2위의 연구개발 투자대국이 되었다.[42] 2011년 중국의 연구개발 지출 비중은 13.1%까지 오른 반면, 미국은 금융위기 영향으로 연구개발 투자액의 증가 속도가 현저히 떨어져[43] 세계에서의 비중이 26.0%까지 하락했다. 이로써 중국과 미국의 상대적인 격차가 2.0배로 축소되었다.(표3 참조) 연구개발에 들어가는 실질 비용, 특히 인력자원 비용의 격차를 고려할 때 두 나라 간의 연구개발 투자의 격차는 더욱 줄어들 것으로 보인다.

표-3 5대 경제체 연구개발 경비지출의 세계 비중(1981-2011년)

단위 : %

	1981	1985	1990	1995	2000	2005	2011
중국	1.3	1.6	1.7	2.0	2.9	6.0	13.1
미국	26.6	30.3	36.1	35.2	29.4	27.6	26.0
EU	24.8	25.9	35.0	28.4	21.5	20.6	24.5
일본	8.6	11.4	15.7	15.8	10.7	11.0	11.4
소련/러시아	8.6	8.0	6.8	1.5	1.3	1.6	1.9
미국/중국(배)	20.5	18.9	21.2	17.6	10.1	4.6	2.0

자료 출처 : National Science Foundation, Science and Engineering Indicators 2010; Battelle, Global R&D Funding Forecast 2012.

결론적으로 개혁개방 이후 중국의 과학기술력은 지속적으로 제고되어 미국 및 EU와의 상대적 격차를 빠르게 좁혀왔다. 이른바 과학기술력이란 국가발전을 위한 전략적 목표를 추구·실현하기 위해 국가 전체나 전 세계적으로 각종 과학기술 자원을 활용하는 능력을 말한다. 이러한 종합지표는 중국과 3대 경제체(미국, EU, 일

••••••••••••••

42 2012년 1월 17일 미국 국가과학위원회에서 발표한 보고서인 『2012년 과학 및 공학 지표』에 따르면 중국은 미국 다음으로 세계 2위의 연구개발 지출 국가로 2009년 중국의 연구개발 비용 지출은 세계 지출의 12%를 차지해 11%를 기록한 일본을 넘어섰다. 한편 미국은 31% 점하는 데에 그쳤다.

43 韓毅·張兵主編, 『美國經濟數字地圖 2012-2013』(北京: 科學出版社, 2013), p.71.

본)의 과학기술력의 상대적 격차를 비교적 전면적으로 반영하고 있으며, 이를 통해 중국이 전형적인 과학기술의 추격국가임이 충분히 입증된다. 특히 이 과정을 세 개의 10년으로 나눌 수 있다. (1) 1980~1990년 중국은 '과학기술의 약소국'이었다. 1980년 중국의 과학기술력이 세계에서 차지하는 비중은 2.3%에 지나지 않았고 미국과는 10.7배나 차이가 났다. 1990년 중국은 이러한 수치를 2.9%까지 끌어올렸고 미국과의 격차가 8.62배로 소폭 좁혀졌다. 즉 매년 평균 2.1%의 속도로 따라잡은 것이었다. (2) 1990~2000년 중국은 '대국으로 향하는 과학기술국가'였다고 할 수 있다. 2000년 중국의 과학기술력이 세계에서 차지하는 비중은 5.4%로 더욱 빠른 속도로 미국을 따라잡기 시작했다. 이로써 두 나라 간의 격차는 4.42배로 좁혀져 매년 평균 6.5%의 추격속도를 기록했다. (3) 2000~2010년 중국은 진정한 '과학기술 대국'으로 자리매김했다. 중국은 미국 다음으로 세계 2위의 과학기술력을 가진 대국으로 부상했다. 이는 세계 2위의 경제체·무역국이라는 지위에 걸맞은 타이틀이다. 2000년 중국의 과학기술력이 세계에서 차지하는 비중은 16.1%였으며, 미국과의 격차가 매우 빠르게 좁혀져 양국의 차이는 1.41배에 그쳤다.(표4 참조) 중국의 매년 평균 추격속도는 10.8%를 기록했다.

중국은 과학기술력을 제고하기까지 하나의 과정을 거쳤다. 우선 '나래주의' 방

표-4 5대 경제체 과학기술력 세계 점유율(1980-2010)

단위 : %

	1980	1990	2000	2010
중국	2.3	2.9	5.4	16.1
미국	24.6	25.0	22.8	22.7
EU	24.2	22.6	20.4	20.8
일본	16.5	20.5	18.1	14.1
소련, 러시아	12.2	7.5	2.7	2.8
미국/중국(배)	10.7	8.62	4.42	1.41
EU/중국(배)	10.5	7.79	3.78	1.29

자료 출처: 胡鞍鋼·彌一龍·魏星, 『2030中國: 邁向共同富裕』(北京: 中國人民大學出版社, 2011), p.99.

••••••••••••
44 필자는 과학혁신 능력, 기술혁신 능력, 과학기술 인적 자본, 과학기술 투자능력과 첨단기술 국제시장 능력 등의 다섯 가지 내용을 반영한 다섯 가지 지표를 선별하여 주요 국가들의 세계에서 차지하는 비중을 계산한 후 동일가중법(等權重)을 통해 과학기술력을 산출했다.

침을 실시해 주로 외국의 선진 기술을 도입하고, 외국직접투자를 적극 유치함은 물론 기술도입능력(T_1)을 끌어올려 후발자의 우위를 충분히 활용했다. 이후 자국의 기술 재혁신을 적극 독려하여(혁신 도입, 혁신 모방, 혁신 통합 포함) T_2의 능력을 끌어올렸다. 마지막으로 기술의 자주적 혁신을 제안하여 T_3의 능력을 향상시켰다. 이러한 전략은 한 국가의 과학기술 혁신능력 제고 과정으로 적합하다고 할 수 있다. 특히 어떠한 과학기술 혁신 능력이라도 중국 특유의 규모 효과로 인해 능력(T_4)을 형성하는데, 이러한 능력(T_4)이 혁신의 비용은 크게 낮추면서 혁신의 이익을 크게 향상시켰다. 이러한 요소는 모두 선진국의 기술을 빠르게 추격하는 데 기여했다. 물론 가장 근본적인 원인은 개혁개방을 통해 과학기술 기관과 인력이 가진 혁신적 잠재력이 발휘되고 글로벌 혁신 자원의 적극 활용능력이 확대되었기 때문이다. 이로써 중국은 비약적 과학기술 혁신을 실현한 하나의 전형이 될 수 있었다.

결론과 전망

신중국이 수립된 지 60여 년 지난 지금 중국은 세계적으로 현대 과학기술이 전무했던 국가에서 진정한 의미의 세계적인 과학기술 대국으로 부상했다. 과학기술력은 이미 세계 2위를 차지하고 있고, 미국과의 상대적 격차는 빠른 속도로 좁혀지고 있다. '과학을 향한 진군'에서 '관습에서 벗어난 비약적 발전'까지, '과학기술은 곧 생산력'에서 '과학기술은 곧 제1의 생산력'까지, '과학·교육을 통한 국가 부흥 전략'에서 '자주적 혁신력 제고'까지, '혁신형 국가 건설'에서 '혁신에 의한 발전 전략'에 이르기까지, 중국은 끊임없는 모색을 통해 독자적인 중국특색 자주적 혁신의 길을 걸어왔다. 이 길은 중국의 국가 상황에 부합하고 서로 다른 발전 단계에 적용되며, 사회주의 제도의 우월성과 후발 국가의 후발주자 우위 및 시장경제의 경쟁우위를 충분히 활용한 길이다. 뿐만 아니라 이는 중국특색 사회주의 현대화를 실현하는 중요한 부분이 되었다. 이로써 중국이 나아갈 총체적인 길에 중대한 혁신과 기여를 해왔으며, 신중국 과학기술의 발전사를 통해 "과학기술의 부흥이야말로 민족의 부흥이고 과학기술의 강성이야말로 국가의 강성이다."라는 사실을 입증해주었다.

왜 중국은 과학기술 발전에 있어서 자주적 혁신이라는 길을 선택했는가? 우리는 최소한 아래의 몇 가지 이유에서 그 답을 찾을 수 있을 것이다.

첫째, 중국 특유의 역사적 유전자와 역사적 전통이 자주적 혁신이라는 찬란한 역사를 이어가면서 미래 세계를 위해 크게 공헌할 수 있기 때문이다. 2000년 장쩌민은 중화 민족은 역사적으로 세계에서 가장 선진적인 생산력과 가장 찬란한 과학기술 성과를 이뤄냈으며 이러한 선도적 지위를 15세기까지 유지했다고 지적했다. 명대 이전까지 세계 주요 발명과 중대한 과학기술 성과가 대략 300여 종이 있는데, 그중 상대적으로 큰 비중을 차지했던 것이 바로 중국의 발명이었다. 영국의 조지프 니덤(Dr. Joseph Needham) 박사는 기원후 15세기까지 중국이 완성한 100여 가지 중대한 발명과 발견을 열거했다. 그중 대부분이 르네상스 전후로 끊임없이 유럽에 전해져 유럽 르네상스를 위한 중요한 물질과 기술적 토대를 마련해주었다. 그러나 명대 말기부터 중국은 서양 국가들의 발전에 뒤처지기 시작했다. 그 중요한 원인은 다름 아닌 중국 봉건 통치자들의 일관된 쇄국정책과 편협하고 거만한 태도, 세계 과학기술의 발전에 대한 이해 부족이었다. 이 때문에 중화민족은 발전할 수 있는 역사적 기회를 아쉽게 놓치고 말았다. 이러한 역사는 중국이 발전, 진보, 부강해지려면 반드시 대외개방과 함께 세계 각국과 경제·과학기술·문화적 교류 및 협력을 강화해야 하며 상대방의 선진성을 배우고 거울삼아야 한다는 사실을 알려준다.[45] 따라서 21세기 중화민족의 위대한 부흥은 세계의 주요 발명·혁신과 중대한 과학기술 성과에 크게 기여하는 것으로 발현될 것이다. 이를 위해 중국은 자주적 혁신의 롤모델이 되어 다시 한 번 '중국의 공헌'을 재현할 필요가 있다. 한때 중단되었던 5세기 동안의 중국의 찬란했던 과학기술 혁신의 역사가 오늘날 새로운 한 페이지를 기록하기 시작한 것이다.

둘째, 중국 특유의 대국 특징과 대국적 우위가 자주적 혁신을 절실히 요구했을 뿐만 아니라 현실화시켰기 때문이다. 사회주의 개발도상 대국은 고도의 경제 통합

45 『江澤民文選』第3卷, pp.126-127.

화 등 그 어떠한 상황에서도 반드시 '독립적이고 자주적'이어야 한다. 즉 자주·독립적으로 사회주의 현대화의 길을 걸어 나가야 할 뿐만 아니라 자주·독립적으로 수준 높은 국가 혁신 시스템을 구축해야 하며, 비교적 완전하면서도 활력과 경쟁력을 갖춘 기술 혁신 시스템을 구축해야 한다. 국제 선진 기술의 도입 혹은 학습 모방은 모두 자주적 혁신 능력을 제고하기 위한 것이다. 초거대 규모의 인구와 시장을 가진 국가에서는 그 어떤 중대한 발명·혁신이나 과학기술의 성과도 거대 국가가 가진 규모의 효과를 얻어 전체 국민이 그 혜택을 누리게 된다. 사회 수익률은 매우 높고 사회 연구개발 비용은 상대적으로 낮다. 예컨대 위안룽핑(袁隆平)이 발명한 슈퍼 교잡 벼, 왕쉬안(王選)이 발명한 현대 한자 컴퓨터 조판시스템, 고속도로의 발전 등이다. 그것이 중국은 자주적 혁신의 길을 걸었기 때문에 과학기술 혁신의 비약적인 발전을 실현할 수 있었으며, 상대적으로 짧은 기간에 서양국가가 몇 백 년 동안 거쳐온 여정을 지나왔다. 또한 이로써 그들을 추월하여 세계 혁신형 국가와 과학기술 선도 국가가 될 수 있을 것이다.

셋째, '중국몽(中國夢)'의 대전략 실현을 위한 객관적인 필요와 거대한 수요이다. 18차 전당대회에서는 '두 개의 100년'이라는 목표를 제시했다. 즉 중국공산당 창립 100주년이 되는 2021년까지 전면적인 소강사회를 건립하고, 신중국 수립 후 100년이 되는 2049년까지 부강·민주·문명·조화의 사회주의 현대화 국가를 건설한다는 방침이다. 이러한 거대한 목표에 따라 '오위일체(五位一體)' 현대화가 확정되었는데, 여기에서 가장 중요한 것은 과학기술의 현대화 실현이다. 과학기술 현대화 실현의 핵심은 자주적 혁신 능력의 제고이다.

넷째, 중국의 인류 발전에 대한 책임과 기여에 있다. 1956년 마오쩌둥은 〈쑨원 선생을 기념하며〉라는 글에서 다음과 같이 말했다. "45년이 지난 2001년, 즉 21세기가 시작될 때 중국의 모습은 크게 바뀔 것이다. 중국은 강대한 사회주의 산업국가로 변할 것이고 그래야만 한다. 이는 중국이 960제곱킬로미터의 넓은 국토면적에 6억의 인구를 가진 나라이며, 중국이 인류를 위해 더욱 크게 기여해야 마땅하기 때문이다."[46] 중국이 자주적 혁신을 이루어야 인류를 위해 중대한 과학 발견은 물론 기술 발명과 지식 혁신에 기여할 수 있을 것이다.

향후 미래를 전망해볼 때 2020년 중국은 예정대로 세계 혁신형 국가로 도약할 것이다. 『국가 중장기 과학 및 기술 발전 계획 강령(2006~2020)』(2006년)에서는 수치화된 과학기술 지표가 제시됐다. 즉 2020년까지 중국 사회 전체 연구개발 투자비용이 국내총생산(GDP)에서 차지하는 비중은 2.5% 이상, 과학기술 발전 기여도는 60% 이상에 도달하며 대외기술 의존도는 30% 이하로 낮추는 것이다. 이러한 목표도 기본적으로 실현 가능하다. 또한 여기에는 중국인 발명 특허의 연간 취득 수량과 국제 과학기술 논문의 피인용 횟수가 세계 5위권에 진입하는 목표도 있는데, 이러한 목표는 앞당겨 실현되어 세계적인 선두국가가 될 것으로 예상한다.

46 『毛澤東文集』第7卷, pp.156-157.

2장
중국 공산당에 대한 국제적 관점

전 세계가 2012년 10월에 개최되는 중국공산당(이하 CPC) 제18차 전국 대표대회를 주목하는 가운데 이를 연구하는 국제적인 학자들과 전문가 들은 CPC의 강점과 약점을 평가하고 중국의 잠재적 미래의 발전에 관한 일련의 전망을 내놓았다. 본 논문에서는 이러한 전망을 검토하고 세 가 지 카테고리로 범주화한다. 또한 2009년 이래로, 1997년부터 추진되어 온 정치적 개혁과 당 내부 개혁이 정체되고 후퇴하였으며, 중국이 직면 한 여러 가지 사회, 경제, 지식, 그리고 정치적 도전을 해결하기 위해 CPC가 주도적인 정치 개혁 의제로 돌아가야 한다는 점을 주장한다.

데이비드 샘보(David Shambaugh)_ 미국 조지워싱턴대학, 중국정치과정 주임 중국 정치에 관한 광범위한 연구와 달리 중국공산당(이하 CPC) 자체에 초점을 맞춘 전문가와 학자들은 거의 없지만, 실제로 전 세계의 대학과 연구기관에서 CPC에 대한 분석과 연구가 적극적으로 이뤄지고 있다. CPC 연구는 현대 중국 정치의 특수한 하위 연구분야이다. 이를 연구하는 대부분의 학자들은 정치학 박사 학위를 보유하고 있으며, 대학의 정치학부에 재직하고 있다.[1]

해외 CPC에 관한 연구는 시간이 지나면서 상당히 발전해왔다. 이는 세 가지 시기로 구분된다. 1950~1960년대 시기 동안 서구 학자들은 CPC 집권(특히, 옌안(延安) 시기), CPC의 이념(마르크스-레닌주의-마오쩌둥 사상)과 그것이 당과 국가 정책에 미친 영향, '최고 지도자'(마오쩌둥) 및 다른 CPC 고위지도층, 소련 및 기타 공산당과 CPC와의 관계, CPC 내 계파들, 당에 의해 시작된 정치적 운동, 지식인과 당의 관계, 전국인민대표대회, 전체회의 및 작업반, 공식적 당의 기관, 특정 지역성에 중점을 두었다. 최근에 중국은 자국 내에서 연구를 수행하고자 해외 학자들을 배척하였고, 그래서 CPC에 관한 연구는 홍콩 및 대만 그리고 해외에서 이루어졌다. 이용가능한 문헌들은 공식적인 공문서, 신문기사, 몇 가지 저널, 그리고 중국 밖으로 보

· · · · · · · · · · · · · ·

1 Scholars actively researching the CPC include Andrew Walder(Stanford University, USA), Alice Miller (Stanford University and Naval Post-Graduate School, USA), Roderick MacFarquhar(Harvard University USA), Minxin Pei(Claremont College, USA), Andrew Nathan(Columbia University, USA), Richard Baum(University of California-Los Angeles, USA), Bruce Gilley(Portland State University, USA), Melanie Manion(University of Wisconsin, USA), Ezra Vogel (Harvard University, USA), Joseph Fewsmith(Boston University, USA), Charlotte Lee(Hamilton College, USA), Jie Chen(Old Dominion University, USA), Zheng Shiping(Bentley University, USA), David Shambaugh(George Washington University, USA), Bruce Dickson(George Washington University, USA), Jessica Teets (Middlebury College, USA), Cheng Li(Brookings Institution, USA), Richard McGregor(Financial Times, USA), Victor Shih(Northwestern University, USA), Pierre Landry(University of Pittsburgh, USA), Pitman Potter(University of British Columbia, Canada), Timothy Cheek(University of British Columbia, Canada), Patricia Thornton(Oxford University), Frank Pieke(Leiden University), Kjeld Erik Brodsgaard(Copenhagen Business School, Denmark), Kerry Brown(University of Sydney, Australia), Anne-Marie Brady(University of Canterbury, New Zealand), HeBaogang (Deakin University, Australia), Frederick Teiwes(University of Sydney, Australia), Thomas Heberer(University of Duisburg, Germany), Heike Holbig(Goethe University, Germany), Sebastian Heilmann(University of Trier, Germany), Thomas Kampen(University of Heidelberg, Germany), Suzanne Weigelin-Schwiedrzik(University of Vienna, Austria), Maria Edin(Uppsala University, Sweden), Michael Schoenhals(Lund University, Sweden), John Burns(Hong Kong University), Yan Xiaojun(Hong Kong University), Zheng Yongnian(National University of Singapore), Bo Zhiyue(National University of Singapore) and Chen Gang(National University of Singapore).

내지는 공산당 내부 문서로 제한되었다.

첫 번째 시기에는 CPC에 대해 거의 추상적인 연구만 수행되었는데, 이는 당시 중국에서 현지조사를 할 수 없었던 사실에 기인한다. 또 다른 특징은 CPC에 관한 연구가 일반적으로 '비교 공산당 연구'의 광범위한 하위 분야라는 점이다. 이러한 상황에서 소련 모델을 모방한 포괄적인 레닌주의 연구기관에서 CPC 연구가 이루어졌으며, 이에 따라 소련의 레닌주의가 '중국화된' 정도를 이해하려는 노력이 이뤄져왔다. 이러한 차이들이 1950년대 말에 더욱 뚜렷하게 나타난 이유는 다시 중소간 균열이 더욱 악화되었기 때문이다. 그리고 결국 중소분열 이후, CPC의 연구자들은 공산당 자체가 안팎으로부터 공격을 받게 된다. '위대한 프롤레타리아 문화 혁명'을 분석하기 시작했다. 1970년대와 1980년대에 중국이 해외 연구자들에게 개방됨에 따라서 새로운 연구에 대한 관심이 높아지면서 새로운 연구 방법들이 등장했다. CPC 연구자들은 고위층의 리더십, 마오쩌둥의 정치적 계승, 저우언라이와 다른 1세대 지도자와 같은 문제에 여전히 주목하였지만, 이외에 당의 이데올로기, 정치운동, 당 대 당의 관계를 연구하는 것에는 그다지 관심이 없었다. 새로운 연구 주제로서 당-군사(PLA) 관계, 중앙-지방 관계, (특히 1980년대 말 당정 분리정책을 추진했던 시기 동안) 당과 국무원 간의 관계, 경제 및 사회 개혁의 결과로 일어난 지역 수준에서의 변화 및 쇠퇴, 지방의 당 간부회의의 역할, 지식인에 대해 변화하는 당의 정책, 당과 정부 연합 '씽크탱크'의 발달, 새로운 경제 개혁이 당규에 미치는 영향, 그리고 CPC의 역사 등이 있다.

이후 중국을 방문하고, 거기에서 연구를 수행할 수 있게 됨에 따라 매우 다양한 새로운 연구 문헌(신문, 저널, 서적)들을 이용할 수 있게 되었다. 또한, 당의 여러 기관들은 방문[2] 할 수 있게 되고, CPC의 구성원이나 관리들과의 인터뷰도 가능해졌다. 그 결과 CPC에 대해 훨씬 더 다양한 인식이 생겼고, 이는 당시의 학문 세대로부터 비롯되었다. 또 다른 이점은 중국에서 당을 연구하는 역사가들과 해외 학자

· · · · · · · · · · · · · ·

2 예를 들면, the Central Committee Central Literature Research Office(Zhongyang Wenxian Yanjiushi), Party History Research Office(Zhongyang Dangshi Yanjiushi), Central Compilation and Translation Bureau(Zhongyang Bianyi Ju), Contemporary China Research Institute(Dangdai Zhongguo Yanjiusuo), Central Party School(Zhongyang Dangxiao) 등이 있다.

들 간의 상호작용이 시작되었다는 것이다.

1990년~2000년대에 해외에서의 CPC를 연구하는 학자들은 그들의 연구 초점을 다시 변화시켰고, 이는 세 번째 시기에 해당된다. 1989년 이후, 많은 학자들이 6월 4일에 일어난 천안문 사태가 중국 내 당과 당의 규칙에 미친 영향을 연구했다. 특히 동유럽과 소련 공산당 국가들의 몰락 이후, CPC와 이전의 정권들을 비교하는 데 관심이 모아졌다. 하지만 시간이 지나고 CPC가 1989~1991년의 천안문 사태를 극복하면서 학자들은 몇 가지 새로운 주제 즉, CPC 내 정책 과정, '지도부'의 역할, 노멘클라투라 시스템, 당의 인사 정책, 그 시스템에서 가장 높은 지위를 차지하고 있는 '제 3세대, 4세대 지도자들(중앙위원회 차원), 중앙 위원회 부처의 구조와 기능, 중앙당교 체제와 새로운 간부단 훈련원, 새로운 간부단 관리 및 훈련 방법, 지방 당 위원회의 조건, 당내 민주주의, 협의, 투명성, 신흥 중산층 중 기업가를 채용하려는 당의 시도, 지식인과 당의 관계, 정치적 이견에 대한 CPC의 대응, 당의 제도 정비 및 당 기반 확립, 장쩌민(江澤民)/주룽지(朱鎔基)에서 후진타오(胡錦濤)/원자바오(溫家寶)로의 정치적 계승, 제18차 당대회에서는 임박한 시진핑으로의 계승 및 '제 5세대' 리더십에 초점을 맞추기 시작했다.

CPC 연구를 위해 이용 가능한 문헌들이 두 번째 시기부터 세 번째 시기 동안 많이 변화하지 않았지만, 주요 중앙위원회 부처(선전부, 조직부, 통일전선부, 국제부, 국가보위부)를 방문하고 인터뷰를 수행할 수 있는 기회가 종종 생겼다. 예를 들어, 필자는 CPC에 관한 저서를 연구하던 중에 중앙위원회 각 부처를 방문하고 인터뷰를 실행할 수 있었다.[3]

이러한 주제들은 최근 몇 년간 CPC에 대해 해외 학자들이 관심을 갖게 된 것들 중 일부이다. 과거 몇 년 간 그랬듯이 해외 학자들은 자신들의 연구 분야에서 널리 발표된 문헌들을 이용해왔으며, 가능한 경우 인터뷰를 실행했다. 하지만 중국에서 CPC 연구를 수행하는 것은 여전히 매우 어렵다. 일반적인 관점에서 보면 CPC는

3 David Shambaugh, *China's Communist Party: Atrophy and Adaptation*(Berkeley and Washington, DC: University of California Press and Woodrow Wilson Center Press, 2008); Shen Dawei, *Zhongguo Gongchandang: Shousuo yu Tiaoshi*(Beijing: Zhongyang bianyi chubanshe yu quanguo baixing chubanshe, 2011).

여전히 아주 폐쇄적이고, 투명성을 갖추지 못한 기관 또한 시스템이다. 어떤 측면에서는 중국 인민해방군이 보다 더 개방적이고 접근이 용이한 기관에 해당된다.[4] 중앙 당교 내 다양한 기관이나 위계의 당무회의를 보고 당 내부 문서를 열람하기 위해 중앙 위원회 부처 및 CPC 지도부나 고위관리와 회동을 갖거나 인터뷰를 하는 것은 매우 어려운 일이다. 해외 학자들은 CPC와 당의 개혁을 이해해보려고 하지만, CPC는 일반적으로 이러한 연구를 발전시키거나 촉진하지 못하고 있다. CPC는 여전히 이해하기 어려우며, 사실상 모든 당의 기관에 접근하기 위해서는 공식적 후원이나 개인적 인맥에 의존해야 한다. 다만, 현저하게 개선된 점은 당의 출판물에 보다 용이하게 접근할 수 있게 된 것이다. 이러한 접근은 과거에 비해 훨씬 더 쉬워졌다. 또한, CPC는 2011년 6월 베이징에서 개최된 '중국의 당 건설 및 공산당 개혁'에 관한 소규모 국제회의를 주최하고 공동 후원했는데,[5] 그 회의의 성공으로 제18차 당대회의 함의와 관련된 후속 회담이 개최된 바 있다. 오늘날 CPC는 '투명성(透明度)'과 '공공외교(公共外交)'를 개선하기 위해 당 내부의 지침에 따라 당의 절차와 성과를 선전하는 데 더욱 관심이 있어 보인다. 그렇다면, 해외 CPC 학자들은 오늘날의 CPC 그리고 최근 수년간의 CPC의 상황을 어떠한 관점으로 바라보고 있을까? 우리는 다음 장에서 이에 대해 관심을 갖고 살펴보기로 하겠다.

CPC의 상황에 관한 국제적 관점

CPC를 연구하는 서구 학자들 사이에서는 CPC의 현재 상황과 미래에 대해 합의와 이견이 동시에 존재하고 있다.[6] 1989년의 천안문 사태 이후, 해외 학자들 사이에서는 CPC가 여러 가지 심각한 문제에 직면하여 도전을 받고 있고, 이로 인해 CPC가

4 David Shambaugh, *Modernizing China's Military: Progress, Problems, and Prospects* (Berkeley: University of California Press, 2003).

5 International Symposium on "*Party Building and Reforming the Communist Party of China*", cosponsored by the CPC International Department and the China Policy Program of George Washington University, 6-7 June 2011, Beijing.

점진적으로 위축되었다는 광범위한 합의가 존재하고 있다. CPC의 위축 요인은 다음과 같다.

- 6월 4일 탄압의 합법성의 부재
- 당과 인민해방군 간 균열
- 일관되고 설득력 있는 당의 이데올로기 부재
- 당-국가의 동원 능력 감소, 조직 기구의 부패
- 약탈적이고 부패한 지방 관리들의 정착
- CPC 내의 광범위한 부패
- 사회 내 경제적·사회적 긴장의 상승
- 지방의 불만과 소요사건의 증대
- 소수민족의 소요 증가
- 비효율적인 국내 CPC의 감독 및 당-국가에 대한 견제와 균형의 부재
- 당과 정부의 엘리트들 간의 정치적 후원 및 당파주의
- 제도적 권위의 파편화와 제도적 규범의 부재
- (중앙, 성, 지방) 차원에서 정부가 공공재를 제공하고 좋은 거버넌스를 수행할 능력의 감소

CPC가 직면한 이러한 문제와 도전에 대해 서구 학자들 간에 보편적 합의와 동의가 존재하지만, 당의 위축 범위, 속도, 그리고 정도에 관해서는 상당한 이견이 존재한다. 일부 학자들은 당이 급격하게 위축되어 CPC의 붕괴가 필연적이며 심지어 임박했다고 주장했다. 그 밖의 학자들은 당이 많이 위축되어 신뢰를 잃긴 했지만, 여전히 당이 권력의 핵심 기관(군사 및 안보 서비스, 국가 재정 및 인사 체계)들을 통제하고 있으며, 이러한 레닌주의 기관과 강제에 의해 당의 지속적인 생존과 지배가 가능했다고 주장한다. 일단 CPC가 1989~1992년의 정화에서 벗어나기 시작하면서 덩샤오핑(鄧小平)은 1992년 남순강화(南巡講話)를 하게 되고, 이로 인한 정치적 개혁이 단행되었다. 덩샤오핑은 '좌경주의'를 비판하고 이후 제14차 당대회(그의 마지막 실질적인 정치적 행위)의 준비 기간에, '신좌파주의/신보수주의'의 '온건한 제거'

••••••••••••

6 본 논문에서는 독자들을 위해 해외의 중국 전문가와 CPC 학자들 사이에 합의점과 견해의 범위를 도출하고자 시도한다. 본 논문이 반드시 필자 개인의 관점을 나타내고 있는 것은 아니다.

를 시도했다. 이후 1997년에 덩샤오핑 사망 이후, 장쩌민(江澤民)과 그의 오른팔인 당의 실권자 쩡칭훙(曾慶紅)은 당 내부 개혁의 물결을 일으켰다(이는 2009년까지 12년 간 지속되었다). 하지만 1990년대 말 이래, 정당 개혁 시도의 목표와 결과에 대해 학자들 간 첨예한 견해 대립이 존재하였다.[7]

이러한 문제와 관련하여 CPC를 연구하는 국제적 학자들은 두 개의 집단으로 구분할 수 있다.[8] 필자가 '비관론자'라고 일컫는 집단은 CPC가 직면한 문제들이 극히 심각하며, 문제를 다루려는 당의 노력이 불충분하다고 본다. 즉 CPC는 심각한 '정당성 위기'에 직면해있으며 실질적으로 붕괴 위기에 놓여있다는 것이다. 필자가 '낙관론자'라고 일컫는 다른 집단에서도 CPC가 직면한 문제들이 심각하다고 주장하지만, 그들은 그 문제들이 본질적으로 관리가능하다고 본다. 즉, CPC가 최근 수년간 그 문제를 다루기 위해 당의 규칙을 강화하는 일련의 개혁을 이행해왔고, CPC가 붕괴 위기에 처해있지 않다고 본다.

비관론자들

비관론자들은 중국의 정치체제가 곤경에 처해져 있으며, 심각한 위기상황에 놓여 있다고 본다. 이들은 중국의 정치체제가 매우 약해서 붕괴되기 쉽다고 주장한다. 이들 비관론자들은 중국이 붕괴될 것인지의 여부보다도 붕괴되는 시점을 더욱 더 중요시한다.[9] 이러한 관점은 유럽이 아닌 미국의 수많은 학자들도 공유하고 있다. 하지만 정치체제가 얼마나 오랫동안 위기 상태에 놓여 있었는지에 대해서는 이견이 존재한다(일부는 마오쩌둥 시기 이래, 다른 이들은 1989년 이래, 또 다른 이들은 보다 더 최

••••••••••••••

7 David Shambaugh, *China's Communist Party*, (California; University of California Press, 2009), 6-7, Wang Gungwu and Zheng Yongnian, eds., *Damage Control: The Chinese Communist Party in the Jiang Zemin Era* (Singapore: Eastern University Press, 2003); Kjeld Erik Brodsgaard and Zheng Yongnian, eds., *Bringing the Party Back In: How China is Governed* (Singapore: Eastern Universities Press, 2004).

8 David Shambaugh, *China's Communist Party*, (California; University of California Press, 2009), Chapter 3.

근이라고 주장한다). 그들은 중국의 역동적인 경제 및 사회와 엄격한 정치체제가 점점 더 분리되고 있다고 본다. 이들 학자들은 CPC에 의해 수행되는 여러가지 긍정적 혹은 진보적 정치적 개혁을 고려하지 못한다. 일부 학자들은 그 체제가 '취약성'을 지니고 있지만, 중국이 반드시 붕괴하지는 않을 것이라고 본다.[10] 다른 학자들은 그 체제의 약점 때문에 민주주의로의 평화로운 이행이 가능할 것으로 전망한다.[11]

1997년 이후 CPC의 개혁을 인정한 학자들조차 2009년 이래로 CPC가 정체되고 후퇴하고 있다고 본다. 그들은 2009년 이래로 수행된 중국의 강력한 안보 조치가 당-국가체제를 강화시킨 것이 아니라 오히려 약화시켰다고 본다. 보시라이의 추방을 둘러싼 당 내부의 당파주의는 당-국가체제의 불안정성을 보여준다. 게다가 그들은 CPC가 이데올로기적 및 도덕적 '공백 상태'에 놓여 있으며, 더 이상 중국의 미래에 대한 비전을 제시하지 못한다고 주장한다. 사회 내 여러 집단과 개개인은 점점 더 CPC를 자신들의 일상의 삶과 무관한 것으로 인식하고 있다. 그들은 인민들이 당에 가입하는 이유는 오직 개개인의 발전과 정치적 보호를 위한 것이며, 당 자체가 위에서 아래까지 부패했다고 본다.

또 다른 비관론자들은 CPC가 반드시 붕괴 위기에 직면한 것은 아니지만 심각한 '거버넌스의 위기'에 처해져 있고 '국가의 무능력'을 보여주고 있다고 본다.[12] 이들은 CPC의 대중적 지지 기반이 상당히 약화된 이유가 CPC가 오늘날 점점 더 엘리트 기반의 당(그리고 부패한 당)이 되어가고 있기 때문이라고 주장한다. 또한, 그들

．．．．．．．．．．．．．．

9 Roderick MacFarquhar, *The Anatomy of Collapse*, New York Review of Books, 26 Sept. 1991, pp. 5; Roderick MacFarquhar, "*In China, Fear at the Top*", New York Times, 2012.5.12; Gordon G. Chang, *The Coming Collapse of China* (New York: Random House, 2001); Gordon G. Chang, "*Halfway to Collapse*", *Far Eastern Economic Review* (June 2006); Arthur Waldron, "*The Chinese Sickness*", Commentary (July 2003): 36-2; Arthur Waldron, "The End of Communism", *Journal of Democracy* 9, No.1 (1998): P.41; Arthur Waldron, "Cracks in the Middle Kingdom", *Journal of Democracy* 13, No.2 (2002): P.171; Will Hutton, *The Writing on the Wall* (New York: Free Press, 2006).

10 Susan Shirk, *China: Fragile Superpower* (New York: Oxford University Press, 2007).

11 Bruce Gilley, *China's Democratic Future: How it Will Happen and Where it Will Lead* (New York: Columbia University Press, 2004).

12 Minxin Pei's, *China' Trapped Transition: The Limits of Developmental Autocracy* (Cambridge: Harvard University Press, 2006).

은 당이 극심한 정체성 위기를 겪고 있으며 특정한 가치나 고무적인 이데올로기를 지니고 있지 않아서 대중들이 CPC에 대해 냉소주의 및 환멸을 느끼고 있다고 본다. 그들은 정치체제 속에서 관리들의 결탁으로 CPC의 책임이 붕괴되었고, 체계화된 부패가 만연하고 있다고 주장한다. 당의 권위가 떨어지면서 이는 공공재를 관리하고 제공하는 국가의 능력에도 영향을 주게 되었다. 경제는 성장하지만 정부의 효율성이 감소하는 역설이 일어나게 된 것이다. 공공재 제공이 어려워지면 사회의 고립이 더욱 심화된다. 이를 주장하는 학자들은 당 간부들을 '약탈자'라고 묘사하면서, (특히 지방에서) 인민들의 재산을 압류하고, 자금을 갈취한다고 본다. 이들은 중국에서 사회가 불만을 표출할 수 있는 합법화되고 제도화된 기제가 없기 때문에 사회적 긴장이 가파르게 상승하고, 이것이 바로 공산당 체제를 붕괴시키는 요인이라고 주장한다.

요컨대, 비관론자들은 이러한 상황의 심각성을 우려하며, CPC가 안팎으로 공격에 시달리면서 약화되었다고 본다. 일부 비관론자들은 CPC 정치체제의 붕괴가 매우 임박했다고 보는 반면, 다른 이들은 CPC가 장기적으로 정체할 것이라고 전망한다.

낙관론자들

낙관론자들은 비관론자들이 주장하는 여러가지 문제들을 인식하고 있으나, 체제적 변화의 가능성 및 당 체제의 붕괴를 주장하는 증거들에 대해 더욱 신중한 입장을 취하고 있다. CPC의 강점과 약점에 대한 평가와 관련하여 낙관론자들은 당-국가체제가 약점보다 강점을 더 많이 지니고 있다고 본다.

이 학파 내 여러 학자들은 CPC의 레닌주의 통치 기관(조직부, 선전부, 통일부, 중앙공산당기율검사위원회, 국가안전부, 공안부)이 여전히 강력하며, 최근 몇 년간 이러한 통제기관이 강화되어 왔다고 주장한다. 이들 학자들은 통제기관뿐만 아니라, 당 자체도 1990년대 이래로 CPC를 이끄는 쩡칭홍(曾慶紅), 왕후닝(王廉寧), 허궈창(賀國强), 리위안차오(李源潮)에 의해 주도된, '재제도화'를 거쳐왔다고 주장한다.[13] 이러한 재-제도화 과정에는 당 중앙, 지부 및 핵심 집단(黨組), '당내 민주주의'를 향한 운동(黨內民主), 중앙 당교의 더욱 정례화된 중간간부훈련, 푸퉁(浦東), 징강산(井岡山), 옌안(延安)[14]에 설립된 세 가지 국가 간부 연수원, 중앙공산당기율검사위원회의 '감독' 능력 강화, 보다 세심해진 연례 인력 심사(考核), 성과주의 등이 포함된다. 이러한 절차 및 재제도화는 일부 서구 학자들로 하여금 CPC가 '권위주의적 탄력주의'를 지니고 있다는 주장을 낳았다.[15]

또 다른 낙관론자들은 CPC가 보다 개방적이고 투명하며, 절차상 더욱 규칙적이고, 무당파 및 여타 8개 민주당파와 한층 더 협력적으로 되었다고 주장한다. 일부 학자들은 이러한 개혁을 '협의적 레닌주의'라고 일컫는다.[16] '중국인민정치협상회의(CPPCC)'를 강화시키는 협의적 메커니즘의 증대에도 불구하고, 낙관론자들은 CPC(혹은 기타 레닌주의 당)가 선임되어 통제를 받는 사회 집단과 달리 진정한 시민사회 및 사회적 이익들이 조직화된 총체를 수용할 수 있는지의 여부에 의문을 제기한다. 그들은 레닌주의적 성향을 지닌 당들이 고유의 편협한 특성을 지니고 있으며, 자율적인 사회집단에 권력을 양보하지 못하는 무능한 상태에 놓여있다고 주장한다.

낙관론자들이 언급하는 또 다른 CPC의 개혁은 보다 많은 새로운 사회단체를 포용하려는 당의 시도, 특히 '3개 대표론'에 따라 당에서 민간부문 기업가들(자본주의

13 Shambaugh, *China' Communist Party* and Richard McGregor, *The Party: The Secret World of China' Communist Rulers* (New York: Harper, 2010); Kjeld Erik Brodsgaard and Zheng Yongnian, eds., *The Chinese Communist Party in Reform* (London: Routledge, 2006).

14 Frank Pieke, *The Good Communist: Elite Training and State Building in Today' China*(Cambridge: Cambridge University Press, 2009), David Shambaugh, "Training China's Political Elite: The Party School System", *The China Quarterly* (Dec, 2008); Gregory Chin, "Innovation and Preservation: Remaking China's National Leadership Training System", *The China Quarterly*(Mar, 2011); Charlotte Lee, "*Party Adaptation, Elite Training, and Political Selection in Reform-Era China*", PhD diss., *Department of Political Science*, (Stanford University, 2010).

15 Andrew Nathan, "*China's Resilient Authoritarianism*", *Journal of Democracy* Vol 14, No. 1 (Jan, 2003): 7; Sebastian Heilmann and Elizabeth J. Perry, eds., *Mao' Invisible Hand: The Political Foundations of Adaptive Governance in China* (Cambridge, MA: Harvard University Press, 2011).

16 Richard Baum, "*Studies of Chinese Politics in the United States*", in China Watching: *Perspectives from Europe, Japan, and the United States*, ed. Robert F. Ash, David Shambaugh, and Seiichiro Takagi (London: Routledge, 2007).

자들)을 선발하려는 것이다. 당의 구성원들을 (그리고 당 자체를) 전형적인 프롤레타리아 노동자-소작농 기반에서 '발전된' 사회, 문화, 경제 분야를 대표하는 보다 포괄적인 기반으로 변화시키려는 이러한 시도는 엘리트 기반의 당을 지향하는 다른 동아시아 국가들의 집권당의 진화 형태와 일치한다.[17] 서구의 학자들은 '3개 대표론'이 본질적으로 CPC가 신흥 중산층을 선발하는 방법이라고 간주한다. 이것은 다른 동아시아, 유럽, 라틴아메리카 사회에서 주로 반권위주의/친민주주의 운동의 핵심이 되는 경우가 많다.[18] 이는 당이 호선에 의해 잠재적 반대세력을 통제함으로써 이들 반대세력을 당에 '순응' 시키려는 노력으로 보인다. 이는 CPC에게는 새로운 전략이지만, 서구의 공산당에게 새로운 전략이 아니다. 일부 동유럽 국가 특히 헝가리와 루마니아의 당들이 그러한 정책을 채택해왔다. 후루시초프조차 소련 공산당을 '전체 인민의 당'으로 만들자고 주장하였다. 만약 이러한 진보적이고 혁신적인 계층이 당-국가 및 지배엘리트에 포함되지 않으면, 그 계층의 외부에서 반대세력의 기반을 형성할 가능성이 높다. 이러한 CPC의 움직임은 그것이 적응적 전략인 만큼 선제적 전략으로서 해석될 여지가 있다. 이러한 과정을 연구해온 일부 학자들은 그러한 전략이 작동함으로써, 중산층이 당-국가체제 내에 '포함되었고' 이것이 당의 지속성에도 영향을 미치게 되었다고 주장한다.[19] 그러나 정치적 및 상업적 엘리트 간의 친밀한 관계가 형성될수록 이는 단지 국가 기반의 부패를 촉진할 뿐이다. 사실상, 최근 몇 년 간 그런한 부패 수와 부패의 규모의 증가는 '3개 대표론'에 일부 기인하고 있다.

CPC에 의해 시도되고 해외 학자들에 의해 널리 수행된 또 다른 적응적 전략은 당 엘리트와 리더십의 전환에 관한 것이다.[20] 이는 당 은퇴 규범이 1980년대 확립되기 시작하여 최근의 당대회를 통해 적용됨에 따라 CPC는 레닌주의 당-국가에게

· · · · · · · · · · · · · · ·

17 Bruce Dickson, *Red Capitalists in China: The Party, Private Entrepreneurs, and Prospects for Political Change* (Cambridge: Cambridge University Press, 2003); Kellee S. Tsai, *Capitalism without Democracy: The Politics of Private Sector Development in China* (Ithaca, NY: Cornell University Press, 2007).

18 Bruce Dickson, "Cooptation and Corporatism in China: The Logic of Party Adaptation", *Political Science Quarterly* 115, No. 4 (2000): pp.517-541.

19 Jie Chen and Bruce Dickson, *Allies of the State: China' Private Entrepreneurs and Democratic Change* (Cambridge, MA: Harvard University Press, 2010).

역사적으로 만성적 문제로 간주되는 합법화된 리더십의 교체, 정치적 승계를 선도 해 왔다. 공산주의 유형의 정치체제가 그러한 계승을 평화롭게 체계적으로 관리할 능력이 없다는 사실이 입증됨에 따라 중국의 사례는 주목할 만한 반례에 해당된다 고 볼 수 있다. 중국공산당 중앙위원회의 약 70%, 정치국의 대부분, 상무 위원회 구성원 2명을 제외한 모든 구성원이 은퇴하고 교체되는 2012년의 제18차 당대회 에서 새로운 지도부가 들어설 것이다. 2012년 봄에 발생한 충격적인 보시라이 사 건은 그동안 이루어져왔던 정치적 계승에 큰 흠집을 남겼다. 하지만 그럼에도 불 구하고 엘리트의 교체는 예정대로 진행될 것이다.

요컨대, 낙관론자들은 CPC가 제한적이지만 중요한 정치적 개혁을 적극적으로 이행하고, 당이 직면한 다양한 도전적인 과제에 비교적 성공적으로 적응한다고 본 다. CPC가 재제도화되고 새로운 활력을 얻게 됨에 따라 당과 국가기구는 마오쩌 둥 이후 다른 시기보다 더 나은 자격 및 기술적 능력을 갖추고 있는 것처럼 보인 다. 또한 CPC는 소련 및 동유럽 국가들의 붕괴와 전 세계의 다른 당 및 체제로부터 많은 교훈을 얻고 있다.[21] CPC는 아래로부터 이루어지는 개혁을 도입하였으며, 높 은 수준에서 당과 국가 제도의 능력이 강화되는 것에 대한 대응책으로서 '권위주 의적 탄력주의' 를 특징으로 하는 체제를 창출하였다. 이러한 낙관론자들은 CPC와 중국 정부가 직면하는 다양한 도전과 문제들을 부인하지 않으며, 그들은 그 체제 가 붕괴되기보다는 단결을 촉진시키고, 당-국가가 그러한 것들 때문에 실패하지 않고 성공적으로 적응할 것으로 본다.

20 Alice Lyman Miller, "Institutionalization and the Changing Dynamics of Chinese Leadership Politics" and Jing Huang, "Institutionalization of Political Succession in China", in *China's Changing Political Landscape: Prospects for Democracy*, ed. Cheng Li (Washington, DC: Brookings Institution Press, 2008); Cheng Li, *China' Leaders: The New Generation* (Lanham, MD: Rowman & Littlefield, 2001); Joseph Fewsmith, *Elite Politics in Contemporary China* (Armonk, NY: M.E. Sharpe, 2000); Melanie Manion, *Retirement of Revolutionaries in China: Public Policies, Social Norms, Private Interests* (Princeton: Princeton University Press, 1993); Andrew G. Walder, "The Party Elite and China's Trajectory of Change", China: *An International Journal* 2, No. 2 (Sept. 2004): pp.189-009.

21 David Shambaugh, "*Learning from Abroad to Reinvent Itself: External Influences on Internal Reforms*", in China' Changing Political Landscape, ed. Cheng Li.(Washington, DC; Brookings Institution Press, 2008).

미래에 대한 전망

비관론자들과 낙관론자들은 CPC의 현재 상황에 대해 서로 다른 견해를 지니고 있지만, 당이 거버넌스를 개선하고 중국 사회 내 심각한 불평등을 해소하며, 제12차 5개년 계획이라는 경제적 목표를 달성하기 위해 필요한 정치적 조건을 창출하고, 중국의 지속적 근대화를 촉진하려면, CPC가 실질적이고 신중하게 정치적 개혁을 이뤄야 한다는 점에는 동의한다. 여러 해외 학자들은 오늘날 중국 내 정치체제가 지속적인 경제성장 및 발전의 장애물이 되어왔다고 본다. 심지어 원자바오(溫家寶) 전 총리도 이러한 점에 동의하는 듯 보인다. "정치 개혁은 오직 앞으로만 나아갈 수 있고, 정체되어 있거나 뒤로 후퇴해서는 안 된다. 왜냐하면, 이는 빠져나갈 길을 제시하지 못하기 때문이다."[22] 게다가 국제적인 학자들 사이에서는 전 세계의 모든 정당들과 유사하게 CPC가 새로운 혁명에 직면했다는 견해 일치가 이뤄졌는데, 이는 '혁명에 대한 기대감'을 상승시켰다. 이러한 정부조직체에서 시민들은 자국의 정부에게 "정부가 최근에 자신을 위해 무슨 일을 했는가?"라는 의문을 던진다. 요컨대, 정치적 정당성을 유지하기 위해 높아지는 사회적 요구를 지속적으로 충족시키는 것은 역동적 과정이며, 여타 모든 집권당과 같이 이는 CPC에도 해당된다. CPC의 경우, 수많은 해외 학자들은 당이 다음 사항을 이행해야 한다는 사실에 동의한다.

- 공적 거버넌스를 개선하고 사회적 요구에 더욱 반응할 것
- 정부와 당을 더욱 투명하고, 책임감 및 법적 구속력이 있도록 만들 것
- (중앙위원회 자체의 내부를 포함해) 모든 수준의 부패를 통제하기 위해 강한 보편적 방식을 사용할 것
- 중앙 수준의 정책에서 지방 수준의 정책으로의 이행 개선
- 당 간부들의 행위 및 자질의 획기적 개선
- 명확하고 구속력 있는 재산권의 확립

· · · · · · · · · · · · · · ·

22 Zhu Zhe, "Wen Sets Out the Agenda: Premier Highlights the Challenges and Opportunities at His Final NPC News Conference", *China Daily*, (Mar, 2012).

- 사회와 정부의 모든 측면에서의 법률 개선 및 집행
- 당의 정책 개선 및 피드백을 위한 공적 메커니즘의 제도화
- 신뢰를 잃은 공식적 이데올로기를 변화시키기 위한 일관되고 설득력 있는 국가 비전 제시
- 과도한 국내 안보 통제를 완화하고, 진정한 시민 사회 이견 수용 및 선거권 부여

이러한 조치 및 여타 다른 조치가 이행되지 않으면, 대다수 해외 학자들은 CPC가 지속적으로 부패하고 상황이 더욱 악화될 것으로 볼 것이다. 만일 CPC가 (대부분의 학자들이 2009년 이래 인식하고 있듯이) 계속해서 위축되어 있는 경우, 과거 소련 및 동유럽에서 일어났던 권력의 갑작스런 붕괴로 해석하기보다는 이를 진보적 혹은 점진적 과정으로 개념화하는 것이 중요하다. 모든 정치체제가 몰락 또는 붕괴를 경험하는 것은 아니다. 오히려 어떤 체제에서는 정체 상태를 '그럭저럭 극복해 나가는' 반면, 다른 체제에서는 보다 적극적으로 새로운 거버넌스 문제나 변화하는 상황에 대처하려고 시도한다. 일부 집권당들은 체계적인 적응적 개혁에 참여한다. 중동 및 북아프리카 내 수많은 정권과 마찬가지로 일부 정권들은 대중 시위가 갑자기 발생하기(아랍의 봄) 전까지 안정적으로 보였다. 집권당들이 모든 강제적인 조치를 통제하는 한, (얼마나 독재적인지와 무관하게) 여러 권위주의 정권들은 장기적으로 권력을 유지할 수 있다. 오늘날의 시리아가 대표적인 사례이다.

전 세계에는 '민주주의 진전'을 경험하지 못한 수많은 정권들이 존재한다. CPC가 위축되었다고 보는 해외 학자들조차, CPC가 진보적 상태에서 한계점에 도달하려면 매우 오랜 시간이 걸릴 수 있음을 인식하고 있다. 중국은 결코 '실패한 국가'가 아니며, 과거에 쇠퇴하거나 붕괴했던 다른 유일한 당-국가와 중요한 차이점을 지니고 있다. GDP가 연 10% 상승하는 국가는 약한 국가라고 간주할 수 없다. 또한 중국을 불법 국가라고 일컬을 수 없는 것은 대다수의 중국 인민들이 자국의 규칙을 존중하고 지지하기 때문이다.

낙관론자들은 CPC가 장쩌민 시기부터 후진타오 후반기의 시기까지 매우 적응적이며, (앞서 논의했던) 다양한 정치 개혁을 시행했다고 주장하는 반면, (필자를 포함해) 일부는 이제 그러한 개혁의 대부분이 2009년 9월에 열린 제17차 당중앙위원회의 제4차 전체회의 이래로 정체되었거나 중지되었으며, 심지어 반대에 직면했다

고 보고 있다. 제4차 전체 회의에서는 '당의 건설(黨建)' 에 초점을 맞추었으며, 매우 긍정적이고 미래전망적인 '결정(決定)' 이 도출되었다. 여러 측면에서 이러한 결정은 지난 12년간 이행된 모든 당내 개혁을 반영하고 있다. 그러나, 이후 CPC를 연구하는 대부분의 해외 학자들은 이러한 '결정' 이행의 실패, 부패가 널리 확산된 당, 티베트인과 위구르족 간 소수민족 분쟁의 급증 및 이들에 대한 억압 강화, 당내 개혁의 정체 및 후퇴, 경제 자유화로부터의 후퇴, 중앙계획경제 및 SOE의 재강조, 엘리트 당파주의, 당내 숙청 및 위험회피적인 지도부를 발견하였다. 이는 사전예방적이지 못하고 사후대응적이며, 신뢰할 수 없는 불안정한 CPC의 모습을 보여주고 있다.

해외학자들은 CPC가 정체 또한 축소되었다는 점을 인식하면서도, 여전히 2009년 9월 제4차 전체회의 이래 그러한 CPC의 정치적 정체나 후퇴가 존재했던 이유에 대해서는 여전히 불분명한 입장이다. 일부는 CPC의 축소가 2008년의 베이징 올림픽 및 2009년의 티베트 폭동보다 앞선 것으로 추정한다. 그러나 여타 다른 요인들도 일정한 기여를 하였다. 2009년 7월 신장(新疆) 폭동 혹은 2008년 티베트 폭동이 이러한 다른 요인에 해당되는가? 아니면 중국(PRC) 건국 60주년이 여기에 해당되는가? 현재 당이나 국가의 통제권 밖에 있는 국내 안보기관의 권한 행사인가? 또는 다음 세대 지도자들로의 리더십 전환의 불확실성인가? '아랍의 봄' 에 대한 대응인가? 류사오보(劉曉波), 후지아(胡佳), 아이웨이웨이(艾未未)와 같은 반체제 인사들에게 당이 실제로 위협을 느끼는 것인가? 전국의 대중 항의와 사회적 소요는 CPC에서 당의 규율이 심각한 위기에 직면했다는 사실 또는 사회가 무정부주의 상태로 폭발할 우려가 있다는 사실을 보여주는 것인가? 혹은 강한 제도(국가보위부, 인민해방군, 대규모 국유기업, CPC의 보수적 '기관원')가 개혁을 약화시키기 위해 서로 연계되는 경우가 여기에 해당할까? (위에 해당하는 모든 요인 혹은) 개별 요인이 무엇이든 간에, 중국과 CPC의 학자들은 2009~2010년 체제가 과거와 달리 더욱 엄격해지고 제재가 심화되고 있다는 사실에 주목하였다.

보다 광범위한 차원에서, 해외 학자들은 중국 정치체제의 미래를 바라보면서 다양한 가능성을 확인하고 있다. 이들 학자들은 서로 다르지만 상호 배타적이지 않으며, 세 가지 카테고리로 구분되는 열다섯 가지의 대안적인 정치 미래를 제시하고 있다.

중국 정치체제와 CPC를 연구하는 국제 학자들과 전문가들은 가능한 각각의 대안적인 정치 미래에 대해 심도있게 논의해왔다. 해외 학자들 간 전체적 합의는 이뤄지지 않았지만, 여러 가지의 일반적 합의사항은 존재한다.

(1) '정치적 붕괴에 의한 변화'의 요인들과 관련하여

1. 군사적 쿠데타가 가능하지 않은 이유는 PLA가 여전히 CPC와 PRC의 '주요 군대'로 남아 있기 때문이지만, (문화대혁명 시기와 같이) 국가가 사회적 무질서와 혼란에 사로잡히면 이러한 군대가 국가를 통제할 수도 있다.

2. 비록 티베트와 신장에서의 지속적인 불안정과 불만의 표출 가능성을 배제할 수 없지만(PRC로부터 분리하려는 어떠한 실질적 시도도 필요한 경우 무력으로 저지될 것이다), '군벌시기(1916~1928)'처럼 국가가 지리적으로 파편화되지는 않을 것이다.

3. 문화대혁명 또는 1989년 3월 천안문 사태 때 경험되었듯이 광범위한 사회적 혼란은 다음과 같은 세 가지 이유 즉, (a) 사회적 긴장이 아직 한계점에 도달하지 않았고, (b) 중국 전역에서 불만족스런 집단들 간 연계나 공동조직이 나타나지 않고 있으며, (c) 안보기관이 이러한 혼란을 통제하고 있기 때문에 실제로 이루어지기 어렵다. 전국적인 대중적 소요가 발생할 가능성 역시 이와 같은 세 가지 이유 때문에 매우 낮다고 볼 수 있다.

(2) '변화 없음/ 현 상태 유지'의 요소들과 관련하여

1. 기술적 경제주의는 과거 경제 발전 단계에 적합한 듯 보이지만, 제12차 5개년 계획에서 제시되었듯이 다음과 같은 필수적인 단계에서는 더 이상 적합하지 않다.

2. 조합주의는 단일한 당-국가 체제에 속하지만, 여전히 오늘날의 경제적 구조 속에서 진화하고 있다.

3. 강화된 레닌주의는 불안정한 당-국가를 반영하고 있으며, 진보를 위한 처방은 아니다.

4. 당내 민주주의는 진짜 민주주의가 아니다. 그로 인해 CPC가 보다 적응적이

그림-1 중국의 가능한 대안적 정치 미래

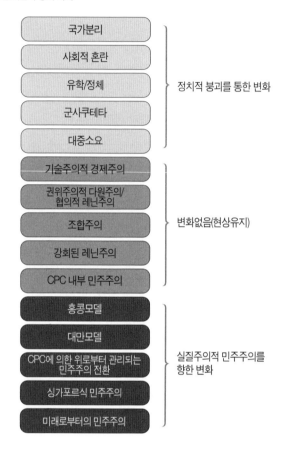

국가분리

사회적 혼란

유학/정체

군사쿠테타

대중소요

정치적 붕괴를 통한 변화

기술주의적 경제주의

권위주의적 다원주의/
협의적 레닌주의

조합주의

강회된 레닌주의

CPC 내부 민주주의

변화없음(현상유지)

홍콩모델

대만모델

CPC에 의한 위로부터 관리되는
민주주의 전환

싱가포르식 민주주의

미래로부터의 민주주의

실질주의적 민주주의를
향한 변화

고 대응적일 수는 있지만, 다수의 인민에게 권한을 위임하는 것은 아니다.

5. CPC가 권위적 다원주의나 보수적 레닌주의를 견디지 못하는 것처럼 보이는 이유는 정치권력의 일정 정도를 진정으로 공유해야 하기 때문이다.

(3) '민주주의로의 가능한 변화'에 따른 요인들과 관련하여

1. CPC가 대만의 장징궈(蔣經國)와 국민당처럼 위로부터 관리된 민주주의로의 전환을 할 수 있을 가능성은 희박하다. CPC는 민주주의에 대해 수많은 의문을 제기하고 있다.

2. 대만에서 오늘날의 민주주의 체제는 매우 혼란스럽고, 중국 내륙의 관심을 별로 이끌어내지 못하고 있다.

3. 싱가포르 모델이 중국의 관심을 훨씬 더 받고 있지만, 실질적으로 경쟁적인 정당을 승인하고 권한 위임을 요구해야 하고, 실제로 선출된 책임있는 의회와 독립적 사법부를 필요로 한다. 아울러 비정부 기구의 허가 및 권한 위임, 선동적이지 않은 실질적인 시민 사회에 대한 관용, 강력하고 유능한 관리들, 정치적 부패의 완전한 척결을 요한다. 요컨대 CPC는 이러한 싱가포르 모델의 핵심 요인들을 채택하는 데는 별로 관심이 없다.

4. 또한, 홍콩 모델은 실질적으로 경쟁적인 정당에 대한 인내와 권한위임, 대륙에서 '기능적 선거구'의 정의, 강력하고 유능한 관리들, 부패 척결, 중앙 행정부의 권력의 제한을 필요로 한다.

이러한 민주주의 대안 중 홍콩 모델과 싱가포르 모델은 중기 및 장기적으로 중국에게 가장 현실적인 대안으로 보인다. 하지만 이조차 CPC에게 오늘날의 정치적 및 (경제적) 통제력을 완화시켜줄 것을 요구한다.

요컨대 중국의 정치적 미래에 관해 국제 학자들과 전문가들 간 논쟁은 많이 이뤄지지만, 실질적 합의는 거의 없다. 분석가들은 흔히 중국의 미래가 현재와 같다고 예측한다. 그러한 예측은 종종 반복적으로 예측하지 못한 사건- 예를 들어, 한국, 일본, 대만, 인도네시아, 필리핀, 태국이나 라틴아메리카 전역의 군사 정권이나 단일 정당의 몰락, 동유럽과 구소련 내 공산주의 당-국가의 붕괴, 혹은 보다 최근에 중동과 북부 아프리카 전역에 걸쳐 나타난 '아랍의 봄' 폭동과 같은 사건에 의해 틀린 것으로 입증된다.

겉으로 보기에 이러한 사례를 통해 얻을 수 있는 한 가지 가장 중요한 교훈은 현상태를 유지하는 균형 상태가 사회 내, 그리고 국가와 사회 간 '모순'을 집중 조명하기 위한 확실한 처방이란 점이다. 따라서 몇몇 정치적 변화의 실질적 형태를 포용하는 것은 집권당 생존의 핵심 요인이다. 이는 정체된 속도로 위로부터의 변화를 관리하는 것, 그리고 단일 집권당이 정치적 통제를 실제로 완화시키기 위한 정치적 안보의식을 가질 경우, 긍정적 진전을 이룰 수 있다. 하지만 이렇게 되기 위해서는 당이 '개방적 정치 공간'을 통해 이견을 수용하고, 시민 사회가 제 기능을 하도록 허용하고, 집행부의 권력을 감독하며, 부패를 억제하고, 다른 정당과 이익 집단이 정치적 과정에 의미 있는 방식으로 경쟁하고 참여하도록 권한을 위임해야 한다.

전 세계의 비교 정치를 연구하는 국제적 학자들은 물론 CPC를 연구하는 전문가들 간에는 이러한 점들이 (중국을 포함한) 단일 당-국가가 권력을 계속 유지하기 위해 갖춰야 할 것들로 본다. 하지만 그러한 단일 집권당은 이러한 경로를 따라간다고 해도 붕괴될 위험이 있다. 따라서 이는 실제로 어려운 문제일 수 있다. 즉, 개혁하지 않으면 권력을 잃고, 개혁을 해도 권력을 잃는다는 것이다. 따라서 수많은 학자들은 결국 CPC가 이를 선택해야 된다고 본다. 하지만 다른 학자들(특히 앞서 언급했던 낙관론자들)은 1997~2009년의 시기에도 그랬듯이 광범위한 당내 개혁을 제도화함으로써 CPC가 '시간에 따라 변하고 있고', 중국을 효율적이고 지속적으로 통치할 기회에 대한 사전 대책을 세우고 있으며, 실제로 이를 향상시키고 있다는 주장을 한다. 하지만 위에 언급했듯이 이러한 낙관론자들조차 2009년 이래 정치적 개혁의 정체를 우려하고 있다.

우리는 2012년 제18차 당대회에 의해 어떠한 변화가 일어날지 기다리고 지켜봐야 할 것이다. 향후 2~3년 간 새로운 지도부가 그들의 통치권을 공고히 하고 미래에 나아가야 할 방향에 대한 엘리트 집단의 내부 합의를 거칠 가능성이 높다. 이 시기 동안 주저하거나, 위기를 회피하거나, 더욱 심한 정체가 일어날 수도 있다. 1989~1992년 시기와 유사하게 국가 안보에 의한 탄압에 기인하여 CPC가 더욱 위축(retrenchment)될 가능성도 물론 있다. 하지만 그보다는 새로운 리더십이 단순히 1997~2009년의 개혁적 의제로 돌아갈 수 있다. 이는 1978년의 개방과 폐쇄 이후 반복적으로 변동되는 패턴과 일치한다. 아니면 새로운 지도부가 예상 밖으로 보다 더 과감한 정치개혁을 수행할 수도 있다. 이처럼 중국에서 CPC의 지속적인 통치는 불확실한 상태에 놓여있다.

3장
당대 중국의 도덕적 전환

옌윈샹(閻云翔)

1980년대 이래, 중국 사회가 겪고 있는 것은 도덕적 위기가 아니라, 바로 심대한 영향과 심각한 함의를 갖고 있는 도덕적 전환이다. 필자의 고찰은 윤리적 담론(倫理話語)과 도덕적 실천 두 가지 측면 모두에서 전개된다. 제1절에서는 책임과 자기희생을 주장하는 집단주의 가치관으로부터 개인의 권리와 자아의 발전을 주장하는 개인주의 가치관으로의 윤리적 전환을 다루고자 한다. 제2절에서는 1980년대 이래, 도덕의 타락 또는 도덕의 위기를 바라보는 세 가지 주요한 방식을 살펴보고, 이 세 가지 방식 모두 논자의 주관적 감상(感受)에 의해 사회적 사실에 대한 계통적 연구가 결여되어 있음을 밝히고자 한다. 제3절과 제4절은 모두 도덕적 실천에 집중되어 있다. 제3절에서는 공인된 부도덕한 행위, 특히 도덕의 한계를 벗어난 행위와 공적 신뢰가 가장 많이 파괴된 두 가지 행위를 분석하고자 한다. 제4절에서는 고무적인 새로운 윤리관을 체현하고 있는 도덕적 행위를 설명하고자 한다. 이러한 긍정적 혹은 부정적인 도덕적 행위는 모두 자아를 중심으로 이루어지며, 개인주의 윤리에 대해 다른 영향을 준다. 지금 성행하고 있는 개인주의 윤리와 그에 따른 여러 가지의 도덕적 변화는 전통적으로 일원화된 도덕영역에서 동태적이고 불확정적으로 일어나고 있으며, 심지어 이해하기 어려운 요인들로 인해, 대중의 도덕적 타락에 대한 감정적 인식을 끊임없이 강화하고 있어, 80년대 이래 귀에 쟁쟁할 정도로 도덕적 위기에 대한 경고가 계속되고 있다. 더욱 중요한 것은 지금 진행되고 있는 도덕적 전환은 동시에 위험천만한 도덕과 대응의 과정이라는 것이며, 그 결과가 어떠할지 거의 예측할 수 없다는 점이다. 집단주의 윤리로부터 개인주의 윤리로의 전환이 기본적인 대추세임에도 불구하고, 책임과 자기희생을 강조하는 집단주의 윤리가 여전히 관방 담론으로서 당과 국가의 큰 지지를 받고 추구되고 있으므로, 사회적 실천 속에서 개인주의 윤리와 담론권을 놓고 경쟁하고 있다. 이러한 갈등으로 인해 서로 다른 가치관과 행위규범에서의 혼란과 담합이 생겨나고 있고, 또한 도덕적 실천 속에서 긴장과 충돌이 일어나고 있어, 당대 중국 사회의 도덕적 풍경이 복잡해졌으며, 동시에 도전과 기회가 충만해지고 있다.

옌윈샹(閻云翔)_ 미국 캘리포니아대학 로스앤젤레스 분교 인류학교수,
중국연구센터 주임

1980년대 이래, 중국 사회의 도덕적 타락, 도덕적 상실, 심지어 도덕적 위기에 관한 판단과 경고는 공적 여론과 사적 담론에서 끊임없이 거론되어 왔다. 그러나 미디어 보도 이외에, 그에 관한 학술적 연구는 보기 힘들다. 곤혹스러운 것은 만일 이러한 도덕적 위기가 80년대 초 이미 시작된 것이라면, 30여 년에 걸쳐 개혁발전이 여전히 계속되고 있는 이유는 무엇인가? 그리고 그에 대한 목소리가 나날이 강화되고 있는 것으로 볼 때, 이러한 위기는 마치 점점 더 심각해지고 있는 추세인 것 같다. 만일 정말 그렇다면, 2013년 도덕적 위기에 관한 판단은 정확하지 않았던 것일까? 마지막으로 연령, 성별, 수입 그리고 정치적 자원 등을 통해 구분할 수 있는 각 사회집단들이 동일한 사실에 대해 종종 확연히 다른 판단을 내린다는 점을 고려한다면, 도덕적 위기의 기준은 무엇일까? 우리는 누구의 기준으로 전체 사회의 도덕적 행위를 판단해야 하는가?

이러한 모든 것들은 엄정한 학술적 연구가 도덕적 타락 혹은 도덕적 위기와 같은 주관적 판단으로부터 출발해서는 안 된다는 점을 보여준다. 반대로, 학술연구는 도덕적 변화와 관련된 여러 사실들을 수집, 분석하는 것으로부터 출발하여, 그것을 기초로 최대한 객관적이고 완성된 결론을 도출해야 한다. 이런 점에서 이 글은 윤리적 담론과 도덕적 실천이라는 두 가지 측면에서 1980년대 이래 격렬하게 변동하고 있는 중국의 도덕적 세계를 고찰하고 그에 대한 초보적인 분석을 진행하고자 한다. 본문에서 윤리라는 말이 가리키는 것은 선과 악, 옳음과 그름, 행동의 의의, 인생의 이상 등에 대한 탐구이며, 윤리적 담론의 차원을 의미한다; 도덕이라는 말은 구체적 행동과 행위양식을 지칭하는 것으로, 도덕적 실천의 차원을 의미한다. 양자의 관계는 상호 인과적이다. 윤리적 담론은 도덕적 실천을 이끌지만, 새로운 도덕적 실천은 오히려 윤리적 담론의 변화를 초래한다. 양자를 구별한 것은 순전히 글의 명확함과 편리함을 위해서이다.

본문 제1절에서, 1980년대 인생관에 대한 대토론으로부터 1993년 구조조정기의 윤리적 담론의 변화까지를 고찰하여, 관방의 담론이 줄곧 마오쩌둥 시대의 공산주의 윤리를 강조해왔음에도 불구하고, 책임과 자기희생을 강조하는 집단주의 윤리로부터 개인의 권리와 자아발전을 강조하는 개인주의 윤리로의 전환이 이미 1990년대에 기본적으로 이루어졌다는 점을 밝히고자 한다. 제2절에서는, 1980년대 이래 도덕적 타락 또는 도덕적 위기 판단에 대한 세 가지 주요한 방식들을 밝히고, 이 세 가지 방식이 모두 논자의 주관적 감상에 의해 성립한 것이며, 동시에 사회적 사실에 대한 체계적 연구가 결여되어 있었다는 점을 지적하고자 한다. 본문의 제3절과 제4절에서는 도덕적 실천의 측면에 초점을 맞추고자 하였다. 전자는 자타공인의 부도덕한 행위, 특히 최소한의 도덕을 벗어난 동시에 공적 신뢰를 가장 많이 파괴한 두 가지 행위를 분석하였다. 후자는 고무적인 새 윤리관을 보여주는 도덕적 행위를 묘사하였다. 주지할 점은, 이러한 긍정적 또는 부정적인 도덕적 행위는 모두 자아를 중심으로 이루어지며, 개인주의 윤리에 대해 서로 다른 영향을 준다는 점이다.

결론으로, 중국 사회가 윤리적 담론과 도덕적 실천 두 가지 측면에서 경험하고 있는 것은 바로 심원한 영향과 심각한 함의를 지니는 도덕적 전환이지, 도덕적 위기가 아니라는 점이다. 한창 유행하고 있는 개인주의 윤리와 그에 따른 다양한 도덕적 변화는 일원화된 전통적 도덕영역에 동태적이고 불확정적인, 심지어는 난해한 요인들이 주입되어, 대중의 도덕적 타락에 대해 감성적 인식이 점점 강화되어, 80년대 이래 도덕적 위기에 대한 경고가 귀에 쟁쟁할 정도로 거론되고 있다. 더욱 중요한 것은, 지금 진행 중인 도덕적 전환은 위험천만한 도전이며 대응의 과정인 동시에, 그 결과를 거의 예측할 수 없다는 점이다. 집단주의 윤리로부터 개인주의 윤리로의 전환은 근본적인 대추세이지만, 책임과 자아희생을 강조하는 집단주의 윤리가 아직도 관방 담론으로서 당과 국가의 전폭적 지지를 받고 추진되고 있으며, 이로 인해 사회적 실천 속에서 개인주의 윤리와 담론권을 두고 경쟁하고 있다. 이러한 갈등은 서로 다른 가치관과 행위규범 상의 혼란과 결탁을 초래하였을 뿐만 아니라, 도덕적 실천에 있어서 긴장과 충돌을 일으키고 있으며, 당대 중국 사회의 도덕적 풍경이 고도의 복잡성을 띠는 동시에 도전과 기회로 가득 차도록 하였다.

책임으로부터 권리로의 윤리적 전환

1980년 5월 『중국청년』이라는 잡지가 판샤오의 편지를 공개하자, 수많은 사람들이 관심을 가졌고, 인생의 의의에 대해 전국적 범위의 대토론이 이루어졌다. 그해 말, 『중국청년』은 독자들로부터 약 6,000통의 편지를 받았으며, 그중 111통을 잡지에 실었다. 6월 12일, 공청단의 또 다른 기관지인 『중국청년보』는 전문 칼럼을 만들어, 인생의 의의에 대해 토론하였는데, 연말에 70,000편의 원고를 받았고, 그중 200편의 원고를 출판하였다. 그와 동시에, 성과 시급의 수많은 신문, 특히 청년을 대상으로 한 신문들이 모두 같은 주제로 열렬하고 지속적인 공개토론을 벌였다.[1]

판샤오의 편지 중 두 가지 점이 논쟁의 초점이 되었다. 첫째, 이상과 현실 간의 괴리로서, 저자는 자신의 공산주의 이상이 이미 사라졌다고 선언하였다. 둘째, 자아반성을 통해, 저자가 최종적으로 깨달은 것은, 사실 이기심은 인성의 일부이며, 현실 속에서 사람들은 개인의 이익을 추구하기 위해 서로 싸우고, 소위 대공무사(大公無私)와 집단의 이익을 위한 희생이란 단지 공론에 불과하다는 점이다.

당시 집단주의 가치관에 대한 환멸과 이기심을 인성의 일부로 보는 것은 주체 이데올로기와 공산주의 윤리적 담론에 대한 직접적인 도전으로 받아들여졌다. 전국 각지에서 보여준 광범위하고 열렬한 반응이 당 지도부의 우려를 낳았는데, 즉 많은 사람들이 판샤오의 편지와 같은 견해를 가지고 있었기 때문이다. 이것이 또한 인생의 의의에 대한 대토론이 그토록 오랫동안 지속되고, 전 국가적 범위에서 전 국민에 대해 심각한 영향을 미쳤던 이유이다. 예를 들면, 중국 최대의 소프트웨어 기업인 러바이스(樂百事)의 창업자의 회고에 의하면, 이 토론은 각성적인 외침이었다. 그때, 그는 광동의 한 농촌에서 공청단 지부의 서기로 있었는데, 한 여자 동료와 판샤오의 편지에서 제기된 문제에 대해 심각한 토론을 벌였다. 그들이 생각하기에 자아발전을 추구하는 것은 도덕적이며, 또한 사회를 위해 공헌하는 최선의 방법이었다. 결국 그들 두 사람은 결혼하였고, 전국적으로 지명도를 갖는 민영기업가가 되었다.[2] 내가 인터뷰한 수많은 사람들이 모두 회고하기를, 그때의 토론

••••••••••••••

1 Luo Xu, *Searching for Life's Meaning: Changes and Tensions in the World views of Chinese Youth in the 1980s*, (Ann Arbor: University of Michigan Press, 2002), pp.51-71
2 吳曉波, 『激蕩三十年: 中國企業1978-2008(上)』, (北京: 中信出版社-杭州: 浙江人民出版社, 2007) Xinhua News Agency, "Chinese Entrepreneur Moves Quake Debris," *Xinhua*,(June 4, 2008).

이 일종의 정치운동과 같았다고 말한다. 사람들은 지방 위원회 또는 기타 조직에 의해 소집되어 편지의 내용과 인생의 의의에 대해 토론을 벌였고, 이기심이 인간의 본성인지에 대해 토론하였으며, 결국 공통된 인식에 이르게 되었는데, 개인의 이익을 추구하는 정확한 방법은 "자신을 위한 것은 주관이고, 모두를 위한 것이 객관이다"라는 것이었다.

여러 해가 지난 후에도, 사람들은 그들이 참여했던 토론을 기억하였는데, 이것은 사실상 그때의 도덕적 체험이 얼마나 깊게 새겨졌는가를 보여준다. 그것이 우리들에게 미친 가장 중요한 영향은 집단주의 도덕, 집단적 책임을 출발점으로, 개인의 이익을 추구하기 위해서는 정당한 이유를 찾아야 한다는 것이며, 위에서 언급한 것처럼, 이러한 책략적 포장을 통해 공산주의 윤리와의 충돌을 회피하였다는 것이다.

1980년대 인생의 의의에 대한 대토론은 다수의 개인이 공개적으로 유가사상적 집단주의 가치관을 극복하기 시작했음을 보여준다. 유가윤리와 당의 이데올로기 모두 개인에 비해 집단이 최고의 지위를 갖는다는 점을 강조한다; 다른 점은 단지 사회주의 집단, 공산당과 마오 주석이 가정, 친족집단 그리고 황제를 대신한다는 점이다. 공산주의 윤리적 담론은 훨씬 더 나아가, 개인의 의의와 가치를 부정하고, "대공무사", "자신은 조금이라도 이롭게 하지 않고, 전적으로 타인을 이롭게 한다", 그리고 "혁명이라는 기계의 영원히 멈추지 않는 하나의 나사가 된다"는 등의 새로운 이념을 주장한다. 자아의식은 건강하지 않은 것이고, 개인은 마땅히 당과 마오 주석의 지시를 따라야하며, 그의 일생은 공산주의 과업을 위해 바쳐져야 한다. 조금의 의문의 여지없이, 개인의 이익을 추구하는 것은 도덕적이지 않다.[3]

그러나 공산주의 윤리적 담론과 인민의 실제 도덕적 실천 사이에는 언제나 간극이 존재해왔다. 급진적인 '문화대혁명' 시대에도, 수많은 농민들이 여전히 자류지의 농작물에 더 많은 관심을 가졌고, 노동자들도 여러 가지 방식으로 사적 이익을 추구하였다. 하지만 공산주의 윤리가 지배적이었기 때문에, 사적 이익을 추구

---

3 Richard Madsen, *Morality and Power in a Chinese Village*, (Berkeley: University of California Press, 1984).

하는 것이 공적으로도 합법성을 결여하고 있었고, 개인적으로도 부정적이었다. 판샤오의 편지에는 자아의식을 억제하는 심리적 고민과 고충이 생생하게 묘사되어 있다. "인생에 대해 간파하게 된 순간, 나는 이중인격자가 되었다. 한편으로는 세속적인 현실을 비난하면서도, 다른 한편으로는 그런 조류를 따르게 되었다. 헤겔이 말하였다: '모든 현실적인 것은 합리적이고, 모든 합리적인 것은 현실적이다.' 이것은 내가 나 스스로를 위로하고, 나의 상처를 다스리는 명언이다. 나도 사람이다. 나는 고상한 사람은 아니지만, 합리적인 사람이다. 모든 사람들이 합리적인 것처럼 말이다. 나도 월급을 많이 받고 싶다. 나도 보너스를 더 타고 싶다. 나도 아부하고, 거짓말한다. ······이런 일들을 할 때, 내 마음이 아프지만, 일단 헤겔의 말을 떠올리면, 마음이 평온해진다."**4**

21세기의 어떠한 생활을 하는 중국인도, 판샤오가 보너스와 높은 임금이라는 정상적인 필요에 대해 왜 죄책감을 느끼고 괴로워하는지 이해하지 못하며, 그리고 많은 사람들이 '시류에 따르는 것'이 무슨 잘못이 있는지 알지 못한다. 1980년대, 공산주의 윤리의 요구하에서, 개인의 이익을 고려하는 것은 확실히 도덕적이지 못한 일로 여겨졌고, 개인의 이익의 비합법성은 도덕적 자각이 있는 사람들로 하여금 쉽게 '내적 고충'을 느끼게 만들었는데, 판샤오가 말한 것이 바로 그것이다.

이 밖에, 정치운동, 학습소조, 선전교육과 각종 상벌기제는 감히 자신을 집단보다 우선시하는 사람에게는 상당히 억압적인 환경을 조성하였다.**5** 예를 들면, 1980년대 중반, 업무시간 외에 겸직을 하는 것은 도덕적이지 못한 일로 여겨졌다. 국가의 성원으로서 개인의 여가시간은 당과 국가의 것이었기 때문이다. 이것은 절대 농담이 아니다. 1985년, 상해 모 방직공장의 정씨라는 엔지니어는 업무시간 외에 겸직을 했다는 이유로 수감되었다. 또 다른 엔지니어 황씨는 일찍이 한 향진기업에서 겸직을 해서, 600위안의 이익을 취해서, 300일 구금형에 처해졌다.**6**

비록 공산주의 윤리 및 관련 법규가 개인의 이익을 강하게 제약했지만, 자아의

· · · · · · · · · · · · · · ·

4 潘曉, 人生的路曼磨啊, 怎麼越走越窄······, 『中國靑年』, 1980年 第5期.

5 Richard Madsen, *"Morality and Power in a Chinese Village,"* *Jorunal of Asian Studies*, Vol. 45, No. 3, (May, 1986).

6 吳曉波, 『激蕩三十年: 中國企業 1978-2008(上)』, p.86.

식의 조류와 권리와 자아실현을 내용으로 하는 새롭게 떠오른 개인주의 가치관을 막을 수는 없었다. 80년대를 통틀어 관방매체와 당의 선전에는 끊임없이 증대되는 도덕적 위기에 대한 경고가 '삼무위기(三無危機)'라는 이름으로 계속되었다. 즉, 도덕관념, 공산주의 이데올로기에 대한 신념과 신뢰가 사라지고 있다는 것이다. 그러나 수많은 사람들은—특히 젊은이들— 정부가 정의한 도덕적 위기에 대해 거의 관심이 없었다. 오히려, 그들은 집단적 가치관과 신념을 결여하고 있다는 비난을 새로운 자아를 찾는 상징으로 여겼다. 이러한 새로운 도덕적 체험이 최신 유행가인 '무소유'에서 일종의 자아를 찾는 낙관적 정신으로 나타났다. "우리는 생활 속에서 끊임없이 자아를 찾는다. 우리가 정말로 자아를 잃어버렸기 때문이 아니라, 한 번도 정말로 진정한 자아를 가져본 적이 없기 때문이다."[7]

1990년대 초, 특히 덩샤오핑의 남방순시 때, 중국에서 다시금 시장개혁이 활성화된 이후, 책임과 자기희생을 강조하는 집단주의 가치관이 그 근거를 잃어버린 듯했다. 셀 수 없이 많은 과학자, 예술가, 학자, 그리고 정부 관료들이 이전에는 영예로 여겼던 일들을 버리고, 자신만의 개인 기업을 세워 상업활동에 뛰어들었는데, 이때를 '하해조(下海潮)'라고 부른다. 정부관리가 대거 상업활동에 뛰어듦으로 인해 권력소유자들의 부패가 급증하였다. 그러나 내가 다시 한 번 지적하고자 하는 것은, 정치와 문화 엘리트들이 돈을 추구하는 열풍으로 인해, 개인의 이익, 이익 추구활동과 물질주의가 모두 합법성을 띠기 시작했다는 점이다. 위가 행하면 아래는 따른다고, 일반 민중들의 마음과 행동도 빠르게 변하였다. 이전에 공산주의 이데올로기하에서는 빈곤은 혁명 역량의 중요한 지표였지만, 지금은 부끄러운 일이 되었다. 90년대에 이르자, 돈을 벌려는 충동이 이미 일종의 배금주의로 발전하였다. 또한, 개인들은 강한 경쟁의식을 갖기 시작하였고, 점점 더 많은 사람들이 겸직을 하게 되었으며, 그로써 부수입을 얻었다. 더욱 중요한 것은, '중국몽'이라는 개념이 조용히 일어났다는 것이다. 부와 성공을 갈망하는 사람들이 그것을 공유하였는데, 거기에는 자신의 고향을 떠나, 도시에서 더 나은 기회를 얻고자 하는 농민들

---

7 劉擎, 從 "我不相信妳" 到 "一無所有": 新生代文化的研究備忘錄, 當代靑年硏究, 1988年 第8期, pp.5-6.

이 포함되었다.[8] 1980년대 시작된 가치관의 전환은 1990년대 중반 거의 완성되었고, 하해조에서는 그해 판샤오식의 내적 갈등이 더 이상 존재하지 않았고, 그 대신 부를 이루어 자아를 발전시키고자 하였으며, 생활에서 개인주의적 이상을 향유하게 되었다.

이런 면에 있어서 주목할 만한 연구 성과는 리사 로펠(Lisa Rofel)의 『욕망의 중국』[9]이라는 책이다. 그녀는 1990년대부터 중국을 석권한 거대한 변화를 파헤쳤다. 마오쩌동주의의 정치문화와 이에 따른 사회주의 실험은 국가 주도의 대발견으로 대체되었으며, 그 속에서 개인의 욕망은 인간의 보편적 본성으로 여겨지게 되었고, 개인과 국가가 필요로 하는 각종 새로운 대중문화가 합법적으로 여겨지게 되었다. 중국 도시를 자세하고 생생하게 묘사하는 드라마, 박물관 관람, 법정사건과 대중의 욕망을 표현하는 여러 작품들을 통해, 그녀는 개인의 욕망이라는 주제, 일종의 신자유주의적 지배의 실천을 상정하고, 당과 국가가 1980년대 말 다시금 정치적 독단의 합법성을 획득할 수 있을 것이라고 가정하였다. 그리고 같은 과정을 통해, 중국의 개인들은 새로운 자아와 전 세계를 석권하고 있는 신자유주의와 소비주의 윤리와 관계를 맺을 것이라고 가정하였다.[10] 그럼에도 불구하고 리사는 이러한 거대한 변화로 인해 생긴 도덕적 기반과 그것이 가지고 있는 도덕적 함의를 탐구하지는 않았다. 그녀는 주로 신자유주의 지배의 세계적 추세와 그와 관련한 학술적 논의에 주로 관심을 가졌기 때문이다. 재밌는 점은 우리가 리사의 서술 속에서 책임과 자아희생을 중시하는 집단주의 윤리체계로부터 개인의 권리와 자아발전을 강조하는 개인주의 윤리체계로의 변화를 분명하게 볼 수 있다는 점이다. 내가 보기에 이러한 가치관과 윤리체계의 전환이야말로 90년대 이래 개인적 욕망의 굴기와 급속한 발전의 근본적인 원인이다. 동시에 욕망은 가치관 전환으로부터

··············

8 Yunxiang Yan, "Dislocation, Reposition and Restratification: Structural Changes in Chinese Society," in Maurice Brosseau and Lo Chi Kin, eds., *China Review*, (Hong Kong: Chinese University Press, 1994), pp.15-24.

9 Lisa Rofel, *Desiring China: Experiments in Neoliberalism, Sexuality, and Public Culture*, (Durham, NC: Duke University Press, 2007).

10 Lisa Rofel, *Desiring China: Experiments in Neoliberalism, Sexuality, and Public Culture*, (Durham, NC: Duke University Press Books, 2007).

생활 속의 도덕적 실천의 전환이 이루어지는 최단의 통로이다.

중국 사회는 도덕적 위기에 처해 있는가?

도덕적 실천의 면에서 집단주의 윤리로부터 개인주의 윤리로의 전환은 쉽지 않다. 그것은 현재의 도덕적 질서에 대한 도전일 뿐만 아니라, 이기는 자와 지는 자를 만들고, 때로는 심지어 피해자를 만들어내기 때문이다. 이러한 도덕적 실천의 변화에 대한 판단은 종종 전혀 다를 수 있고, 보는 사람마다의 견해의 차이에 의해 결정될 수 있다: 어떤 사람들은 도덕적 타락 또는 위기를 보지만, 또 다른 사람들은 새로운 도덕윤리의 굴기를 발견할 수도 있다.

예를 들면, 2007년 어떤 학자가 단언하기를, 농업세 및 기타 세금이 사라진 후, 중국 농촌의 통치위기는 이미 새로운 윤리위기로 대체되었고, 사회의 안정을 파괴할 정도의 위험수준에 이르렀다.[11] 그의 관점은 당시 많은 사람들의 강한 공감을 얻어냈다. 그러나 그 학자는 두 가지 영역에서의 도덕적 상실만으로 이러한 위기를 증명하고자 했다. 농촌에서 나날이 증가하고 있는 이혼율과 금전숭배. 그의 견해에 의하면, 높은 이혼율은 주로 젊은 부녀가 성과 혼인에 대해 솔직해진 것이 그 원인이다. 그녀들은 도시의 편안한 물질적 생활을 동경하며, 주저하지 않고 남편과 아이들을 버리면서 개인의 행복을 추구한다. 금전숭배에 대해 그는 이해할 수 없는 현상을 발견하였는데, 그것은 농민들이 도시에서 매음을 통해 돈을 버는 젊은 여성들을 경멸하지 않는다는 점이다. 오히려, 이 여성들이 그 수입으로 부모에게 새 집을 사주는 것이, 다른 사람들처럼 도덕적 의무를 다하는 것이라고 생각한다. 어떠한 부끄러움도 없기 때문에, 이러한 성매매여성들이 농민들의 인정을 받을 뿐만 아니라, 심지어는 적지 않은 사람들로부터 존중을 받고 있다.[12]

이것은 도덕적 위기인가 아니면 윤리적 담론과 도덕적 실천 측면에서의 급변인

---

11 沈丁丁, 中國農村出現倫理危機, 『中國評論』, 2007年 7月號.
12 沈丁丁, 中國農村出現倫理危機, 『中國評論』, 2007年 7月號.

가? 누구의 기준으로 이러한 부녀들의 성관념과 결혼관이 정숙하지 못하다고 판단할 것인가? 이러한 사람들이 편안한 생활을 원하는 것이 왜 도덕적이지 못하다고 할 수 있을까? 조금만 분석해보면 젊은 부녀들의 행위를 비판하는 사람들이 주로 전통적 집단주의의 책임윤리를 가지고 있는 나이 든 남성 촌민들이라는 것을 알 수 있다. 그들은 여성이 개인의 행복과 편안한 생활을 추구하는 것에 찬성하지 않는다. 정말 웃지 못할 점은, 똑같은 기준으로, 이들 노년 남성들은 오히려 젊은 부녀들이 매음으로 가정을 책임지는 것을 효행의 증거로 본다는 점이다. 또한 성적인 일 자체 때문에 이들 젊은 여성들을 경멸하는 것이 아니라는 점이다. 여기서 현실생활 속의 개인주의와 집단주의의 유착으로 인해 생겨난 긴장과 충돌이 세대별, 성별 차이에 따라 다르게 나타난다. 따라서 농촌 사회에서 어느 정도로 도덕적 위기가 발생했는지에 대해서는 의심의 여지가 있다. 그러나 더 중요한 문제는 왜 학자들의 관점이 대중들에게 이렇게 큰 공감을 불러일으키는가 하는 점이다. 왜 1980년대 이후 거의 모든 도덕적 타락과 도덕적 위기에 대한 판단이 이처럼 광범위하게 받아들여질 수 있었을까?

이러한 문제들의 복잡성을 보다 잘 이해하려면, 우리는 도덕적 위기에 대한 주관적 인식과 도덕적 행위의 객관적 변화를 구별해야 한다. 미국적 가치관의 위기 인식에 대한 통찰력 있는 분석을 통해, 웨인 베이커(Wayne E. Baker)[13]는 위기를 감지하고 판단하는 세 가지 방식을 정립하였다. 첫 번째는 현재와 과거의 대비에 초점을 둔 것으로, 전통적 가치관의 상실을 강조한다. 두 번째는 미국 사회와 기타 사회의 보편적 가치의 우열을 비교하는 것이고, 세 번째는 양립할 수 없는 도덕적 차이를 가지고, 미국 사회를 대립적인 쌍방으로 나누는 것으로, 즉 문화전쟁을 의미한다. 우리는 베이커의 방식을 약간 수정하여 중국의 사례를 분석함으로써, 대중이 도덕적 위기를 인식할 때 세 가지 사고방식이 균일하게 작용한다는 점을 발견하였다.

우선, 가치관과 도덕적 실천으로 말하자면, 사회 각 계층은 모두 과거를 이상화

---

13 Wayne E. Baker, *America's Crisis of Values: Reality and Perception*, (Princeton, NJ: Princeton University Press, 2005).

하는 경향이 있고, 그로써 불만이 있는 현실을 비판한다. 전통적 가치관의 상실은 흔히 있는 원망일 뿐이다. 연장자는 젊은이의 도덕적 타락을 개탄하는데, 그들이 전통을 잊었기 때문이라고 하지만, 보다 중요한 것은 그들이 연장자의 생각이나 행동과 달라, 현 상황의 균형을 깨뜨리기 때문이다. 한 사회의 변화가 빠르면 빠를수록, 파라다이스가 사라졌다는 원망은 점점 더 커진다. 이러한 생각은 2500년 전에도 존재했다. 당시 공자는 주공시대의 가치관과 예의가 이미 사라졌다고 한탄했고, 그가 처한 시대를 '예악붕괴'의 시대라고 불렀는데, 바로 도덕적 위기를 말한 것이다.

그처럼, 지금의 원망은 마오쩌둥 시기의 생활을 이상화하고, 그때는 도덕적으로 우위에 있었던 시대인 반면, 개혁시기에는 간부의 부패, 상업사기 및 각종 형식의 부정적 경쟁현상 등의 일련의 도덕적 문제가 발생하고 있다고 생각한다. 확실히, 마오쩌둥시대의 간부가 경제적 부패를 저지르는 경우가 아주 드물었다. 하지만 그들이 정치와 사회에서 권리를 남용한 정도는 오히려 더 심했다. 계획경제체제하에서 상업적 사기는 거의 발생한 적이 없었지만, 더 많은 인민들이 끝없는 정치투쟁의 고통을 겪어야 했다. 마찬가지로, 그때의 민중은 정부를 충분히 신뢰했고, 비이성적일 정도로 마오쩌둥을 숭배하였다. 하지만 거의 모든 사람이 다른 사람에게 고발당할까 두려워했으며, 거기에는 자신과 가장 가까운 가족들과 친한 친구도 포함되어 있었다. 대공무사적 공산주의 미덕의 지도하에서, 많은 사람들이 광적으로, 정말 이기심 없이 수정주의를 비판하였다. 당시의 열성분자들은 정치적 진보를 추구하여 윗사람의 인정과 표창을 받고자 했으며, 본질적으로는 자신의 이익을 위해서였지만, 같은 논리로 해방 전과 전근대, 그리고 심지어는 고대의 중국의 윤리와 도덕적 실천을 이상화하고 옹호하였다. 예를 들면, 전통 중국에서의 이혼율은 낮았고, 심지어는 존재하지도 않았는데, 그것은 남성에 대한 여성의 절대적 복종을 요구하고, 또는 여성 개인의 권리가 부도덕적이라는 이유로 부정되었기 때문이었다.

마오쩌둥시대에 숭고하게 여겨졌던 집단주의 책임윤리는 1970년대 말 최고조에 이르렀다가 쇠퇴하기 시작하였고, 당시 개인의 권리와 자아의식에 대한 완전한 부정은 90년대에 사람들에게 이미 잊히거나 또는 의식적으로 등한시되었다. 집단주의 윤리로부터 개인주의 윤리로의 전환이 신속하고 철저하게 이루어졌는데, 그에 따라 많은 중국인이 고통과 곤혹을 느끼고 방황했다. 그에 따라 도덕적 타락에 대한 담론이 끊임없이 주류매체에 등장하였는데, 그들이 구체적으로 지향하는 것은 매년 달랐다.

우열비교법(unfavorable comparison approach)을 통해 도덕적 타락 심지어 도덕적 위기를 밝히려고 하는 학자와 지도자들은 기본적으로 하나의 중요한 화제에 집중하였다. 즉 공적 영역에서 현대적 문명성이 양성된 점이다. 20세기 상반기, 량치차오, 량수밍, 후스와 페이샤오퉁 등 선진지식인들은 모두 공적 도덕의 결여가 중국사회의 심각한 문제라고 여겼다. 중국과 서구 국가들을 비교할 때, 그들이 관심을 가졌던 것은 일반적으로 깨끗한 정치, 공공규칙의 준수, 공중위생의식, 대중 참여 및 공적 교류에 있어서 낯선 사람에 대한 관용, 성실과 연민 등이었다. 중국은 이러한 비교에서 순위가 무척 낮았다. 중국 엘리트들은 그 원인이 중국인의 보편적 이기심에 있다고 생각했다.

여기에서 두 가지를 주의해야 한다. 첫째, 우열비교법은 주로 중국인에게 보편적으로 존재하는 공덕의 결여를 비판하는 데 사용되었다. 그러나 기타 영역을 포함할 때, 그때의 다수 지식인들은 반대로 전통도덕을 찬미하였는데, 예를 들면 량수밍은 중국문화를 도덕의 근본이며, 전 인류의 모범이라고 생각했다. 두 번째, 20세기 초 중국이 국제정치 무대에서 영향력이 약화되었을 때, 이러한 유형의 도덕 비교가 더 복잡해지고, 점점 더 대중의 주의를 끌었다. 민족주의와 민족자부심이 고조되었을 때, 마오쩌둥시대 또는 1990년대 말 이래 중국이 굴기하던 그때처럼, 이러한 우열비교의 열정이 사라지기 시작했다. 그러므로 우열비교법과 '파라다이스 상실' 법은 다른 것이지만 효과는 같았는데, 모두 논자의 주관적 판단으로부터 나온 것이며, 체계적이고 객관적인 연구가 결여된 것이었다. 그러나 이러한 자의적이고 단순한 판단은 대중의 여론에 유효한 영향을 주었고, 도덕위기라는 결론을 이끌어냈다.

베이커가 귀납한 도덕적 위기에 대한 세 번째 사고방식, 즉 첨예한 이념 대립은 중국에서는 한동안 중요하지 않았다. 무엇보다도, 공산주의 윤리가 여전히 관방의 담론이었기 때문이고, 국가가 여전히 권력을 쥐고 모든 새로운 대중 담론의 운명

을 결정했기 때문이다. 이로 인해 합법화된 윤리적 담론에 있어서 어떠한 문화전
쟁도 일어나지 못했다. 그 다음으로, 주도적 위치에 있던 공산주의 윤리적 담론이
대다수 당원과 간부의 도덕적 실천과 상치하였기 때문에, 윤리적 담론과 도덕적
실천 사이의 격차가 계속해서 확대되었다.[14] 따라서 사람들은 가치관의 다양성을
시장에서의 선택으로 여겼고, 서로 다른 맥락에서 서로 다른 가치관을 자신의 도
덕적 행위에 대한 옹호 또는 합법화의 수단으로 삼았다.

하지만 더 상위의 측면에서 가치관의 다양성은 도덕적 타락 혹은 위기에 대한
대중의 인식에 있어서 확실히 중요한 작용을 하였다. 사람들의 이목을 가장 많이
끌었던 것은 집단주의 윤리로부터 개인주의로의 전환 이후, 공자와 마오쩌둥 등
상징성과 신비성을 가지고 있는 도덕적 권위들이 자연히 더 이상 존재하지 않게
되었다는 것이고, 모종의 집단주의 윤리가 독점하던 시대가 이미 끝나고, 사람들
을 공황에 빠뜨린 '도덕적 진공' 상태를 유발하였다는 것이다. 사실, 사회 전체로
보면, 사람들은 어쨌든 어떤 가치관이나 신념을 가지고 옳고 그름을 판단하기 마
련이기 때문에, 소위 '도덕적 진공' 상태란 현실생활에서는 실제로 있을 수 없다;
그러나 한 개인의 주관적 느낌으로는, 그것은 정말 실재한다고 할 수 있는데, 그 개
인이 믿는 윤리적 표준이 새로운 도덕적 실천에 있어서 충격을 받고 무너져버렸기
때문이다. 전통도덕의 권위와 마오주의의 도덕적 권위의 붕괴로 인해 확실히 많은
사람들의 이상이 파괴되고 천대받았다. 그리고 부를 추구하는 것이 마치 사회생활
에서의 유일한 동력인 것처럼 여겨지고, 자아의 존재론적 기초가 극도로 취약해지
고, 따라서 자아의 소외화와 물상화가 초래되었다.[15]

노년 세대에서 이러한 도덕적 진공에 대한 인식이 더 분명하게 나타났는데, 그
들은 일종의 동질적이고 통일적인 가치체계에 익숙했기 때문이었다. "나는 또 누

•••••••••••••

14 Xiaoying Wang, "The Post-Communist Personality: The Spectre of China's Capitalist Market
Reforms," The China Journal, No.47, (January, 2002), pp.1-17.

15 Jiwei Ci, Dialectic of the Chinese Revolution: From Utopianism to Hedonism, (Stanford, CA:
Stanford University Press, 1994); XinLiu, The Otherness of Self: A Genealogy of the Self in
Contemporary China. (Ann Arbor: University of Michigan Press, 2002); Xiaoying Wang, "The Post-
Communist Personality: The Spectre of China's Capitalist Market Reforms," The China Journal,
No.47, (January, 2002), pp.1-17.

구를 믿어야 하는지 모르겠어." 그리고 "나는 아무개가 이런 일을 했는지 모르겠어."라는 것이 그들의 전형적인 원망이었고, 절대적 도덕적 권위의 상실 이후의 미망과 당혹감을 보여주었다. 중국 사회가 나날이 개방이 가속화되고 다원화되어감에 따라, 가치관의 다양성으로 인해 생긴 전통적 가치관과 당대 도덕적 실천 사이의 모순이 점점 심각해졌는데, 이것은 또한 1980년대 이래 도덕적 위기가 발생할 것이라는 경고가 줄곧 있어왔던 이유이기도 하다. 비록 위기라고 할 수 있는 내용은 이미 변했지만, 도덕적 타락에 대한 인식은 사라지지 않았다. 예를 들면, '老實'이라는 도덕적 품성에 대한 사회적 평가가 큰 변화를 겪었고, 많은 사람들의 마음속에서 이것은 도덕적 타락의 증거가 되었다. '老實'이라는 것은 일련의 개인의 품행, 예를 들면 성실하다, 솔직하다, 행위가 양호하다, 복종과 단순 등을 가리키는 것이었다. 그중 복종과 성실은 일상생활의 담론에서 자주 강조되었다. 20세기 80년대 초까지, '老實'이라는 것은 향촌사회에서 줄곧 높이 평가되는 미덕이었다. 착실한 남자는 환영을 받았고, 이상적인 배우자와 공공생활에서 믿을 수 있는 사람으로 여겨졌다. 하지만, 90년대 이래, '老實'이라는 것은 점차 부정적인 단어로 변했다. 가령 한 남성이 '老實'이라는 딱지가 붙으면, 젊은 여성들은 여러 가지 이유로 그를 무시했다.[16] 주리(朱力)가 2002년과 2003년 1,000명의 사람들에게 실시했던 설문조사에 의하면, 60%에 가까운 인터뷰 대상자들이 '老實'은 이미 구시대의 가치이며, 지금 중국 사회에서 그것은 개인의 이익에 피해를 주는 것일 뿐이라고 생각하였다.[17]

내가 보기에, '老實'이라는 것이 미덕에서 결점이 된 것은 사회구조의 급변, 특히 유동성의 증가 때문이다. 유동성이 낮은 집단의 사회적 상호작용에 있어서, '老實'이라는 것은 일종의 아주 소중한 도덕적 품성이다. 촌민이 긴밀하게 단결한 사회에서, 그리고 동일한 사회의 연락망 속에서 교류할 때에는, '老實'이라는 것은 신임과 신뢰를 의미한다. 이로 인해 사회생활의 거래비용이 낮아진다. 이러함에도

16 Yunxiang Yan, *Private Life under Socialism: Love, Intimacy, and Family Change in a Chinese Village*, 1949-1999, (Stanford: Stanford University Press, 2003), pp.77-78.
17 朱力, 『變遷之痛: 轉型期的社會失范硏究』, (北京: 社會科學文獻出版社, 2006), p.343.

불구하고, '老實'의 기타 장점은 천진과 성실과 같은 것인데, 그것은 작은 사회집단 외의 시장사회에서는 치명적인 결점이 된다. 이러한 새로운 환경에서 착하면 공격받거나 사기를 당한다. 착한 남편은 아내에게 필요한 안전과 보호를 제공하기 어렵다. 이만큼 중요한 것은, 한 가정의 시각으로 보면, 과묵하지만 근면한 남자는 부모 또는 장인장모의 기대에는 부합할 수 있지만, 사랑하는 사람과 배우자의 나날이 증가하는 친밀감에 대한 요구를 만족시키지 못할 수 있다. 새로운 사회적 조건하에서, 말 잘하는 것과 진실하고 정직한 것이 모두 중요하다. 바꿔 말하자면, 사회의 유동성 여부, 낯선 사람과의 교류의 횟수, 그리고 개인의 주관적 선택이 '老實'이 미덕인지 결점인지를 결정하게 되었다.

서로 다른 방식으로 이러한 도덕적 변화를 살펴보는 것 말고도, 새로운, 비전통적인 행위의 출현이 또한 사회 대중에 의해 도덕적 타락의 증표로 이해되기도 한다. 이런 점에서 좋은 예는 성도덕과 성행위가 과거 30년 사이에 크게 변했다는 것이다.[18] 1970년대, 혼전 성행위는 금기시되었다. 이미 정혼한 남녀 사이에서도 혼전에는 성행위를 할 수 없었는데, 만일 그런 경우 그들은 각종 형식의 징벌을 받아야 했다. 1980년대 이러한 금기가 광범위하게 의심을 받았다. 많은 고등학생과 대학생들이 재빨리 선악과를 먹기 시작했다. 21세기에 이르자, 도시 청년들의 동거가 보편화되었다. 이러한 변화에 의해 성 영역에서의 도덕적 타락에 대한 공황이 초래되었다. 그러나 올해에는 비도덕적으로 여겨졌던 행위가 다음 해는 묵인되었고, 다시 2년이 더 흐르면 정상적인 행동으로 여겨졌다. 관건은 사람들의 가치관과 윤리적 표준이 때에 따라 변화했다는 데 있다.

⋯⋯⋯⋯⋯⋯

18 Everett Zhang, "China's Sex Revolution," in Arthur Kleinman, Yunxiang Yan, Jing Jun, Sing Lee, Everett Zhang, Pan Tianshu, Wu Fei and Guo Jinhua, *Deep China: The Moral Life of the Person, "What Anthropology and Psychiatry Tell Us about China Today"*, (Berkeley: University of California Press, 2011), pp.106-151.

최소한의 도덕마저 벗어난 부도덕한 행위들

도덕적 실천에 있어서도, 우리는 그와 같은 복잡성을 발견하게 된다. 지면의 한계로 인해, 여기에서는 부도덕한 행위양식과 그에 비해 새로운 도덕으로 인정된 행위양식만을 보여주고자 한다. 이 두 가지 추세는 표면적으로는 확연히 다른 것 같지만, 둘 다 집단적 책임에서 개인적 권리로 보다 심층적인 윤리적 전환이 이루어진 것과 직접적인 관계가 있다.

　부도덕한 행위를 고찰할 때, 우리는 반드시 논쟁이 될 수 있는 행위와 부도덕하다고 이미 인정된 행위를 아주 조심스럽게 구분해야 한다. 논쟁의 여지가 많은 도덕적 행위는 모두 도덕관념의 다원화, 다양화로 인해 발생한 것으로, 편견을 버리고 보면, 다원화와 다양화는 오늘날 중국 사회의 도덕적 실천 속에서 가장 중요한 새로운 특징이라는 점을 발견하게 된다. 이로 인해 논쟁이 생기는 것은 당연하다. 우리가 정말 걱정해야 하는 것은 최소한도의 도덕의 파괴라는 문제이다. 최소한도의 도덕을 벗어나는 일이 그렇게 복잡한 문제도, 자주 있는, 보편적인 일도 아니지만, 그것이 만들어내는 파급력이 크고, 특히 사회의 공신력에 대해 큰 충격을 줄 수 있기 때문이다.

　일상생활에서 부도덕한 행위는 네 가지 기본적 방식으로 표현된다. 비양심(沒良心), 도덕적 타락(道德敗壞), 부도덕(缺德)과 천리에 어긋남(傷天害理). 실제로, 이 네 가지 말은 차이가 있다. '비양심'은 일대일의 관계, 즉 개인 간의 관계에서 많이 나타난다. '도덕적 타락'은 성행위, 혼인가정과 관련된 현상에 많이 쓰인다. 이 두 가지 모두 사생활에 많이 쓰이지만, '부도덕'은 다르다. 예를 들면 내가 연구한 적 있는 마을에서 크게 양계장을 하는 집에서 계분을 거리에 쌓아 놓은 적이 있었는데 비가 내릴 때마다 쌓여있던 계분이 우물로 흘러 들어가 물을 오염시켰다. 이에 대해 모두 마음속으로 화가 났지만 양계장의 횡포 때문에 화가 나도 감히 말을 하지 못하고 뒤에서만 그가 '부도덕' 하다고 수군거렸다. '부도덕'이 이미 사적 영역에서 공공생활의 영역으로 들어와서, 개인에게 피해를 주는 일뿐만 아니라 전체 집단에 대해 피해를 주는 일에도 쓰인다는 것을 알 수 있다. '천리에 어긋남'은 좀 더 기본적이고 심각한 사회생활의 원칙에 대해 사용한다. 즉 2011년 발생한 샤오위에위에(小說說) 사건이 그 예이다.

샤오위에위에 사건에 대한 당시 중국 국내 매체의 토론은 세 가지 단계로 진행되었다. 첫 번째 단계에서 모두가 믿을 수 없었던 것은, 18명이나 되는 행인들이 왜 샤오위에위에를 도와주려고 하지 않았는가 하는 점이다. 전화 한 통만 하는 것이라면, 그 사람에게는 어떤 피해도 가지 않았을 텐데 말이다. 토론이 심화되고 시간이 갈수록, 두 번째 단계로 나아갔는데, 사람들은 우리들의 사회가 왜 동정심을 결여하게 되었는가에 대해 생각하기 시작했다. 모두 답을 찾고 있었을 때 토론이 세 번째 단계로 진행되었다. '내가 그 18명 중의 하나라면, 나는 어떻게 했을까' 라고 스스로 되묻기 시작했다. 답은 자신도 그 행인들과 같았을 수 있다는 점에서 모두가 한마음이었다. 매체에서 끊임없이 보도한 것, 자신도 직접 들은 바 있는 '착한 사마리아인' 이 될 수 있었기 때문이다.

'착한 사마리아인' 사건을 연구할 때, 세 가지 깊이 생각해볼 만한 문제를 발견하였다.[19] 첫째, 26개의 사건을 자세히 살피던 중, 도와준 사람을 협박한 절대다수의 사람이 모두 노년 여성이라는 점, 이들은 평상시 친근하고 존경받던 노인들이었지만, 한순간에 무척이나 부도덕적인 선택을 하게 되었다는 점이다. 깊이 생각해볼 만한 것은 "무엇이 이 착한 사람들로 하여금 부도덕한 일을 하도록 했는가" 라는 문제이다. 둘째, 많은 조력자들이 경제적으로 여유 있는 편이었지만, 협박자들은 저소득층에 속했다는 점이다. 수입의 차이가 사회가 불공평하다는 생각을 갖게 했고, 그로 인해 협박자들은 완전히 비뚤어진 생각을 하게 되었다는 것이다. "어차피 당신은 돈이 있는데, 내가 당신에게 한 번 돈을 뜯어낸다고 해서 무슨 문제이며, 적어도 나는 의료비를 내줄 사람 하나는 찾아야 한다." 세 번째, 협박자들이 자신을 변호할 때, 그들의 이유는 보통 이렇다. 나를 해치지도 않았는데, 나를 왜 도왔겠는가? 이것은 사회에 광범위하게 퍼져있는 인간의 선에 대한 내적 동기에 대한 불신이며, 좋은 일을 하는 배후에는 반드시 남들한테는 알리지 못하는 동기가 있을 것이라는 생각 때문은 아닐까? 이러한 선에 대한 불신은 걱정스러운 일이다.

••••••••••••••

19 Yunxiang Yan, "The Good Samaritan's New Trouble: A Study of the Changing Moral Landscape in Contemporary China," *Social Anthropology*, Vol.17, No.1, (February, 2009), pp.9-24.

더 걱정스러운 일은 2007년 펑위(彭宇)사건 판결문에도 나타난다. 즉 사법체계에서도 기본적으로 이러한 논리가 작용한다는 것이다. 해당 판결문은 정상적인 상황에서, 펑위는 마땅히 정부기구에 도움을 구하거나 아예 지나쳤어야지, 주동적으로 다친 사람을 도와주어서는 안 된다고 선고하였다. 모든 사법체계의 운용은 유죄추정의 원칙이었고, 책임이 완전히 피고 일방에게 주어졌는데, 이로 인해 '좋은 일 하려다 협박당한' 사건을 당하고도, 법적으로 결백을 호소하는 일이 더 힘들어졌다. 목격자들 대다수가 절대다수임에도 침묵했기 때문이다.

이러한 상황이 부단히 발생하여 생긴 사회적 효과는 모두 본능적으로 자신을 보호하려 하고, 관련 부처가 일찍이 관심을 가지기 전까지는, 비슷한 상황을 만나면 우선 자신을 보호하여, 남이 협박하도록 하지 못하도록 하고, 상대방이 협박할 수 있는 가능성을 인정할 때까지 기다리게 되었다. 보충적으로 설명하자면, 내가 연구한 26개의 사건 모두, 사법적 통로나 다른 통로를 불문하고, 타인을 도운 사람이 결국에는 모두 자신의 결백을 증명하였다. 하지만 놀라운 것은 모든 사건에서 협박자들은 아무도 사과를 하지 않았고, 또한 무고하게 협박했다는 것 때문에 법적으로 처벌을 받은 사람은 단 한 명도 없었다는 점이다.[20]

최소한의 도덕을 벗어난 두 번째 행위는 유독성 식품의 생산과 유통이다. 많은 공무원과 과학자들이 말하기를, 중국의 식품안전문제는 매체에 의해 지나치게 과장되었다. 이 배후에는 두 가지 판단이 존재한다. 첫째, 매체가 유해하다고 한 많은 건강식품들이 있는데, 여전히 과학적 증명을 기다리는 상태이며, 현재까지 미확정 상태이다. 그 다음, 발생빈도로 보면, 유해식품과 비위생 혹은 기타 원인으로 일어난 식품 중 유독물질 사건을 비교해보면, 전자의 비율이 훨씬 낮다. 개인적으로 정부의 설명도 일리는 있다. 특수한 유동 식품 사건 및 그것이 낳은 위험성은, 일반 위생문제가 우리 건강에 일으키는 위험성보다 훨씬 크지 않다. 그러나 유독식품이 도덕적 마지노선을 벗어났다는 것은 과학으로는 증명할 수도, 통계수치로 그 위험 정도를 판단할 수도 없다. 관건은 사회 절대다수의 사람들이 유독식품의

20 Yunxiang Yan, "The Good Samaritan's New Trouble: A Study of the Changing Moral Landscape in Contemporary China," *Social Anthropology*, Vol.17, No.1, (February, 2009), pp.9-24.

범람을 믿는가의 여부와, 이러한 대중의 사회적 신뢰에 대한 인식이 어느 정도의 부정적 작용을 한다는 점에 달려있다.

좋은 소식과 나쁜 소식 중에서, 다수 민중은 어떤 것을 믿으려고 할까? 다수가 나쁜 소식을 믿게 된다면 문제가 상당히 심각해진다. 예를 들면, 쓰레기 기름이 얼마나 독성이 있는가 하는 것은 논쟁의 여지가 있는 문제이다. 어떤 이는 여전히 과학적으로 증명될 필요가 있다고 하고, 어떤 이는 제조과정이 엄격하게 통제만 한다면 건강에 해롭지 않다고 하고, 심지어는 정당한 자원 재활용이 될 수 있을 것이라고도 한다. 그러나 어떤 이는 쓰레기 기름이 무조건 암을 유발한다고 말한다. 만일 우리들 절대 다수가 유해하다고 믿는다면, 쓰레기 기름은 사회적 공황을 불러올 것이다. 위해성과 위험성에 대한 믿음의 정도가 보다 중요한 문제가 되었다; 내 연구는 이런 점에 치중해있다.

중국의 식품안전문제는 실제로 세 가지 수준 혹은 세 가지 범주로 나누어볼 수 있다. 첫째, 비위생으로 인한 식품안전문제이다. 이것은 우리의 현재 소비습관과 관련 있다. 대량의 장거리 운송, 대량의 가공식품 혹은 반가공식품의 섭취와, 식품 가공업에서 소형 기업이 절대다수를 차지하게 되면서, 식품가공 과정에서의 위생 문제가 특히 심각해졌다. 통계수치로 보면 이런 범주가 가장 대표적이다. 두 번째, 소위 '비안정성 식품', 예를 들면 유전자 조작 식품이 있다. 현재 유전자 조작 식품들이 건강에 유해하다고 하는 과학적 연구들 중 아직도 사람들이 신뢰할 만한 것이 없다; 그러나 자신도 모르게 두려움에 빠져, 해로울 수 있다면 예방해야 하므로, 이로 인해 생긴 위험성이 점점 더 현대화되고 있는 식품생산과정과 함께 하고 있다. 관건은 세 번째 범주에 있는데, 즉 우리가 잘 알고 있는 소위 유독식품 문제이다. 유독식품에 대한 정의는 간단하다. 즉 식품 생산자와 운수업자, 판매자가 이익을 얻기 위해 유독한 물질을 첨가하는 것이다. 유독식품 현상은 그렇게 보편적이지 않지만, 전체 사회의 공신력에 대해 가장 큰 충격을 주었다.[21]

설상가상으로, 이 세 번째 수준의 위험은 우리들에게 보통 중첩되어 일어나거

21 Yunxiang Yan, "Food Safety and Social Risk in Contemporary China," *The Journal of Asian Studies*, Vol.71, No.3, (August, 2012), pp.705-729.

나 동시에 일어난다. 그래서 우리는 자신이 어떤 위험에 처해 있는지 더 곤혹스러워하게 되고, 정책결정자들, 식품업계 전문가들 또한 명확하게 판단을 내리기 어려워한다. 예를 들면, 정부 관리자가 식품안전문제에 대해 매체가 과장을 하고 있다고 할 때, 그들은 첫 번째 수준이라고 생각하고 세 번째 수준으로는 생각하지 않아 유독식품 출현 빈도가 그렇게 높지 않더라도, 그것은 여전히 도덕과 사회적 공신력에 대해 거대한 충격을 줄 수 있다는 점을 이해하지 못하고 있는 것이다. 세 번째 수준의 위험은 중국 사회 특유의 현상으로 전문가, 정책결정자들이 힘을 합쳐 협력해야 하고, 총체적 계획을 가지고 해결해야 하는 문제이다.[22]

사회의 유동성이 증가하고 사회적 리듬이 빨라지면서, 중국 사회는 지금 낯익은 사람들의 사회(the acquaintance society)로부터 낯선 사람들의 사회(the strangers society)로 전환되고 있지만, 낯선 사람들의 사회에서 가장 필요한 '사회적 신뢰'가 결여되어 있다. 사회적 신뢰는 우선 제도에 대한 신뢰, 전문가에 대한 신뢰, 낯선이에 대한 신뢰이다. 우리가 처해 있는 사회는 모르는 요인들이 너무 많고, 개인의 인식범위를 완전히 벗어나 있으므로, 각종 제도에 의지할 수밖에 없다. 그 다음은 전문가에 대한 신뢰로서, 전문가의 지식에 의지해서 위험에 대처해야 한다. 그러나 중국에서는 각종 원인 때문에, 전문가들의 잘못된 견해를 발표하는 것이 종종 있는데, 이로 인해 사람들은 전문가를 신뢰하지 못하게 된다. 마지막으로는 낯선 사람에 대한 신뢰이다. 최소한 낯선 사람이 해를 가하지 않는다는 것을 믿으려면 낯선 사람들의 사회 속에서 충분한 안전감을 느껴야 비로소 다른 사람들과 편하게 지낼 수 있고, 또한 상대방도 타인이 자신을 해치지 않는다고 생각하게 된다.

위에서 말한 두 가지 최소한의 도덕마저 벗어난 부도덕한 행위들이 중국 사회에 가장 크게 미친 부정적 영향은 바로 보편적인 사회적 신뢰를 쌓을 수 없게 되었다는 점에 있다. 결과적으로 사람들은 그 부정적인 면을 보고, 개인적 신뢰에 도움을 구하게 되었고, 결국 깨달은 것은 부모만이 믿을 만하다거나, 혹은 친한 친구들이나 그렇다는 것이다. 이 양자가 다른 점은 개인의 신뢰에 대한 심각한 의

22 Yunxiang Yan, "Food Safety and Social Risk in Contemporary China," *The Journal of Asian Studies*, Vol.71, No.3, (August, 2012), pp.705-729.

존이며, 낯선 사람, 제도와 전문가에 대해 사회적 신뢰로 영원히 나아가지 못할 것이라는 것이다. 그렇다면 전체 사회가 현대적으로 전환되기가 어려워진다. 이것으로 보자면, 사회적 신뢰도의 하강은 오늘날 중국 사회가 직면한 거대한 도전의 하나이다.

모든 부도덕한 행위 중, 최소한의 도덕을 벗어난 행위, 즉 가장 기본적이고 가장 보편적인 윤리적 가치를 유린하거나 혹은 가장 나쁜 방식으로 타인에게 고의로 상해를 입히는 행위는, 이미 대중매체와 학술계의 광범위한 관심을 받아왔다. 사회학자 순리핑(孫立平)이 생각하기에, 최소한의 도덕이 끊임없이 무너지는 것은 빠르게 변화하는 도덕적 풍경 속에서 가장 걱정스러운 일이며, 잠재적인 위험성이 가장 큰 사회문제이다. 왜냐하면 사회도덕의 기초, 즉 최소한의 도덕이 지속적으로 파괴되는 것은 사회생활의 기초를 위협하기 때문이다.[23]

극단적으로 부도덕한 행위가 고립된 개인의 범주를 벗어나 공개적인 집단적 행위로 변할 때, 때때로 최소한의 도덕에 대한 충격이 최대가 된다. 조직적으로 이루어지는 부도덕한 행위는 사회 각 수준의 기관과 전문가들에 의해 이루어지고, 이로 인해 일종의 제도화된 부도덕으로 발전한다. 말할 필요도 없이, 어떠한 사회생활영역에서도 제도화된 부도덕이 출현하였는데, 이는 사회의 공평과 정의에 대해 심각한 도전을 가져 온다; 제도화된 부도덕한 행위들이 쌓이면 기본적인 윤리적 가치관이 동요될 수 있고, 결과적으로 진정한 도덕의 위기가 나타날 수 있다. 그가장 좋은 예는 2008년 산루(三鹿)그룹이 독분유를 생산하여 식품안전위기와 전국적 공황을 초래하였을 때이다.

새로운 윤리의 출현과 도덕적 실천들

끊임없이 변화하는 도덕적 풍경의 전모를 보기 위해서는 밝은 부분을 간과해서는 안 된다. 여기에는 전통적 윤리에 대한 수호 뿐만 아니라, 새로운 도덕적 실천의

23 孫立平, 『守衛底線: 轉型社會生活的基礎秩序』, (北京: 社會科學文獻出版社, 2007), pp.1-9.

출현도 포함된다. 예를 들면, 인류학자 옥스펠드(Ellen oxfeld)는 중국 남방의 한 작은 마을 사람들이 그들이 전에 받았던 선물과 도움에 대해 그것을 사회적·도덕적 빚으로서 얼마나 기억하고 보답하는지에 대한 수많은 사례들을 상세히 고찰하였다. 비록 시장경제의 도구적 이성의 영향을 받았지만, 사회적 기억과 호혜적 행위는 사회의 양심을 보호하는 데 있어서 여전히 중요한 역할을 하고 있다.[24] 윌리엄 얀코비악(William Jankowiak)의 연구는 도시환경 속에서의 긍정적인 도덕의 변화를 보여준다: 변호사라는 직업의 명성은 부단히 증가하고 있다. 왜냐하면 그들은 민중을 대신하여 권리를 수호하고 정의를 추구하기 때문이다. 자선사업에 대한 개별 시민들의 기여도 계속해서 증가하고 있다. 또한 '도덕적 민족주의'라고 불리는 중화민족 공동체의식이 증가하고 있다.[25]

위에서 말한 두 가지는 중국인의 일상생활 속에서의 도덕세계를 이해하는 데 있어서 중요하다. 그러나 얀코비악이 말하는 도덕적 변화는 주목할 만하다. 이런 변화들은 급변하는 도시생활을 배경으로 이루어지고 있으며, 또한 대다수가 낯선 사람들 속에 머무르게 되어서이기도 하다. 시장경제하에서, 시골에서는 낯익은 사람들 사이에서의 사회적 교류가 전통적 집단주의 책임윤리와 밀접한 관련이 있지만, 전통윤리는 촌민들에게 낯선 이들과 교류하는 어떠한 도덕적 원칙도 가르쳐준 적이 없다. 많은 예들이 보여주듯이, 유독식품을 포함하여 가짜의 저급한 상품들이 대부분 농촌지역에서 생산되고, 게다가 많은 농민들이 자발적이고 적극적으로 거기에 참여한다. 왜냐하면 그들은 자신들이 먼 곳에 있는 아무 관계도 없는 낯선 이들에 대해 어떠한 윤리적 의무도 없다고 생각하기 때문이다.

상대적으로 도시에서는 자선사업이라는 새로운 추세가 하나의 새로운 윤리를 대표하는데, 즉 모든 사람들은 모두 그와 똑같은 광의의 자비와 사랑을 가지고 있다는 것이다. 이런 점에서 대표적인 예는 가수 총페이(叢飛)의 개인자선사업이다. 수많은 농촌 청년처럼, 총페이도 고향을 떠나 꿈을 찾아 선전(深圳)으로 갔다. 직업

24 Ellen Oxfeld, "When you drink water, think of its source: morality, status, and reinvention in rural Chinese funerals," *The Journal of Asian Studies*, Vol.63, No.4, (November, 2004), pp.961-990.

25 William Jankowiak, "Market Reforms, Nationalism and the Expansion of Urban China's Moral Horizon," *Urban Anthropology*, Vol.33, No.2-3 (2004), pp.167-210.

가수가 된 이후, 그는 자신만의 방식으로 사회에 보답하기 시작했다. 1992년부터 그가 세상을 떠난 2002년까지 10년간, 총페이는 수입의 대부분을 178명의 농촌의 빈곤가정 학생들이 교육을 받을 수 있도록 기부하였다.

총페이의 예에 특히 관심을 가져야 하는 이유는 두 가지이다. 첫째, 현지의 유행가 가수로서 총페이는 그다지 큰 명성을 얻지 못했고, 불안정한 공연수입으로 생활을 했을 뿐, 본래 부자도 아니었다. 그래서 그의 자선은 보통사람이 신흥 민간 자선바람의 일부가 될 수 있음을 보여주었다. 둘째, 정부의 배경이나 상업적 관계가 없는 개인자선가로서 총페이는 쉽게 사회의 압력, 매체의 영향, 그리고 현지 정부의 간섭을 받았다. 그의 행적이 매체에 의해 보도 되자마자, 현지 정부는 또 하나의 레이펑(雷鋒), 즉 이기심을 버리고 사회에 공헌하는 모범시민을 만들고자 했다. 사회적 모금이 필요할 때마다, 현지정부는 총페이에게 모금에 앞장서도록 했다. 총페이가 얻은 보답은 현지정부가 수여한 각종 표창과 영예뿐이었다. 매체보도가 계속 늘어나고 정부의 기대가 높아갈수록 압력은 커졌으며, 총페이는 어쩔 수 없이 그의 한정된 수입을 전부 기부할 수밖에 없었고, 2002년 암에 걸려 사망할 때까지 그의 처자에게는 한 푼의 재산도 남겨줄 수 없었다. 보도에 의하면 그의 생명이 사라지던 그 순간 총페이는 그의 경험을 높은 사다리를 오르는 험난한 과정이었다고 묘사했다. "처음에는, 몇몇 빈곤한 학생을 돕겠다는 강한 개인적 감정에 의해서 시작했지. 나도 과거에는 그들이 처한 상황처럼 힘들었기 때문이었어. 일단 내가 그렇게 정부로부터 그렇게나 많은 지지를 받게 되자, 책임이 더 커져버렸어. 돈을 다 써버렸을 때, 나는 내 책임이 그것을 지탱하지 못하고 무너졌다고 생각했지. 그 사다리는 내가 오를 수 없는 것이었던 거야."

중국의 개인자선사업은 한대(漢代, 기원전 202~220년)에까지 거슬러 올라간다. 19세기 말, 사설 자선기구가 수나 규모 면에서 제국의 관방구조기구를 초월하였다. 그러나 전통 중국의 자선은 보통 친족 간이나 작은 사회적 집단에 한정되어 이루어졌다. 기부하는 물품이나 자금도 현지의 필요에 쓰였다. 예를 들면, 교각이나 길을 보수하거나, 학교를 세우거나, 흉년이나 재해를 보조하는 데 쓰였다. 먼 곳의 낯선 이가 현지의 자선기구로부터 도움을 받을 수 있는 일은 극히 적었다.

1949년 이후, 전통적 자선사업은 막을 내렸다. 당과 국가가 독단적으로 자원을 배분했기 때문이다. 관방의 담론에서 개인 자선사업은 봉건주의와 제국주의의 압제자들이 중국 인민을 속이기 위한 수단일 뿐이었으므로 반드시 금지되어야 했다. 그리하여 모든 사설 자선조직이 문을 닫거나 정부에 의해 인수되었다. 국가는 인민이 필요로 하는 모든 직책에 대한 관심을 떠맡았고, 개인 기증자의 의도는 자신의 부를 자랑하려 하는 의도라고 비난받았다.

1980년대, 정부는 시장경제가 만들어낸 모든 새로운 요구를 만족시키기에는 한계가 있다는 것을 자각하기 시작하였고, 자선사업이 점차 회복되었다. 이런 변화는 정부가 보조하던 기금으로부터 시작하였는데, 예를 들면 중국 적십자, 중국 청소년발전기금회와 중국자선기금총회 등이 그것이다. 일련의 성공한 프로그램은, 중국청소년발전기금회가 발기한 희망공정이 중국 최빈곤 지역의 교육을 촉진하는 데 주력한 것과 같은 경우로, 자선사업이 당과 국가에 대해 중요성을 갖고 있다는 점을 증명한 것이다.

1990년대 말 이래, 점점 더 많은 민영기업이 자신의 자선기구를 설립하거나 공공건강, 교육과 빈곤구제 등 자선사업의 비정부적 기부에 주력하였다. 이 새로운 발전은 월간 『후룬 리포트(胡潤百富)』 창업자인 후룬의 주의를 끌었다. 그의 잡지가 가장 유명해진 것은 과거 '중국부호순위' 때문이었다. 2004년 후룬은 첫 '후룬 자선순위'를 만들었고, 중국 최고의 자선가 50명을 열거했는데, 그들은 전년도에 수백만 달러를 기부한 이들이다. 이 순위가 발표되고 2006년부터 100명의 자선가로 늘어났다.

사회적 의의로 보면, 보통시민으로부터 시작된 개인적 기부야말로 보다 중요한 새로운 발전이다. 그것이 가장 먼저 출현한 것은 1998년으로, 당시 중국 국민이 홍수 피해 난민들을 도와야 한다는 정부의 호소에 열렬하게 반응하여, 개인적인 기부를 한 것이다(기업가가 기부하는 기업기부와는 다르다). 전국적 재난구조사업에서 보통사람의 이러한 새로운 자선과 실천은 2008년 스촨 대지진 이후 최고조에 이르렀다. 최초 한 달 만에, 사기업과 공민 개인의 기부로부터의 기부액수가 미화 8,000만 달러에 이르렀다. 이 두 가지 사건에서 수많은 개인들이 각종 자선사업에 기부하였는데, 예를 들면 백혈병환자에게 필요한 의료사업을 돕는다거나 빈곤지역 학생들이 그들의 학업을 계속할 수 있도록 돕는 일 등이었다. 보통시민으로부터의 모든 이러한 자선은 공통적인 특징이 있었다. 즉 그들이 도운 것은 바로 낯선 이들이었지 친족이나 고향사람이 아니었다는 점이다. 이런 의미에서, 일종의 진정한 자선정신이 개혁시대 중국에서 탄생한 것이다.

또 중요한 것은 전체 자선사업 발전의 개인화 추세가 나날이 증가했다는 점이다. 몇 년 간은 정부와 자선사업 간에 긴밀한 관계가 유지되었고, 정치권력을 이용하여 그들을 독단적으로 통제하였다. 예를 들면, 산동 웨이하이 시정부는 일찍이 자선의 달 활동을 발기하고, 공무원과 국유기업 직원들에게 각종 정부 주도의 자선사업에 기부하도록 강요하였다. 기부액에 따라 조직 간부의 정치적 업적과 업무 성적이 평가되었기 때문에, 기부가 실제로는 일종의 강제가 되었다. 이러한 기부의 강제성, 집단주의 윤리적 담론의 구시대적 자선자금 관리의 감독과 투명성 결여는 정부 주도 자선활동과 프로그램에서 자주 발생하는 문제였다. 이러한 문제는 정부가 주관하는 자선프로그램 참여에 대한 중국인들의 열정에 이미 타격을 주었다. 이로 인해, 1998년 사람들이 정부 주도의 기금회에 참여했던 것과 달리, 2008년에는 대다수 사람들이 홍콩의 자선조직에 기부를 하거나 혹은 지진재해민들에게 직접 기부를 하는 경향이 나타났다. 직장의 요구를 만족시키기 위해, 많은 공무원들이 개인모금에 참여하기도 하고 사무실모금에 참여하기도 했다. 베이징 무장 경찰부대의 한 직원이 말하기를 "나는 개인의 행위와 집단의 행위를 구별했으면 한다." 그는 사무실에서 14달러를 기부하고, 연이어 딸의 이름으로 개인기금회에 71달러를 기부했다. 한 과기공사의 사장 쟈오 선생은 분명하게 말하였다. "나는 나의 기부와 직장과는 전혀 관계가 없다는 것을 밝히고 싶다. 나는 개인의 이름으로 기부를 할 것이다."[26]

이러한 개인기부 행위는 광의적으로 개인의 자유의지에서 비롯된 동정심과 자선의식에서 비롯되어 낯익은 사람들의 테두리를 벗어나 낯선 사람들에게까지 확대되었다. 개인화된 자선사업은 집단주의 책임윤리의 지도하에서 전개된 것이 아닐 뿐만 아니라, 수많은 개인 기부자들은 총페이처럼 억지로 멸사봉공의 정신으로

....

26 M. Fan, "Chinese Open Wallets for Quake Aid," *Washington Post*, May 16, 2008, A1.

'높은 사다리'를 오르기를 원하지 않았다. 이런 점에서 비교적 급진적인 예로 개성이 분명하고 이름이 잘 알려져 있는 작가이며 카레이서인 한한(韓寒)이 있다. 그는 정부 주도의 기금회가 대중의 기부를 제대로 관리할 수 있는 능력이 있는지 공개적으로 질의하고, 자신의 블로그에서 정부기금회에 기부를 하지 않을 것이라고 밝혔다. 하지만 그는 제일 빨리 지진피해지역으로 들어가 생존자를 구하고자 했던 지원자 중 하나였다. 후룬 자선가 순위에 오른 부호들 중에서도, 이러한 새로운 개인주의 윤리적 담론이 같은 식으로 존재한다는 것을 발견할 수 있다.

여기서 반드시 지적해야 하는 것은, 자원봉사정신과 서비스는 2008년 지진 후 구조기간 동안 중국에서 갑자기 출현한 신윤리의 또 다른 특징이다. 민간자선사업처럼, 자원봉사서비스도 오랜 그리고 굴절된 과정을 거쳐 2008년에 절정에 이르렀다. 1949년 이후, 주로 사업단위와 공청단 등 기타 조직을 통해서, 모든 자원봉사활동이 당과 국가 조직의 테두리 안으로 병합되었다. 마오쩌둥시대, 공민이 동원되었을 때에는, 사회주의를 위해 무상으로 각종 공헌을 하였다. 이것을 의무노동이라고 불렀다. 자원봉사서비스는 혁명 전 기독교청년회 등 교회조직과의 긴밀한 관계로 인해, 부정적인 말이 되었다. 1980년대 이후, 정부는 자원봉사서비스를 위해 전국자원봉사협회를 설립하였는데, 그것은 당연히 공청단에 예속되었다. 이처럼 국가의 지원을 받는, 집단성을 갖는 협회는 전통적 관념을 지지하였다. 즉 자원봉사활동은 어떤 방식으로든 반드시 정부에 의해 조직되어야 했다.

남방 도시의 젊은 자원봉사자들을 현장조사한 후, 롤란슨(U. M. H. Rolandsen)은 젊은이들이 자원봉사에 참여하게 된 동기는 사실 고도의 집단주의에 있으며, 자신의 사교망을 확대하거나, 다른 영역에서 의미 있는 생활을 찾기 위해서거나, 자신의 지도능력을 단련해서 입당하기 위해서라는, 이유는 다 제각각이지만 모두 개인의 필요에 의해서였다는 사실을 발견하였다. 하지만 그들은 반드시 자원봉사협회의 지도와 조직하에서 자신의 목표를 추구할 수 있었고, 이로 인해 또한 당 그리고 국가기관과 밀접한 관계를 갖게 된다. 청년자원봉사자들은 반드시 학습회의에 참

••••••••••••••

27 U. M. H. Rolandsen, "A Collective of Their Own: Young Volunteers at the Fringes of the Party Realm," *European Journal of East Asian Studies*, Vol.7, No.1, (2008), pp.101-129.

여해야 하고, 자원봉사 임무에 있어서 당과 국가의 홍보방침을 관철해야 하고, 당과 국가기관이 위탁한 날짜에 활동을 해야 했다.[27]

중국 국민들에게 가장 잘 알려진, 순수하게 개인이 시작한 자원봉사서비스는 2008년 1월에 시작되었다. 한 차례의 눈보라가 지나간 후, 중국 남방의 통신, 교통 그리고 일상생활이 마비되자, 13명의 탕산 농민들은 작은 버스를 세내어 후난성으로 향했다. 그들은 몇 주간을 머물면서 현지인들을 도왔다. 그들의 동기가 무엇인지 묻자 농민들은 바로 대답하기를, 그들 모두 1976년 탕산 대지진의 생존자들이며, 탕산 지진 후에 수많은 외지인들이 재건을 도운 일을 들으며 자랐다고 했다. 그들의 목적은 바로 탕산인이 이전에 받았던 도움을 되돌려주기 위한 것이었다. 그들의 일은 중앙과 기타 관방매체에 의해 보도되었다. 이 첫 시도가 중국 국민의 자원봉사서비스가 정부의 지도와 조직하에 진행되지 않을 수 있다는 것을 보여주었다.

이러한 배경하에서, 2008년 5월 원촨(汶川)지진 후, 대량의 자원봉사자가 밀물처럼 나온 것처럼, 중국 사회의 도덕적 풍경이 변하였다. 추정에 의하면, 2008년 7월 초, 25만여 명의 지원자가 자발적이고 개인적인 선택에 의해 자비로 재해지역에 뛰어들었고, 그들 중 대다수가 80년대생 청년들이었다. 이유를 묻자, 많은 이들이 난민의 불행으로 마음이 아파, 직접 도움을 주고 싶었다고 대답했다; 어떤 이들은 특별히 언급하기를, 다른 이를 돕는 것은 그들의 생활을 보다 의미 있게 해준다고 하였다.[28] 이들 청년 자원봉사자들이 말한 것은 자신을 낯선 이들의 입장에서 그들의 불행을 인식하고 이를 기초로 그들을 도우려고 한 일종의 개인적 능동성이다 (즉 주관적 인식과 실제행동의 결합). 이러한 능동성은 현대화 과정에서 형성된 것으로, 그 전제는 개인적 신뢰를 기초로 한 낯익은 이들의 테두리를 한계로 하는 전통적 윤리관의 타파인 동시에, 평등한 인성을 공유한 인류공동체의 성원으로 바라보고 낯선 이에게 친절한 것이다. 이러한 능동성의 영문 표현은 Empathy로, 중문으로는 보통 '공정심(共情心)'이나 '동리심(同理心)'으로 번역된다. 공정도 좋고 동리도

• • • • • • • • • • • • • •

28 A. E. Cha, "Young volunteers in quake zone ultimately find a modest mission," *Washington Post*, May 22, 2008, A14.

좋지만, 그 관건은 모두 평등한 시각으로 낯선 이들에게 잘하는 것에 있다. 이러한 유형은 성경에 나오는 사마리아인의 우화의 가르침과 유사하다. 즉 인류형제라는 동지애로서 지리, 종족, 경제와 사회적 경계를 뛰어넘는 것이다.

2008년 청년자원봉사자의 새로운 정신과 이타적 행위는 주류매체와 수많은 학자들에 의해 레이펑정신의 회귀로 이해되었고, 청년문화발전의 희소식이라고 여겨졌다. 80년대 이후 출생한 세대는 제멋대로의 자기중심적이고 무책임한 소황제라고 불리었기 때문이다. 내가 보기에 이들 청년자원봉사자의 이타주의와 개인주의 간에는 모순이 없다. 관건은 개인의 자유의지에 따라 낯선 이를 돕기로 한 것에 있고, 그들의 선택은 개인화된 가치관과 새로운 윤리 '동정심'으로부터 나온 것이었기 때문이다. 동정심은 무척 개인주의적인 관념으로, 전통적 집단주의 가치관과는 관계가 없다.

재미있는 것은 수많은 젊은 지원자들과 기부자들의 부모 혹은 친구들은 낯선 이에게 잘하는 이러한 동정심을 이해하지 못하고, 그들이 힘들게 대학에 보내고 돈을 벌어 집을 사주었는데, 그 돈을 모르는 사람에게 쓴다면서, 그들의 마음속에 부모나 가족이 있는가 하고 원망한다는 점이다. 이것은 실제로 두 가지 다른 도덕적 판단에 기인한 것이다. 돈을 기부하는 청년은 자신들이 낯선 이에게 기부하는 도덕적 의의가 돈을 부모에게 주는 도덕적 의의보다 훨씬 크다고 생각한다. 전자는 낯선 이의 사회에 당연히 있는 현상이고, 동정심이 많은 사회적 행위의 추동력이 되며, 자신을 상대방의 입장에서, 상대방을 위해 생각하는 것이지, 그 상대방이 알아주는가, 보답을 할 것인가 하는 것과는 관계없다.

우리가 보통 사람들의 일상생활에서의 점진적이고 미세한 변화에 주의를 기울인다면, 전통적 사유양식의 한계를 벗어나 현재 일어나고 있는 개인주의적인 신윤리를 보게 되었을 때, 새로운 윤리와 새로운 도덕 실천에 대한 이모저모를 알 수 있다. 예를 들면 환경보호주의와 환경보호운동의 증가, 장애인에 대한 태도의 변화, 약자에 대한 동정과 도움 및 포용, 선택, 다원적 가치관, 이런 모든 것은 개혁시대 발생한 긍정적 변화들이다. 지면의 제한으로 본문에서 다 다룰 수는 없다. 다시 지적하고 싶은 것은 이런 모든 새로운 긍정적인 윤리와 새로운 도덕 실천은 끊임없이 변화하는 도덕적 풍경의 일면이며; 발전적 시각으로 보아도, 새로운 윤리와 새로운 도덕적 실천은 의미가 있고 중요하다.

결론: 도덕의 전환과 사회의 전환

장기적으로, 도덕적 타락과 도덕적 위기에 대한 경고는 전혀 뜬소문은 아니지만, 사회적 변화도 전혀 근거가 없는 오해는 아니다. 하지만 도덕적 위기에 대한 이러한 대중의 인식이 사회적 현실에 어느 정도 부합하는지 충분한 실증적 연구가 필요하다. 초보적인 노력으로 위의 글에서 윤리적 담론과 도덕적 실천 두 가지 수준에서 여러 중요한 변화들을 분석하였고, 개인의 책임과 자아희생을 강조하는 집단주의 윤리로부터 개인의 권리와 자아발전을 강조하는 개인주의 윤리로의 전환이 개혁시대 부단히 변화하는 도덕적 풍경을 보다 잘 이해할 수 있도록 해주는 관건이라는 것을 발견하게 되었다. 윤리의 전환은 사회생활 속에서 도덕실천의 다양한 변화를 초래하였고, 나날이 증가하는 다양화, 개인화된 도덕적 행위양식으로 나타났다. 동시에 윤리적 전환은 도덕적 평가의 기준을 나날이 다양화, 개인화하였으며, 수많은 도덕적 행위가 선과 악 사이의 회색지대에 있어 계속해서 논쟁을 일으키고 있다. 위에서 서술한 바와 같이 도와주는 것을 즐거움으로 여기던 좋은 사람들을 협박하거나 유독식품을 만들거나 판매하는 것은 인류가 공유하던 최소한의 도덕을 벗어난 행위로 절대악이다. 자원봉사정신의 발흥, 개인자선사업의 발전, 환경보호와 약자집단의 권익을 보호하는 사회운동 등등은 새로운 윤리, 새로운 유형의 도덕적 행위를 대표하고, 이것은 공인된 선이다. 동시에 사생활의 영역에서 배우자의 선택이나 결혼, 양성관계 등의 측면에서 발생하는 변화는 선악이분법으로 간단히 판단할 수 있는 문제가 아니고, 심지어 하룻밤정사라든지, '두 번째 부인 세 번째 첩(二嬭小三)' 등은 모두 의미는 있지만 결론을 내릴 수 없는 사회현상이다. 바꾸어 말하자면 도덕적 판단과 도덕적 행위 자체가 이미 고도로 개인화, 다양화되어, 현대 도덕세계가 백가쟁명의 전국시대로 접어들었다고 할 수 있다.

위에서의 분석과 판단에 의한 총체적 결론은, 중국 사회는 윤리적 담론과 도덕적 실천 두 가지 수준에서 모두 심원한 영향과 심각한 함의를 지니고 있는 도덕적 전환을 겪고 있는 것이지, 도덕적 위기는 아니라는 것이다. 이러한 모든 변화는 전통적으로 일원화된 도덕영역이 동태적이고, 불확정적이며, 심지어는 이해하기 어려운 요인들로 인해 도덕적 타락에 대한 대중의 감성적 인식을 부단히 강화하고 있으며, 80년대 이후 도덕적 위기에 대한 경고를 귀에 쟁쟁하도록 하고 있다. 보다 중요한 것은 현재 진행 중인 도덕적 전환도 위험천만한 도전과 대응의 과정이며, 그 결과는 거의 예측할 수 없다는 점이다.

이러한 도덕적 전환의 거시적 배경은 중국 사회의 대전환, 즉 개인의 굴기와 사회구조의 개인화이다. 다른 곳에서 반복해서 논증한 것처럼,[29] 개인의 굴기는 중국 사회의 가장 근본적인 변화이다. 개혁시대에, 국가가 먼저 마지못해 용인한 것이지만 빠르고 주동적으로 개인이 시장경제에서 스스로 경쟁력을 갖도록 요구해 왔다. 이것이 초래한 직접적인 결과 중 하나는 죽기살기식의 개인의 굴기와 사회의 개인화이다.[30] 시장개혁과 지구화로 인한 도전에 맞서기 위해, 국가는 적극적으로 제도적 개혁을 추진함으로써 개인의 굴기에 대응하였는데, 이것은 바로 나날이 강대해지는 개인주의, 다원적 도덕과 소비주의에 대한 이데올로기 영역에서의 포용을 의미한다.

하지만 중국에서 개인의 굴기와 사회의 개인화는 시종 국가 현대화 건설의 일부로 생각돼 왔고, 이로 인해 개인은 줄곧 부국강병의 수단 혹은 도구로 여겨져왔으며, 개인화된 사회적 전환도 상당한 정도로 국가에 의해 주도되었다.[31] 19세기 중엽부터 지금까지, 소아(개인의 이익)를 희생하여 대아(민족국가의 이익)를 성취하자는 호소는 자아, 도덕, 생활의 의의에 대한 윤리적 담론에 줄곧 중요한 영향을 미쳐

• • • • • • • • • • • • • •

29 Yunxiang Yan, *Private Life under Socialism: Love, Intimacy, and Family Change in a Chinese Village, 1949-1999*, (Stanford: Stanford University Press, 2003); Yunxiang Yan, *The Individualization of Chinese Society*, Oxford: Berg, 2009; Yunxiang Yan, "The Chinese Path to Individualization," *The British Journal of Sociology*, Vol.61, No.3, (September, 2010), pp.490-513.

30 Yunxiang Yan, "The Drive for Success and the Ethics of the Striving Individual," in Charles Stafford, ed., *Ordinary Ethics in China Today*, (London: Bloomsbury, 2013), pp.263-291.

31 Yunxiang Yan, "The Chinese Path to Individualization," *The British Journal of Sociology*, Vol.61, No.3(September 2010), pp.490-513.

32 Ulrich Beck and Elisabeth Beck-Gernsheim, *Individualization: Institutionalized Individualism and Its Social and Political Consequences*, (London: Sage Publications, 2002).

왔다. 결과적으로 서구사회 개인화의 두 가지 중요한 사회적 조건, 즉 평등과 자유를 촉진하는 개인주의의 뿌리 깊은 민주문화, 개인을 보호하고 지지하는 복지국가가 중국의 개인화 과정에서는 결여되어 있다.[32] 개인은 목적 자체이며 목적을 실현하는 수단이 아니라는 이러한 개인주의 기본원칙이 절대다수의 중국인들에게는 낯설고 이해하기 어려운 것이다. 개인주의는 중국에서 일종의 희생을 두려워하지 않고 개인의 이익을 추구하는 방식으로 이해되고, 그로 인해 집단주의와 충돌하고 있다. 그러므로 윤리적 담론과 도덕적 실천에서의 개인화는 중국 사회에 수많은 새로운 도전들을 초래하고 있다.

첫째, 권리와 자아발전을 중시하는 개인주의적 도덕으로의 전환은 개인의 모든 것을 당과 국가에 바칠 것을 요구하는 과거의 관방 도덕에 직접적으로 반대한다. 엄정한 정치개혁이 이루어지지 않는다면, 새로운 도덕과는 다른 당과 국가가 규정하고 있는 도덕은 매우 곤란해질 것이다. 현실 속에서 적은 이들만이 개인주의적 도덕에 따르지 않는다. 관방과 개인의 도덕 사이의 간극이 이미 냉소주의, 허무주의 그리고 도덕적 자아 분열이라는 보편적 추세를 초래하였다.

둘째, 냉소주의와 허무주의는 쇠약한 사회적 자치에 더해져, 건강한 현대사회가 필요한 요건 중의 하나인 공적 신뢰의 발전을 저해하고 있다.[33] 중국이 바야흐로 고도의 유동적이고 도시화된 사회로 급속하게 변화하고 있다는 것을 감안하면, 이미 낯선 이들 사이의 상호교류가 친척이나 친구 집단 내의 교류를 대체하고 있으며, 강한 공적 신뢰를 어떻게 만들어낼지가 이미 긴급하고 중요한 의제의 하나로 부각되고 있다. 하지만 보편적인 부도덕한 행위들(위에서 언급한 것들을 포함하여)과 관계망의 보급은 개인적 신뢰가 중요하다는 사실만을 보여줄 뿐이다.[34] 그 밖에 요즘 들어 공적 신뢰의 상실로 놀랄 만한 경향, 즉 선한 본능과 이타주의에 대한 불신이 나타나고 있다.

• • • • • • • • • • • • • •

33 Anthony Giddens, *The Consequences of Modernity*, (Stanford: Stanford University Press, 1990), pp.79-124.

34 彭泗清, 我憑什麼相信妳, 鄭也夫, 彭泗清主編, 『中國社會中的信任』, (北京: 中國城市出版社, 2003), pp.292-301.

셋째, 사회 전체 부의 갑작스런 증가와 저항할 수 없는 물질주의 추세에 어떻게 대응할 것인가는, 중국의 도덕적 전환이 직면한 또 하나의 도전 과제이다. 전대미문의 부와 물질주의가 가져온 도전이라는 점에 있어서, 어느 정도는 중국과 17세기 네덜란드 사회가 직면한 상황이 유사하다.[35] 하지만 네덜란드와 다른 점은 대다수 중국인은 뿌리 깊은 종교적 신념이 없다는 것, 특히 물질세계의 초월을 강조하는 가치관이 없다는 점이다. 반대로 전통문화에 대한 야만적 공격, 마오쩌둥주의 도덕의 붕괴, 그리고 개인의 독립과 사회의 자치에 대한 국가의 회의와 적대는, 개인이 새로운 도덕적 자아를 수립하여 지금의 물질주의의 범람이라는 도전에 맞서는 것을 엄격하게 제약하고 있다. 부의 증대 자체로는 이러한 도덕적 문제들을 제대로 해결할 수 없다. 오히려 그것은 이미 정신과 물질 간의 모순을 가중시켰고, 경제 번영과 더불어 사회의 불만과 불쾌감이 증가했다.[36]

네 번째 도전은 당대 중국의 사회생활 속에서 신구(新舊)도덕 간의 혼선, 집단주의와 개인주의 가치관간의 연루, 그리고 책임중심론과 권리중심론의 대립으로 일어난 도덕적 실천의 이탈과 상호모순으로 인해 생겼다. 도덕의 이러한 혼란은 실제로 중국이 근대성을 추구할 때의 사회적 복잡성, 즉 현대 중국 사회가 전근대, 근대, 탈근대의 특징과 사회문제들을 겸비함으로써 생겨난 것이다. 다중적인 신구도덕의 혼란으로 지금 한창 진행 중인 도덕적 전환이 보상보다는 더 큰 위험성을, 답안보다는 문제를, 질서보다는 혼란을 그리고 선을 억누르는 악습이 드러나는 표면적 현상을 드러내고 있고, 도덕위기라고 단정 짓기 쉽도록 하고 있다.

이러한 도전에 어떻게 대응하고 이러한 도덕적 전환을 어떻게 순조롭게 완성할 것인가가 거대하고 복잡한 과제이므로, 국가, 사회, 그리고 각계각층 인사들 간의 장기적인 소통, 협상, 노력이 필요하다. 일원화된 전통윤리와는 다른, 이러한 소통, 협상, 공통으로 노력하는 사회과정 자체가 이미 도덕적 개혁이다. 왜냐하면 그것은 최대한도로 개인화, 다원화된 새로운 가치관과 새로운 도덕행위를 수용하여,

35 Simon Schama, *The Embarrassment of Riches: An Interpretation of Dutch Culture in the Golden Age*, (New York: Vintage Books, 1987).

36 H.Brockmann, J. Delhey, C. Welzel and H Yuan, "The China Puzzle: Falling Happiness in a Rising Economy," *Journal of Happiness Study*, Vol.10, (2009), pp.387-405.

굴기하는 개인이 도덕적 자아와 타인(특히 낯선 이)과의 양성 교류 속에서 공적 신뢰와 새로운 도덕세계를 구축할 수 있도록 해주기 때문이다.

무엇보다도, 우리는 반드시 이전의 윤리적 담론과 도덕실천에 대해 객관적이고 전면적인 판단을 해야 하는데, 이것은 또한 대량의 조사연구를 기초로 해야 한다. 개인적인 생각으로는 집단주의 책임윤리로부터 개인주의 권리윤리로의 전환 그리고 이로 인해 생긴 여러 도덕적 행위의 변화는 우리가 객관적이고 전면적으로 현대 중국의 도덕세계를 판단하고 이해하는 데 있어서 유력한 인식도구와 새로운 시각을 제공해준다. 그러나 이것은 여전히 학술적 가설이다. 그것의 유효성과 진실성을 입증하기 위해서는 여전히 대량의 실증연구를 통한 검토가 필요하다.

그 다음으로 내가 보기에 개인의 굴기와 중국 사회의 개인화는 이미 논쟁의 여지가 없는 사회현실이다. 그러나 이 모든 과정은 중국문화의 특색, 특히 개인주의에 대한 중국식 이해(이기심과 자아중심으로 이해됨)로 가득 차 있다. 중국특색의 개인화가 개인주의 가치관과 집단주의 가치관으로 완전히 대립되어 있기 때문에, 개인은 이것 아니면 저것의 선택을 통해 행동하게 된다. 결과적으로 다수가 동시에 집단주의 윤리적 담론과 개인주의 도덕실천을 동시에 선택하고, 양자를 언어와 행동에 있어서 각기 따로 응용하여, 말 다르고 마음 다른, 언행 불일치의 도덕적 기현상을 형성하였다. 이것도 이전의 도덕적 전환이 왜 도덕적 타락 심지어는 도덕적 위기로 여겨졌는가에 대한 주요한 이유이다. 따라서 "스스로 진심으로"라는 말로부터 적극적이고 주동적인 도덕적 개혁이 시작되어야 한다. 즉 개인이 우선 스스로 진심으로, 겉과 속이 일치되어야 한다. 자신으로부터 타인에게 확대되는, 낯선 이를 포함하여 다른 사람에 대해서도 겉과 속이 같아야 한다. 사회적으로 이것은 개인주의의 합법성과 개인주의의 풍부한 함의에 대해 전면적으로 이해하고 인정해야 함을 의미한다. 개인주의는 개인주의로, 집단주의는 집단주의로. 진정성의 기초 위에서만이 깊은 사회적 신뢰를 쌓을 수 있다.

마지막으로, 개인화, 다원화 시대의 도덕개혁은 반드시 아래로부터 위로, 안으로부터 밖으로 전개되어야 하고, 열린 마음과 열린 사회가 모두 중요하다. 위로부터 아래로의 전통적인 사회개조운동은 개인화, 지구화의 현실에서 이미 그 의의와 효용성을 상실하였다. 그 배후의 심층적 원인은 여전히 집단주의 윤리로부터 개인주의 윤리로의 대전환이다. 이로 인해 우리는 문제의 원점으로 다시 돌아온다. 즉 우리는 이전의 도덕적 변천에 대해 전면적 객관적인 연구와 분석을 충분히 해야 하지만, 도덕적 위기가 도래했다는 계속되는 선언들을 만족시키기 위한 것은 아니라는 점이다.

4장
중국의 국가 포지셔닝과
전략적 방향

먼훙화(門洪華)

중국의 국가 포지셔닝은 오천 년의 문명사, 백 년의 치욕사와 중국의 부상에 대한 인식을 기반으로 정립되어 대국의 위상을 추구하는 형태를 띠고 있다. 1982년 이후 끊임없는 변화를 거쳐온 중국의 국가 포지셔닝은 전통성에서 현대성, 폐쇄성에서 개방성, 일반성에서 중요성을 지닌 대국으로 점차 자리 잡게 되었다. 필자는 국내 및 국제 정세가 맞물리는 시각에서 중국의 제도, 경제, 문화, 정치 및 전략적 측면의 국가 포지셔닝을 분석하였다. 현재 지역적 대국에서 세계적 대국으로 가는 과정에 놓인 중국은 정치, 경제, 사회, 문화 등 전면적인 모델 전환 시기에 접어들었고 궁극적으로는 세계적 대국을 향해 나아갈 것이다.

먼훙화(門洪華)_ 중국 중앙당교 국제전략연구소 교수 겸 국제전략연구센터 부주임, 박사학위 지도교수, 『중국전략보고서』 편저자

글로벌시대에 자국의 국가 포지셔닝을 확립하여 국가 포지셔닝을 기반으로 한 국가 통합을 촉진하고, 국제사회에서 하나의 완전하고 독립적인 신분으로 국제 사안에 참여하는 것은 오늘날 한 국가가 그 존엄성과 역사적 사명을 지키는 중요한 의제가 되었다.

중국의 국가 포지셔닝은 중국과 세계의 관계를 보여주는 축소판이라고 할 수 있다. 중국은 농경시대 중 가장 발달한 국가였다. 유교적 가치관을 중심으로 한 중화문명은 세계에서 유일하게 동일 문자로 오천 년 넘게 역사적 기록을 지속해온 문명이기도 하다. 따라서 중국은 오랜 기간 문화의 중심적 위치에 서 있었다. 19세기 중엽 이후 중국은 세계 권력 이동 과정에서 피해자가 되어 한동안 취약 국가(failing state)로 전락하기도 했다. 선박과 대포를 내세운 선진 기술과 기독교 문명을 대표로 하는 서구 사상이 강압적으로 중국에 들어와 중국을 반식민지 시대로 몰아넣었다. 20세기 이후 수천 년 동안 지속되었던 봉건제가 무너지면서 중국의 국가 체제 전환은 새로운 계기를 맞이하게 되었다. 자산계급의 입헌제와 민주제 실험이 실패한 후 결국 사회주의제도를 선택하게 된 중국에게 있어 20세기는 진정한 대시대라고 할 수 있다. 20세기 전반 중국은 여전히 안정적이지 않은 국제체제의 하위구조에 놓여있었고 19세기에 빼앗긴 독립적 지위와 주권을 되찾는 데 주력하였다. 20세기 후반에는 역사적으로 부상의 시기를 맞이하여 국부민강(國富民强)과 중화민족의 위대한 부흥이 현실 속의 염원이 되었다. 특히 20세기의 마지막 20년 동안 중국은 세계화 흐름 속에서 적극적으로 국제체제에 진입하려는 노력 끝에 국가 포지셔닝을 재정립하였다. 이로써 국제체제에서 책임을 지고, 건설적이며, 예측 가능한 조력자가 되어 국제사회에서 건설적인 행보와 의향을 보이기 시작했고 세계 권력 이동 과정에서의 수혜자가 되었다.[1] 21세기 이후, 특히 2008년 세계금융위기 및 유럽채무위기 속에서 중국은 빠른 속도로 부상하면서 세계에 긍정적인 영향을 가져왔으며, 이와 함께 세계의 이목과 관심을 끌게 되었다.

중국의 국가 포지셔닝은 오천 년의 문명사, 백 년의 치욕사와 중국의 부상에 대한 인식을 기반으로 정립되어 대국의 위상을 추구하는 형태를 띠고 있다. 1982년

1 門洪華, 『構建中國大戰略的框架: 國家實力, 戰略觀念與國際制度』(北京: 北京大學出版社, 2005), p.2.

이후 끊임없는 변화를 거쳐온 중국의 국가 포지셔닝은 전통성에서 현대성, 폐쇄성에서 개방성, 일반성에서 중요성을 지닌 대국으로 점차 자리 잡게 되었다.

제도적 포지셔닝: 신형 사회주의 대국

중국은 현존하는 대국 중 유일한 사회주의 국가로서 이러한 제도적 포지셔닝은 중국의 특징을 잘 보여준다. 중국은 전통적 의미에서의 사회주의 대국이 아니기 때문이다. 중국 전통의 계승, 세계적 흐름의 반영, 사회주의 국가발전사에 대한 성찰, 국가발전 목표의 추구 등 과정을 통해 중국특색사회주의 기본 내용을 확충해왔다. '중국특색사회주의 길은 실현 경로이며, 중국특색사회주의 이론체계는 행동 지침이고, 중국특색사회주의 제도는 근본 보장' 으로[2] 아래와 같은 신형 사회주의 대국의 특징을 확립하였다.

첫째, 평화로운 사회주의 대국이다. 평화공존 5원칙, 독립 및 자주성을 보장하는 평화 외교정책은 곧 중국 포지셔닝의 평화 추구를 대표한다. 중국공산당 11기 3중전회 이후 덩샤오핑은 시대에 뒤떨어진 전략적 판단과 사고를 과감하게 떨쳐버렸다. 그는 중국의 전략적 사고를 전쟁과 혁명 중심에서 해방시켜 이를 평화와 발전의 궤도에 올려놓았다. 이로써 중국의 전략 문화는 투쟁을 강조해왔던 전략적 사고에서 협력을 중심으로 하는 사고로 전환되었고 그 결과 중국은 혁명적 국가에서 현상유지적(state quo) 국가로, 국제체제의 반대자에서 개혁자, 나아가 옹호자로 거듭나게 되었다.[3] 덩샤오핑에 따르면 중국은 "평화적 사회주의를 주장"하며 반사회주의 세력에 대해서는 합리적이고 필요한 조치를 취함과 동시에 "유일한 방법은 끊임없는 우호 증진과 협력 발전을 통한 대처법"[4]이라는 것이다. 중국은 구소

----

2 胡錦濤, 『堅定不移沿着中國特色社會主義道路前進 爲全面建成小康社會而奮斗－在中國共産黨第十八次全國代表大會上的報告(2012,11,08)』(北京: 人民出版社, 2012), p.13.

3 江憶恩, "美國學者關于中國與國際組織關系研究概述", 『世界經濟與政治』, 2001年第8期, pp.48-53. 門洪華, "中國戰略文化的重構: 一項研究議程", 『教學與研究』, 2006年第1期, pp.57-63.

4 『鄧小平文選』第三卷(北京: 人民出版社, 1993), p.328, p.349.

런의 경험을 거울삼아 자국의 평화로운 발전을 도모하고 평화로운 외교 방침을 고수하며 자국 발전을 통해 세계의 평화, 협력, 화합을 가져오기 위해 힘써왔다. 평화발전의 노선 수립은 바로 이러한 정신을 잘 보여주는 것이다.

둘째, 개발도상국으로서의 사회주의 대국이다. 중국의 정책 결정자들은 중국이 '장기적으로 사회주의의 초급단계'에 머물러 있게 될 것임을 잘 알고 있다. 따라서 그들은 "세계에서 가장 큰 개도국으로서 중국의 포지셔닝은 변하지 않았으며 어떠한 상황에서도 사회주의 초급단계라는 중국의 국가 상황을 잊어서는 안 된다."[5]는 것이다. 또한 그들은 국가건설의 필요성에 주력함을 강조하며, 사회주의 국가가 세계에 가장 크게 기여하는 방법은 바로 국가건설을 통해 정치 · 경제 · 문화 · 사회 · 생태 등 각 영역에서의 제도적 비교우위를 보여주는 것이라고 생각한다. 중국이 자국 건설에 역량을 집중시키고 자본주의 국가를 포함한 모든 국가들과 평화 공존하며 함께 세계 평화 발전에 힘쓰는 것은 근본적인 전략적 의미를 갖는다.

셋째, 전면적 개방의 사회주의 대국이다. 개념 장벽과 체제 제약의 돌파에서부터 출발한 중국은 문호가 닫혀 있었던 국가에서 세계시장에 적극 참여하는 국가가 되었고 다양한 영역에 걸쳐 전방위적인 개방시대를 맞이하게 되었다. 또한 세계적인 개방성 대국으로 급부상함에 따라 국제사회와의 복합적인 상호의존 관계가 심화되었다. 이로써 중국은 국제체제에 대한 영향력을 강화하였다. 중국의 평화적 발전은 국내경제 개혁에서 비롯되었고 이러한 개혁정신과 관련 조치들의 영향력이 국제사회까지 미친 결과, 중국의 개방주의는 대외개방 중심에서 국내외적으로 전면적인 개방으로 발전하게 되었다. 다시 말해 현재 중국은 평화 발전의 길에서 대외개방의 근본적인 전략적 지위를 공고히 하는 동시에 전면적인 개방의 시대를 맞이하고 있는 것이다.

넷째, 시장경제에 힘쓰는 사회주의 대국이다. 중국은 이제까지 계획경제에서 상품경제, 나아가 시장경제까지의 경제체제 개혁과정을 거쳤다. 시장경제에 대한

5 胡錦濤, 『堅定不移沿着中國特色社會主義道路前進　爲全面建成小康社會而奮斗－在中國共産黨第十八次全國代表大會上的報告(2012.11.8)』(北京: 人民出版社, 2012), p.16.

인식과 적응은 국제사회에 편입하는 데 핵심적인 부분이 되었으며 국제체제로의 편입이야말로 중국이 발전하는 길이라고 할 수 있다. 1992년 덩샤오핑은 남순강화에서 "계획경제와 시장경제 중 어느 편에 더 가까운지의 문제는 사회주의냐 자본주의냐라는 본질적 문제와 다르다."라는 점을 강조했다.[6] 중국은 여기에서부터 출발하여 사회주의 시장경제이론을 형성시켰고 사회주의 시장경제 건설을 통해 사회주의 이론을 한 단계 끌어올려 사회주의의 새로운 발전 국면을 맞이하게 되었다.

다섯째, 공동 부유에 힘쓰는 사회주의 대국이다. 중국의 개혁개방은 '선부론' 과 함께 그 막을 올렸다. 덩샤오핑은 중국이 낙후되었을 뿐만 아니라 장기적으로 '좌경' 사상의 영향을 받아온 점을 고려할 때 전면적인 개방은 불가능하며 경제부흥을 위해 반드시 돌파구를 찾아야 함을 깨닫고 '선부론'에서 '공동부유론'이라는 기조 사상을 형성하게 된 것이다. 덩샤오핑은 "20세기 말 소강사회 수준에 도달했을 때 이 문제를 중점적으로 부각시키고 해결해야 할 것"이라고 강조했다.[7] 21세기에 들어서면서 중앙정부의 지도층은 중국이 현재 '발전의 전략적 기회의 시기'와 '각종 모순의 시기'가 공존하는 점을 정확하게 진단하여 '사회 화합 촉진'의 전략적 방침을 내세웠다. 뿐만 아니라 과학발전관의 실천, 사회주의 조화사회의 구축, 소강사회의 전면적인 건설을 강조하였고 이로써 중국은 '선부론'을 버리고 공동 부유의 길을 향해 나아가게 되었다.

중국특색사회주의는 세계화의 시대적 특징 및 중국의 현실적 맥락과 밀접한 관계가 있다. 중국은 사회주의라는 기본원칙을 견지하지만, 이는 마르크스 엥겔스가 당시에 구상했던 사회주의 및 구소련의 사회주의 모델과 다른 것이다. 중국은 자본주의 문명의 성과와 시장경제 모델을 거울로 삼으면서도 자본주의에 동화되지 않는다. 중국특색사회주의는 일종의 신형 사회주의 대국을 추구하는 것으로서 조정과 완비과정을 겸비하며, 사회주의와 자본주의의 장점을 결합한 제도이자 모델로서 평화·발전·협력·상생 추구를 통해 중국의 미래 발전에 대한 구상과 자신

6 『鄧小平文選』第三卷, p.373.
7 『鄧小平文選』第二卷, p.374.

감을 보여주고 있다.

한편 중국의 신형 사회주의 대국으로서의 포지셔닝은 대내외적으로 도전을 받고 있다. 먼저 대내적으로는 사회주의 본질에 대한 인식과 공동부유를 위한 제도화 문제가 도전을 받고 있다. 또한 대외적으로는 주로 서방국가가 고의적으로 제도적 포지셔닝의 차별성을 부각시키거나 이데올로기적으로 '중국위협론'을 내세우고 있다. 중국은 국내 오위일체(역자 주: 경제, 정치, 문화, 사회 및 생태문명 건설) 발전 구도 추진을 강화함과 동시에 '화이부동(和而不同)' 정신을 바탕으로 서방국가와의 상호관계 발전을 강조한다. 또한 조화로움(和諧) 속에 천편일률적이지 않고 서로 다름 속에 충돌하지 않음을 추구하며, 조화로움을 통한 상생과 발전(共生共長), 그리고 다름을 통한 상호 보완의 관계를 추구한다.

경제 사회적 포지셔닝: 개발도상 대국

일반적으로 개발도상국이란 경제 사회 발전과 국민의 생활수준이 상대적으로 낮고 아직 전통적인 농업사회에서 현대 산업사회로의 전환과정 중에 놓인 국가를 말한다.[8] 연구 발전에 따라 한 국가의 발전수준을 분석하는 지표는 기존의 1인당 GDP 및 GDP 외에 국제경쟁력, 인간개발지수(HDI), 발전 균형성 등 새로운 지표를 포함하게 되었다. 그중 1인당 GDP 및 GDP지표는 경제요소와 전체적 경제규모에 치중하고 국제경쟁력 지수는 한 국가의 고정적인 발전 수준보다는 효율, 지구력과 발전 추세에 주목한다. 발전의 균형성은 지속가능한 발전 여부를 중시하며, 인간개발지수는 예상 수명, 성인문맹률 및 1인당 GDP 등 3개의 지표로 구성되어 사회 발전의 종합적 요소를 중시한다.

중국이 개도국 혹은 선진국 신분으로 GATT에 가입하는 문제로 중국과 서방 국가는 1980년대 초 첨예하게 대립했고 15년이 넘는 협상의 시기를 거쳐야 했다. 그

---

8 劉世錦等, "如何正嚴認識在中國發展中國家身份上的爭議", 『中國發展觀察』, 2011年第7期, pp.6-10.

후 2001년 중국은 WTO에 가입하였고 『중국 WTO 가입 작업반 보고서』에서도 알 수 있듯이 중국은 완전한 개도국 지위를 얻은 것이 아니며 수혜 범위 역시 제한을 받게 되었다.[9] 21세기에 들어선 후 중국이 경제력이 가장 강한 신흥국가로 부상함에 따라 선진국은 중국이 개도국의 신분을 버릴 것을 요구하며 더 이상 '무임승차'는 없다는 입장을 밝혔다. 그 예로 2008년 세계 금융위기 발생 후 다음과 같은 인식이 퍼지기 시작했다. 즉 1949년에 사회주의가 중국을 구했고, 1989년에는 중국이 사회주의를 구했으며, 2009년에는 중국이 자본주의를 구했다는 것이다. 국제 사회는 중국에 과분한 칭찬과 무리한 요구를 동시에 가져다주며 중국이 이미 세계적인 대국, 준 초강대국이 됐다고 주장했다. 뿐만 아니라 '중미 양국론'(G2)을 제시하고 중국의 개도국 신분 포기를 요구하는 목소리가 끊이지 않았다.

WTO의 일반적인 기준에 따르면, 1인당 GDP가 3,000달러보다 낮은 국가의 경우 개발도상국이라 부를 수 있다. 중국의 1인당 GDP는 2008년 3,315달러로 세계 랭킹 106위를 기록했으며, 2009년은 3,678달러로 세계 97위, 2010년은 4,520달러로 세계 90위, 2011년은 5,414달러로 세계 89위에 머물렀다.[10] 중국의 1인당 GDP가 빠른 속도로 증가함에도 불구하고 랭킹순위는 아직 많이 뒤처져 있는 것이 사실이다. 세계적으로 1인당 GDP 평균치가 전반적으로 상승하였으나(예컨대 2010년 세계 1인당 GDP 평균치는 8,985달러로 중국은 가히 그 절반에 달한다)그 이면에 중국의 발전이 심각한 불균형 현상을 나타내고 있음을 주목해야 한다. 예컨대 UN의 빈곤선 기준(1일 1달러)에 따르면 중국은 아직 약 1억 5천만 명의 인구가 빈곤에서 벗어나야 한다.

이에 따라 경제·사회적 측면에서 볼 때 중국은 자국을 개도국으로 정의하고 있으며 중국 공산당 18대 보고서에서도 "중국은 세계에서 가장 큰 개발도상국이라는 국제적 지위에 변함이 없음"을 재천명하고 있다. 앞으로도 중국은 발전의 길을 걸어갈 것이지만 그 과정은 결코 순탄대로가 아닌 복잡다단한 특징을 띠는 것

9　徐崇利, "新興國家崛起與構建國際經濟新秩序－以中國的路徑選擇爲視角", 『中國社會科學』, 2012 年第10期, pp.186-204.

10　http://wenku.baidu.com/view/d0bd643531126cdb6f1a10b9.html , 2012.12.22.

이다. 개발도상국의 산업화와 현대화 과정은 곧 빈곤과 낙후에서 벗어나 발전의 수준을 높여 선진화를 이뤄나가는 과정이라고 할 수 있다. 중국의 현대화와 산업화는 끊임없는 가속화 과정에 있으며 저개발 탈피 과정과 선진화 과정이 공존하며 여기에는 두 가지 과정이 병행되고 있다. 첫째, 빠른 속도로 저개발 현상을 줄이고 저개발적 특징을 탈피하는 것이다. 둘째는 빠른 속도로 선진적 현상을 확대하고 이러한 특징을 잘 증강시키는 것이다. 이는 양적 변화와 질적 제고를 끊임없이 실현시키는 과정이며 중국이 개도국에서 중진국으로, 나아가 선진국 대열에 합류하기 위한 변천사이기도 하다.

중국의 GDP 규모는 2010년 이후 줄곧 세계 2위에 머물렀다. 국제경쟁력의 순위 또한 지속적으로 제고된 결과 2008년 세계 순위 30위에서 2009년의 29위, 2010~2011년의 27위, 그리고 2011~2012년에는 26위로 올라섰으며 브릭스 국가 중 유일하게 30위 안에 드는 국가가 되었다. 이 두 가지 지표에서 볼 때 중국의 경제적 지위가 세계적으로 선두권에 있는 만큼 중국을 일반적 의미의 개발도상국으로 정의 내리기 어려운 부분이 있다. 하지만 다른 지표를 보면 중국은 아직 세계의 발전 대열에서 하위권에 속한다. 예컨대 경제 및 사회발전의 균형성 측면에서 볼 때 선진국의 국내 발전은 비교적 균형적으로 이뤄져 도농 간, 지역 간 격차가 작은 편이나 중국은 아직까지 발전의 불균형 현상이 두드러져 도농 간, 지역 간, 사회 계층 간의 격차가 크다. 심지어 어떤 부분에서는 이러한 격차가 더욱 확대되는 추세에 있어 개도국의 전형적인 특징을 갖는다. 중국의 농촌과 많은 지역에서 아직 저개발 특징을 보이고 있다. 도시 · 연안 지역의 경우 점차 선진국가의 특징을 보이며 점차 더 넓은 범주에서 선진국과 경쟁 구도를 그리고 있다. 한편 인간개발지수의 측면에서 볼 때 중국은 아직 하위권에 머무르며 더욱 뒤처질 가능성도 있다. 중국의 인간개발지수는 2008년 세계 순위 91위에서 2009년 92위, 2010년 89위로 떨어진 후 2011년에는 다시 101위로 하강하여 중하위권의 수준을 면치 못했다.

다시 말해 중국은 경제, 사회, 정치, 문화 발전 등 다방면에 걸쳐 발전 초기단계의 특징을 보이고 있다. 위의 분석을 통해 또 알 수 있는 것은 이러한 초기단계의 특징이 고정불변은 아니라는 것이다. 오늘날 중국은 더 이상 전형적인 의미의 개도국도 아니며 선진국 혹은 중진국 또한 아니다. 저개발과 선진화의 특징이 공존하며 저개발의 범위가 축소되는 동시에 발달지역의 범위가 확대되고 있다. 개발도상국인 중국은 동시에 하나의 중심국가로 부상한 만큼 일반적인 개도국의 시각으로 중국 문제를 다룰 경우 많은 한계가 따르며, 중국의 주요 경제·금융정책 제정 및 실행에 부정적인 영향을 끼칠 수 있다. 21세기 이래 현대화의 다양한 요소들이 출현하여 사람들의 생활과 사회발전 곳곳에 현대화의 기운을 불어넣었듯이 중국 또한 안정적으로 신속하게 초기단계의 '반환점'을 지나고자 노력하고 있다. 오늘날 중국은 경제·정치·사회·문화 등 다방면에 걸쳐 전환기에 놓여있다. 중국의 모델 전환은 현대국가 체제의 구축과 현대화의 완성에 목표를 두고 있으며 현재 국가 상황 및 특징으로 미뤄볼 때 위와 같은 목표를 달성하기까지 수많은 난제들이 있어 발전의 구상, 모델 및 전략 완비가 시급하다. 특히 중국은 지속 불가능한 발전에서 지속 가능한 발전으로, 불공평한 발전에서 공평한 발전으로, 그리고 불균형적 발전에서 균형적 발전으로의 전환을 반드시 실현에 옮겨야 한다.

문화적 포지셔닝: 풍부한 전통 자원의 문화대국

문화는 국가와 민족의 혈맥, 영혼, 품격이라고 할 수 있다. 문화적 포지셔닝은 민족과 국가 단결력의 원천이 되며 국가 포지셔닝에서 가장 중요한 초석이 된다. 일반적으로 국가의 현대화는 경제 현대화, 제도 현대화와 문화 현대화가 결합하여 이뤄진다. 여기서 후자는 바로 현재 중국이 직면하고 있는 가장 '치열한 전쟁터'이다. 두웨이밍(杜維明)은 "중국의 진정한 부상은 문화의 부상에 있다."고 말한다.[11]

세계화는 세계문화의 융합뿐만 아니라 각종 문화 간의 균열, 격변 및 충돌을 가져왔다. 이에 따라 전통문화와 문화의 전통은 국가 포지셔닝을 확인하는 중요한 상징이 되어왔다. 특히 문화는 중국에게 중요한 의미를 지니고 있는데 영국의 철학자 러셀(Bertrand Russell)이 지적했듯이, 중국은 하나의 정치체보다는 문화체에 가까울 것이다. 그동안 중국은 한 국가의 명칭이라기보다는 지리적으로 세계의 중심

....

11 杜維明, "中國的崛起需要文化的支撐", 『中國特色社會主義研究』, 2011年第6期, pp.35-39.

을 나타냈다. 또한 문명과 교화의 선진성을 의미하였으며, 중화민족의 공동 가치로 자리매김해왔다. 30여 년의 개혁개방을 거쳐온 중국의 문화 현대화는 아직 경제 현대화 속도에 못 미치며 문화 체제가 개혁의 초기단계에 머물러 있다. 문화 안보는 중국이 직면한 가장 큰 안보 위협이 되고 있다.

중국 문화의 역사적 변천과 국제 영향력의 변천사를 통해 알 수 있듯이, 중국은 문화적 소프트파워에서 선천적인 비교우위를 가지고 있다. 이는 고대 중국의 유교문명을 중심으로 한 문화의 선진성과 주변 지역에 끼치는 큰 영향력에서 나타날 뿐만 아니라, 동아시아의 끊임없는 부상(일본, 아시아 네 마리의 용, 아세안 4개국, 중국 등) 가운데 나타나는 유교문화의 촉진 작용에서도 알 수 있다. 근 백여 년 동안 서구 문명은 동양의 문명에게 큰 도전으로 다가왔다. 그러나 중국의 개혁개방 성과와 국제적 역량이 아태지역으로 옮겨가는 점에서 미뤄볼 때, 중화문명과 전통은 날로 발양되고 있는 반면 서구의 문명은 성찰과 조정기가 필요한 시점에 놓여있다. 이처럼 동서 문명의 교류와 융합은 새로운 계기를 맞이하게 되었고 그 가운데 중국은 동서양의 문화적 조우의 중심이 되었다. 왕멍(王蒙)은 중화 전통문화가 그동안 크나큰 도전에 맞서왔으며, 세계 조류에 뒤처지던 옛 모습을 떨쳐버리고 날로 활기를 되찾기 시작했다고 주장한다. 또한 이제 중국은 세계의 주류 문화, 현대 문화, 선진 문화와 상호 교류·대화·보완이 가능하여 시대의 흐름과 함께 살아 있는 문화로 거듭났다고 말한다.[12]

한편, 중국 문화는 선천적인 문제가 존재해왔다. 중국은 한때 근대 산업화의 호기를 놓쳤고, 중국 전통문화의 물질자원 또한 점차 빛을 잃어가고 있었다. 특히 19세기 중반 이후 수차례 패전 끝에 중국문화는 깊은 성찰과 재구성의 시기를 거치게 되었다. 중국은 왜 강력한 대국에서 이처럼 쇠락하게 되었는가. 당시 중국의 지식인들은 서구의 선박과 대포를 모방하는 것을 시작으로 중국의 전통문화에 대한 성찰 운동까지 전개했고, 이후 이러한 자성의 움직임은 지금까지 이어져오고 있다. 특히 중, 서, 체, 용(中西體用)이라는 이 네 글자의 조합에 대해서 뜨거운 논의가 펼쳐졌다. 20세기 이후 '신해혁명'과 '5.4운동'을 위시하여 중국은 현대화의 과정

••••••••••••••

12 王蒙, "中華傳統文化與軟實力", 『人民日報』(海外版), 2011.11.02.

을 이어왔다. 전통문화를 어떻게 바라봐야 하는가라는 하나의 중요한 분야가 되었고, '신문화운동'을 통해 전통문화에 대해 철저한 비판이 이뤄진 후 전반적인 서구화를 주장하기에 이르렀다. 이러한 비판적인 관점은 '문화대혁명' 시기의 '비림비공(批林批孔)' 운동을 통해 여지없이 발휘되었으며, 전반적인 서구화 주장은 중국의 발전 과정에서 끊임없이 출현하여 거듭 정치적 소란을 야기하게 되었다. 또 다른 노선으로는 량수밍(梁漱溟)을 대표로 하는 전통문화파로 특히 "세계 문화의 미래는 바로 중국 문화의 부흥"에 있음을 주장했다.[13] 이러한 관점 역시 비정치적인 순수 학술 연구 중 심심찮게 등장하며 지금까지 명맥을 이어오고 있다. 하지만 종합국력이 쇠약했던 역사로 인해 중국은 문화적으로 맹목적인 모방을 하거나 외래 문명을 무분별하게 수용하던 시기가 있었으며, 자기부정의 고질병을 가지게 되었다. 1978년 이후 개혁개방을 거쳐 중국은 서방사회의 물질문명에 문호를 개방하였고, 정신문명 역시 적극적으로 끌어들였다. 서구사회의 시각에서 볼 때, 중국의 개혁개방은 서구화의 과정이다. 그러나 중국의 입장에서는 개혁개방이 중화문명과 서방문명이 만나 융합하는 과정으로서 향후 세계가 여전히 '화이부동(和而不同)'의 길을 걸어나갈 것이라고 보고 있다.

중국은 개혁개방을 통해 새로운 세계화의 조류에 합류할 수 있었고, 이러한 혁신성은 중국의 우수한 문화적 특징이기도 하다. 물질적 부상의 실현을 통해 아시아 경제의 빠른 발전과 서로 맞물려 시너지효과를 낳았고, 이로써 세상은 유교문화를 중심으로 한 중국 전통문화의 역량을 다시 보게 되었다. "가라앉는 배 옆으로 천 척의 배가 지나가며, 시들어가는 나무 앞에 만 그루의 나무가 푸르다(沉舟側畔千帆過, 病樹前頭萬木春)."[14]라는 말이 있다. 오늘날 세계는 각종 문제에 직면해있다. 국제 정치 및 경제 질서의 재구축, 날로 격화되는 국제적 충돌 해결, 물질만능주의의 문화적 속박 극복, 인류정신 및 신앙 위기의 대응 등 문제를 해결하는 데 있어서 중국의 전통문화가 날로 통합적인 역할을 발휘하고 있다. 중국의 정책결정자 역시 문화가 국가 지위에 가지는 핵심적 가치를 인식하게 되었고, 트렌드, 시민교육, 사

13 梁漱溟, 『梁漱溟全集』第1卷(濟南: 山東人民出版社, 1989), pp.543-546.
14 『劉禹錫 · 酬樂天揚州初逢席上見贈』

회 서비스 및 발전을 이끄는 문화의 역할을 강조하였다.

또 다른 측면에서 중국은 문화적으로 아직 '강하지 않은 대국'으로서 여전히 전통문화의 현대화 문제가 존재한다. 때문에 풍부한 전통문화 자원을 어떻게 계승하고 발전시켜 나가는지가 현재 중국이 직면한 중대한 전략적 의제라고 할 수 있다. 중국 문화의 내재적 리스크는 주로 사회가치관의 부재에 있으며, 전통적 사회윤리(social ethics)의 상실은 심각한 사회적 문제를 가져왔다. 중국은 전통문화 정신이 충분히 발현되지 않았으며, 우수한 전통을 적극 발굴해야 하는 등 전통문화의 현대화라는 시급한 당면과제를 안고 있다. 외래 문명은 적극적으로 받아들였지만, 민족 고유문화 발양은 소홀히 여기는 경우가 많았고, 심지어 민족문화를 비판하는 관습이 남아있기도 하다. 하지만 한 민족이 문화적 특성을 잃어버렸을 때 그 민족의 독립성 역시 설 곳을 잃게 된다. 동서고금을 막론하고 완전히 외부 수입을 통해 현대화를 이룩한 나라는 없다. 세계와 융합하는 동시에 중국의 자체 문화역량의 보존 및 발전, 경제와 군사력 증진은 모두 동일하게 중요한 부분이다. 현재 중국은 기본적으로 전반적인 서구화의 가능성을 배제하였으며 이는 주로 두 가지 관점으로 좁혀진다. 첫째, 유학부흥론으로서 유학을 위시한 중국 전통문화의 근본적인 가치를 강조하며, 일종의 '중체서용'의 연장선상에 있는 개념이다. 둘째, 중국 전통문화와 서구문화의 상호작용, 학습과 흡수를 강조하는 것으로서 이를 중서호위체(中西互爲體)라고 한다. 동서고금 역사상 외국문화를 본위문화로 삼은 대국은 존재하지 않았다. 중국의 전통문화에 대한 과학적 분석과 비판적 계승·발전은 반드시 필요한 부분이다. 그러나 중국 문화는 자국만의 진귀한 보배이기 때문에 전통문화를 배제한 문화적 현대화는 불가능하다. 우리는 중체서용을 강조해야 하며 그중 서구문화에 대한 폄하를 버려야 더욱 개방적인 마인드로 서구문화를 대하고 유익한 부분을 배울 수 있을 것이다. 그러나 다른 한편으로는 서구문화를 전혀 거르지 않고 무분별하게 받아들이는 일을 막아야 할 것이다. 한편 중국 문화의 외재적 리스크는 주로 서구문화가 '타자'에 대한 침투성과 개조성을 지니는 데서 오는데 문화 침투를 통한 가치관 침투는 서구 국가가 주도하는 목표 중 하나였다. 중국은 현대 산업사회로 전환하는 과정에서 알게 모르게 서구문화와 가치관을 받아 들이게 되었고, 이 가운데 특히 서구문화 중 부정적인 측면은 중국 민족문화의 우수한 전통에 위협을 가하고 있다. 예컨대 극단적인 이기주의와 물질만능주의, 혼란스러운 가치관 선택, 비도덕적인 성향 등은 중국의 전통적 도덕성과 민족문화의 응집력에 충격을 가져다주는 동시에 문화안보에도 위협이 되고 있다.

최근 중국의 정책결정자는 현재 중국의 문화건설이 뒤쳐져 있으며, 이에 대한 시급성과 전략적 의미를 깨닫기 시작하여 문화발전 촉진에 힘쓰고 있다. 중국 공산당 18대 보고서에서는 민족문화 창조력의 발휘, 인민의 기본 문화 권익 보장, 중화문화의 국제영향력 증진 등 새로운 변화를 강조하였다. 뿐만 아니라 문화입국의 전략을 취하기 시작하여 문화전통을 지키고 전통문화를 널리 알리며, 문화산업 개혁 및 문화강국 건설 추진, 문화적 대화 추진에 힘쓰는 등 중국의 문화 현대화와 문화 건설은 도약기를 맞이하게 되었다.

정치적 포지셔닝: 책임지는 대국

국제사회에서의 책임은 오늘날 세계화 시대에서 각 국가에 대한 가장 근본적인 요구이다. 전 세계적인 문제가 갈수록 늘어나 이를 해결하기 위해 국가의 규모나 국력에 상관 없이 모두가 책임을 져야 하는 시대가 온 것이다. 이러한 국제사회의 책임은 대내적으로 국내 공공재 제공에 국한되지 않으며, 대외적으로 국제규범 준수, 국제준칙 보호, 국제적 의무 수행 등과 같은 책임을 포함한다. 세계에서 두 번째로 큰 경제대국이자 종합국력 또한 앞서가는 동방대국으로서 중국은 전 인류의 공동이익 수호에 중요한 책임감을 갖고 있다. '책임지는 대국'은 시대적 흐름에 걸맞을 뿐만 아니라 자발적으로 책임을 지는 국가적 요구이자 구축이라고 할 수 있다. 더욱 중요한 국제사회의 책임을 지는 것은 중국의 자국 이익 실현에도 필요하다. 이는 중국이 국제사회에서 더욱 중요한 역할을 수행하는 접근법이며, 중국이 국가이익의 세계화로 나아가는 중요한 경로이기도 하다. 때문에 중국이 책임지는 대국을 강조하는 것은 국제사회에서 중국의 새로운 포지셔닝을 잘 보여주는 것이다.

쑨원은 "중국이 더욱 강대해지기 위해서는 민족의 위상을 회복해야 할 뿐만 아니라 세계에 큰 책임을 져야"[15]함을 강조한 바 있다. 중국의 책임지는 대국 건설과 개혁개방 과정은 밀접한 관계에 있으며, 국제사회 및 국제제도로의 편입과도 맞물려 있다. 이는 또한 국력 제고 및 국제적 영향력 확대와도 상호보완 관계가 있다. 1980년대 이후 중국은 '전쟁과 혁명'이라는 이데올로기적 입장을 바꿔 국제사회로의 복귀 수순을 밟았다. 이에 따라 중국의 역할 또한 기존의 국제체제 반대자, 관망자에서 적극적인 참여자, 건설자로 전환하게 되었다.[16] 이를 통해 공정하고 합리적인 국제 신질서를 구축하는 협력적인 역할을 발휘하여 국제체제와 협력하고 세계 각 주요 국가와 동반자 관계를 맺게 되었다.

대외개방과 국제제도에의 참여 심화 움직임은 상호보완적이어서 중국은 국내 발전과 수요에 따라 점차적 적응과 점진적 심화의 과정을 거쳤다. 1980년대 이후 중국은 세계경제기구의 활동에 적극 참여하여 긍정적인 낙수 효과(spillover effet)를 만들어 냈고 이를 통해 신개념 도입과 함께 중국 외교의 정책결정 패러다임에 영향을 주었을 뿐만 아니라 중국의 여타 국제제도에 대한 참여를 이끌어 냈다.[17] 덩샤오핑의 1992년 남순강화는 중국의 전면적인 국제제도 참여의 시대가 도래했음을 잘 보여주고 있다. 이후 중국은 국제제도 참여에 있어 포괄적·전략적·장기적인 기본 특징을 보여왔으며, 기본적으로 현존 국제체제 중 대부분의 주요 국제 제도를 인정하게 되었다.

냉전 종식 후 중국은 놀라운 속도로 경제발전을 이뤄냈고, 정치민주화 역시 속도를 내기 시작하여 국제사회에서 나날이 중요한 역할을 담당하게 되었다. 중국은 국가 발전과 함께 국제적 사회를 책임지고자 하는 의욕·능력 또한 증가한 것이다. 1997년 11월 하버드대학 연설 중 장쩌민은 인류 생존 및 발전과 관련된 많은 중요한 문제에서 중국과 미국이 "폭넓은 공동의 이익을 갖고 공동의 책임을 져야

15 『孫中山選集』(北京: 人民出版社, 1981), p. 691.
16 江憶恩, "美國學者關于中國與國際組織關系研究綜述", 『世界經濟與政治』, 2001年 第8期, p.52. 秦亞青, "國家身份, 戰略文化和安全利益－關于中國與國際社會關系的三個假設", 『世界經濟與政治』, 2003年 第1期, pp.10-15.
17 門洪華, "壓力, 認知與國際形象－關于中國參與國際制度戰略的歷史解釋", 『世界經濟與政治』, 2005年 第4期, pp.17-22.

함"[18]을 강조했다. 이후 중국 지도자는 책임지는 대국으로서의 포지셔닝에 대해 자주 언급하게 되었다. 예컨대 2006년 3월 4일 원자바오(溫家寶) 총리는 "중국은 이미 책임지는 국가가 되었다."[19]고 세계에 표명했다. 또한 원자바오 총리는 2010년 4월 29일 호세 마누엘 바로주 EU 집행위원회 위원장과 가진 공동기자회견에서 "중국은 더 많은 국제적 책임을 질 것이며, 이는 국제사회가 중국에 갖는 기대일 뿐만 아니라 중국의 이익에도 부합한다."[20]는 입장을 밝힌 바 있다. 나아가 중국 공산당 18대 보고서는 "더욱 적극적으로 국제 사안에 참여하고 책임지는 대국의 역할을 발휘하여 함께 전 세계적인 도전에 맞서야 함"을 강조하였다.

책임지는 대국의 포지셔닝은 중국의 국가 포지셔닝에 커다란 변화가 일어났음을 시사한다. 즉 기존의 주권 중심 및 독립적인 대국에서 책임지는 대국으로 새롭게 자리매김했으며, 국가의 행위 역시 점점 더 국제제도의 조정을 거치게 되었다. 중국은 스스로 국제제도에 적극적이고 책임지는 참여자가 되었음을 자부하게 되었고 이로써 책임지는 대국의 이미지를 만들어나가 보다 적극적으로 세계 및 지역적 공공재(public goods)를 제공하게 되었다.

이 과정에서 서구사회를 위시한 국제사회는 중국에 보다 큰 책임을 요구하며 국제적인 압박을 형성하였다. '중국책임론'은 미국 등 서방국가가 중국의 역할에 변화를 요구하는 전략적 화법이다. 화교 출신 학자 황징(黃靖)에 따르면 서방 국가가 중국에 요구하는 국제사회의 책임은 주로 다음과 같은 세 가지로 요약할 수 있다. 첫째는 경제 및 물질적 측면의 책임으로서 중국이 국제적 사안에서 물심양면으로 힘써주기를 기대한다. 둘째는 금융시장 분야에서의 책임과 개방을 요구하며 중국 정부가 금융시장에 대한 통제를 내려놓고 외국기업의 중국 금융시장 진입을 허용하는 것이다. 셋째는 도의상의 책임으로서 중국이 점차 서구사회의 가치 이념과 게임의 룰에 따르는 것이다.[21] 일부 학자에 따르면, 중국책임론은 일종의 우회적인 제압의 새로운 방식으로 중국에게 국제적 협력의 기회를 안겨주는 동시에 더

18 『江澤民文選』第二卷, (北京: 人民出版社, 2006), p.64.
19 "溫家寶總理在十屆全國人大四次會議記者招待會上答記者問", 『光明日報』, 2006.3.15.
20 http://news.sina.com.cn/c/2010-04-30/0102174443735.html, 2012.2.22.
21 黃靖, 『西方熱炒中國模式疑爲捧殺中國』, 『廣州日報』, 2010.1.24.

많은 의문점과 어려움을 가져다주고 있다.[22] 뿐만 아니라 중국은 현재 급부상하고 있는 대국이자 유일한 사회주의 대국이다. 중국이 국제사회의 책임을 짊어질 때 더욱더 신중해야 하는 이유가 여기에 있다. 지금 막 부상하는 대국이 국제사회의 책임을 질 때 기존의 대국들은 이를 부정적으로 해석하려는 경향이 있으며 이때 '책임론'과 '위협론'이 거론되고는 한다. 또한 사회주의 대국이라는 신분은 서방 대국의 적대감을 불러일으키기도 한다. 국내에서도 중국의 '책임지는 대국'의 포지셔닝에 대해 적잖은 오해가 존재해 인지적 음모론, 능력 부족론, 국내 문제 중심론 등이 대두되기도 했다.

이제 중국의 미래 운명은 세계의 운명과 밀접한 관계에 놓여있어 세계 없이 중국이 발전할 수 없으며 세계의 발전 또한 중국을 필요로 한다. 때문에 중국은 이에 걸맞은 국제사회의 책임을 지게 된다. 중국과 같이 아직 성장기에 놓여있는 대국으로서 자발적으로 국제사회의 책임을 적절히 짊어지는 것은 긍정적인 의미를 지닌다. 이는 중국이 인류사회에 더 많은 기여를 할 만한 조건이나 책임이 있어서도 아니며 글로벌 거버넌스 시대에 모든 대국이 함께 어려움을 극복하고 세계적인 위기에 함께 대처해나가야 하기 때문만은 아니다. 무엇보다 책임지는 태도가 국제적으로 국가 이미지 제고에 도움이 되기 때문이다. 중국은 '책임지는 대국'이라는 국가 포지셔닝 추구 입장을 견지해왔고 이러한 이념의 구축은 구체적으로 신안보관, 호혜상생(互利共贏), 국제관계 민주화, 조화로운 세계, 평화 발전의 길을 제창하는데서 나타난다. 실천방면에서 중국은 국제사회에서의 건설적인 참여와 함께 국제사안의 처리에 있어서는 공유, 공영(共榮), 윈윈, 비영합(Non Zero-Sum)을 강조한다. 즉 세계 및 지역 공공재를 적극 제공하고 개도국에 최대한의 원조를 펼칠 뿐만 아니라 국제기구에 물질적 투자를 확대함으로써 기존의 수혜국가에서 적극적인 대외원조국으로 전환하며 국제 안보 유지에도 더욱 힘쓸 것이다. 대국의 책임의식은 중국의 적극적인 참여의식으로 나타난다. 다시 말해 오늘날 중국은 국가적으로 이성적 태도가 잘 뿌리내렸으며 개방주의와 참여의식은 이미 거스를 수 없는 흐름

---

22 郭樹勇, "論西方對華 '軟遏制' 戰略及其對策思考", 『毛澤東鄧小平理論硏究』, 2008年第12期, pp.71-75.

114

이 되었다.

앞으로도 중국은 더욱 차분하게 자국의 국제적 지위를 판단하고 국제사회의 책임을 적극 수용할 뿐만 아니라 이성적으로 이를 더욱 확장시켜 각 국가 간의 공동이익을 추구할 것이다. 또한 국제 사안에서도 역량과 책임 간의 균형을 잘 유지하는 동시에 국제사회에서의 권리 확대를 적극 요구할 것이다. 아울러 다른 국가와 국제협력을 도모하는 동시에 국내건설을 핵심으로 하는 전략을 지속적으로 강조하며 국가의 균형적인 발전을 위해 힘써야 할 것이다.

전략적 포지셔닝: 세계적으로 큰 영향력을 지닌 아태지역의 대국

헨리 키신저(Henry S. Kissinger)에 따르면 각 세기마다 실력, 의지, 지혜와 도덕적 원동력을 통해 자국의 가치관으로 국제체제를 재구축하려는 국가가 출현하기 마련이며 이는 거의 불문율이 되었다.[23] 많은 국내외 엘리트 역시 21세기의 중국 역시 이러할 것이라고 예측하고 있으며 그중 미국 전략이 내놓은 '중미양국론'(G2)이 대표적이라고 할 수 있다.

역사적으로 중국은 대국이었으며, 쇠락의 길을 걸었던 청조 말기에도 대국으로서의 지위를 잃은 적이 없다. 나폴레옹의 말처럼 잠자고 있는 사자와 같은 중국이 "한 번 깨어나면 세계를 진동시킬 것"이다.[24] 1978년 개혁개방 이래 중국의 국력 및 국제적 영향력은 끊임없이 증가하였고 중국의 부상은 이제 국제사회가 모두 인정하는 기정사실이 되었다. 또한 중국의 세계 속 포지셔닝은 국제사회가 중국의 전략 추이를 가늠하는 중요한 요소가 되었다. 많은 전략 분석가에 따르면 중국이 세계의 대국이 되는 것은 시간상의 문제이다. 1997년 아시아 금융위기 이후 중국은 적극적으로 국제사회의 책임을 졌고 이러한 대국의 역할은 세계적인 주목을 받

----

23 Henry Kissinger, *Diplomacy*, (New York: Simon & Schuster, 1994), p.17.
24 R. P. Khanua, "Impact of China's Ambition to be a Regional Power," *Asian Defense Journal*, Vol.6, No.9, (August, 1999), p.9.

았다. 2006년 이후 세계 여기저기서 '중미양국론'을 거론하면서 중국은 세계적 대국으로 여겨지기 시작했다. 특히 2010년 중국의 GDP 규모가 일본을 제치고 세계 2위가 되자 이러한 화두는 끊이지 않았다. 중국의 세계적 포지셔닝에 관한 논쟁은 주로 중국이 어느 정도의 대국이냐는 문제에 집중되어 있고 현재까지의 분석은 대체로 동아시아 대국, 세계적인 영향력을 지닌 아태지역 대국, 그리고 세계적 대국 등으로 나뉜다.

세계적 대국의 판단 기준과 관련하여 학술계에서는 다양한 의견을 제시했다. 독일의 역사학자 랑케(Leopold von Ranke)에 따르면, 세계적 대국이란 "반드시 어타 대국들 심지어 이들의 연맹에 대항하고도 패하지 않아야 한다."[25] 중국 재정부 왕쥔(王軍)에 따르면 세계적 대국은 다음과 같은 특징을 지닌다. 즉 강한 국력, 같은 역사적 배경 속의 다른 국가와 비교했을 때 보다 발달한 경제, 강대한 군사력, 풍부한 문화, 넓은 국토 면적을 자랑할 뿐만 아니라 넓은 대외적 영향력을 통해 시대의 변화를 가져올 수 있으며 세계 문명의 역사를 좌지우지할 만한 큰 영향력을 발휘할 수 있어야 한다. 또한 역사적으로도 원대한 영향력을 지녀 시공을 초월한 영향력을 끊임없이 발휘할 수 있어야 한다.[26] 옥센버그(Michael Oksenberg)에 따르면 세계적 대국의 기본적인 조건은 세계 상위권에 속하는 경제발전 수준, 선도적 지위에 있는 군사력과 함께 세계적인 문화 및 정치 영향력도 동반되어야 한다.[27] 브레진스키에 따르면 세계적 대국이란 "군사력에서 세계적으로 절대적 우위에 있으며 중대한 금융 및 경제 영향력을 가지고 있고 기술적으로도 확연히 앞서가며 사회 및 생활방식에서도 충분한 흡인력이 있어야 한다. 즉 이 모든 조건이 결합돼야 범세계 차원의 정치적 영향력이 형성되는 것이다."[28]

이와 같은 조건들에 견주어볼 때 적어도 중국은 유사 이래 동아시아, 나아가 아시아의 대국이었음을 알 수 있다. 천하사상과 조공체계는 바로 당시 중국의 찬란

25 Leopold von Ranke, *The Theory and Practice of History*, Indianapolis: Bobbs-Merrill, 1973, p.86.

26 王軍, "江山代有强國出－世界强國興盛之路探析及其對中國發展的啓示",『經濟研究參考』, 2003年第49期, pp.2-16.

27 Yoichi Funabashi, Michael Oksenberg, and Heinrich Weiss, *An Emerging China in a World of Interdependence*, (New York: The Trilateral Commission, 1994), p.2.

28 布熱津斯基·韓紅, "如何與中國共處",『戰略與管理』, 2000年第3期, pp.12-13.

한 역사를 보여주고 있다. 그러나 중국은 세계적 대국이 된 적은 없었다. 이는 19세기 전까지만 해도 지역적 대국만 존재할 뿐 세계적 대국이라는 개념이 없었기 때문이다. 진정한 의미의 세계적 대국은 19세기 후 패권쟁탈전 가운데 형성되었으며 당시 유럽 대국의 부상과 중국의 쇠락은 선명한 대비 구도를 그려냈다. 중화인민공화국 수립으로 중국의 국제적 위상은 백여 년 동안의 하강 추세를 막을 수 있었고 그 후 중국은 빠른 속도로 정치대국, 군사대국의 지위를 확립해나갔다. 1978년 개혁개방 이후 중국의 경제적 지위가 급부상하면서 종합 국력 역시 날로 증강되었다. 이에 따라 중국은 해양 분야의 이익에 점차 눈을 돌렸고 국제적 영향력이 아태지역까지 뻗치게 되었으며 세계적인 영향력 또한 날로 커졌다. 오늘날 아태지역의 중대 사안 중 중국의 적극적인 참여 없이 만족스러운 결과를 도출해낼 수 있는 경우는 드물다. 중국은 세계적 대국이 될 만한 여러 조건을 갖추고 있다. 자원의 측면에서 볼 때 중국의 국토 면적은 세계에서 3위를 차지하며 인구는 세계 1위로 그야말로 명실상부한 자원대국이다. 정치적 영향력 측면에서 볼 때 중국은 유엔 안보리 상임 이사국이자 IMF, G20 등에서도 막대한 영향력을 가지고 있어 정치대국이라고 할 수 있다. 경제, 무역, 대외투자 등 측면에서 볼 때도 중국은 세계적인 강국이다. 군사력 측면에서도 군사강국으로 중국은 국방예산과 현대화 수준이 괄목할 만하다. 하지만 중국의 1인당 자원은 여전히 부족하고, 경제발전의 불균형, 문화가치 영향력의 한계, 전형적인 군사방어형 국가라는 한계를 안고 있으며 아직 충분한 해외 이익과 국제사회가 인정하는 세계적 특권을 갖추고 있지 않다. 때문에 중국의 전략적 포지셔닝은 세계적 영향력을 가진 아태지역의 대국이며 이러한 포지셔닝은 지역성을 기반으로 세계성을 겸비하고 있다는 특징을 갖는다.

중국은 전통적인 지정학적 의미에서 아시아의 중심에 위치해 동방국가를 대표한다. 주변 국가와의 경제 상호 의존도가 높아짐에 따라 중국은 이미 아태지역 경제의 지정학적 중심이 되었고 지역 내 경제발전 과정에서 중국의 선도적 역할은 이미 미국과 일본을 능가했다. 최근 중국은 국력과 전략을 통해 아시아의 중심이라 할 수 있는 동아시아를 대국으로서 책임지는 우선지역으로 삼았으며, '이익 국경'이 넓어짐에 따라 전략적 범위를 전 세계로 확대했다. 평화롭고 안정된 지역환경이 중국의 현대화 건설의 전제조건인 만큼 중국은 동아시아와 주변을 협력의 중심부로 삼아 국제사회의 책임을 추구 및 확대해나갈 것이다.

이러한 포지셔닝은 대내외적으로 도전을 받고 있다. 먼저 대내적 도전은 주로 충동적인 민족주의와 성숙한 대국 마인드의 부재에서 온다. 성숙한 대국 마인드란 기본적으로 국가의 '이익 국경'을 명확히 지정하고 비판에 대해 냉정하게 대처하며, 관련된 문제에 대해 허심탄회하게 논의할 수 있는 것이다. 또한 다른 국가의 핵심이익에 대한 관심을 잘 살피며 긴 안목으로 국가이익을 바라보는 것이다. 솔직히 중국은 아직 이러한 성숙한 대국 마인드를 갖추지 못했고 이는 중국의 국가 포지셔닝에 전반적인 영향을 미칠 것이다. 한편 국제적인 도전은 주로 기존 대국의 아태지역 내 이익 쟁탈과 세계 대국으로 부상하는 중국에 대한 우려와 견제 등에서 나타난다. 특히 미국의 동아시아로의 회귀, 그리고 일본 등 국가가 미국과 전략적 협력 관계를 강화시키려는 움직임 등이 있다. 이 밖에도 중국 주변의 서북부 중앙아시아에서 남아시아, 동남아, 남중국해, 그리고 한반도까지 하나의 U자 형태의 불안정한 지대를 이루고 있는데 이는 현재 중국이 직면한 주요 안보 난제이다. 중국은 주변 지역을 역내협력의 중심부로 삼고 주변 지역의 안정을 주요 전략으로 삼을 것이다. 즉 동아시아가 중국 전략에서 지니는 핵심적 지위를 재확인하여 동아시아를 중국의 전략적 의존지대로 삼고 중국을 아시아 대국 및 해양국가로 자리매김하여 육해의 두 전선에서 중국의 국외 이익을 확장해나가야 한다.

중국의 미래 전략 방향

중국의 국가 포지셔닝은 신형 사회주의 대국을 중심으로 전면적인 개방, 모델 전환과 발전을 추구한다. 다시 말해 중국은 새로운 제도 및 발전의 모델을 찾는 데 주력하고 있으며, 중화 전통문화의 부흥과 서방문화에 대한 성찰이라는 기본 조건에서 새로운 세계문화 창출에 힘쓰고 있다. 이 같은 이상적인 목표는 현실과 상당한 거리를 갖고 있다. 중국의 국가 포지셔닝은 아직 국가 핵심 가치의 차원으로 부상하지 못했을 뿐더러 국가 포지셔닝 건설 문제에서도 통섭적인 국가전략을 세우지 못했다. 하지만 오랜 기간 동안 실용정신을 지녀 온 국가로서의 중국이 기존에 갖고 있던 세계, 국가 및 사회적 이상을 잘 표출할 때 그 의미는 상당히 큰 것이다. 때문에 이러한 포지셔닝 기준을 어떻게 정하는지가 바로 오늘날 중국이 직면한 핵심 과제이다.

중국의 국가 포지셔닝 정착의 중요성은 두말할 나위가 없다. 이를 통해서 중국의 기본 제도, 핵심 가치관, 국가 이미지가 연속성·혁신성·자체 회복성을 갖게 되며 나아가 민심 단결, 사회 통합과 국제영향력 확대까지 이뤄낼 수 있다. 앞에서의 중국 국가 포지셔닝 변천과정에 대한 분석과 같이 향후 중국의 전반적인 전략은 평화, 발전, 협력, 상생의 기치 아래 대내적 과학발전의 길과 대외적 평화 발전의 길을 걸어나가는 것이다. 또한 대내외적으로 화합 발전을 공동 추구하고 중화민족의 위대한 부흥 실현에 힘씀으로써 중국인의 기대에 부응하고 나아가 국제사회가 인정하는 세계적 대국이 되는 것이다. 이를 바탕으로 중국 국가의 포지셔닝 재구축 강화를 위한 전략적 방향은 아래와 같다.

첫째, 시민의식의 강화이다. 모든 국가에 있어서 전략적 중심은 국가 정체성 강화의 교육에 두어야 한다.[29] 국가 정체성의 강화를 위해서는 국민의 시민의식 배양을 우선순위에 두어야 한다.[30] 시민의식은 국가 정체성의 사상적 기초가 되며 주로 국가에 대한 소속감, 자부심, 책임감으로 나타난다. 시민의식 강화를 위해서는 각 민족과 시민의 국가개념 배양에 힘써야 하며, 특히 사회주의의 핵심가치 및 교육과 같은 가치의 공감대를 통해 각 민족과 시민이 문화적 차이를 바탕으로 한 국가 포지셔닝을 이뤄내는 것이다. 또한 역사, 국가 및 세계정세에 대한 교육 추진과 시민의 국가에 대한 소속감, 책임감을 고취시켜야 한다. 물론 세계화 시대 속에서 시민의식이란 폐쇄적인 것이 아니기 때문에 국가 정체성과 세계적 정체성을 결합하여 세계인식을 가진 시민을 길러내야 한다.

둘째, 국가 소프트파워 건설의 강화이다. 국력은 국가 포지셔닝 정착을 위한 물

---

29 유럽위원회 전 사무총장 다니엘 타쉬스(Daniel Tarschys)는 유럽의 정체성 위기에 대해 유럽의 교육 중요성을 재차 확인했으며, 이를 정치 교육의 핵심 내용으로 삼아야 한다고 주장했다. 馬舒利·鄺揚主編, 『歐洲認同研究』(北京: 社會科學文獻出版社, 2008), p.246.

30 韓震, "論國家認同, 民族認同及文化認同——一種基于歷史哲學的分析與思考", 『北京師范大學學報(社會科學版)』, 2010年第1期, pp.106-113.

질적 기초이며 소프트파워의 제고는 국가 포지셔닝의 안정성을 결정짓는다. 그동안 중국은 하드파워 증강에 힘써온 반면 소프트파워의 제고는 소홀시 한 부분이 있었고 이 양자 간의 불균형으로 인해 국가 잠재력이 발휘되지 않고 있다. 국제적 차원에서 볼 때 중국은 타국에게 롤모델이 되거나 상대방의 입장 변화를 가져오지 못했고 국제 사안에서 의제와 어젠다 설정, 여론 영향력 등 측면에서 아직 취약하며 국제적 발언권 또한 충분하지 않다. 소프트파워의 건설은 중국이 국내외 정세를 총괄기획하여 국제 및 국내 무대에서 자국의 매력을 보여주는 것과 관련이 있다. 소프트파워 건설을 통해 중국은 우수한 문화, 발전모델, 외교적 이념을 세계에 널리 알리게 되며 타국의 이해와 수용을 얻게 되는 것이다. 또한 중국은 소프트파워 건설에서 사회의 주류 가치관 형성, 정부 거버넌스 능력 제고, 시민사회의 형성 등에 있어 흡인력 있는 건설 및 혁신을 강조하는데 이는 가장 기본적인 핵심 의제이기도 하다.

셋째, 국가와 지역, 그리고 세계적 포지셔닝의 연관성을 강화한다. 중국의 국가 포지셔닝은 국내 공감대 형성이 필요할 뿐만 아니라 국제 거버넌스의 추이를 잘 파악하여 국제사회의 이해와 인정을 받아야 한다. 다시 말해 중국은 타국의 국가 포지셔닝에 대한 영향을 주시하고 그중 내재적 · 외재적 요소의 긍정적인 상호작용을 이끌어내야 할 것이다. 오늘날 세계화와 지역단일화가 동시에 이뤄지고 있는 시대에서 국가 포지셔닝은 반드시 국제적 포지셔닝의 변화에 주목하고 지역 및 세계 포지셔닝과의 연관성을 강화해나가야 한다. 물론 국제사회의 중국 국가 포지셔닝에 대한 인식은 중국의 현실적 요소를 인정하는 것과 중국 미래에 대한 예측에서 비롯된다. 또한 중국이 보다 많은 국제사회의 책임을 지기를 기대함과 동시에 중국의 국력 증강에 대한 우려도 갖고 있다. 따라서 구동존이(求同存異)가 큰 원칙이 되어야 한다. 중국은 국제 사안에 전면적으로 참여하면서 국제 거버넌스에 보다 적극 참여해야 할 것이다. 또한 각 국가의 이익 교차점을 확대시키고 역내 및 세계 어젠다 제창 능력을 강화해나감으로써 중국의 국가, 지역, 세계적 포지셔닝의 선순환을 이끌어내야 한다. 이를 바탕으로 여러 국가와 함께 다양한 분야 및 차원에서 이익공동체를 형성하며 공동의 이익을 실현함과 동시에 국제사회에서의 중국 국가 포지셔닝 인지도를 제고시켜야 한다.

넷째, 개도국과 선진국 사이의 가교역할을 담당한다. 국가 포지셔닝을 강화하기 위해서는 먼저 반드시 기존 대국과 신흥 대국 간의 상호작용 등 세계발전 추이를 파악해야 한다. 귀곡자(鬼谷子)에 의하면, "예로부터 천하를 잘 다스리는 자는 필히 천하의 권력구도와 제후의 상황을 잘 파악하였다(古之善用天下者, 必量天下之權, 而揣諸侯之情)."[31] 오늘날 세계 구도 중 주요 분쟁과 특징은 선진국과 개도국 간의 상호작용에 있다. 중국은 이 양자가 만나는 중간 지점에 있기 때문에 선진국과 개도국 간의 가교라고 할 수 있다. 따라서 중국은 이러한 조건을 토대로 국제사회에서의 역할과 행위에 더욱 적극적인 사명을 감당할 것이다.

....

31 『鬼谷子 · 量權』

5장
21세기 중국의 평화 발전의 길

저우톈용(周天勇)

21세기 중국의 평화 발전의 길에서 중국은 여전히 저발전 국가이며 장차 미래 10년, 심지어 훨씬 더 긴 시간 동안 다음 네 가지 임무를 완성해야 한다. 즉 발전방식의 전환을 이루고 경제구조를 조정해야 하며, 세계적으로 최대 규모의 민생 개선을 실현해야 하고, 복잡하고 지난한 개혁 임무를 수행해야 하며, 지속 가능한 사회 건설 방면에서 고생스러운 노력을 기울여야 한다. 중국의 평화 발전의 길은 총체적으로 저발전 상태에서 발전 상태로의 전환 과정이다. 즉 사회주의 초급단계에서 상술한 중국특색의 사회주의 이념 견지 그리고 이데올로기를 수출하지 않는 것을 제외하고도 경제발전의 협력과 경쟁, 정치군사 차원에서 패권을 도모하지 않는 것, 중국의 발전이 글로벌 생태환경 차원에서 부정적인 요인을 조성하지 않는 것을 포함한다. 중국은 각국과 평등하게 우호적으로 함께 지내며 협력과 공영의 과정 중에 각국 공동 발전과 번영을 실현한다. 이것이 바로 중국이 훨씬 높은 수준의 개혁개방을 추진해야 하는 요구이다. 즉 평등과 공영의 발전 길을 걷고 경제패권이나 경제침략을 도모하지 않으며 중국 공업화가 가져오는 글로벌 차원의 부정적인 요인을 함께 노력하여 줄여 나가고, 과학기술과 교육 문화 등 인류 공동 문명의 교류를 추진하며 진력을 다해 글로벌 차원의 책임과 의무를 다하고 패권을 추구하지 않고 세계 각국과 평화적으로 함께 공존한다.

저우톈용(周天勇)_ 중앙당교 국제전략연구소 부소장, 교수, 박사생 지도교수

중국의 부상(崛起)은 21세기 전 세계에서 중요한 역사적 사건이다. 20세기 70년대 말 세계의 많은 학자들은 중국의 빈곤과 기아가 전 세계 행복과 안정의 근심거리가 될 것이라고 주장하였다. 그러나 오늘날 중국의 공업화가 바야흐로 후기로 접어들고 도시화가 이제 겨우 중기로 접어들고 일인당 국내 총생산(GDP)이 겨우 세계 평균 수준의 60%에 도달할 즈음 '중국 위협론' 이 또다시 세계적 논의의 중심 문제와 쟁점이 되었다. 설령 중국의 발전이 강대해지더라도 국가나 지역 간 군사적인 수단을 취하여 국제 문제에 간섭하고 무력으로 자신의 이익을 획득하고 심지어 타국을 무력 침략할 수 있겠는가? 일개 학자로서 내 생각에 이는 일종의 얇고 표피적인 허황된 생각일 뿐이다. 따라서 우리들은 냉정하고 과학적으로 그리고 체계적이며 깊이 있게 중국의 21세기 평화 발전 길의 이념과 내적 함의 그리고 전략을 분석하는 것이 필요하다. 이로써 세상 사람들이 중국 인민들의 부유(富裕)와 평화의 가치관을 이해하고 중국과 세계 각국이 상호 원원하는 발전 내용을 이해하도록 한다. 이것이 세계의 발전을 촉진하는 데 유리하다.

중국은 여전히 부유하지 않은 국가

20세기 후반 20년과 21세기 전반 10년의 중국 발전의 기적은 확실히 사람들의 주목을 끌었다. 20세기 70년대 말, 중국의 1인당 국내총생산(GDP)은 겨우 155달러였으나 2012년에는 6,094달러였고 무역 총량은 전 세계 1위를 차지하였다. 유럽이 200여 년의 시간을 들여 공업화 후기에 진입하였고 미국이 100년, 일본이 50년이 걸린 반면에 중국은 단지 30여 년이 걸렸다. 중국은 30여 년 중 제1차 현대화는 70년 대 말부터 채 30년이 안 되는 기간 동안 75%를 추진하여 공업화 후기 단계로 진입하였다.

설령 이렇다 할지라도 중국은 또한 선진국 대열에는 들어서지 못했다. 한 국가의 발전과 부유 정도를 측정하는 데는 각 방면의 정성적인 기준과 과학적인 수량 지표가 있다. (1) 1인당 평균 국내총생산(GDP) 측면에서 보면, 중국 인구 규모는 매우 크고 총량 규모를 인구 평균으로 계산할 경우 발전 수준은 여전히 저발전 상태에 머물러 있다. 2012년 전 세계 1인당 국내총생산은 10,139달러인 반면에 중국은 단지 6,094달러이다. 이는 미국 1인당 국내총생산액의 12%에 해당하며 전 세계 평균 수준의 60% 수준으로 전 세계 180여 개 국가와 지역 가운데 84위를 차지한다. (2) 현대화 진전 측면에서 보면, 유럽과 미국, 동아시아와 호주와 같이 발전된 국가와 지역은 대형 기계공업을 대표로 하는 제1차 현대화를 완성하고 정보 네트워크 등 기술 중심으로 제2차 현대화를 추진하는 중기와 후기에 진입하였다. 그러나 중국은 겨우 공업화 후기 단계 혹은 제2차 현대화의 전 단계에 진입했을 뿐이다. (3) 기초 설비 차원에서 보면, 중국은 비록 이 기간 고속도로, 고속철도, 발전소 및 송전설비 등 건설 방면에서 거대한 성과를 얻었지만 상하수도 시설, 오염수 정화, 쓰레기 수집과 처리, 소방장비, 대기오염 방지 등 방면에서의 설비와 조건은 여진히 매우 취약한 실정이다. 한 전문가는 이런 방면에서 중국은 여전히 선진국들보다 50여 년은 뒤져있다고 분석하고 있다. (4) 사회복지 차원에서 보면, 중국은 과거의 육아, 가정 양로, 의료 등에서부터 현대적 의미의 사회보장에 이르기까지 관심을 기울이기 시작한지 겨우 10여 년의 역사를 가지고 있다. 양로와 의료 등 사회보장은 축적된 경험이 매우 적고 결손이 많으며 결함이 크고 기구 발전 정도가 낮고 체제가 완전하지 못하다. 이것이 중국 정부가 향후 10년간 심혈을 기울여야 하는 난제가 되고 있다. (5) 도시와 농촌, 지역과 주민 간의 발전 차원에서 보면, 도시민의 수입은 농민 수입의 3배에 이르고, 도시와 농촌의 기반 시설 조건과 교육 위생 및 사회보장 등 방면의 격차는 훨씬 크다. 동부와 중부, 서부 지역의 발전 격차도 비교적 크다. 예컨대 2012년 도시 주민 가처분 소득이 상하이(上海) 시의 경우 40,188위안인데 비해서 최저 수준인 칭하이성(青海省)의 경우 겨우 17,566위안에 지나지 않는다. 농촌 주민의 1인당 평균 순수입은 상하이시가 8,248위안으로 최고인 반면에 최저 수준인 깐수성(甘肅省)의 경우 겨우 4,495위안에 지나지 않는다. 중국 정부가 최근 높여 잡은 2,300위안의 빈곤 지원 기준에 따르더라도 전국에서 이 기준선 이하에 해당하는 인구 규모는 1억 명 정도이다. 따라서 중국은 여전히 발전이 균형적이지 않고 저발전이며 경제가 부유하지 않은 개발도상국이다.

중국의 미래 목표와 발전 그리고 개혁 임무

중국의 21세기 발전 목표는 높은 수준을 자랑하는 유럽이나 미국의 표준처럼 높은 수준은 아니다. 중국이 확정한 발전 전략은 유럽과 미국의 발달 수준과 대비하더라도 여전히 비교적 낮은 수준의 계획일 뿐이다. 2011년부터 2020년까지 10년 동안 중국은 소강사회(小康社會)의 전면적 건설 시기이다. 2050년경 초보적으로 중진국 수준의 현대화된 국가를 건설하는 것을 계획하고 있다. 설령 목표 설정이 높지 않을지라도 만약 이러한 계획이 공허한 구호에 지나지 않고 13억에서 14억에 달하는 인구를 가진 국가가 이러한 발전 수준을 갖추려면 여전히 중층적인 어려운 난관과 직면해야 한다. 발전에서 민생, 개혁에서 에너지 절약과 환경보호에 이르기까지 중국은 향후 전체 10년 동안 심지어 훨씬 긴 20년에서 30년 동안 아래의 네 가지 중대한 임무를 완성해야 한다.

(1) 발전방식의 전환과 경제구조의 조정

국내 경제구조의 조정은 금세기 20년을 관통하고 심지어 훨씬 긴 시간 동안 발전 방면에서 가장 중요한 임무이다. 첫째, 성장 동력 차원에서, 중국은 투자의 견인을 위주로 하고, 수출에 심각하게 의존하여 이끄는 구조에서 소비가 추동하는 것을 위주로 하는 프레임으로 조정해야 한다. 둘째, 생산과 취업 방면에서, 현재 제1차 산업이 취약하고 노동력이 과다하며 제2차 산업이 규모가 크나 강하지 않고 제3차 산업 생산과 취업 비중이 지나치게 낮은 국면을 바꿀 필요가 있다. 농촌 현대화 발전을 추동하고 공업화 수준을 높이고 서비스업 비중을 확대해야 한다. 셋째, 공업 내부 구조 측면에서, 제조업 대국에서 제조업 강국으로 바뀔 필요가 있으며 에너지 소모량은 줄이면서 사업의 기술 수준을 높이고, 낙후된 과잉 산업을 도태시키고 산업과 상품의 시장 경쟁력을 높인다. 넷째, 산업의 조직 방면에서, 현재 중시하는 대기업, 대자본 대프로젝트 등의 발전방식을 점차 개혁하여 취업을 증가시키고 주민의 수입 수준을 제고하는 영세 기업(小微企業)의 발전을 촉진하여 대기업과 소기업이 함께 중시되는 발전 전략을 실시한다. 다섯째, 발전의 지역 차원에서, 발전구역(發展區), 농업구역(農業區) 그리고 생태구역(生態區) 구도를 형성하고, 점차 지역 산업구조 유사 추세(同構化)의 국면을 해소하며, 지역 간 합리적인 분업과 협력 관계를 형성하여 중복 생산과 중복 운수를 회피한다. 여섯째, 국민 수입 분배 측면에서, 국가, 기업, 개인의 구도에서 주민의 수입 분배 비율을 점차 확대한다. 즉 노동과 자본의 구도 중에서 노동 분배의 비율을 확대하고 산업과 사업조직 구조에서 독점 공업 기업과 은행들의 국민 수입 분배에 대한 비율을 낮춰서 경쟁성 기업, 작은 기업, 제조업의 국민수입 분배에 대한 비중을 높인다.

(2) 세계에서 최대 규모의 민생 개선을 실현

중국에서 가장 절박하고 무거운 임무는 국내 13억여 명, 가까운 시일 내에 14억여 명에 달하는 인구의 민생문제(民生問題)를 해결하는 것이다. 그 하나는 세계에서 가장 최대 규모의 취업이다. 비록 청년 인구 비중이 점차 줄어들고 도시화의 추세로 농촌 인구가 매년 600만 명 정도 감소하고 있지만 여전히 거대한 노동력 인구가 도시로 몰려 들고 있어서 이들이 새롭게 일할 기회가 필요하다. 또한 매년 1,000만에서 1,400만 정도의 대학생, 전문학교 학생들이 졸업하고 있으며 이들 또한 취업 시장에 진입하고 있다. 그리고 구조조정, 토지수용, 군인의 퇴역과 전역 등으로 매년 300만 개 정도의 새롭게 일할 기회가 필요하다.

둘째, 세계 최대 규모의 주택 수요를 만족시켜야 한다. 인구가 농촌에서 도시로 대규모로 이동하기 때문에 농촌에서 원래 가지고 있던 주택은 계속해서 이용할 수 없다. 또한 매년 대학생, 전문학교 학생들이 졸업 후 사회에 진입하기 때문에 도시에서는 매년 최소한 650만 채 정도의 주택 공급이 필요하다. 대량의 인구들이 거리를 떠돌거나 임차로 살아가거나 임대로 살아가는 두 개 계급의 형성을 막기 위해서도 정부는 수입 대비 주택 가격의 비율을 통제해야 한다. 이를 위해서는 일정 수량의 저렴한 임대주택을 건설해야 하고 또한 저소득 주민들에게 보조금을 일정 정도 제공한다.

셋째, 전통적인 가정과 자녀 보장체제로부터 현대적인 사회보장체제로 나아가서 세계 최대 규모의 사회보장과 복리 체제를 건설하고 완성시킨다. 현재의 지역 보장 체계를 중앙과 전국 층차로 끌어올려야 하며 사회보장체제의 도시와 농촌 이원구조 현상을 제거해야 하고 도시와 농촌의 통일된 사회보장체제를 건립한다. 또한 점차 양로, 의료 등 사회보장의 표준을 제고하고 자금을 조달하여 30조 위안에 달하는 사회보장 결손을 점차 보완한다.

넷째, 세계 최대 규모의 교육, 교통, 전기 등 민생 수요를 만족시켜야 한다. 교육 방면에서 교육지출이 국내 총생산액(GDP)에서 차지하는 비중을 4% 수준까지 끌어 올리고 12년 의무교육 제도를 차츰 실현한다. 초등학교 영양 급식 비율을 확대하고 저소득 가정의 교육 지출 부담을 낮춰야 하며 충분하고 안전한 운전기사와 학교 통학버스를 갖춘다. 교통 설비 측면에서, 중국의 인구 밀도가 매우 높다는 국가 상황을 고려하여 선진국 기준에 맞춰 2040년까지 60만 킬로미터의 철도와 300만 킬로미터의 고속도로와 일반도로를 건설한다. 다른 한편 도시 교통 체계의 건설을 한층 강화하며 광범위한 시민들에게 충분한 교통 보조금(補帖)을 제공한다. 이외에도 도시화와 현대화에 따라서 14억여 명에게 제공되는 수도, 전기, 가스 등 공급 시설의 건설 수요도 커지고 있다. 합리적인 가격체계 외에 저소득 가구에 대한 수도, 전기, 가스 보조도 거대한 재정 지출을 필요로 한다. 이 밖에 도시 저소득층에 대한 최저 생계비 지원, 특히 새로운 표준에 따라 1억 정도의 빈곤 인구에 대한 재정 지원에 있어서도 거액의 비용 지출이 필요하다.

(3) 개혁 임무의 어려움

중국의 발전에 따라서 경제, 사회 모순도 점차 누적되고 있다. 만약 이러한 문제를 극복하지 못한다면 장차 중국의 지속 발전과 민생, 개방 사업 등에 중대한 장애가 될 것이다. 따라서 정치, 경제, 사회 등 방면의 체제개혁을 견결하게 추진하는 것은 바로 앞서 언급한 임무보다 난도가 훨씬 크고 어려운 일이 될 것이다.

첫째, 정치체제개혁. 당내 민주 추진, 당의 집권(執政) 방식의 전환, 당무 공개, 훨씬 밀접한 당-대중관계(黨群關系)의 건립 등이 가장 중요한 개혁의 내용이 될 것이다. 21세기 청년 세대의 요구와 인터넷 시대 등 변수를 고려한다면 인민 대중의 공개 감독, 인민대표대회 대표와 인민대표대회의 상호 제약, 입법 과학화와 민주화, 사법독립 등 개혁을 적극적으로 추진한다. 기구 간소화, 부문을 줄이고 직능을 늘리는 대부제(大部制) 개혁 등을 계속해서 추진한다. 성(省)이 직접 현(縣)을 관리하고 향(鄕) 재정을 현이 관리하게 하고 정부의 층차(層級)를 줄여서 현, 성과 중앙의 삼급정부를 점차 실행한다. 심사와 비준제도, 허가 등 항목을 대규모로 정리하고 업무 능력을 높이고 창업, 취업, 경제활력을 방해하는 행정 제약을 분명하게 없앤다.

둘째, 경제체제개혁. 재정조세개혁의 내용은 다음과 같다. 수수료 징수 및 벌금 부과 등을 깨끗이 정리하고 수수료를 세금으로 바꾸고, 영세기업과 제조업의 세수 부담을 낮추고 사회보장비용의 비중을 줄인다. 세수 구조를 개혁하고 영세기업과 제조업 세수 부담을 경감하는 동시에 자원세, 오염배출세, 재산세를 늘리고 특히 부동산세와 상속세를 징수한다. 정부 수입은 국내총생산액(GDP) 대비 30%를 넘지 않아야 하며, 증가 속도는 주민 수입 증가 속도를 넘어서지 않아야 한다. 정부부문은 세외 비용을 징수하지 말아야 하며, 세비 수입 항목은 반드시 인민대표대회 비준을 통과해야 한다. 행정 공무 지출은 현재 실제적으로 35% 정도에서 18% 정도로 점차 낮춰야 한다. 경제건설 지출 비중을 줄여서 교육, 위생과 기타 공공서비스 지출의 비중을 제고한다. 금융체제 개혁 방면에서, 금융 독점을 타파하고 지하 자금이 유통되게 하고 지역 커뮤니티(社區)에 소형 은행이 진출하고 발전하도록 개방하고 은행에는 중앙과 성 양급의 책임과 감독 및 관리를 구분하여 실행한다. 증권 시장 측면에서, 발행과 심사체제(發審體制)를 개혁하고 강제 이익 배당과 시장 퇴출 제도를 추진한다. 투자와 주택 방면에서, 현재의 체제는 대 개혁이 필요한데 농업 확대와 도시화와 경제건설을 위한 토지 공급에 유리하고, 토지 자원의 합리적인 배분에 유리하고, 지가와 주택 가격을 낮추는 데 유리하고, 토지를 수용당한 철거민의 이익을 보장하고, 지방 재정의 지속 가능한 발전 등 방면에 유리한 방안을 찾아야 한다. 아울러 이러한 설계에 근거하여 개혁을 견결하게 추진해야 한다. 자원 가격 측면에서, 전력, 수도, 가스 등 독점 체제를 개혁하고 원가와 임금에 제3자 감독을 실행하고 아울러 재무(財務)를 대중들에게 공개하는 동시에 전기 가격, 물 가격, 가스 가격 등을 점차 조정하며 비용 제고부터 시작해서 자원 절약형 생산과 생활방식을 형성해나가야 한다. 국유기업 방면에서, 여러 중요한 과학기술 진보, 자원 산업 등 영역에 대해서 독점을 방지한다는 전제 아래 산업 발전 법칙에 근거하여 그 집중도를 높여나간다. 즉 국유기업 자본은 반드시 계속해서 사회화하고 기업 거버넌스 구조의 개선을 추진하고, 현대기업제도를 건립한다. 국유기업 이윤의 재정에 대한 배당 비율을 높여 80%가 되도록 한다. 전체 인민이 소유하는 기업(全民企業)이기 때문에 국유기업 감독과 관리는 인민대표대회에서 받아야 하고 그 자산과 재무(財務)는 전 사회에 공개한다.

셋째, 사회체제개혁. 인구 관리 차원에서 과거의 농촌 사대(農村社隊), 도시 단위(城鎭單位), 가족원 단원(家屬院單元), 호구(戶口), 양식관계(粮食關系), 조직관계(組織關系), 업무 당안(工作檔案) 등 요소로부터 심사와 비준 등 절차적 정태 관리방식을 지양하고 도농 커뮤니티 단원(單元), 신분증, 사회보장번호, 운전면허 등 요소로 바꿔야 하며, 사람들이 자유롭게 직업을 선택하고 이동하며 유동하는 등 동태적인 관리방식으로 전환한다. 사회거버넌스 측면에서 단일 정부행정관리로부터 정부-커뮤니티 자치와 자치단체 협회-가정과 개인의 현대사회 거버넌스 구조로 전환한다. 이데올로기와 문화 차원에서, 인터넷, 신 이동단말기 등 새로운 매체의 출현 때문에 새로운 형식과 수용이 가능한 방식으로 사회에 건강한 이념과 문화 상품을 제공한다. 또한 종교와 신앙의 자유를 한층 더 존중하여 종교가 선(善)을 행하고 악(惡)을 제거하며 노인을 공경하고 어린이를 돕고 조화로운 이념 등이 사람들의 마음속에 깊이 들어갈 수 있도록 촉진하며 종교가 경제건설과 사회 안정 방면의 적극적인 역할을 발휘하도록 한다.

위에서 서술한 바를 종합하면, 정치체제개혁을 통해서 민주화 요구를 완화하고 경제체제개혁을 통해서 이익이 막혀있는 것을 제거하며 진일보하게 경제 활력이 널리 퍼지게 하고 공정한 분배를 실현하며 사회체제개혁을 통해서 질서 있고 안정된 조화로운 사회를 만들어간다.

(4) 지속 가능한 사회 건설 노력

기술 진보와 내부에서 잠재력을 발굴하는 방법을 통해서 사회발전 과정 중에 인민의 수요와 자원 공급의 관계를 처리하고 발전의 자원 공간을 확대하고 14억 인구의 생태 환경을 회복하고 건설하고 보호한다. 이는 아마도 미래에 중국에게 상당히 어려운 일이 될 것이다. 첫째, 중국의 1인당 경지, 담수, 철강, 에너지 등 중요 전략적 자원은 모두 세계 평균 수준을 크게 밑돌고 있다. 기술 진보를 통해서 신소재와 신에너지 그리고 중국이 긴급히 필요로 하는 담수, 재료와 에너지를 찾아 나서고 사용해야 한다. 둘째, 도시와 농촌의 물 처리와 보호 체계를 건설, 완성하고 대량의 오수 처리장과 하수관 시설을 건축한다. 측정 기준을 완성하고 발전, 난방공급 등 설비를 개선하며, 자동차 매연 배출 기준을 엄격히 하여 대기 오염을 통제한다. 셋째, 훨씬 대규모의 식수(植樹) 조림을 하고 삼림 녹화율을 제고하고 탄소 배출을 흡수한다. 청정 에너지 산업을 발전시키고 신 에너지 자동차 산업화를 촉진한다. 에너지를 절약하고 환경을 보호하는 주거, 사무실, 상가와 공공 건축을 발전시키고 전 인민과 전 사회가 에너지 절약의 생산과 생활방식을 형성한다. 넷째, 오염 배출 세수, 총량 규제, 할당(分配), 탄소 배출을 포함한 거래, 소송 등 현대적인 오염 통제 방식과 체제를 건립한다.

각국 국민, 의원, 학자 및 정계 요인들에게 중국의 미래 발전을 위한 임무에 대해 알림으로써 중국은 미래에 양호한 발전을 유지하는 것을 희망하고 그리고 사회의 번영과 안녕을 희망하며 이를 위해 스스로 많은 일을 해야 하며 많은 양의 비용을 지불하고 소모해야 하고 충분히 정력(精力)을 집중해야 하며 20, 30년이라는 이러한 충분히 긴 시간이 필요하지만 그 길이 험난하고 불확실성 및 리스크 역시 많다는 점을 분명히 설명해야 한다.

위에서 서술한 바를 종합하면, 중국은 아직 발전하지 않은 개발도상국가로서 국내 문제와 국제 문제에 동시에 힘을 쓸 수 있는 재력과 정력과 그리고 시간을 갖고 있지 못하다. 국제적으로 나아가는 데 있어서 위협 능력과 정력도 없으며 심지어 어떠한 국가와 지역에 대한 무력 행사도 없다. 중국의 미래 희망은 바로 마음과 뜻을 하나로 모아 건설을 추진하고 발전을 도모하며 민주를 구하고 조화를 촉진하여 국내 자신의 상황을 좋게 하는 것이다.

중국 평화 발전 길의 실질과 내적 함의

(1) 평화 발전 길의 내적 함의

평화 발전 길의 정의는 다음과 같다. 하나의 국가가 저발전 상태에서 발전 상태로 변화하는 과정에서 다른 문화와 가치관을 선택하여 평화적인 교류를 진행한다. 자신의 이데올로기와 가치관을 대외적으로 강요하지 않으며, 무력과 강권으로 자기 발전에 필요한 자원과 시장을 쟁취하지 않으며, 평등한 분업, 협력, 투자와 교육으로 자신의 발전 자원과 시장을 획득하고 자신의 공업화가 전 세계 생태환경에 손실을 끼치지 않는 발전모델을 만든다. 범주의 해석 측면에서 보면, 현대와 평화 발전 길의 내재적 함의는 주로 다음 몇 가지 차원을 포함한다.

먼저, 무력이나 강권으로 자신의 발전에 필요한 자원과 시장을 획득하지 않으며 자신의 이데올로기나 가치관을 수출하지 않는다. 그러나 국가의 영토, 영해, 영공을 지키고 자신의 발전에 필요한 해상, 공중 운수 통로의 안전을 유지하고, 공간 비행 항로와 우주 공간에 존재하는 본국 위성 등 설비의 안전을 보장하기 위해서 그리고 국제 평화 유지 활동에 참가하기 위하여 일정 정도의 무장 역량을 갖는 것은 필요하다.

다음으로, 세계와의 관계 발전 그리고 글로벌화 참여 과정 중에는 국가 간에 계약 정신을 형성하고, 평등한 분업, 협조 그리고 시장 평등 교환 원칙에 근거하여 재산 및 지적재산권을 보호하고 등가 교환을 실행하며, 협력과 협의를 존중하고 공동 상의하여 결정하는 원칙을 따른다.

셋째, 본국 발전이 글로벌 생태환경에 손해를 끼치지 않고 또한 자원을 지속적으로 이용한다는 원칙으로 국가와 지역의 현대화 과정을 추진한다. 세계 각국과 각 지역은 전지구적 지속 가능 발전 문제를 고려해야 한다. 하나는 각국과 각지역이 자발적으로 구조 조정, 기술 진보, 생산과 생활 방식의 변화를 확대해야 하고 오염 물질의 배출을 줄여야 하며, 세계적으로 지속될 수 없는 자원에 의존하는 것을 줄여야 하며, 식수(植樹) 조림, 삼림(森林) 녹화율 제고, 습지와 호수, 하천 등을 보호해야 한다. 이로써 본국과 본지역의 발전이 글로벌 차원에서 심각한 부정적 효과를 형성하지 않게 하며 글로벌 공공 생태환경을 보호하고, 환경이 양호하고 자원이 지속 가능하게 이용되는 인류의 아름다운 가정을 건설하도록 한다.

넷째, 국가 간 순조로운 경쟁을 추동하고 비협력형 게임을 피하고 협력형 게임을 촉진한다. 국가 간 양자, 다자 협력을 진행하고, 정도가 다른 경제발전 공동체를 형성하고 발전의 공동 이익을 실현한다. 현대 평화 발전은 협력 공동이익 게임(合作共贏博弈) 모델이다. 각 국가가 발전 단계, 자원 분포, 기술 수준, 산업 우세 등이

다르기 때문에 생산, 상품과 무역에서 격렬한 경쟁은 세계 생산과 기술 전체의 질과 수준을 제고하는 데 유리하다. 그러나 합리적인 전문 분업, 협력은 투자와 무역을 통해서 각자의 이익을 실현한다. 즉 경쟁 중의 협력과 공동 이익은 여전히 경제 게임의 주체이다. 특히 지역 경제의 일체화를 통해서 각각 설립된 양자 또는 다자 자유무역지역은 협력을 강화하고 아울러 악성 경쟁을 약화시킨다. 평화 발전 또한 경제 원조, 무역 최혜국 대우, 원조수혜국 조절기능 배양 등 방식을 통해서 경쟁 중인 약소국을 도와서 공동 발전을 실현한다. 현대 국가 간 경제 경쟁과 협력은 등가 교환 시장의 자원 분배 기초 위에서 국가의 행정 간섭과 기타 비경제 조항의 강화를 최선을 다해서 줄이는 것이 필요하다.

다섯째, 개발도상국을 포함한 주요 대국은 모두 글로벌 평화 보장, 국가 간 발전 격차 축소, 지구의 생태환경과 자원 안전 유지를 통해서 인류 공동 발전을 실현하고 훨씬 더 많은 책임과 의무를 맡는다.

여섯째, 멀리 보면 전 인류의 평화 발전 실현은 각국과 각 지역 간의 협상 메커니즘 건립이 필요하다. 일련의 중대한 문제에서 공통의 인식에 도달하고 공동의 행동 규칙을 제정하며 역할을 발휘할 수 있고 또한 효과적인 글로벌 거버넌스 구조를 건설한다. 즉 글로벌 평화 발전의 체제 모델을 구축한다. 그것은 주로 다음과 같다. (1) 협상을 강화한다. UN 등 국제 조직이 평등하고 효과적인 협상 메커니즘을 구축하여 각 국가와 각 지역 간의 협상 및 소통을 한층 강화한다. (2) 인류 공동 인식을 달성하여 공동 규칙을 제정한다. 각종 포럼, 회의나 기타 다양한 경로의 협의를 통해서 각국은 크든 작든 평등하게 의견을 표출하고 여러 중대한 평화, 발전, 환경 등 문제에서 공동의 인식을 만들어낸다. 이러한 공동 인식에 기반을 두고 준수해야 하는 행동 규칙을 제정한다. (3) UN헌장을 보완하고 수정하여 글로벌 거버넌스 구조 그리고 운행의 규칙과 절차를 진일보하게 개조하고 완성한다.

(2) 중국 자아발전 길의 주요 내용

① 중국 발전 길의 이념, 꿈, 방향과 전략 목표

중국 발전의 길 자체의 가치관 차원에서, 중국은 중국특색사회주의 발전 길을 걸어왔고 이것은 생산력이 발달하지 않은 사회주의 초급 단계 이론에 기초하고 있다. 현대화 강국 건설, 창조와 창업 장려, 부유한 인민, 기회의 공평 추구, 공동 부유 등이 생산력과 재력이 상호 조응하는 사회 복지를 형성한다. 이것이 바로 중국 발전이 따르는 이념이다.

중국 발전의 길의 방향과 목표는 먼저 중국의 꿈이라는 중국 인민들이 추구하는 아름답고 좋은 생활의 꿈에서 온다. 무엇이 13억 4천만 명에서 14억 5천만 명에 이르는 21세기의 중국의 꿈인가? 이것은 바로 중국인 하나하나가 창업과 취업이라는 분투 과정에서 노력하여 평안히 살고 즐겁게 일하는(安居樂業) 것을 실현하려는 요구 그리고 소위 사업 추구의 성공을 말한다. 다른 하나는 바로 수억 명이나 되는 도시로 간 사람들이 도시에서 일하고 거주하고 생활하고 새로운 시민이 되고 더불어 도시 생활이 한층 더 좋아지는 것을 말한다. 그리고 이것은 또한 한 사람 한 사람이 성실하고 합리적인 납세를 통해서 정부가 만족할 만한 공공 서비스, 사회보장과 공공 설비를 제공하고 만들어나가며 건설하는 것을 희망한다. 또 중국인 하나하나의 업무와 생활이 생태적으로 우아하고 아름다우며, 위생이 청결하고 공기가 맑고 안전한 환경에서 이루어지는 것을 말한다. 또한 중국인 하나하나가 마음이 상쾌하고 업무와 생활이 자유, 민주, 평등, 공평, 공정, 정의와 질서를 갖춘 조화 사회로 나가는 것을 말한다. 그리고 13억 4천만 명에서 14억 5천만 명이 어려움 속에서 협력하고(同舟共濟), 간고분투하며, 중국의 꿈에 뿌리를 둔 중국 정신에 기대어 다시 배전의 노력을 통해서 21세기 중반에 이르러서는 중국을 인민이 부유하고 국가가 강성하며 사회가 안정되고 생태환경이 우아하고 아름다운 사회주의 강국으로 건설하여 중화민족의 21세기 위대한 부흥을 실현하는 것이다.

미래 몇십 년 동안 생산력 발전을 진일보하게 촉진하는 동시에 강국과 부자(富民)의 문제를 적절하게 처리해야 하며 도시와 농촌 간, 주민 간, 지역 간 그리고 산업 간 수입과 재부(財富) 격차의 지속적인 확대를 잘 통제해야 한다. 한편 '12·5' 기간 격차를 축소해 내고 미래 10년 동안 현저하게 축소하여 지니계수를 0.35 이하 수준에서 통제하고 최종적으로는 생산력 발달, 인민 공동 부유, 생활 행복과 아름다움을 건설하고 아울러 국가가 강성한 사회주의 사회를 건설한다. 이것은 사회주의 사회를 건설하는 목적일 뿐만 아니라 중국의 꿈이기도 하며 또한 중국인들이

꿈꾸는 미래 이상의 종합적인 체현이기도 하다.[1]

② 중국 발전 길의 동력 모델

미래 발전의 길의 동력 모델에 관해 다음과 같이 말할 수 있다. 개혁개방 이후 30
년은 도시화 측면에서 보면 주저하고 동요하고 안정적이지 않은 30년이었다. 주로
공업 발전의 30년이며 대기업을 중점적으로 발전시킨 30년이고 기술을 도입한 30
년이었다. 그럼, 미래 몇십 년 동안 중국의 발전모델 변화 측면에서 반드시 어떤
대규모의 조정이 있어야 하는가? 필자가 생각하기로, 도시화를 빠르게 추진하는
것이다. 공업을 발전시키는 것과 동시에 서비스업을 중점적으로 확장하고 소기업
발전과 대기업 발전을 병행하고 또한 기술에 기반한 자율적인 혁신을 추동한다.
구체적으로 말하면, 정체되어 있는 도시화 상황을 변화시키고, 농촌과 농업에 적
체되어 있는 잉여 노동력과 잉여 인구를 이동시켜 도시화의 진전을 빠르게한다. 1
차, 2차, 3차 산업 구조의 왜곡된 현상을 바꾸고 농업의 잉여 노동력을 흡수하고 미
래 공업 기술이 발전하고 자본의 유기적인 구조가 제고되어 발생하는 잉여 노동력
을 흡수하여 새롭게 증가하는 노동력을 서비스업의 취업으로 흡수한다. 매 천 명
당 인구에 해당하는 기업의 수량이 적은 상황을 개선하여 창업을 장려하고 소기업
을 발전시키고 취업을 확대하여 중등 수입 인구를 늘리고 실업이나 빈곤 인구를
줄여나가 노동이 GDP에서 차지하는 분배 비중을 제고한다. 경제 총량 제2위, 경
쟁력 순위 제18위의 국면을 변화시켜 과학기술 진보라는 추월 전략을 실시하고 혁
신형 국가를 건설한다. 저비용 연구와 저비용 제조를 서로 결합시켜 우세한 기회
를 잡아 경제성장에서 기술진보가 기여하는 몫이 2012년 51% 정도에서 60% 이상
으로 높이고 2040년에는 70% 이상이 되도록 하여 세계 경쟁력이 다섯 번째 안에
들도록 한다.[2]

1 周天勇, 『中國夢與中國道路』(北京: 社會科學文獻出版社, 2011).
2 周天勇, 『中國夢與中國道路』(北京: 社會科學文獻出版社, 2011).

③ 중국 발전 길의 지속 가능 모델

발전의 길에서 자원과 생태환경 모델 관점에서 보면, 첫째, 자원의 병목 현상과 환경 용량이 적은 것에 대한 문제이다. 여러 관건적 기술에 대한 우선 순위를 매긴다. 주로 토지 자원을 절약하는 기술, 담수를 늘리고 절약하는 기술, 강철 등 재료를 대체할 수 있는 기술, 전통 에너지를 절약하거나 대체하는 기술, 오염을 줄이고 생태환경을 회복하고 개선하는 기술 등 6대 방면의 기술에 대해서 혁신과 응용을 추진한다. 둘째, 구조적인 노선에 착안하여, 서비스업의 생산 증가치 비중과 취업 비중을 확장하고 전체 국민경제의 자원과 에너지에 대한 소비를 줄이고 특히 GDP에서 배출량 수준을 줄인다. 세 번째는 토지 자원을 절약하고 인구 분산 거주와 발전이 만들어낸 교통 에너지 비용을 줄이고 인구 분산 거주와 발전이 생태환경에 미치는 압력과 파괴를 줄여나가고 반드시 도농 구조를 조정하고 농촌 인구가 점차 도시로 이동하도록 한다. 넷째, 검소한 소비 습관을 포함하여 합리적인 식사 구조, 쾌적하고 사치스럽지 않은 의복, 토지와 에너지를 절약하는 주거 형식, 집중적인 교통 방식, 태양 에너지를 충분히 이용하여 보온과 난방하는 형식 등 검소한 생활 방식을 만들어간다.

④ 중국 발전 길의 체제 조합 모델

미래 공업화 과정 중에, 중국에는 중국공산당의 정확하고 강력한 영도가 필요하고 권위를 가진 집중된 정치체제가 필요하다. 이것은 구조적인 변화 과정에서 경제발전이 안정된 정치 조건과 사회환경을 가져야만 하는 것이고 여러 관건적인 방면에서 당과 정부의 집중 역량으로 대사를 처리하는 것을 보장하고 여러 가지 국가나 지방의 중대 문제, 민주 참여, 과학적 정책결정을 보장하기 때문이다. 그러나 당의 영도하에서 똑바로 보고 정확해야 하는 것은 바로 박자판이 유능하고 정책결정의 효율이 있어야 한다는 것이다.

미래 30여 년 시간 중에, 중국은 경제체제에서 다종 소유제의 공동 발전을 기본 경제제도로 하고, 시장경제를 주요 자원 배분 방식으로 하는 덩샤오핑이 설정한 사회주의 시장경제에 근거하여 매진하는 것을 반드시 흔들림 없이 견결하게 지켜서 사회주의 시장경제를 진일보 완성한다. 인구가 많고 발전이 불균형적인 다민족 국가는 집중된 정치체제와 고도로 자유로운 경제체제가 상호 결합되는 것이 필요하다. 이것이 바로 중국이 미래 발전의 길에서 당연히 선택해야 하는 체제 모델이다.[3]

사회 현대화에 따라서 중국인들은 물질적인 꿈뿐만 아니라 정신적인 꿈도 있다. 경제발전을 저해하는 정치체제의 부분적인 빠른 개혁이 필요하고 중국의 이원 구조 변화 과정에서 정치모델과 경제모델의 관계를 제대로 처리해야 한다. 당내민주, 행정체제, 중앙과 지방관계, 인민대표대회와 정치협상회의 그리고 입법체제, 사법체제 등 방면의 깊이 있는 개혁을 견결하면서도 점진적인 추진한다. 사회조직을 발전시키고, 종교가 조화사회 건설 방면에서 적극적인 역할을 발휘하도록 하고, 개혁을 통해서 자유, 민주, 공평, 공정, 평등, 정의를 만들어가고 사람들의 마음이 쾌적하고 활력과 질서가 상호 통일되고, 백화제방(百花齊放), 백가쟁명(百家爭鳴) 그리고 조화롭고 통일된 사회주의 사회를 형성한다.

사회주의와 중국 평화 발전의 길

중국의 평화 발전의 길과 중국특색사회주의 길 간에는 어떤 관계가 있는가? 미국 가치관에서 출발한 글로벌 전략 관점으로 보면, 그것은 극단적인 파시스트주의, 극단적인 종교와 테러리즘, 극단적인 공산주의가 지구상에서 다시 득세하는 것을 방지하는 것이다. 사회주의는 중국 평화 발전의 길의 핵심적인 가치관이며 기치이다. 따라서 중국의 평화 발전의 길을 분석하는 데 있어서 이러한 문제를 회피할 수 없다. 19세기 하반기부터 노동 모순이 첨예해지기 시작하고, 노동자 계급 운동이 발전하면서 공산주의와 자본주의라는 두 개의 거대한 이데올로기 대립이 형성되기 시작하였다. 또한 20세기 40년대부터 소련을 중심으로 하는 사회주의 국가 진영과 미국을 중심으로 하는 자본주의 국가 진영의 대치가 만들어졌다. 군사동맹

....

3 參見周天勇:《中國向何處去》, (北京: 人民日報出版社, 2010).

차원에서 보면, 북대서양 조약 기구와 바르샤바 조약 기구라는 양대 집단이 형성되었다. 반세기를 이어온 냉전적 사고, 냉전 구도 그리고 지역적으로 한국 전쟁과 베트남 전쟁 모두 이데올로기가 다르기 때문에 분화되고 발생한 것이다.

(1) 내용에서 이미 중대한 변화가 발생한 중국특색의 사회주의

극단적 자본주의 그리고 공산주의 극단화 모두 인류에 중대한 재난을 안겼다. 부인할 수 없듯이 소련 그리고 캄보디아 등 국가는 이미 공산주의를 극단으로 몰아가서 20세기 인류에게 지독한 상처를 남겼다. 당시 공산주의 사상을 교조적으로 이해하고 중앙에 집중된 계획경제체제, 그리고 단일한 공유제와 오직 노동에 따른 분배(按勞分配) 등 삼위일체를 핵심으로 하는 사회주의체제는 경제 발전 측면에서는 자본주의를 추진한 신흥 국가와 지역, 예컨대 한국, 싱가포르 그리고 타이완 지역 등이 현대화 경쟁에서 성공을 거둔 것과 달리 심지어 실패하고 종언을 고하였다.

자본주의사회는 사회주의 사회의 사상 내용을 학습하고 있으며 끊임없이 개혁을 추진하고 있다. 자본주의사회 역사에서 자본은 혹독하게 노동을 착취하였다. 특히 20세기 30년대 대공황 시기에 노동자의 생활은 참혹하여 차마 볼 수가 없을 정도로 매우 비인도적이었다. 노동자 운동이 일어나고 특히 여러 사회주의 국가가 출현하면서 자본주의 사회를 압박하여 사회주의 방향으로 일련의 개혁이 추진되었다. 예컨대 정부의 간섭을 늘리고 거시조절을 강화하여 시장의 결함을 보충하였다. 또한 노동조합을 합법화하여 노동 법률과 합리적인 임금 제도를 만들었으며 비교적 개선된 사회보장체제를 건립하고 교육과 교통 등 공공 서비스에 대한 투자가 증가하였으며 공공 서비스의 균등화 등 복지사회 건설 등도 추진되었다. 상당히 많은 사회주의 요소를 흡수하는 등 자본주의 이데올로기와 제도적인 내용 또한 중대한 조정를 맞게 되었다.

사회주의 사회도 자본주의의 성공의 경험을 거울로 삼고 학습하여 중대한 개혁을 추진하였다. 20세기 60년대부터 사회주의 각국은 경제와 정치체제 개혁의 탐색을 끊임없이 진행하고 있다. 중국은 70년대 말부터 정치투쟁을 경제건설과 민생으로 전환하고 계급투쟁 중심 노선을 부정하고 포기하였으며 정치운동 중심에서 경제건설로 이동하였으며 개혁개방으로 개혁의 길을 촉진하고 있다. 30여 년 동안 중국은 종적인 중앙 계획경제에서 횡적인 사회공급 조절의 시장경제로 변했으며 자원 배분 방식 또한 근본적인 변화를 가져왔다. 즉, 단일한 일대이공(一大二公)**4**이라는 소유제 구조에서 공유제를 주체로 하고 다양한 소유제가 공동 발전하는 체제로 이행하였다. 또한 단일한 노동에 따른 분배(按勞分配)에서 노동에 따른 분배 위주로 다양한 요소가 합법적으로 분배에 참여하는 분배제도로 바뀌었다. 게다가 중국은 개방된 자세로 자본주의 국가의 외자 투자와 기업 그리고 관리자를 끌어들이고 있다. 실제적으로 과거 경직된 전통 계획경제, 일대이공과 단순한 노동에 따른 분배 등 삼위일체 경제제도를 기반으로 하는 전통적인 사회주의는 이미 전면적으로 개혁되고 있다.

중국의 30여 년의 경제체제 개혁은 또한 정치체제 개혁을 추동하였다. 중국은 국가 영도자의 가족 세습제를 실행하지 않고 있다. 영도 간부와 공무원 은퇴 제도를 수립하여 영도 간부의 종신제를 폐지하였다. 당내 민주와 집권 방식의 개혁을 추진하여 당내 선거 제도와 감독 체제를 개선하였다. 뉴스 정보를 개방하고 인터넷을 개혁하며 특히 웨이보(微博) 등 다양한 형식의 정보 전달 메커니즘의 발전이 매우 빠르다. 점차 민주 과학과 공개화 입법을 위해 인민대표대회, 정부 행정, 사법 삼자가 초보적으로 균형을 이루는 정치권력 거버넌스 구조를 건립하였다. 인구의 도시 단위, 단위 지정 주택(家屬院)과 농촌 공사대대(農村公社大隊)의 호적, 당안(檔案), 식량 관련 관리체제, 도농 분할, 노동 계획 모집 등 계획적인 노동자 모집에서 인구가 자유롭게 이동하고 직업을 선택하고 거주하며 여행하는 신분증 관리로 바뀌었다. 중국은 농촌 촌민위원회의 선거제도를 건립하고 개선하였다. 아울러 인민대표대회, 당정 영도, 법원과 검찰원 원장 등 당원과 인민의 선거와 감독 체제를 점차 개혁하고 완성하고 있다. 중국은 또한 민간 사회조직의 설립을 점차 개방하고 있으며 농촌과 도시의 커뮤니티(社區)의 자치를 개선하고 있으며 정부, 사회, 법인, 자연인의 사회 거버넌스 구조를 만들어가고 있다. 중국은 20세기 70년대 말부터

---

4 역자 주: 규모가 크고 집단화 수준이 높은 인민공사 조직화의 주요 방침 가운데 하나.

종교정책을 조정하여 신앙의 자유를 허용하고 존중하고 있으며 종교가 사회주의 건설 과정에서 적극적인 역할을 충분히 발휘하도록 하고 있다. 총체적인 차원에서 국가의 정치체제가 이런저런 부족한 점이 있어서 계속적인 개혁의 추진이 요구된다. 그러나 30여 년 전과 비교하면 중국의 정치체제는 명시적인 개혁과 천지개벽할 변화를 만들어냈다.

지난 100여 년 동안 자본주의 사회와 사회주의 사회의 개혁 역사에서 우리들은 상호 학습을 통해서 장단점과 개혁의 결점을 발견하여 훨씬 더 발전과 민생보장, 평등과 공평에 부합하는 대 사회를 형성하였다. 실제적으로 학습을 거울삼아 그것이 자본주의든 아니면 사회주의든 모두 전통적인 모델로부터 훨씬 인도적인 자본주의 사회와 사회주의 사회로 변모해왔다. 중국은 현재 인도(人道), 민주(民主), 자유(自由), 법치(法治) 질서(秩序)의 현대 국가로 매진하고 있다.

따라서 우리들에게 필요한 것은 극단적인 자본주의와 극단적인 공산주의 출현을 방지하는 것이다. 당연히 이것은 극단적인 파시스트주의, 극단적인 종교와 테러리즘이 세계에서 다시 부활하거나 만연하는 것을 방지하고 억제하는 것을 포함한다. 극단적인 파시스트주의와 극단적인 종교 그리고 테러리즘은 우리들 공동의 적이다. 끊임없이 개혁하는 다른 제도를 가진 사회를 관용으로 응대하고 냉전적인 사고와 '나만 있고 너는 없다'(有我無你), '너 죽고 나 살자'(你死我活)는 방식으로 사회제도의 엇갈림을 응대하지 않음으로써 각종 제도 간의 상호 학습과 반면교사, 개혁을 건설적으로 촉진해야 한다. 다른 사회제도를 가진 국가와도 평화적으로 함께해야 하며 공동으로 개혁하고 발전하는 것이 필요하다.

(2) 평화 발전 길의 핵심 이데올로기로서의 중국특색사회주의

중국특색사회주의는 생산력 발전, 인민 대중의 부유, 공동 부유 실현, 조화사회 건설, 대외 평화, 공동 발전, 민주와 자유 그리고 법제와 질서가 있는 현대화된 국가를 추구한다는 내용이 포함되어 있다. 이것이 바로 중국특색사회주의 핵심 가치관이며 실제적으로 중국 평화 발전의 길이고 또한 중국이 미래 발전에서 높이 치켜들어야 하는 기치이다.

중국의 사회주의 길은 공산당이 중국 인민을 영도하여 마르크스주의 학설을 수용하고 무장 혁명을 시작하여 항일전쟁과 해방전쟁[5]을 겪고 1949년 중화인민공화국을 수립한 길이다. 또한 건국 이후 시련의 30년 그리고 개혁개방 35년의 지난한 탐색과 노력의 결과 형성된 길이다. 비록 우리 중국이 이 길에서 이런저런 실수가 있었지만 중국은 20세기 70년대 말부터 매우 큰 용기로 이러한 착오를 극복하고 개혁개방의 큰 문을 열어젖혔다. 중국의 국정(國情)과 결합하여 중국이 사회주의 사회의 초급 단계와 생산력이 매우 저조한 상태에 놓여 있다는 것을 인식하고 사회주의 시장경제, 다종 소유제 공동발전, 다종 요소가 분배에 참여하는 중국특색 사회주의 사회의 기본 경제제도를 확립하였다. 또한 생산력을 발전시키고 공동 부유를 실현하는 사회주의 길을 확립하였다. 이것이 바로 중국특색사회주의 길의 핵심 내용이다. 이것은 중국 인민과 중국 공산당이 백년간 분투 노력한 선택이며 역사적으로 이어온 가치관이며 길이고, 기치이기 때문에 길을 바꾸거나 쉽게 기치를 바꾸는 것은 불가능하다.

중국인은 명분이 정당하면 말도 이치에 맞고(名正言順) 정당한 명분이 있어서 출병하는 것(師出有名)을 강조한다. 사회주의 중국은 중국이라는 이름(姓名) 특징으로 이미 60여 년의 역사를 가지고 있다. 만약 이 이름을 쉽고 가볍게 바꾼다면 국내에서는 서로 다른 계층의 사람들, 서로 다른 지역, 서로 다른 민족 간의 사상적 혼란을 형성할 수 있다. 중국공산당의 영도 그리고 국가의 거버넌스체제, 제정된 발전전략과 무수히 많은 방침정책에 대해서 회의를 가질 수 있다. 심지어 중국특색의 소강사회의 전면적 건설 그리고 21세기 중반에 중진국 수준에 도달하려는 목표를 중단할 수도 있다. 그래서 중국특색사회주의 내용은 사상해방과 실사구시에 입각한 정신이며 중국과 세계의 변화에 근거하고, 객관적인 규율에 근거하고, 인류 사회 발전의 각종 필연적인 추세에 근거해야 여러 자본주의 사회의 선진적인 경험을 학습하고 조정과 개혁을 진행하는 것이다. 그래서 중국특색사회주의라는 이 이름은, 이 기치는, 이 길은 함부로 바꿀 수 없다.

· · · · · · · · · · · · · ·

5 역자 주: 해방전쟁은 1945년 8월부터 1950년 6월까지 공산당과 국민당 사이에 벌어진 내전을 말한다. 이 내전을 승리로 이끈 중국공산당은 1949년 10월 1일 중국 대륙에서 중화인민공화국을 선포하고 국민당은 타이완으로 건너가게 된다. 중국에서는 제3차 국내혁명전쟁으로 부르기도 한다.

중국의 사회주의 초급단계, 중국특색사회주의 길로 나아가는 것은 100여 년의 매우 긴 발전 과정이다. 중국이 성숙한 사회주의 사회로 나아가기 위해서는 수백 년의 시간이 필요할 것이다. 중국공산당 제15차 당대회 보고에서는 "이러한 역사 진전은 최소한 100여 년의 시간이 필요하다. 사회주의제도를 공고히 하고 발전시키는 데는 훨씬 더 긴 시간이 필요하다. 몇 대, 십몇 대를 거쳐야 하고 심지어 수십 대에 걸쳐 견지해야 하는 나태하지 않게 노력하고 분투해야 하는 것"[6]이라고 주장하였다.

(3) 이데올로기와 혁명을 원칙으로 제기하지 않는 중국 평화의 길

첫째, 비록 중국이 사회주의 길을 견지한다고 해도 대외관계에서는 사회주의 이데올로기를 수출(輸出)하지 않는다. 100여 년 전, 마르크스주의가 제창(倡導)되고 전 세계 프롤레타리아들이 연합하기 시작하였다. 중국도 이미 20세기 전후의 사상적 조류의 영향하에서 세계혁명을 지원하고 전 인류를 해방시킨다는 구호를 제안하였다. 그러나 이러한 세계혁명의 원칙은 20세기 70년대 말 바뀌게 된다. 각국 인민의 이데올로기, 가치이념과 사회제도에 대한 선택을 존중하기 시작하였다. 이것은 일개 국가의 내정으로 상호 간섭해서는 안 되는 것이기 때문이다.

둘째, 대외관계에서 이데올로기 주도하의 폭력 혁명을 수출하지 않는다. 20세기, 이데올로기가 서로 다른 국가들은 모두 다른 나라에 자신의 가치 이념을 수출하고 무기를 전달했으며 자금을 공급하고 그 반대파가 무장 폭력 혁명을 수행하도록 지지하고 자신의 이념과 다른 정권을 전복시키고 자신의 가치 이념에 부합하는 정권이 정권을 획득할 수 있도록 지원하여 동일한 이데올로기 국가 진영을 형성하였다. 본인이 생각하기로 21세기 오늘날 외부세계가 무력 개입하여 주도적으로 일개 국가의 이데올로기, 가치 이념의 행위와 구도를 바꾸는 것을 반드시 중지해야 한다. 또한 전쟁이라는 수단으로 통일 국가 간 서로 다른 이데올로기와 가치 이념을 강요하는 것을 끝내야 한다. 국가의 이데올로기, 가치 이념과 정치제도는 반드

6 江澤民: 『高擧鄧小平理論偉大旗幟把建設有中國特色社會主義事業全面推向二十一世紀——在中國共產黨第十五次全國代表大會上的報告』(1997年9月12日), (北京: 人民出版社, 1997).

시 해당 국가의 인민들이 선택해야 한다.

셋째, 중국은 자본주의 사회가 증명하고 있는 선진 문명의 내용에 대해서 학습하고 받아들이고 있다. 특히 이미 자본주의 사회에 의해서 인민의 의사에 부합한다고 증명된 예컨대 평등, 자유, 민주, 법치, 질서 등 가치 이념을 인류 공동의 것으로 간주하고 받아들이고 있다. 아울러 이러한 이념에 근거하여 중국특색사회주의를 견지하는 큰 틀에서 중국의 경제, 사회, 문화와 정치체제를 개혁하고 완성해가고 있다.

넷째, 중국은 대외관계에서 이데올로기와 문화 문명을 구별하고 분리하고, 이데올로기를 수출하지 않는다는 원칙을 견지한다. 그러나 각국 각 민족 간의 문화 교류는 촉진한다. 예컨대 외국의 우수한 음악, 희곡, 영화와 드라마, 문화 등이 중국의 문화시장으로 진입하는 것을 개방하고 또한 즐겨 보고 듣는 형식으로 다른 국가의 국민들이 받아들이고 환영하는 중국의 문화 예술이 외국으로 나가는 것도 장려한다.

중국 대외 평화 발전 길의 중점

중국은 세계 지구촌 가정의 구성원으로 전 세계 각국과 함께 어우러져 자신의 경제를 발전시키고 본국의 현대화를 실현하고 있다. 그래서 중국은 자신의 발전 경로가 있을 뿐만 아니라 세계와 밀접하게 관련을 맺는 평화 발전의 길도 있다. 중국의 평화 발전의 길은 결론적으로 저발전 상태에서 발전 상태로의 전환 과정이다. 즉 사회주의 초급 단계에서 상술한 중국특색사회주의 이념 견지와 그리고 이데올로기를 대외 수출하지 않는다는 것을 제외하고 경제발전에서 협력 경쟁하고 정치 군사적으로 패권을 추구하지 않고 발전이 글로벌 생태환경에 부정적 효과를 만들지 않도록 노력하고 있다. 각국과 평등하게 함께 지내고 우호적으로 소통하고 협력과 공영의 과정에서 각국의 공동 발전과 번영을 실현해가고 있다.

(1) 훨씬 높은 수준의 개혁개방 추진

먼저, 미래 개방 각도에서 보면, 분업과 무역구조는 변화가 발생할 것이다. 국내 경제의 발전에 따라 국민의 수입은 높아지고 공업 설비는 진일보한 수입 대체가 필요하고 그리고 주민들의 소비품은 부분적으로 수입으로 대체하는 것이 요구된다. 세계에 대한 시장 개방은 훨씬 큰 범위에서 외국 관광객들이 중국에 오는 것을 흡수할 수 있으며 훨씬 많은 중국의 서비스가 세계로 나아갈 수 있다. 다음으로, 훨씬 더 많은 지역 협력 추구는 특히 양자, 다자간 자유무역지대를 형성한다. 동북아 자유무역지대, 동남아와 중국의 자유무역지대, 중앙아시아 자유무역지대, 심지어 훨씬 광범위한 태평양 자유무역지대의 형성과 건설을 적극적으로 추진한다.

상호투자를 촉진하고 상호 무역 편의를 확대하며 인민폐 국제화 등을 촉진하며 훨씬 높은 수준의 개방을 추진한다. 이러한 높은 수준의 개방에 적응하기 위하여 다음과 같은 국내 각 방면의 경제체제 개혁을 진일보하게 빨리 추진해 나간다. 예 컨대 지식재산권 방면의 법률과 법규 체계를 건전하게 만들고 공개적이고 공정한 사법 보호 절차를 형성하고 제소(申訴), 조정(調節), 소송(訴訟), 중재(仲裁), 심판(審判), 배상(賠償), 집행(執行), 감독(鑒督) 등 사회와 사법 절차를 완선한다. 국내 생산과 서비스 표준 체계의 건설을 촉진하고 표준체계 건설에 근거하여 체제를 정돈하고 기업과 산업조직 그리고 정부의 삼자 결합 표준을 형성하고 인증제도를 개선하며 중국 산업 기술 수준 및 그것을 높이는 각종 표준을 제정하고 촉진한다. 경제관리체제와 국제 현대 시장경제체제가 조응할 수 있도록 행정 심사 비준, 허가, 법 집행 등 체제를 개혁하고 개방에 조응하지 못하는 행정 법규를 정리하고 불필요한 행정 심사 비준 제도, 허가와 연차별 정기 검사 등을 폐지한다. 법률, 법규와 행정 및 사법 질서를 공정, 공개, 투명하게 한다. 국유기업에 대해서 시행하는 각종 특수 보호 제도와 우대 제도를 점차적으로 개혁하고 외자에 대해서 개방하는 산업도 동일하게 민간에 개방하여 국내, 국외 투자자, 국유와 기타 소유자 모두 평등하게 경쟁할 수 있는 체제 구도를 형성한다.

(2) 평등한 공영 발전의 길을 걷고, 경제패권과 경제침략을 부정

중국은 대외 경제 교류와 협력 과정에서 시장경제의 원칙을 준수하고 국제투자, 무역과 분업 협력 과정에서 양자와 다자의 상호이익을 도모하고 절대로 대국과 강국의 자세로 경제 교류를 진행하지 않으며 절대로 경제침략을 하지 않는다. 구체적으로 다음과 같은 일을 추진한다. 재산권 보호, 통일 규칙, 약정 협의, 등가 교환을 형성할 수 있도록 공개, 공정 그리고 공정의 양자, 다자 투자무역 환경을 체현한다. 양자 그리고 다자가 참여하는 투자와 무역에서 중국의 이익만을 생각하지 않고 상대방의 이익도 고려하며 특히 여러 개발도상국가와 장기간 지속적인 발전을 이룰 수 있는 경제 이익을 고려하여 양자와 다자 모두 이익이 되는 것을 실현해나간다. 양자 그리고 다자 경제 협력에서 중국은 대국에 의지한 무장 침략을 하지 않으며 강권으로 경제침략을 하지 않는다.

(3) 중국 공업화가 전 세계에 가져온 부정적 외재성을 줄임

중국은 13억여 명의 인구가 있고 머지 않아 14억여 명으로 발전할 것이다. 그 생활 수준의 제고는 의심할 여지 없이 자원과 환경의 소모를 확대할 것이다. 그래서 세계는 모두 중국의 미래 발전의 세계의 자원 생태환경에 대한 영향을 주목하고 있다. 어떻게 대응하든지 중국 발전의 길은 매우 중요한 일부분이 되었다. 먼저, 중국은 미래 30년 내에서 공업화의 발전 때문에 여전히 자원의 소비가 요구되고 배출 총량도 증가가 필요하다. 그렇지 않으면 중국은 중진국 수준으로 나아갈 수 없다. 만약 생활 수준이 장기적으로 선진국과 상당한 차이를 보일 경우 중국 국민들 또한 동의할 수 없을 것이다. 중국은 일인당 평균 GDP 수준이 겨우 6,094달러에 지나지 않는 개발도상국이다. 세계 각국의 평균 일인당 GDP는 10,139달러 수준이고 선진국은 대부분 20,000에서 50,000달러 수준이다. 선진국들도 농업사회에서 공업사회와 도시사회로 변화하는 시기에는 자원의 고소비 그리고 환경의 높은 배출과 높은 오염 단계를 거쳤다. 현재 중국의 일인당 강재(鋼材), 시멘트, 에너지 담수 자원의 소모량 수준은 석탄 소모량을 포함해서도 중진국 수준에 훨씬 미치지 못하고 있다. 21세기 중반에 중진국 수준에 도달하기 위해서 중국 발전의 임무는 매우 중요하고 이를 위해서는 도시화를 추진해야 하고 주민의 생활 수준을 높이고 그들의 생활방식을 개선해야 하며 도시, 주택, 교통, 기타 기초 설비 등 방면에서 대규모의 건설이 필요하다. 따라서 일인당 에너지 등 자원과 배출량 수준 및 총량은 상승기에 놓여 있다. 이것을 피할 수 없는 것이다. 먼저 발전한 국가들이 후발 발전 국가들에게 저발전에 대한 대가를 요구하고 전 세계 자원 생태환경의 문제를 해결하라고 하는 것은 불공평하다. 다음으로, 비록 미래 발전 임무가 매우 막중하다고 할지라도 그러나 중국은 적극적으로 다자 그리고 국제 조직이 추진하고 있는 기후 자원 등 글로벌 문제의 협상에 적극적으로 참여하고 있다. 배출량과 소모량 표준 제정에 참여하고 있으며, 중국이 최대한 노력할 수 있는 에너지 절약과 배출량 제한을 약속하고 있다. 또한 중국은 비중과 총량 통제, 기술 진보, 산업 구조 조정, 삼림 녹화율 확대, 발전방식과 생활방식의 전환 등에서 노력하고 있으며 가격과 세수 개혁 등 방식으로 중국 발전이 세계 자원 생태환경에 주는 영향을 철저하게 줄여나가고 있으며 이 방면에서 중국은 책임 있는 대국의 역할을 하고 있다.

(4) 과학기술, 교육, 문화 등 인류 공동문명 교류를 추진

중국은 인류 문명 차원에서 중국특색사회주의 길을 견지할 뿐만 아니라 동시에 세계 수천 년 역사에서 만들어진 각종 문명, 예컨대 평등, 자유, 민주, 법제, 질서 등 정치문명을 받아들이고 있다. 중국특색사회주의 제도 틀 내에서 자본주의 국가가 만들어낸 현대 정치체제를 포함한 세계 각국의 경험을 참고하고 흡수하고 있다. 개혁개방 이후 중국은 더욱 세계 각국으로부터 현대 과학기술을 끌어들이고 학습하고 있으며 대학 교육체제와 지식 체계를 완성해나가고 있다. 20세기 후반 20년 그리고 21세기 초기 10년, 중국은 글로벌 과학 기술 교육 교류의 이익 획득자이다. 중국은 계속해서 문명 개방 상태를 계승하고 지식재산권을 엄격하게 보호하는 동시에 국외 선진 과학 기술과 지식을 계속해서 받아들이고 학습하여 중국의 현대화를 위해서 사용하고 있다. 다른 한편, 중국은 이미 여러 개발도상국가들에게 자신이 이미 성숙하게 장악하고 있는 기술을 특혜 제공하고 있으며 정부와 민간을 추동하여 과학교육 교류 사업을 진행하여 그들의 발전을 돕고 있다. 또한 지적재산권 보호와 평등 교육에 기초하여 산업기술과 문화상품을 교류하고 있고 문명의 공동 향유와 진보를 추진하고 있다. 중국은 수천 년의 역사를 가진 문명국가로서 깊이 있고 두터운 민족문화를 가지고 중화문명을 형성하였다. 이러한 문화와 문명은 인류의 가치관, 행위 준칙, 음양 오행철학, 중의학 이론, 민족 습관, 민족 회화, 음악, 희곡 등 예술, 건축 특색, 음식 문화 등을 만들어냈다. 중화민족으로서 이러한 선조들이 물려준 문명을 전승해야 할 뿐만 아니라 세계 각 민족과 교류하여 그들과 함께 중국의 문명을 나누어 누려야 한다.

(5) 마땅히 해야 하는 전 지구적인 책임과 의무

미래에 중국은 국제사회와의 관계에서 자신의 국가 이익을 보호해야 할 뿐만 아니라 동시에 자신의 의무도 맡아서 책임지는 대국이 되어야 한다. 먼저, 중국은 적극적으로 세계와 함께 세계평화를 보호하고 발전 격차를 축소하고 인류 빈곤 문제를 해결하고 글로벌 환경 보호 등 방면에서 발의(發意)와 그 규칙 제정에 적극적으로 제안하고 참여해야 한다. 다음으로, UN과 기타 세계 조직이 공동으로 참여한 결의를 신중하고 엄격하게 이행한다. 예컨대 테러리즘을 반대하고 평화를 보호하며 저발전 국가를 원조하고 빈곤을 줄이며 배출량과 오염을 통제하고 생물 다양성을 보호하고 무역보호주의를 제거하고 동시에 글로벌 경제위기 등 세계적인 사안에 대해서 공동으로 대처한다. 일을 대강대강 처리하지 않고 인력과 물력 그리고 재력을 투입하여 중국이 맡은 일과 임무를 노력하여 완성한다. 또한 중국은 국제적인 공감대로 형성된 전 지구적인 의무를 성실하고 엄격하게 이행할 뿐만 아니라 중국 자체 능력에 근거하여 아프리카, 남아시아 등 저발전 국가의 경제발전과 상공업 발전, 남북격차 해소, 극단적인 빈곤 해소, 교육 수준의 제고, 위생 조건의 개선 등 방면에 주동적으로 임무를 다해야 하며 양자, 다자간 원조를 수행해야 한다. 마지막으로 국가이익과 글로벌 이익 간의 관계를 균형적으로 잘 처리하여 글로벌 전체 인류의 이익 차원에서 훨씬 많은 의무와 책임을 다해야 한다.

(6) 패권을 추구하지 않고 세계 각국과 평화적으로 공존

중국은 세계적으로 패권을 추구하지 않으며 무력으로 다른 나라를 위협하지 않는다. 국방은 국가 안전을 보위하고 세계 평화를 유지하는 데 쓰고 있다. 역사적으로 보면, 중화민족은 평화를 사랑하는 민족이다. 중화인민공화국 건립 이후 주변국들과 일련의 수많은 첨예한 문제들을 해결하였다. 미래 관점에서, 중국은 세계에서 패권을 가질 생각이 없다. 중국의 국방과 군사 역량은 주로 방어, 국가 보위 그리고 반테러 활동에 쓰이고 있다. 즉 주로 대국 간 군사 역량의 평화와 제약에 쓰이고 있으며 중국이 세계 항운의 안전한 통로를 보장하는 데 쓰고 있다. 또한 UN 결의에서 부여받은 세계 평화 유지 의무 등에 쓰고 있다. 당연히 국가 핵심 이익을 지키는 차원에서는 중국은 결코 양보하지 않을 것이다.

결론

중국의 일인당 평균 국내총생산(GDP)은 6,094달러로 세계 1인당 평균 10,139달러의 개발도상국보다 낮다. 향후 20년에서 30년 안에 중국 경제와 사회 발전은 많은 문제가 있을 것이고, 개혁과 발전의 임무는 번거롭고 무거울 것이다. 중국은 이미 다른 나라를 위협할 수 있는 재력이나 능력이 없다. 또한 자신의 경제와 사회 문제를 방기하고 돌볼 시간과 정력도 없다. 소위 말하는 '위협' 과는 멀리 떨어져 있다.

중국이 만약 발전 과정에서 나타나는 예컨대 도시화, 과학 기술 진보와 인력자본 누적, 창업과 소규모 기업의 발전, 시장 규모의 효능 등 내부의 각종 문제를 순조롭게 해결한다면, 반드시 장기간 경제성장을 유지할 것이다. 의심의 여지없이 미래 중국도 경제적으로 부상할 것이며 게다가 세계 정치와 경제 관계에서 제로섬 게임은 쌍방이 모두 손실을 입게 되기 때문에 중국은 향후 합법적인 경쟁의 게임 모델로 나아갈 것이며 평등하게 소통하고 경제침략을 하지 않고 더욱이 강권 정치나 군사적 위협을 하지 않을 것이며 평화 발전의 길을 선택할 것이다.

중국은 중국특색사회주의 길을 견지해갈 것이다. 그러나 중국은 반드시 계속 개혁개방을 심화할 것이다. 인류 사회와 각국이 형성한 선진 문명의 이념과 체제를 거울삼아 학습하여 중국특색사회주의 내용을 완성하고 충실하게 해야 한다. 중국은 각국이 스스로 선택한 정치제도를 존중하고 정치적으로 이데올로기를 수출하지 않으며 무력 혁명은 더욱 수출할 수 없다. 또한 다른 나라의 내정을 간섭할 수도 없다.

이번 세기 중엽에 이르면 중국은 점점 부유해질 것이다. 세계 대 가정에서 중국은 서로 다른 시기의 국력에 근거하여 세계 대국의 책임과 기타 개발도상 국가를 도와주는 일에 진력을 다할 것이고 국가 간 발전 격차를 축소하고 빈곤을 감소시키고 전 지구의 환경을 보호하고 세계 평화 유지 등 방면에서 훨씬 많은 공헌을 할 것이다.

21세기 현재의 현대화 노정을 걷는 중국은 위협적이지도 않지만, 또한 붕괴하지도 않을 것이다. 그래서 중국이 악하다고 소리칠 수도 없으며 중국이 쇠약해진다고도 말할 수 없다. 중국은 바로 공업화 과정 중의 국가이며 계속해서 개혁개방, 경제발전, 환경거버넌스와 보호를 심화해갈 것이며 금세기에 현대화를 실현할 것이다. 인민이 부유하고 사회가 안전하며 생태환경이 우아하고 아름다우며 국력이 강성한 중화민족을 건설할 것이다. 이 과정에서 중국은 장차 세계 각국, 세계 각국의 인민과 평화롭게 함께 지내며, 인류의 공동 진보를 추구할 것이다. 이것이 바로 중국이 굳건하게 흔들리지 않고 걸어가는 21세기 평화 발전의 길이다.

중국의 지역 전략

1장
중국의 부상 전망과 지정학적 영향

뽀르쨔꼬 빤찐(В.Я. Портяков)

중국 경제성장의 각종 예측을 분석한 결과, 중국은 2020년 이전 초강대국 수준에 이르고 세계를 주도하는 힘 중 하나가 될 것으로 보인다. 그러나 중국은 에너지 분쟁, 자원과 자국 상품 판매시장의 경쟁 등 지정학적 분쟁에 여전히 직면해있다. 러시아의 중국에 대한 의미 그리고 중국의 대외전략 과정에서 러시아의 역할은 더욱 강화되고 있기 때문에 향후 중러 양자관계는 더 많은 변화와 개선 그리고 수정이 있을 것으로 보이지만 양국의 선린우호, 전략적 동반자관계 측면에서의 객관적 요구는 변하지 않고 유지될 것이다.

뽀르쨔꼬 빤찐(В.Я. Портяков)_ 러시아과학원 극동연구소 부소장, 중러관계연구예측센터 주임 세 계경제의 복잡한 정세로 2011년 중국 국내총생산액(GDP) 증가율이 9.2%에서 2012년 7.8%까지 하락하였지만 중국은 여전히 높은 경제성장을 유지하고 있는 몇 안 되는 국가 중 하나이다.

2012년 중국 GDP 총액은 51조 9,322억 위안(당시 가격에 근거하여)으로 달러 대비 위안화 환율 1: 6.3으로 환산하면 약 8조 2,500억 달러에 달한다. 대외무역 성장이 다소 둔화되어 2011년 22.5%에서 6.2% 하락하였지만 중국은 여전히 세계 최대 무역대국을 유지하고 있을 뿐만 아니라 세계경제 대국인 미국의 무역 수준에 근접해 있다. 중국 통계에 따르면 수출입 교역이 대등한 조건하에서 중국의 수출입 규모는 3조 8,667.6억 달러이고 미국은 3조 8,824억 달러였다.[1]

2012년 중국은 신형 군용 항공기와 군용 수송항공기, 해군 선박제조 분야에서 눈부신 발전을 이루었고 최초의 항공모함을 제조하기도 하였다.

중공 제18대는 16대와 17대에서 확정했던 2020년 소강사회 건설의 발전방안을 계속 견지하고 있다. 후진타오는 중공 제18대 보고에서 2020년까지 국가발전 목표를 분명히 하여 "국내생산총액과 도농 주민의 일인당 수입을 2010년의 2배로 증가"하고자 할 것을 목표로 제안하였다. 이것은 2개의 독자적인 임무로 중공 제18대를 평가한 일부 러시아의 논평처럼 10년 동안 일인당 GDP를 2배로 증가하겠다는 것은 아니다. 그런데 중국의 이 두 가지 GDP 매개변수의 차이는 그렇게 크지 않다. GDP 2배의 절대값은 2020년 80조 3천억 위안 혹은 12조 7500억 달러(2010년 달러 대비 위안화 환율 6.3 기준으로 계산)가 되고, 2012년을 기준으로 산출했을 경우 1인당 GDP의 2배인 94조 3천억 위안 혹은 14조 9700억 달러가 된다. IMF의 '세계경제전망'은 2017년 중국 GDP 성장을 예측하였는데 주목할 만한 것은 IMF가 구매력 평가 기준으로 예측을 했다는 점이고 그 기준으로 했을 때 2017년 GDP가 세계 최고에 이른다는 것이다.

••••••••••••••

1 http://finance/people/com/cn/n/2013/0214/c1004-20485543.html.

표-1 중국, 미국, 러시아 GDP 예상 증가율

연 도	단위	2012	2015	2017
중국 GDP (현재가격)	10억 달러	8250	10928	13212
중국 GDP (구매력평가)	10억 달러	12382	16492	20198
중국 GDP 세계 점유율(구매력평가)	%	14.96	16.96	18.29
미국 GDP (현재가격)	10억 달러	15653	17768	19745
미국 GDP (구매력평가)	10억 달러	15653	17768	19745
미국 GDP 세계 점유율(구매력평가)	%	18.91	18.27	17.88
러시아 GDP (현재가격)	10억 달러	1953	2529	2976
러시아 GDP (구매력평가)	10억 달러	2511	2940	3296
러시아 GDP세계 점유율(구매력평가)	%	3.03	3.02	2.98

자료 출처: "World Economic Outlook", Database, January 2013.

미국은 중국 GDP 총액이 세계 우위에 오를 가능성이 매우 크다고 보고 있다. 2012년 12월 미 국가정보협의회는 구매력평가 기준으로 산출하였을 경우 2022년 중국 GDP 총액이 미국을 초과할 것이고, 시장 환율에 따라 산출할 경우 2030년 중국 GDP 총액이 미국을 초과할 것이라고 보고하고 있다.[2]

러시아 경제발전부에 따르면 중국은 세계경제에서 차지하는 비중이 2010년 13.6%에서 2020년 18.1%까지 증가할 것으로 예측되었고, 2030년에는 21.1%까지 증가할 것으로 예측되는 반면 미국 점유율은 감소하여, 2010년 19.3%에서 2020년 17.3%, 2030년에는 15.2%로 하락할 것으로 예측되고 있다. 러시아 점유율은 2010년 3.8%, 2020년 약 3.8%~4.6%, 2030년에는 약 3.6%~5.3%에 이를 것으로 보고 있다.[3]

중국의 2030년 국가발전에 대한 전망은 더욱 낙관적이다. 칭화대학 후안강(胡鞍鋼) 교수는 2030년 소강사회를 실현하고 공동번영의 사회로 전환하여 경제초강대국, 혁신국가가 될 것이며 공공복지와 인민생활 수준이 상류사회가 될 것이고, 또한 '녹색 국가'가 될 것으로 보았다.[4] 후안강 교수의 전망은 '역사적 정의' 회복에

2 Global Trends 2030, Alternative Worlds, A publication of the National Intelligence Council, (December 2012), p.36, http://www.dni.gov/nic/globaltrends.

3 См: Российская газета. 2013. 4 февраля.

4 Ху Аньган. Китай и мир к 2030 г. — Презентация в Институте Дальнего Востока РАН 1 февраля 2012 г.

필연성을 두고 있으며 이는 중국이 세계경제의 1/3을 차지하고 있는 것 역시 19세기 초 외부침입이 있기 전, 중국이 세계경제적 지위에 있었던 때에 이르고 있다는 것으로 이해할 수 있다.

표-2 국가별 세계 총생산량 비중(PPP, %)

	1820	1950	2000	2010	2020	2030
남방국가 총액	70.3	39.5	43.0	52.4	60.5	66.9
아시아 개발도상국	56.5	15.3	29.2	40.9	49.1	58.2
중국	33.0	4.6	11.8	20.7	28.9	33.4
인도	16.1	4.2	5.2	8.0	12.2	18.6
러시아	5.4	9.6	2.1	2.4	2.7	3.0
브라질	0.4	1.7	2.7	2.6	3.6	5.1
북방국가 총액	29.7	60.5	57.0	47.6	39.5	33.1
미국	1.8	27.3	21.9	18.4	16.7	15.1
EU	23.3	27.1	21.5	18.1	15.7	13.1
일본	3.0	3.0	7.2	5.4	4.4	3.3
중국/미국	18.3	0.2	0.5	1.1	1.7	2.2

자료 출처 : 후안강(胡鞍鋼), 옌이롱(彌一龍), 웨이싱(魏星), 『2030중국: 공동번영을 향해』, (베이징: 중국인민대학출판사 2011년) p.30.

후안강은 세계 GDP 비중뿐 아니라 2030년의 다른 변수를 적용하여 분석한 바 있다. 예를 들어 중국의 세계 수출 비중은 2010년 10.4%에서 24%까지 증가할 것이고 수입 비중은 9.1%에서 27%까지 증가할 것으로 보았다. 또한 중국은 자본 순수출국, 세계 최대 투자국, 세계 최대 소비시장 그리고 과학기술 대국으로 중국의 R&D 지출비중이 세계 1/4 정도를 차지하게 될 것이라고 예상하고 있다. 중국은 '녹색 성장' 궤도에 진입하여 2020년부터 CO_2 배출량이 감소하기 시작할 것이며 2030년에는 2005년 이전 수준에 이를 것이고 2050년에는 1990년의 절반 수준에 이를 것으로 보고 있다.[5]

5 Xу Анbган, Янb Илун, Вэп Сuн. 2030 Чжунго маǔсян гунтун фуюп [Китаǔ 2030-к всеобщеǔ зажuточностu]. Пекuн, Чжунго жэньмuнь Да сюэ чубаньшэ 2011. С. 34-37, 96, 178-180. По Данным Межǰунароǰного энергетuческого агентства, выбросы Двуокuсu углероǰа в Кuтае в 1990 г. составлuлu 2,2 млрǰ т, а в 2005 г. - 5,2 млрǰ Т.

일부 국제전문기관이 말한 바와 같이 "중국이 성장하기 위해서는 이미 관습화 된 모델에서 반드시 벗어나야 한다"라고 하는 필연성을 이해하는 것은 실제 매우 복잡하다. 『이코노미스트』 저널에 실린 한 논문은 개혁의 전반적인 관점이 모두 "투자와 수출 의존형에서 내수 확대로 경제를 촉진"한다는 경향이 있다고 보고 있다.[6]

세계은행과 중국국무원발전연구센터는 2011년 11월 베이징에서 〈중국 2030: 현대건설, 조화, 창조적 고소득 사회 구축〉이라는 연구보고서를 발표하여 중국의 신경제성장 모델로 전환할 발전 방안을 체계적으로 설명 하고 있다.[7] 이 보고서는 중국의 지속가능한 성장을 위한 여섯 가지 주요 임무를 제시하고 있다. 시장 강화를 위한 경제 기반 운용의 구조적 개혁, 개방적 혁신시스템 구축, 녹색 경제 기반 구축, 사회 모든 부분의 사회보장 시스템 개발, 금융 시스템 관리 강화 그리고 세계 경제와의 지속적인 상호작용 강화이다.

각 항목들은 모두 심각한 도전을 받고 있다. 2008년 환경 악화로 발생한 손실은 중국 GDP의 9%이며 2008년 교육지출은 3.7%로 OECD 국가의 5.4%와 비교하면 낮은 수준이다. 사회보장 또한 4.7%로 15.2%에 비해 낮은 이러한 상황은 지속되고 있다. 예컨대 2008년 중국의 전 세계 지적재산권 사용액은 0.3%에 불과한데 반해 미국은 절반 이상을 차지하고 있다.[8] 그럼에도 불구하고 보고서에서는 중국 경제 성장이 점차 완만해 질 것으로 예측하고 있고(표3 참조) 2030년 세계총생산액에서 차지하는 중국 GDP 비중은 약 20~28%에 이를 것으로 보고 있다. 세계은행과 중국국무원발전연구센터는 연구보고서를 통해 중국이 '중진국 함정'에 빠질 위험을 지적하였는데 후잉타이(胡永泰)는 『중국의 새로운 경제성장 동력: 어떻게 중진국함정을 극복할 것인가』[9]라는 책에서 자세히 분석하고 있다.

미국은 1920년 초부터 세계경제의 리더였기 때문에 한 국가의 고, 중, 저수입 국

· · · · · · · · · · · · · · · ·

6 "For China's rise to continue, the country needs to move away from the model that has served it so well," *The Economist*, (January 28, 2012).

7 "China 2030: Building a Modern, Harmonious and Creative High Income Society", Conference Edition, Washington, (2012), p.468.

8 세계은행데이터. 2008년 세계지적재산권 사용액 1840억 달러, 미국 916억 달러인데 반해 중국은 5.7억 달러(0.3%). 참고 馬爾金 · 瓦迪姆: 「硅膠僵局」, 「商業日報」 2010.11.24.

표-3 중국 GDP 연평균 성장률 예측(1995-2030년)

기간	1995-2010	2011-2015	2016-2020	2021-2025	2026-2030
GDP 연평균 성장률	9.6	8.6	7.0	5.9	5.0
GDP 대비 투자비율	46.4	42	38	36	34
GDP 대비 소비비율	48.6	56	60	63	66

자료 출처 : The World Bank and Development Research Center of the State Council, the People's Republic of China, China 2030: Building a Modern, Harmonious, and Creative High Income Society, Washington, 2012, p.89.

가로 분류되는 미국의 일인당 소득 수준 비중에 따라 결정되고, 이 지표를 '추격지수(Catch-up Index)' 라고 부른다. 일인당 소득 수준이 미국의 20~55% 구간에 이르면 중진국에 속한다. 소위 '중진국 함정' 이라 함은 일인당 수입 미국 일인당 소득의 20% 정도인 국가 혹은 국가연맹이 장기간 동안 55%를 넘어 고소득 국가가 되지 못하는 것을 말한다. 후잉타이는 아르헨티나가 전형적인 '중진국 함정' 에 빠진 국가라고 지적하고 있다. 아르헨티나는 1870년에서 1913년 사이 급속한 성장을 하였지만 20세기 내내 선진국 대열에 오르지 못했다. 반면 한국과 대만은 성공적으로 극복하여 고소득 경제체가 되었다.

2007년 중국은 중등 소득의 초기단계에 도달했고, 2011년 세계은행은 중국을 중진국 대열에 포함시켰다. 구매력평가 기준으로 볼 때 2008년 중국의 일인당 GDP는 1990년의 국제 기어리-카미스 달러(international Geary-Khamis-dollar) 기준에 따라 산출하였을 때 6,725달러로 당시 미국은 31,118달러였다.

후잉타이와 협력연구자들은 중국이 '중진국 함정' 을 모면하기 위해서 몇몇 장애를 극복해야 하고 이 장애는 세 가지로 구분된다고 보고 있다. 경제운용 메커니즘, 경제관리(빈부격차와 도농의 격차 감소) 그리고 경제성장 자원(에너지, 물 등)의 제한성 유지이다. 이러한 임무는 매우 복잡하고 대략 수십 년 정도의 오랜 시간이 소요된다. 강조하고 싶은 것은 후잉타이, 후안강 그리고 『중국 2030』 보고서의 저자들 모두 가까운 미래에 중국이 고소득 국가로 진입할 가능성에 대하여 의문을 제기하

----

9 Wing Thye WOO, Ming LU, Jeffry D.SACHS, Zhao CHEN, eds., "A New Economic Growth Engine for China: Escaping the Middle-Income Trap by Not Doing More of the Same, (London: Imperial College Press, 2012), p.294.

고 있지 않지만 중국 일인당 GDP가 미국의 55% 수준에는 도달했을 때 기타 국가와 세계경제에 미칠 영향에 대한 연구가 아직 없다는 점이다. 이 문제는 간단한 산술로 설명할 수 있는데, 2030년까지 중국의 인구는 15억이 될 것이고 만약 일인당 GDP가 2만 7,400달러가 된다면 중국 GDP는 41조 달러가 될 것이다. 이는 지구의 자원(식품시장에서 여행시장까지), 전 세계 각 분야의 시장이 받아들이기 힘든 큰 부담을 초래할 것임을 의미한다. 따라서 현재 중국의 장기 발전에 대한 예측은 시간, 규모 할 것 없이 대폭 조정이 불가피할 것으로 보인다.

미국은 중국의 부상에 대하여 '범대서양무역투자동반자협정(TTIP)'과 '환태평양경제동반자협정(TPP)' 설립으로 대응하고 있다. 만약 이 두 방안이 효과적으로 구현될 경우 중국의 경제무역 발전 속도가 둔화될 가능성이 있다. 또 다른 전문가는 일인당 지수에서 보는 바와 같이 중국이 미국의 발전수준에 도달하는 것은 필연적이라고 제기하기도 한다. 러시아 과학원의 드인낀(A. A. Дынкин)과 러시아과학원 세계경제와 국제관계연구소의 빤찐(В. И. Пантни)은 "사회와 경제적 충돌은 존재하지만 2020년 중국은 미국을 초월한 후 전환될 것이다."라는 가능성을 제기하기도 하였다. 또한 신기술과 개척방식의 지원으로 2020년 이후 미국, 일본 그리고 동남아 국가들이 중국이 처한 내부 문제를 다시 압박할 것으로 보고 있다. 오스트레일리아학자 살바토레 바버니스(Salvatore Babones) 역시 비슷한 견해를 가지고 있다. 그는 2020년부터 중국 경제는 브라질과 러시아의 2012년 수준으로 떨어질 것이고 따라서 21세기 남은 시간 내에 중국 경제의 전체 규모는 미국과 비슷해질 것이라고 보고 있다.[10] 또한 중미 경쟁이 장기적으로 어떻게 변화하든, 어떠한 상황에서건 중국이 세계경제 대국 대열에서 2위는 유지할 것으로 예상하고 있다. 종합 국력과 세계 리더의 관점에서 대부분의 서방국가와 러시아 전문가들은 미국이 장기적으로 리더십 위치를 유지할 것으로 보고 있다. 그러나 드인낀(A. A. Дынкин)과 빤찐은 특정 상황에서 미국은 중국과 세계의 리더십 지위를 공유하고자 할 것으로 보고 있다.[11]

• • • • • • • • • • • • • •

10 Сальваторе Бабонес, Срединная империя Шумиха вокруг восхождения Китая и Действительность- Россия в глобальной политике, Москва, Том 10, № 5, Сентабрь- октябрь 2012. С. 133.

11 Александр Дынкин, Владимир Пантин, Цит, раб, С. 105.

우리가 보기에 향후 몇 십 년 후 세계를 미국이 주도할 것인지 아니면 중국이 지도할 것인지에 관한 문제는 크게 중요하지 않다. 주목해야 할 점은 중국이 2020년 이전까지 각 항목의 경제 지표에서 초강대국 수준에 이를 것이고 전 세계를 주도하는 힘 중 하나가 된다는 점이다.

중국의 부상은 세계 무대에서 어떻게 드러날 것인가? 국가 경제 능력과 문화적 영향력을 향상시키기 위해 중국 지도자들은 "국제업무에 적극적으로 참여하고 대국으로서 책임져야 할 역할을 발휘"하는 권리를 유보하고 있다. 세계의 발전 방향에서 중국은 변함없이 '협력과 원윈' 원칙을 준수하여 다른 나라와의 협력을 발전, 강화하고 있다. 중국공산당 제18차 전국대표대회에서 장기적인 안정과 건전한 발전의 신형대국관계 구축을 제시하였고 "주변 국가와의 견고한 우호 협력관계"를 강조하였다. 대표대회는 주변국들이 중국과 협력 심화를 통해 더 많은 이익을 얻게 될 것이며 "개발도상국들의 단결과 협력"은 향후 베이징의 장기 대외정책이 될 것이라는 것을 확인하였다.

즉, 개념적으로 중국은 부흥을 지속하기 위해서 평화적 대국의 지위를 정립해 나가고 협력국가와 경제발전의 성과를 공유하고자 할 것이다. 그러나 후진타오는 18대 보고에서 중국은 "국가주권, 안보, 발전이익을 보호·견지한다."는 입장을 표명한 바 있다.

앞서 말한 개념은 현실에서 구체적으로 어떤 내용인가? 분명 베이징은 아프리카와 북극과 같이 세계적으로 정치적 잠재력과 경제적으로 밀접한 관계가 있는 지역에서 적극적인 활동을 전개해나갈 것으로 보이며 중국 문화(중국어, 현대중국영화, 중국 전통가치 체계에서의 인도주의적 자선, 중국의 종교와 고대철학 등)의 해외 진출을 고수할 것이다. 2012년 11월 아세안 10개국, 중국, 한국, 일본, 인도, 오스트레일리아 그리고 뉴질랜드 등 16개 국가는 '역내 포괄적 경제동반자협정(RCEP)' 설립에 관한 협상 개시를 표명하였고 중국이 참여하는 각종 지역협력은 기대할 만한 가치가 있음을 강조하였다.[12] 중국이 경제외교적으로 해당되는 각 국가들에게 중국 협력, 중국 경제의 고성장 그리고 강력한 국민경제로부터 얻을 큰 이익(紅利)에 대하여

••••••••••••

12 *Beijing Review*, November 29, 2012, pp.16-17.

이전보다 더 광범위하고 적극적으로 선전할 것이라는 점은 의심할 여지가 없다.

동시에 최근 국제협력 분야의 전통적 경제외교가 더욱 복잡해졌다. 미국과 다른 선진국들의 '재공업화' 구상(몇십 년 내 가공공업이 중국으로 이전될 것이라는)은 이미 베이징에서 환영받지 못하고 있다. 중국은 현재와 미래에 기계제조 산업을 포함하는 모든 제품에 대한 수요를 줄이고 있기 때문이다.

저널 『이코노미스트』가 불러일으킨 세계경제와 일부 국가의 '중국 의존성'에 관한 연구는 직접적 혹은 간접적으로 중국에 부정적 영향을 주어 이 문제 자체가 심리적으로 사람들의 반 중국 투쟁을 자극하고 있다. 주목해야 할 점은 국내생산 원가 증가로 중국의 경쟁력이 하락하였다는 점이다. 중국사회과학원 경제연구소 페이창훙(裴長洪) 소장에 따르면, 중국 단위노동비용은 2000년 60센트에서 2011년 2.9달러로 상승하였고 토지와 기타 자원, 주거비용을 반영하면 2011년은 2005년에 비해 2.4배 상승하였다. 결론적으로 2004년 나이키 신발은 글로벌 생산의 40%를 중국이, 13%를 베트남이 생산하고 있었지만 2010년에 베트남은 중국과 비슷한 생산대국이 되었다(2009년 36%씩 기본적으로 비슷한 점유율을 보임).[13]

이로써 우리는 다음과 같은 결론을 얻었다. 중국은 에너지, 자원, 자국 상품 판매시장에 있어 훨씬 더 어려운 경쟁이 예상되며 중국은 '발전이익보호 견지'의 의도를 분명히 해야 한다는 점이다. 국제관계전문가 왕이저우(王逸舟)가 말한 바와 같이, 중국은 국제무역 채널과 에너지 공급노선의 정상 운용 보장 등과 같은 해외 이익을 지키기 위한 대책을 마련해야 하고 향후 몇 년 동안 해상 역량을 확대하고 해상 채널의 안전 보호가 선행적으로 이뤄져야 한다.[14]

그러나 중국이 의도적으로 적대시 할 필요는 없다고 생각한다. 비록 18대 보고에서 후진타오는 국가의 '핵심이익(核心利益, 혹은 근본이익)'에 대하여 구체적 설명을 하지 않았지만 2011년 9월 6일 국무원 대변인실이 발간한 백서『중국의 평화로운 발전(中國的和平發展)』등을 포함하여 지난 2년 동안 중국 매체의 출판물을 통해

13 *Жэньминь жибао 2013, 18 февраля*

14 Wang Yizhou, "Creative involvement: a new direction in Chinese diplomacy-In China 3.0." - European Council on Foreign Relations, (London, 2012), p.108.

관련 내용을 설명해 왔고, '국가영토 보전(國家領土完整)'은 '근본이익'의 중요한 구성요소로 베이징의 연해 주변 섬들의 소유권 문제, 중국과 인도 국경문제에 대한 입장은 객관적으로 잠재적 충돌을 내포하고 있기 때문이다.[15]

비록 중공 18대 보고에서 '단호한 국가주권과 안보 유지'를 언급하고 있지만 실제 어떠한 변화도 없었고 이는 그 역할을 표명하는 것에 있어서도 여전히 '핫 이슈'를 평화적으로 해결하기 위한 준비에 불과하다. 그러나 이런 온화한 표현은 아마도 자율이 아닌 타율적인 것일 수 있다. 최근 중국의 주변 국제환경이 점점 악화될 것이라는 우려가 국내에 확산되고 있고, 미국과 일부 인접 국가들이 "중국 관계에 대한 공동 전략 협조"에 노력하고 있기 때문이다.

이러한 상황에서 러시아의 중국에 대한 의미, 나아가 중국의 대외전략에서 러시아를 향한 역할은 더욱 강화되었다. 2012년 중국 전문가들은 중러 동맹관계의 가능성을 논의하였다.[16] 칭화대학 국제정치학자 옌쉐통(閻學通)은 세계는 다극체제가 아닌 중미 양극체제로 중국이 이러한 위치에 이르기 위해서 반드시 러시아와의 동맹을 이루어야 하고 중러 연맹은 양자 안보 이익 전략에 부합하는 것으로 서로에게 해가 될 것이 없다는 입장이다. "푸틴 러시아 대통령의 복귀는 서방국가의 압력이 감소하지 않음"을 의미하기 때문에[17] 2012년 1월 8일, 시진핑 주석은 니콜라이 빠뜨루셰프(Н.П. Патрушев) 러시아 연방 안전보장회 장관 접견에서 양국의 상호 정치적 지원의 필요성을 강조하였고, 이는 "국제 전략적 균형 유지와 적극적인 역할 발휘를" 하게 될 것이라고 하였다.[18]

2012년 상반기 푸틴은 선거 전에 발표한 "러시아와 지속적으로 변화하는 세계", "러시아 경제 중국바람에 돛을 달다"라는[19] 두 편의 글로 사람들에게 러시아의 중국에 대한 의미가 강해졌다는 인상을 강하게 주었다. 동시에 2012년 2월, 라브로프 러시아연방 외무 장관은 "러시아는 중국을 견제하는 모든 행동에 불참할

15 Wang Jisi, "China's grim international environment - In China 3.0," pp.121-122.

16 Yan Xuetong, "The weakening of the unipolar configuration - In: China 3.0," p.113.

17 Янь Сюэтун Элосы кэкао ма? [Надежна ли Россия?] - Чжунго вайцзяо[Дипломатня Кнтая, Пекнн, 2012, No. 10. С. pp.52-54.

18 http://cpc.people.com.cn/n/2013/0109/c64094-2035687.html

19 "Московские новости", 2012, 27 февраля.

것"을 밝혔다.[20] 마지막으로 2012년 6월 5~6일, 푸틴 러시아 대통령은 중국 방문에서 중러 관계에 새로운 정의, 이른바 "평등과 상호 신뢰의 전면적 전략적 동반자관계"를 구축하였다. 러시아가 중러관계를 심화하는 주요 동기는 중국 기업의 투자 유치로 아시아의 발전, 특히 동시베리아와 극동 지역의 발전을 가속화하는 것에 있다.

그렇지만 모든 러시아 사람들이 중국과의 밀접한 관계 발전을 지지하는 것은 아니다. 드인낀(А. А. Дынкин)은 "미국과 중국이 고속 성장하는 상황"에서 EU와의 긴밀한 협력 개발이 보다 더 이로울 것으로 보고 있다.[21] 빤찐이 발표한 논문에서 러시아가 지나치게 중국과 가까워지는 것에 불만을 드러냈고 미국, 일본, 한국의 폭넓은 참여 등 다각적 추진으로 러시아 동부지역의 부상을 견인할 것을 제안하고 있다.[22]

필자는 러시아 정책이 '베이징지역위원회'(아나켈쩨프의 표현)에 빠져들 가능성과 러시아가 국제무대에서 자유를 제한받을 것이라는 관점에 대하여 미흡, 혹은 과장된 것이라고 생각한다. 20세기 90년대 초와 비슷한 걱정은 이제 쓸데없는 것이라는 것이 현실에서 증명되었다. 그 당시 서방은 중국과 러시아를 압박하여 오히려 중러 양국이 동반자관계 구축을 촉진하는 데 많은 역할을 하기도 하였기 때문이다. 또한 객관적 요인도 존재하는데 현재 모스크바와 베이징이 가까워지는 데 여전히 장애가 있다는 점이다. 러시아 입장에서 보면 우선, 양국 간 인구와 경제적 차이가 점점 커지고 있다. 2012년 러시아 GDP는 653,569억 루블(13조 위안)로[23] 중국의 1/4에 불과하다. 양국 대외무역액은 중국에 유리하게 변화하고 있어 2012년 말 통계에 따르면 중국과 러시아의 대외무역 비중은 4.6 : 1(중국 38,667.6억 달러, 러시아 8,373억 달러)이며 그중 수출비중은 3.9 : 1(중국 20,489.3억 달러, 러시아 5,247억 달러)이며 수입비중은 5.8 : 1(중국 18,178.2억 달러, 러시아 3,126억 달러)이다.[24] 게다가 20년 전에 중국의 대부분 경제 지표가 러시아를 넘어서고 있었고 이러한 상황은 러

• • • • • • • • • • • • •

20 http://www.mid.ru. 2012. 4 февраля.
21 Александр Дынкин, Владимир Пантин. Цит. раб. С. 107.
22 См например "В. Иноземцев. Далеко идущий Восток - Огонек. Москва", 2012, № 46. С. 18-19.
23 www.gks.ru/free-doc/2012/b12_01/1_0.htm

시아인들에게 중국에 종속되는 현실적 위협으로 인식하게 되었으며, 러시아는 여러 측면, 적어도 에너지 자원소비, 일용품과 전략적 투자상품 분야에서 중국에 대한 의존성에 빠져들 수 있다고 보고 있다. 이러한 우려는 양국 무역구조와 완벽히 부합된다. 2012년 러시아가 중국에 수출한 석유와 석유제품은 66.8%인데 반해 기계와 설비 비중은 0.7%(3.15억 달러)에 불과하다. 러시아가 중국으로부터 수입한 기계설비 비중은 42.4%로 187억 달러 정도이다.[25]

중국이 중러 영토경계를 일방적으로 설명하는 자료를 끊임없이 발행하는 것이 부정적 역할을 한다는 것은 의심할 여지가 없다. 이러한 자료는 사람들에게 잃어버린 영토에 대한 수복주의(收復主義) 감정을 아주 쉽게 불러일으키고 있다. 중국 인터넷 매체에는 러시아정책의 지속성 부족과 비즈니스 환경에서의 불안정을 불평하는 글이 종종 등장하기도 한다.

2013년 2월 12일 푸틴이 승인한 러시아 대외정책 구상 중에서 중러 전략적 협력 동반자관계를 견고히 함과 동시에 서방과의 관계 개선을 원하며 러시아는 "유럽 문명의 불가분의 구성요소"로서 "대서양에서 태평양까지의 경제통합과 인문공간 구축" 추진을 강조하였다. 더불어 중국과 러시아가 "세계 주요 정치문제"에 대응하는 기본원칙에 대처하는 방법이 일치하기 때문에 "중국과 평등한 신뢰로 포괄적인 전략적 협력 동반자관계를 발전시키고, 다양한 분야에서 적극적으로 협력"하기를 원하고 있다.

확실한 것은, 러시아가 국제무대에서 절대적으로 독립적 역할을 유지하려는 경향이 있고 전방위적 다원외교정책을 추진하고 있으며 이런 저런 글로벌 리더십에 대한 '편향'을 회피하고 있다는 것이다. 중러 양자관계는 다양한 측면에서 변화가 발생할 것이고 개선 및 수정이 있을지라도 선린우호와 전략적 동반자 관계의 객관적 요구는 변하지 않고 유지될 것이다. 이는 오늘날 혹은 미래에 러시아나 중국 모두의 양자관계를 악화시키지는 않을 것이다.

• • • • • • • • • • • • • •

24 Рассчитано по Данным китайской и Российской таможенной статистики, Haiguan Tongji (Таможенная статистика) Пекин 2012, № 12, С. 5 (на кит. яз); http//www.customs.ru/inde[2.php?option=com_content&view=article&id=17055&temid=1981

25 Рассчитано по Данным таможенной статистики КНР.

2장
중국의 남중국해에 대한 주권 요구

자크 다이지에(Jacques deLisle)

중국에서 아직 미해결된 국경지역 분쟁 중 남중국해 분쟁은 가장 복잡

하고 혼란스러운 문제임과 동시에 가장 중요하고 불안감을 가중시키는

문제에 관한 것이다. 이 지역은 경제 및 안보 위험이 높고, 이해당사국의

수 또한 다양하고 많다. 중국과 그 밖의 국가들의 영유권 주장은 이 지역

에 대한 이해당사국들의 이익을 반영하고 있으며, 이는 궁극적으로 법

적 영유권 주장에 관한 것이다. 이러한 분쟁 지역에 대한 중국의 영유권

주장은 서로 다른 세 가지 개념에 근거하고 있다. 이는 중국의 주변 국

가, 가까운 주변 국가, 미국을 포함한 다른 국가들의 이익과 국제 법규범

에 대한 다양한 도전과 합의가 혼용된 형태를 지닌다.

———
자크 다이지에(Jacques deLisle)_ 미국 펜실베니아대학 중국연구센터장, 법학교수,
외교정책연구소 아시아부장

중국 및 다른 이해당사국들의 행위가 여러 시기 동안 다소 독단적이었던 반면, 이 지역의 영유권에 대한 중국의 세 가지 기본적 주장은 비교적 안정적이었다. 이러한 중국의 다양한 법적 주장, 일관되지 않은 행위, 그리고 중국에 대한 수사는 중국의 부상이 지역질서와 국제질서에 커다란 방해가 될 것인지, 아니면 중국이 충분한 능력과 인내심을 가지고 지역질서와 세계질서를 조정하고 통합시킬 것인지의 여부에 대한 논쟁을 해결하는 데 별다른 도움이 되지 않고 있다. 비록, 남중국해에 대한 중국의 영유권 주장이 부분적으로는 서로 충돌하는 이슈와 변하는 상황에 따른 평가에 의해 우연히 발생한 결과이지만, 이러한 서로 다른 세 가지 법적 영유권 주장은 중국이 직면한 사실적, 법적, 전략적 상황을 감안해 중국의 이익에 도움이 되는 전략을 반영하고 있다.

분쟁 해역의 중대 이해관계

남중국해는 중국, 중국의 주변 해양 국가, 미국을 포함한 그 지역 밖의 큰 국가들에게 장기적인 경제적, 전략적 이익이 되는 해역이다. 경제적 차원에서 보면 중국의 어떠한 다른 영토 및 해양 분쟁도 남중국해 문제보다 중요하지 않다. 약 150만 제곱마일의 해역에는 전 세계에서 가장 풍부한 어장들이 존재한다. 이들 어장들은 포획을 효과적으로 규제하지 않을 경우, 심각한 고갈위기에 직면할 수 있다. 해역 아래에는 방대한 양의 석유와 가스 그리고, 광물자원이 존재할 가능성이 있다. 부분적으로, 중국과 그 주변 국가들 간의 분쟁으로 탐사와 개발이 지체되어 이러한 자원의 규모가 불분명하지만, 그 규모는 매우 클 것으로 여겨진다.[1] 화석 연료와 식량에 대한 중국의 끊임없는 욕구, 그리고 이에 상응하는 에너지 및 식량 안보에 대한 중국의 우려로 인해 남중국해의 풍부한 어장은 중국의 관심을 더욱더 고조시키고 있다.

· · · · · · · · · · · · · ·

1 "China Finds Huge Natural Gas Reserve in South China Sea," Xinhua, 2006.7.13; "South China Sea," U.S. Energy Information Administration, (March 2008), http: //205.254.135.7/countries /regionstopics.cfm?fips=SCS&trk=.

남중국해의 경제적 가치는 그 해역이 보유하고 있는 자원보다 그 해역을 통과하는 자원에 기인한다. 역동적이고 세계화된 경제대국들에게 둘러싸인 남중국해는 교역의 핵심 교차로이다. 전체 화물선의 1/4 이상, 전체 해상교통량의 1/3이 이 해역을 통과한다. 이곳의 항로를 통해 석유나 기타 자원이 에너지 및 자원이 부족한 동아시아 산업 국가들에게 공급된다. 오늘날 전 세계에서 두 번째로 큰 경제대국인 중국은 대부분의 석유를 수입에 의존하며, 이는 주로 중동과 아프리카에서 남중국해를 통과하여 운송된다. EU는 중국 상품의 최대 수입국이며, 중국 수출품의 30% 이상이 남중국해 항로를 통과한다. 중국만 그러한 것이 아니다. 이와 유사하게 동아시아와 동남아시아 국가들도 이 지역을 통과하는 교역에 의존하고 있다.[2]

남중국해가 지역적, 국제적 안보를 위해 중요하다는 사실은 의심할 여지가 없다. 또한 중국의 국경지역 분쟁 중 이만큼 중요한 것도 없다. 이러한 경제적 중요성을 지닌 지역은 지정학적으로도 중요하다. 그러한 지역에서 타국의 해상수송로(SLOC)를 보호하거나 차단하는 능력 또는 자국의 자원탐사 능력이나 타국의 자원탐사를 방해하는 능력은 상당한 전략적 함의를 지닌다. 남중국해에 대한 영유권 주장은 중국과 동남아시아 여러 주변 국가 간에 심각한 긴장과 일시적 갈등을 지속시켜왔다. 베트남, 필리핀, 말레이시아, 인도네시아, 브루나이 등 이들 국가들은 중국과 (경우에 따라 다른 사항에 대해서도) 경쟁적으로 영유권 주장을 펼쳐왔다. 이러한 갈등과 복잡성에 더하여, 대만의 영유권 주장은 중국의 주장과 상당히 유사하며, 다른 국가의 남중국해에 대한 권리 요구에 반대하고 있다. 하지만 중국은 대만의 자주권이 없다고 여겨 참여의 합법성을 인지하지 않는다.

남중국해를 둘러싼 영유권 주장에 의해 제기되는 안보 문제는 중국과 이 지역

2 Harnit Kang, "Maritime Issues in the South China Sea," *Institute of Peace and Conflict Studies Special Report*, (June 2009), http://www.ipcs.org /pdf_file/issue/SR76-Harneet -Final.pdf; Sarah Raine, "The South China Sea: A Maritime Hotspot," *States News Service*, (June 6, 2012), http://blog.gmfus.org /2012/06/06/the-southchina-sea-a-maritime -hotspot/; Energy Information Administration, U.S. Department of Energy, Country Analysis Briefs: China, (May 2011), http://www.eia.gov/cabs/china/Full.html; "China Top Trade Partners," http://www.starmass.com/ china_review/imports_exports/china top trade partners.htm.

에 대한 영토권을 주장하는 국가들과의 관계를 넘어 확대된다. 미 해군은 이 지역 내 해상수송로를 보호하는 중요하고 장기적인 임무를 지니고 있다. 이 지역은 중국 해안 근처에서 이뤄지는 미국의 군사정찰 행위에 대해 양국의 긴장감이 감돌던 곳이기도 하다. 남중국해에서의 마찰은 불안정한 중국-인도 관계를 점점 더 악화시키고 있다.[3] 분쟁 중인 국경지역은 여전히 일촉즉발의 상황(그리고 중국에서 유일하게 미해결된 국경 영토분쟁)인 반면, 이는 더 이상 남중국해까지 미치는 해양분쟁을 완화하지 못하고 있다. 남중국해는 인도양으로 가는 관문이며, 파키스탄과 스리랑카에서 거대한 항만 시설을 건설하려는 중국의 비전을 보여주고 있고, 몰디브와의 연계성을 확대하려는 최근 중국의 노력을 반영하고 있다. 인도의 입장에서 이에 상응하는 '룩 이스트(look east)' 정책은 남중국해에서의 영유권을 주장하는 국가들과의 안보 연계성을 구축하고 남중국해 자원 개발에 대해 베트남과의 협력을 시도하고자 하는 것이다.

남중국해 분쟁은 동북아시아의 해양 세력과 중국의 관계에 대해 문제를 제기한다. 중국은 전략적으로 남중국해를 '가까운 해양'으로 분류하여 동중국해 및 황해와 묶는데, 이 지역에서 중국은 특별한 핵심적 안보이익을 지니고 있으며, 미국을 포함한 다른 국가들의 군사적 접근을 차단시키고자 능력을 강화하고 있다. 여러 섬들의 영유권과 관련한 일본 및 한국 그리고 중국 간의 분쟁은 중국과 남중국해 국가들 간 분쟁과 유사하며, 이는 경쟁 국가들 사이에 유사한 갈등을 유발시키고, 미 · 중 관계의 긴장을 고조시키고 있다.[4]

지난 1970년대 말의 중국-베트남 국경분쟁, 1960년대 초의 중국-인도 국경분쟁, 혹은 1960년대 중국-소련 국경분쟁만큼 남중국해 문제가 국제사회의 평화와 안정에 심각하게 위협이 되고 있지는 않다. 그러나 지금까지 남중국해 문제는 중국의 영토와 해양 경계선과 관련된 다른 어떠한 분쟁보다도 더 빈번한 힘의 사용과 군사적 충돌 그리고 외교적 위기를 야기해왔다. 중국의 국경지역과 관련된 사건들이

· · · · · · · · · · · · · ·

3 Harsh V. Pant, "South China Sea: New Arena of Sino-Indian Rivalry," Yale Global, August 2012; Jayadeva Ranade, "China Perceives India as a Factor in South China Sea Dispute," *Daily News and Analysis*, (June 25, 2012).

4 關于中日東海問題, 參見: Sheila A. Smith, "Japan and the East China Sea Dispute," Orbis, (Summer 2012).

남중국해에서도 발생한 것은 최근 수십 년간의 일이었다. (긴장의 중요 요인이 되었던 또 다른 영토분쟁-대만 문제-은 1990년대 중반부터 2000년대 중반기까지의 갈등적 관계에서 벗어나 안정적 관계로 회귀하였다). 남중국해와 관련된 더욱더 중요한 문제들은 베트남과의 해상충돌 혹은 대치(1970년대 중반 서사군도 일부에 대한 중국의 점령, 여러 명의 사망자를 발생시킨 1988년의 분쟁, 1990년대 석유시추 및 불법어업에 대응한 소규모 충돌), 필리핀과의 소규모 대치(1994년 남사군도 내 산호섬에 대한 중국의 점령, 이후 산호섬 내 5년 동안의 구조물 건설, 다른 국가의 영해 내에서의 어획, 2012년 황옌(Huangyan) 암초와 관련된 분쟁), 미국과의 충돌사건(2001년 중국의 제트기와 미국 EP-3 정찰기와의 충돌사건과 2009년 임페커블(Impeccable)호를 포함한 미 해군 감시정에 대한 중국의 도발)이다. 중국은 동남아시아 국가들이 부여한 권한하에서 이용 가능한 천연자원을 탐사하려는 선박에 대해 힘이나 위협을 사용하고 있으며, 겉으로 보기에 과장되고 허구인 듯한(그러나 어떤 이들은 그럴듯하다고 주장한) 한 보고서에 따르면, 중국 선박이 인도 해군 함정이 부적절하게 중국 영해에 들어갔다고 경고한 바 있다.[5]

남중국해 문제들에 대한 중국의 단호하고 공세적 태도는 지난 몇 년간 강해졌다가 약해지기를 반복하고 있다. 몇몇 군사적 충돌 혹은 대치의 순간과 긴장감은 자국의 주장을 밀어붙이거나 경쟁국의 주장을 무시하려는 중국의 힘을 보여준다. 이외의 다른 시기에는 중국의 인내와 협력이 두드러지게 나타났다. 여기에는 2002년 중국과 동남아시아 국가연합(ASEAN)이 (남중국해 행동강령을 창출할 목적으로) 체결한 남중국해 이해당사국 행동 선언과 중국이 동남아시아 국가들이나 그 주변 국가에게 널리 펼쳤던 '매력공세'가 포함된다. 중국은 몇 년 전부터 시작된 현저한 하락세 이후, 최근 2010~2011년에 가장 최저점(low point)에 도달했다.[6] 공식적인 중국의 단호한 입장과 행동은 최근 몇 년간 (임페커블호 사건과 석유 시추와 관련된 베트남

••••••••••••••

5 "Beijing Flexes Muscles with South China Sea Challenge to Indian Ship," *Financial Times*, (2011.9.2); James R. Holmes, "India Looking East," The Diplomat, (2011.9.20); Venky Vembu, "China-India Tensions Now Spill Over into Highs Seas," *First Post*, (2011.9.1).

6 M. Taylor Fravel, "China's Strategy in the South China Sea," *Contemporary Southeast Asia*, Vol. 33, No. 3 (December 2011), pp.292-319; Kathrin Hille, "China Warns Neighbors over U.S. Backing," *Financial Times*, (2011.9.28); Edward Wong, "Beijing Warns U.S. about South China Sea Disputes," *New York Times*, (2011.7.21).

에 대한 중국의 압박 등과) 관련된 문제들에 대해 충분히 경고의 대상이 되어왔으며, 이처럼 악화된 분위기 속에서 비평가들은 보다 의문스럽고 급진적인 문헌들을 중국의 불안한 태도에 대한 증거로 제시하고 있다. 여기에는 악명 높은 국가주의적 성격을 지닌 Global Times에 대한 군사행위 요청, 미국 국무장관 힐러리 클린턴과 남중국해는 중국의 '핵심 이익'(일반적으로 중국이 힘으로 방어할 이익이라는 의미로 이해됨)에 속한다고 언급한 중국의 국무위원, 다이빙궈(戴秉國)간 논쟁 등이 포함된다.[7]

2011년 말부터 2012년까지 중국은 다시 온건한 입장을 취하며, 불안정한 행동(다른 국가의 어선과 탄화수소 시추선박 및 미해군 함정에 대해 취했던 적대적 행위)을 지양하고, ASEAN과의 행동강령을 도출하기로 했던 약속 이행에 대한 합의와 공동 발전을 추구할 때 영토분쟁은 제외한다는 원칙을 부활시키고 국제법 존중 등을 언급하였다.[8]

하지만 2012년 중반에는 또 다른 전환점에 도달했다. 중국과 필리핀이 서로 심각하게 대치하며, 중국이 황옌다오(黃巖島)라고 일컫는 분쟁 중인 지역에 군함을 파견했던 것이다. 중국과 베트남 모두가 영유권을 주장하는 섬으로 중국은 군대를 파견했으며, 분쟁 지역과 그곳의 소수 거주민들을 '통치하기 위해' 국가 기관을 공식적으로 설립하고 인력을 배치했다. 국가주의적 중국 언론에 호전적인 기사가 다시 등장했고 중국 관영방송은 중국의 '핵심 이익' 측면에서 남중국해 문제를 언급했다. 중국의 노력 덕분에 교착 상태로 막을 내린 ASEAN 회의는 남중국해 문제에 관해 심지어 기대했던 온건한 공동성명조차 도출하는 데 실패하였고, 장기적인 행동강령으로 진전시키지 못했다. 또한, 미국과 중국은 미국의 평화, 안정, 항해의 자유에 관한 미국의 반복되는 선언과 그 지역 내에서의 국제법에 대한 존중으로

· · · · · · · · · · · · · ·

7 Long Tao, "A Good Time to Take Military Action in the South China Sea," *Global Times*, (2011.9.28); Ye Hailin, "Clear Red Line is Needed in South China Sea," *China-US Focus*, (2011.7.22); Edward Wong, "Chinese Military Seeks to Extend its Naval Power," *New York Times*, (2010.4.24); Michael D. Swaine, "China's Assertive Behavior, Part One: On 'Core Interests'," *China Leadership Monitor*, No. 34 (Winter 2011).

8 M. Taylor Fravel, "All Quiet in the South China Sea," *Foreign Affairs*, (2012.3.22); Edward Wong, "Beijing Flexes Muscles with South China Sea Challenge to Indian Ship," *Financial Times*, (2011.9.2); James R. Holmes, "India Looking East," *The Diplomat*, (2011.9.20); Venky Vembu, "China-India Tensions Now Spill Over into Highs Seas," *First Post*, (2011.9.1).

인해 서로 충돌했다.[9] 이전에 국제위기 감시기구는 "주요 분쟁의 전망이 여전히 좋지 못하며, 모든 것이 잘못된 방향으로 나아가고 있고, 이를 해결할 가능성 또한 감소하고 있다"고 경고한 바 있다.[10]

이러한 중국의 입장 및 행동의 급격한 변화는 중국의 남중국해 해결 및 국제관계 처리 방식 분석가들에게 호기심과 의문을 가득 안겨준다. 특히, 남중국해 문제의 지속적인 중요성 및 단기적 흐름의 방향에 관해 많은 견해 대립이 존재한다.[11] 이는 아마도 중국의 입장과 행동의 다양성 및 가변성, 중국의 계산과 선택에 미치는 다른 국가의 주장과 행동의 영향, 중국의 남중국해 정책과 그 밖의 다른 중국 외교정책 고려할 사항들 간의 상호작용을 감안할 때 놀라운 일이 아니다.

이러한 행동과 수사의 변화 속에서 남중국해와 관련된 중국의 법적 주장에 대한 세 가지 견해는 비교적 꾸준히 지속되어왔다. (각 견해의 상대적 중요성은 다소 달라지는 경향이 있긴 하다.)[12] 이러한 견해들을 개별적으로 구별하고 이에 따라 다양한 사실을 확인하고 강조하며, 다양한 국제법 원리를 재해석하거나 의문을 제기하고, 미국을 포함한 남중국해의 이해당사국들이 선호하는 법규범과 정치적 약속에 대해 다양한 이의를 제기한다.

••••••••••••••

9 "The True Story behind Huangyan Island Dispute in the South China Sea," *Xinhua*, (2012.5.9); "China Warns Philippines Island Dispute Can Have Grave Outcome," *Shanghai Daily*, (2012.5.11); Jane Perlez, "China Sends Troops to Disputed Islands," *New York Times*, (2012.7.23); Shi Chunyu, "Why Not Launch a 'Self-Defense' Counter-Attack War for the South China Sea?" *Ta Kung Pao* (Hong Kong), (2012.6.2); Hua Yiwen, "The U.S. Cannot Afford to Make Waves in the South China Sea," *People's Daily* (overseas edition), (2012.8.6); Jane Perlez, "Disputes over Sea Paralyze Asia Forum," *International Herald Tribune*, (2012.7.13); "Hillary Clinton Presses Beijing on South China Sea," Associated Press, (2012.7.12); "U.S. Intervention Not Conducive to Asia-Pacific Stability," *Xinhua*, (2012.7.14).

10 International Crisis Group, *Stirring Up the South China Sea* (II), (July 24, 2012), p. ii; 역자견해, International Crisis Group, *Stirring Up the South China Sea* (I), (April 23, 2012); Jane Perlez, "Nations at Impasse over South China Sea, Group Warns," *New York Times*, (2012.7.24).

11 Scott Marciel, Deputy Assistant Secretary of State, *Hearing Before the Senate Subcommittee on East Asian and Pacific Affairs*, (2009.7.15), p.5; Peter Dutton, "Three Disputes and Three Objectives," *Naval War College Review*, (Autumn 2011), pp.42-67, 53-55; Michael D. Swaine and M. Taylor Fravel, "China's Assertive Behavior-Part Two: The Maritime Periphery," *China Leadership Monitor*, No. 25 (2011); M. Taylor Fravel, *Strong Borders Secure Nation: Cooperation and Conflict in China's Border Disputes*, (Princeton, N.J.: Princeton University Press, 2008), ch. 6; Allen Carlson, *Unifying China, Integrating with the World: The Chinese Approach to Sovereignty During the Reform Era*, (Palo Alto, Cal.: Stanford University Press, 2005), ch.3.

(1) 중국 내해: 해양 주권 선언

중국의 법적 주장 중 남중국해 문제는 지정학적으로 가장 넓고, 어떤 측면에서는 가장 급진적이다. 이는 이 지역 대부분의 해역이 실제로는 중국의 내해, 즉 영해의 일부로서 중국이 이 지역에 대해 완전한 혹은 거의 완전한 주권을 행사한다는 것이다. 이러한 주장을 뒷받침하기 위해 중국은 자국 지도에 소의 혀 모양의 해역을 둘러싼 U자형으로서 남중국해를 9개의 점선(9-dash line)으로 표시하고 있다. 이 9개의 점선은 중국 남동부 해안에서 시작하여 다른 남중국해의 영유권을 주장하는 국가들의 해안까지의 모든 해역을 포괄하고 있다.

9개의 점선은 인민공화국 설립 이전부터 존재해왔으며, 공식적으로 1947년(국내보고서에 처음 등장하고 10년 이상이 지난 후)에 11개의 점선(11-dash line)이 지도에서 채택되었다. 이는 (1930년대에 부분적으로는 프랑스의 침략과 일본의 침략에 대응하여)[13] 남중국해에서 중국의 영유권 주장을 뒷받침할 근거를 만들고자 하는 민국 후기 시대의 지도 제작 노력의 산물이었다. 중국-베트남 국경지역에서 가장 가까운 두 개의 점선은 인민공화국 시대 초기에 없어졌고(저우언라이(周恩來)의 비준), 그 지역 내 한 개의 섬에 대한 베트남의 주권을 인정하고, 통킹만(중국이 해결했던 해양 경계선 분쟁)[14]에서 두 국가 간의 해양 경계선을 획정하자는 베트남과 중국 간의 합의에 의해 역사의 '잿더미' 속에 깊이 묻히게 되었다. 9개의 점선은 여전히 중국 지도 및 남중국해에서 중국의 권리와 영유권 주장과 관련하여 국내외 비평가들 사이에서 논란이 되고 있다. 중국은 (말레이시아와 베트남이 제시한 주장에 대응하여) 대륙붕에 관한 주장을 관철시키기 위해 2009년 UN해양법협약(UNCLOS)에 제출할 당시, (명확한

....

12 여기에서 논의하는 세 가지 유형의 법적 주장은 몇 가지 가능한 범주들 중 하나이다. Peter Dutton, "Through a Chinese Lens," *Proceedings* (U.S. Naval Institute), (April 2010), pp.24-29 (identifying four bases of legal claims in Chinese analyses); Peter Dutton, "Three Disputes and Three Objectives: China and the South China Sea," *Naval War College Review*, (Autumn, 2011), pp.42-67 Wu Shicun, Origins and Development of the Spratlys Dispute, (Beijing: China Economy Press, 2010), pp.32-39.

13 Li Jinming and Li Dexia, "The Dotted Line on the Chinese Map of the South China Sea," *Ocean Development and International Law* Vol. 34 (2003), pp.287- 295; Zou Keyuan, *Law of the Sea in East Asia*, (New York: Routledge, 2005), ch. 3.

14 Zou Keyuan, "The Sino-Vietnamese Agreement on Maritime Boundary Delimitation in the Gulf of Tonkin," *Ocean Development and International Law*, Vol. 36 (2005), pp.13-24.

설명없이) 지도를 여기에 포함시켰던 것이다.[15]

물론, 중국의 공식적 문헌들은 9개의 점선 내에 있는 모든 영역(해양 자체가 아님)이 중국의 영토주권의 일부이며, 인접한 영해에 대해 중국의 확대된 관할권의 근거를 제공한다는 다소 온건한 주장과 연계하여 이를 설명하고 있다. 그러나 그렇다고 해서 9개의 점선으로 둘러싸인 해양에 관한 영유권을 중국이 결코 주장한 적이 없거나 명백하게 이를 포기했다는 의미는 아니다. 이러한 중국의 주장과 관련된 몇 가지 특징은 중국의 영유권 주장이 (적어도) 지속되고 있다는 점을 보여준다.

첫째, U자형 선 안에 존재하는 해역에 대해 중국이 자국의 권리를 규정했을 때, 이러한 주장이 '해양을 기반'으로 한 것인지 아니면 '육지를 기반'으로 한 것인지에 관해 다소 모호한 입장이었다. 2009년 중국은 유엔에 대해 형식적, 공식적 문서를 제출하면서, 중국은 남중국해의 섬들과 인접한 해양에 대해 명백한 주권을 지니고 있었으며, 영해는 물론 해저와 하층토에 대해서도 주권적 권리와 관할권을 가지고 있다고 주장하였다(9개의 점선이 포함된 첨부된 지도 참조).[16] 이러한 주장은 섬에 대한 주권만 천명하고, 즉, 영해에 대해서는 UN해양법협약이 주권적(혹은 동등한) 권리와, 광범위한 배타적 경제수역(EEZ) 내 자원들과 대륙붕과 관련하여 UN해양법협약이 (그곳에서의 여러 활동에 대한 관할권을 포함하여) 약화된 권한을 가지고 있다고 해석될 수 있다. 하지만 이러한 해석은 논의의 여지가 있다.

중국은 UN에 문서를 제출할 당시, 표준적인 국제법 범주에 속하지 않는 '인접한'과 '관련된'과 같은 불분명한 용어를 사용하였다. '해양주권' 주장을 배제하려면 대부분 관련 국제법과 가장 일치하는 방식으로 (실현 가능하지만 불분명한) 용어를 구성해야 하며, 이러한 용어에 대해 중국은 다른 문헌에서도 여러 가지 중요한 측면을 언급하고 있다.[17] 중국이 UN에 문서를 제출할 당시 사용한 용어는 1998년 '배타적 경제수역 및 대륙붕에 관한 법' 조항에 의거하며, 이는 일반적으로 UN해

• • • • • • • • • • • • • •

15 People's Republic of China, Preliminary Information Indicative of the Outer Limits of the Continental Shelf Beyond 200 Nautical Miles of the People's Republic of China, (May 11, 2009); see also, People's Republic of China, Note Verbale to the Secretary-General of the United Nations with regard to the Republic of Philippines' Note Verbale No.000228, CML/8/2011, (April 14, 2011).

16 PRC Note Verbale to UN May 7, 2009; cf. PRC Note Verbale to UN, (April 14, 2011).

양법협약에 중국법을 일치시키기 위한 것으로 여겨진다. 그러나 이와 동일한 법률은 '역사적 권한'과 관련하여 유의미한 경고를 채택하고 있으며, 그러한 역사적 권한은 9개의 점선 내에 있는 (단지 섬뿐만이 아닌) 지역에 대한 중국의 영유권 주장의 주요 근거로 사용된다.[18]

중국의 몇 가지 비공식적인 문헌에 따르면, 적어도 '주권'을 주장하는 논쟁을 일으킨다는 측면에서 중국의 권리를 특정 짓고 있다. 중국의 여러 안보 분석가들은 9개의 점선에 의해 둘러싸인 해역을 '중국 관할권하의 영역'이라고 주장하였다.[19] 원로 학자이자 전직 장관이며, 중국 관영 방송의 한 논평가는 남중국해의 U자형 수역(과 기타 해양수역)을 포함한 방대한 영역을 중국 영토의 일부분으로서 중국이 '소유한' 것으로 간주하였다.[20]

UN해양법협약 이전의 국제법 측면에서 고려해볼 때, 9개의 점선이 지닌 지리적 특징은 중국의 주권이 단지 영해 위의 영역에 국한되지 않는다는 점을 제시하고 있다. 9개의 점선은 일반적으로 영유권을 주장하는 경쟁국가들의 해안에서 멀리 떨어진 200m의 등심선을 기준으로 한다. 미국의 트루먼 선언(1945)과 대륙붕에 관한 협약(이는 1958년부터 UN해양법협약이 1994년 발효할 때까지 관련된 국제법규범의 핵심요소였다)에서는 해양 국가들의 대륙붕의 한계에 관한 규칙으로써 20cm 등심선을 공식적으로 채택하였다.[21] 이 같은 법적·지형학적 특징을 지닌 U-자형 선은 (UN해양법협약 이전 체제하에서) 중국이 경쟁 국가의 대륙붕의 외측 한계선을 넘어 모든 것을 요구했다는 점을 암시하며, 이로 인해 중국이 주장하는 지형에 대한 영유

17 Michael D. Swaine and M. Taylor Fravel, "China's Assertive Behavior, Part Two: The Maritime Periphery," *China Leadership Monitor*, No. 35 (Summer 2011); Erik Franckx, "America and Chinese Views on Navigational Rights of Warships," *Chinese Journal of International Law*, Vol. 10, No. 1 (March 2011), pp.187-206, 196-197. (협소한 관점의 경우, Swaine과 Fravel의 "중국의 단호한 행위", 광범위한 관점의 경우 Erik Franckx의 "군함의 통항권에 대한 미국과 중국의 관점" 참조)

18 PRC Law on the EEZ and Continental Shelf, arts. 1,3.

19 Wang Shumei, Shi Jianzhu and Xu Mingshun, "Carry Out the Historic Mission of the Army and Establish the Scientific Concepts of Sea Rights," *China Military Science*, (February 1, 2007).

20 Peng Guangqian, "China's Maritime Rights and Interests" in Military Activities in the EEZ: A U.S.-China Dialogue ed., Peter Dutton, Newport, RI: *U.S. Naval War College*, (2010), pp.15-22.

21 Zou Keyuan, "China and Maritime Boundary Delimitation: Past, Present and Future," in Ramses Amer and Zou Keyuan, eds., *Conflict Management and Dispute Settlement in East Asia*, (Burlington, Vt.: Ashgate, 2011), pp.150-169.

권이 쉽게 도출되지 않는다.

둘째, 남중국해에 대한 중국의 영유권 주장은 비록 잠재적으로 9개의 점선에 대한 '육지를 기반'으로 한 해석 및 '해양을 기반'으로 한 해석 양쪽과 관련되어 있지만, 일반적으로 '해양을 기반'으로 한 역사적 해석에 기원을 두고 있다. 중국의 1998년 '배타적 경제수역 및 대륙붕에 관한 법'은 UN해양법협약 이행에 관한 법률이 중국의 '역사적 권리'(歷史性權利)에 '영향을 미치지 말아야 한다'(不影響)는 점을 분명하게 드러내고 있다.[22] 이 조항은 지형이 아닌 영해에 대한 권리를 주장하고 있다. UN해양법협약은 영해 및 대륙붕의 한계를 규정하고 있다. 이러한 지형에 대한 영유권은 해양수역 및 대륙붕의 범위 설정에 대해 UN해양법협약 규범 자체가 아닌 UN해양법협약 밖의 국제법 규범을 적용함으로써 결정될 것이다. 중국이 UN해양법협약에 따라 가장 명백하게 합의할 수 있었던 '역사적 권리'는 육지 자체가 아닌 육지에 인접한 영해 및 대륙붕에 관한 권리인 것이다.

UN해양법협약은 역사적으로 국가들이 일반적으로 UN해양법협약 규범하에서 대상의 물리적 범위를 넘어 지배권을 행사하는 특정 영해와 관련된 연안국의 권리라는 개념을 수용한다. 요컨대, UN해양법협약은 '역사적'으로 군도로 간주되는 섬들로 구성된 폐쇄된 해역인 '역사적인 만'에 대해서는 직선기선제도가 적용되지 않는다고 보나, 해안선이 깊게 굴곡이 지거나 잘려들어간 지역 또는 해안을 따라 아주 가까이 섬이 흩어져 있는 지역(지리적 및 역사적 이유로)에서는 영해기선을 설정함에 있어서 직선기선을 사용할 수 있다고 본다. 그리고, 일반적인 해양법하에서 다른 국가에 속하지만 '역사적 권원'으로 영해의 범위의 확대를 요구하는 지역 등을 본질적인 주권 수역에 포함시킨다는 것이다.[23]

UN해양법협약과 해양법이 일반적으로 역사에 대해 상대적으로 불명확하고 제

....

22 Zou Keyuan, "China and Maritime Boundary Delimitation: Past, Present and Future," in Ramses Amer and Zou Keyuan, eds., *Conflict Management and Dispute Settlement in East Asia*, (Burlington, Vt.: Ashgate, 2011), pp.161-162; Yann-huei Song and Zou Keyuan, "Maritime Legislation of Mainland China and Taiwan: Developments, Comparison, Implications, and Potential Challenges for the United States," *Ocean Development and International Law*, Vol. 31, Issue 4 (2000), pp.303-345.
23 UN해양법협약 제7조, 제10조(6), 제15조, 제46조(b), 제47조.

한적 존중을 보이는 상황에서 중국의 문헌들은 보다 광범위한 해석을 내놓는다. 이들은 주로 9개의 점선 안에 있는 해역 내의 역사적 수역, 역사적 권리, 그리고 역사적 권원과 관련된 원리들을 언급한다.[24] 관영방송에서 한 전통적 학자는 '역사적 권원'과 '기타 특수한 상황'을 규정한 UN해양법협약 조항이 남중국해에서 영해 범위의 한계에 대한 일반 규정을 배제하는 근거로 작용한다고 보았다.[25] 중국의 법률에 따라 중국의 분석가들은 주로 UN해양법협약이 영유권 분쟁에 대한 법률 전체와 UN해양법협약 이전의 역사적 근거를 제공한다는 점을 부인하고, 역사를 지지하는 주장을 펼칠 여지가 더 많은 초기 국제관습법의 원리에 주목한다.[26] 몇몇 중국의 주장들은 구체적으로 '역사적 해역'에 대해 전통적, 관습적인 법적 기준을 언급한다. 이런 주장들은 개방적이고 장기적이며, 다른 국가의 주장에 대해 배타적이지만 널리 수용된다.[27]

남중국해에 대한 중국의 영유권 주장을 지지하는 중국 문헌들에서 나타나는 역사에 대한 광범위한 주장들은 '해양 기반'을 근거로 하고 있다. (학자들의 주장에 의해 보완된) 중국의 공식적인 문헌들은 중국이 남중국해를 오랫동안 지배해온 역사(비록 지배 정도는 달랐지만)에 주목한다. 그들은 적어도 한(漢)까지 거슬러 올라가서 해양 영역(그 안에 있는 섬도 포함)에 대해 중국인의 지식이 담긴 기록들을 지적하고 있다. 이들 학자들은 아주 이전부터 그곳에서 어업을 하던 중국인들에 대한 고고학적 증거를 인용한다. 또한, 이들은 수 세기 동안 유명했던 명(明)나라 장군 정화(鄭和)를 포함하여 이루어졌던 중국의 해상 항해와 탐험, 그리고 후기 중국 왕조가, 특히 원(元)부터 청(淸)까지 정부가 해양 영역에 대해 확실한 통제 및 구체적 규제

••••••••••••••

24 Li Jinming and Li Dexia, "The Dotted Line On the Chinese Map of the South China Sea:A Note," *Ocean Development and International Law*, Vol. 34 (2003), pp.290-293; Zou Keyuan, "South China Sea Studies in China: Achievements, Constraints and Prospects," *Singapore Yearbook of International Law*, Vol. 11 (2007), pp.85-98.

25 Li guoqiang, "Claim over Islands Legitimate," *China Daily*, (2011.7.22).

26 Zhang Haiwen, "Indisputable Sovereignty," *Beijing Review*, (2011.6.7).

27 Case Concerning the Continental Shelf (Tunisia/Libyan Arab Jamahiriya), International Court of Justice (1982); Alex G. Oude Elferink, "The Islands in the South China Sea," *Ocean Development and International Law*, Vol. 32 (2001), pp.169-190; Li Jinming and Li Dexia, "The Dotted Line On the Chinese Map of the South China Sea:A Note," *Ocean Development and International Law*, Vol. 34 (2003), pp.291-293.

를 해왔다고 주장한다.[28] 물론, 이러한 것들은 그 지역 내 섬들에 대한 중국의 발견 및 통제에 대한 확신과 상호 연관되어 있으며, 9개의 점선에 대한 '육지 기반' 주장의 핵심적 토대이지만, 해양에 대한 역사적 주권 주장들은 여전히 서로 분리되어 있고, 개념적으로 명확하여 해양에 대한 영유권 주장의 토대를 제시하고 있다.

또한, 중국의 문헌들은 섬에 대한 영유권 주장과 별개로 해양에 대한 영유권 주장을 명확히 다룬 보다 더 근대적인 외교사를 강조하고 있다. 예를 들어, 인도차이나와 가까운 자오선의 동부 지역에 대한 중국의 권한을 인정한 청(淸)과 프랑스 간에 체결된 1887년 조약이 있다.[29] 이러한 문헌에는 19세기부터 제2차 세계대전까지 독일, 프랑스, 일본의 그 지역에 대한 침략은 물론 주로 1970년대 초부터 중국의 동남아시아 이웃 국가들에 의해 이루어진 그 지역에 대한 영유권 주장 및 침략 (이는 섬 기반의 영유권 주장에 국한되지 않음)에 대한 중국의 저항과 반대 입장이 기록되어 있다. 만일 해양 자체의 권리 측면에서 정의할 경우, 남중국해에 대한 중국의 권리는 일본이 '불법적으로' 점령했던 모든 지역에 대해 전후 평화 정착이 복원되었다는 중국 주장을 뒷받침한다. 만일 9개의 점선 내에 있는 해역이 전쟁이 발생하기 전에 실제로 중국의 소유였다면, 아마 중국으로 반환되었을 것이다.

마지막으로, 아마도 가장 중요한 점은 중국이 그 해양에 대한 영유권을 실제로 주장하지 않았고, 중국이 영해에 대해 완전한 주권 혹은 권리를 보유한 해양의 경계를 확장하는 9개의 점선에 대해 '해양 기반'의 해석을 고수하지 않았다는 점을 명백하게 언급하지 않았다는 것이다. 미국, 중국을 경계하는 주변 국가, 그리고 중국 내 저명한 학자들은 중국이 이러한 유형의 주장을 한다고 결론을 내렸거나 적어도 확신하고 있다.[30] 이외에 보다 일반적인 혹은 저널리즘적 해석들은 주로, 중국에 대해 '해양 기반'의 입장을 귀속시킨다. 보다 중요한 점은, 중국의 관영 대변인과 준관영 방송도 의도하지 않게 같은 입장을 표명한다는 것이며, 공격적인 입

28 섬에 대한 영유권의 역사적 권원 주장과 관련하여 아래 문헌들을 참고.

29 이러한 이중언어로 된 협정은 단지 섬을 중국에 할양하려는 것인지 아니면 해양경계선을 정하려 했는지에 대해서는 논란이 존재한다.(Zou Keyuan, Law of the Sea in East Asia, (New York: Routledge, 2005), pp.74-78.

장을 지닌 중국학자들은 이를 훨씬 더 분명하게 언급한다.[31] 중국의 다양한 네티즌들도 국가주의 측면에서 중국의 영유권 주장에 대한 이러한 해석을 공유하고 있다.[32] 1993년 중화민국(대만)의 법은 또 다른 복잡한 특징을 추가했다. 즉, 중화인민공화국의 법 이상으로 이처럼 (중국의 관점에서) 권위가 없는 중국의 법은 '해양' 기반의 영유권 주장을 지지하는 것처럼 보인다.[33] 미국의 여러 분석가들을 포함한 보다 포괄적인 입장의 분석가들은 중국의 입장이 불확실하거나 매우 불분명하다는 점을 비판한다.[34]

중국 및 미국의 학자, 정책 분석가들을 포함한 수많은 학자들은 그러한 주장을

30 Statement of Robert Scher, Deputy Assistant Secretary of Defense, Hearing Before the Senate Subcommittee on East Asian and Pacific Affairs, (July 15, 2009), p.9,11; Statement of Dan Blumenthal, Hearing Before the Senate Subcommittee on East Asian and Pacific Affairs,(July 15, 2009), p.32; Zou Keyuan, "China and Maritime Boundary Delimitation: Past, Present and Future," in Ramses Amer and Zou Keyuan, eds., *Conflict Management and Dispute Settlement in East Asia*, (Burlington, Vt.: Ashgate, 2011), p.161.

31 "Handle Disputes Properly," China Daily, (2011.9.2); Pan Shiying, The Petropolitics of the Nansha Islands-China's Indisputable Legal Case, Hong Kong: Economic Information Agency, (1996).

32 Ours Before, Still Today, More So in the Future: Who is Claiming the Whole South China Sea…and Why?, (March 8, 2012), http://southseaconversations.wordpress.com/2012/03/08/china-claimsthe-whole-south-china-sea/

33 Nien-tsu Alfred Hu, "South China Sea: Troubled Waters or a Sea of Opportunity?" *Ocean Development and International Law*, Vol.41 (2010), pp.203-213; Yann-Huei Song and Zou Keyuan, "Maritime Legislation of Mainland China and Taiwan: Developments, Comparison, Implications, and Potential Chellenges for the United States," *Ocean Development and International Law*, Vol.31 (2010), pp.303-345.; Kuan- Hsiung Wang, "The ROC's Maritime Claims and Practices with Special Reference to the South China Sea," *Ocean Development and International Law*, Vol.41(2010), pp.237-252; Zou Keyuan, Law of the Sea in East Asia: Issues and prospects, (Routledge, Taylor & Francis Group, London & New York, 2005), pp.50-52.

34 "Clinton Statement on South China Sea," IIP Digital, (July 23, 2011), Marciel, Statement at Hearing Before the Senate Subcommittee, pp.8, 14; Dutton, "Through a Chinese Lens"; William J. Dobson and M.Taylor Fravel, "Red Herring Hegemon: China in the South China Sea," *Current History* (September 1997), pp.258-263; Erik Franckx, "American and Chinese Viewson Navigational Rights of Warships," *Chinese Journal of International Law*, Vol.10, Issue 1 (March 2011), pp.195-196; Liselotte Odgaard, Maritime Security between China and Southeast Asia, (Burlington, Vt.: Ashgate, 1988), p.90; Nien-tsu Alfred Hu, "South China Sea: Troubled Waters or a Sea of Opportunity?" *Ocean Development and International Law*, Vol.41 (2010); Jianming Shen, "China's Sovereignty over the South China Sea Islands: A Historical Perspective," *Chinese Journal of International Law*, Vol.1, No.1, (2002), pp.94-147; Yoichi Kato, "South China Sea Disputes: Harbinger of Regional Strategic Shift?" AJISS-Commentary, No.130, (September 2011); Carlyle A. Thayer, 'South China Sea: A Commons for China Only?' *Yale Global*, (July 7, 2011).

9개 점선 내 지형에 대한 영유권 주장으로 해석한다.[35] 그러나 중국이 '해양 기반'의 주장을 포기하거나 결코 이러한 입장을 견지한 적이 없다고 주장하는 학자들은 문제가 되는 중국의 문헌들로부터 비롯된 경합하는 자료에 의존해야 했다. 중국이 대부분 '육지에 기반한' 주장을 했다는 사실은 이러한 문제를 해결하지 못했다. 이는 단지 지형에 대한 영유권 주장과 인접한 해역에 대한 권리만 중국이 주장하는 것이 아니라 이미 중국이 하는 여러 주장 중 한 가지 유형에 속한다는 점을 나타내고 있다. 2009년 중국이 대륙붕과 관련하여 UN에 제출한 문서는 '해양 기반'의 영유권 주장에 대해 중국의 거부 또는 포기의사를 보여주기 위한 것이었다. 하지만 앞서 언급했듯이, 이러한 문서에는 확실한 결론이 담겨있지 못했다.

최근, 2012년 2월에 개최된 기자회견에서 나온 중국 외교부 대변인의 성명서에는 많은 내용이 담겨있었다. 당시 미국 태평양 함대 사령관, 윌리아드(Willard)는 중국이 '사실상 남중국해의 모든 해역'에 대한 영유권을 주장한다고 확신하였고, 이에 대해 중국 외교부 대변인, 홍레이(洪磊)는 "어떠한 국가도 남중국해 전체에 대한 영유권을 주장하지 못한다."라고 밝혔다.[36] 이러한 언쟁은 남중국해 문제를 명확하게 해결하는 데 기여하지 못했다. 물론 '모든'과, '사실상 모든'이란 용어가 반드시 같은 것은 아니며, 이러한 문제를 반영하지 못한 채 여기에 대응하는 경우가

....

35 Statement of Peter Dutton, Hearing Before the Senate Subcommittee on East Asian and Pacific Affairs (July 15, 2009), pp.17-21; Michael D. Swaine and M. Taylor Fravel, "China's Assertive Behavior-Part Two: The Maritime Periphery," *China Leadership Monitor*, Vol.35 (2011) p.1-29; Yann-huei Song and ZouKeyuan, "Maritime Legislation of Mainland China and Taiwan: Developments, Comparison, Implications, and Potential Challenges for the United States," *Ocean Development and International Law*, Vol.31, Issue 4 (2000), p.318; Robert Beckman, "Islands or Rocks? Evolving Dispute in South China Sea," *RSIS Commentaries* (May 10, 2011); Robert W. Smith, "Maritime Delimitation in the South China Sea: Potentiality and Challenges," *Ocean Development & International Law*, Vol.41, Issue 3, (2010), pp.224-225; Yann-huei Song and Zou Keyuan, "Maritime Legislation of Mainland China and Taiwan: Developments, Comparison, Implications, and Potential Challenges for the United States," *Ocean Development and International Law*, Vol.31, Issue 4 (2000)," pp.330-332(중국 및 해외학자들의 견해); Zou Keyuan, "South China Sea Studies in China: Achievements, Constraints and Prospects," *Singapore Yearbook of International Law*, Vol. 11 (2007), pp.85-98. (중국학자들의 주요 견해).

36 "Foreign Ministry Spokesperson Hong Lei's Regular Press Conference on February 29, 2012" http://www.fmprc.gov.cn/eng/xwfw/s2510/t910855.htm; M. Taylor Fravel, "Clarifying China's Claim?" *The Diplomat*, (2012. 3. 5), http://thediplomat.com/china-power/clarification-ofchina%E2%80%99s-claim/

많다. 법적·정치적으로도 중요한 문제이다. 게다가 9개의 점선 내 영역이 일반적으로 남중국해의 80%에 해당한다고 볼 때, 이는 '모든' 보다 '사실상 모든' 에 더 가까워 보인다. 이는 중국이 공식적으로 자국의 입장을 밝힐 기회를 얻지 못하고, 9개 점선 내 영역에 대한 영유권 주장이 단지 지형과 이로부터 비롯된 해양에 대한 권리에 관한 것임을 명확히 밝히지 못한 또 다른 경우를 나타낸다. 만일 중국이 실제로 어떠한 '해양 기반' 의 영유권 주장을 포기했다면, 지속되는 모호성과 의심에 대해 중국이 인내심을 가지고 발생한 혼란과 불확실성이라는 부담을 짊어지게 되며, 적어도 중국이 모순적이고 겉으로 보기에 공격적인 관점을 지니고 있다는 점을 뒷받침할 만한 가능성을 남기게 된다.

(2) 섬과 해양: 지형에 대한 '명백한 주권' 과 인접한 해역에 대한 권리

남중국해에 관해 중국의 가장 구체적이고 널리 알려진 주장은 9개의 점선 내의 육지 형성에 관한 영유권을 기초로 하고 있다. 국제관습법에서 구현되고, 국제적 정치 관행으로 받아들인 UN해양법협약에서 제시한 원리에 따라 섬에 대한 주권(그리고 정도가 덜한 지형)은 인근 수역에 대해 본질적으로 완전한 주권과 보다 멀리 떨어진 해양에 대해서는 더욱 제한된 관할권을 포함하여 인접한 해역과 관련된 중요한 권리를 발생시킨다.

여기서는 군도, 암초, 암석 그리고 추가적 육지 형성 등 네 가지 그룹이 주요 쟁점이 된다. 난사(南沙) 또는 남사군도, 시사(西沙) 또는 서사군도, 동사(東沙)군도 또는 프라타스(Pratas) 암초, 중사(中沙)군도 또는 메이클즈필드(Maccelesfield) 천퇴, 황옌(Huangyan)섬, 스카버러(Scarborough) 암초(주로 가장 가깝고 거대한 그룹에 속하는 중사(中沙)/메이클즈필드(Maccelesfield)에 감싸여 있다.) 비록 중국이 주장하는 범위는 더욱 넓어졌지만, 대부분 가장 거대한 두 군도, 즉(중국과 베트남이 영유권을 주장하는) 시사(西沙) 또는 서사군도 (중국 및 남중국해에 인접한 몇몇 다른 국가들이 영유권을 주장하는) 난사(南沙) 또는 남사군도에 많은 관심이 모아지고 있다. 2012년 중반에, 황옌섬에서 중국과 필리핀의 대립에 대한 관심이 급격하게 고조된 바 있다.

중국의 9개 점선의 '육지 기반' 주장은 이러한 지형과 그 중요성과 관련하여 복잡하고 논란의 여지가 많은 다양한 주장을 수반한다. 첫째, 중국은 자국이 점령하고 통제하는 14여 곳과 (대만을 포함하여) 분쟁의 다른 당사국들이 점령하거나 통제하는 48여 곳, (좀 더 불분명하지만) U-자형 선 안에 있는 다른 모든 지형에 대한 영유권을 주장한다. 중국의 관영방송과 국영언론들은 일부러 끈질기게 중국이 이러한 섬들과 그 밖의 지형들에 대해 '명백한' 주권을 지닌다고 강조하며, 중국이나 다른 영유권을 주장하는 국가들의 행위로 인해 분쟁지역에서 관련 사건이나 위기가 발생될 경우 더욱 소란스러워진다.[37]

대부분은 해양법 질서에 대한 중국의 개입에 의해 발생하는 국내법 및 국제기구들에 대한 선언과 같이 보다 공식적인 문헌들은 남중국해 내 지형들이 중국의 영토주권에 속한다는 점을 반복적으로 선언해왔다. (일반적으로 해양법과 같이) UN해양법협약은 영토주권 문제를 다루지 않으며, 오히려 육지에 인접한 해역에 대한 UN해양법 규범은 영유권을 주장하는 국가들로 하여금 이러한 문제를 다룰 기회를 제공한다. 요컨대, 중국의 영해선언(1958)에서는 네 개의 군도 모두가 중국의 영토에 속하며 (고대시대부터 중국의 영토에 속함), 중국 영해의 한계를 설정하기 위한 기선의 일부로 그 섬들을 이용했다고 규정하였다. 중국의 영해 및 접속수역법(1992)에서는 특히 네 개의 군도 전체 뿐만 아니라 '중국에 속하는 다른 섬들'에 대한 영유권도 주장했다.[38] 중국의 UN해양법협약의 비준 선언(1996)은 이러한 영유권 주장을 구체적으로 재확인하고 있다.[39] 이와 동시에, 중국은 자국의 영해(UN해양법협약에서는 영해의 법위를 12해리로 규정)가 9개의 점선 내 지형으로부터 파생된 기선으로부터 측정될 것이란 점을 강조했는데, 이는 그 지형들이 중국의 영토주권에 속하는 경우에만 허용된다. 중국의 배타적 경제 수역과 대륙붕에 관한 법(1998)은 중국이 주권을 보유하고 있다고 주장하는 지형을 둘러싼 해양에 대한 권리를 포함하여 UN해양법협약 이전의 권리까지도 유지하고 있다. 이 법은 UN해양법협약 이전 질

37 "China Reiterates Indisputable Sovereignty over Nansha and Xisha Islands," *Xinhua*, (1991.7.11); "China reiterates sovereignty over islands in South China Sea," *Xinhua*, (2009.2.3); "Philippines Should Face Facts, Not to Make Trouble: Chinese FM," *Xinhua*, (2012.7.12);《外交部發言人洪磊舉行例行記者會》, (2012.3.1), http://www.fmprc.gov.cn/eng/xwfw/s2510/t911393.htm(Xisha).

38 《中華人民共和國領土和毗連區法》(1992), 제2조.

39 中國關于批准《聯合國海洋法公約》的聲明(1996), http://www.un.org/Depts/los/convention_ agree ments/convention_declarations.htm#China Upon ratification.

서를 다룬 대륙붕에 관한 선언과 유사하다. 가장 최근의 대륙붕 영유권 주장에 대해 UN해양법협약과 관련하여 중국이 제출한 문서에는 중국이 9개의 점선 내 지형에 대해 '명백한 주권'을 지니고 있으며 인접한 해역에 대한 중국의 확대된 영유권 주장의 근거로서 여러 섬들에 의존하고 있다고 언급되었다.[40]

국제사회의 반대 및 남중국해 접경 지역에 있는 다른 국가들이 제기한 첨예하게 상충하는 주장과 관련하여 중국의 영유권 주장은 상대적으로 일관적이다. 영토 주권과 관련하여 전통적, 관습적 요인들, 예를 들어 9개의 점선 내의 난사(南沙)와 시사(西沙) 군도 그리고 그 밖의 지형들에 대한 불명백한 주권의 발견, 점령, 행사 측면에서 자국의 모순적 주장을 관철시키고자 한다.[41]

중국의 공식적 혹은 비공식적 문헌들은 몇 가지 유형의 발견을 예로 든다. 한(漢)왕조, 심지어 그 이전의 문헌 자료들은 남중국해 내에 있는 난사(南沙)와 시사(西沙) 군도와 그 밖의 섬들에 대한 중국의 인식을 보여주기 위해 제시되었다.[42] 고고학적 증거들은 중국이 그 섬들과 매우 초기에 접촉했음을 보여준다. 이후 수 세기 동안 당(唐), 송(宋), 원(元), 명(明), 청(淸) 왕조 기간 중 중국의 문헌들은 남중국해 내 지형에 대해 보다 상세한 기록과 해석을 제공하였다. 특히 중국의 문헌은 (중국과 동일한 과거를 지닌 대만을 제외하고) 영유권을 주장하는 다른 국가에 비해 수많은 역사와 문서화 작업을 기초로 하고 있다.

• • • • • • • • • • • • •

40 PRC Note Verbale to UN (May 7, 2009).

41 PRC Ministry of Foreign Affairs, The Issue of the South China Sea (June 2000) and PRC Ministry of Foreign Affairs, China's Sovereignty over the Xisha Islands and Nansha Islands is Indisputable (1980), 역자견해 Li Jinming, "Time to Review Law of the Sea," *China Daily*, 2011. 8. 30; "South China Sea: Controversies and Solutions: Interview with Liu Nanlai," *Beijing Review*, 2009. 6.4; Sun Xiaoying, "Legitimate Sovereignty," *Beijing Review*, 2010. 8. 12. 중국의 주장 검토하기 위한 역자 견해 : Liselotte Odgaard, Maritime Security between China and Southeast Asia, (Denmark: University of Aarhus, 2002), ch.3 ; Michael Bennett, "The People's Republic of China and the Use of International Law in the Spratly Islands Dispute," *Stanford Journal of International Law*, Vol. 28, No. 2 (Spring 1992), pp.425-450; Zou Keyuan, "South China Sea Studies in China: Achievements, Constraints and Prospects," *Singapore Yearbook of International Law*, Vol.11 (2007), pp.85-98; Jianming Shen, "International Law Rules and Historical Evidences Supporting China's Title to the South China Sea Islands," *Hastings International and Comparative Law Review*, Vol.21 (1997), pp.1-75.

42 공식적인 중국의 입장은 한(漢)왕조를 인용하고 있다. 일부 학자들, 특히 Shen은 봄과 가을 시기 그리고 아마도 그 이전에 발견된 과거의 발견 증거를 제시한다.

이러한 기초에 근거한 중국의 영유권 주장들은 '발견'이 영토주권의 증거가 되기에는 약하며, 일반적으로 오늘날의 국제법하에서 불충분한 것으로 간주된다는 문제에 직면한다. 이에 따라 중국의 문헌은 시제법의 원리로 전환해야 하며, 이러한 '시제법' 하에서는 의도된 권리가 발생할 때, 영유권 주장이 사실상 법적 기준에 의해 판단된다. 주장하건대, 적어도 18세기 그리고 아마도 20세기 초까지 (그리고 중국의 문헌들이 섬의 존재를 언급하고, 중국과 그 섬 간의 교류가 시작된 지 수백년 후) 발견은 적어도 무주지(terra nullius), 즉 어느 누구에게 속하지 않는 땅이고, 멀리 떨어져 있으며, 인간이 거주하지 않은 섬의 지위를 주장하기 위한 근거로서 원용되었다.

'시제법'에 대해 수용하더라도 (중국의 문헌들은 이를 매우 회의적으로 바라보고 있으며, 특히 식민지 팽창 세력들이 중국에게 영토의 할양과 양도를 강요했던 19세기에 체결되었던 조약들의 맥락에서) 그러하다. 이처럼 희박한 접촉의 이뤄진 불분명한 역사가 지금까지 이어지고 있다. 영유권에 대한 중국의 주장은 발견이 단지 좀 더 실질적인 연결고리로 이어져야 한다는 것이며, 발견이 불완전한 권원을 창출한다는 국제법의 주류 관점을 반영하고 있다.[43] 중국은 더 나아가 선점을 주장하면서 당시 중국인들이 그 섬에 거주했다고 본다.

선점의 관점에서 중국의 문헌들은 도자기 파편, 그리고 이후의 조개껍데기와 산호를 모은 기록, 그 밖에 중국 어민들이 그 섬에 종종 상륙해서 의도적으로 머무른 초기의 패턴을 보여주는 그 밖의 활동들을 가리킨다. 그것들은 지난 수 세기 동안의 중국 왕조의 역사, 특히 명(明)과 청(淸) 시대에 주로 어선으로, 때로는 항로 탐사와 순찰의 형태로 그 섬들 주변의 해양에 중국인이 자주 많이 출몰했다는 점을 근거로 들고 있다. 이렇듯, 공식적 중국 문헌들은 이러한 명(明)과 청(淸)의 시대에 중국인에 의해 섬을 발전시키는 노력이 행해져 왔다고 본다.

중국의 상대적으로 약한 선점은 오늘날까지 지속되어 왔다. 중국의 어선은 섬 주변의 해양을 지속적으로 지나다닌다. 장기적으로 섬에 거주하는 중국인들은 수

••••••••••••••

43 The Island of Palmas (Miangas), Permanent Court of Arbitration (1928); Legal Status of Eastern Greenland (Denmark v. Norway), Permanent Court of International Justice (1933); 역자 견해 Clipperton Island Arbitration (France v. Mexico), (1931); Western Sahara (Advisory Opinion), International Court of Justice (1975).

백 명에 이르렀다. 특히 좀 더 규모가 작고 멀리 떨어진 지형에는 그 지형에 대한 선점을 주장하기 위해 중국이 (가장 최근의 2012년 중반에) 파견했던 군부대도 있다. 양 측면에서 중국은 때때로 영유권을 요구하며, 역사적으로 약한 중국의 선점을 지지하는 주장에 반대하는 다른 국가들의 반발에 직면하기도 하였다.

요컨대, 중국의 주장 역시 국제법과 국제사회가 일반적으로 영유권 주장을 하기 위해 가장 중요한 요인으로 간주하는 것, 즉 9개의 점선 내 지형에 대한 주권(혹은 몇몇 중국의 문헌에서 제시하는 '관할권')행사를 다루고 있다. 여기에서 중국의 문헌은 (송(宋)까지 거슬러 올라가는) 해양 순찰과 탐사 및 (적어도 당(唐)까지 거슬러 올라가는 이런 시대부터 전해져 내려온 더욱 권위 있는) 공식적 영유권 주장을 언급하고 있다. 원(元) 시대에는(혹은 최근 명(明) 시대에는), 중국 당국은 의도적으로 난사(南沙), 시사(西沙) 또는 중사(中沙) (군도들을 포함하여) 남중국해 섬들을 중국 지방정부의 성과 현의 관할권하에 두었다. (일반적으로 하이난(海南) 섬은 충저우(瓊州)라고 일컬어지는 구에 포함되어 있다.) 이러한 관행은 민국 시대까지 지속되었다. 전형적인 중국 영토 지도에는 남중국해의 섬들이 점점 더 널리 그리고 분명하게 중국의 영토로 표시되고 있다.

중화인민공화국 시대에 이러한 관습은 확대되고 구체화되어 동사(東沙)를 제외한 (황옌섬을 포함하여) 모든 섬들은 광둥성(廣東省)의 관할하에 놓여 있었고, 이후 하이난(海南)이 1988년에 별도의 성이 된 후에는 하이난(海南)성의 관할하에 놓여 있게 되었다. 중국은 동사(東沙)가 대만의 관할하에 있다는 점을 인정하였으며, 이런 이유로 중국은 그곳을 중국의 지방 정부로 간주했다. 2012년 중국은 자국의 주장을 뒷받침하기 위해 또 다른 절차를 밟았다. 국제사회의 관심 속에 중국은 세 개의 군도를 새롭게 산샤(Sansha) 현으로 승격시켜 시사(西沙) 또는 서사군도에 있는 용싱(Yongxing)섬에 새롭게 선출된 지자체 의회와 시장 및 시정부를 두고, 이러한 시정부 및 도정부가 '중국의 주권을 수호하는 중요한 기지' 역할을 수행하도록 하였다.[44]

또한, 중국은 섬 영토주권이 미치는 인접 해역에 대한 정기적 감시를 주장하기

44 Zhou Wa, "China Establishes Sansha City," *Xinhua*, (2012.7.24); "Administrative Level Status of Islands Raised," *China Daily*, 2012. 6. 22.

위한 절차를 밟아왔다. 즉, 중국은 다양한 수준으로 그동안 다른 국가의 선박에 경고를 하거나 몰아내기 위해 해양 순찰이라는 중국의 오랜 전통을 지속해왔다. 중국은 어업을 감독하기 위한 지침을 만들고, 연안의 석유 시추 또는 개발을 승인해왔다. 그리고 중국은 영유권을 주장하는 경쟁 국가들이 유사한 행위를 할 경우 이러한 행위의 정당성을 부인, 저항 또는 거부해왔다.[45]

최근 수십년 간, 이 지역에서 주권을 행사하고, 영유권을 주장하는 다른 국가들을 반대하는 중국의 노력은 보다 구체적인 형태를 띠게 되었고, 이는 위기와 갈등을 야기하였다. 단지 선점하는 것 이상으로 구체적으로 관할권을 확대하거나 주권을 행사하는 일은 1970년대에 베트남이 점령한 섬들, 필리핀에서의 암초 경쟁 (특히 1980년대와 1990년대에 비유적으로 명명된 팡가니방 산호초(Mischief Reef), 융수자오(Fiery Cross Reef 암초들), 2012년에 새로 만들어진 산샤(Sansha) 지자체 내 섬들을 포함한 몇몇 지역에서 나타났는데, 이로 인해 중국이 군대를 파견하게 되었다. 그 섬들 중 남사군도 내 가장 큰 섬이자 대만군이 주둔하는 타이핑섬(Itu Aba; 太平島)은 대만정부가 중국 지방 정부의 권한을 행사한다는 중국의 공식적 입장에 비추어 볼 때, 중국의 영유권 주장에 대한 또 다른 근거를 제공하고 있다. (그러나 대만 정부에 대한 중국의 통제력 부족과 중국의 행위에 국제법적 권한을 마지못해 부여한 것을 고려해볼 때 이는 문제가 있다.) 이외에 중국보다 덜 노력하면서 영유권을 주장하는 경쟁 국가들은 때때로 중국의 저항에 부딪쳤다.

경우에 따라서 중국이 실질적으로 영유권 혹은 관할권 통제를 주장하거나 타국의 주장에 반대하는 노력들은 영토주권과 이로 인해 발생되는 권리의 측면에서 (적어도 묵시적으로 때로는 명시적으로) 방어하는 중국의 행위를 폭력적으로 전환시키기도 하였다. 중국 해군은 베트남 및 필리핀에 군사적으로 개입하였다. 최근 2012년 중반에는 해양에서 저강도 분쟁이 남중국해 섬 주변에서 자주 발생했다.

여전히 이 모든 것은 중국에 의한 영유권이나 관할권의 드문 행사에 속한다. 여기에서 중국의 영유권 주장은 국제법적 분석 과정의 주된 흐름 속에서 이득을 보며, 무엇이 충분한 행사로 간주될 수 있는지의 맥락에 따라 좌우된다. 그렇지

....

45 이러한 움직임들은 EEZ와 관련된 권리 측면에서 이번 장의 후반부에서 더 논의되고 있다.

않을 경우, 온건한 통제와 거버넌스는 보다 강한 규범이 필요하지 않은 인간이 거주하지 않거나 인구밀도가 낮은 지역에 대한 주권을 확립하기에 충분할 수 있다. 안타깝게도 중국 사례의 경우, 그러한 주장은 중국이 궁극적으로 남중국해에 대해 영유권을 주장할 수 있는 권리의 범위를 제약시킬 위험이 있다.[46] 중국의 제한된 주둔 및 통제를 기반으로 한 주장 역시 다른 남중국해 국가들의 활동에 관한 역사에 기인하여 국제법의 중요한 또 다른 맥락, 즉 영유권을 주장하는 국가의 주권 행사가 경쟁국가의 주권 행사를 초월하는지의 여부에 따라 제기되는 어려움에 직면한다.[47]

요컨대, 중국 측은 영토의 일부에 대한 다른 국가들의 경쟁적 권리 및 일부 영토에 대한 통제의 긴 역사가 중국의 영유권 주장을 왜 저해하지 못하는지를 설명하려고 한다. 중국의 문헌에서는 19세기 후반부터 제2차 세계대전 말까지 중국이 자국의 주권을 수호하기 위해 독일, 프랑스, 일본의 침략(착취부터 점령에 이르기까지)에 동시에 저항했다고 주장한다. 그 문헌들은 남중국해 섬들이 1930년대에 일본이 '불법으로' 점령한 영토의 일부였으며, 카이로와 포츠담 선언에서 제2차 세계대전이 종료되면 반환하기로 약속했다고 주장했다. 이는 1946년 중국 해군에 의한 남사군도 재점령 및 수복의식에 의해 상징화되고 아마도 부분적으로 발효되었다.

공식적인 중국의 문헌에 따르면, 1951년 샌프란시스코 강화조약(냉전시대 정치가 샌프란시스코 강화회담에서 중국을 배제시켰기 때문에 중국의 문헌들이 이 조약을 매우 조심스럽게 언급함)은 그 섬들에 대해 일본이 영유권 주장을 포기한다는 점을 확인하였다.[48] 샌프란시스코 회담 또한 당시 중국의 외무성이 동맹국인 소련과 연합하여 그 문제를 강조하고, 회담에서 '원래 중국의 영토였던' 서사군도 및 그 밖의 섬들에 대해 중국이 '명백한 권한'을 인식하도록 요청하고, 회담에서 배제된 중국의

---

46 여기에서 주요 이슈는 인간의 거주와 경제적 활동을 지지할 수 있는 섬의 능력에 대한 EEZ 권한의 의존성이며, 이 문제는 이번 장 후반부에서 충분히 다룰 것이다.

47 The Island of Palmas (Miangas), Permanent Court of Arbitration (1928); Legal Status of Eastern Greenland (Denmark v. Norway), Permanent Court of International Justice (1933).

48 Ministry of Foreign Affairs, "The Question of the South China Sea" 4.C; Ministry of Foreign Affairs, "China's Indisputable Sovereignty," pp. 2-3.

저우언라이(周恩來) 총리가 샌프란시스코에서 내린 어떤 결정도 중국의 네 개의 군도 전체에 대한 '불가침 주권'에 '영향을 미치지' 않도록 경고할 기회를 제공했다.[49] (대만의 1952년 조약은 남사군도와 서사군도 내 섬들이 일본이 샌프란시스코 강화조약 당시 영유권 주장을 포기한 지역이라는 점을 확정해줬지만, 중국 문헌들이 이 조약에 따르지 않은 이유는 당시 대만이 중국을 대표해서 국제적 합의를 이룰 어떠한 권한도 가지고 있지 않다고 보는 베이징의 관점 때문이다.)

보다 근본적인 중국의 주장은 이 섬들을 상실하거나 되찾은 것이 아니라 결코 포기한 적이 없다는 것이다. 저우언라이(周恩來)가 샌프란시스코 평화조약과 연계하여 주장해왔듯이, 네 개의 군도는 '언제나 중국의 영토였다.' 중국이 일단 (불충분하더라도) 초기 행동에 의해 이전에 소유하지 않았던 영역에 대해 주권을 확립하면, 이후 발생한 어떠한 사실도 이를 변경시키지 못했다.[50]

중국의 문헌은 다른 관련 국가들로 하여금 그 섬들에 대한 중국의 영유권을 인정하도록 강조하고 있다. 프랑스는 (승계국인 베트남을 비난하고) 19세기 말 청(清)과 체결한 조약에서 남중국해에 대한 중국의 주권을 인정했다. 북부 베트남(그리고 확대하여 전후 통일된 베트남)은 1958년 서사군도 섬 기반의 영해에 대한 중국의 주장을 받아들일 당시, 서사군도(그리고 확대된 중국의 해석에 따르면 기타 세 개의 섬들)에 대한 중국의 영유권을 공식적으로 인정했다.[51] 영유권을 주장하는 일부 동남아시아 국가들은 광범위한 화석연료의 발견으로 동남아 지역의 가치가 갑자기 높아졌던 1970년대 이전까지 그 섬들에 대한 중국의 오래된 영유권 주장에 '이의를 제기하

49 "Text of Gromyko's Statement on the Peace Treaty," *New York Times*, (1951.9.8); Ministry of Foreign Affairs, "China's Indisputable Sovereignty," pp.2-3; Jerome A. Cohen and Hungdah Chiu, *People's China and International Law*, (Cambridge, Mass. Harvard University Press, 1974), pp.344-345.

50 중국은 홍콩, 대만을 포함하여 그 밖의 '잃어버린' 영토에 관해서도 비슷한 주장을 한다. Jacques deLisle, "Sovereignty Resumed : China's Conception of Law for Hong Kong, and Its Implications for SAR and US-PRC. Relations," *Harvard Asia Quarterly*, (Summer 1998), pp.21-27; Jacques deLisle, "The Chinese Puzzle of Taiwan's Status," *Orbis*, Vol.44, No.1 (2000), pp.35-62.

51 중국은 이것이 당시 베트남 수상이었던 판반동(Phan Van dong)으로부터 당시 중국의 총리 저우언라이(周恩來)에게 전해진 외교 문서를 통해 이뤄졌다고 단언한다. 중국의 문헌들은 오늘날 베트남과의 분쟁을 다루는 과정에서 여전히 이러한 역사를 떠올리게 한다. "China Urges Consensus with Vietnam on South China Sea Issue," *Xinhua*, 2011.6.28.

지 않았다.' **52** 중국의 설명에 따르면, 그러한 동남아시아 국가들의 법적 행위와 묵인으로 인해 중국의 영유권 주장에 대해 이들 국가들에게 금반언을 적용할 수 있었던 것이다.

이러한 배경을 중국의 측면에서 고려해볼 때, 현재의 상황에서 변화된 것도 없고, 변화시킬 수 있었던 것도 없다. 중국은 (중국의 지속적인 반대에 직면했던) 1930년대 프랑스, 제2차 세계대전 기간의 일본, 1956년 의도적 발견 및 점령을 시작했던 필리핀, 1970년대 이래의 베트남, 그리고 보다 최근의 동남아시아 국가들의 해군력 사용에 직면하여 제한과 통제가 강화됨에도 불구하고, 온전한 주권을 향유하고 있다. 군사적 전초지 혹은 기타행위의 확립으로 인한 일정한 패턴에 따라 베트남은 중국보다 더 넓은 지역을 가지고, 필리핀과 말레이시아는 거의 비슷한 지역을 가졌으며, 대만은 남중국해에서 가장 큰 섬을 점령하였다.

둘째, 육지 기반의 9개의 점선 내의 지역에 대한 영유권 주장에 따르면, 제한된 지형에 대한 중국의 영유권을 인접한 해양까지 확대시킬 수 있다는 것이다. 비록 중국의 주장이 항상 일관적이고 명확하게 설명되지는 않지만, 중국의 영유권주장은 일반적으로 가장 널리 받아들여진다(혹은 그러한 경향이 있다). (해역을 측정하는 기준인) 기선들이 놓인 지점에는 남중국해 내 모든 중요한 지형이 포함되어 있다. 이러한 기선들은 '직선기선'을 확대하여 지형 위의 점들 사이에 놓여지며, 남사군도에 대해서는 '군도기선'이 적용된다(이는 군도의 가장 외측의 섬과 저조시에 수면 상에 있는 암석의 가장 외측의 점을 연결하여 측정한다). 동일한 기선으로부터 연장된 12해리의 영해(여기에 12해리가 연장된 접속수역)**53**, 동일한 기선으로부터 200해리 연장된 배타적 경제수역(EEZ), 대륙붕에 대해서는 200해리부터 시작하여 지정학적 조건에 따라 350해리까지의 해저에 대해 연안 국가들의 권한을 인정한다.

미국의 입장에 따르면, 9개의 점선 내 영역 중 총 300만 제곱킬로미터에 달하고 일반적인 해양법 원리가 적용되는 '내해'와 '영해'의 기선에 대한 중국의 입장 수

---

52 "China Opposes Attempts to Internationalize South China Sea Issue: Military," *Xinhua* June 14, 2011; "Chinese Experts Call for Talks on South China Sea Issue," *Xinhua*, 2011.6.24.
53 PRC Law on the Territorial Sea and the Contiguous Zone (1992), art. 2.

용은 중국에게 거의 완전한 주권적 권리를 제공하는 것이다.[54] 중국 공직자들과 관영 언론은 위와 동일하게 중국의 주권수역 혹은 영해 또는 해역 해양영토가 300만 제곱킬로미터를 포함하는 것으로 보았다.[55] 이와 유사하게, 군사분야를 다룬 중국 학술저널에서는 대략 그와 동일한 규모의 지역을 '중국의 관할권하에 있는 해역' 및 '중국의 국가주권 영역'으로 언급한다.[56] 중국의 9개의 점선 내 영역의 '육지 기반' 주장에 따르면, 영토 및 영해 또는 내해로 일컫는 영역은 '해양 기반' 주장에 의한 영역의 대부분을 포함한다.

또한, 중국의 주장들은 지리적 범위의 다른 측면에서도 논란의 소지가 많다. 남중국해에 대한 광범위한 육지 기반의 영유권 주장을 확립하기 위해서는 중국은 해역에 대한 권리를 생성하기에 충분한 지형으로 간주되는 매우 포괄적 개념에 의존해야 한다. UN해양법협약과 해양 관습법은 오직 만조 때 수면 위로 떠오르는 지형인 '섬들' 주변의 영해 12해리를 규정하고 있다. (UN해양법협약은 간조 때 수면 위로 떠올라 있다가 만조 때 잠기는 해수면 고도를 허용하며, 섬이나 보다 넓은 영역의 12해리 이내에 있는 경우 영해의 근거로서 이를 인정하고 있다.) 이러한 지역에 대한 중국의 확대된 주장은 부분적으로 이러한 소극적 기준조차 충족하지 못하는 지역에 의존하고 있다.[57]

UN해양법협약과 해양법은 일반적으로 인간의 거주와 경제 활동을 지원할 수 있는 섬들 주변의 200마일의 배타적 경제수역(EEZ)을 인정하고 있다. 남중국해에

•••••••••••••

54 U.S. Department of State, Bureau of Oceanic and International Environmental and Scientific Affairs, "Limits in the Seas No. 117 Straight Baseline Claim: China" (July 9, 1996); Michael Richardson, "U.S. Warns China on Sea Expansion," *New York Times*, 1996. 9.19.

55 徐光裕: 《追求合理的三維戰略邊疆》, 載《解放軍報》, 1987.4.3; Guillaume Klein, "Navy Driving China's Military Expansion," *Agence France Presse*, 2011. 9. 25; Zou Keyuan, *Law of the Sea in East Asia*, New York: Routledge, 2005, at 58(引自中國人民解放軍海軍司令員劉華淸); Liselotte Odgaard, Maritime Security, between China and Southeast Asia, (Burlington, Vt.: Ashgate, 1988), p.210; Li Jingyu, "China Must Protect its Maritime Resources," *China Daily*, 2011.8.20.

56 Wang Shumei, Shi Jianzhu and Xu Mingshun, "Carry Out the Historic Mission of the Army and Establish the Scientific Concepts of Sea Rights," *China Military Science*, 2005.2. 1.

57 많은 연구들이 이러한 이슈를 분석한다. 예를 들어, R.W. Smith, "Maritime Delimitation in the South China Sea" *Ocean Development and International Law* 41, pp.214-236 (2010). 중국의 영유권 주장은 동중국해 지역분쟁에서 일본에 의해 거부되었다. "China Dismisses Japan's Claim of Tiny Atoll in Pacific," *Xinhua*, 2010.1.19

서 이런 기준을 충족하고 있는 지형은 거의 존재하지 않는다. 따라서 이러한 지형에서 인간의 '활동'이란 중국(혹은 영유권을 주장하는 기타 국가들)이 그 영토에 대한 영유권 주장을 뒷받침하기 위해 인간을 거주시킨 것에 불과하며, '거주' 할 경우 일정한 외부의 식량, 식수, 연료 공급, 그리고 경우에 따라 만조 때 대비하여 수면 위의 거주 공간을 만들 수 있는 건축 재료가 필요하다. 요컨대, 중국은 거주와 경제 활동에 관해 매우 광범위한 개념을 주장한다. 이러한 개념은 중국의 영유권 주장이 부분적으로 의존하는 군도기선 규칙에도 적용된다. 주류적 견해에 따라 중국은 이것이 필리핀과 같은 군도국가 및 중국과 같은 해안 군도를 지닌 대륙 국가에 국한되지 않는다고 주장하고 있다. 다른 어떠한 기준보다도 '자연적 연장'을 지지하는 대륙붕 경계 설정에 관한 중국의 입장은 스스로 자국의 권리에 대해 확대된 해석을 한 것이다.

남중국해와 관련된 중국의 주장은 중첩되는 해역 간의 경계 설정에 대해 논쟁적인 입장을 반영한다. 관련 기선에 관한 중국의 입장은 EEZ와 대륙붕에 관한 영유권, 심지어 다른 국가들이 영유권을 주장하거나 해양과 광범위하게 중첩되는 영역까지 확장된 영해에 대한 영유권 주장을 포함한다. UN해양법협약과 중첩되는 해역의 배분과 관련된 국제법은 중국의 영유권 주장에 관한 문제를 야기시킨다. 이러한 법적 원칙들은 일부 중국의 영유권 주장에 문제가 될 소지가 있는 등거리 원칙을 요구하지 않지만 국가들 간에 협의된 합의를 요청하며, 합의가 이뤄지지 않으면 국제 분쟁 해결절차에 따르게 된다. (중국은 UN해양법협약 가입 당시 이 절차의 비구속력을 주장해왔다.) 그 사이에 최종 합의를 위태롭게 할 어떠한 조치도 취하지 않을 것이다. 이는 중첩된 영유권을 해결하도록 하는 규범을 통해 '형평한' 해결에 도달하는 것이며, 중국에게 보다 적은 해역을 가지게 한다. 특히, 중국이 주장하는 권리가 중국의 영유권 주장이 약하고 경합되는 좁은 지형을 근거로 하고, 경쟁 국가들의 영유권 주장이 그 국가들의 주권하에 놓여있는 것이 확실한 인접하고 있는 넓은 지형을 근거로 하는 경우에 더욱 그러하다.[58]

....

58 Alex G. Oude Elferink, "The Islands in the South China Sea," *Ocean Development and International Law*, Vol. 32 (2001), pp.178-182.

셋째, 중국의 9개 점선 내 영유권의 육지 기반 주장에서 중국은 개념적 또는 지리적 차원에서 남중국해 내 해역, 특히 EEZ에 대한 포괄적 권리를 선언한다. UN해양법협약 조항들과 그 조항들을 지지하는 국제관습법은 연안 국가들에게 EEZ 내에서 경제 활동, 해양환경에 위험을 주는 활동, 해양 과학 조사에 대한 관할권을 규정하고 있다.[59] 1999년 이래 중국은 다양한 남중국해 섬 주변의 해양에서 계절 어획 금지를 시행해왔다.[60] 중국의 해군 함정들은 베트남과 필리핀에서 온 어선들을 쫓아내거나 붙잡았다(이들 국가들은 중국 어선에 대해 같은 조치를 취했다). 중국은 다국적 기업에게 경쟁적인 수송로에서의 해양 에너지 개발 계약을 제안했으며, 이와 유사하게 (2007년에는 미국의 다국적 기업, 그리고 최근 인도의 파트너들과 협력하여 탐사와 개발을 해왔던) 베트남의 행위를 비난하고 종종 이를 방해하는 조치를 취했다.[61] 중국은 UN해양법협약의 EEZ 관련 조항들(은 물론 UN해양법협약의 영해 관련 조항들)에 포함되는 범위 내의 행위를 규제할 몇 가지 법을 채택해왔다.

남중국해에서 영유권을 주장하는 해역에서 자국의 권리를 행사하려는 중국의 노력 때문에 중국과 이해당사국들에 의한 과거의 권리 행사에서 비롯된 외교적 마찰과 대립이 확대되고 있다. 중국의 제 12차 5개년 계획에서는 전례가 없던 '해양 개발'을 강조하였다. 중국은 해양 감시, 순찰, 해역과 활동을 통제할 법을 집행하기 위한 자원을 증가시켜 왔다.[62] 어업과 석유 탐사 및 그 밖의 활동을 규제하기 위해 중국이 주장하는 권리에 관한 갈등이 일어나는 경우의 주요 논쟁은 경제, 환경, 연구조사 규제라고 하는 전통적인 UN해양법협약의 범위에 속하는 권리의 유형에 관한 것이 아니었다. 게다가 중국이 지니는 권리의 지리적 범위에 대한 마찰이 발

· · · · · · · · · · · · · ·

59 UN해양법협약 제56조.

60 "South China Sea Fishing Ban 'Indisputable' : Foreign Ministry Spokesman," *Xinhua*, June 9, 2009; "Fourth Fishing Ban on South China Sea to Begin," *Xinhua*, 2002.5.29.

61 "China Opposes Vietnam Oil, Gas Exploration in China's Jurisdictional Sea Area: FM Spokeswoman," *Xinhua*, 2011.5.28; "India's Entry into South China Sea Aimed at Countering China: Chinese Analysts," *Economic Times*, 2011.9.18, Liselotte Odgaard, Maritime Security between China and Southeast Asia, (Burlington, Vt.: Ashgate, 1988), pp.84-86.

62 "Maritime Forces of be Beefed Up amid Disputes," *China Daily*, 2011.6.17 (60% expansion from 2011 to 2015 in China's off-shore surveillance fleet and personnel); "China Starts Regular Patrols of South China Sea," *Xinhua*, 2010.4.25; "Chinese Fishery Administration Vessel Begins Patrol in South China Sea," 2009.3.17.

생해왔는데, 이는 (영유권을 주장하는 다른 국가들처럼) 중국의 행위들이 실질적으로 정책을 이행하기보다는 이를 현상유지하고자 하는 데에 중점을 두며, 이러한 중국(때로는 다른 이해당사국들)의 입장은 남중국해의 분쟁을 평화롭게 해결하고자 하는 국제법적 의무가 약화되었다는 사실을 반영한다.

중국은 영유권을 주장하는 EEZ(그리고 이보다 더 가까운 해양)와 관련하여 개념적 측면에서 논란이 되고 급진적으로 확대되는 그 밖의 권리들도 주장한다.[63] 남중국해에서 미 해군의 활동은 중국이 내세우는 주장의 주요 초점이 되어왔다. 중국이 보기에 EEZ에 대한 권리는 외국 군함과 항공기를 규제하고 심지어 이를 배제할 수 있는 확대된 권리이다. 중국의 문헌은 이러한 권리가 (UN해양법협약을 포함한) 해양법 하에 존재하며, 오늘날 중국의 배타적 경제 수역과 대륙붕에 관한 법 및 그 밖의 법에 구현되어 있다고 본다. 중국의 EEZ 법에는 EEZ에서의 자유로운 항행과 상공을 통과할 권리가 '국제법 및 중국의 법과 규제'에 대한 준수를 요건으로 한다고 규정되어 있다.[64] 중국은 공식적이고 전통적 문헌에서 미국의 군사 조치가 그러한 제한에 대한 위반이라고 비난했다. 여기서는 2001년에 일어난 중국의 제트기와 미국 EP-3 정찰기의 충돌 및 그로 인한 미 항공기의 하이난(Hainan)에서의 불시착을 미국의 '국제법 전체의 위반'의 결과로 보고 있다. 그들은 2009년 중국 어선이 미국 군함 임페커블(Impeccable)호를 추적하며 교란한 것은 중국의 국내법과 UN해양법협약에 대한 중국의 해석에 위반하여 미국 군함이 중국의 EEZ에 진입할 수 있는 허가를 받지 못한 것에 대한 대응이었다고 주장했다. 중국은 자국의 잠수함이 미국 해군 함정 존멕케인(John mcCain)호를 추적하면서 소나 케이블(sonar cable)에 걸렸던 2009년의 또 다른 사건을 같은 측면에서 보았다.[65] 중국의 문헌에서는 이러한 중국의 행위

• • • • • • • • • • • • •

63 Ren Xiaofeng and Cheng Xizhong, "A Chinese Perspective," Marine Policy No. 29, (2005), p.139 ; Peter Dutton and John Garofano, "China Undermines Maritime Laws," *Far Eastern Economic Review*, April. 2009, pp.44-47.

64 UN해양법협약 제58조.

65 "U.S. Plane Grossly Violated International Law," *People's Daily*, 2011.4.4; Eric Donnelly, "The United States-China EP-3 Incident: Legality and Realpolitik," *Journal of Conflict and Security*, Vol. 9 (2004), pp.25-42; W. Allan Edmiston, III, "Showdown in the South China Sea," *Emory International Law Review*, Vol. 16 (2002), pp.639-688.

를 허가없이 중국의 법적 이익을 무시하고 EEZ로 진입한 미국 선박에 대응하여 자국의 EEZ 내에서 취한 '일상적이고', '적절하고 적법한' 강제 조치로 규정했다.[66]

중국은 관련된 강제 조치를 배제하거나 수용할 권리들과 같은 국제법상의 구체적 근거를 주장하고 있다. 중국의 공식적 입장에 따르면, 군사적 정찰은 '해양 과학조사'의 범위에 속하며, 해양법에서는 EEZ 내에서의 규제를 명백하게 허용한다. 중국은 외국과 관련된 해양 과학 연구 및 조사에 대한 관리 규제, 조사 및 지도 제작법(2002), EEZ 및 대륙붕에 관한 법으로 이를 금지할 권리가 있다고 주장한다.[67] 아울러 중국의 분석가들은 중국이 주장하는 해역에서의 감시 및 해상 훈련을 포함한 미국의 행위가 (중국의 관점에서) 국가 안보 이익을 포함하여 연안국가의 권리와 이익을 상당히 고려한 UN해양법협약의 권리를 행사할 미국의 의무에 부합하지 않는다고 주장하기도 한다.[68] 더 나아가 이들은 EEZ에서 일부 미국의 행위가 해양법 하에서 (주로 항행과 상공비행과 관련한) 권리를 '남용'한 것이라고 주장하였다.[69] 일부의 공식적 입장 및 여러 중국 분석가들의 주장에 따르면, 미국의 행위는 '평화적 목적'에 해당되지 않거나 다른 국가에게 무력의 위협 또는 사용을 하지 않을 해양법상 의무를 위반한 것이다.[70] 중국 영해나 내해에서의 외국 군대의 주둔은 국제

• • • • • • • • • • • •

66 "China Demands U.S. Navy End Surveillance Missions," Sina.com, (2009.3.12), http://english. sina.com/china/2009/0311/225194.html (Defense Ministry Spokesperson Huang Xueping); 역자견해 Danh Duc and H. Trung, "Just Another 'Chicken Game' on the Sea," (2009.3.12).

67 《中華人民共和國測繪法》(2002), 제7조 ; 《中華人民共和國專屬經濟區和大陸架法》, 제9조; Guifang Xue, "Maritime Scientific Research and Hydrographic Survey in the EEZs," in Myron H.Nordquist, Tommy T.B. Koh and John Norton Moore, eds., Freedom of Seas, Passage Rights and the 1982 Law of the Sea Convention, (Leiden, Netherlands: Brill, 2009), pp.209-225; Peter Dutton and John Gorafano, "China Undermines Maritime Laws," (Foreign Ministry Spokesperson Ma Zhaoxu); Ji Guoxing, "The Legality of the Impeccable Incident," China Security, Vol.5 (2009), pp.16-21, www.chinasecurity.us/pfds/jiguoxing/pdf.

68 Ren Xiaofeng and Cheng Xizhong, "A Chinese Perspective," Marine Policy, Vol.29, No.2 (March 2005); Haiwen Zhang, "Is it Safeguarding the Freedom of Navigation or Maritime Hegemony of the United States?" Chinese Journal of International Law, Vol.9 (2010), pp.31-47; UN해양법협약 제58조, 제87조.

69 이러한 주장은 아래에서 언급된 EP-3 정찰기 사건에서 구체적으로 언급되어 있다. UN해양법협약 제300조도 참조해볼 것.

70 UN해양법협약 제88조, 제141조, 제143조, 제147조, 제155조, 제301조. "U.S. Plane Grossly Violates International Law"; Ren and Cheng, "A Chinese Perspective." 미국은 UN해양법협약의 당사국이 아니지만, UN해양법협약의 주요 실질적인 조항은 일반적으로 미국과 다른 비당사국을 구속하는 국제관습법의 일부로서 수용된다.

해양법 및 그와 관련된 중국의 국내법(통항을 위한 사건 허가를 요구하며, 중국 법에 의해 제한된 권리를 요구한다)에서 인정하는 영해를 무해통항할 권리를 넘어선 것이다. 비록 영해와 내해가 통상 지리학적으로 국가의 연안에 매우 가까운 작은 수역이지만, 중국이 보기에 그것들은 중국이 주장하는 지형에 인접해 있는 남중국해의 실질적인 영역을 흡수한다.[71]

이러한 주장들 중 일부에 대한 중국의 입장은 소수의 국가들의 지지를 이끌어내긴 했지만, 중국의 입장은 여전히 매우 단호하고 포괄적이어서, UN해양법협약 당사국들의 공통적인 (그리고 UN해양법협약의 비당사국인 미국이 수용하는) 입장과는 다른 측면이 있다.[72] 중국의 주장과 반대로, 미국과 다른 국가들의 해석은 다음과 같은 결론에 도달한다. 즉, 군사적 정찰이 제한 가능한 해양과학 연구 범위 밖에 속하고, 긴급한 무력의 사용 및 위협이 연안국가의 권리의 '상당한 고려'와 일치되지 않는 연안 국가의 EEZ에서(그리고 그 상공에서)의 해외 해상 활동, 그리고 이러한 활동을 제한하려는 중국의 시도는 원거리 국가의 권리에 대한 '상당한 고려'의 필요조건을 결여하고 있다. 미국의 정찰 및 첩보 활동이나 그 밖의 활동은 평화적이며, 무력의 사용 및 위협의 금지와 상반되지 않고, 군함(항공기)에 대한 무해통항권이 중국이 허용하는 범위보다 훨씬 더 확대된다는 결론을 뒷받침한다. 이러한 입장들은 주로 UN해양법협약 이전 체제하에서 오늘날의 EEZ에 속하는 영역을 여러 국가들이 자유롭게 항행하는 국제해협이나 공해로 간주했다는 단순한 원리에서 비롯된 것이다. 이런 전제를 토대로 기존에 존재하던 공해체제와 달리 EEZ에서 연안국들이 지니는 권리들만 UN해양법협약의 EEZ체제(혹은 관련된 관습법)하에서 특별

••••••••••••••

71 UN해양법협약 제17조-제26조; Law of the Territorial Sea and Contiguous Zone, 제6조. EP-3정찰기 사건에 대한 중국의 입장은 중국의 영해 상공에 항공기가 갑작스럽게 진입했다는 측면을 언급하고 있다.

72 이러한 입장을 다음과 같이 검토할 수 있다, Moritaka Hayashi, "Military and Intelligence Gathering Activities in the EEZ: Definition of Key Terms," *Marine Policy*, Vol. 29 No. 2 (March 2005), pp. 123-137. EEZ의 권리에 대해 전적으로 중국의 관점에 부합되는 국가들의 견해는 20-24여 가지 정도 되었으며, 미국의 관점을 옹호하는 국가는 100여 개 이상이었다. Peter Dutton, Statement at Hearing Before the Senate Subcommittee, p. 24; Raul Pedrozo, "Preserving Navigational Rights and Freedoms: The Right to Conduct Military Activities in China's Exclusive Economic Zone," *Chinese Journal of International Law*, Vol. 9 (2010), p. 9.

히 허용된다.[73] 연안국에 인접한 해역에서 멀리 떨어진 국가의 권리에 대한 '공해 부정' 관점은 중국이 9개의 점선에 대한 육지 기반의 주장에서 남중국해에 대한 권리 주장을 뒷받침하기 위해 지지해야 하거나 혹은 지지하고 있는 연안 국가의 권리에 대한 보다 확대된 관점에 부합하지 않는다.

(3) 만에서의 위협 지속: 중국의 국가 안보 권리 및 다른 국가의 의무

남중국해에 대해 중국이 주장하는 권리의 세 번째 근거는 중국의 국가 안보 권리 및 다른 국가들의 상호 의무이다. 이렇게 분석할 경우, 중국의 연안에 대한 미국의 군사 및 정보 활동이 다시 초점이 된다. 중국에서의 여러 논쟁들은 EEZ 내의 권리 및 그 밖에 UN해양법협약상의 해역에 관한 중국의 주장과 중첩되어 있다. 하지만 '국가 안보' 주장은 개념적 차원에서 뚜렷하며, 중국의 다른 주요 주장에 비해 여러 측면에서 정책적 함의를 지니고 있다.

미국의 행위에 대한 불만을 표출하고 있는 중국의 '국가 안보' 주장은 널리 확대되어 왔고, EEZ(또는 영해)에서의 해양 지위로부터 비롯된 권리에 의해 중국의 영유권을 제한하지 않는다. 예를 들어, EP-3 정찰기 사건에 대해 중국의 관영 언론은 미국이 중국의 '주권, 안보 및 국가 이익'을 위기에 빠지게 했다고 분석했다. 중국의 한 고위급 장교는 남중국해에서 미국의 공동 군사 훈련은 '부적절하며', '그 지역의 평화와 안전'에 위협이 된다고 비난했다.[74] 이처럼 다양한 용어들이 EEZ 내의 특정된 권리를 침해할 경우, 이에 대한 책임을 명시하고 있다. 또한 중국 외무부의 대변인과 학자들은 EP-3 정찰기 침범과 '외국 군함 및 항공기가 EEZ내나 상

・・・・・・・・・・・・・・

73 이러한 미국의 입장을 지지하는 문헌은 다음과 같다. Robert Scher, Deputy Assistant Secretary of Defense, Hearing Before the Senate Subcommittee on East Asian and Pacific Affairs, (July 15, 2009), p.12; 역자견해 Peter Dutton and John Garofano, "China Undermines Maritime Laws," *Far Eastern Economic Review*, (April 2009), p.47; Jon M. Van Dyke, "The Disappearing Right to Navigational Freedom in the Exclusive Economic Zone," *Marine Policy*, Vol.29, No.2 (March 2005), pp.107-121; Erik Franckx, "American and Chinese Views on Navigational Rights of Warships," *Chinese Journal of International Law*, Vol.10, No.1 (March 2011), pp.187-206.

74 "U.S. Plane Grossly Violated International Law"; "Chinese General Says U.S. Military Drills in South China Sea 'Inappropriate'," *Xinhua*, 2011. 7. 11 (中國人民解放軍總參謀長陳炳德); "Intensive U.S.-Led War Games Detrimental to Asia-Pacific Stability," *Xinhua*, 2012.8.12.

공에서의 활동을 제한하거나 금지할' 중국의 일반적 권리의 근거가 각각 UN해양법협약 체제와 일반 국제법이 안보 이익을 보호하기 위해 연안 국가들에게 허용한 권리에 있다고 보았다.[75]

중국의 여러 문헌들도 국가 안보 권리에 근거한 주장을 할 때 미국의 방공식별권(ADIZ)의 사용을 예로 든다. 중국의 연안에서 군함을 운용할 미국의 권리를 부정하는 중국 측의 주장은 기만을 근거로 하고 있다. 즉, 적절한 법적 근거없이 미국은 군함이 의도적으로 접근할 경우 수백 마일 범위의 ADIZ를 제한하려 할 것이다. 이에 따라 미국은 틀림없이 단지 수십 마일 이내의 미국 연안 내에서 방해받지 않고 작전을 수행하는 (즉, 중국 근처에서 미국이 수행할 권리를 주장하는 대상과 비슷한 행태를 보이는) 중국의 군함과 항공기를 용인하지 않는 것이다. 중국은 자국의 해상에서 보다 제한적인 ADIZ를 적용한다. 몇몇 중국의 논평가들은 중국의 ADIZ에 대한 체계적인 법을 요청해왔는데, 이는 아마도 중국 해안에서 미국 해군 활동에 이의를 제기할 공식적인 법적 근거를 제공할 것이다.[76]

중국은 자국의 국가 안보 중심의 주장을 EEZ와 관련된 권리와 많이 연계시키는데 이러한 연계성은 불필요할 수 있다. (몇몇 다른 국가와 함께) 중국은 UN해양법협약 초안 작성 과정에서 (영해 및 접속수역) 그리고 EEZ에서 연안 국가를 규제하는 명시적 근거로서 '안보'를 내세우고 이들 연안국가들을 압박하는 데 실패했다.[77] 그럼에도 불구하고 중국은 배타적 경제수역 및 대륙붕에 관한 법, 조사 및 지도 제작법(이는 중국이 '관할하는' 모든 해역에 미친다)은 물론 영해 및 접속수역 법 내의 연안 해역에서 다른 국가의 행위를 규제할 근거로서 안보를 강조하였다. 중국의 국가

<hr />

75 "Spokesman Zhu Bangzao Gives Full Account of Collision between U.S. and Chinese Military Planes," http://www.china-un.ch/eng/premade/11437/spokesman040401.htm; Ren Xiaofeng and Cheng Xizhong, "A Chinese Perspective," *Marine Policy*, Vol.29, No.2 (March 2005), sec. 5.

76 Zha Daojiong, "South China Sea Diplomacy: More Needs to be Done," RSIS Commentaries, (July 29, 2011); Ji Guoxing, "The Legality of the 'Impeccable Incident'," *China Security*, Vol.5, No.2 (Spring 2009); Russell Hsiao, "China Plans Air Defense Identification Zone within Taiwan Straits," *China Brief*, (February 4, 2008).

77 Raul Pedrozo, "Preserving Navigational Rights and Freedoms: the Right to Conduct Military Activities in China's Exclusive Economic Zone," *Chinese Journal of International Law*, Vol.9, No. 1, (2010), pp.9-29; Jing Geng, "The Legality of Foreign Military Activities in the Exclusive Economic Zone under UCLOS, Merkourios, Vol.28 (2012), pp.22-30.

안보에 기반한 주장과 연안 구역에 관한 법 간에 상대적으로 가까운 연계는 연안 구역 권리가 연안(혹은 영공)에서 국가 안보에 대한 권리의 유일한 근거라는 관점보다는 그러한 안보에 대한 권리를 포함하는 연안 구역 권리에 대한 특별히 확대된 입장을 반영한 중국의 지속적인 노력을 반영할 가능성이 있다. 만일 중국이 단순히 EEZ를 국가 안보를 근거로 규제하거나 배제할 권리가 없다는 점을 인정했다면, 중국이 자국 연안의 영해와 인근 영공에 대한 국가 안보 기반의 주장들을 유지했을 가능성은 상당히 낮아 보인다.[78]

중국의 국가 안보에 기반한 권리의 주장 중 일부는 해양법과 연관되지만, EEZ나 기타 특정한 해역에 국한되진 않는다. 중국의 문헌이 '평화적인 목표 및 이용', '권한의 남용'을 언급하고 있다는 UN해양법협약의 주장은 공해를 포함한 해양에서의 행위로 확대된다.[79] 중국의 공식적·전통적 입장을 적어도 고려한다면, 미국의 군사 주둔과 정찰 행위가 '평화적 이용' 및 '평화적 목표' 의무를 위반한 것이며 또는 명백하게 중국의 '주권' 및 '국가 안보' 혹은 '지역의 평화'에 위협이 되는 것으로 비난할 때 행사하는 '무력의 사용 또는 위협'을 금지하는 UN해양법협약을 위반한 것이다. 실제로 관련된 UN해양법협약 조항은 UN헌장으로부터 직접 도출되며, 이는 해양법 범위를 넘어 다른 국가의 주권이나 영토의 보전에 위반되는 무력의 사용 또는 위협을 삼가도록 하는 보편적이고 근본적인 국제법 의무를 따른다.[80]

미국의 특정 행위에 대응하여 남중국해에 대한 중국의 다른 유형의 영유권 주장 및 그 주장들의 최근의 발전 과정과 중국의 역사가 지닌 긴밀한 연관성을 감안하면, 중국의 국가 안보에 대한 권리 중심의 주장들이 불명확한 형태를 지니고 있다는 것이 놀라운 일은 아니다. 중국은 자국이 남중국해[81]에서의 자유로운 항행 및 영공 침해를 규정하는 국제법 규범에 이의를 제기하지 않는다고 신중하게 밝혀 왔지만, 이러한 점이 미국(그리고 다른 국가)의 우려를 불식시키지는 못했다. 중국이

---

78 『中華人民共和國在專屬經濟區和大陸架法』, 第8條; 『中華人民共和國測繪法』, 第7條; 『中國人民共和國領海和毗連區法』, 第13條.

79 UN해양법협약 제88조, 제301조, Ren Xiaofeng and Cheng Xizhong, "A Chinese Perspective," *Marine Policy*, Vol. 29, No. 2 (March 2005), sec. 5.

80 UN해양법협약 제301조와 UN헌장 제2장 3항을 비교해볼 것, Ji, "Legality of the 'Imepccable Incident," (미국의 행위는 '중국의 영토보전과 정치적 독립'에 대한 '무력의 위협'으로 간주된다).

자국과 관련된 적절한 국제법 의무와 국제법적 권리를 해석하는 방법은 물론 다양한 형태와 정도의 남중국해 지배에 대해 중국이 반박하는 주장 내 많은 논점에 해당한다.[82] 미국이 중화인민공화국(PRC) 국무위원 다이빙궈가 남중국해는 중국의 '핵심 이익'에 속한다고 선언한 것으로 이해하고, 뒤이어 힐러리 클린턴 국무부 장관이 하노이에서 개최된 아세안 지역 포럼에서 (ASEAN과 국제사회가 공유하는) '남중국해에서 국제법에 대한 존중 및 아시아의 해양에 대한 개방성 및 항해의 자유 측면에서' '국가 이익'을 보호하기 위한 미국의 결정을 언급했던 2010년에도 국가 안보권리에 기초한 중국의 지역요구를 둘러싸고 우려의 분위기가 강조되었다.[83] 2012년 중국은 보다 단호한 입장으로 되돌아감으로써 2010년의 조급했던 거래에 대응하였다.[84]

불확실하고 가변적인 상황에서 부상하는 중국의 합리적 전략

남중국해에 대한 권리를 주장하는 중국의 다양한 법적 논거들은 그럴듯 하지만 아닌 전체하에서 중국 이익에 부합할 수 있다. 즉 추구(하거나 권리의 추구를 유보)한다. 중국이 수용할 만한 대가를 치르며 그 지역에 대해 보다 큰 주권을 추구한다. 법적 규칙 및 관련 사실들은 불확실하거나 가변적이다(중국에 유리할 수 있다.) 중국이 기존의 지배 패턴과 법적 원리를 형성하거나 심지어 경시하는 능력인 종합국력은 지속적인 상승국면에 처할 수 있다. 물론, 이러한 사례가 간단하거나 명료하지는 않다.

81 "China Says South China Sea is Free and Safe for Navigation," Xinhua, (2011.9.29); "Senior PLA Officer Reiterates Peaceful Resolution to South China Sea Issue," Xinhua, (2010.10.22) (PLA Deputy Chief of General Staff Ma Xiaotian); "Foreign Ministry News Briefing," Beijing Review, (2005.5.8-14), pp.22.

82 물론, 대부분의 저널들은 남중국해의 맥락에서 이러한 문제를 바라본다. 일반적으로 UN해양법협약에서 이 문제를 분석하기 위해서는 다음 글들을 참조해야 한다. Yann-Huei Song, "Declarations and Statements with Respect to 1982 UNCLOS: Potential Legal Disputes between the United States and China after U.S. Accession to the Convention, Ocean Development and International Law 36, pp.261-289 (2005).

83 Wong, "Chinese Military Seeks to Extend its Naval Power"; Secretary of State Hillary Rodham Clinton, "Remarks at Press Availability," Hanoi, Vietnam, (2010.7.23), http://www.state.gov/secretary/rm/2010/07/145095.htm.

84 Bradley Klapper, "U.S., China Square off over South China Sea," Associated Press, (2012.7.12).

세 가지의 서로 다른 주장에 대한 중국의 입장은 경쟁적으로 영유권을 주장하는 국가 및 이해당사국들과의 갈등을 증대시킨다. 다양한 법적 논거 (그리고 논거를 지지하는 실제 조치)는 다른 국가를 공격하거나 위협할 보다 많은 주장과 행위들을 가리킨다. 중국이 부분적으로 의문스러운 법적, 사실적 근거를 토대로 '명백하고' 포괄적 권리를 누린다는 강력한 주장은 남중국해상의 갈등을 악화시키고 중국의 의도와 법과 관련된 지역적 분쟁 및 국제적 문제에 대한 수많은 의문을 야기시킨다.

잠재적으로 도발적인 접근법을 고집하고 중국의 주장을 더욱 명료하게 하는 것을 실패한다는 것은 파편화되고 논쟁의 여지가 있는 정책과정 및 중국의 더 광범위하고 장기적인 국익에 잘못된 결과를 초래할 능력을 반영한다.[85] 후진타오 시기 후반기에는 중국의 지도자들이 빠르게 증가하는 국제적 영향력을 행사하는 데 있어서 충분히 단호하지 못했던지, 아니면 문제를 오히려 확대시킴으로써 공격적이었는지에 대한 논쟁이 눈에 띄었으며, 남중국해 문제는 그러한 논쟁의 양쪽 측면을 반영한 사례라고 볼 수 있다. 남중국해 문제는 PLA해군, 외교부, 특수하고 다양한 해양 규제 및 법집행을 책임질 여러 민간 국가 기관, 지방 당국은 물론 최고 엘리트들을 포함한 다양한 기관들의 범위 안에 속한다. 전 세계의 이목을 끌고 있는 영토 분쟁 및 미국과의 반복되는 갈등 때문에 남중국해 문제는 네티즌부터 시사 논평가에 이르기까지 관심을 가지고 있으며, 민족주의자들을 일부 중국 정책 엘리트들이 중국의 정책이 과도하게 강경한 방향으로 나아가지 않도록 경계심을 가지고 바라보기 때문에 중요하다.

어떠한 패턴을 형성하였든지 간에, 남중국해와 관련된 법적 영유권 주장에 대한 중국의 다각적 접근법은 중국의 이익에 부합되는 접근법처럼 보인다. 이는 적어도 급진적 변화에 의해 중요한 국가 이익이 변경될 가능성이 있거나, 비합리적

· · · · · · · · · · · · · ·

85 Dobson and Fravel, "Red Herring Hegemon," pp.260-261; Li Mingjian, "China's Nonconfrontational Assertiveness in the South China Sea," *Center for Strategic and International Studies Freeman Report*, (July-Aug. 2011); Linda Jakobson and Dean Know, New Foreign Policy Actors in China (Stockholm: SIPRI, 2010); Michael D. Swaine. "China's Assertive Behavior, Part Three: The Role of the Military in Foreign Policy," China Leadership Monitor, (Winter 2012); Kathrin Hille, "A Show of Force: Fears are Growing over the Hold China's Well-Equipped Army Has on Foreign Policy," *Financial Times*, (2011.9.30); Edward Wong and Jonathan Ansfield, "Party Bristles at Military's Push for More Sway in China," New York Times, (2012.8.7).

인 것으로 국가의 이익에 명백하게 그리고 심각하게 해가 되지 않는다. 이러한 결론은 오늘날 중국의 불신을 고려할 경우 보다 타당하며 여러 동남아시아 국가, 미국 및 다른 국가들이 가까운 미래에 중국이 자국의 주장들 중 한 가지 이상을 포기해도 그러한 우려를 불식시키기 어려울 가능성이 높다.

국제법과 사실들, 그리고 부상하는 국가의 힘이 해결되지 못한 변화하는 상황에 직면하여 중국의 주장들을 절충하기 위해 다음과 같은 사실을 언급하기도 한다. "만일 법이 당신 편이라면 법을 두들겨라. 법이 당신에게 불리하다면 사실을 두들겨라. 만일 사실이 당신에게 불리하다면, 탁자를 두들겨라." 첫째는 법을 가리킨다. (국제 입법이 다원화되고 분산된 과정에서 중국의 노력에 대응하여) 제기되는 다양한 노선을 유지하고, 중국이 받아들인 관점을 수용하면, 현재 어디에서 지배적인 법이 중국의 관점을 가장 반대하면서도 다소 불확실하고 우호적으로 만들 수 있는지를 이해하게 된다. 중국은 오랫동안 중국의 주장이 반영되지 않고, 중국의 이익을 고려하지 않은 국제법 규범이 자국의 권리를 제약한다는 사실을 인정하길 거부해왔다. 현대 해양법과 UN해양법협약이 그러한 강력한 비판을 받기에는 너무 이르긴 하지만, 이러한 법들이 완전한 의심으로부터 벗어난 것은 아니다.[86] 이러한 상황에서 국제사회의 대부분 국가에 설득력이 거의 없는 일부 주장을 포함해 몇몇 법적 주장을 고수하는 것은 중국에게 상대적으로 안전하고 익숙하게 보일 것이다.

제기되는 모든 견해를 고려해본다면 법적 강점 및 약점이라는 복잡한 패턴의 측면에서 중국의 세 가지 주장은 집단적 차원에서 제시하는 관습과 수정론을 반영한 것이다. 이는 각각 법적·개념적 차원에서 다른 것들과 구별된다. 결론적으로, 이러한 법을 남중국해의 가변적인 상황에 적용할 경우, 어느 것이 법적으로 더 급진적인지 아니면 덜 필수적인지 불명확해진다. 물론 중국은 초기에는 자국의 '해양에 대한 영유권' 주장을 고수하였다. 이 영유권 주장은 실제로 남중국해에 대해 중국에 부여될 권리의 범위 측면에서 영해와 관련된 역사적 권리에 대한 적극적 해석은 물론 역사적 기록을 강경하게 해석했다는 측면에서 더욱 의미있다. 반면에, '역사적 권리'는 제대로 정의되어 있지 않아서 잠재적인 해석이 가능하며, 경계 설

....

86 John Pomfret, "China Ponders New Rules of Unrestricted War," *Washington Post*, (1999.8.8).

정에 관해 UN해양법협약 원칙들로부터 벗어나려고 하는 국가에게 소수 교리적 선택 방안이 된다. 이러한 전망은 남중국해, 동중국해, 황해에서의 분쟁이 유사한 문제를 지니고 있다는 중국의 주장에 의해 저해되기는 하였지만, 국제법 및 관행은 역사적인 해양 기반의 영유권 주장이 각 해역에 적용되고, 중국이 다른 지역에서 확장적이고 수정주의적 견해를 투영한다고 간주할 필요는 없다고 본다.

중국의 보다 일반적인 주장(포괄되거나 인접한 지형에 대한 주권을 근거로 남중국해에 대한 권리 주장)은 근본적으로 다르고 몇 가지 측면에서 보다 일반적인 법적 주장을 제기하며, 내해, 영해, EEZ들에 대한 권리를 확고히 한다. 하지만 이러한 주장은 해양 국가가 그 수역에서 누리는 권리의 범위와 중국의 지형 혹은 중국이 영유권을 주장하는 지형들이 생성하는 해역의 지리적 규모는 물론 경합하는 지역에 대해 중국의 과거 및 현재가 연계되어 경쟁 국가가 무의미하다는 확장적 관점의 측면을 지니고 있다. 그럼에도 중국은 이러한 경계선에 대해 자국에 유리한 방향으로 법안을 추진할 수 있는 상대적으로 좋은 기회를 지니고 있다. EEZ에서 중국의 입장과 연안국가의 권리의 측면들은 일부 다른 국가들로부터 보다 광범위한 지지를 유도하고, 특히 그런 문제에 대해 이해관계가 별로 없는 국가들 사이에서 근거를 획득하고, 미국 및 기타 군사력을 강화하려는 국가들에 관한 중국의 우려를 공유하거나 중국의 외교적 지지 및 경제적 기회를 모색할 수 있다. 실제로 잘 알려진 미국의 학자들 중 일부는 중국이 연안 국가의 권리를 제한하는 법규범을 불안정하게 한다는 측면에서 그 근거를 찾을 수 있으며, 미국이 너무 자만에 빠져있다고 우려한다.[87] '연안 국가의 국가 안보 권리에 근거하고 해양법에는 상대적으로 덜 구속된다는' 중국의 세 번째 주장은 여전히 불완전하게 전개되고 있으며, 특히 미국으로부터 강한 반발에 직면하여, 남중국해에 관해 중국은 상대적으로 제한된 관할권만 가지게 될 것이다. 하지만 이는 중국의 가장 큰 우려들 중 하나를 가리키는 것이 아니라 권리에 대해 중국이 지지하는 해석을 뒷받침하는 여러 문헌들로부터 증거를 도출하고자 하는 데 있다.

만일 힘과 영향력 측면에서 중국의 부상이 지속된다면, 중국은 규범을 형성할

· · · · · · · · · · · · · ·

[87] Pedrozo, "Preserving Navigational Rights and Freedoms"; Dutton and Gorafano, "China Undermines Maritime Laws."

수 있는 지위에 자리잡게 될 것이다. 그리고 여타의 다른 사항이 동일할 때, 중국이 수정이나 개정을 요구하는 법적 주장을 할 경우 그 목표는 수월하게 달성될 것이다. 그렇게 되면 중국은 남중국해 문제에 대해 자국의 선호를 투영시키면서 보다 효과적으로 이를 법에 반영시킬 수 있게 된다. 우리는 이미 '법적 전쟁'에 대한 중국의 논의와 남중국해 분쟁에 이를 적용하는 측면에서 관련법들에 대해 미국을 지지하는 입장과 관련하여 이의를 제기하기 시작했고 지속적인 중국의 노력 측면에서 이러한 현상이 나타나고 있다는 사실을 이미 목격했을 것이다.[88] 물론 어떤 측면에서 부상한 중국의 선호와 오늘날 미국의 그것과 유사한 이익, 즉 오늘날 원거리에서도 군사력을 보유하려는 이 강대국은 전 세계적 임무를 수행하는 가공할 만한 대양 해군을 배치하고, 이에 따라 연안국가의 약화된 권리를 인정하고 있다. 하지만 가까운 시일 내에 중국의 의제에 영향을 미치는 것은 현재로선 어렵다.

둘째는 사실들이다. 관련 사실들 역시 끊임없이 변화하고 있기 때문에 현재로선 중국에 상대적으로 불리하다. 남중국해 지역에서 중시되는 사항의 대부분(아직 개발되지 않은 탄화수소 보유량, 멸종될 위기에 처한 어류 및 해수면 상승 위기에 직면한 지역, 변화하는 지정학적·경제적 여건하에서 해안선에 대한 서로 다른 통제 수준과 관련된 안보 이익)은 그 가치가 불확실하다. 이는 중국과 다른 국가들로 하여금 자신과 관련된 영유권을 주장하는 과정에서 어떠한 위험이 가치가 있고, 어떠한 법적 주장들이 중국에게 유의미한 권리들을 제시할 수 있는지를 평가하기 어렵다. 실질적 통제나 거버넌스에 기인하는 여러 영유권 주장과 관련된 중국의 과거 및 현재 점령과 주권 행사의 형태들은 의문스러운 사실이다. 분쟁이 많은 경쟁 지역에서 중국은 다른 영유권 주장 국가들보다 취약하다. 이러한 상황에서 영유권을 주장하는 다른 국가들처럼 중국은 지속적이고 때로는 강제적으로 무력을 사용해서라도 자국에 유리한 사실들을 도출하고자 노력해야 하며, 자국에 불리한 사실이 나타나는 것을 회피해야 한다.

보다 미묘한 것은 중국의 법적 주장 및 관련된 정책적 입장은 중국의 상대적 힘

---

88 Dean Cheng, "Winning without Fighting: Chinese Legal Warfare," Heritage Foundation Backgrounder No.2692 (May 18, 2012); Qiao Liang and Wang Xiangsui, Unrestricted Warfare (Beijing: PLA Literature and Arts, 1999); Dutton, Statement at Hearing Before the Senate Subcommittee, pp.19~23.

을 행사하는 방식으로 관련 사실들을 보여주는 데 있다. 중국은 2002년 중국-
ASEAN 간 남중국해 행동 선언, 2011년 장기적 비전을 지닌 행동 규약, 자원 탐사
에 관한 단기적인 중국-베트남-필리핀 3자 합의의 경우처럼 조약과 유사한 합의를
지향하면서 다자적인 협상을 이행해왔다.[89] 하지만 중국은 일반적으로 남중국해
분쟁에 대한 (포괄적 입장보다는) 개별적 입장을, (모든 경쟁국가나 아세안과 같이 총체적
이기보다는) 양자 간 입장을, (구속력 있는 분쟁 해결 절차보다는) 비공식적 관점을 선호
한다. 요컨대, 중국의 문헌에서는 남중국해 분쟁이 서로 다른 다양한 영토 및 관할
권 주장들로 이루어져왔다고 주장하고 있다. 여기서는 일반적으로 중국의 분쟁이
중국 또는 여타 다른 국가를 포함하고 있고, 중국이 10개의 아세안 회원국과는 영
토 분쟁을 벌이지 않는다는 점을 강조한다.[90] 최근 수십 년간 (베트남과의) 해양 영
토 분쟁에 대한 중국의 가장 공식적이고 최종적인 해결책은 양자 간 합의였다. 중
국은 남중국해의 분쟁을 국제해양법재판소 및 국제사법재판소, 또는 다른 국제기
관이나 분쟁해결 절차에 제출하는 것을 거부해왔다.[91] 그리고 2012년 아세안 포럼
에서 중국의 남중국해 문제에 관한 단호한 입장 및 비분쟁 회원국에 대한 지렛대
는 행동 규약에 관한 진전을 가로막고 관례적 코뮈니케를 저지시켰다.[92]

중국은 지역의 영유권을 주장하는 경쟁 국가를 지지하는 방식으로 미국이나
여타 다른 지역의 강대국(일본 및 인도)이 개입하지 못하도록 여러 사실들을 도출하
고자 하였다. 이에 따라 중국은 대부분의 남중국해 문제를 주요한 혹은 배타적인
남중국해 주변 국가들 간의 영토분쟁으로, 즉 영유권과 무관한 미국이나 여타 다
른 국가들이 개입해서 '국제화' 되지 않도록 하는 분쟁으로 묘사하고 있다. 한 외

---

89 "China, ASEAN Sign Code of Conduct on South China Sea," *Xinhua*, (2002.11.5); "China, ASEAN Nations Agree on Guidelines for Implementation of DOC in South China Sea," *Xinhua*, (2011.7.20); "Philippines, China, Vietnam to Conduct Joint Maritime Seismic Research in South China Sea," *Xinhua*, (2005.5.14); "Experts Propose to Build South China Sea Cooperation Zone," *Xinhua*, (2008.3.6).

90 See, for example, Ministry of Foreign Affairs, Issue of the South China Sea, p. 3; "China Insists on Bilateral Talks to Resolve South China Sea Dispute," *Xinhua*, (2011.6.28); "China Urges South China Sea Issue to be Resolved by Directly Related Countries," *Xinhua*, (2011.6.14); Zou "China and Maritime Boundary Delimitation," pp.155-157.

91 "China Reiterates Solving South China Sea Disputes Requires Direct Talks," *Xinhua*, (2011.7.14); Christopher C. Joyner, "The Spratly Islands Dispute in the South China Sea: Problems, Policies, and Prospects for Diplomatic Accommodation," Henry L. Stimson Center Report No. 28 (1999).

교부 장관의 입장에 따르면, "외부 세력에 의한 개입"은 "바람직하지 않으며 상황을 더욱 복잡하게 할 것이다." 2010년 중반 외교부 대변인은 "남중국해와 아무 관련이 없는 여타 다른 국가가 분쟁에 개입하는 것"에 '확고하게' 반대한다는 말을 반복했다. 일년 후, 외교부 부부장(Deputy Foreign Minister)인 추이뎬카이(崔天凱)는 미국이 남중국해 분쟁 지역에 개입함으로써 "불장난을 하고 있다."며, 이 문제가 영유권을 주장하는 국가들 간에 해결될 수 있도록 해야 한다고 경고했다.[93] 이러한 새로운 긴장관계는 '외부간섭'에 대한 거부감을 불러일으켰다.[94]

물론 자국의 EEZ가 미국의 정찰 및 중국이 인접한 해양에서 벌이는 기타 군사 관련 행위에 대응할 권리를 부여한다는 중국 측의 주장은 미국으로 하여금 남중국해 영토분쟁과 관련된 이익을 추구할 빌미를 제공했다. 하지만 이 경우에도 중국이 다양한 법적 주장을 고수하고, 분쟁 중인 영토에 속한 EEZ 내 중국의 권리와 관련된 사실뿐만 아니라 중국의 국가 안보에 대한 미국의 해양 기반 위협과 관련된 다양한 사실이 미국-중국 분쟁의 주요 사실이라는 중국의 주장을 지지하였다. 영토 분쟁과 관련된 이익에 대해 오랫동안 중립을 취해온 미국은 어떠한 측면에서는 중국에게 다소 도움이 되었다. 이러한 법적 주장들의 구별은 중국의 주변 국가와의 분쟁과 관련된 사실, 미국과의 분쟁과 관련된 사실, 더 나아가 다양한 동남아시아 국가들과의 분쟁을 (중국이) 구별하는 데 도움이 된다. 이로 인해 중국은 모든 당사국들이 다른 국가와 구별하여 자국(그와 관련된 국제 정책)의 분쟁을 고수해야 한다고 주장할 근거를 얻었다.

구속력이 있거나 명확한 해결책을 도출하는 절차의 회피, 교섭담당자와의 교

· · · · · · · · · · · · · ·

92 Perlez, "Nations at Impasse over South China Sea." ASEAN unity has been far from assured, as Chinese sources have long noted. "ASEAN's United Front against China Does Not Exist," *Global Times*, (2011.9.26).

93 Ministry of Foreign Affairs, Issue of the South China Sea § 3; "China Opposes Attempts to Internationalize South China Sea Disputes," *Xinhua*, (2011.9.28); "China Concerned about Possible U.S.-ASEAN Statement on South China Sea Issue," *Xinhua*, (2010.9.21); Deputy Foreign Minister Cui Tiankai's News Breifing, (2011.6.22), http://www.mfa.gov.cn/chn/gxh/tyb/wjbxw/t83291.htm; Edward Wong, "Beijing Warns U.S. about South China Sea Disputes," *New York Times*, (2011.6.21).

94 Tania Branigan, "Beijing Warns U.S. to Stay Out of South China Sea Dispute," Guardian, (2012.8.17); "Minstry of Defense: Outside Intervention Not Welcome," *Xinhua*, (2012.7.31).

착, 이슈의 분리는 여전히 상대적으로 제한적인 힘을 지닌 중국으로 인해 일어날 수 있는 부정적인 결과를 최소화시키는 데 도움을 준다. 이는 중국이 영유권 주장에 위협을 주는 다른 국가들의 행위를 제한할 권리를 주장할 여지를 남겨둘 수 있도록 하는 것이다. 그리고 중국이 상대적으로 힘을 키우고, 이에 따라 사실들을 재규정하고 효율적으로 능력을 계속 유지할 수 있도록 한다.

마지막으로 탁자를 두들기며 때때로 매우 단호한 입장을 취하는 중국은 남중국해 문제에 대해 위협을 가하거나 무력을 사용해왔다. 물론 탁자를 두들기는 행위는 탁자를 뒤집을 위험이 있으며 탁자를 두들긴 자의 이익에 피해를 입힐 수도 있다. 몇 가지 분석에 따르면, 중국은 두드러지게 사실적 측면에서 부정적 변화가 나타나거나 일방적으로 경쟁국가들이 특정한 지역의 일부를 제외하고, 이에 대해 자국의 영유권을 주장할 때 방어적 자세를 취해왔다. 일반적으로 그 지역의 영유권을 주장하는 경쟁국들의 움직임에 변화가 일어날 때 대체로 방어적으로 위험을 감수해왔다. 다른 국가들은 중국이 경쟁국가에게 유리한 조정을 받아들이도록 위협하면서 보다 공격적이고 자신만만한 태도를 취하는 것을 목격했다.[95] 때때로 중국은 자국의 입장에 역효과를 가려다줄 것을 우려해서 겉으로 보기에 한발 물러난 척했다. 가장 두드러진 사례는 2011년 중국이 자국의 남중국해에 대한 영유권을 '핵심적 이익'(가능한 한 무력으로 방어할 이익)이라고 간주한 것이다. 이를 우려한 지역의 국가들은 미국과 긴밀히 협조하였다. 미국은 평화, 개방적 접근성, 남중국해에서 국제법에 대한 중국의 존중 등 자국의 핵심적 국가 이익을 선언하였다. 이는 서태평양의 안보에 중점을 두려는 미국의 '회귀(pivot)' 전략을 심화시켰다.[96]

중국의 선언적 수사와 행동의 주기적인 진전과 후퇴는 남중국해에 대한 중국의 확대되고, 다양한 법적 주장이 근본적으로 변했다는 사실을 보여주지 않는다. 결

••••••••••••••

95 Statement of Dan Blumenthal, Hearing Before the Senate Subcommittee on East Asian and Pacific Affairs (July 15, 2009) pp.30-33; Denny Roy, "The 'China Threat' Issue: Major Arguments," *Asian Survey*, Vol. 36, No. 8 (Aug. 1996), pp.758-771; Robert D. Kaplan, "The South China Sea is the Future of Conflict," *Foreign Policy*, (Sep/Oct. 2011). "China Hardliners to Teach Spratly Intruders 'A Lesson'" ABS-CBNNews.com, (July 10, 2011); Michael S. Chase, "Fear and Loathing in Beijing?" *China Brief*, Vol 11, No. 18 (Sep. 2011), pp.2-7; Fravel, Strong Borders, ch. 6; Li Mingjiang, "Chinese Debates of South China Sea Policy" *RSIS Working Paper*, No. 239 (May 17, 2012).

96 "U.S. Must Respect China's Core Interests," *People's Daily*, (July 16, 2011); Wong, "Beijing Warns U.S."

국 권리란 여러 문제들에 의한 특정한 결과나 상황을 가리키지는 않는다. 오늘날 어떠한 권리의 행사를 주장하지 않는 것은 (특히 부담하게 될 비용 때문에 이를 주장하지 않는 것은) 그 권리를 포기하거나 거부하는 것과는 전혀 다르다. 실제로 중국은 남중국해에서 이러한 차이를 강조해왔다. 예를 들어, 중국은 자국이 '명백한' 주권 및 관련 권리를 남중국해에서 지니고 있다고 일관되게 주장해온 동시에 자원의 협력적 탐사 혹은 단순히 긴장 완화, 그리고 안보 위기 시 상호 이익을 추구할 주권에 대한 차이를 '별도로 두는' 정책을 불균등하게 추구하고 있다.[97] 중국이 지속적으로 다양한 법적 주장에 대해 확고한 권리를 지니고 있다고 계속 고수하는 한, 어떠한 다른 국가—지역국가들이 경제적 자원을 탐사하거나 미국이 해안선을 따라 정찰하거나 순찰하는 행위—의 행위는 중국의 용인하에 이루어질 수 있으며, 중국의 확대된 영유권 주장에 따라 제약될 수도 있다.

권리는 이런 의미에서 선택이다. 선택은 물론 비용이 든다. 그리고 비용을 지불하는 대가로 의도를 전달할 수 있다. 중국은 자원 혹은 외국과의 관계에서 자국의 권리를 관철시키기 위해 상당한 비용을 감수해왔다. 중국이 계속해서 다양한 법적 주장을 포기하지 않고, 권리를 행사하려고 할 경우 보다 강한 중국이 점점 더 전략적으로 취약해지고 경제적으로 의존적인 주변 국가를 대상으로 군사력을 사용할 경우 심각한 비용, 위험을 감수해야 할 것이며—이는 영유권을 주장하는 경쟁 국가와 미국의 책임은 아닐 것이다. 이러한 상황에서 중국은 갈등을 피하고, 여러 사실들이 중국의 법적 주장과 일치될 수 있게 다른 국가들이 이러한 사실들을 협의에 의한 해결을 통해 받아들이도록 유도하고 있다. 중국과 비슷한 생각을 가지고 있거나 자국에 편승한 국가들과 협력하여 보다 강해진 중국은 심지어 법적 규범을 재형성하고, 남중국해에 대한 중국의 주장을 덜 급진적으로 만듦으로써, 남중국해에 대한 중국의 주장에 반대하던 국가들이 오랫동안 의존했던 규범적 기준마저 약화시킬지도 모른다.

97 PRC Ministry of Foreign Affairs, "Set Aside Dispute and Pursue Joint Development," (Nov. 17, 2000), http://www.fmprc.gov.cn/eng/ziliao/3602/3604/t18023.htm; "People's Daily Warns of Consequences over South China Sea Issue," *Xinhua*, (2011.8.2); Zou Keyuan, "Joint Development in the South China Sea," *International Journal of Marine and Coastal Law*, Vol. 21 No. 1 (2006): pp.83-109, pp.98-99; Odgaard, Maritime Security, pp.222-226.

3장
중국의 아세안 주도 기제 참여: 동남아의 시각

궈칭수이(郭淸水)

부상 중에 있는 대국으로서 20세기 90년대 이후 중국의 아세안 주도 다자기제에 대한 참여과정은 포스트냉전시기 아시아태평양의 지정학·지경학적 구조 발전의 주축 중의 하나이다. 이러한 기제는 중국의 영향력을 축적하고 발휘하는 데 있어 없어서는 안 되는 장(場)을 제공했고, 중국의 적극적인 참여 역시 다른 대국의 지역정책에 대해 선도적인 역할을 이끌었으며, 나아가 아태지역의 협력구도에서 아세안 기제의 주도적 지위를 다졌다. 중국과 아세안의 관계는 '황금 10년'의 시기에 놓여있었고, 아세안을 중심으로 하는 기제는 중국이 긍정적으로 참여하고 적극적으로 제안하며 대국의 풍모를 보이면서도 중간에서 지역협력 방향에 영향을 미치는 플랫폼이었다. 그러나 2008년 이후 남중국해 분쟁이 다시 표출되면서 중국과 아세안의 관계에 어두운 그림자를 드리우게 되었다. 일 년 뒤 오바마 정부가 출범한 뒤 미국은 전략적 축을 점차 동아시아로 이동하기 시작했고, 아시아 다자간 포럼에 대한 과거의 소극적 태도를 바꾸어 아세안 기제에 능동적이고 전면적으로 참여했다. 미국의 '전략적 재균형'은 중국 국력의 급속한 신장에 대한 우려에서 일부 지역 및 국가들이 채택한 경계조치와 결합되어, 과거 수십 년간 중국이 지역 기제에서 누려왔던 우월한 지위를 구조적으로 바꾸어놓았고 중국의 주변 환경에 대한 도전을 형성했다. 필자는 아세안 기제가 중국에 대해 갖는 중요성과 미국이 아시아로 회귀한 뒤 중국이 아세안 기제에서 직면한 도전, 그리고 아시아태평양 구도에 대한 중국의 대응 및 전략이 미치는 영향을 분석했다.

궈칭수이(郭淸水, Kuik Cheng Chwee)_ 말레이시아 국립대학 국제관계 및 전략연구과 부교수, 프린스턴-하버드대학 중국 및 세계연구 프로젝트 박사후 연구원

중국이 아세안 주도의 지역 다자기제에 참여하게 된 것은 20세기 90년대부터 시작된다. 이는 중국과 아세안 국가가 냉전이 끝난 뒤 점차 외교와 경제의 상호접촉과 정치와 안보의 상호 보장 과정을 통해 만들어낸 결과이다.[1] 1989년 정치적 사건 이후 중국은 서방 진영으로부터의 고립과 제재를 돌파할 필요가 있었고, 인근 국가에 대해 선린우호정책을 전개해나갔다. 중국은 모든 아세안 국가와 양자 간 국교를 수립하고 이를 강화해나갔으며, 또한 일부 아세안 국가의 중개역할하에 아세안의 그룹 활동에도 참여하여 실질적으로 동남아 국가와의 다자 간 상호교류를 시작했다.[2] 아세안 국가 쪽에서는 포스트냉전 시기 전략적 불확실성을 감소시키려는 목적에서, 특히 비교적 규모가 작은 국가들의 경우 중국과 양자 간 실무 접촉 이외에도 지역 수준에서 아세안을 중심으로 하고 안보협력을 목적으로 하는 다자 간 대화기제를 적극적으로 창설하였다.[3] 1994년에 설립된 아세안 지역포럼을 통해 아세안 국가들은 전통적인 우방국(서방 국가와 일본, 한국)과의 파트너십을 격상시키는 동시에 중국, 러시아, 베트남 등을 지역대화협력구조에 편입시켰는데, 이로써 외교 접촉 및 대국 균형이라는 두 가지 책략을 이뤘다.[4] 이후 아세안과 중국은 1995년에 연례 고위급 협의기제를 건립하였고, 다른 대국과 관련되지 않는 지역안보 업무(냉전이 끝난 뒤 잠재적인 화두의 하나인 남중국해 분쟁을 포함) 논의의 주요

• • • • • • • • • • • • • • •

1 郭清水, "中國參與東盟主導的地區機制的利益分析", 『世界經濟與政治』 2004年 第9期, pp.53-59 ; Kuik Cheng-Chwee, "Multilateralism in China's ASEAN Policy," *Contemporary Southeast Asia*, Vol. 27, No. 1 (April 2005), pp.102-122; Serene Hung, *China in ASEAN-led Multilateral Forums, Maryland Series in Contemporary Asian Studies*, No. 2, (Baltimore: University of Maryland School of Law, 2006).

2 Kuik Cheng-Chwee, "China's Evolving Multilateralism in Asia: The Aussenpolitik and Innenpolitik Explanations," in Kent E. Calder and Francis Fukuyama, eds., *East Asian Multilateralism: Prospects for a Regional Stability*, (Baltimore: The Johns Hopkins University Press, 2008), pp.109-142.

3 Yuen Foong Khong, "Coping with Strategic Uncertainty: The Role of Institutions and Soft Balancing in Southeast Asia's Post-Cold War Strategy," in J.J. Suh, Peter J. Katzenstein and Allen Carlson, eds., *Rethinking Security in East Asia: Identity, Power, and Efficiency*, (Stanford: Stanford University Press, 2004), pp.172-208; Amitav Acharya, *Constructing a Security Community: ASEAN and the Problem of Regional Order*, 2nd edition, (New York: Routledge, 2009); Alice D. Ba, *(Re)Negotiating East and Southeast Asia: Region, Regionalism, and the Association of Southeast Asian Nations*, (Stanford: Stanford University Press, 2009).

4 Michael Leifer, *The ASEAN Regional Forum: Extending ASEAN's Model of Regional Security*, Adelphi Paper No. 302, London: IISS, 1996; Evelyn Goh, "Great Powers and Hierarchical Order in Southeast Asia: Analyzing Regional Security Strategies," *International Security*, Vol. 32, No. 3 (Winter 2007/2008), pp.113-157.

플랫폼을 양측에 제공하였다.[5] 그 다음해 중국은 공식적으로 아세안의 대화상대국이 되었고, 다시 그 다음해에 처음으로 양자 간 정상급 회담을 진행했다. 이러한 과정은 아세안과 중국의 '10+1' 기제를 위한 중요한 기초를 닦아놓았다. 1997년 동아시아금융위기가 발생한 뒤 아세안과 한중일 지도자들은 쿠알라룸푸르에서 회담을 가졌고 '아세안 + 한중일' 협력기제를 위한 서막을 열었다. 이로써 지역 다자 간 회의는 중국과 아세안 국가라는 양자 간의 루트 외에도 상호 교류할 수 있는 또 다른 무대가 되었다. 동아시아 정상회의와 아세안 국방부장관 확대회의가 2005, 2010년에 잇달아 성사되어, 중국과 아세안 간 다자간 외교의 상호교류 범주가 한층 더 확대되었다.

상술한 다자기제에서의 중국의 참여는 신중하면서도 적극적으로 융합되고 주도적으로 제안하는 과정이었다.[6] 20세기 90년대 초기 중국은 새로 설립된 다자 기제가 미국 주도 혹은 지역국가가 남중국해 등 주권 문제를 '국제화'하는 도구로 전락할까 우려했고, 아세안 지역 포럼의 어젠다에 대해 다소 경계하고 의심했다.[7] 그러나 당시 중국은 포스트냉전시기 아시아태평양 안보협력 다자화와 기제화는 불가피한 추세라고 생각했고, 따라서 "그 과정 가운데 참여하여 적극적으로 주도하고 다자안보체계에서 유리한 지위를 차지할 수 있도록 도모해야 한다"고 결정했다.[8] 미중관계는 1996년 이후 흐름에서 일정 정도 중국의 주변지역 다자기제에 대한 관심도를 높였다.[9] 다년간의 양호한 상호작용과 관찰을 거치면서, 중국은 점차 지역 다자활동에 적응하며 융합되어갔고, 2000년 이후에는 다양하고도 중요한

5 Lee Lai To, *China and the South China Sea Dialogues*, (Westport & London: Praeger, 1999).

6 Kuik Cheng-Chwee, "Multilateralism in China's ASEAN Policy," *Contemporary Southeast Asia*, Vol. 27, No.1 (April 2005); Chien-peng Chung, *China's Multilateral Cooperation in Asia and the Pacific: Institutionalizing Beijing's "Good Neighbour Policy"*, (New York: Routledge, 2010).

7 Rosemary Foot, "China in the ASEAN Regional Forum: Organizational Processes and Domestic Modes of Thought," *Asian Survey*, Vol. 38, No. 5 (May 1998), pp.425-440; Alastair Ian Johnston, "The Myth of the ASEAN Way? Explaining the Evolution of the ASEAN Regional Forum," in Helga Haftendor, Robert O. Keohane, and Celeste Wallander, eds., *Imperfect Unions: Security Institutions over Time and Space*, (Oxford: Oxford University Press, 1999), pp.287-324.

8 中國社會科學院亞太所《形勢分析》課題組, "亞太形勢分析1994",『當代亞太』1995年 第1期, p.16.

9 Avery Goldstein, *Rising to the Challenge: China's Grand Strategy and International Security*, (Stanford: Stanford University Press, 2005), pp.120-121.

지역협력구상을 능동적으로 제기하기도 했다. 예컨대 2002년 체결한 중국-아세안 자유무역지대 구조 협정, 구축 중에 있는 난닝(南寧)-싱가포르 경제회랑과 2007년 동아시아 외환비축고 건립 건의 등은 정중앙에서 동아시아 지역 협력의 발전방향에 영향을 미치고 있다. 이 밖에도 중국은 2003년 인도와 함께 〈동남아 우호협력조약〉에 처음으로 서명한 대국이 되었고, 동년 아세안과 전략적 파트너십을 맺었다. 중국의 일련의 경제 외교 조치는 지역협력 과정에서 안정을 유지하며 분위기를 띄우는 역할을 했고, 일정 정도 기타 대국(일본, 인도, 미국, 러시아)의 아세안 지역기제에 대한 중시와 참여를 이끌어냈다.[10] 1997~2007년은 중국과 아세안 관계에 있어 10년간의 황금기이면서도 중국의 영향력이 동남아와 동아시아에서 안정적으로 굳건하게 상승하는 중요한 십년이라 하겠다.

2008년 이후 남중국해에서의 주권을 둘러싼 새로운 분쟁 출현은 중국과 아세안 관계를 복잡하게 만들었다. 동남아 지역의 중소국가들은 날로 힘이 강대해지는 중국이 더욱 강경한 태도로 주권 분쟁을 처리하려 하기 때문에 점차 우려를 느끼고 있다.[11] 2009년 오바마 정부가 출범한 뒤 외교와 전략의 중점이 점차 동쪽으로 이전되었다. 미국은 아세안을 중심으로 한 지역기제에 전면적으로 참여하는 것 외에도 경제적으로 환태평양경제동반자협정(TPP)을 대대적으로 추진하려 하는 동시에, 미국의 아태지역에서의 군사동맹과 파트너십을 강화하는 등 각 분야에서 중국의 주변이익과 국제환경에 대해 직접적인 도전을 형성하고 있다.

이 글에서는 아세안 주도기제가 중국에 미치는 중요성과 미국의 아시아로의 전략적 이전을 실시한 뒤 중국이 아세안기제에서 직면한 도전과 중국의 대응, 그리고 그 전략적 추세가 아시아태평양 구도에 미칠 수 있는 영향력에 대해 분석하기로 한다.

---

10 蘇浩, 『從啞鈴到橄欖: 亞太合作安全硏究』(北京: 世界知識出版社, 2003) ; Sun Xuefeng, "The Efficiency of China's Multilateral Policies in East Asia (1997-2007)," *International Relations of the Asia-Pacific*, Vol. 10, No. 3 (2010), pp.515-541.

11 Ian Storey, "Trouble and Strife in the South China Sea: Vietnam and China," *China Brief*, Vol. 8, No. 8 (April 16, 2008); Aileen S.P. Baviera, "Power asymmetry in South China Sea," *Philippine Daily Inquirer*, (2011.6.26).

아세안 협력기제가 중국에 미치는 중요성

부상 중에 있는 중국으로서는 아세안을 중심으로 한 지역기제의 중요성이 중국과 아세안의 관계와 관련되면서도 이를 초월한다. 중국의 지도자들은 2004년 제10차 외국주재사절 회의에서 새로운 시기 중국의 전방위적 외교정책의 4개 구상을 제기했는데, 즉 "대국은 관건이고, 주변은 우선적인 순위이며, 개발도상국은 기초이고, 다자는 중요한 무대"라는 것이다. 동남아는 각국이 오랫동안 겨뤄왔고 동아시아의 국가들이 지역일체화를 추진할 만한 협의의 무대이자 지역으로서 분명히 중국의 전방위 외교 4대 방향의 주목을 받는 곳 중의 하나이다. 미국이 2010년 동아시아정상회의에 가입한 뒤로는 아세안 주도의 연례 다자회의는 더욱더 미중외교의 각축과 전략적 경쟁의 주요한 무대가 되었다. 미국의 압력이 갈수록 세지고, 중일관계가 지속적으로 하락하며 동북아기제가 여전히 답보상태인 삼중의 배경하에서 중국에게 아세안협력기제는 지역 어젠다를 추진하고 동아시아 정치경제질서를 재편하는 중요한 무대라고 할 수 있다. 구체적으로 아세안협력기제가 중국 외교 전략에 미치는 중요성은 다음과 같다.

첫째, 중국-아세안 협력관계의 강화와 심화를 위해 필요한 루트이다. 지리적인 위치와 역사 문화 등의 요인으로 인해, 동남아 지역은 역사적으로 중국의 지리적 전략과 정치경제 이익에 있어 매우 중요한 가치를 지녀왔다. 동남아와 중국의 육지와 해상은 서로 연결되어 있고 지리적으로는 인도양과 태평양 사이라는 전략적인 길목에 위치하고 있다. 중국의 석유수입의 대부분은 중동과 아프리카 지역에서 들어오는데, 반드시 말라카 해협을 통과해야 중국으로 운송할 수 있다. 중국 경제가 발전과 생존을 하기 위한 에너지 생명선이라 할 수 있다. 정치적으로 중국과 아세안 국가는 냉전시기 이데올로기적인 문제로 인해 상호 적대시했지만 냉전이 끝난 뒤 양자 간의 발전수준과 국제관이 서로 가까워지면서 많은 지역과 국제적인 업무에 대해 공동의 입장을 가지고 유엔 등 국제무대에서 상호 지지를 해왔다.[12]

••••••••••••

12 Yongnian Zheng and Sow Keat Tok, "Intentions on Trial: 'Peaceful Rise and Sino-ASEAN Relations," in Guoguang Wu and Helen Lansdowne, eds., *China Turns to Multilateralism: Foreign Policy and Regional Security,* (Oxon and New York: Routledge, 2008), pp.175-197.

1989년 이후 아세안 국가들의 중국에 대한 적극적인 교류는 중국 정부로 하여금 서구로부터의 고립과 제재를 돌파할 수 있게 해주었고, 나아가 정국 안정 유지와 개혁개방의 행보를 지속할 수 있게 해주었다.[13] 1997~1998년 동아시아 금융위기 기간 동안 중국은 동남아와 기타 인근 국가들에 대해 적극적인 주변외교를 펼쳤다. 주변을 안정화시키고 동아시아 협력을 추진함으로써 미중관계의 주기적인 저조가 중국 대외관계에 미치는 충격을 상쇄할 수 있었고, 미국이 아시아태평양에서의 양자동맹과 군사파트너를 이용하여 중국을 봉쇄하는 리스크를 낮추고 헤징(hedging)할 수 있었다.[14] 2010년 이후 미중과 중일관계의 불확실성이 동시에 높아지자 중국은 더 큰 힘을 실어 주변 안정과 지역일체화 가속화라는 똑같은 반응을 내놓았다. 경제적으로 아세안과 중국의 상호의존의 정도는 갈수록 깊어지고 있다. 2011년 아세안이 일본을 대신해 중국의 3대 무역파트너가 되었고, 2015년에는 유럽동맹과 미국을 뛰어넘어 중국의 최대 무역파트너가 될 것으로 예측되고 있다.[15] 투자와 금융합작 분야에서 아세안과 중국의 상호 중요성 역시 날로 증대하고 있다. 자원에 대한 중국의 지속적인 수요와 '해외진출(走出去)' 정책의 가속화로 인해 중국은 최근 동남아에 대한 투자를 확대했을 뿐 아니라 아세안 국가와 금융영역에서의 협력도 강화하고 있다. 위안화의 국제화와 지역화를 추진한다는 전략적인 고려에서 중국은 다양한 조치를 통해 위안화가 중국과 아세안 국가 간의 무역결제통화가 될 수 있도록 장려하고 있으며, 동남아를 기점으로 하여 중장기적으로 동아시아의 지경학적 면모를 선도하며 바꾸어나가려 한다. 이러한 측면에서 볼 때 중국의 전통적인 지정학적 의미에서 동남아 국가들은 지역안정의 공동유지와 국제업무에서의 상호지원이라는 기본적인 지역파트너일 뿐 아니라, 중국이 동아시아 정치경제의 새로운 구조를 만들어나갈 수 있는 관건이자 돌파구라 할 수 있다.

13 Chen Jie, "Major Concerns in China's ASEAN Policy," in Chandran Jeshurun, ed., *China, India, Japan, and Security of Southeast Asia*, (Singapore: ISEAS, 1993), pp.144-180.

14 Zhang Yunling and Tang Shiping, "China's Regional Strategy," in David Shambaugh, ed., *Power Shift: China and Asia's New Dynamics*, (Berkeley: University of California Press, 2005), p.50; Thomas J. Christensen, "Fostering Stability or Creating a Monster: The Rise of China and U.S. Policy toward East Asia," *International Security*, Vol. 31, No. 1 (Summer 2006), pp.81-126.

15 Bao Chang, "ASEAN, China to become top trade partners," *China Daily*, (April 20, 2012). Available at: http://www.chinadaily.com.cn/cndy/2012-04-20/content_15094898.htm.

상술한 목표를 추구해나가면서 중국은 양자외교 외에도 다자 루트, 특히 아세안을 중심으로 하는 각 지역기제를 더욱 믿고 신뢰할 필요가 있다. 중국은 양자외교에만 의존해서는 목표를 달성할 수 없거나 달성하더라도 그 효과가 제한적이라는 것을 알고 있다. 또한 중국은 서구의 의지와 색채가 농후한 다른 지역의 다자기제(예컨대 아시아태평양경제협력체와 샹그릴라 회의)와 비교해볼 때 아세안 주도의 협력기제, 특히 많은 영역과 단계를 갖는 아세안+1('10+1')과 아세안+한중일('10+3')이 중국에게 더 많은 외교공간과 전략적 기회를 준다는 것도 잘 알고 있다.

아세안 주도기제에서의 적극적인 참여를 통해 중국은 남부지역에서 안정적이고 유리한 환경을 만들어나갔다. 개혁개방 이후 중국 외교의 가장 우선적인 임무는 안정적인 외부환경을 조성함으로써 국내 경제건설의 순조로운 전개를 확보하는 것이다. 아세안 국가와의 선린우호관계를 촉진하는 것은 중국이 양호한 주변환경을 유지하는 데 있어 중요한 부분이다.[16] 남중국해의 주권 분쟁은 20세기 90년대 이후 줄곧 중국과 아세안 관계의 주요 장애였고 지역 안정을 깨뜨릴 수 있는 잠재적인 초점으로 간주되어왔다. 수년간의 협상을 거친 뒤 중국과 아세안 국가들은 2002년 11월 4일 〈남중국해 행동선언〉이란 정치문건에 서명하였다. 당시 중국의 왕이(王毅) 외교부 부부장은 문건에 서명한 뒤 다음과 같이 말했다. "이 선언을 체결한 적극적인 의미는 외부세계에 명확한 신호를 보내는 데 있다. 즉 해당 지역의 각국은 상호간에 존재하는 이견에 대해 대화를 통해 처리하고 협력을 통해 남해지역의 평화와 안정을 공동으로 지키자는 것이다."[17] 또한 쌍방은 같은 날 〈중국-아세안 전면적인 경제협력구조협정〉에도 조인했다. 여기서는 중국과 아세안의 향후 수년간 논의의 초점이 영토분쟁에서 경제협력으로 이전된다는 것과 쌍방의 경제의존과 정치신뢰에 대해 긍정적인 역할을 할 것이라는 것을 명시했다.[18]

••••••••••••••

16 中國現代國際關係研究所東盟課題組, "中國對東盟政策研究報告", 『現代國際關係』 2002年 第10期, p.5.
17 "王毅副部長談朱總理出訪成果", 2002. 11. 5, http://www.fmprc.gov.cn/chn/ziliao/wzzt/2343/t10982.htm
18 Sheng Lijun, *China-ASEAN Free Trade Area: Origins, Developments and Strategic Motivations*, ISEAS Working Paper: International Politics & Security Issues Series No.1, (Singapore: Institute of Southeast Asian Studies, 2003), p.16.

둘째, 동아시아 협력과 지역통합의 주요 루트('10+1'로서 '10+3'을 추진)를 추진한다. 20세기 90년대 말부터 중국은 줄곧 동아시아 협력을 중국 부상 과정의 지정학적 거점으로 보아왔고, '10+3'을 동아시아 협력 추진의 주요 무대로 간주해왔다.[19] 경제 규모로 보자면 한중일 3국은 당연히 동아시아 협력과 지역일체화의 주요한 추동자다. 그러나 한중일 간에 서로 뒤얽혀있는 역사와 정치 분쟁으로 인해 동북아 협력기제는 계속 머뭇거리며 굳건한 발전을 할 수 없을 뿐 아니라 3국은 동아시아 차원에서의 지역 리더십 역할을 피차간에 수용할 수 없다. 이러한 상황에서 아세안 중소국가들이 앞장선 지역기제, 특히 동아시아 금융위기의 폭발 뒤 설립되고 안정적으로 발전하고 있는 '10+3' 기제는 중국에게 비이상적이지만 실제적인 협력의 장을 제공하고 있고, 동북아 3국과 동남아 10개국을 위해 각 차원에서의 협력과 통합을 추진하고 있다. 아세안 기제는 다양한 단계와 영역을 갖고 있는 특징을 보이는데 이로 인해 중국은 아세안-중국 협력(혹은 '10+1')으로 '10+3'의 과정을 이끌어나간다는 책략을 전개할 수 있다. 2005년 동아시아정상회의가 개최되자 비동아시아국가(인도, 오스트레일리아, 뉴질랜드) 3개국이 그 안으로 들어왔다. 중국은 동아시아정상회의의 위상을 지역 지도자의 전략대화포럼으로 잡고 있으며, 계속해서 '10+3'을 동아시아 협력을 추진하는 '주요 루트'로 보고 있다.

지금까지 '10+3'은 각 분야에서 중요한 성과를 거두었다. 통화금융협력 분야에서 2000년 아세안과 한중일 재무부 장관들이 〈치앙마이 이니셔티브〉에 공동으로 조인한 이후, 13개국은 연이어 양자 간 통화스왑기제를 구축했고, 2007년에는 치앙마이 이니셔티브의 다자화 협정을 달성했으며, 2010년에는 지역 외환비축고 설립, 2011년에는 '10+3' 거시경제연구사무실을 설립했다. 자유무역지대 설립 분야에서는 2000년 중국이 중국-아세안 자유무역지대 설립을 제안한 이후, 일본과 한국 역시 잇달아 각각 아세안과 '10+1'로 자유무역협정을 맺었다. 안보영역 분야에서는 아세안과 한중일이 '10+3'의 틀 아래에서 각자의 방식에 따라 비전통안보협

· · · · · · · · · · · · · ·

19 吳健民, "中國的崛起與東亞合作", 『外交評論』 2005年 第6期, pp.21-22 ; 翟坤, "東亞合作的未來之路", 『世界知識』 2005年 第21期, pp.26-28 ; Ming Wan, "The Great Recession and China's Policy toward Asian Regionalism," Asian Survey, Vol. 50, No. 3 (May/June2010), pp.520-538.

력을 진행했다. 비록 이러한 협력의 속도가 느리고 비군사안보 성격에 속한다 할지라도 이로써 동아시아 지역의 안보협력이 시작되었다고 볼 수 있다.[20] 지적해야 할 점은 '10+3' 역시 동북아 3국 간의 대화와 협력을 위한 계기를 만들었다는 것이다. 3국 지도자들은 1999년부터 '10+3' 연례회의 기간 동안 조찬회를 거행하며 한중일 정상회담을 실현했고, 2008년부터는 '10+3'의 틀 밖에서 정상회담을 개최하기 시작하며 동북아협력 기제화를 위한 진전이 시작되었다.

전체적으로 볼 때 이상의 발전들은 동아시아 13개국 간의 통화금융과 경제무역 협력을 추진했고 지역 분업과 생산네트워크를 심화시켰으며 지역 차원의 기능적인 안보협력을 추진하고 동북아 협력기제의 진전을 이루어, 점차 아시아태평양의 지정학적 면모를 근본적으로 바꾸어놓으면서 동아시아 경제정치 구조의 재편을 위한 중요한 토대를 마련했다고 볼 수 있다. 만약 아세안이란 기제의 존재가 없었다면 중국과 지역 국가가 십수 년 사이에 이상의 성과들을 달성하기란 매우 어려웠을 것이다.[21]

셋째, 중국의 영향력을 축적하고 확장시키는 중요한 무대이다. 부상 중에 있는 대국은 지역과 국제기제를 지연적 전략의 근거로 삼아 자기 부상의 역량과 지위를 축적하고 발휘하며 정당화함으로써 국제체계의 구조적인 전환을 추진하는 것이 필요하다.[22] 그러나 아태지역의 지연정치와 중국 자체의 상황은 중국이 지역협력에 앞장서지 못하게 만든다. 장원링(張蘊嶺)은 "중국은 동아시아 지역협력의 리더로 간주되지만 중국은 사실 그 역할을 맡을 수가 없다."고 솔직하게 인정한다. 그는 "중국은 지역협력에 대해 적극적인 참여와 추진 정책을 채택하고 있지만, 역내에 제공할 수 있는 '고가치의 공공재'가 제한적임을 감안해볼 때 진정한 리더십을 발휘하기 어렵다. 또한 중국이 덩치가 크고 발전이 빠르기 때문에 사람들은 종종

••••••••••••••

20 Wu Xinbo, "The Spillover Effect of the ASEAN-Plus-Three Process on East Asian Security," in Avery Goldstein and Edward D. Mansfield, eds., *The Nexus of Economics, Security, and International Relations in East Asia*, (Stanford: Stanford University Press, 2012), pp.96-119.

21 翟坤, "小馬拉大車? : 對東盟在東亞合作中地位作用的再認識", 『外交評論』2009年 第2期, pp.9-15; 張蘊嶺, "東亞合作需要新思路", 『中國經濟周刊』2010年 第1期, pp.50-52.

22 門洪華, 『構建中國大戰略的框架: 國家實力, 戰略觀念與國際制度』(北京: 北京大學出版社, 2005), pp.213-279 ; 門洪華, "中國國家戰略體系的建構", 『教學與研究』2008年 第5期, pp.13-20 ; 閻學通, "權力中心轉移與國際體系轉變", 『當代亞太』2012年 第6期, pp.4-21.

'중국의 리더십'과 중국 독점을 하나로 연결 지으면서 중국에 대해 일종의 '리더십 공포감'을 갖게 만든다."고 말한다.[23] 이와 같은 현재 상황으로 인해 중국은 아세안이 주도하는 다자기제를 가장 적합하고 실제적이며 자신과 타자에게도 유리한 지역협력의 장으로 간주하고 있으며, 상하이협력기구 외에 중국에게 가장 중요한 지역기제이다. 아세안 기제는 '소국이 앞장서고, 대국이 참여하는' 특징으로 인해 부상 중에 있는 중국으로서는 간접적이고 비대항적인 방식으로 장기적인 영향력을 확대해나갈 수 있다. 대국 간에 지역 리더의 역할을 두고 서로 다투는 문제를 피할 수 있으며 각 국가의 이익을 지역협력의 과정에서 조정할 수 있다.

중국에게 아세안 주도 기제의 최대 가치는 일석수조(一石數鳥)의 효과에 있으며 동시에 중국 외교가 상호 촉진하는 다양한 주요 목표, 즉 주변 안정, 중국과 아세안 관계의 심화, 동아시아 협력과 일체화 추진, 지역 사안에서 중국의 영향력 최대화, 동아시아 지역에서 미국의 상대적 지위 감소 등을 추진할 수 있다는 데 있다. 2000~2010년 기간 동안 미국은 동아시아 협력 건설과 기제화의 과정 밖에 처해있었기 때문에 중국의 주변외교전략 구상은 동아시아국가 간의 다차원적이고 다양한 영역에서의 협력기제를 통한 '동아시아 연합의 실현'이었고, 이러한 기초 위에서 다시 '미국과의 새로운 태평양관계 재편'을 위해 힘을 쏟고 있다.[24] 요컨대 동남아 지역은 부상 중에 있는 중국이 다시 지정·지경학적 질서를 재편할 수 있는 중요한 고리이며, 아세안이 주도하는 지역 다자기제는 이러한 과정에서 없어서는 안 되는 중요한 장이라 할 수 있다.

미국의 '재균형' 이후 아세안 기제에서 중국이 직면한 도전

미국의 '전략적 재균형'은 중국 주변외교전략의 구상과 행보를 교란했고, 중국의

23 張蘊嶺, "尋找推進東亞合作的路徑", 『外交評論』 2011年 第6期, p.9.
24 張蘊嶺, "中國周邊環境的新變化與對策", 『思想戰線』 2012年 第1期, pp.1-3; 唐世平, "2010-2015年 的中國周邊安全環境: 決定性因素和促使展望", 『戰略與管理』 2002年 第5期, p.39.

외부환경에 중대한 변화를 가져다주었다. 이는 중국이 2001~2010년 전략적 시기 동안 지역협력 구축 과정에서 향유할 수 있었던 지연적 유리함과 전략적 공간을 축소시켰을 뿐 아니라, 지역 다자기제를 통해 안팎으로 각 분야에서 중국의 지역 지위에 도전하고 있다.

사실상 동아시아 지역에서 날로 팽창하고 있는 중국의 영향력에 대한 미국의 관심은 부시 집권 시기부터 이미 뚜렷하게 나타났지만, 워싱턴은 반테러와 아프가 니스탄 및 이라크 전쟁에 발목이 잡혀 아시아태평양 문제에 대해서는 상대적으로 소홀했었다.[25] 이라크에서의 철군과 반테러 국면의 완화, 그리고 서브프라임 위기로 시작된 금융위기가 미국과 전 세계를 충격으로 몰아넣으면서 오바마 정부 출범 이후 미국의 전략적 중심은 점차 동아시아로 이전되었고, "아시아로의 회귀"와 "동남아와의 재접촉"이라는 구호 아래 아태지역에서의 외교와 경제업무에 적극 참여하고 있다.[26] 미중관계는 비록 오바마 취임 이후 단기간의 밀월기를 보냈지만 2010년 이후에는 북한, 중일, 남중국해 등의 문제에서 서로 간의 입장차를 보이면서 양자관계가 날로 긴장되어갔다. 미국은 미중 간의 황해대치사건 이후 중국이 주변 분쟁 문제에 대해 날로 강경한 태도를 보이는 것에 대해 경계를 하며, 중국이 세계금융위기 이후 국내 정국의 필요성 때문에 민족주의를 조장하며 강경한 수단으로 중국의 상대적인 실력의 부상을 드러내고 강화하고 있다고 보고 있다.[27] 반면 중국은 미국의 전략적 조정이 중국을 겨냥하고 있으며 주변 국가와 연합하여 중국을 견제함으로써 지역 패권으로서의 미국의 지위를 유지하기 위한 조치라고 보고 있다.[28] 2011년 11월 힐러리 클린턴 미 국무장관은 〈포린 폴리시〉 기고문에

• • • • • • • • • • • • • •

25 U.S. Department of Defense, Quadrennial Defense Review 2001, Washington, DC: DOD, 2001; Kurt M. Campbell, "The Cusp of Strategic Change in Asia," *Orbis*, Vol. 45, No. 3 (Summer 2001), pp. 371-386; Karl D. Jackson, "Southeast Asia: Off the Radar Screen," *SAISPHERE*, 23 (2004), pp. 21-23.

26 Ernest Bower, "Obama down, Obama will pivot," *Southeast Asia from the Corner of 18th & K Street* II:7, Washington, DC, Center for Strategic and International Studies, 2011, pp.1-14.

27 Thomas J. Christensen, "The Advantages of an Assertive China," *Foreign Affairs* (March/April 2011), pp.54-67; Michael D. Swaine, "Perceptions of an Assertive China," *China Leadership Monitor*, No. 32 (May 11, 2010), pp.1-19.

28 馬小軍, 高祖貴, "世界變局中的中國國際戰略", 『當代世界』 2012年 第1期, pp.11-15; 朱鋒, "奧巴馬政府 '轉身亞洲' 戰略與中美關係" 『現代國際關係』 2012年 第4期, pp.1-7.

서 공식적으로 '회귀(pivot)'라는 단어를 사용하여 미국의 동아시아로의 전략적 이동을 묘사했다.[29] 2012년 1월 미국의 펜타곤이 발표한 국방전략문건에서는 "재균형(rebalance)"이라는 단어를 선택하여 사용하고 있다.[30]

미국의 전략적 재균형 이후 각 영역에서 아태지역의 동맹국과 파트너 국가와의 양자관계를 한층 더 강화하는 것 이외에도 중점 중의 하나는 워싱턴이 과거 아시아 다자기제에 소극적으로 참여했던 태도를 바꾸어 아세안을 중심으로 하는 지역기제에 적극적, 전면적으로 참여하는 것이다. 2010년 7월 힐러리는 아세안 지역포럼 외무장관 회의에서 남중국해의 항해 자유와 아시아 공해 개방은 미국의 '국가이익'과 관련된다고 강조했다. 아세안 지역 포럼은 모두 27개 참여국으로 구성된 아태지역에서 가장 중요한 다자안보기제이다. 동년 10월 미국 국방장관은 다른 17개국과 함께 제1차 아세안 국방장관 확대회의에 참석했다. 다음해 오바마는 미국을 대표하여 동아시아정상회의에 공식적으로 참가했고, 과거 10년간 동아시아 협력구축 과정에서 미국이 배제되어왔던 국면을 바꾸어놓았다. 아세안 기제 이외에도 미국은 아태경제협력기구와 샹그릴라 회의의 지역 역할을 강화하는 데 최선을 다했고, 2009년 11월에는 '환태평양동반자관계' 확대 계획을 제기함으로써 태평양지역의 시장개방과 다자간 무역을 추진하였다. 군사 분야에서 미국은 전통적인 동맹국인 일본과 한국, 오스트레일리아, 필리핀, 태국과 양자 간 국방관계를 공고히 하였으며 또한 파트너국과의 군사안보협력의 수준도 끌어올렸다. 2011년 하반기 미국은 오스트레일리아 북부 다윈 군사기지에 2,500명의 해병대를 순환 배치하고, 싱가포르에는 4개의 근해 전투함을 파견한다고 발표했다. 2012년 6월 미국 국방부는 태평양에 배치된 미국 해군의 총군사력 비중을 현재의 50%에서 60%로 증가시킬 것이라고 발표했다.

미국의 전략적 전환으로 일부 아세안 국가는 중국의 국력 상승 이후 드러내는

29 Hillary Clinton, "America's Pacific Century," *Foreign Policy*, No. 189 (November 2011), pp.56-63.
30 U.S. Department of Defense, *Sustaining U.S. Global Leadership: Priorities for 21st Century Defense,* (Washington, DC: DOD, January 2012).

힘의 과시 태도에 대해 우려를 느끼며 채택한 경계조치를 강화했다.[31] 남중국해에서 중국과 주권 분쟁을 벌이고 있는 필리핀과 베트남은 군사적으로 각각 미국과의 방위협력을 강화하는 것 이외에도 외교적으로 보조를 맞춰가며 서로 다른 다자 논의의 장에서 중국에 대해 큰 목소리를 내고 있으며, 미국 및 중국 부상에 대해 날로 불안을 느끼는 다른 지역 국가들과 함께 남중국해 문제에 대해 중국에 압력을 넣으면서 중국에게 법적 구속력을 갖춘 '남중국해 행위준칙' 체결에 조속히 동의할 것을 요구하고 있다.[32] 필리핀은 분쟁을 국제중재법정에 제소하기까지 했다. 다른 아세안 국가들은 비록 대항의 방식으로 중국에 맞서기를 원치 않고 있지만, 자신의 이익과 장기적인 자주적 공간에 대한 고려에서 대체로 동남아 지역에서의 미국의 외교적, 경제적 역할 확대에 대해 낙관적인 입장을 보이고 있으며, 정도는 다르지만 미국의 전략적 의지의 강화가 영해문제에 대해 날로 강경해지는 중국과 대면하는 데 도움을 줄 것이며, 또한 다자협력기제를 통해 대국 간의 안정적인 힘의 균형을 유지할 수 있을 것이라고 보고 있다.[33]

대부분의 아세안 국가들의 전략적 출발점은 중국 배제나 대항이 아니라 중국을 경계하거나 혹은 제약하는 것으로, 중국(혹은 어떠한 대국이라도)의 세력 강화로 인한 지역 패권의 추구가 장기적으로 상대적으로 약소국인 아세안 국가의 주권 안보 이익과 정책적인 자주적 공간을 침해하려는 것을 방지하려는 데에 있다. 이 밖에도 이들 약소국들은 대국 간에는 힘의 대비와 전략적 염원 및 관계 위상정립의 불확실성이라는 리스크가 영원히 존재한다는 것을 잘 알고 있다. 대국 간의 충돌에 말려들거나 혹은 대국의 안보 약속에 대해 다소 유보하는 입장을 갖고 있기 때문에,

∙∙∙∙∙∙∙∙∙∙∙∙∙∙

31 Cheng-Chwee Kuik, Nor Azizan Idris, and Abd Rahim Md Nor, "The China Factor in the U.S. 'Reengagement' with Southeast Asia: Drivers and Limits of Converged Hedging," *Asian Politics and Policy*, Vol.4, No.3 (July 2012), pp.315-344; 兪新天, "美國對衝政策的新特点與中國的應對", 『國際問題研究』2012年 第5期, pp.55-68.

32 International Crisis Group, *Stirring Up the South China Sea (II): Regional Response, Asia Report*, No. 229 (July 24, 2012).

33 Dewi Fortuna Anwar, "An Indonesian Perspective on the U.S. Rebalancing Effort toward Asia," *NBR Commentary*, (February 26, 2013). 다음을 참고할 것. Seng Tan, "Faced with the Dragon: Perils and Prospects in Singapore's Ambivalent Relationship with China," *Chinese Journal of International Politics*, Vol. 5, No. 3 (Autumn 2012), pp.245-265.

아세안 국가들은 국제권력구조의 앞날이 불확실한 상황에서 대국 사이에서 어느 한 편을 선택하여 서지 않고 미중 사이에서 균형을 유지할 수 있도록 힘을 다하고 있으며, 군사적 수단을 과도하게 돌출시키거나 이에 의존하여 지역문제에 대응하지 않는다는 방침을 고수하고 있다.[34] 이와 동시에 각국의 집권 엘리트들은 국내 정치경제적 필요에 대한 고려에서 모두 지속적으로 확대되고 있는 중국 경제로부터 경제무역투자와 통화협력 등의 분야에서 실제적인 이득을 거둠으로써 각국의 국내발전과 안정을 위한 긍정적인 요인이 유입되기를 기대하고 있다. 세계금융위기 이후 이와 관련된 기대는 더욱 뚜렷해졌다. 이러한 구조적인 고려와 국내적인 필요성이라는 배경 아래 대다수의 아세안 국가들은 모두 신중하게 헤징의 방식으로 부상하는 중국에 맞서고 있으며, 중단기적인 경제발전 이익과 장기적인 안보 자주 이익 사이에서 균형을 이루기를 희망하고 있다. 따라서 대부분의 아세안 국가들은 미국의 전략적 재균형에 대해 긍정적으로 보고 있는 동시에 신중하게 중립을 유지하고 중국에 반대하지 않으며 동남아에서의 미국의 군사적 배치에 말려들지 않기를 바라고 있다. 또한 중국과의 경제 및 지역 현안 협력을 지속적으로 끌어올릴 시기에 자신의 전략적 항목을 선택적으로 강화하고 다원화하고 있다(미국 및 기타 아시아국가와의 국방협력을 진행).[35] 2012년 프놈펜에서 개최된 아세안 외무장관 회의에서 공동성명을 발표하지 않은 교훈을 감안하여 동남아 국가들은 아세안의 단결과 응집력을 유지하는 데 최선을 다하고 있으며, 중국과 행위준칙에 대해 협상하기 전에 아세안 내부에서 우선적으로 토론을 거쳐 합의를 볼 수 있는 초안을 마련하기 위해 노력하고 있다.

상술한 변화들은 중국의 외부환경, 특히 아세안이 주도하는 각각의 다자포럼에 거대한 충격을 가져다주었다. 종전에 아세안을 중심으로 하는 다자연례회의는 중국이 영향력을 드러내고 지역 어젠다를 추진하는 협력의 장이었다. 2010년 미국의 외교 핵심이 아시아로 이전되고 지역 국가의 방어조치와 결합된 이후부터 아세안

----

34 Kuik Cheng-Chwee, "The Essence of Hedging: Malaysia and Singapore's Response to a Rising China," *Contemporary Southeast Asia*, Vol. 30, No. 2 (August 2008), pp. 159-185.

35 Kitti Prasirtsuk, "The Implications of U.S. Strategic Rebalancing: A Perspective from Thailand," *Asia Policy*, Vol. 15, No. 1 (January 2013), pp. 31-37.

연례회의는 중국이 각방으로부터의 압력에 직면하게 되는 장소가 되었다. 아세안 기제, 예컨대 외교장관급 아세안 지역 포럼, 국방장관급 아세안확대회의, 지도자급 동아시아정상회의 등의 많은 참여국들은 모두 미국의 동맹이자 안보 파트너이기 때문에, 중국은 이러한 고위층 다자기제에서 수시로 피동적이고 신중하게 대응해야 하는 처지에 놓이게 되었다. 2010년 7월 힐러리가 아세안 지역 포럼에서 미국은 남중국해에서 국가이익을 가지고 있다고 표명한 이후, 미국의 로버트 게이츠 국방장관은 그해 10월 거행된 제1회 아세안 국방장관확대회의에서 함선이 국제해양에서 자유롭게 항해할 권리를 갖는다고 강조했다. 2011년 7월 힐러리는 아세안 지역 포럼에서 남중국해에서의 미국의 입장에 대해 거듭 표명했고, 중국과 아세안 국가들이 행위준칙에 조속히 조인할 것을 호소했다. 동년 11월 오바마는 남중국해 문제를 동아시아정상회의에 가져와 중국에 대해 강도 높은 압력을 행사했다. 2012년 7월 프놈펜에서 거행된 아세안 지역 포럼에서 힐러리는 다시 한 번 중국과 아세안 국가들이 행위준칙에 대해 대화로 남중국해의 분쟁을 종식시킬 것을 호소했다. 그녀는 군용과 정부의 함선을 이용하여 어민 분쟁을 처리하는 일부 국가의 행위를 비판했고, 양자 형식으로 분쟁을 처리하려는 그 어떠한 시도도 혼란과 충돌만 야기할 뿐이라고 경고했다.

많은 중국학자들은 이상의 조치들이 미국이 중국의 부상을 저지하고 미국의 패권을 유지하기 위해 주변 국가와 중국의 관계를 고의적으로 도발한 것이라고 보고 있다. 아세안 국가들을 중국 견제의 바둑돌로 삼고 이들과 미일 연합을 통해 중국을 억제하여 주변에서 대중국 포위망을 짠다는 것이다.[36] 일본의 아베 총리가 일년 사이에 아세안 10개국을 두루 방문하면서 아세안 각 국가와의 외교와 국방관계를 강화해나갈 것이라는 강한 의지를 보임으로써 중국은 자신을 겨냥한 것이라는 느낌을 더욱 받았다. 중국은 내부적으로 지도자 교체와 경제 전환, 날로 심각해지는 사회집단사건, 민족정서의 고취 등의 문제에 직면해있는 시기로 이러한 외부의 도전은 중국을 더욱 곤란하게 만들 것이다.

. . . .

36 張文宗, "中美隣在東亞如何良性互動?", 『現代國際關係』2012年 第10期, pp.38-44 ; 陣雅莉, "美國的 '再平衡' 戰略: 現實評估和中國的應對", 『世界經濟與政治』2012年 第11期, pp.64-82.

중국의 대응과 전략적 추세

중국은 미국과 일부 주변 국가들이 다자기제 안팎에서 공동으로 벌이고 있는 외교 기세와 경제적 도발, 군사배치라는 갖가지 도전에 직면하여, '양쪽에 판돈을 거는 (兩面下注)' 대응 전략을 채택했다. 한편으로 시진핑 집권 이후 미중 간의 '신형대 국관계' 구축에 주력함으로써 역사적으로 부상국과 패권 유지국 간의 구조적인 요인으로 인한 상호 충돌의 위험을 낮추고, 미중 간에 날로 긴장되는 관계를 완화 함으로써 워싱턴의 재균형 전략으로부터 오는 각종 압력을 완화시킨다는 것이 다.[37] 또 다른 한편으로 중국은 지역 전방위 협력과 통합 추진을 가속화함으로써 아시아태평양 지정·지경학적 질서를 재편하고, 지역을 근거로 한 지리적, 시간적 우세를 강화한다는 방침이다.

중국의 관점에서 보면 이러한 두 가지 전략의 목표와 과정은 상보적이면서도 상호 촉진적이다.[38] 전자는 후자의 전제이자 추진기의 역할을 하고, 후자는 전자 의 예비 역량이자 안정적인 역할을 한다. 현재 상황에서 볼 때 중국은 양자 병행 실시가 중단기적으로 미중관계의 불확실성과 중장기적으로 중국이 지정·지경학 적 질서를 재편할 수 있는 능력의 균형을 맞출 수 있는 가장 좋은 방법이라고 판단 하고 있다.[39] 또한 이 두 가지 전략을 실시하기 위해서는 양자 형식도 필요하고 다 자, 특히 아세안을 중심으로 하는 지역다자기제를 필요로 한다.

소국이 이끌고 주도하는 이러한 기제는 새로운 시기 지역 주도권 쟁탈로 인해 지역협력이 답보상태에 머물 수 있는 문제를 피하는 데 일정한 역할을 발휘할 수 있을 뿐만 아니라, 각 강대국에게 힘의 완충과 이익 절충의 장을 제공하여 아시아 태평양 각국이 국제레짐이 매우 불확실한 상황에서도 협력 속의 경쟁, 경쟁 속의

· · · · · · · · · · · · · ·

37 David M. Lampton, "A New Type of Major-Power Relationship: Seeking a Durable Foundation for U.S.-China Ties," *Asia Policy*, No. 16 (July 2013), pp.51-68; 楊潔勉, "新型大國關係: 理論, 戰略和政策建構", 『國際問題研究』 2013年 第3期, pp.9-19.

38 陳東曉, "東亞合作背景下的中美關係", 『外交評論』 2005年 第6期, p.33; 龐中英, "'東亞合作'向何處去?: 論東亞地區秩序的困境與中國的戰略選擇", 『人民論壇』 2012年 6月, pp.66-70.

39 秦亞青, "東亞共同體建設進程和美國的作用", 『外交評論』 2005年 第6期, pp.27-28; 宋均營, "東亞合作的新態勢及中國的戰略選擇", 『太平洋學報』 2010年 第5期, pp.41-48.

협력, 치열한 다자간의 상호관계를 지속할 수 있게 해준다. 이러한 기제의 특징으로 인해 중국이라는 부상 중에 있는 대국은 적절하게, 적시에, 적절한 곳에서 아시아태평양 지역의 미래 정치경제 발전 방향의 전략적 공간을 '유도'('주도'가 아니라)할 수 있고, 지역 간의 상호의존과 상호융합의 방식으로 미국이나 다른 대국과 발생할 수 있는 대립의 가능성과 주변 각 중소국가에 대한 신임 쟁탈을 낮춤으로써, 중국 정부가 자신의 정치적 생존과 관련된 국내 문제에 더욱 전념할 수 있게 해준다.

베이징대학의 왕이저우(王逸舟) 교수는 다음과 같이 지적한다. "동아시아는 중국의 이익과 가장 직접적으로 관련되는 지역이다. 우리는 중국이 이끌어나가는 신형 동아시아 국제관계를 어떻게 건설할 것인지에 대해 연구해야 한다. 중국이 진정으로 세계적인 영향력을 발휘하려면 우선 해당 지역에서 영향력을 가져야 한다. 지역 차원에서 엉망이고 주변 국가와 계속 다툼이 있다면 영향력을 어떻게 확대할지 상상하기 어렵다. 따라서 남중국해 문제나 조어도 문제에서 국면을 깰 필요가 있으며 반드시 창조적인 사고와 지렛대가 있어야 한다. 중국은 새로운 시기 중국에 필요하고 주변 국가가 받아들일 수 있으며 모두가 비교적 안심할 수 있는 새로운 아시아태평양, 새로운 아시아를 구축하도록 커다란 노력을 기울여야 한다."[40] 중국은 강경한 수단으로는 인근 국가를 반대편으로 밀어넣는 정반대의 결과를 얻을 뿐이며 주변 지역의 안정을 파괴하고 다른 대국이 자신의 남쪽에서 풍파를 일으킬 수 있는 틈을 만들어줄 뿐이라는 점을 잘 알고 있다.

미국의 동아시아정상회의 가입 이후 중국은 신아시아 구축에 관한 전략적 구상을 조정했고, 기존의 미국 없는 동아시아 협력기제 구축이라는 구상에서 '3개 라인' 방침의 동시 추진으로 전환했다. '10+1'을 주변전략의 '기초'로 삼고, '10+3'을 '주요 루트'로 삼으며 동아시아정상회의를 '대국관계 협력 구축'을 위한 '대전략의 틀'로 삼는다는 것이다.[41] 장원링은 중국은 미국과 러시아가 참여하는 동아

---

40 王逸舟, "未來10年中國的國際關係, 國際戰略", 『國際關係研究』 2013年 第1期, p.6.
41 張蘊嶺, "中國周邊戰略", 『領導文萃』 2011年 第1期, p.20; 張蘊嶺, "中國周邊環境的新變化與對策", 『思想戰線』 2012年 第1期, pp.1-3.

시아정상회의를 충분히 활용하여 더욱 넓은 범위의 지역 전략의 틀을 거점으로 삼아 중국, 미국, 러시아, 인도, 일본 등 몇 개 대국 및 아세안과 대화와 협력을 할 수 있고, 그 과정에서 "중국에게 유리한 평화 발전의 외부환경을 능동적으로 유도하며 조성해나갈 수 있고",[42] 확대된 동아시아 협력의 틀 속에서 미국의 지역 행위에 대해 제약을 형성할 수 있다고 본다.[43]

아세안 주도의 기제가 미국의 재균형 이후 중국에게 일정 정도의 압력과 제약을 가져다주었지만, 중국은 관련 기제가 미국의 도전에 효과적으로 대응하고 자신의 지연 공간을 확대하는 데 있어 없어서는 안 되는 공간이라는 점을 알고 있다. 20세기 90년대는 '중국위협론'으로 떠들썩한 시대였다. 중국이 90년대 후반부터 불리한 국면을 점차 돌려놓을 수 있었던 이유는 바로 지역의 다자 활동에 적극적으로 뛰어들어 실제 행동으로 아세안의 중소국가에게 위로와 재보장을 해주고, 동아시아 금융위기 이후 자신과 타자 모두에게 유리한 태도를 취해 주변 국가와 긍정적인 상호작용을 함으로써 많은 소국들이 중국에 대해 갖고 있는 우려를 제거할 수 있었기 때문이다. 비록 2008년 이후 일부 주변 국가에서 중국에 대한 방어심리가 다소 증가되고 있지만, 중국은 이러한 방어 경향을 없애거나 최소 우호적인 중립을 얻어내기 위해서는 모두 아세안 기제라는 주요 무대의 도움이 필요하다는 것을 알고 있다.

중국의 대응전략은 구체적으로 다음 세 가지의 관련 부분에서 구체화할 수 있다. 첫째, 주변 국가에 대한 선린정책을 격상시키기 위해서는 아세안과의 협력관계를 중국 주변 외교의 우선방향으로 발전시켜야 한다. 미국 재균형 전략의 주요 지점이 아세안의 구성원과 아세안을 주요 기제로 한다는 점을 감안할 때 중국의 주요한 대응전략의 하나는 주변 국가, 특히 아세안 국가에 대한 선린우호정책을 격상시켜야 한다는 것이다. 정책의 중점은 다음과 같은 내용을 포괄한다. 아세안 각국에 대한 긴밀한 고위층 방문을 진행하고, '공동번영'이라는 '호혜공영구조'의 조성을 위해 노력하며, 중국의 신지도부가 동남아 국가를 중시하고 아세안과의

---

42 張蘊嶺, "把握周邊環境新變化的大局", 『國際經濟評論』 2012年 第1期, p.14.
43 張蘊嶺, "中國周邊環境的新變化與對策", 『思想戰線』 2012年 第1期, pp.2-3.

전면적인 협력을 격상시킬 것이라는 강력한 신호를 적극적으로 보내고, 인근 국가의 중국에 대한 우려를 불식시키기 위해 노력함으로써 상호의존 심화와 정치적인 상호신뢰 강화로 이들 국가의 미국에 대한 의존을 방지하고 이로써 주변의 안정을 유지해나간다.

중국의 왕이(王毅) 외교부장은 2013년 3월 임명된 이후 동남아에 대한 외교 공세를 적극적으로 펼치며 동남아 8개 국가를 잇달아 방문했다. 동년 10월 중국의 시진핑 국가주석과 리커창 총리가 동남아를 연이어 방문하며 아세안 지역에서의 중국 외교가 최고조에 달했다. 우선 시진핑은 아세안에서 가장 영향력 있는 인도네시아와 말레이시아 2개국에 대해 국빈방문을 진행하며 중-인도네시아와 중-말레이시아 관계를 '전면적 전략파트너관계'로 격상시켰고, 발리에서 거행된 아태경제협력기구회의에 참석했다. 시진핑은 인도네시아 의회의 초청을 받아 자카르타에서 진행한 중국의 아세안 정책에 관한 연설에서 중국과 아세안을 '운명 공동체'로 묘사하면서, 중국은 아세안 국가와 기회를 함께 나누고 도전에 함께 맞서서 공동발전과 공동번영을 실현하길 원한다고 강조했다.[44] 뒤이어 리커창은 동남아에 대한 새로운 외교 방문을 전개하며 중국-아세안 지도자회의와 '10+3' 지도자회의, 동아시아정상회의에 참석하는 동안 브루나이, 태국, 베트남에 대한 방문을 진행했다. 리커창은 방문 기간 동안 중국과 아세안의 경제무역관계를 더욱 끌어올려 양자 간에 '다이아몬드 십년'을 만들어나가겠다고 강조했다. 그는 중국은 동아시아 협력과정에서 아세안의 주도적인 역할에 대해 거듭 지지를 표명하며, 쌍방이 '중국-아세안 선린우호협력조약' 체결을 적극 모색해나갈 것을 호소했다.

중국은 남중국해 문제에서도 피동적인 태도에서 능동적인 태도로 변하기 시작했다. 2013년 중순 중국은 〈남중국해 각방행위선언〉 태스크포스팀의 틀에서 〈행위 준칙〉의 진전을 추진해나가는 데 동의했다. 9월경 양측은 쑤저우에서 아세안-중국 〈남중국해 각방행위선언〉 제6차 고위급 회담을 개최했다. 10월경 리커창은 아세안-중국 지도자회의에서 남중국해 문제를 적극 언급하면서 관련 분쟁은 "중

44 "習近平在印度尼西亞國會的演講", 2013.10.3, http://www.mfa.gov.cn/mfa_chn/zyxw_602251/t1084354.shtml

국과 아세안의 관계에 영향을 주지 않을 것이며, 주어서도 안 된다."로 보았고, "분쟁을 평화적으로 해결하기 전에 중국 측은 분쟁 관련국이 공동개발을 적극 추진할 것을 주장한다."고 강조했다.[45] 동아시아정상회의에서 미국의 케리 국무장관과 일본의 아베 총리, 필리핀의 아키노 대통령은 남중국해의 항해자유 등의 문제를 언급했다. 리커창은 연설을 통해 "남해의 항해 자유는 지금까지 문제가 된 적이 없으며, 앞으로도 문제가 되지 않을 것이다"라고 강조했다.

첫째, 양자 관계를 통해 다자 관계를 풀어나가고 이끌어나간다. 중국 고위층 지도자의 동남아시아 방문에서는 중국이 양자 간의 관계를 추진함으로써 다자압력을 완화하고 다자발전으로 이끌어나가려는 전략이 두드러지게 나타난다. 개별 아세안 구성원과의 양자관계를 강화함으로써 중국은 더 많은 동남아국가로부터 중국에 대한 우호를 얻어내거나 혹은 최소한의 중립 유지를 이끌어내려 노력하고 있으며, 이들 국가가 다자기제 혹은 지역 업무에서 하나가 되어 중국에 대해 공동으로 압력을 행사할 수 있는 가능성을 낮추는 동시에 이들이 점차 중국과 안보영역에서의 협력을 추진할 수 있도록 노력하고 있다.

구체적으로 말해 중국은 '친소를 구별하는(親疎有別)' 이중전략을 전개하고 있다. 가장 중요한 인도네시아(인구가 가장 많고 면적이 가장 크며 자원이 풍부하고 전략적 잠재능력이 거대한 아세안 국가), 말레이시아(가장 먼저 중국과 수교를 맺은 아세안 국가, 동아시아협력 등 지역문제에서 중국과 입장이 가장 가까운 국가, 남중국해 분쟁에서 대중국 정책이 가장 온화하고 목소리가 적은 국가, 말라카해협 연안에 위치한 국가, 아세안 지역에서 중국의 최대 무역파트너), 태국(장기적으로 중국과 우호를 유지하고 중국과 영토분쟁이 없으며 중국과 군사안보협력에서 가장 밀접한 발전을 보이고 있는 아세안의 오래된 구성원)과의 발전에 주력하고, 싱가포르, 브루나이, 캄보디아, 라오스, 미얀마와의 양자관계를 안정시키고 공고화한다는 것이다. 또한 베트남과의 관계를 보완, 개선하고 나아가 세 가지 측면에서 필리핀에 대한 고립과 압력을 행사한다는 것이다. 시진핑과 리커창, 왕이는 2013년 동남아 순방에서 모두 필리핀을 그냥 지나쳤다.

45 "李克强總理演講大讚《泰囧》爲中泰友誼做廣告", 2013.10.12, http://ent.people.com.cn/n/2013/1012/c1012-23174666.html

관련 전략 역시 중국의 남중국해정책에서 구체화되고 있다. 시진핑 집권 뒤 중국은 브루나이, 말레이시아, 베트남과 해상협력과 해양자원 공동개발에 대한 논의를 잇달아 진행하면서 필리핀을 단독으로 배제했다. 2013년 4월 중국은 브루나이와의 공동성명을 발표하면서 브루나이 국가석유공사와 중국해양석유총공사의 합작회사 설립과 해상공동개발의 전개, 그리고 해상천연가스자원의 공동 시추·개발에 대한 지지를 표명했다. 동년 10월 양국은 다시 공동성명 발표를 통해 해상협력 강화와 공동개발 추진에 동의했으며, 직접 관련된 주권국들이 평화적인 대화와 협상을 통해 관련 영토 및 관할권 분쟁을 해결하기로 했다. 말레이시아의 나집 총리는 2013년 6월 남중국해 각 국가들은 분쟁을 보류하고 자원을 공동 개발함으로써 충돌을 피해야 한다고 호소했다. 동년 8월 말레이시아 국방장관은 남중국해의 천연가스자원에 대한 중국과의 협력개발을 원한다고 표명했다. 최대 돌파구는 최근 영해문제로 인해 분쟁이 끊이지 않았던 중국-베트남 관계를 대폭 개선한 데 있다. 2013년 6월 베트남 국가주석의 중국 방문 시 양국은 핫라인 개설과 자원개발문제에 대한 협의를 맺었다. 동년 10월 중국-베트남 양국 총리는 양국 간의 합의를 이루어 해상공동개발협상과 기초시설협력, 금융협력 등 3개 태스크포스팀을 동시에 설립하고 상술한 3개 영역에서 양국 간의 합작을 펼쳐나갈 것이라고 선포했다.

중국은 상술한 아세안 국가들과 양자 간의 정치경제관계를 격상시키는 동시에 이들과 안보영역에서의 협력을 추진하는 데도 커다란 노력을 기울이고 있다. 장기적으로 중국과 아세안 간의 국방관계와 안보협력은 줄곧 중국-아세안 관계의 가장 취약한 부분이었다. 아세안 국가들과 서방 국가, 특히 미국과의 군사협력 수준에 크게 미치지 못할 뿐 아니라. 이들과 일본 및 인도와의 국방관계에도 미치지 못했다. 중국-아세안 간의 안보협력의 행보가 느리고 기반이 취약한 원인은 냉전시기 이데올로기 등 정치문제로 인해 장기적으로 대치상태에 있었던 것 이외에도 영토분쟁과 감정적인 요인과 지연적 전략적 고려 역시 중요한 장애물이었다. 20세기 70년대 베트남의 캄보디아 침공으로 태국이 위협을 느끼면서, 태국은 중국과 가장 먼저 방위안보협력을 진행한 아세안 국가가 되었다. 방위 대화와 무기구매, 군사교류 이외에도 양국은 2005년부터 군사훈련을 실시하기 시작했다. 중국과 다른 아세안 국가들과의 양자 간의 국방관계는 매우 오랫동안 주로 군사고위층 방문, 인적 교류, 방위 대화, 무기와 국방공업협력, 비전통안보협력 등에 제한되어 있었다. 2009년 6월 싱가포르는 중국과 군사훈련을 진행한 두 번째 아세안 국가가 되었다. 그 이후 인도네시아와 중국 역시 2011년 6월 처음으로 연합 군사훈련을 실시했다.[46] 동년 12월 태국, 라오스, 미얀마와 중국은 4개국 메콩강 공동순찰 법집행안보협력을 가동했다. 2013년 중국은 아세안의 주요 국가들과 고위층 방위협력을 모색하는 데 속도를 냈고, 중국-아세안 안보협력을 추진하는 돌파구를 마련했다. 시진핑의 방문기간 동안 발표한 중국-인도네시아, 중국-말레이시아의 전면적인 전략 파트너 관계 격상을 위한 문건에서는 모두 양자 간의 국방과 안보협력을 강화한다는 염원을 강조하고 있다. 다자 차원에서 중국 국방부장이 2011년부터 일 년에 한 차례 진행되는 아세안 국방장관 회의기간 동안 아세안 국가들과 비공식대화를 진행하기로 한 것은 중국이 '10+1' 방어협력을 기제화하려는 노력의 표현이라 할 수 있다.[47] 브루나이에서 거행된 동아시아정상회의에서 리커창은 신형 아시아태평양 지역안보의 틀을 구축하자고 제안했다.[48]

둘째, '경제로 정치를 촉진(以經促政)' 하는 지역협력전략에 커다란 힘을 기울인다. 중국의 신지도부는 다양한 루트를 통해 중국과 동남아국가 간의 전면적인 경제무역투자와 통화협력을 강화하고 이를 기초와 돌파구로 삼아 동아시아, 나아가 아시아태평양 지역의 통합을 견인하고 지정·지경학적 구조를 재편하기 위해 커다란 노력을 기울이고 있다. 이미 실시되고 있는 주요한 조치는 다음과 같다. (1) 중국과 아세안 각국 간의 통화와 금융협력을 강화한다. 여기에는 중국과 아세안 각국 간의 '양자간 통화스왑' 규모의 확대(여기서 '통화스왑' 은 관련국의 해당 통화를 기준으로 통화를 교환하는 방식으로 〈치앙마이 이니셔티브〉에서의 달러를 기준으로 한 통화스왑과는 구분됨)와 더 많은 국가들이 위안화를 무역결제통화로 사용할 수 있도록 장려하는 등의 조치를 포함한다. (2) 동남아 국가에 대한 직접투자를 증가시킨다.

46 Ian Storey, "China's Bilateral Defense Diplomacy in Southeast Asia," *Asian Security*, Vol. 8, No. 3 (October 2012), pp. 287-310.

47 Termsak Chalermpalanupap, "ASEAN Defence Diplomacy and the ADMM-Plus," *ISEAS Perspective* 49 (2013), p. 2.

48 新華網, "經濟外交轉安全外交, 李克强倡亞太安全架構", 2013. 10. 11, http://news.xinhuanet. com/world/2013-10/11/c117670103.htm

(3) 더 많은 자원을 투입하여 중국-아세안이 서로 연계된 건설을 가속화할 수 있도록 한다. 여기에는 아시아기초시설투자은행 건립 제안과 초국적 기초시설 건설, 개별 아세안 국가의 국내기초시설건설에 대한 융자 및 기술협조 제공 등을 포함한다. (4) '해상 실크로드' 제안과 복구, 아세안 국가 간의 해상협력 강화 호소, 중국-아세안 해상협력기금 설립 등을 포함한다. (5) 중국-아세안 자유무역지대 업그레이드판을 조성한다. (6) 역내 협력을 추진한다. 예컨대 범북부만(泛北部灣) 경제협력지대 및 대메콩강 역내경제협력 등이다. (7) 새로운 경제협력모델을 창출하여 전방위적인 양자 간 경제협력을 추진한다(예컨대 말레이시아와 중국의 '중국-말레이시아 친저우(欽州)공업단지'와 '말레이시아-중국 쿠안탄(Kuantan)공업단지' 프로젝트). (8) 아세안이 2011년 제기한 '역내포괄적경제동반자협정'(RCEP)을 적극 지원하고 추진함으로써 "환태평양경제동반자협정(TPP)"이 가져오는 충격(리커창은 동아시아정상회의에서 RCEP의 각 구성원, 즉 아세안과 중국. 일본, 한국, 인도, 오스트레일리아 등이 2015년 말 이전에 새롭게 협상을 완성하자고 호소함)을 상쇄시킨다.[49]

이상의 상호촉진의 정책은 지역협력 과정에서 날로 상승하는 중국의 영향력을 반영하는 동시에 주변 지역 질서를 구성하고자 하는 중국의 염원과 방향을 반영하기도 한다. 전체적으로 관련 협력프로젝트는 중국과 동남아 국가 간의 경제적 상호의존을 심화시키고 중국의 국제적 영향력을 확대할 것이며, 중장기적으로 동아시아와 아태지역의 지정학·지경학적 시스템을 바꿔놓을 것이다. 중국과 아세안 국가 간의 통화협력을 사례로 들면, 이는 중국이 위안화의 지역화와 국제화를 추진하는 중요한 고리이다. 중국은 위안화의 역내사용규모를 확대하고자 하고 역내 통화시스템에서 위안화의 영향력을 향상시키려 하는데, 아세안 지역은 이를 위한 주요한 발판이자 가속기라 할 수 있다.[50] 현재까지 국가 간 무역이 위안화로 결제되든 쌍방의 통화스왑으로 이루어지든 간에 동남아는 이미 기초적인 주요 지역이다. 갈수록 많은 동남아국가에서 위안화를 무역결제통화로 채택하고 양측의 국경

· · · · · · · · · · · · · ·

49 王玉主, "RCEP倡議與東盟'中心地位'", 『國際問題硏究』 2013年 第9期.

50 宋國友, "中國與周邊國家經濟關係及政策選擇", 『國際問題硏究』 2013年 第3期, pp.33-43; 黃梅波, "人民幣區域化的戰略意義", 『經濟經緯』 2013年 第4期, pp.7-9; 李曉, 丁小兵, "新世紀的東亞區域貨幣合作: 中國的地位與作用", 『吉林大學社會科學學報』, 2004年 第2期, pp79-87.

무역과 관광이 지속적으로 증가되고 있는 상황에서, 동남아에서 위안화의 유통 규모는 계속 증가하고 있다. 양자 간 통화스왑 측면에서 볼 때 2009년 말레이시아와 중국이 통화스왑협정을 맺은 이후 인도네시아, 싱가포르, 태국 역시 뒤를 이었다. 아세안 국가와 중국의 통화스왑은 한때 중국의 대외통화스왑 총규모의 41%를 차지하기도 했다.[51] 2013년 5월 싱가포르는 역외 위안화 청산업무를 공식적으로 가동했고, 동남아에서는 처음으로 역외 위안화 채권을 발행했다. 내년 중국이 동남아에 대한 직접투자를 확대하고 더 많은 자원 투입으로 상호연계를 촉진하며 아시아기초시설투자은행의 역할 발휘, 중국-아세안 자유무역지대의 격상, 역내 협력 및 양자 간 공업단지 등을 추진함에 따라 동남아 지역에서의 위안화 유통량은 대폭 증가될 것이고 역외 시장에서의 위안화에 대한 수요 역시 급증되어 위안화의 지역화와 국제화를 한층 더 촉진시킬 것으로 전망된다. 가오하이훙(高海虹)은 아시아 역내에서의 위안화 사용이 확대됨에 따라 중국의 통화정책과 외환정책 등이 지역 효과를 갖추게 될 것이고 중국은 지역금융 안정을 위해 갈수록 중요한 역할을 맡게 될 것이라고 지적한다. 갈수록 증대되고 있는 지역에서의 역할은 위안화 국제화를 위한 현실적인 기초를 제공할 것이다.[52] 관련된 발전은 중국이 역내 공공제품을 제공하는 능력을 향상시키는 것 이외에도 지역, 심지어 세계통화체계와 금융질서 재편의 속도를 가속화할 수 있을 것이다.

결론

지난 20년간 중국의 아세안 중심 기제의 참여 과정에서는 부상 중에 있는 대국의 주변 국가와의 상호 접촉, 적응, 융합, 재융합의 상호작용을 반영하는 것 외에도 부상국이 타국이 주도하는 지역기제를 통해 지역의 상호의존과 지역통합을 추진하며, 동시에 자신의 영향력을 확대하고 다른 대국, 특히 패권을 지키려는 국가와의

51 張見, 劉力臻, “人民幣升値預期與東南亞人民幣化”, 『太平洋學報』 2012年 第2期, p.78.
52 高海虹, “人民幣成爲區域貨幣的潛力”, 『國際經濟評論』 2011年 第5期, p.88.

경쟁 중의 협력, 협력 중의 경쟁을 진행하는 과정을 보여주었다. 이러한 과정은 일정 정도 중국이 개방 이후, 그리고 부상 과정에서 외부세계와 상호작용하는 주요한 지표 중의 하나로 볼 수 있다.

중국의 국력이 부단히 상승함에 따라 중국 국내에서도 지역과 국제 업무에서 중국이 주도적인 역할을 맡아야 한다는 목소리가 지속적으로 커지고 있다. 그러나 아태지역의 지정학적 현실, 특히 미국의 재균형 전략 이후 각국의 힘이 동남아에 집중되는 현실을 감안해볼 때 향후 중국은 아세안의 중소국가가 주도하는 지역협력의 과정을 실무적으로 지속시키면서 자신은 참여과정에서 적시에 적절하게 지역 업무의 발전방향과 속도를 적극적으로 '유도' 해야 할 것이다. 지역의 소국들이 중국에 대해 갖는 인식의 기초가 객관적인 힘의 대비 차이와 지리적인 거리 요인, 주관적인 역사적 기억, 자주적 이익, 통치엘리트의 국내정치에 대한 고려 등에서 나오기 때문에, 지역 업무를 주도하려는 중국의 어떠한 조치도 모두 일부 주변국가의 우려와 반발을 피하기 어려울 것이다. 이러한 현재 상황은 예측 가능한 미래에도 지속될 것으로 보인다. 이러한 배경에서 중국-아세안 관계의 전방위적인 심화와 아세안 주도기제에 대한 전면적 지지는 중국이 동아시아 협력과 지역통합을 지속적으로 추진하는 데 필수불가결한 기초적인 조건이라고 할 수 있다.

요컨대 안정되고 융합된 중국-아세안 관계는 중국이 국제정세변화의 과정에서 지연공간과 현실이익을 확대시킬 수 있는 하나의 중요한 고리라 할 수 있다. 비록 시진핑과 리커창의 동남아 방문 이후 중국-아세안 관계의 추세가 양호하다 할지라도, 이것이 양자관계가 이제부터 좋아질 것이라는 것을 의미하지는 않는다. 중국-아세안 관계는 중단기적으로 매우 많은 변수가 존재한다. 대다수의 아세안 국가들이 현재까지 중국의 '선린우호협력조약' 과 해상협력 제안에 대해 보인 반응으로 볼 때, 이들 중소국가들은 여전히 신중하면서도 유보적인 태도를 보이고 있다. 비록 이들이 중국 신지도부의 동남아에 대한 적극적인 태도를 높이 평가하고 중국이 제기한 많은 지역협력프로젝트에 긍정적으로 호응하고 협조한다 하더라도, 중국의 제안을 조금의 주저함도 없이 지지하는 것은 아니다. 상술한 객관적이고 주관적인 요인 이외에도 아세안 국가들의 반응은 아마 남중국해 행위준칙의 과정이 지나치게 느린 것과 관련이 있을 텐데, 관건적인 것과 지엽적인 것이 분명해지기 이전에는 영해문제와 관련된 제안에 대해 지나치게 빠른 반응을 내놓는 것은 적절하지 않으며 계속해서 중국의 언행을 관찰해야 한다고 보고 있다. 각국 모두 주권 요구와 국내 압력에 직면해있는 상황에서 모종의 형식의 남중국해 행위준칙에 어떻게 도달할 수 있을지는 중국과 아세안 국가 지도자들의 정치적인 지혜가 필요한 하나의 커다란 시련이라 할 수 있다. 미얀마의 대외개방 이후 대국정책은 중국—아세안 관계의 또 다른 변수이다. 또한 중국과 아세안 간에 날로 심화되고 있는 경제적·사회적 연계는 비록 단기적으로 양자 간 관계와 지역발전을 위해 안정적인 역할을 하겠지만, 상호의존 역시 중장기적으로는 양측에게 새로운 마찰을 가져다줄 수 있다.

거시적인 관점에서 볼 때 미중 간 전략적 상호의심이 지속되고 아시아 각 국가들의 경쟁이 격화되며 지역 중소국가들의 위험회피 경향이 심화되고 국제구조의 불확실성이 높아짐에 따라, 아세안을 중심으로 하는 다자기제는 향후 계속해서 각국의 경쟁과 협력이 병행되는 중요한 무대가 될 것이다.

4장
중국의 신형대국론과 한중관계의 재구성

이희옥

한중관계도 중국의 신형대국외교와 주변국 외교정책의 영향을 받고 있다. 미국의 아시아 재균형과 중국의 반균형정책이 동아시아 질서를 변화시키고 있고, 미국과 중국의 중첩(intersection)은 한중관계에 영향을 받고 주고 있다. 특히 미국의 쇠퇴와 중국의 부상은 한국에 새로운 위상 정립을 요구하는 계기가 될 가능성이 높다. 현재 한중관계는 비록 전략적 협력동반자 관계라는 높은 외교형식을 구축하는 데 성공했지만, 한미동맹, 한반도 통일, 북한과 북핵문제, 상호인식의 차이 등 미중이 연결된 구조적인 변수와 양자관계의 틀 내에서 작용하면서 불확실성이 커지고 있다.

이희옥_ 한국 성균관대학 정치외교학과 교수, 성균관대 성균중국연구소장

새로운 질서의 변화

미국의 보수논객들은 구소련이 몰락하자 로마제국의 멸망 이후 유례없는 단극체제가 열렸다고 열광했다. 특히 미국 중심의 단극질서는 민주주의와 자본주의의 세계적 지배력에 기반하고 있다는 점에서 더욱 강화될 것으로 믿었다. 이들은 중국의 부상이 경제적 차원이며 시간이 지나면 중국도 전형적인 서구국가가 되거나 자유민주주의적 국제사회에 순응할 것으로 보았다.[1]

그러나 2008년 미국발 위기는 단순한 금융위기가 아니라 미국자본주의의 종합적 위기(social conjuncture)라고 볼 수 있다. 이는 서구의 근대독점이 끝나고 새로운 국제질서가 만들어지고 있는 것을 의미한다. 실제로 그동안 비(非)서구 세계는 점차 서구화되었지만, 동아시아 국가를 비롯한 개발도상국은 경제가 발전할수록 토착화, 본토화 현상이 강화되고 있다. 사회주의체제는 하나로 짜인 세계이기 때문에 일부만을 변화시키는 것이 어렵다는 견해와는 달리 중국은 이미 개혁개방 35년간 적응(adaptation)과 위축(atrophy)을 반복하면서 사회주의 체제를 유지하고 있다.[2] 뿐만 아니라 경제발전은 중산계급을 형성하고 이들이 시민사회 주도세력을 형성하여 '민주중국'을 건설할 것으로 보는 근대화론만으로 오늘날의 중국을 효과적으로 설명하기 어려워졌다. 오히려 오늘날 중국의 성취를 '기적'이 아니라 실사구시적인 발전모델과 연성권위주의의 탄력성(resilience)에서 찾기도 한다.[3]

특히 중국 경제는 국가가 시장규칙을 활용하여 경제발전을 촉진시키고 자본의 이익을 국가이익에 종속시켰다는 점에서 비자본주의적 시장경제의 길을 열었다고 볼 수 있다.[4] 설령 서방의 희망적 예단(wishful thinking)대로 중국이 '민주화'한다고

· · · · · · · · · · · · ·

1 Martin Jacques, *When China Rules the World: The End of the Western World and the Birth of a New global Order,* (New York: Penguin Books, 2012) p.25.

2 David Shambaugh, *China's Communist Party: Atrophy and Adaptation,* (C.A, Berkeley: University of California Press, 2008), pp.161-181.

3 Minxin Pei, "Is CCP Rule Fragile or Resilient" *Journal of Democracy,* Vol.23, No.1, (Jan 2012), pp.27-40.

4 Giovanni, Arrighi. *Adam Smith in Beijing : lineages of the twenty-first century,* (London: Verso, 2007).

해도 그것이 반드시 자유민주주의체제라고 볼 수도 없다. 중국은 체제자신감에 기초해 '중국적 길'을 모색해왔고 이것은 국가발전, 민족존엄, 인민행복이라는 '중국의 꿈(中國夢)'이라는 담론을 만들었다.[5] 이러한 시진핑 체제는 돌발변수가 없다면 2022~2023년까지 지속될 가능성이 높다. 이 시기는 대체적으로 그동안 중국이 내세웠던 '전면적 소강사회 건설'과 2021년 중국공산당 창당 100주년, 2049년 건국 100년이라는 '두 개의 백년'과 맞물려 있다.

따라서 시진핑 체제는 '중화민족의 위대한 부흥'이라는 '중국의 꿈'을 내외에 과시하기 위한 국가전략을 수립할 것이다. 하나는 민생 개선을 통한 국내정치사회를 안정시키는 것이고 다른 하나는 대외정책에서 새로운 정체성을 추구하는 것이다. 이것은 '중국형' 강대국외교라고 할 수 있는 신형대국외교, 주변국외교, 개도국외교, 경제외교, 개최국외교라는 축으로 나타났다.[6] 특히 글로벌 수준에서 미중관계가 협력과 갈등을 주기적으로 반복할 가능성이 있고 '충돌하지 않고 대결하지 않고 상호 원윈하는' 신형대국외교를 만들고자 할 것이다. 그러나 이러한 목표를 달성하기 위한 구체적인 정책은 핵심 주변 지역인 아시아에 대한 정책적 관심으로 나타나고 있다. 이미 시진핑 주석은 주변국들과 이익의 공통점을 찾되 원칙을 갖고 도의(道義)와 정의(情誼)를 이야기할 수 있는 정확한 의리관(義利觀)을 정립하라."고 주문했고 이는 '친(親)·성(誠)·혜(惠)·용(容)'등의 방침을 제시하는 것으로 이어졌다.[7]

따라서 한중관계도 이러한 중국의 신형대국외교와 정치적으로는 의(義)를 중시하고 경제적으로는 이(利)를 중시하고자 하는 주변 외교정책 그리고 미국과 중국의 중첩(intersection)이 높아지는 복합적인 상황이 반영될 것이다. 현재 한중관계는 이미 전략적 협력동반자관계라는 높은 외교형식을 구축했다. 그러나 양자관계의 안정적인 발전에도 불구하고 한반도통일, 한미동맹, 북한과 북핵문제, 양자 간 상호인식 등 미중관계와 관련된 구조적인 변수 때문에 신형한중관계를 구축하는 데

5 中共中央對外聯絡部研究室, 『中國夢與世界』, (北京:外文出版社, 2013).

6 『京華時報』, 2013.12.18.

7 王毅, "堅持正確義利觀積極發揮負責任大國作用: 深刻領會習近平同志關于外交工作的重要講話精神" http://www.gov.cn/jrzg/2013-09/10/content_2484898.htm(검색일: 2013.12.20).

에는 불확실성이 있다. 이 글은 이 점을 고려해 글로벌 수준의 미중관계와 지역 수준에서의 미중 간 경쟁구도가 신형한중관계 구축에 어떤 의미와 한계를 가지고 있는가를 분석한다.

중국형 강대국외교의 성격

국제학계에서 중국의 국력을 평가하는 데에는 이미지와 실체가 섞여 있다. 일반적으로 위협(T)은 '능력(C)×의도(I)+인식(P)' 으로 설명할 수 있다.[8] 즉 능력과 의도 중 어느 변수라도 '0' 에 가깝다면 위협을 구성하지 못하지만, 상대국가들의 인식은 독립변수이다.

일반적으로 중국의 국력 요소는 경제력, 군사력 등 경성지표와 소프트파워(soft power), 담론력(話語權) 등 연성지표가 맞물려 있다. 일반적인 평가는 중국이 종합국력이 신장하고 있음에도 불구하고 당분간 미국의 국력을 추격하기는 어렵다는 것이다.[9] 무엇보다 미국은 세계 군비의 40% 이상을 차지하는 군사력, 강력한 경제력, 연구개발과 교육의 질, 우수한 노동력을 공급할 수 있는 중위인구(middle age)의 질, 소프트파워 등을 고려하면 여전히 기준권력(default power)을 가지고 있다.[10] 반면 중국은 총량 GDP개념으로 2020년 중반 미국을 능가할 수 있지만, 2013년 말 1인당 GDP는 8,000달러 수준에 머물러 있다. 특히 성장방식이 해외 직접투자와 무역에 의존해왔고 제조업 능력도 국제분업의 가치사슬(value chain)에서 비교우위를 차지하지 못하고 있다. 더구나 정치사회적으로도 부패, 실업, 사회적 격차, 환경문제 등으로 인해 '취약한 강대국(fragile superpower)' 의 특성을 보이고 있다.

• • • • • • • • • • • • • •

8 天兒慧, 『中國は威脅か』, (東京: 頸草書房, 1997), pp.6-20.
9 옌쉐퉁은 향후 10년(2013년)에 미중 간 양국체제가 도래할 가능성도 있다고 예측했지만, 기본적으로는 종합국력의 관점에서는 절반 수준에 이를 것이라는 점을 전제했다. 옌쉐퉁은 [종합국력=정치력×(문화력+경제력+경제력)]으로 도식화했다. 閻學通, 『歷史的慣性』, (北京: 中信出版社, 2013).
10 Josep Joffe, "Default Power: The False Prophecy of America' s Decline," *Foreign Affairs*, Vol. 88, Issue 5, (Sep/Oct 2009), pp.21-35.

하지만 중국 스스로도 이를 인식하고 있다.[11] 따라서 중국은 국력에 부합하지 않는 국제문제에 대한 개입을 자제하고 있으며 중국의 핵심이익이 침해되지 않는 한, 미중관계를 안정적으로 관리하고자 할 것이다. 특히 낙관적 자유주의자들은 상호의존, 제도에 대한 참여, 민주화라는 변수를 통해 중국이 이성적 국가가 될 것으로 보고 있으며, 특히 국내모순으로 인해 미국에 도전하는 군사력을 확장할 수 없기 때문에 국제사회가 수용할 수 있는 범위 내에서 그리고 중국의 국가이익에 직접 관련된 제한된 영역에만 '유소작위(有所作爲)'를 적용할 것이라고 보고 있다.[12] 낙관적 구성주의자들도 중국이 국제적 제도에 참여할수록 규범, 정체성, 전략문화가 순화(softening)될 가능성을 주목하고 있다.[13] 이와는 반대로 비관적 현실주의자들은 힘, 의지, 안보딜레마의 맥락에서 중국이 수정주의 국가로 변화할 것이라고 보고 있다. 즉 중국 스스로 패권을 형성하거나 패권의 공유를 위해서라도 최대한 강해지고자 할 것이라는 시각을 가지고 있다.[14]

그러나 현재의 조건에서 보면 G-2체제나 '차이메리카(Chimerica)' 개념은 과장되어 있다.[15] 첫째, 중국이 기존의 국제질서 현상을 타파할 의지와 능력이 없기 때문에 기존의 국제질서에 도전하기 보다는 적응(accommodation)할 가능성이 크다. 실제로 야심, 매력적 이념, 정치적 호소력, 지정학적 환경의 제약으로 인해 20세기 미국이 지녔던 리더십을 따라가는 것은 불가능하며 세계적 추세에 동화될 가능성이

---

11 王緝思. "高處不舒寒: 冷戰後美國的世界地位初探."『美國研究』, (1997年 3期), p.32.

12 袁鵬. "'和諧世界'與中國'新外交',"『現代國際關係』, (2007年 4期). p.3; 시진핑 등장 이후 일부에서는 중국 외교가 "적극적으로 주동하고 유소작위(有所作爲)"하는 방향으로 전환할 것이라고 분석하기도 한다. 賀凱, "中國外交向有所作爲轉型",『世界知識』14期(2013), p.57

13 Aaron Friedberg, "The Future of U.S-China relations: Is Conflict Inevitable?," *International Security* (Fall 2005). pp.7-45

14 중국은 밤비(Bambi) 보다는 고질라(Godzilla)가 될 것으로 본다. 이 논쟁에 대해서는 다음을 참고할 것. Brezinski, Zbigniew & Mearsheimer, John J. "Clash of Titans" *Foreign Policy* (Jan/Feb 2005).

15 Fred C. Bergsten, "A Partnership of Equals" *Foreign Affairs* 87-4 (2008), pp.57-69.; Nail Ferguson, "Not two countries, But One: Chimerica." *Telegraph*, March 3, 2007, 그리고 미국과 중국의 전략적 차이가 있고 전 지구적 상호연계성이 발달한 현실에서는 미중 간 공동통치(condominium)체제는 현실적으로 기능하지 쉽지 않다. Clake, Christopher M. "US-China Duopoly is a Pipedream." Yale Global, (August 2009).

16 William W. Keller and Thomas G. Rawski, "China's Peaceful Rise: Road Map or Fantasy," *China's Rise and the Balance of Influence in Asia*, (University of Pittsburger Press, 1997), pp.193-207.

크다.[16] 여기에 소농경제에서 출발한 중국의 국민성이 전쟁을 회피하고자 하며, 중국의 부상이 굴욕의 세기를 겪었지만 이에 역사적 보복 형태를 취할 가능성이 없다. 이렇게 보면 중국은 영토와 주권문제 등 핵심이익을 제외하고는 국제관계의 민주화와 보다 공평한 국제규범을 회복하는 데 관심을 가지고 있다. 여기에 중국에 우호적 국제환경, 국내정치적 병목, 정치가적 수완(statemanship) 등이 함께 작용한다면 평화적 세력전이도 가능하다.[17]

중국의 세계 전략도 이러한 틀에서 작동하고 있다. 우선 '패권을 추구하지 않는다(不爭覇 不當頭)'라는 전제에서 중화국제화(Sinic globalization)를 실현하기 위한 교두보를 마련하는 데에 적극적이다. 특히 2008년 미국의 금융위기 이후 미중 간 힘의 분포가 변화되면서 동아시아 차원의 하위지역 질서에도 큰 변화를 가져왔다. 즉 동아시아 국제체제는 이 지역에서 자유주의 질서라는 규범제공능력이 약화되고 지도력도 쇠퇴했으나, 중국도 '중국적 가치'에 의한 소구력이 약하고 대안적 규범을 제공하지 못하고 있다. 이 과정에서 지역 행위자들의 안보자율성이 증대하고 탈구조적(less structured) 안보체제가 작동하기 시작했다.[18] 동아시아에서 새로운 지정학적 안보경쟁이 격화되면서 벽이 있는 세계(walled world)가 만들어지고 동아시아의 영토와 관할권 분쟁, 자원과 에너지 그리고 해상수송로 확보를 향한 치열한 경쟁도 여기에서 나타났다. 요컨대 국제질서가 개별 국가행위자의 정책과 행동을 규율하는 것이 약화되고 상대적으로 하위 국제체제의 역할이 강화되었고 중국을 비롯한 역내 주요 행위자들의 안보자율성도 크게 높아졌다.

이 과정에서 중국의 신형대국관계론[19]이 등장했다. 물론 이 개념은 여전히 진화하고 있고, 그 의미와 성격에 대해서도 다양한 해석이 있다. 그러나 크게 보면 전반적으로 시대적 추세가 갈등보다는 협력으로 움직이고 있고, 미국도 중국의 부상을 '있는 그대로' 수용하고 여기에 부합하는 새로운 대국외교를 구축해야 하며,

---

17 Zhu Zhiqun, *US-China Relations in the 21 Century: Power Transition and Peace*, (New York: Routledge, 2006), pp.167-185.

18 Stephan F. Szabo, "Welcome to the Post-Western World," *Current History*, (January 2011), p.10.

19 楊潔勉, "新型大國關係: 理論, 戰略和政策建構", 『國際問題硏究』, 2013年03期.

미중 양국은 상호 핵심이익[20]을 존중해야 한다는 의미를 가지고 있다. 실제로 2013년 미중정상회담을 통해 이러한 의지를 대내외에 분명히 밝혔다.[21] 이것은 일종의 '중국판' 강대국 개혁주의(great power reformism)로 볼 수 있다.

이러한 중국 외교정책에서 지정학의 부활(return to geopolitics)은 동아시아 지역에서 중국역할론이 강화되고 미중관계의 힘의 분포에도 변화를 가져온다는 것을 의미한다. 이에 대해 미국도 중국에 대한 근본적인 봉쇄가 불가능하다고 보고 이익균형 체제를 수용하면서도 대중국정책은 견제, 개입하는 전략(congagement)을 동시에 추진하고 있으며,[22] 중국도 미국을 이익상관자(stakeholder)로 보는 한편 새로운 규칙제정자로서 다양한 대미헤징(hedging)전략을 구사하고 있다.[23]

신형한중관계의 외부환경: 재균형과 반균형

그동안 수많은 위기, 스태그플레이션, 국제분쟁에도 불구하고 미국이 건재할 수 있었던 것은 지도층이 자신감을 가지고 있었고 글로벌 시장에 대한 장악력과 강력한 도전국인 중국의 추격의 한계 때문이었다. 그러나 미국이 쇠퇴하고 상대적으로 중국이 부상하면서 자본주의를 대표하던 미국적 가치는 호소력을 크게 잃었고 뚜렷한 대안도 찾지 못하고 있다. 이러한 상황에서 미국은 범미주의(Pan Americanism)를 버리고 미국 자체부터 생존해야 하는 과제에 직면했다. 이것이 미국이 이라크

••••••••••••••

20 "국가주권, 국가안전, 영토완성, 국가통일, 중국헌법이 확립한 국가정치제도와 사회대국(大局)의 안정, 경제사회의 지속가능한 발전의 기본적인 보장" http://www.chinanews.com/gn/2011/09-06/3308862.shtml (검색일: 2013.10.9).

21 이 회담에서 역사를 거울로 삼는다(鏡鑒歷史), 높은 곳에서 문제를 살핀다(登高望遠), 상호존중과 상호신뢰(要互尊互信), 호혜공영(互利共贏)을 강조했다. http://news.xinhuanet.com/world/2012-02/14/c_111522525.htm(검색일: 2013.10.4)

22 미국은 기본적으로 현실주의적 비관주의에 기초하거나 고전적 안보딜레마를 피하면서도 힘의 우위를 통한 중국 견제의 필요성에는 공감하고 있다. Jeffery A. Bader, *Obama and China's Rise: An Insider's Account of America's Asia Strategy*, (Washington D.C: Brookings Institute Press, 2012), pp.70-71.

23 Evan S. Medeiros, "Strategic Hedging and the Future of Asia-Pacific Stability." *The Washington Quarterly*, Winter 2005-06, pp.145-167.

와 아프가니스탄의 전선을 닫고 동아시아 재균형을 추진했던 배경이었다.[24]

동아시아로 돌아온 미국의 가장 긴급한 과제는 중국의 부상이 아태지역에서 힘의 균형을 깨지 않도록 하는 것이다. 미국은 중국에 대해 미국이 주도하는 현행 국제질서에 대한 적응, 반테러·인도주의적 재난구조·식량안보·환경문제 등 공공 거버넌스에서의 더 많은 공헌, 아프가니스탄·중동·남아시아·동북아 문제에 대한 건설적 역할, 상호 핵심이익을 존중하면서 공진(co-evolution) 하는 것을 요구하고 있다.[25] 구체적으로 다음과 같은 대중정책을 전개했다. 첫째, 전통적인 우호국가와 동맹을 강화하는 한편 중국견제에 전략적 의미를 지니는 인도, 인도네시아, 베트남 등과 새로운 안보관계를 구축했으며 심지어 연합안보(federated security)를 구상하기도 했다. 둘째, 아태지역의 각종 다자메커니즘에 적극적으로 참여하고 있다. 미국이 동아시아 정상회의에 참여하고 환태평양경제동반자 협정(TPP)을 주도하는 것은 중국이 주도하는 다자주의를 견제하기 위한 전략적 의미를 지니고 있다.[26]

중국의 동아시아전략도 지속 가능한 경제발전을 추진하기 위해 안정적인 안보환경을 구축하고자 했다. 첫째, 영토와 역사문제 등 핵심이익을 제외하고 동아시아에서 미국의 일방주의를 비판하면서도 미국의 지위를 부정하는 현상타파 국가가 되기를 원하지 않는 절충주의적 입장을 취했다. 왜냐하면 미중갈등은 군비확대의 부담, 무역마찰, 대만문제의 악화, 민주화에 대한 외부압박 등을 강화할 것이라 우려했기 때문이다. 둘째, 주변 국가들과 화목(睦隣), 안정(安隣), 공동번영(富隣)이라는 선린우호정책(三隣)을 추구했다.[27] 이것은 역사적 기억을 가지고 있는 이웃국

••••••••••••••

24 Aron Friedberg, *A Conquest for Supremacy: China, America and the Struggle for Mastery in Asia*, (New York: W.W. Norton, 2011); Aaron Friedberg, "Bucking Beijing: An Alternative US China Policy," *Foreign Affairs*, Vol.91, No. 5, (September/October, 2012).

25 金燦榮,劉宣佑,黃達, "美國亞太再平衡戰略對中美關係的影響," 『東北亞論壇』22卷, 2013年 5期, p.12.

26 미국은 2011년 11월, 그동안 머뭇거리던 동아시아정상회의(EAS)에도 참여했다. "U.S. Joins East Asia Summit: Implications for Regional Cooperation" http://www.nbr.org/research/activity.aspx?id=183E (검색일: 2012.12.19).

27 陳向陽, 『中國睦隣外交』(北京: 時事出版社, 2003), pp.266-270; 이것은 시진핑 1기의 대외정책에서도 여전히 관철되고 있다. "睦隣, 安隣, 富隣新一屆政府開展周邊外交活動" http://www.gov.cn/jrzg /2013-11/03/content_2520429.htm(검색일: 2013.12.20)

가들의 중국위협론을 약화시키고 미국의 반(反)중국 봉쇄망을 약화시키기 위한 것이다. 미국의 전통적 동맹국가인 일본과 한국에 대해서는 동맹체제의 약화나 상쇄(offsetting)를 통해서, 그리고 러시아와 북한 등과는 전략적 협력을 통해 능동적으로 대항축을 구축하고자 한다. 셋째, 다자주의적 접근을 강화하고 있다. 중국은 1994년 신안보관을 정립한 이후 ARF, SCO, ASEAN+3 등 지역 다자안보대화를 적극적으로 활용했으며 북핵문제 해결을 위해 설치한 6자회담기제를 동북아 다자안보체제로 발전시키는 등 주변 지역 전략에 초점을 맞추고 있다.

이러한 재균형과 반균형은 이 지역에서 미중 간 힘의 분포가 변화하고 있다는 것을 보여주고 있다. 그동안 중국은 방어적 현실주의 입장에서 '중국위협론'을 불식시키고자 했고 실제로 외교담론을 평화 부상에서 평화 발전으로 변경하기도 했다.[28] 그러나 미국의 금융위기에도 불구하고 중국은 상대적으로 안정적인 경제발전을 유지하면서 자국의 정치체제에 대한 자신감을 가지게 되었고 중국의 대미인식이 점차 변화했다. 그 결과 '중화민족의 위대한 부흥'을 강조하는 한편 다극화를 지향하는 조화(和諧)세계론과 '국제관계의 민주화'를 강조했다. 이렇게 보면 중국의 부상이 가져온 국제정치적 함의는 향후 중국의 서구화를 향한 준비과정이 아니라,[29] 중국모델의 혁신을 통해 중국적 존재방식을 찾아가는 과정이라고 볼 수 있다.

이것은 동아시아 질서에서도 나타난다. 이 질서에 대해서는 다양한 전망모델들이 있다. 우선 중국패권모델이나 중국이 패권국가인 미국에 도전하는 패권경쟁모델이다. 그러나 이 모델들은 중국의 국력에 한계가 있고 미중 간 안보와 경제영역에서의 상호의존이 심화되고 있으며 미중 양국 모두 이를 원하지 않고 있다는 점에서 한계가 있다. 또 하나는 미국 중심의 축과 바퀴(hub and spokes)모델과 동아시아 국가들의 공동안보와 공동번영에 기초한 강대국 협조(concert of power)모델이 있다. 그러나 이 모델들도 동아시아에서 신뢰구축의 수준과 국력의 비균등성이라는

· · · · · · · · · · · · · ·

28 Robert G. Sutter, *China's Rise in Asia: Promises and Perils.* (Plymouth, U.K.: Rowman & Littlefield, 2006), pp.265-278.

29 Martin Jacques, *When China Rules the World: The End of the Western World and the Birth of a New global Order*, (New York: Penguin Books, 2012).

점에서 한계가 있다. 오히려 현실성이 있는 모델들은 미중 간 전략적 파트너십을 발전시키는 공동통치(condominium of power)모델, 규범적 공동체(normative community) 모델, 복합적 상호의존(complex interdependence)모델 등이다. 물론 이 모델 중 하나가 전형적으로 기능하기보다는 몇 가지 모델들이 조합되어 나타날 것이다.[30] 다만 향후 추세를 고려한다면 '사실상(de facto)' 미중 공동통치(consortium)체제를 배제하기 어렵다. 왜냐하면 글로벌 수준에서 미중 간 힘의 비대칭성이 유지된다고 해도 동아시아의 지역적 수준에서는 힘의 균형이 유지될 가능성이 높기 때문이다.

중국의 새로운 한반도정책과 한중관계

미국은 동북아의 세력균형을 자국에 유리한 방향으로 바꾸고자 한다. 특히 지역내의 양자동맹과 지역동맹을 강화하여 중국의 힘을 약화시키기 위해서 한반도는 매우 중요한 전략기지이다. 중국의 입장에서도 한반도는 미국 주도의 대중국 지역 봉쇄망을 약화시킬 수 있는 전략적 완충지이다. 그 결과 한반도는 미중 간 일종의 전략적 생명권(lebensraum)이라고 볼 수 있고 이익의 중첩도 넓어지고 있다.[31] 중국의 한반도정책도 이러한 미중관계와 미국의 동아시아정책의 변화에 따라 변화하고 있다.

중국의 한반도정책은 한반도의 평화와 안정, 한반도 비핵화, 대화와 협상을 통한 해결원칙을 강조해왔다. 그러나 이 원칙은 시진핑 체제가 등장한 이후 한반도 비핵화, 한반도의 평화와 안정, 대화와 협상을 통한 해결이라는 순서로 변했다.[32] 이것은 제3차 북핵실험이라는 상황적 요인을 반영한 것이며, 시진핑 체제의 비핵

---

30 Shambaugh, David.ed., *Power Shift: China and Asia's New Dynamics*, (Berkerly, CA: University of California Press, 2005). pp.12-19.

31 이희옥, "중국의 부상과 미중관계의 새로운 변화: 종첩의 확대와 갈등의 일상화,"『외교안보연구』제6권 2호(2010), pp.52-55.

32 王毅强調中方在朝鮮半島問題上三個 "堅持"立場 http://news.xinhuanet.com/world/2013-04/13/c_115377162.htm(검색일: 2013.4.30).

화 의지를 확인할 수 있는 사안이다. 그럼에도 불구하고 이러한 외교적 수사가 한반도정책의 근본적인 변화를 의미하는 것은 아니다. 중국이 원하고 있는 것은 여전히 한반도의 평화와 안정이다. 한반도 현상의 급격한 변화는 중국의 지속가능한 발전에 영향을 미치며, 미중관계의 악화를 원하지 않기 때문이다. 따라서 한반도 비핵화를 통해 한반도의 평화와 안정을 추구하며 그 방법은 대화와 협상을 통한 해결이라고 볼 수 있다.

새로운 변화라면 '현상유지+알파'를 위해 한중관계와 북중관계의 안정과 발전을 동시에 추구하고 있으며, 한반도 전체를 정책단위로 삼고 있다는 점이다. 특히 중국은 대북한 정책에서 '북핵 위험'과 '북한위험'을 구분하여 접근하기 시작했다. 즉 중국이 북핵 보유를 비판하면서도 이를 해결하는 과정에서는 시간과 주변 국가들의 인내력이 필요하다고 판단했고, 대북봉쇄정책보다는 북한이 국제사회에 정상국가로 참여할 수 있도록 주변 환경을 만들어야 한다는 데 중점을 두었다.

이러한 중국의 '진화된' 한반도정책은 한중관계를 정립하는 과정에서도 나타난다. 즉 한중관계는 미국의 동아시아 재균형정책의 재균형과 반균형이라는 신형대국관계의 논리가 작용하는 한편, 지정학적으로 동북아의 핵심지대에 있는 한국의 전략적 역량을 과소평가하기 어렵다는 점에서 주변외교[33]의 차원에서도 재구성되고 있다.

수교 이후 한중관계는 〈표1〉과 같이 발전했다. 비교적 짧은 시간 동안 러시아, 파키스탄, 인도, 베트남 등과 같은 높은 수준의 전략적 관계를 구축했다.[34] 특히 주목할 것은 한중관계는 1992년 전후로 중국과 수교했던 다른 어느 국가들보다 양적으로나 질적으로 폭발적으로 발전했다. 1992년 노태우 정부와 장쩌민 정부에서 우호협력관계를 수립한 이후, 1998년 김대중 정부와 장쩌민 정부에서 '협력동반자관계'를 구축했으며, 2003년 노무현 정부와 후진타오 정부는 기존의 동반자관계를' 전면적 '협력 동반자관계로 확대발전시켰으며, 2013년 한중 양국은 기존 외교관계의 형식을 유지하면서 '내실화'를 추구하는 〈한중미래비전공동성명〉을 발표

33 習近平在周邊外交工作座談會上發表重要講話, 『人民日報』, 2013.10.26.
34 한중관계 20년의 총론적 평가에 대해서는 다음을 참고하라. 이희옥 · 차재복 편, 『1992-2012 한중관계 어디까지 왔나: 성과와 전망』, (서울: 동북아역사재단, 2012), pp.18-22.

했다.[35] 이에 따르면 한반도 비핵화에 대한 공동인식, 전략적 소통을 강화하기 위한 고위급 회담개최, 전략대화의 내실화, 전방위적 협력, 공공외교협력을 확대하기로 했다. 이러한 전략적 관계의 내실화는 양자관계를 넘어 지역협력, 글로벌 협력을 추구한다는 의미를 지니고 있다. 전략적 차원에서 보면 한반도에서 미국의 영향력 확대를 제어하고 미국의 중국봉쇄가 한반도에서 일방적으로 관철되는 것을 방지하는 의미도 있다.

표-1 한중관계 발전과정

구분	시기	중국	한국	특징
선린우호관계	1992	개혁개방정책, 경제적 보완성, 對대만 압력	북방외교, 국제지위 확보	노태우-장쩌민
협력동반자	1998	책임대국론, 미국의 일방주의 견제 필요, 다극화	햇볕정책, 경제협력	김대중-장쩌민
전면적 협력 동반자	2003	평화 부상, 6자회담	북핵문제해결, 균형자외교	노무현-후진타오
전략적 협력 동반자	2008	한미동맹견제, 조화외교, 소프트파워	한미동맹 중시	이명박-후진타오
성숙한 전략적 협력동반자 관계	2013	대미경사방지, 한반도 비핵화	중국역할론, 북한비핵화	박근혜-시진핑

※ 2013년 한중정상회담에서 전략적 협력 동반자 관계의 내실화에 합의했고, 2014년 한중정상회담에서는 기존의 외교형식을 유지하면서 '성숙화'를 강조했다.

신형 한중관계의 새로운 과제

이러한 한중관계 발전에도 불구하고 신형한중관계라는 질적인 도약을 위해서는 몇 가지 과제가 남아 있다.[36] 우선 양국이 구상하고 있는 국가전략과 정치적 이념

●●●●●●●●●●●●●

35 『人民日報』, 2013.6.28.
36 李熙玉, "新的20年:韓中關係的新思考", 『成均中國觀察』3期(2013年), pp.8-13.; 李熙玉. "21世紀韓中關係的課題與探索方案." 『中國戰略觀察』, 2000年 4期.

체계가 다르다. 실제로 양국은 러시아, 베트남, 인도, 파키스탄 등과 맺은 전략적 협력동반자 관계와 비교할 때, '전략의 구체성'에서 차이가 있다.[37] 이것은 양국 간 본질적인 과정인 한반도 통일과 미래한국, 한미동맹, 북핵과 북한문제, 상호인식에서 나타난다.

첫째, 미래한국, 한반도 통일에 대한 인식 차이이다. 중국은 한반도 통일에 대해 원론적이고 공식적으로 지지(stated supporting)해왔다. 그 핵심은 자주적, 평화적 통일이며 이를 위한 방법론은 대화, 신뢰, 협상을 통한 남북관계의 개선이다. 즉 외부세력의 개입에 의한 통일은 사실상 '흡수통일'이라고 인식하는 반면, 자주적·평화적 통일과정이 중국의 입장에 부합한다는 점을 밝힌 것이다. 이런 점에서 중국은 남북관계 개선에 적극적이고 유연한 입장을 지니고 있는 한국정부와의 협력에 보다 적극적이었다. 그러나 그동안 중국은 한반도 통일이 중국의 국가이익에 플러스요인일 것인가에 대한 확신이 부족했기 때문에 현실적으로 현상(status quo)유지하는 측면도 있었다. 반면 한국에서는 중국이 한반도 현상유지를 바라고 있다는 인식이 넓게 깔려 있고,[38] 한반도 통일은 '중립화'보다는 자유민주주의적 가치에 따라 이루어져야 한다는 공감대가 형성되어 있다. 향후 미중관계의 변화가 중국의 부상에 따라 중국역할론에 대한 평가도 달라질 수 있을 것이다.

둘째, 한반도에서 미국의 존재와 한미동맹에 대한 인식 차이이다. 역대 모든 한국정부는 정도의 차이는 있으나 한미동맹을 강조해왔다. 수직적 한미동맹에 문제점을 제시한 노무현 정부도 기본적으로는 한미동맹의 축을 부정한 것은 아니었다. 따라서 한미관계와 한중관계 사이에는 전략적 차등화가 있었다. 중국은 주한미군이나 한미동맹을 명시적으로 수용하지는 않았지만, 역외균형자(offshore balancer)로서의 미국의 존재를 현실적으로 수용해왔다. 그러나 중국의 부상과 한국의 대미경사정책이 나타나면서 한미동맹을 새롭게 제기했다. 실제로 이명박 정부 출범 초기

37 Lee Hee ok, "China's Policy toward (South) Korea: Objectives of and Obstacles to the Strategic Partnership," *Korean Journal of Defense Analysis*. Vol. 22, No. 3, (September, 2010), pp.283-301을 수정해 작성함.

38 중국 내에서 한반도 통일에 대한 편익과 비용론에 대한 논의는 다음을 참고할 것, 이희옥, "한반도 문제와 중국역할," 『한국과 국제정치』, 20권 2호, 2004.

미국과의 가치동맹 강화, 한미FTA를 통한 복합동맹을 추구하는 한편 천안함 사건을 계기로 미군사력을 중국 인근 해역으로 불러오자 이 문제에 적극적으로 대응했다.[39] 그리고 미국의 아시아 재균형 정책과 중국의 아시아 안보관이 본격화되면서 한미동맹에 대한 문제제기가 본격화되었다. 2014년 한중정상회담 이후 사드(THAAD)와 아시아인프라투자은행에 대한 한중 간 인식 차이는 이를 반영해주고 있다.[40]

셋째, 북핵과 북한문제에 대한 인식 차이이다. 한국은 이른바 '햇볕정책'과 엄격한 상호주의 정책을 모두 실시한 바 있다. 그 결과 일정한 성과가 있었지만, 동시에 한계도 있었다. 중국은 한반도 비핵화에 한국은 북한 비핵화에 대한 입장이 확고하다. 특히 시진핑 체제와 박근혜 정부가 등장한 이후 이러한 인식은 보다 명확해졌다.[41] 문제는 한반도 비핵화에 이르는 방법론이다. 중국은 한반도 비핵화를 위해서는 북한의 안보 우려를 고려해 우호적인 주변 환경을 구축하는 한편 시간을 가지고 해결해야 한다는 입장이다. 이런 점에서 6자회담 기제를 다시 살릴 것을 지속적으로 요구해왔다. 그러나 한국정부는 비핵화에 대한 북한의 '성의 있는 인식과 조치'가 있어야 한다는 것을 강조하면서 북한이 협상과 도발을 반복하는 악순환의 고리를 끊어야 한다고 보았다. 이와 관련해 중국이 진정한 북한비핵화를 원한다면, 북한에 대한 더 많은 역할을 발휘할 것을 요구하고 있다. 또한 북핵과 북한문제에 대한 접근법에도 차이도 있다. 중국은 북한에 대한 개입과 압박 정책을 동시에 시행한 바 있다. 그럼에도 불구하고 북한체제의 의미 있는 변화를 가져오지 못한 상태에서 북핵문제와 북한문제를 구분해 사안별로 접근하고 있다.

••••••••••••••

39 중국 외교부 대변인은 '한미군사동맹은 냉전이 남긴 유산'이라고 공식적으로 밝히면서 한중 간 외교적 마찰을 빚기도 했다. 外交部發言人秦剛擧行記者會., http://fmprc.gov.cn/chn/pds/wjdt/fyrbt/t71488.htm (검색일: 2010.7.8); 미국의 한반도에서의 군사훈련에 대한 공식비판은 다음을 참고할 것 "中國再次强烈呼兵朝韓保持冷靜克制," 盡快進行對話接觸, http://news.xinhuanet.com/politics/2010-11/25/c_12817646.htm(검색일: 2012.10.8)

40 李熙玉, A11B.「성균중국관찰」.

41 중국은 표면적으로 한반도 비핵화를 강조하고 있으나, 한국정부는 핵보유 의사가 없고 국제사회도 한국 핵보유를 인정할 가능성이 없는 상태에서 한반도 비핵화는 사실상 북한비핵화를 의미한다. 중국도 비록 한반도 비핵화를 주장하고 있으나, 실제적으로는 북한 핵무기 반대를 지칭하는 것으로 볼 수 있다.

그러나 한국은 일종의 상호주의 정책을 취하거나 북한문제를 국제적 관여의 형태로 접근해 온 측면이 있었다. 박근혜 정부의 한반도 신뢰프로세스는 일단 대화를 강조하고 있으나, 과거 햇볕정책과 이명박 정부의 상호주의 정책의 절충이라고 볼 수 있다.

넷째, 한중 간 상호인식의 차이이다. 양국이 전략적 협력동반자 관계를 구축하고 이를 '성숙화'하기로 한 것은 냉전적 사유를 넘어 협력해야 한다는 시대정신에 따른 것이다. 그러나 엄밀한 의미에서 한중 양국은 서로 다른 체제와 이데올로기를 가지고 있다. 이러한 인식 차이와 기대 차이는 동아시아 다자협력의 형식에서부터 양자 간 문화 인식의 차이까지 다양하다. 특히 수교 20년을 거치면서 전방위적 협력이 나타나면서 물밑에 있던 갈등이 나타날 가능성이 있고 이것이 정치안보 관계에 영향을 미칠 수도 있다. 이는 이미 2003년의 한중 간 역사분쟁과 2013년의 방공식별구역 문제로 인한 상호인식의 차이에서 입증된 바 있다. 특히 양국 네티즌들의 여론이 대외정책결정에 반영되기 시작하면서 문화원조 논쟁이나 중국의 북한정책, 한미동맹 등은 양국 간 상호인식의 차이와 양국관계에 영향을 줄 가능성이 높아졌다.

결론

중국의 부상에 따라 중국 외교가 새로운 변화를 모색하는 것은 자연스러운 현상이다. 신형대국관계나 주변외교도 기본적으로 중국의 핵심이익이 침해되지 않는 한, 갈등보다는 협력을 추구할 것이다. 이런 점에서 중국의 부상 그 자체가 안보딜레마를 심화시키기 때문에 중국견제정책을 주문하는 것은 냉전적 사고이며 현실적으로도 가능하지 않다. 이러한 '중국위협론'은 서구 민주주의가 보편적이며 근대적이라는 신화에서 출발한다. 그러나 중요한 것은 미국예외주의가 행위(deeds)와 모범(example)에 기초했는지에 대한 성찰을 동반하지 않는다는 점이다.

비록 미중 간 힘의 분포가 변하고 있으나, 여전히 폭력적 세력전이로 발전하기는 어렵고 적어도 글로벌 수준에서의 미중관계는 협력 속에서 경쟁이 나타날 가능성이 크다. 양국은 이미 상호의존이 심한 이익상관자가 되었기 때문이다. 그러나 동아시아 차원에서 보면 경제적 상호의존에도 불구하고 미중 간 힘의 각축이 본격화될 가능성이 있고 이것이 한중관계에 영향을 미칠 가능성도 있다. 물론 한중관계는 밀월기라 불릴 정도로 상호신뢰를 유지하고 있고 다양한 전략적 소통기제 또한 가지고 있다. 그러나 북한문제와 북핵문제가 해결되지 않은 채 남아있고, 한미동맹과 한중 간 전략적 동반자관계의 위상 또한 명확하게 확립되지 않고 있다. 실제로 미국은 한국이 점차 '작은 중국(small China)'이 되고 있다는 전략적 우려를 가지고 있고 중국도 한국의 대미경사에 대한 우려가 있다. 뿐만 아니라 북한문제에 대해서도 중국은 한국이 한미동맹을 활용한 좀 더 전향적인 대북정책을 희망하고 있으나, 미국과 한국은 중국이 배타적인 영향력을 행사해 북한의 실제적인 변화를 촉구하길 희망하고 있다.

이러한 국제환경 속에서 한국정부는 기본적으로 한미동맹을 발전시키고 한중 간 전략동반자관계를 내실화하는 헤징전략을 추구하고 있다. 우선 중국의 안보 우려를 의식해 한·미·일 지역동맹체제나 동북아 미사일방어체제 참여에 대해서는 소극적으로 접근하고 있고, 대중경사정책에 대한 미국의 우려를 불식시키기 위해 한중관계에서 안보와 경제를 분리해 접근하는 정책을 취하는 한편 북한과 북핵문제 대해서는 미국과의 공조를 중시하고 있다. 이러한 문제를 근본적으로 해결하기 위해서는 신형한중관계를 구축할 필요가 있다. 한중 양국이 상호 핵심이익을 존중하는 한편 전략적 소통을 강화하는 것이다. 이를 위해서는 관념의 대혁신이 필요하다.[42] 그것은 한미동맹에 대한 전향적 사고, 안에서 밖으로 구축되는 평화(peace built from the inside out)를 통한 남북관계 개선, 동아시아 지역주의전략과 연계한 협력기제의 구축, 인문 유대의 활성화를 통한 상호인식의 획기적 개선, 위기통제와 위기관리시스템의 구축 등을 뜻한다.

· · · · · · · · · · · · · ·

42 먼훙화는 이를 改革主義, 經濟主義, 地區主義, 和諧主義에서 찾았다. 門洪華, "中國觀念變革的戰略路徑", 門洪華 主編, 『中國軟實力的戰略思路』(北京: 人民出版社, 2013), pp.1-15.

5장
아프리카 발전에 대한 중국의 책임

스벤 그림(Sven Grimm)

필자는 21세기 초 중-아프리카 관계 성격 변화에 대한 분석을 통해 전 세계 경제, 제도 구조 및 아프리카 각국에 대한 중국의 영향이 끊임없이 증가하고 있으며, 중국이 아프리카 발전에 대해 갈수록 많은 책임을 갖고 있다고 본다. 중국의 날로 증가하는 영향력은 자신의 발전을 위해 더 넓은 정책 공간을 만들어냈으며; 이와 동시에 중국 국내정책과 국제정책의 행위 혹은 부작위 모두 세계 다른 지역의 발전에 영향을 미칠 것이고, 직·간접적인 방식으로 아프리카의 발전 기회에 대해 영향을 미칠 것이다. 결국 이러한 차원의 변화는 정책협조와 담론권 측면의 변화를 가져오게 될 것이다. 이는 거대한 발전 도전이 존재하는 국가로서는 아마도 험난한 과정이 될 것이다. 이 글의 논의는 고전적인 '남-남 대화'에서 중국이 하나의 '책임 있는 세계 대국'의 역할을 할 것이라는 사고의 전환을 유도할 것이다. 중국과 아프리카 쌍방의 경제와 정치상에 나타나는 불평등으로 인해 아프리카 발전에 대해 중국이 책임을 질 것이고 이는 감독이나 지나친 간섭과도 다를 것이다.

스벤 그림(Sven Grimm)_ 독일 함부르크 철학박사, 남아프리카 스텔렌보쉬(Stellenbosch) 대학 중국연구센터 주임

중국은 세계적인 신흥강국이자 아프리카 국가들에게 날로 중요해지는 파트너이다. 중국의 경제나 정책영역에서의 변화, 대외정책 분야에서의 재조정으로 인해 중국과 아프리카 관계의 성격 역시 커다란 변화가 발생했다. 최근 10여 년간 아프리카에 대한 중국의 참여는 줄곧 격렬한 논쟁이 있었던 주제였다. 아프리카 대중들의 논의는 "중국이 신식민대국이 될 것"과 "중국은 본보기와 구세주가 될 것"이라는 주장을 둘러싸고 전개되었다. '중국이 구세주'라는 주장은 자주 서구의 발전원조와 관련된 논쟁과 연관이 되었고 아프리카의 정치가들이 이를 잘 이용했으며 논쟁적인 출판물이 지면을 풍부하게 장식했다. 아프리카 국가들이 독립한 지 이미 50여 년이 지난 오늘날 아프리카 발전에 대한 중국의 책임을 연구한다는 것에 대해 일부 사람들은 여전히 놀랄 것이다. 이 글에서는 아프리카의 정치와 경제적 선택을 외부책임자에서 찾지 않으려 한다. 여기서는 아프리카 어젠다에 대해 중국이 영향력을 행사하는 각종 방식을 탐구하려 한다. 비록 많은 경우 이러한 방식이 협의를 거치지 않은 것이지만 말이다. 아프리카 국가의 고통과 원망은 만화에서 묘사되는 것처럼 몸뚱이가 상당히 텅 비었다고 볼 수 있다. 외부행위자들은 아프리카를 위해 조직을 설립했지만, 이러한 틀로는 아프리카 국가발전에 필요한 내부적 합법성을 세우지는 못했으며 자주 아프리카 엘리트들에 의해 제 배만 불리는 데 남용되었다.[1] 그 진실이 무엇이든지 간에 실제 상황은 현재 전 지구적인 환경에서 아프리카국가들은 중국처럼 세계기제에 대해 직접적인 영향을 행사할 수 없으며, 단지 상대적으로 제한적인 방식으로 행사할 수 있을 뿐이라는 것이다.

아시아인의 아프리카 업무 참여가 결코 신선한 일은 아니다. 20세기 70년대 중반부터 80년대 초반까지 중국인들의 아프리카 진출이 일부 문학작품에 나타났다. 중국의 경제성장과 정치적 지위의 상승은 그 이전의 일본이나 한국과 유사하다 할 수 있지만, 규모면에서 보자면 완전히 다른 차원에 놓여있다. 21세기 중국의 부상은 중대한 변화이며 일각에서는 전 지구적인 경제적, 정치적 '구조적 전환'이라

---

1 Christopher Clapham, *Africa and the International System: The Politics of State Survival*, (Cambridge: Cambridge University Press, 1996).

부르기도 한다.[2] 중국은 비록 개도국이고 세계은행 보고서의 빈곤에 대한 정의에 따라 국내 1.5억 명의 인구가 하루 평균소비 1.25달러 이하에 머무르는 국가지만,[3] 중국이 전 지구적인 문제에 대처하여 중요하고도 관건적인 역할을 할 것임엔 틀림 없다. 왜냐하면 세계적인 권력과 한 사회의 재부 수준 간에 필연적인 관련은 없으며, 중국은 여전히 빈곤하지만 이미 그리고 현재 날로 강대해지고 있기 때문이다.[4]

사실 중국은 아프리카 발전을 위한 동맹국이 될 만하다. 그러나 중국 정부는 아시아에서 새롭게 나타나고 있는 이 전 지구적인 힘이 아프리카 미래에 대해 간접적이고 열악한 영향을 미칠 수 있다는 것을 의식하지 못했다. 비록 중국과 아프리카의 우의 상에서 중국 관방은 적극적인 신호를 전달했고 물론 우리도 좋은 소식을 기대했지만, 중국의 행위는 사람들의 뜻대로 되지 않았고 성공을 거두었을지라도, 특히 간접적인 영향으로는 중국 관방 범위에서 토론을 유발하기 어려웠다. 예전에 언급했듯 중국의 독특한 경제규모와 세계와의 연관성 및 이로 인한 전 지구적인 중요성을 감안해본다면 중국은 다른 개도국에 간접적인 영향을 미칠 것이다.[5] 설령 우리가 중국이 아프리카의 발전 수요를 완전히 만족시키는 경로를 추구할 것이라고 가정한다 해도, 이러한 정책 역시 중국 국내의 다른 어젠다와 균형을 이뤄야 할 것이다. 따라서 아프리카의 발전 과정이 압살당하기 원치 않는다면 중국의 부상이 가져올 직·간접적인 효과에 대해 종합적으로 관리하는 것이 필요하다. 이는 분명 쉬운 과제는 아니지만 다른 측면에서 볼 때 매우 중요한 연구 임무이기도 하다.

아프리카와의 연계에서 경제협력조직이 여전히 압도적인 우세를 차지하고 있다 하더라도, 비서구 경제체는 전 지구적인 중요성을 제고하기 위한 또 한 번의 비약을 실현했는데, 이는 주로 對아프리카 무역 강화와 對아프리카 투자수준의 제고로 나타났다. 실제적인 영향은 이미 실마리를 드러냈으며, 특히 다른 대국과 유사

2 Raphael Kaplinsky and Dirk Messner, "Introduction: The Impact of Asian Drivers on the Developing World," *World Development*, Vol. 36, No. 2 (February 2008), pp.197-209.

3 *China Daily*, 2010.10.28.

4 Hubert Schmitz and Dirk Messner, eds., "Poor and Powerful - the Rise of China and India and the Implications for Europe," DIE Discussion Paper (13/2008), Bonn: Deutsches Institut fuer Entwicklungspolitik/German Development Institute (DIE).

5 Raphael Kaplinsky, Dorothy McCormick and Mike Morris, "The Impact of China on Sub-Saharan Africa," Brighton: IDS Paper, (2006), IDS Sussex, IDS Nairobi, School of Economics, Cape Town.

한 점은 중국의 간접적인 역할이 글로벌한 연구 주제가 되었다는 것이다.

중국과 아프리카의 교류 성격이 서방 대국과 완전히 다르다는 것을 고려해볼 때, 중국 지위의 격상에 대해 서구가 줄곧 끄덕없다고 할 수만은 없다. 통상 자신의 매력을 만들기 위해 '중국 예외주의'를 널리 알리는 것이 중국에게 필요한 수단이라고 여겨진다. 다시 말해 아프리카에 참여하는 '소프트파워'[6]를 부단히 제고시키는 것은 중국과 서구 혹은 서구 기업들이 경쟁을 벌이는 일종의 방식이다. 그러나 관방 주장에 예속되어 지나치게 낙관적이거나 혹은 지나친 우려에 빠지는 것을 피하기 위해서는 이러한 수사와 가설에 대해 학자들은 다시 한 번 살펴볼 필요가 있다.

중국의 전 지구적인 부상을 평가하는 데 자주 쓰이는 방식은 중국이 참여하는 해당 지역 외의 세계적인 활동, 특히 아프리카에서의 행위를 고찰하는 것이다. 지역연구에서 중국과 구체적인 국가와의 협력에 관한 연구는 적었으나 최근에 많아졌다.[7] 중국과 아프리카의 관계를 고려할 때 다중행위자와 다양한 의제와 관점에서 해석할 필요가 있고, 중국과 아프리카의 협력에 관한 경험적 연구는 중국과 아프리카 각국에서 동시에 전개될 필요가 있다. 많은 연구자들이 중국의 아프리카 정책 방향과 중국과 아프리카 협력에 관한 글을 쓰고 있고 그중 많은 사람들이 사례연구에 기반하고 있다는 점을 감안해볼 때, 관련 주제에 대한 실질적인 연구의 전도가 밝다고 예측해볼 수 있다.

이 글에서 기대하는 하나의 성과는 애초의 호기심을 뛰어넘어 중국과 아프리카

6 Joseph S. Nye, Jr., Soft Power: The Means to Success in World Politics, New York: Public Affairs Books, 2004; ㄴ. Fija ㄹ kowski, "China's 'soft power' in Africa," Journal of Contemporary African Studies, Vol. 29, No. 2 (April 2011), pp. 223-232.

7 Martyn Davies, "How China delivers development assistance to Africa," Stellenbosch: Centre for Chinese Studies, University of Stellenbosch, (February 2008); Centre for Chinese Studies, "Evaluating China's FOCAC commitments to Africa and mapping the way ahead" Stellenbosch: Centre for Chinese Studies, Prepared for the Rockefeller Foundation, (September 2009); Deborah Brautigam, The Dragon's Gift - The Real Story of China in Africa, (Oxford: Oxford University Press, 2009); Christine Hackenesch, "European Good Governance Policies Meet China in Africa: Insights from Angola and Ethiopia," EDC 2020 Working Paper (10/2011), Bonn: European Association of Development Research and Training Institutes (EADI), (2011); S. Grimm, H. Höβ, K. Knappe, M. Siebold, J. Sperrfechter, and I. Vogler, "Coordinating China and DAC development partners: challenges to the aid architecture in Rwanda," Bonn: Deutsches Institut für Entwicklungspolitik / German Development Institute (Studies 56), (2011).

학계 간에 더욱 광범위하고 다양한 연구를 개척할 수 있기를 바란다는 점이다. 우선 현재 중국이 아프리카에 참여하고 있는 직접적·간접적, 긍정적·부정적인 결과에 대해 면밀히 검토하고, 이러한 기초 위에서 중국과 아프리카 관계를 형성할 때 중국이 어떠한 측면에서 책임을 져야 하고 어떠한 측면에서 중국에 대한 요구 제기가 과도한 것인지를 토론할 것이다.

글로벌 담론환경하에서의 중국과 아프리카

아프리카의 저개발 혹은 정체의 원인을 완전히 외인(外因)으로 돌릴 수는 없다. 역사적 시각에 기반하여 중국과 아프리카의 관계를 살펴보고 서구와 중국의 현재 정책을 논의하기 전에 우선 아프리카의 세계적인 추세에 대한 견해에 초점을 맞춰야 한다.

경제성장 분야에서 21세기 첫 번째 10년은 많은 아프리카 국가들에게는 황금기 10년이었다. 2001년에서 2008년까지 연간 GDP 성장률은 6%에 달했고, 이는 '20세기 70년대 이후 가장 강력하고 가장 지속적인 성장'이었다.[8] 이에 대해 영국『이코노미스트』는 2011년 1월 6일자 기사에서 "성장률 면에서 아프리카의 '사자왕'은 '아시아 호랑이'와 견줄 만하다"며 찬사를 아끼지 않았다. 『이코노미스트』는 2011~2015년 세계적으로 성장률이 좋은 10개 국가에 에티오피아, 모잠비크, 탄자니아, 콩고, 가나, 잠비아, 나이지리아가 포함된다고 전망했다.(표1 참조) 일부 국가에 대한 예측에서 이상의 관점은 지나치게 낙관적이다. 특히 인도와 중국의 성장이 실제로 완만해진 점을 고려한다면 그렇다.

이러한 예측에 대해 일부 내용은 우리의 주의를 필요로 한다. 이는 순전히 국제통화기금조직의 GDP 성장률 예측에 기반하여 작성된 것이며 또한 다소 이전의 것이다. 〈표1〉에서 열거하고 있는 국가들은 기본적으로 경제발전의 기준점이 매우

· · · · · · · · · · · · · ·

8 M. Soko and J.-P. Lehmann, "The state of development in Africa: concepts, challenges and opportunities," *Journal of International Relations and Development*, Vol. 14, No. 1 (2011), pp.101.

표-1　2001-2010과 2011-2015 성장률 10위권 경제체

2001-2010년		2011-2015년	
앙골라	11.1	중국	9.5
중국	10.5	인도	8.2
미얀마	10.3	에티오피아	8.1
나이지라아	8.9	모잠비크	7.7
에티오피아	8.4	탄자니아	7.2
카자흐스탄	8.2	베트남	7.2
차드	7.9	콩고	7.0
모잠비크	7.9	가나	7.0
캄보디아	7.7	잠비아	6.9
우간다	7.6	나이지리아	6.8

자료 출처 : The Economist, January 6, 2011.

낮고 성장률 역시 실제 생활수준을 반영하지 않은 것이다. 또한 이 예측은 발전에 대한 지속가능성, 투자자가 직면한 정치적 리스크, 혹은 성장률의 기초가 무엇인지 등에 대해 설명을 하지 않고 있다. 통상 원자재 개발과 수출 분야의 근거를 찾을 수 있지만, 경제 다양성에 대해서도 고려하지 않고 있다. 결국 가장 중요한 것은 이 예측에서 발전 영향에 대한 고찰에는 1인당 소득 성장과 부의 분배 상황을 언급하지 않고 있다는 점이다. 따라서 이 예측에서 아프리카 발전 추세에 대해 만족스러워할 만한 이유는 없다. 그러나 아프리카 자신의 성장 전망은 우리에게 깊은 인상을 줄 수 있는데, 이는 아프리카라는 성장 잠재력이 있는 대륙의 전망을 재구성하는 데 도움이 된다.

　'사자왕'－만약 우리가 계속해서 이 칭호를 사용한다면－은 중국의 참여에 따라 고속 성장하는 경제체를 대신 지칭한다. 그렇다면 이들의 성장이 중국 요인과 관련이 있다고 성급한 결론을 내릴 수 있는가? 또 다른 해석은 중국－더 정확하게는 중국 기업－이 더욱 빠른 속도로 아프리카의 경제적 잠재력을 발굴하고 있다는 것이다. 중국 기업의 참여는 마침 그때를 만난 것인데, 왜냐하면 이들 아프리카 국가들이 자신의 잠재력을 발전시키고 이윤이 풍부한 시장을 개척하는 데 기꺼이 기

회를 제공하고 있기 때문이다. 이는 일종의 역인과관계일 수 있다. 다른 행위자 역시 투자를 진행하고 있고 이윤획득 분야에서 자원개발과 통신산업이 우위를 차지한다는 점이 자주 논의된다는 것을 알아야 한다. 우리는 이러한 영역에서 아프리카 시장 몫에 대한 국제경쟁이 존재하고 중국은 단지 많은 국제경쟁자 중의 하나일 뿐이라는 점을 알아야 한다.[9] 따라서 더욱 안전한 설명은 아프리카 성장률 증가 측면에서의 중국의 역할은 현재 계속해서 증가하고 있다는 것이다. 요컨대 타일러의 지적처럼 "중국의 대아프리카 무역과 투자는 아프리카 대륙의 발전에 도움을 주고 있고, 발전에 필요한 별도의 자금을 제공하고 있다."는 것이다.

장기적으로 볼 때 그 전망은 어떠할 것인가? 실제로 시간이란 차원은 중국 책임과 관련된 문제에 대해 대답하는데 우리에게 영향을 미칠 수 있다. 중국의 투자는 단기적으로 높은 이윤만을 추구하는가, 아니면 더욱 장기적인 긍정적 영향을 갖고 있는가? 가장 적합한 시한은 어느 정도인가? 경제위기 기간 동안 매체들은 중국이 콩고민주공화국의 광산을 신속하게 폐쇄시켰음을 포착했지만, 이것이 중국의 남아프리카 직접투자(FDI)에 대한 일반적인 추세를 대표할 수는 없다.[10] 이것은 적극적인 징조이지만, 전체 아프리카 대륙과 모든 경제부문에 대해 우리가 긍정적이고도 장기적인 예측을 내놓기 위해서는 더욱 신중해야 한다.

중국은 현재 빠르게 아프리카의 중요한 동맹국이 되고 있고, 특히 경제영역의 투자자로서 그렇다. 중국의 투자개발은 아프리카 경제체가 갖고 있는 잠재력으로부터 나오며, 이는 많은 적극적인 정보를 보태준다. 그러나 우리가 미래의 발전을 지향할 때 과거로부터 배우는 것이 큰 도움이 된다. 라이베리아의 경험에서 볼 때 투자와 성장이 발전을 가져다주지 않았던 사례는 우리에게 풍부한 시사점을 준다. 현재 라이베리아의 앨런 존슨 설리프 대통령은 그의 자서전에서 20세기 4·50년대 미국 파이어스톤 회사의 고무생산영역에서의 투자로 인해 라이베리아가 거대한 경제성장을 실현할 수 있었다고 회고한다. "생산과 소득의 명목성장율은 매년 15%

· · · · · · · · · · · · · ·

9 CCS Weekly Briefing, numerous editions.
10 S. Van der Lugt, V. Hamblin, M. Burgess, and E. Schickerling, "Assessing China's Role in Foreign Direct Investment in Southern Africa," (Stellenbosch: Centre for Chinese Studies, 2011).

에 달했고, 실제성장율 역시 10%였다. 같은 기간 동안 일본만이 이보다 빠른 성장률을 달성했다."[11] 이러한 이유에서 위에서 서술한 바와 같이 라이베리아는 '사자왕' 이라는 칭호를 얻을 수 있었을 것이다. 그러나 존슨 설리프는 경제번영 시기 구조적인 결함을 보완하지 않았으며, "이윤은 그들의 생존을 의존하는 자연자원과 마찬가지로 라이베리아에서 끊임없이 유출되어 나왔다."고 비난했다.[12] 결과적으로 매우 적은 라이베리아인들만이 성장과정에서 이익을 보았다. 노동자들의 대다수는 저기술의 육체노동에 종사했고 기초시설영역의 투자 역시 대부분 투자자들의 돈벌이로만 전락했으며 라이베리아 국가발전에 대한 효과 역시 매우 미미했다.

아프리카 국가들은 경제성장의 지속가능성과 경제영역의 구조적 문제에 초점을 맞추며, 투자자의 국적이 어디인가는 논하지 않는다. 근본적으로 보았을 때 기업투자의 목적은 이윤획득에 있지 국가발전에 있지 않다. 중국, 유럽, 미국 혹은 기타 국가의 기업 모두 마찬가지이며 차이가 없다. 따라서 아프리카 각국 정부의 임무는 바로 외국투자자로 하여금 본국의 더 큰 이익을 위해 투자할 수 있도록 일정한 틀의 조건을 창출하고 강화하는 것이다.[13] 이로 인해 분명 아프리카의 정책 제정과 집행이 중국과 아프리카 관계 사이에 가로놓여 있는 하나의 중요한 요소가 될 것이다. 예컨대 중국 기업은 아프리카 국가의 법률과 규칙을 준수해야 한다. 중국과 아프리카의 결합과정에서 우리는 중국의 책임을 언급해야 하는데, 그 이유는 말라위와 비교하든 아프리카의 최대 경제체인 남아프리카공화국과 비교하든 중국은 너무 강대하기 때문이다.

11 E. Johnson-Sirleaf, *This Child Will Be Great. Memoir of a Remarkable Life by Africa's First Women President,* (New York: Harper Perennial, 2010).

12 E. Johnson-Sirleaf, *This Child Will Be Great. Memoir of a Remarkable Life by Africa's First Women President,* (2010).

13 Greg Mills, "Why Africa is Poor - And What African Can Do About It," (Johannesburg: Penguin Books SA, 2010); S. Van der Lugt, V. Hamblin, M. Burgess, and E. Schickerling, "Assessing China's Role in Foreign Direct Investment in Southern Africa," (2011), Stellenbosch: Centre for Chinese Studies; Olu Ajakaiye, "China in Africa - Opportunities and Challenges," Presentation at the African Union Task Force on Strategic Partnership Between Africa and the Emerging Countries of the South, Addis Ababa, September 11-13, (2006).

20세기 70년대 이후 중국과 아프리카 관계의 지속과 변화

중국-아프리카의 무역과 기타 영역에서의 두드러진 성장률은 대중들의 관심을 끌었으며 중국을 완전히 새로운 참여자로 간주하게 만들었다. 그러나 이는 사실의 진상이 아니며 아프리카와 더욱 광범위한 세계경제에 대해 중국은 결코 뉴페이스가 아니다. 이 점에 관해 중국이 최근 발표한 원조 백서는 증거를 제공한다. 백서는 20세기 후반 중국 원조정책의 발전과정에 대해 정리하고 있다.[14] 현대 중국의 대외참여는 3단계로 나눌 수 있다. 첫 번째는 마오주의의 중국이 '혁명식' 참여정책을 추진하는 단계로 20세기 70년대 말까지이다. 두 번째는 20세기 90년대 말 개혁단계까지이고 세 번째는 1998년 이후 '해외진출(走出去)' 전략을 실시한 중국부상의 단계이다.[15]

앞에서 강조한 바와 같이 당대 중국과 아프리카의 관계는 중화인민공화국 성립 시기로 거슬러 올라갈 수 있다. 그러나 마오의 아프리카정책은 이데올로기의 영향(독립운동 지원)을 받아 추진한 것이었고, 중국 문화대혁명 기간과 덩샤오핑이 20세기 70년대 중반 추진한 중국 내부개혁의 시기에는 중국과 아프리카 상호관계의 빈도가 대폭 하락했음을 알 수 있다.[16] 이러한 역사적인 변화의 도움을 빌어 우리는 20세기 70년대 초기 중국 관련 아프리카 이야기에서 더 오래된 변형을 발견할 수 있으며 이는 오늘날 아프리카 관련 쟁점에 대해 익숙한 사고 관점을 제공해준다.

예컨대 1974년 나이지리아의 학자 오군사누(ogunsanwo)는 아프리카 독립 이후부터 문화대혁명 초기(1958~1971년)까지의 중국의 아프리카정책을 검토했다. 그는 아프리카인의 시각에서 중국-아프리카 관계에 대해 분석을 진행하면서 "중국의 당시 아프리카정책은 진공 상태에서 진행한 것이 아니었다. 정책의 목표, 기대, 실행

14 Government of China, China's Foreign Aid. Information Office of the State Council, People's Republic of China, Beijing, 2011.4.21.

15 S. Grimm, H. Höβ, K. Knappe, M. Siebold, J. Sperrfechter, and I. Vogler, "Coordinating China and DAC development partners: challenges to the aid architecture in Rwanda," Bonn: Deutsches Institut für Entwicklungspolitik / German Development Institute Studies 56, (2011).

16 S. Grimm, H. Höβ, K. Knappe, M. Siebold, J. Sperrfechter, and I. Vogler, "Coordinating China and DAC development partners: challenges to the aid architecture in Rwanda," (2011).

혹은 아프리카와의 상호작용에서 거둔 성과는 미소경쟁의 목표에 복무하는 것뿐 아니라 아프리카 각국의 정책적 선택과 기대에 일치하는 것"이라고 보았다.[17] 이렇게 알라바 오군사누는 개별 프로젝트, 예컨대 탄자니아의 면방직공장이나 루사카에서 다르에스 살람까지 연결하는 철도(타자라 철도) 등에 관해 서술했다. 그러나 그는 중국이 직면한 적대적 환경과 각종 좌절에 대해서도 분석을 했다. 예컨대 아프리카의 제1쿠데타 물결의 흐름 속에서 파트너 정부의 전복에 직면했을 때 중국 지도자들은 투자손실을 모면하려 했다. 이러한 사건에는 가나의 콰메 은크루마 대통령의 하야와 중앙아프리카공화국 다비드 다코 정권의 전복 등이 있다.[18]

20세기 60년대와 70년대 일부 좌절을 겪은 후 중국의 아프리카 참여 수준은 지속적으로 하락했다. 결국 이러한 하락의 가장 중요한 원인은 중국의 '문화대혁명'으로 인한 내부 동요에 있었다.[19] 20세기 80년대는 중국 내부개혁의 과정이 시작되는 시기로 간주된다. 이에 따라 20세기 90년대 말 '해외진출' 전략이 실시됨에 따라 중국의 아프리카 참여와 아프리카 성장과 발전과정에서 어떠한 역할을 맡느냐에 관한 논쟁이 다시 생기를 띠었으며 이는 학계에서도 마찬가지였다. '해외진출' 전략은 중국 기업의 해외진출을 장려했고 국가는 이에 대해 많은 지원을 해주었다. 중국의 아프리카에 대한 참여는 무역, 투자, 원조 등의 분야에서 이루어졌고, 특히 2000년 이후 대아프리카 외교활동은 급속히 증가했다. 쌍방 모두에게 중국과 아프리카 관계는 현재 날로 중요해지고 있으며 이 역시 중국의 전 지구적 부상의 하나의 결과이다. 2001년 중국이 WTO에 가입한 이후 세계무대를 향한 행보는 또 한걸음 나아갔고, 'WTO 가입'은 중국 투자자들에게 새로운 시장을 열어주었다.

• • • • • • • • • • • • • •

17 A. Ogunsanwo, *China's Policy in Africa 1958-1971*, (Cambridge: Cambridge University Press, 1974).

18 A. Ogunsanwo, *China's Policy in Africa 1958-1971*. 다른 사례 연구로는 다음을 참고할 것. Bailey(1975) 중국과 탄자니아의 아프리카에서의 협력에 관한 저술. Larkin(1971) 1949-1970년 중국과 아프리카관계에서 외교정책 분야에 관한 분석. Harris/Worden(1986) 『중국과 제3세계』라는 책을 저술했는데, 이 책은 중국이 제3세계 지도자가 될 가능성에 대해 분석하고 있음. 초기 저작에 대한 개괄은 Large(2008)의 저서에서 찾아볼 수 있음.

19 S.Grimm, H. Höβ, K. Knappe, M. Siebold, J. Sperrfechter, and I. Vogler, Coordinating China and DAC development partners: challenges to the aid architecture in Rwanda. Bonn: Deutsches Institut für Entwicklungspolitik / German Development Institute Studies 56, (2011).

2008~2009년 세계경제위기로 이러한 쟁점에는 새로운 동력이 증가되었고, 이러한 위기과정에서 신흥경제체제의 활약은 공업국가들보다 더 나았다. 세계 다른 지역과 비교해보았을 때 위기 기간 동안 아프리카에 대한 외부 투자는 감소했다. 그러나 상대적으로 신흥경제체의 대아프리카 투자(특히 중국)의 축소폭은 서구보다 적었다.[20] 따라서 중국의 국내 성장률이 현재 완만해진다 하더라도 예상보다 훨씬 빠르게 세계적인 영향력을 획득하게 될 것이다. 심지어 신중하기로 이름난 IMF 조직도 2016년의 중국 경제가 미국을 초월할 것이라는 예측을 내놓았다.[21]

사실 우리는 중국의 세계적인 영향력의 획득을 완전히 새로운 발전이 아니라, 실력의 회복과 역사적인 불공평에 대한 교정으로 이해할 수 있다. 세계 총인구의 거의 20%를 차지하는 국가(중국은 13억 명의 인구를 보유함)는 현재 세계 GDP의 12%를 차지하는 기초 위에서 세계경제에서 차지하는 비중을 증가시키기 위해 노력하고 있는데, 이는 놀랄 만한 것은 아니다. 경제사학자들은 1820년까지 중국의 GDP가 유럽(동유럽과 서유럽)과 미국을 합친 총계보다 훨씬 높았다고 본다. 영국의 경제학자 앵거스 매디슨은 1820년 중국의 생산량이 2,286억 달러였던데 반해, 서유럽과 동유럽, 미국을 합해 1,973억 5백만 달러였다고 추산한다. 이 수치는 국제달러를 기준으로 1990년 구매력평가 방식으로 한 것이다.[22] 따라서 많은 중국인들에게 중국의 경제부상은 새로운 발전이 아니라 한동안의 비정상적인 열세에 대한 교정이다. 역사에 기반해서 볼 때 중국은 줄곧 핵심국가였고 19세기에서 20세기의 상황은 수세기 동안 있어왔던 지위의 단절이라 볼 수 있다. 현재 중국은 대부분의 역사적 시기와 비슷한 경제발전수준(이를 수반해 오는 권력)을 회복하고 있는 것처럼 보인다. 그러나 경제세계화라는 시대적 배경에서 그 운용방식은 이미 과거와는 현저하게

20 S. Van der Lugt, V. Hamblin M. Burgess and E. Schickerling, "Assessing China's Role in Foreign Direct Investment in Southern Africa," (2011), Stellenbosch: Centre for Chinese Studies; J. Humphrey, "European Development Cooperation in a Changing World: Rising Powers and Global Challenges after the Financial Crisis," EDC 2020 Working Paper (8/2010), Bonn: European Association of Development Research and Training Institutes (EADI), (2010).

21 CCS Weekly Briefing of 29 April 2011.

22 Angus Maddison, *Contours of the World Economy, 1-2030 AD.*, (Oxford: Oxford University Press, 2007); Anshan Li, "China and Africa: Policy and Challenges," *China Security*, Vol. 3, No. 3 (Summer 2007), pp.69-93.

다르다는 점을 알아야 한다. 21세기에는 초국가, 초대륙적 경제사슬이 복잡하게 얽혀있고 서로 다른 지역의 사회적 상호작용도 전례없는 수준으로 높아져있기 때문에, 세계의 어떤 중요한 지역의 변화가 동시에 다른 지역의 관심을 유발할 수 있다.

사실 현재의 선진국과 같은 수준으로 자원을 사용하리라 기대하는 것은 문제인데, 이는 세계적으로 지속가능한 발전을 위협할 수 있기 때문이다. 특히나 환경에 대한 영향이 전 세계로 미칠 수 있으며 석탄연료에 기반한 발전 경로는 현재 갈수록 많은 의구심을 받고 있다. 따라서 선진국은 경제영역을 변화시키지 않으면 안되며, 국민의 생활방식 역시 조정이 필요하다는 것을 알아야 한다(경제협력으로 세계를 조직). 개도국들에게 이는 단순히 기존의 발전모델을 복제할 수 없다는 것뿐 아니라 따라잡기를 하는 동시에 혁신을 이루어야 한다는 것을 의미한다. 개도국들은 새롭고도 창조적인 경로를 찾아야 한다. 중국이나 인도, 브라질, 인도네시아, 나이지리아, 남아프리카공화국 등과 같이 인구와 산업 규모가 끊임없이 확대되고 있는 대국들은 특히나 그렇다.

중국 특유의 인구 규모를 감안해볼 때 중국의 경제부상이 가져올 변화는 확실히 세계적이다. 최소한 중국 경제성장의 효과는 세계적으로 모든 지역과 국가에 파급될 것이다. 21세기 세계에 대한 중국의 이러한 직·간접적인 영향을 소홀히 다루는 것은 현명한 처사가 아니다. 중국 지도자들이 자국의 발전을 추구하는 동시에 외부 세계에 대한 우려도 동시에 고려하는 것은 적절한 일이다. 더 좋은 이유에서 중국이 추구하는 목표에 변화가 생겼고, '화평굴기(和平崛起)' [23]의 추구에서 '조화세계(和諧世界)' [24] 구축으로 전환되었다. 중국 관방은 자신이 개도국이라는 점을 강조하고 있는데, 이는 중국의 "희망적 관리"로 이해할 수 있다. 이를 통해 베이징에 대한 개도국 세계의 지원을 얻길 바라는 것이다.[25] 또한 중국은 더욱 약하고 더욱 적게

23 Sujian Guo, ed., *China's "Peaceful Rise" in the 21st Century: Domestic and International Conditions*, (Ashgate Publishing, 2006).

24 J.-M. Blanchard, "Harmonious World and China's Foreign Economic Policy: Features, Implications, and Challenges," *Journal of Chinese Political Science*, Vol. 13, No. 2 (2008), pp.165-192.

25 中國國務院新聞辦公室, 『中國的對外援助』白皮書, 2011.4.21, http://www.gov.cn/gzdt/2011-04/21/content_1849712.htm.

'위협적인'인 얼굴로 남에게 기세등등하게 보이는 것을 피하고 싶어 한다. 최근 '중국몽(中國夢)'이 강조되고 있는데, 연구자들은 중국 내부 요인에 기반한 시각에서 이에 대해 검토하고 있다. '중국몽'을 둘러싸고 다른 국가들은 무엇을 할 수 있으며 왜 이것과 관련이 있는가? '중국몽'이 어떤 부분에서 타국에 영향을 미칠 것인가? 중국이 다른 국가의 발전 기회에 대해 어떠한 책임을 질 것인가?

아프리카에 대한 중국 책임의 4개 구성 부분

아프리카 발전에 대한 중국의 영향을 논의할 때 어떻게 '영향'이란 개념을 정확하게 이해할 것인가에 대해 일련의 문제가 있을 수 있다. 특히 이는 시간 범위와 지속 가능한 발전의 정도에까지 파급을 미친다. 중국의 아프리카 발전과 관련된 논의는 각종 의제, 즉 경제적, 정치학적, 환경 연구적, 사회문화 논의 등과 관련이 있다. 또한 어떠한 세계 대국의 행위와 부작위도 모두 타국에 영향을 미칠 수 있으며 특히 작은 국가와 경제체에 대한 이익에 대해서는 더욱 그렇다.[26] 따라서 최소 4개의 주요 차원에서 중국은 아프리카에 대한 책임이 있다. (1) 국가와 국가 수준 (2) 비국가 행위자의 참여 수준 (3) 중국부상이 아프리카에 미치는 간접적 영향 수준 (4) 엘리트 협상과 발전 담론의 수준

(1) 중국과 아프리카 간의 국가와 국가 상호작용

중국과 아프리카의 협력은 아프리카와 기타 국가와의 협력과 다르며, 이는 양자와 다자간 협의의 기초 위에 건립되었다. 양자 간 프로젝트에 대해 그 책임은 관방 성명에서의 약속처럼 참여 쌍방의 발전을 위해 복무할 수 있어야 한다. 따라서 아프

• • • • • • • • • • • • • •

26 OECD, African Development Bank, United Nations Economic Commission for Africa, United Nations Development Programme, *African Economic Outlook (2011)*, *Africa and its Emerging Partners*, Paris, (2012); H. Reisen, Global Development Outlook (2010) "Shifting Wealth", UNLDC IV: Key Development Challenges facing the LDCs, Expert meeting on February 18-19, 2010, http://www.unctad.org/ sections/ldc_dir /docs/ldcIV-2010_Reisen_en.pdf.

리카 대중들에게 중국과 아프리카의 관계를 이해시키고, 특히 중국의 선의를 보여주며 중국에 대한 긍정적인 이미지를 만들고 중국의 '소프트파워'를 제고시키기 위해, 또한 중국과 아프리카 협력이 서구와 아프리카의 관계를 훼손시킬 수 있다는 유언비어에 반격할 수 있기 위해서 중국이 일정 정도 관련 협력프로젝트의 소식을 공개하는 것이 필요하다. 그러나 중국과 아프리카의 협력은 확실히 서구 원조와는 다른데 이에 대해서는 고려해볼 필요가 있다.

우선 협력과정에서 중국의 원조 요소가 자주 일괄거래 중에 뒤섞여 들어가 사용되며 이러한 거래에는 무역과 투자 성분이 포함된다. 원조 통계수치 방식이 서구와 다르기 때문에 중국 원조의 비교수치는 상대적으로 작다.[27] 중국 국가자금의 지원 하에서 관련 프로젝트가 계획되고 실시될 수 있으려면 일부는 양측의 지원을 얻어야 하고 일부는 대출(우대 혹은 비우대)의 형식으로 진행되며 일부는 중국과 아프리카 협력 포럼이라는 다자의 틀 안에서 이루어진다. 2000년 이후 후자가 정상 궤도로 들어가 3년에 한차례씩 정상회담을 거행하고 중국과 아프리카 양 지역에서 교대로 진행한다.[28] 지금까지 중국은 관련된 모든 자료를 체계적으로 수집하는 기구가 없었고 피원조국 역시 관련 소식을 발표하지 않았다. 2011년 초반 중국 정부는 〈중국 대외원조〉 백서를 발표했는데, 일부 부분에서 사람들을 충분히 만족시킬 수는 없지만 우리에게 정책 틀과 참고 수치를 제공해주고 있다. 2008년 중국의 대외 발전협력의 금액은 15억 달러 정도로 추산된다. 아프리카 국가의 프로젝트에는 기초시설건설, 보건사업 참여, 농업협력 분야 등이 있다.[29]

대외원조와 달리 국가 수준에서의 해외 투자는 조사할 근거가 있고, 중국 정부 부문에서는 일부 수치를 발표했다. 그러나 이러한 수치 통계 역시 일부 문제가 존

27 S. Grimm, H. Höβ, K. Knappe, M. Siebold, J. Sperrfechter, and I. Vogler, "Coordinating China and DAC development partners: challenges to the aid architecture in Rwanda," Bonn: Deutsches Institut für Entwicklungspolitik / German Development Institute Studies 56, (2011).

28 F. Paruk, and G. Shelton, "The Forum on China-Africa cooperation," A strategic opportunity, Monograph 156, Johannesburg, (2008).

29 S. Grimm, H. Höβ, K. Knappe, M. Siebold, J. Sperrfechter, and I. Vogler, Coordinating China and DAC development partners: challenges to the aid architecture in Rwanda. Bonn: Deutsches Institut für Entwicklungspolitik / German Development Institute Studies 56, (2011); D. Brautigam, *The Dragon's Gift - The Real Story of China in Africa*, (Oxford: Oxford University Press, 2009).

재한다. 산필리포(M. Sanfilippo)가 개관에서 밝히듯이 "중국 상무부의 관방 수치에서 볼 때 세계 각 지역에 대한 중국의 대외직접투자의 분포는 고르지 않다. 대부분은 아시아 인근과 지역(특히 홍콩지역) 및 남미(주로 버진아일랜드와 케이맨제도 등 역외금융센터)로 흘러들어간다. 나머지 부분은 다소 고르게 다른 대륙에 분포되어 있고 과거 몇 년간 아프리카는 비교적 큰 자금 비중을 차지했다."[30] 그러나 반 데르(2011)가 지적하듯 이러한 통계수치는 언제나 투자유치국의 실제 수치와 맞지 않는다.[31] 대외직접투자 중에 국유기업과 민영기업의 투자가 포함되기 때문에 이것은 국가와 국가 간의 관계를 명확하게 보여주지 못한다.

중국투자가 국가 간과 대륙 간의 전체적인 균형을 실현하는 것이 매우 어렵다 하더라도 중국의 현지에 대한 영향과 마땅히 져야 하는 책임을 고찰할 수는 있다. 이미 많은 연구들이 아프리카 국가 혹은 아프리카 특정국의 경제부문에 대한 중국의 참여를 서술하고 있다.[32] 잠비아는 많은 연구가 진행된 국가 사례이다.[33] 일부 보고 역시 중국아프리카 협력 포럼에서 중국이 한 약속을 검토하기 시작했고 그 효과에 대해서도 평가를 진행했다.[34] 2012년에 거행된 중국아프리카 협력포럼에 대해 연구자들은 관련 연구를 익숙하게 진행하고 있다.

국가 간 관계 수준에서 중국의 책임을 논의할 때 우리는 중국의 영향이 미치는

· · · · · · · · · · · · ·

30 M. Sanfilippo, "Key feature of Chinese FDI to Africa," *China Monitor* 60: Managing Chinese Foreign Direct Investment in Africa, (March 2011), Stellenbosch: Centre for Chinese Studies.

31 그 원인 중 하나는 홍콩을 독립적인 실체로 하여 무역통계에 넣을 것인지의 여부에 달려있기 때문이다. 투자지역에서 홍콩으로 흘러들어간 자금의 경우, 이 투자는 중국이 아니라 중국홍콩특별행정구로 계산된다.

32 J. Jansson, C. Burke and W. Jiang, "Chinese Companies in the Extractive Industries of Gabon & the DRC: Perceptions of Transparency," (2009), Stellenbosch: Centre for Chinese Studies; R. Sandrey and H. Erdinger, "The Relevance of Chinese Agricultural Technologies for African Smallholder Farmers: Agricultural Technology Research in China," (2009), Stellenbosch: Centre for Chinese Studies; H. Asche and M. Schueller, "China's Engagement in Africa-Opportunities and Risks for Development," Eschborn: Deutsche Gesellschaft fuer Technische Zusammenarbeit (GTZ), (2008).

33 I. Mwanawina, "China-Africa Economic Relations: The Case of Zambia," Study commissioned by the African Economic Research Consortium (AERC), Nairobi: AERC, (2008); Dominik Kopiński and Andrzej Polus, "Sino-Zambian relations: 'An all-weather friendship' weathering the storm," *Journal of Contemporary African Studies*, Vol. 29, No. 2 (2011), pp. 181-192.

34 Centre for Chinese Studies, "Evaluating China's FOCAC commitments to Africa and mapping the way ahead," (2009), Stellenbosch: Centre for Chinese Studies.

긍정적인 측면과 함께 부정적인 측면에도 주의해야 한다. 중국에서 이 간단한 이치는 자주 정치적 논쟁에 의해 잊히는 것 같다. 이치대로라면 중국이 한 콩고(금)광업 회사에 투자한 자금은 다른 투자와 마찬가지로 (예측 가능한) 취업기회를 만들고 현지인의 기술수준의 향상에 긍정적인 영향을 미칠 수 있도록 관련 직업교육을 도와야 한다. 만약 투자규모가 거대하다면 한 국유기업(중앙 소속 혹은 성 소속)에서 실시할 수도 있는데 여기에는 국가의 재정지출이 따르게 마련이며, 예컨대 기초시설 업그레이드에서 이들은 특혜대출을 누릴 수 있다. 이러한 모든 것은 현지 사회와 국가경제에 이롭다. 그러나 참여는 원치 않는다 하더라도 부정적인 효과를 얻기도 한다. 예컨대 환경보호 기준이 지나치게 낮거나 혹은 잘 집행되지 않는 경우 환경을 파괴할 수 있고, 실업이나 기업 간 경쟁을 유발할 수 있으며 자연자원에 의존해서 살아가는 사람들에 대해 악영향을 미칠 수도 있다. 여기에서 강조해야 할 점은 국유기업이 상대적으로 독립된 자치 단위이며 정부는 통상 그 일상 업무에 관여할 수 없다는 것이다.[35] 그러나 이로 인해 중국 정부의 책임이 없다는 것은 아닌데, 그것은 대외투자과정에서 국유기업이 많은 국가기관과 상호협조를 진행하기 때문이다.[36] 책임과 관련된 인과사슬은 시간이 연장됨에 따라 더욱 길어질 수 있다.

영향과 관련된 문제를 언급할 때는 시간의 경과라는 중요한 문제와 관련된다. 모든 아프리카 국가에게 투자는 직접적인 수입을 가져다주는데 그것이 발전에 사용될 수도 있고 또한 사용되지 않을 수도 있다. 또한 현지 지역에 대해 보상을 할 때 투자자는 간접적인 환경과 경제, 정치적 비용에 대해 책임을 져야 한다.[37] (외국/중국의) 참여로 미래의 손실이 눈앞의 수익보다 클 것인가? 투자로 인해 장기적인 비용이 들 것인가(예컨대 아프리카의 탈공업화 혹은 환경 악화)? 만약 미래의 어떤 한 시점에서 이러한 고비용 문제를 해결해야 한다면 장기적인 시간과 관련된 계산을 바

35 P. Bosshard, "China's Environmental Footprint in Africa," SAIIA policy briefing, *China in Africa*, No. 3 (April 2008), Johannesburg: South African Institute of International Affairs.

36 P. Bosshard, "China's Environmental Footprint in Africa," SAIIA policy briefing, *China in Africa*, No. 3, (April 2008); S. Van der Lugt, V. Hamblin, M. Burgess, and E. Schickerling, "Assessing China's Role in Foreign Direct Investment in Southern Africa," (2011), Stellenbosch: Centre for Chinese Studies.

37 만약 공동체에서 보상이 이루어지지 않으면 장기적인 비용이 발생할 수 있다. 예컨대 비교적 장기적인 시간의 영향을 받는 인구는 국가로부터 멀어질 수 있고, 나아가 이들의 공동이익에 대한 참여에도 영향을 미친다.

꿰야하지 않을까? 사실상 현재 참여의 비용 역시 이미 외부화되었을 수도 있고(제3자가 지불, 서구의 원조는 일종의 '수리 서비스'로 간주될 수 있음), 후대에서 자신의 욕망을 제한해야 하는 등의 부담을 떠맡을 수도 있다. 바로 엘런 존슨 설리프의 눈을 통해 바라본 라이베리아의 상황이 증명하듯, 투자가 사회적 빈곤을 제거하는 데 미치는 장기적인 역할은 극히 미미하다.

아프리카 정치가들에게 이는 중요하고도 지속적인 도전이 될 것임에 틀림없다. 따라서 그들의 당연한 임무는 아프리카의 경제적, 사회적 수익을 증가시키는 것이고 그에 상응하는 정치적 목표와 경제적 목표를 제정하는 것이다. 물론 충격이 즉각 멈출 리도 없고 양국 간의 단기적인 교류에서 즉각 나타날 리도 없다. 바꿔 말해 아프리카 국가의 정부는 반드시 장기적인 고려에서 전략적 선택을 해야 한다.

아프리카 국가의 정부에서 주요 책임을 맡는다 하더라도 중국이 관련 책임에서 완전히 벗어날 수 있다는 것은 아니다. 관련된 시간을 고려하여 상호이익의 획득이 지속되는 것은 중국의 이익에도 부합한다. 양측의 힘이 서로 다르다는 것을 감안해보면 중국과 아프리카 관계는 실질적으로 불평등하다. 중국은 분명 말라위나 케냐보다 훨씬 강하다. 인구수와 경제규모를 고려해볼 때 남아공 역시 중국의 한 개 성에 맞먹을 수 있을 뿐이다. 중국이 협상과정에서 자신의 힘을 명확히 사용하지 않는다 해도 쌍방의 이러한 불평등은 분명히 알 수 있다. 따라서 중국과 아프리카 국가 간의 이러한 불평등한 관계에서 아프리카 쪽이 이른바 '윈윈'하는 국면을 지속적으로 향유해야 될 수 있다. 그렇지 않고 장기적으로 만약 아프리카가 자신에게 이익이 없다고 여긴다면 중국은 장기적인 좌절을 맞게 되는 리스크에 직면할 것이다.

국가와 국가 관계에 놓여있는 이러한 임무는 통제될 수 있을 것으로 보인다. 학자들은 중국이 아프리카의 정책적 불만에 대해 실질적인 반응을 내놓을 수 있다고 본다.[38] 2010년 12월 중국 정부가 발표한 〈중국-아프리카 경제무역협력〉 백서는

38 Olu Ajakaiye, "China in Africa-Opportunities and Challenges," Presentation at the African Union Task Force on Strategic Partnership Between Africa and the Emerging Countries of the South, Addis Ababa, (September 11-13, 2006).

중국의 아프리카 관련 활동의 경험과 교훈으로 이해될 수 있다. 이 백서에서는 전례 없이 어떻게 아프리카에서의 능력을 건설하여 기회를 잘 이용할 것인가에 관한 장과 절을 총망라해놓았고, 중국과 아프리카 관계에 존재하는 불평등과 부족한 점을 인식하고 있다.

(2) 비국가행위체의 참여

중국의 영향력과 관련된 문제를 고려할 때 국가와 국가 수준에서의 상호관계에만 국한될 수는 없으며, 중국과 아프리카의 관계가 완전히 정부와 관련된 것도 아니다. 대외관계는—중국의 아프리카 참여를 포함하여—다른 행위체가 참여하는 국제관계와 마찬가지로,[39] 날로 분화되고 복잡해지고 있다. 중국의 경제부상과 개인 간의 상호작용은 분리될 수 없는데, '새로운 영역'에 대한 개인들의 탐색은 중국의 발전을 촉진시켜왔다. 중국의 기업가들은 혁신적이며 매우 영민하여 자신의 제품을 위해 적극적으로 새로운 시장을 개척한다. 이러한 도전은 이미 중국 국내시장에만 국한되지 않으며 아프리카 시장 역시 그 안에 포함된다. 2013년 한 학자는 중국 대다수의 투자항목에서 약 55%가 개인투자자에 의해 이루어진 것이라고 보고 있다.[40]

그 과정에 참여하고 있는 개인이든 정부이든 간에 아프리카에 거주하는 중국 교민은 참여 주체를 더욱 다양하게 만들며 이로써 중국이 직면한 도전 역시 증가하고 있다. 비록 개인 간의 관계가 중앙국가 행위체의 통제를 직접 받지 않는다 하더라도 이는 결국 더욱 넓은 의미에서의 경제 혹은 정치관계에서 벗어날 수 없다. 이러한 개인의 직접참여가 미치는 영향은 매우 광범위하며 개인에게 기회를 제공해주는 동시에 많은 도전도 가져다준다. 각 집단들 간의 시장에서의 경쟁을 더욱 직접적으로 변하게 만들며 근무조건과 현지 기준/입법에 대해 관심을 갖도록 만든다. 중국기업과 개인의 경쟁적인 참여는 현지 사회 혹은 환경기준에 대해 압력을 가할

39 Christopher Hill, *The Changing Politics of Foreign Policy*, (New York: Palgrave, 2002).

40 Xiaofang Shen, "Private Chinese Investment in Africa: Myths and Realities," World Bank Working Paper 6311, (January 2013).

수 있을 것이다. 매체에서 자주 보도하는 것처럼 경쟁에서 개인은 법의 한계를 뛰어넘을 수 있고, 혹은 법적 틀에 대해 커다란 압력을 가할 수도 있다.[41] 이러한 측면에서 향후 연구는 다양한 측면에서 진행되어야 하며,[42] 교민에 대해 더 많은 관심을 갖고 관련 연구도 확대해야 할 것이다.[43]

중국에서든 아프리카 국가에서든 문제와 편견, 선입견과 적대적 심리를 갖는 것은 모두 인간관계 고유의 비극적인 현상이다. 만약 부정적인 관점이 우위를 차지하게 된다면 이는 국가 간의 정치관계와 경제관계를 직·간접적으로 해치게 될 것이다. 현지 경쟁의 심화는 사회적 긴장을 유발할 수 있고 이로 인해 배타적 반응을 유발하는데, 일부 아프리카 국가에서 이러한 현상을 엿볼 수 있다. 이러한 측면에서 잠비아는 초기의 사례이지만,[44] 아마 유일한 사례는 아닐 것이다. 불법적인 활동은 2013년 가나에서 발생한 상황처럼 정책 집행을 어려움에 빠뜨릴 수 있다. 따라서 중국 측과 아프리카 사회는 모두 이러한 관계를 관리할 책임을 갖고 있다. 아프리카 각국 정부는 이민 법규와 노동 혹은 환경기준 집행 분야의 문제를 해결하지 않으면 안 된다. '소프트파워' 측면에서 중국의 투자가 날로 증가하고 있는데, ─예컨대 공자학원이 아프리카에 우후죽순 격으로 생겨나고 있음─이는 중국이 아프리카와 세계 다른 지역에서의 자신의 이미지를 주목하고 있다는 것을 보여준다. 그렇다하더라도 중국의 전 세계적인 부상에 따른 일련의 간접적인 영향은 여전히 통제하기가 어려울 것이다.

••••••••••••••

41 예컨대 2011년 3월 27일 남아공 『선데이 타임즈』에서는 나미비아에서의 중국인을 보도했고, 『차이나 데일리』에서는 최근 중국 금광부들에 관한 보도를 했다.

42 중국의 아프리카 이민 관련 저술로는 다음을 참고할 것. Yoon Jung Park and Tu T. Huynh, "Introduction: Chinese in Africa," *African & Asian Studies*, Vol. 9, No. 3 (2010), pp. 207-212 ; 무역단체 관련 저술로는 다음을 참고할 것. D. Cissé, "South-South migration and trade: African traders in China CCS Policy Briefing," (June 2013), Stellenbosch: Centre for Chinese Studies; D. Cissé, "South-South migration and trade: Chinese traders in Senegal CCS Policy Briefing," (June 2013), Stellenbosch: Centre for Chinese Studies.

43 중국과 아프리카의 교민 문제는 중국의 아프리카인과 아프리카의 중국인 두 가지 관점에서 볼 수 있다. 중국 광저우와 남아공 요하네스버그 교민과 관련된 평가는 스텔렌보쉬 대학 중국연구센터 『중국 모니터』 2011년 4월 제61기를 참고할 것.

44 Dominik Kopiński and Andrzej Polus, "Sino-Zambian relations: 'An all-weather friendship' weathering the storm," *Journal of Contemporary African Studies*, Vol. 29, No. 2 (2011) , pp.181-192.

(3) 중국 경제성장의 간접적 영향

세계경제에서의 중국 경쟁력 증가는 아프리카 제품이 제3자 시장(유럽연합, 미국 혹은 다른 지역)에 판매될 때 갈수록 극심한 경쟁에 부딪히게 될 것이라는 점을 의미한다. 따라서 아프리카 국가의 원시산업에서 보자면 중국제품은 부정적인 효과를 갖고 있다. 많은 상황에서 제3자 시장에서의 경쟁은 사실상 잠재적인 혹은 다가올 중국-아프리카 무역의 앞날을 예측할 수 있다. 이뿐만 아니라 개도국의 신흥 산업에 대해서도 충격을 가할 수 있다. 많은 연구기관들은 이미 21세기 초 과도한 중국이 만든 아프리카 방직업에 대한 과도한 범람의 영향을 탐구한 바 있다.[45]

각 학파에서 추종하는 사상이 다르다는 점을 감안할 때 중국 영향에 대해 연구자들이 내놓는 평가 역시 다르다. 시장자유파 학자들은 중국의 참여가 현지 산업에 미치는 부정적 영향이 일정 정도 슘페터의 이른바 '창조적 파괴'를 구성하여 아프리카 경제근대화의 하나의 경로가 될 것으로 본다.[46] 다른 학자들은 산업화 과정에서의 정부의 역할에 대해 각기 다른 견해를 갖고 있는데 이들은 다른 관점에서 출발하여 중국의 경쟁을 불공평한 것으로 묘사하고 있다. 따라서 새로운 의존관계를 피하기 위해서는 이에 대한 재균형이 필요하다고 지속적으로 주장한다.

20세기 70년대 일본의 부흥이나 80년대 한국의 비약을 중국 부상과 비교해 보았을 때 이들은 서로 다른 수준에 있다. 중국 부상은 아프리카 국가에 대해 더욱 광범위하고 중장기적인 효과를 갖는 세계적인 반향을 가져다준다. 중국은 다른 신흥 경제체와 과거 부상했던 국가들이 갖지 못했던 '대규모 효과'를 갖고 있다.[47] 이러한 '대규모 효과'는 아프리카 국가와 경제체 및 사회 모두에 대해 중장기적인 영향을

45 H. Asche and M. Schueller, China's Engagement in Africa-Opportunities and Risks for Development. Eschborn: Deutsche Gesellschaft fuer Technische Zusammenarbeit (GTZ), (2008); Raphael Kaplinsky, DorothyMcCormick and Mike Morris, (2006): "The Impact of China on Sub Saharan Africa," Brighton: IDS Paper, (2006), IDS Sussex, IDS Nairobi, School of Economics, Cape Town.

46 중국발전원조위원회 연구팀이 2011년 3월 아디스 아바바에서 개최된 회의에서 한 중국학자는 중국의 발전경험을 언급하면서 다음과 같은 관점을 제시했다. "경쟁은 더 많은 국제경쟁력을 지닌 기업을 육성하는 하나의 수단으로, 경쟁력이 없는 기업은 중국 국내경쟁에서도 생존할 수 없다는 것을 알아야 한다."

47 Raphael Kaplinsky and Dirk Messner, "Introduction: The Impact of Asian Drivers on the Developing World," World Development, Vol. 36, No. 2 (February 2008), pp. 197-209.

갖는다. 설령 중국인이나 중국 기업이 아프리카 땅에서 활약하지 못한다 하더라도 중국은 아프리카의 경제정책에 영향을 미칠 것이다. 중국이 아프리카에서 물러난 다는 것은 실로 불가능하다. 여기서 지적해야 할 점은 중국의 경제성장은 에너지와 원자재의 지원을 필요로 하고 국내 생산으로는 이 커다란 결핍을 만족시킬 수 없다 는 것이다. 세계시장에서 중국의 석탄, 금속광석 혹은 목재에 대한 수요는 이미 이 들 제품의 가격을 대폭 상승시켰으며, 2008년에 절정에 달했다. 2005년 가격을 기 준으로 한다면 일용품의 2008년 초반 가격[48]은 2005년의 2.5배이다. 경제위기 이후 에도 이 가격은 여전히 이전보다 50% 높다.

앙골라나 나이지리아, 적도기니 등 아프리카 생산국들에게 이는 좋은 소식이다. 그러나 아프리카는 매우 다원적인 대륙으로, 원자재 가격 폭등은 세네갈, 케냐, 그 리고 다른 비생산국들에게는 결코 좋은 소식이 아니다. 따라서 중국이 아프리카에 가져다줄 영향이 무엇인지에 대해서는 국가별로 혹은 경제부문별로 나누어 논의 할 필요가 있다.

원자재 생산국으로서는 신흥 경제체, 특히 중국과 같은 국가의 수요는 폭리를 가져다줄 수 있다. 폭리가 존재하지만 이러한 수익을 어떻게 사용할지에 대해서는 설명을 하지 못하고 있다. 중국 부상과 원자재 가격의 지속적인 상승이 갖는 간접 적인 효과는 아프리카 엘리트들의 자만－혹은 자원낭비－을 불러와 이들로 하여 금 개혁의 좋은 기회를 놓치게 하거나 앞에서 언급했던 라이베리아의 전철을 밟을 수도 있다는 점이다.[49] 아프리카의 각 경제체는 '네덜란드병' 리스크에 직면하고 있으며 이에 대한 방비 진행이 필요하다.[50]

분명 이는 아프리카의 임무이다. 따라서 중국 투자자가 일부 국가의 구조적 변

48 금속, 원유, 식품 등의 일용품 가격에 대해서는 다음을 참고할 것. J. Humphrey, "European Development Cooperation in a Changing World: Rising Powers and Global Challenges after the Financial Crisis," EDC 2020 Working Paper (8/2010), Bonn: European Association of Development Research and Training Institutes (EADI), (2010).

49 Greg Mills, "Why Africa is Poor - And What African Can Do About It," (Johannesburg: Penguin Books SA, 2010).

50 Olu Ajakaiye, "China in Africa - Opportunities and Challenges," Presentation at the African Union Task Force on Strategic Partnership Between Africa and the Emerging Countries of the South, Addis Ababa, (September 11-13, 2006).

혁을 제일 임무로 삼지 않았다고 해서 그것을 비난할 수는 없다. 그러나 시간이 지남에 따라 경제구조에 대한 영향은 아마 중국의 아프리카 참여가 복인지 화인지를 총체적으로 평가하는 데 중요한 근거가 될 것이다. 중국 투자자와 중국 정부는 경제변혁을 촉진할 의향이 있는가? 특히 녹색성장으로의 변혁으로 갈 수 있나? 아니면 경제적 징벌을 피하기 위해 (설령 자주적이지 않더라도) 원자재와 화석원료를 기초로 하는 경제체를 멀리하려는 것인가? 만약 중국이 후자를 선택한다면 아프리카 경제체는 외부충격에 직면했을 때 탄력성이 더욱 부족하게 될 것이고 그 성장 역시 지속하기 어려울 것이다. 발전의 관점에서 보면 후자의 상황은 기회에 대한 낭비가 될 것이다!

중국의 정책결정자들에게 중국이 보유한 '대규모 효과'는 행복감을 느끼게도 해주지만 두통거리도 된다. '조화로운 세계'의 구축을 얘기하려면 중국 정부는 충분한 행동으로 다른 국가를 포함한 각 측의 이익을 균형 있게 맞춰야 하며, 또한 본국의 생산자에게 손해를 입힐 수 있는 조치를 채택해야 할 수도 있다. 아프리카 정책 제정자들에게 있어 중요한 임무는 더욱 복잡하고 전 지구화된 세계에서 아프리카의 사회변혁을 관리하는 것이다. 분명 중국의 정책결정자들에게 있어 균형적 행동은 이들이 직면한 하나의 도전이라 할 수 있다.[51] 환경영역은 아마 균형적 행위를 펼쳐야 하는 좋은 사례이며, 이를 위해서는 더욱 좋은 정책 협조가 필요하다.

다른 대국과 비슷하게 중국 국내정책의 변화와 주요 어젠다 설정이 장기적인 외부목표에 대해 뚜렷한 영향을 끼친다. 여기에서 목재는 아마 설득력 있는 사례가 될 것이다. 중국 국내의 엄격한 삼림보호법규와 삼림조성 기술능력의 한계로 해외의 대규모 목재 수입이 대안적인 선택이 되었다.[52] 카플린스키 등의 보고(2010)에 따르면 중국 가구산업은 이미 전 지구적 가치사슬의 변화를 가져왔으며, 중국 국내

51 J.-M. Blanchard, "Harmonious World and China's Foreign Economic Policy: Features, Implications, and Challenges," *Journal of Chinese Political Science*, Vol. 13, No. 2, (2008), pp.165-192.

52 Raphael Kaplinsky, Anne Terheggen and Julia Tijaja, "What happens when the market shifts to China? The Gabon timber and Thai cassava value chains," in O. Cattaneo, G. Gereffi and C. Staritz, eds., *Global Value Chains in a Postcrisis World: A Development Perspective*, (Washington, D.C.: World Bank, 2010), p.319.

제조업체의 목재에 대한 수요가 끊임없이 증가하고 있다. 중국이 가구업계의 '세계 제조대국'으로 부상함에 따라 가봉과 중국, 모잠비크와 중국 간의 목재무역이 대폭 상승했다. 비정부기구의 추산에 따르면 중국의 원목과 목재는 주로 가봉과 콩고, 카메룬, 적도기니에서 수입해 들여온다. 그중 대다수의 벌목 행위가 모두 현지 법률에 어긋나는 일이다.[53] 이에 대해 중국 정부는 관련 법규제도를 개선했다(중국 기업의 역외 삼림에 대한 지속가능한 경영이용 지침). 비록 이러한 규범이 법적 구속력을 갖추지 못하고 집행이 예상보다 늦어지겠지만,[54] 이 사례는 어떠한 상황에서도 중국정부가 일부 영역에서의 도전이나 비판에 대해 반응을 내놓으려 노력할 것이라는 점을 보여준다. 그러나 협조 업무가 이루어지려면 시간이 걸리고 어떤 경우 중국이 합법적인 목재를 수입하려 해도 그 벌목이 합법적이지 않은데, 그것은 아프리카 국가들이 이러한 수출을 금지하고 있기 때문이다.[55] 여기에서 중국 국내법과 법집행 및 중국 산업의 기술 수준이 아프리카 국가의 경제와 환경 미래에 대해 간접적인 영향을 끼친다는 것을 알 수 있다.

이 밖에 아마 가장 큰 문제로는 중국 국내의 경제성장에 따라 중국의 이산화탄소 배출량이 이미 전 세계적인 규모라는 점이다. 중국은 미국이나 유럽연합과 마찬가지로 규모가 너무 커서 간접적인 영향으로 생기는 전 지구적인 책임에 대해 관리하기가 매우 어렵다. 중국이 다른 개도국에 미치는 부정적인 간접 효과와 중국의 관방 태도가 일치하지 않는다고 볼 수 있는데, 왜냐하면 중국은 자신이 개도국이며 또한 조화로운 세계 구축을 위해 노력한다고 보기 때문이다. 이러한 문제에서 아프리카 국가와 중국 간에 이익 갈등이 존재한다. 이러한 긴장관계에 대해 중국이 소홀히 여기고 있지는 않는 것으로 보이는데, 이는 2009년 제4차 중국-아프리카 협력포럼 샤름 엘셰이크 정상회담에서 중국이 기후 변화에 대해 마땅히 져야 할 책임을 확인한 것에서도 알 수 있다. 설령 이 책임이 '공동의, 그러나 구분이 있는' 것이지

••••••••••••

53 P. Bosshard, "China's Environmental Footprint in Africa," SAIIA policy briefing, *China in Africa*, No. 3 (April 2008), Johannesburg: South African Institute of International Affairs.

54 P. Bosshard, "China's Environmental Footprint in Africa," SAIIA policy briefing, *China in Africa*, No. 3 (April 2008), Johannesburg: South African Institute of International Affairs.

55 M. Burgess and H. Esterhuyse, "FOCAC: Addressing joint environmental challenges?" CCS Policy Briefing, (May 2012), Stellenbosch: Centre for Chinese Studies. 근간 출판.

만 말이다.[56] 또한 잊지 말아야 할 것은 2006년 이후 중국은 재생가능 에너지 관련 법적 틀을 지속적으로 개선하고 있으며, '녹색' (업그레이드된) 경제발전을 장려하고 있다는 점이다. 제5차 중국-아프리카 협력 포럼에서는 이 영역의 잠재력을 아직 완전히 탐색하진 못했지만 논의를 심화시켰다.[57] 비록 여전히 많은 화석연료를 필요로 하지만, "2020년까지 재생가능 에너지 발전 분야에서 중국은 세계 다른 어떠한 국가보다도 강할 것이다."[58] 이상은 중국-아프리카 협력 포럼과 양자 간 협력의 관련 조항에 반영되어있다. 중국은 어떻게 양자 간의 교류를 통해 남남협력 추진이라는 이 야심찬 목표를 더욱 잘 추진할 수 있는지 알고 있다.

(4) 발전 담론에 대한 중국의 영향

경제와 사회, 환경적 결과가 가져오는 이러한 직·간접적인 영향 이외에 중국은 발전담론 측면에서도 정치적 영향력을 갖고 있다. 어떻게 서구와 발전협력을 진행할 것인지, 어떻게 원조 유효성을 향상시킬지를 연구하는 중에 브라우티감(Brautigam)의 말을 빌리자면 중국이라는 용의 선물이 왔다. 다소 풍자적인 의미를 갖는 것은 중국부상이 중국의 아프리카 참여를 날로 확대하고 심화시키는 시기에 원조 유효성 관련 화제를 논의하기 시작했다는 점이다. 이러한 두 가지 추세는 상호 강화시킬 수 있다. 중국의 영향력－또한 중국의 책임－은 대체로 다음 세 가지 측면에서 나타난다. (1) 원조 정책 어젠다의 설립 (2) 다른 행위자가 원치 않는 상황에서 대안적 선택 제공 (3) 아프리카 국가 정부에 어떻게 가장 좋은 지원을 해줄 것인지를 논의.

서구는 발전협력에 관해 논의하기 전에 주제 형식으로 논의를 전개했고, 또한 20세기 90년대에 이르러서야 어떻게 정책을 제정하고 변화 요구를 만족시킬지에 대해 탐색하기 시작했다. 대략적으로 60년대 원조 정책에 반영된 논의의 주제는 국가 건

56 FOCAC IV, Forum on China-Africa Cooperation Sharm el Sheikh Action Plan 2010-2012, (2009).

57 M. Burgess and H. Esterhuyse, "FOCAC: Addressing joint environmental challenges?" CCS Policy Briefing, (May 2012), Stellenbosch: Centre for Chinese Studies.

58 J. B. Eisen, "The new energy geopolitics? China, renewable energy, and the 'greentech race'" Chicago-Kent Law Review, Vol. 86, No. 1, (2011), p.9.

설을 위해 복무하겠다는 것이었고, 70년대 정책 중점은 사회와 농촌발전에 집중된다. 80년대에는 악명 높은 구조적 조정정책이 나왔고 90년대에는 거버넌스를 어떻게 개선할 것인지에 논의의 초점을 맞췄다. 90년대 중반 이후에는 서구 원조의 새로운 패러다임이 세워지기 시작하는데, 〈파리선언〉 및 그 원칙은 어떻게 원조를 진행할 것인지에 대한 규정을 내놓았다. 이후 '워싱턴 컨센서스' 시대의 서구 원조는-만약 이렇게 부를 수 있다면-특히 절차를 중시했고 '소유권', '파트너관계', '아프리카 국가의 정책에 따라가자.' 등을 강조했다. 물론 이는 서구 국가의 방법이 이들의 선언과 일치했다는 것을 의미하는 것은 아니며, 중국의 행위 역시 마찬가지이다.

중국의 기관, 기업 및 개인 활동 역시 아프리카의 전통적인 파트너 정책에 간접적인 영향을 미친다고 볼 수 있다. 이로 인해 생긴 문제는 서구의 원조 어젠다가 중국의 정책 실천(혹은 관념)의 간섭에 직면할 수밖에 없다는 것이다. 예컨대 서구 원조자들은 기초시설건설 프로젝트를 다시 발전협력의 주제로 삼았다. 마찬가지로 수년간 홀시되어왔던 농업이 다시 어젠다로 돌아왔고, 특히 2010년 말 이후 세계은행은 이를 전략적 의제로 삼아 토론을 진행하였다.

그러나 중국 참여의 직접적인 인과사슬을 만드는 것은 결코 쉬운 일이 아니다. 이렇게 다시 등장한 어젠다 역시 아프리카에서의 새로운 파트너 발전 계획의 작용으로 지연될 수 있다. 2001년 제정된 정책 틀에서는 중국의 아프리카 정책에 대해 거의 관심을 보이지 않았다. 새로운 어젠다를 실천에 옮기는 과정에서 자주 행정상의 지체가 존재한다는 점을 감안해볼 때, 현재의 전환에서 가장 좋은 방법은 두 개의 구동력을 하나로 합치는 데 눈을 돌리는 것이다. 따라서 전통적인 발전협력 파트너가 아프리카 어젠다에 직면하고 또한 중국의 지속적인 참여 증가에 대해 반응을 보여야 한다면 그 행동을 지연시킬 것이라고 예측해볼 수 있다. 어떤 상황에서는 아프리카와 중국의 접촉은 진심에서 나온 것이 아니며, 그것을 일종의 도구로 삼아 대안적 선택을 보유하고 있다는 사실을 드러냄으로써 유럽 혹은 다른 파트너와 교류할 때 더욱 유리한 조건을 쟁취하려는 것일 수도 있다.[59]

앞에서 서술했듯이 중국의 개입 자체는 무역과 원조, 투자를 하나로 섞으며 또한 자주 고의로 삼자 간의 경계를 모호하게 한다.[60] 이처럼 뒤섞여있기 때문에 중국의 참여에 대해 평가할 때 무엇이 원조이고, 무엇이 대외직접투자인지 정확하게 구분할 수가 없다.[61] 외자 관련 논의에서 중국의 투자는 명확한 대외직접투자의 특징을 띠지 않는데, 그것은 중국 기업이 종종 아프리카 기업에서의 주식 보유나 합자회사 건립을 추구하지 않기 때문이다. 여러 상황으로 볼 때 중국 참여에 대한 가장 좋은 묘사는 무역(혹은 현대판 물물교환 무역)이다. 중국은 기초시설건설을 위해 자금을 제공하고 중국 기업이 건설하며 상대방은 원자재 제공을 통해 상환을 하는 방식이다.[62]

앙골라의 사례에서 볼 수 있듯 기초시설건설 자금을 조달할 방법이 없을 때 일정 시기 동안 원자재 공급을 상환지불의 수단으로 삼아 관련 활동의 전개를 도왔다. 은행이 재정의 지속가능성에 대해 의문을 제기할 때나(아마 그들의 투자회수율이 서로 다르기 때문), 서구 원조자들이 정치적 조건을 제시할 때 혹은 원조 측에서 지나치게 복잡한 절차를 내세워 지원받을 가망이 희박해졌을 때, 중국의 참여는 아프리카 각국 정부에게 새로운 정책적 선택을 제공하였다. 그렇지만 이 역시 중국과 서구 국가들 간의 원조 방식에서의 하나의 주요한 쟁점이다. 정책 논의과정에서 소고기는 거버넌스와 관련된 커다란 문제이다.

서구 연구자들의 논쟁을 자주 유발하는 문제는 중국이 아프리카의 거버넌스 수준에 부정적인 영향을 미친다고 보는 가설이다.[63] 사실상 '좋은 거버넌스' 의 추구

• • • • • • • • • • • • • •

59 S.Grimm and C. Hackenesch, "European Engagement with Emerging Actors in Development: Forging New Partnerships?" in S. Gaenzle, S. Grimm, and D. Makhan, eds., *European Policy for Global Development*, (Houndmills: Palgrave-Macmillan, 2012), pp. 211-228.

60 S.Grimm, H. Höβ, K. Knappe, M. Siebold, J. Sperrfechter, and I. Vogler, "Coordinating China and DAC development partners: challenges to the aid architecture in Rwanda," (2011), (Bonn: Deutsches Institut für Entwicklungspolitik / German Development Institute Studies 56); M. Davies, *How China delivers development assistance to Africa*, Stellenbosch: Centre for Chinese Studies, (2008).

61 S. Grimm, H. Höβ, K. Knappe, M. Siebold, J. Sperrfechter, and I. Vogler, "Coordinating China and DAC development partners: challenges to the aid architecture in Rwanda," 2011, Bonn: Deutsches Institut für Entwicklungspolitik / German Development Institute Studies 56.

62 L. Corkin and M. Burke, "China's Interest and Activity in Africa's Construction and Infrastructure Sectors," Stellenbosch: Centre for Chinese Studies, (2006). 국제직접투자 관련 문제에 대해선 다음을 참고할 것. S.Van der Lugt, V. Hamblin / M. Burgess, E. Schickerling, "Assessing China's Role in Foreign Direct Investment in Southern Africa," Stellenbosch: Centre for Chinese Studies, (2011).

63 C. Hackenesch, "European Good Governance Policies Meet China in Africa: Insights from Angola and Ethiopia," EDC 2020 Working Paper (10/2011), Bonn: European Association of Development Research and Training Institutes (EADI), (2011).

는 중국의 아프리카 정책의 목표가 아니며, 내정 불간섭과 주권 존중은 중국이 지켜오고 있는 핵심적인 원칙이다. 그러나 만약 중국의 경험적 교훈에서 본다면 실제로 정책적 성공의 관건적 요소가 바로 '좋은 거버넌스'였다고 볼 수 있는 좋은 이유가 있다는 것을 알 수 있다. 중국적 담론에서 좋은 거버넌스의 명확한 구성요인이란 발전의 성공에 대해 이익이 있는지의 여부로 나타난다.[64] 발전을 지향하는 지도력과 집행력, 실험에 기반한 명확한 정책, 바꿔 말해 실천적 증명에 따르는 정책이라 할 수 있다.

좋은 거버넌스가 다당제 민주와 같은 것은 아니다. 이 개념은 세계은행이 1989년에 은행이 권한(특히 기술적인 측면에서)을 부여받은 상황에서 경영되도록 하기 위해 일부러 만든 것이고,[65] 또한 민주화의 문제를 건드리지 않기 위해서이기도 하다. 경제적 성공을 실현하기 위해 국가는 적절한 행정관리능력을 갖출 필요가 있고, 장기적인 계획과 관리를 할 수 있어야 한다. 이러한 측면에서 '소프트 인프라'가 되는 제도의 역할이 매우 중요한데, 이는 경제행위자가(중국을 포함해서) 활동을 전개하고 리스크를 계산할 수 있도록 하는 믿을 만한 틀을 제공한다. 왜냐하면 예측가능하고 신뢰할 만한 기제에 의존해야만이 투자 리스크를 적절히 통제할 수 있기 때문이다.

서구 협력파트너의 정책에 대해 간접적인 영향을 끼치는 것 외에도 중국은 아프리카 발전을 위한 하나의 '모범'으로도 논의된다. 중국성공이란 말 중에 중국경험을 배우자는 제안을 함축하고 있다 해도 '중국모델'에 따르자는 건의는 (만약 제기된다 해도) 중국행위자들에게 매우 적게 언급된다. '일종의 모델'을 참조하자는 것은 그들의 관심이 어디 있든지 간에 언제나 관련 '학습자'의 의도 문제를 야기한다. '중국모델'을 배우자고 외치는 아프리카 국가의 정부들, 예컨대 짐바브웨의 "동쪽을 보자"는 정책의 진정한 관심이 국가 발전에 있는가? 이를 호소하는 일부

••••••••••••••

64 M. Ravaillon, "Are There Lessons for Africa from China's Success against Poverty?" Policy Research Working Paper 4463, (Washington, D.C.: World Bank, 2008).

65 World Bank, "Sub-Saharan Africa: From Crisis to Sustainable Development," Washington, DC: World Bank, (1989); C. Santiso, "Good Governance and Aid Effectiveness: The World Bank and Conditionality," The Georgetown Public Policy Review, Vol. 7, No. 1 (Fall 2001), pp.1-22.

아프리카국가의 정부들은 아마 강력한 일당제를 보유한 국가일 것이며, 이들 역시 발전과 진보가 필요하다.

그러나 이러한 이론적인 논의를 할 때 우리가 잊지 말아야 할 점은 모리셔스나 가나 등 민주정체를 건립한 다른 국가들이 발전과정에서 이미 성공을 거두었다는 점이다. 그럼에도 불구하고 이러한 거시적 논의는 참신하지도 않고 중국의 경제부상과 완전히 관련이 있는 것도 아니다. '발전국가'와 관련된 반복된 논쟁에서 중국은 가장 최근의 예외이다.[66] 요컨대 발전을 갈망하는 국가로서는 평화로운 환경을 유지하는 것이 중요하다. 평화가 없으며 발전은 논할 수도 없으며, 여기에는 인민에게 인정받는 입법기관 설립과 발전의 성과를 인민들이 향유할 수 있어야 한다는 점이 포함된다.

결론

세계무대에서의 중국의 영향력은 날로 증가되고 있으며, 이와 동시에 아프리카에서의 중국의 정치적 지위도 날로 높아지고 있다. 중국 경제성장의 함량에 관해 여전히 이러저러한 의혹들이 존재하지만, 전체적으로 볼 때 중국은 자신의 세계적인 부상에 대해 양호한 통제를 실현했다고 볼 수 있다. 비록 현재 중국의 아프리카 책임을 둘러싼 서술이—서구와 중국을 포함하여—완전히 현실과 부합하는 것은 아니지만, 중국이 아프리카와의 전통적인 파트너 관계를 급속도로 따라잡으려 할 때 양자관계는 10년 후에도 지속적으로 고조될 것이다.

중국은 정치적으로 강대한 파트너이기 때문에 힘이 불평등한 파트너와 대면했

---

66 V. Fritz and A. Rocha Menocal, "Developmental States in the New Millennium:Concepts and Challenges for a New Aid Agenda," *Development Policy Review*, Vol. 25, No. 5 (September 2007), pp.531-552; Thandika Mkandawire, "Thinking about developmental states in Africa," *Oxford Journal of Economics*, Vol. 25, No. 3 (2001), pp.289-313; C. Johnson, "The Develpmental State: Odyssey of a Concept," in M. Woo-Cummings, ed., *The Develpmental State*, (Cornell: Cornell Univ. Press, 1999), pp.32-60; Peter Evans, *Embedded Autonomy: States and Industrial Transformation*, (Princeton: Princeton University Press, 1995).

을 때 더 많은 책임을 갖고 아프리카 정책을 관리해야 한다. 이러한 책임은 분명 중국 자신이 '또 다른 개발도상국'이라는 자아인식에서 벗어나는 것이다. 이는 결코 중국 정부 앞에서 중국 투자가 아프리카에 골칫거리를 가져다 주었다고 비난하는 것은 아니다. 아프리카 각국 정부는 중국의 참여를 환영하며 반대하지 않지만, 그들은 자신의 이익에 기반하여 일을 추진해야만 한다. 비록 중국이 불간섭정책을 고수한다 해도 양자관계에서 존재하는 문제를 소홀히 하지는 않을 것이며, 불공정 경쟁 혹은 협력 중에 생기는 일차적인 실책을 문화적인 오해의 탓으로 돌릴 것이다. 타자의 경험에서 배우는 것은 자신을 개선하는 일종의 방식이다. 중국 주제와 관련된 논의는 세계 다른 지역의 정책결정자들에게 경종을 울렸다. 랑카스터는 자신의 논문에서 중국의 원조제도가 미국의 행정관리에 대해 어떠한 암시를 주는지에 대해 매우 잘 설명하고 평가하고 있다.[67]

21세기 날로 증가하고 있는 중국의 아프리카에 대한 참여를 검토할 때, 세 가지 기본 준칙을 명심해야 한다.

첫째, 중국이 경제권력과 정치권력을 지속적으로 얻는다 해도 중국은 여전히 많은 내부적 도전에 직면해있는 개발도상국이다. 중국 국내의 사회적 긴장과 환경악화, 기술적 결함 등을 감안할 때, 중국은 자신이 좋은 의도를 갖고 있다 하더라도 자신의 참여로 아프리카 국가에게 가져다줄 직·간접적인 영향(아마 비자발적인)에 대해 균형을 이루기는 매우 어려울 것이라는 점을 알게 될 것이다. 그러나 중국이 아프리카와 협력할 때 정책협조능력 개선은 매우 중요하다. 이를 위해 아프리카 국가와 지역 기구 및 중국 자신 모두 노력을 기울여야 할 것이다.

둘째, 중국의 중앙정부는 아프리카에 있는 모든 중국 행위자의 외부활동에 대해 직접적인 통제를 할 수가 없다. 따라서 교류의 질을 개선하는 것은 중국의 아프리카 참여의 두 번째 중요한 요인이다. 중국의 아프리카에 대한 이해는 충분하지 않으며 이 점은 더욱 강화되어야 한다. 마찬가지로 아프리카 역시 중국에 대한 이해를 높여야 한다. 중국 참여자의 활동은 아프리카 국가마다 서로 다르다. 어떤 참여

---

67 Carol Lancaster, *The Chinese Aid System*, Essay. (Washington, D.C.: Center for Global Development, 2007).

는 개인기업 위주이고 어떤 경우는 국가 간 협력이 훨씬 많으며, 또한 국가 통제를 받지 않는 해외교민단체에 의해 이루어지는 경우도 있다. 참여 주체에 대해 구체적인 문제와 구체적인 분석을 해야 한다.

세 번째는 매우 중요한 문제로 아프리카 땅에서의 투자와 참여자가 끊임없이 증가됨에 따라 아프리카에서의 중국의 이익도 지속적으로 증가되고 날로 다원화되고 있다. 양자 간의 지속적인 관계 발전을 위해 어떤 상황에서 중국은 현지 공동체와의 협력을 강화하고 현지 법률 준수를 개선해야 한다. 중국의 관점에서 보면 참여가 완전히 '아프리카를 돕는 것'을 의미하지 않으며, 세계적인 참여의 일부분일 뿐이다. 중국의 참여는 중국의 전 세계적인 지위 확립, 중국 경제의 발전, 외교적 영향력의 격상과 관련되며 혹은 이민 사례에서 나타나는 개인적인 기회 추구와도 관련된다. '윈윈 국면'은 자주 사용되는 중요한 개념이지만, 획득한 이익을 어떻게 분배할 것인지에 대해서는 명확한 설명이 없고, 또한 손익 계산에서 얼마나 많은 장기적인 비용을 포함하는지도 명확하지 않다. 아프리카와 협력을 진행할 때 중국 행위자 자신은 자주—언제나 그런 것은 아니지만—명확한 어젠다를 갖고 있다. 아프리카 국가와 이익집단은 자신의 이익에 기반하여 어젠다를 정의하고 주도해야 한다. 과거 아프리카 국가들은, 예컨대 유럽과 어떻게 농업보호주의를 극복할 것인가의 문제를 둘러싸고 논의할 때 그랬듯이 어젠다를 추진하는 것이 매우 어려웠다. 이러한 측면에서 중국도 예외일 리 없다. 따라서 필요하다 하더라도 중국 당국에게 자신의 책임을 완수하라고 환기시키는 일이 결코 쉬운 것은 아니다.

분명 중국과 아프리카 관계의 초기단계에는 일부 문제들이 존재한다. 또한 일부 상황에서 중국과 아프리카 파트너 간에 이익 불일치도 크다. 따라서 아프리카에 참여하는 행위자들은 아프리카에서의 중국의 약속을 잘 이해하고 투자하는 것이 좋고 아프리카 국가의 정책에도 잘 적응해야 한다. 그러나 이는 중국 행위자가 단지 소극적으로 수수방관하거나 단순하게 규칙을 거부한다는 것을 의미하지 않는다. 매우 분명한 점은 아프리카 사회에 융합되면 중국은 할 수 있는 것이 훨씬 많다. 결국 아프리카의 모든 방문자와 중국 소비자, 그 개체의 책임은 중국 국가책임과 서로 맞아야 한다.

6장
중국-라틴아메리카 발전협력
-항구 인프라 설비 투자 사례를 중심으로

아드리안나 어덜 앱드너(Adriana Erthal Abdenur)

지난 10년간 중국은 라틴아메리카의 발전에 점차적으로 중요한 위치를 차지하고 있다. 라틴아메리카 각국은 여러 제약 요소들로 인해 항구 등 인프라 시설이 보편적으로 취약하여 급격하게 성장 중인 화물 운송량을 맞추기 힘들며, 더 나아가 사회경제 발전에도 영향을 끼쳤다. 비록 일부 국가에서는 이에 상응하는 정책과 조치가 나왔으나 그 효과는 미미하다. 따라서 중국은 남남협력 프로젝트의 중요한 제공자로서 이 지역에서 주로 라틴아메리카 항구 인프라 시설의 개선과 확장 등에 투자하고 있는데, 특히 항구 건설 프로젝트를 상품 및 기타 제품을 내륙에서 연해까지 운송 노선 연결을 포함한다. 해상 운송을 통해 중국 및 세계 여러 국가들과 지역으로 운송하는 것으로 상징된다. 세계경제위기의 영향 아래 이상의 협력은 라틴아메리카 국가들에 대한 북반구 선진국(北方)의 지원 이외의 중요한 선택지를 제공한 반면 이는 새로운 비대칭과 위험을 가져오게 되었다. 이에 대해 현재까지 라틴아메리카 국가들의 대응 조치가 부족하다고 판단하고, 중국이 이 지역의 항구개발에서 주도적 지위를 얻게 됨으로써 생기는 영향 및 상술한 상황에서 오는 효과와 이익을 분석하여 본다. 이는 중국 투자에 대해 비교적 과도한 경로 의존이 형성될 가능성이 있다.

아드리안나 어덜 앱드너(Adriana Erthal Abdenur)_ 프린스턴대 박사로 브라질 리우데자네이루 공공사업위원회(PUC-RIO) 국제관계연구소 교수이며, 브릭스정책센터 코디네이터

지난 10년간 빠른 경제성장과 외교 역량 신장으로 신흥대국의 원조 영역은 나날이 확대되고 있다.[1] 세계경제위기가 이러한 추세를 더욱 가속화시켰는데, 북반구 선진국들의 지원과 투자가 감소한 반면 남남협력의 역할은 중대해지고 있다.[2] 그 결과 선진국들이 투자자가 투자 구조를 재조정하고 개발도상국에 대한 지원을 줄일 때, 남남협력은 국제협력을 부단히 강화하는 가운데 선진국의 지원 공백을 메우고 있다. 특히 중국은 이러한 구조 변화 중에서 중요한 역할을 하고 있는데, 특히 중국-라틴아메리카의 발전과 협력은 주로 항구 인프라 시설 투자에 집중되어 있다.

항구 인프라 부족은 라틴아메리카 지역의 장기적인 발전에서 직면하고 있는 난관 중의 하나이다. 이는 지역 내의 무역과 운송을 방해할 뿐만 아니라 지역 간 교류에도 불리하다. 이들 지역에는 항구 물동량 부족, 수리비용 부족, 관료정치의 방해 및 역사적으로 해결되지 않은 여러 부정적인 요인들이 공통으로 존재하고 있다. 라틴아메리카 각 항구는 이미 증가된 대외무역과 다원화의 수요를 만족시킬 수 없는 상황에 있다. 비록 각 국가와 지역에서 적극적인 조치를 취하고 있으나, 자금부족은 상화을 더욱 악화시켰다. 세계경제위기 이후 선진국의 투자 감소는 상황을 악화시켰다. 이러한 상황에서 중국은 라틴아메리카 지역에서 최대 무역 동반자가 되었고, 광범위한 투자 참여로 항구 인프라 건설의 공백을 보충하기 시작하였다. 새로운 투자는 발전과 기회뿐만 아니라, 새로운 위험을 함께 가져오기도 한다. 세계 경제위기 이후 중국이 선진국 지원의 주요 대안으로 등장하면서, 대형 프로젝트는 지역의 기대감을 높이는 동시에 우려도 함께 나타났다.

본고에서는 중국의 국유 및 민영기업들이 라틴아메리카에서 항구 인프라 시설 건설에 주는 영향을 평가하고자 한다. 구체적으로 중국이 왜 이 지역의 항구 시설을 확장하는 것이며, 앞으로 구체적으로 어떻게 할 것인가를 분석하였다. 중국의

....

1 Emma Mawdsley, *From Recipients to Donors: Emerging Powers and the Changing Development Landscape.* (London: Zed Books, 2012).

2 OECD, "Aid to poor countries slips further as governments tighten budgets," Paris, France, (2013). Available online at: http://www.oecd.org/newsroom/aidtopoorcountriesslipsfurtherasgovernment stightenbudgets.htm (검색일: 2013.9.5).

투자는 비록 라틴아메리카 항구 건설에 실질적인 발전을 가져왔고, 특히 자본 부족에 시달리는 이 지역을 발전시키는 데 긍정적인 영향을 가져왔다. 그러나 내륙에서 연해로 상품을 운송하는 상품 수출에만 한정되어, 지역 내 상품을 중국으로 운송할 수 있는 방법에만 집중하였다. 따라서 이러한 방식은 항구 네트워크와 기존의 운수 네트워크를 조합하여 역내 무역과 채굴업의 발전을 촉진시키는 데 한계가 되고 있으며, 일부 지역에서 건설 혹은 계획 중인 대형 사업은 사회, 생태환경 및 정치적 영향으로 인해 비판받고 있다.

사업 영향 평가 외에도 중국의 항구 인프라 건설의 역할 역시 중요하다. 중국은 라틴아메리카에서 이미 매우 중요한 발전협력 동반자가 되고 있다. 정책 면에서 역내 국가들이 중국 자원을 관리함에 있어서 미래를 예측하고 협력할 수 있는 방안을 제시하고, 학술 면에서는 중국이 가진 지역 내 주동적 역할을 분석하여 중국이 남남협력의 파트너로서 비록 주변부 지역이긴 하나 국제발전의 원칙과 관행을 어떻게 변화시키는지 분석할 것이다.

본고는 첫째, 라틴아메리카 항구 인프라 시설의 현황과 최신 동향 및 중요한 도전을 서술하고, 둘째, 중국의 작용을 구체적으로 분석하여, 건설했거나 아직 계획 및 토론단계의 사업을 평가한다. 셋째, 중국이 수리남에서 투자한 사례를 선택하여 분석하였다. 이는 수리남 정부의 지지를 얻은 중국 회사가 연해와 내륙에서 대형 인프라 건설을 계획한 사례이다. 마지막으로 이상의 중국식 해외 투자의 주요 이익과 위험에 대해 분석한 결과를 제시한다. 특히 사업을 논의하는 과정 중에 나타나는 경로 의존으로 중국 기업이 역내 기업의 우위를 점하는 것을 확인할 수 있다.

라틴아메리카의 항구 인프라 시설

다양한 실증적 연구들을 통해 인프라 시설 개선과 경제 발전은 정비례함을 쉽게 확인할 수 있다. 특히 이는 생산성을 향상하고, 운송 비용을 맞추고, 상품 수출 촉진에 긍정적인 영향을 끼친다.[3] 라틴아메리카는 항구 인프라 건설에 많은 병목 요소들로 인해 항구 물동능력이 부족하고, 운영 비용이 높다. 이러한 병목 요소에는 라틴아메리카 지역의 면적이 크고, 지형이 복잡하며, 경제활동의 분산도가 높고, 항구와 통할 수 있는 강이 부족하며 긴 해안선 등 각종 지리적인 장애를 포함하고 있다.

90년대 들어 라틴아메리카 각국은 개인 경제체의 참여도를 높이는 등의 항구 개혁을 통해 긍정적인 효과를 얻게 되었으나 현재 인프라 시설은 지난 10년간 중국을 포함한 상품 경제 발전과 무역량 증가로 인해 나날이 커지는 수요를 만족시킬 수 없게 되었다. 비록 세계경제위기에서 지역 경제체의 영향은 미미하나, 단기간 자금 부족으로 선진국들은 라틴아메리카 항구에 대한 투자를 줄이게 되었다. 또한 역내 인프라 시설 투자가 국내총생산(GDP) 비중 1~2% 사이에서 배회하고 있어 세계은행이 건의한 4~5% 수준보다 낮다. 라틴아메리카와 카리브경제위원회(ECLAC, Economic Commission for Lain America and for Caribbean)에 따르면, 만약 라틴아메리카에서 연 평균 성장률이 4.0%로 유지되려면, GDP의 5.2%를 투자에 사용해야 한다고 예측하고 있다. 동아시아 국가들의 발전 속도에 도달하려면 이를 7.9%까지 높여야 한다. 상술한 통계들은 현재 역내 각국의 항구 인프라 시설의 수준 차이를 숨기고 있다. 예를 들면 아르헨티나, 브라질, 콜롬비아, 파나마, 파라과이, 우루과이와 같은 국가들의 항구 효율과 안전성은 국제 기준에 도달하고 있으나, 기타 국가들의 시설은 상당히 낙후되어 있다.[4] 그러나 상대적으로 현대화된 시설을 갖춘 국가더라도 이들 항구는 점점 증대되는 요구에 맞추기 어려워지고 있다. 예를 들어 브라질의 경우, 컨테이너 유통량이 1999~2010년 사이 3배나 증가하였다.[5] 그러나 근해 석유와 남대서양 소금층, 천연가스의 발견으로 브라질 항구 건설의

· · · · · · · · · · · · ·

3 OECD (2011) "Clarifying Trade Costs in Maritime Transport," Working Party of the Trade Committee, OECD, 29 de março de 2011; Rozas, Patricio e Ricardo J Sánchez (2004) "Desarrollo de infraestructura y crecimiento económico: revisión conceptual," CEPAL Serie 75.

4 Santiago, Priscila Braga (2011) "Infraestrutura: Experiência na América Latina," Textos para Discussão CEPAL/IPEA 25.

5 ANTAq - Agência Nacional de Transportes Aquaviários (2011) "Private Participation in Infrastructure in Latin America and the Caribbean in the Last Decade," Public-Private Infrastructure Advisory Facility, (August 2011).

정체를 더욱 드러내고 있다. 특히 우려스러운 점은 파나마 운하 확장 계획(제3 선박 항행(航行)용 수문(水門) 확장 계획)은 통항능력을 배로 늘려 대형선박들이 통과할 수 있도록 하였는데, 라틴아메리카 각 항구에서 정박지와 기타 설비에 대한 현대적 개조를 하지 않는다면 대형선박들이 접안할 부두가 없다.

대응해야 할 도전은 산적해 있다. 우선 현재 항구 물류와 시설은 화물의 인도, 처리와 저장 수요를 만족시킬 수 없다. 예를 들어 리우데자네이루주 구아나바라 해안만 입구에서는 화물을 싣거나 문서에 서명하기 위한 선박이 차례를 기다려야 하는데, 이는 대기 비용을 증가시킨다.[6] 특히 수량이 한정된 항구에 대량 운송이 집중되면 그 차이는 더욱 현격해진다. 2011년 브라질의 경우 주로 동남연해에 집중된 34개 주요 항구 중 13개에서 90%의 화물 운수를 담당하고 있다. 화물선박의 운송 능력이 커질수록 문제가 더욱 불거질 것이다. '파나마급 이상'의 대형 선박(4,300개 이상의 표준 컨테이너를 실을 수 있는 선박)은 체적이 너무 커서 파나마 운하를 통과할 수 없다. 현재 운영 중인 최대 화물선박의 경우 13,000개의 표준 컨테이너를 실을 수 있는데, 이들은 라틴아메리카를 우회할 수밖에 없고, 항구에서 통상적인 규정을 따라야 한다. 따라서 우선 라틴아메리카 각 항구의 규모를 확대하고, 전문적인 설비와 적당한 유지 시설을 갖춰야 한다. 리우데자네이루주의 계획은 북부에서 초대형 항구와 연합 공업지역을 건설하는 것이었으나 아소(Açu) 지역에서 이 사업은 투자자들을 유치하지 못하고, 따라서 인프라 건설을 제때에 완성하지 못하는 문제가 발생했다.

부족한 설비 외에도 관료주의, 정치적 제한, 액외지출(額外開支) 등의 문제에 직면하고 있다. 세계은행의 통계에 의하면 브라질에서 컨테이너 하나를 수입하는 데에 드는 평균 자본은 OECD 국가의 2배이다. 여기에 뇌물과 중간상이 가져간 비용은 포함되지 않았다. 믿을 수 없는 관리 시스템, 경직화된 법률 구조와 혼란스러운 행정 기관은 정상적인 시장 경쟁을 억제하였다. 또한 항구 시설과 서비스의 전체 효율을 낮췄다. 그리고 일부 정부에서는 비록 입법을 통해 민간 자본의 항구 건설 참여를 허용하였지만 항구 운영의 미숙함으로 투자자들을 잃게 되었다. 많은 국가

6 World Bank, Doing Business: Economy Rankings, (Washington, D.C.: 2012).

들이 공사 협력관계, 계약 협의 및 권한 방식에서 불합리적인 구조에 처해 있다. 제한적인 화물운송 예약 정책은 항만운송 비용을 높였고, 많은 화물을 육로로 운송하게 되었다.[7] 게다가 항구 사무 담당 직원과 전문 인력의 자격문제도 있다.

또한 항구 시설과 도로, 철도 물류 네트워크의 통합은 여전히 매우 취약한 상태에 놓여 있다. 각국의 항구 간 상대적 독립성으로 인해 규모 경제의 형성이 제한되어, 베네수엘라에서 안데스산맥 서부쪽 해안을 연결하는 도로, 브라질과 아르헨티나, 칠레가 연결된 도로가 건설되더라도 각 도로 상황에서는 여전히 미흡한 점이 많다.[8] 특히 철도의 경우 통일된 궤간 표준이 없어서 파편화된 상태에 놓여있다.[9]

이상의 문제를 해결하기 위해 각국 정부들은 이에 상응하는 조치를 실시하였는데, 2000~2010년 29개 라틴아메리카 국가들은 민간단체와 공동으로 688개의 인프라 시설 건설을 추진하였으며, 투자총액은 1,910억 달러에 달하였다.[10] 민간 기구의 참여도가 가장 높은 국가는 브라질(투자총액의 53%를 차지, 총 항목수의 44%를 차지)과 멕시코(투자총액의 18%를 차지, 총 항목수의 11%를 차지)이다. 이들 국가는 최근 인프라 시설 투자를 장려하기 위한 계획을 실시하고 있다. 라틴아메리카의 다른 국가들도 대형 항구 건설을 시작하였는데, 온두라스의 코르테스(Cortes), 엘살바도르의 라 우니온(La Unión), 에콰도르의 만타(Manta), 칠레의 발파라이소(Valparaiso)를 포함한다. 지역통합을 추진하기 위해 남아메리카 인프라 시설 구역 일체화 계획은 주로 미주개발은행(IDB, Inter-American Development Bank), UN개발계획(UNDP, United Nations Development Programme) 및 기타 기구의 원조로 자금을 제공받고 있다. 라틴아메리카와 카리브경제위원회(ECLAC)는 체계 연구와 기술 계획 과정에서 항구 재개발에 관한 소식을 서로 교환하고 있다. 그러나 항구인프라 시설 건설에 대한 투자는 여전히 부족하다. 이는 역내 및 지역 간 무역이 이 지역 경제발전에 중요한

7 Santiago, Priscila Braga (2011) "Infraestrutura: Experiência na América Latina," Textos para Discussão CEPAL/IPEA 25.

8 Santiago, Priscila Braga (2011) "Infraestrutura: Experiência na América Latina," Textos para Discussão CEPAL/IPEA 25.

9 Rebelo, Jorge (2011) "Logística de Carga no Brasil: Como reduzir custos logísticos e melhorar eficiência?" Apresentação, Banco Mundial, Departamento de Desenvolvimento Sustentável, Região América Latina e Caribe, dezembro de 2011.

10 World Bank, Doing Business: Economy Rankings, (Washington, D.C.: 2012).

요소가 됨에 따라 더욱 현저히 나타나고 있다.

중국의 발전협력과 라틴아메리카의 항구

비록 라틴아메리카와 중국과의 경제 관계를 무역이 주도하고 있지만 중국의 라틴아메리카에 대한 투자 역시 급격히 증가하고 있다.[11] 인프라 시설 건설 투자 증대는 중국의 발전과 라틴아메리카 지역을 연계하는 전략 수단 중 하나이다. 그러나 중국-아프리카와 비교하면 라틴아메리카에서는 표면적 참여에 그치고 있고, 이러한 상황은 단기간에 변하지 않을 것이다. 지난 2012년 원자바오(溫家寶) 당시 총리가 라틴아메리카 4개국을 방문했을 때, 중국-아프리카의 협력을 모방한 포럼 형식으로 중국-라틴아메리카 협력 포럼을 설립하고, 150억 달러의 차관을 인프라 시설 건설에 제공할 것을 제의하였다.[12]

기타 투자 외에 상술한 차관은 이미 약속된 수준에 도달하였다. 이러한 자금들은 주로 채굴업계로 흘러가고 있지만 항구 시설과 같은 야심찬 계획과 관련된 인프라 시설 건설도 포함하고 있다. 중국 투자의 대부분은 해운의 효율을 높여서 라틴아메리카에서 아시아로 운송되는 상품량을 증가하기 위함이다. 대부분의 상품이 내륙에서 생산되기 때문에 인프라 시설 투자는 주로 광산 구역이나 기타 생산지에 집중되어 있고, 도로와 철도는 항구를 향해 연결되고, 상품들은 항구에서 선박에 실려 해로를 통해 중국으로 운송되고 있다.

비록 '중국 투자'로 약칭되지만 단순히 중국을 하나로 볼 수는 없는데, 사실 중국 투자에는 국가기구와 비국가기구의 다양한 주체들이 포함되어 있다. 중국 정부

11 Abdenur, Adriana Erthal and Danilo Marcondes de Souza Neto (2013) "Cooperación china en América Latina. Las implicaciones de la asistencia para el desarrollo," [in Spanish; translation: "Chinese Cooperation in Latin America: Implications for Development Assistance"] *Íconos Revistade Ciencias Sociales* 47, pp.69-85; Ellis, Evan(2012) "The Expanding Chinese Footprintin Latin America: New Challenges for China, and Dilemmas for the US," Institut français des relations internationales, Centre for Asian Studies, Asie. Visions 49, (February 2012).

12 Zhang Kunsheng, "On Strenghtening China's Relations with Latin American and caribbean Countries under New Situation," *China International Studies.* (Washington, DC: CSIS, 2012)

는 소프트파워를 포함한 외교 수단을 이용하여 라틴아메리카 지역에서의 새로운 기회를 감지하고, 이미 이 지역에 뛰어든 중국 기업들의 업무신장을 돕고 있다. 특히 라틴아메리카에서 채굴업에 종사하는 기업들과 대규모 인프라 건설에 참여하는 대형 국유기업(또한 생산 과정에서 특정 부분을 담당하는 물류기업과 같은 중소 민영기업을 포함하고, 일부 항구 운영에도 참여하고 있다)을 지원하고 있다. 여러 사례들에서 알 수 있듯이 민영기업과 국유기업은 먼저 기회를 탐색한 연후에 정부기관의 지지를 얻고 있다. 2011년 11월, 베이징에서 중국 정협(정치협상회의)과 중국 외교부의 고위 대표단이 초청된 라틴아메리카 투자에 관한 심포지엄에서 중국 농업부 한창푸(韓長賦) 장관은 한 아르헨티나 고객에게 "중국 정부는 아르헨티나 농업과 항구 건설에 관심이 있는 기업 중 투자 방면에 우수한 기업을 뽑아 기업가 대표단을 구성했다."고 말하였다. 대형 건축회사 외에도 중국코스코그룹(COSCO), 중국해운그룹(China Shipping) 및 한국의 한진해운그룹을 대표로 하는 항운 회사들이 관심을 보이고 있다.[13] 이러한 프로젝트들은 은행, 금융기관에서 자금 지원을 얻어내고 있는데, 주로 인프라 시설 건설 투자와 공업 건설을 위한 중국국가개발은행과 수출입은행 등을 포함한다.[14] 따라서 정부부문 간, 정부와 기업 간 어느 정도의 협력이 존재한다 하더라도 중국이 라틴아메리카 지역에 대한 투자 양식의 변화를 명확히 인식하는 것은 여전히 중요하다.

예를 들어, 중국 참여자와 지역 내 기관, 기업은 분업 방면에서 큰 차이를 보인다. 또한 중국 정부는 기업 생산력을 제고시키는 것과 동시에 경제 원칙을 고수하기보다는 중앙아메리카와 카리브 지역 등에서처럼 외교를 감안한 정치적 고려도 하고 있다. 여기서 주목할 점은 이러한 목적은 이 지역의 많은 국가와 '외교관계'를 유지하고 있는 타이완을 고립시키고, 장기간 이 지역에서 영향력을 행사해오던 미국을 약화시키는 것이다. 따라서 대규모의 우대 차관을 통하여 첫째, 종래에 타

13 Ellis, Evan, "The Expanding Chinese Footprint in Latin America: New Challenges for China, and Dilemmas for the US," Institut français des relations internationales, Centre for Asian Studies, Asie.Visions 49, (February 2012).

14 Kevin P. Gallagher, Amos Irwin and Katherine Koleski, "The New Banks in Town: Chinese Finance in Latin America," (Washington, D.C.: The Inter-American Dialogue, 2012).

이완과 일정한 관계를 유지하는 국가들과 우호관계를 수립하고, 둘째, 중국 기업들에 대형 우편선박과 대형 화물선을 수용할 수 있는 항구를 건설하는 데 투자할 수 있도록 기회를 제공하는 것이다. 2011년 9월 제3차 중국-카리브 경제 무역 협력 포럼이 트리니다드 토바고 수도 포트오브스페인에서 개최되었다. 여기서 왕치산(王岐山) 부총리는 카리브와 수교한 나라에 10억 달러 우대 차관을 제공할 것을 선언하였다.[15]

중국은 멕시코, 브라질, 베네수엘라, 칠레와 중요한 대화와 동반자 관계(關鍵性的對話與伙伴關係)를 유지하는 중대한 전략 이익을 가지고 있다. 동시에 중국은 상술한 국가들의 항구 시설에 대규모 투자를 한 공통점이 있는데, 예를 들어 멕시코 5대 항구 중의 4개(Ensenada, Manzanillo, Lazaro Cardenas, Vera Cruz) 항구에서 중국 기업 투자를 유치했다. 그 외에도 중국은 현지에 '드래곤마트(Dragon Mart)'라는 명칭의 중국 상품 집배센터를 건설하여 전체 라틴아메리카 지역을 포괄할 계획을 세웠다. 거리상으로 볼 때, 아시아 지역에서 비교적 가깝기 때문에 라틴아메리카의 태평양 연안 항구를 개선하고 확장하는 데 더욱 힘쓰고 있는 것은 당연하다. 그러나 대서양과 카리브 지역 항구에 대한 투자 역시 파나마 운하로 화물 운송 시의 위험성과 고비용에도 불구하고 점진적으로 증가하고 있다.

일부 기업들은 중국 투자가 새로운 조류가 되기 전 이미 라틴아메리카 항구 운영에서 많은 노하우를 쌓고 있었다. 세계 500대 기업 중 하나인 홍콩 허치슨-왐푸아(Hutchison-Whampoa) 그룹은 90년대 후반부터 파나마 운하의 양안(태평양 쪽의 Balboa 항구, 카리브 해의 Cristobal 항구)서 컨테이너화물 수송에 참여하였다. 1995년 허치슨-왐푸아는 파나마의 한 개인 회사와 협력 관계를 형성하였고, 두 회사의 합작으로 시에라리온 수도 프리타운 항구를 개발하여 대형 우편선을 수용할 수 있도록 하였다. 몇 년 후 허치슨-왐푸아는 이 항구의 재정비와 확장에 참여하여, 대형 화물선이 항구에 들어올 수 있게 했을 뿐만 아니라, 세계에서 가장 큰 컨테이너 센터 중 하나로 만들었다(이 항구는 미국 본토의 항구들과 근접하여, 미국의 심기를 불편하게 하였다).

••••••••••••

15 "China to provide 1 bln USD loan to Caribbean countries," *Xinhua*, 2011.9.13.

중국 노동자의 비율은 사업의 성격과 현지 법률, 중국의 행보에 대한 현지의 정치적 반응에 따라 유동적이다. 프리포트(Freeport)와 바하마제도에서 허치슨-왐푸아는 약 500여 명의 직원을 고용하였는데, 그중 5명만이 외국인(중국 국적자는 단 한 명도 없었다)이었다. 이미 여러 개의 인프라 건설에 투입되었던 수리남에서는 대다수 직원이 중국인이었다. 이는 현지 혼혈 정치를 더욱 복잡하게 만들었다. 멕시코의 베라크루즈 항구 확장 사업은 아직 계획 단계에 머물러 있지만, 중국 회사가 들어온 후 현지인 일자리 기회가 탈취되는 문제에 대해 현지에서의 의견이 분분하다.

중국의 라틴아메리카 항구 건설 투자로 인해 광석, 콩 등의 상품이 라틴아메리카 내륙에서 끊임없이 중국으로 운송되었다. 이것으로 라틴아메리카 광산과 농산품에 대한 중국의 관심을 알 수 있다. 이는 중국의 아프리카에서의 인프라 시설 투자와 유사한데, 모두 내륙에서 특정 상품을 수출하는 항구로 통하는 도로와 철도를 위주로 건설하였다는 점이다. 라틴아메리카의 태평양 연안 국가들은 발전과 중국과의 관계를 우선순위로 두었기 때문에, 중국 기업들도 유사한 방법을 사용하여 이 지역의 다수 항구에서 확장 건설과 현대화를 진행하였고, 이를 광업과 연결하였다. 에콰도르 서남부의 마차라(Machala)에서 통링(銅陵) 비철금속회사와 중국철도건설(中鐵)그룹은 하역설비 건설을 계획하여 사모아 친치폐(Zamora-Chinchipe) 주와 아마존 강 유역(중국이 투자한 에콰도르 코리앤트(Corriente Resources Inc)와 현지 동광 발굴을 계획하였다)의 광석을 처리할 수 있도록 하였다. 또한 중국과 라틴아메리카 동부 연안에서의 협력은 투자를 통해 태평양 지역 협력을 강화하여 태평양연맹 등의 기구 및 국가들에서 더 많은 주도권을 얻게 되었다. 반면 라틴아메리카 대서양 연안의 국가들이 얻은 이득은 매우 적다.

오랫동안 태평양 국가와의 발전 관계를 중시해온 칠레는 2006년 중국과 자유무역협정을 체결하였다. 현재 칠레는 2.85억 달러 규모의 아타카마 사막(Atacama, Des.de) 투자 사업에 대한 평가를 마무리하였다. 허베이 성의 원펑 그룹(文豊集團)은 사업의 주도자로서 칠레에 자회사 산 피에로(San Fierro)광업을 설립하였을 뿐만 아니라, 에스콘디다(Escondida)에서 철광 채굴과 포르토 사막에 항구를 건설할 계획이 있다. 이 사업으로 인해 2010년까지 칠레에서의 투자는 135% 누적 증가하였다. 환경적으로 가능하다면 2014년 봄부터 항구 건설에 착수할 예정이다. 중국 기업은 산 안토니의 국제무역도시 설립 투자를 토대로 항구 건설 협상을 진행하였다. 중국 상품은 '메이드 인 칠레' 의 표식을 달고 이 지역에서 다른 국가로 중계되었다.

그러나 모종의 원인으로 인해 모든 협상이 투자 실현으로 발전될 수 있는 것은 아니었다. 중국항만공정회사는 케이맨제도 조지타운에 대형 우편선을 수용할 수 있는 항구를 건설하기 위해 몇 달간의 협상을 진행하였다. 그러나 영국정부는 입찰 규정을 엄격히 통제하였고, 중국항만공정회사는 이 경쟁에서 퇴출될 수밖에 없었다. 브라질에서는 중국우한철강그룹과 EBX사가 공동으로 50억 달러를 투자하여 새로 준공된 아소의 초대형 항구 구역에 강철공장을 세우기로 합의하였다. 그러나 이 사업은 여전히 시공되지 않고 있는데, 이 원인에 대해 두 기업은 상호 모순되는 원인을 내놓고 있다. 또 다른 중국 기업의 기획으로는 카리브 해와 태평양을 이어주는 '해상통로' 를 건설하여 기존 파나마운하의 높은 해상통과비용을 줄이는 것이 있다. 이 해상통로는 전체 길이가 220킬로미터가 될 것으로 보이며 태평양연안에서 카르타헤나(Cartagena) 부근의 신도시까지 이어질 것이다. 콜롬비아의 후안 마누엘 산토스(Juan Manuel Santos) 대통령은 육상통로에 대한 토론이 '우선' 사항일 것이라고 말하였다. 이 프로젝트에 필요한 자금은 주로 중국국가개발은행의 투자로, 완공 후 매년 4,000여 만 톤의 물자를 내륙에서 태평양연안으로 운송하고, 특히 콜롬비아에서 중국으로 수출될 석탄을 우선순위로 운송할 것이다. 한 홍콩기업은 300억 달러를 출자하여 수로와 철로로 이루어진 '니카라과대운하' 를 개통할 것이라 한다. 그러나 상술한 사업들은 이미 계획단계에서부터 가능성에 의구심이 드러나고 있다.

중국과 베네수엘라의 밀접한 관계도 카리브 지역의 투자 계획을 촉진시키는 작용을 하였다. 중국은 베네수엘라에서 석유를 수입할 뿐만 아니라 중국 기업이 베네수엘라에 투자한 금액은 500억 달러에 달한다(그러나 2013년 3월 우고 차베스 대통령의 사망과 베네수엘라 정부의 불안정성은 일부 투자회사의 불신을 초래했다). 중국항만공정회사는 푸에르토카베요 항만에서 컨테이너 항구 건설에 참여하였다. 베네수엘라 정부의 추산에 따르면 이 항구의 준공 후 하역비용은 600% 감소될 것이다. 또한 베네수엘라 정부는 상하이 쩐화 중공업(振華重工)과도 협상 중인데, 갠트리 크레인

(골리앗 크레인)과 기타 설비 구매를 희망하고 있다. 이외에도 중국제련공업주식회사(中國冶金科工股份有限公司)는 오리노코강 연안의 가이아나에 위치한 파루아 항구를 확장할 기획을 내놓았다. 항구 완공 후 철광석 수출량은 배로 증가될 것이다.

중국 투자는 남대서양 항구의 면모도 변화시키고 있다. 리우데자네이루 아소의 초대형 항구는 우선적으로 철광석, 콩, 석유가 중국으로 순조로이 수입되는 통로를 확보하는 데 그 주요 임무가 있다. 항구의 공업지역에 더 많은 투자를 유치하게 하기 위하여, 현지 주정부는 100명의 중국 기업가들을 초청하였다. 리우데자네이루 주 상주앙다바하(São João da Barra) 시정부에서는 현지인들에게 중국어 수업을 개설하였다. 또한 2012년 원자바오(溫家寶) 총리 방문 동안 우루과이 호세 무히카(José Mujica) 대통령은 중국이 로차(Rocha)의 새로운 항구 건설에 투자하여 소고기 수출을 늘릴 수 있도록 제안하였다. 아르헨티나에서 중국 투자는 이미 파타고니아까지 확장되었다. 중국 최대의 식품 생산업체 중의 하나가 리오 네그로(Río Negro)에 330헥타르 규모의 토지를 개발하고, 산안토니오 항구를 확장하여 생산품을 중국으로 수출하였다. 지역 전반이 자본 부족에 시달리는 가운데, 크고 작은 국가 모두 중국 자본을 유치하기 위해 노력하였다. 2013년 4월 브라질 지우마 호세프(Dilma Rousseff) 대통령은 중국 정부가 브라질 인프라 시설 투자를 증가시키기를 희망한다고 공개적으로 언급하였다. 임기 동안 지지자들과 함께 노력한 결과 브라질의 항구를 포함한 교통 인프라 시설에 중국 자본을 끌어올 수 있었다. 브라질 및 여타 국가들은 선진국의 투자가 점점 줄어드는 상황에서 풍부한 중국 자본을 통해 국가 및 지역의 인프라 시설의 자금 부족을 보충할 수 있을 것이라고 낙관적으로 내다보고 있다.

사례 분석: 중국과 수리남 항구 인프라 시설의 재건

현재까지 중국이 기획한 가장 큰 항구 인프라 시설 중 하나가 수리남에서 시공될 예정이다. 중국은 이미 수리남에서 연해제방과 신항구를 건설한 적이 있다. 이에 최근 중국인이 대량 이민으로 수리남 인구의 10% 이상을 차지하고 있다. 샤먼청동 국제무역회사(廈門城東國際貿易公司)와 중국항만공정회사에서 투자한 60억 달러를 바탕으로 신항구와 파라마리보와 마나우스를 이어주는 도로와 철로를 건설할 예정이다. 이런 시설들은 아마존 연해 지역들의 해상운수에 대한 부담을 얼마간 덜어줄 것으로 예상된다. 그리고 원시열대우림인 수리남 내륙 지역들이 중국 투자자들의 관심을 받고 있는데, 이는 이 지역들에서 광물자원과 대량의 목재를 확보할 수 있기 때문이다. 그러나 현재 브라질 정부가 환경 파괴를 초래할 수 있는 지역에 도로 건설을 허가할지 의문이다. 아마도 남미인프라통합구상(IIRSA, Initiative for the Integration of the Regional Infrastructure of South America)과 같은 다국적인 기구가 지역 인프라 시설 통합에 투자하는 데 더 많은 관심을 가지고 있을 것이다.

(1) 수리남의 배경

수리남은 남아메리카 동북부에 위치한 작은 국가로, 2013년 총 인구는 56만 7,000명, 국내총생산액은 66.8억 달러이다.[16] 수출주도형경제로 농업생산, 알루미늄, 황금, 원유, 목재, 수산물과 농산물 수출에 의존하고 있다. 1975년에 네덜란드로부터 독립한 후부터 주로 네덜란드의 지원에 의존하고 있다. 하지만 얼마 전부터 남남협력에 시선을 돌려 브라질, 중국과의 양국 협력 및 여러 국가 간 협력을 중점적으로 발전시키기 시작하였다. 예를 들어 남미인프라통합구상에 대한 지지, 카리브공동시장(CARICOM, Caribbean Community)의 발전이 바로 그것이다. 이런 변화의 원인에는 정치적 요인도 있고 경제적인 요인도 있다. 정치적인 면에서 볼 때, 2010년에 데시레 델라노 바우테르서(Desiré Delano Bouterse)가 대선에 성공한 후 네덜란드를 포함한 선진국과 불안정한 관계가 급속히 약화되었다. 2000년 네덜란드 법원은 마약밀수죄를 명목으로 전 독재자 바우테르서에 대한 결석재판을 행하였다. 네덜란드는 수리남에 대한 지원을 중단하였고, 당시 미국의 신정부 또한 수리남과 일정한 거리를 취하였다. 2008년 세계경제위기 발발 후 유럽국가의 지원과 투자도 대폭으로 줄어들었다. 그러나 여전히 많은 유럽기업들이 채굴 사업에 활발히 참여하

---

16 UN Statistics Division.

고 있고, 일부 지원기구에서도 여전히 대외지원사업을 진행하고 있다. 네덜란드와의 관계도 어느 정도 회복되었다. 또한 수리남에서의 중국의 영향력 확대에 대응하기 위해 미국은 수도 파라마리보(Paramaribo)에서 마약검거와 항공 개방 등의 관계 발전을 강화하려는 시도를 하고 있다.

이와 동시에, 남남협력은 수리남과의 협력을 대폭 증가시켰고, 주로 교통 인프라시설 영역에 집중되었다. 선진국과 달리 브라질과 중국은 바우테르서와의 협력에 대해 추호의 주저함도 없었다(양국은 모두 대외정책의 독립성을 강조한다). 수리남 정부관리들은 이러한 협력에 대하여 긍정적인 입장을 취하고 있으며, 이를 더욱 강화하고 네덜란드의 지원 중지를 이용하여 의존관계를 벗어나고, 나아가 라틴아메리카와 카리브 지역과의 관계 강화를 시도하고 있다.[17] 바우테르서는 가이아나, 베네수엘라, 브라질을 포함한 인근 국가와의 남남협력의 중요성을 수차례 강조하고 있다.[18] 예를 들어, 가이아나와의 영토분쟁을 보류하고, 해양 분쟁 역시 2007년 'UN해양법공약'에 의거하여 조정하는 방식으로 해결하였다. 또한 브라질 파라(Estado do Pará) 주의 주도 벨렘(Belém)에 새로운 영사관을 설립하고, 브라질로 직행할 수 있는 해운항로도 개통하였다. 그중 가장 극적인 변화는 중국 무역과 투자열의 도래, 그리고 거기에 따른 대량의 중국 이민일 것이다. 이는 수리남에 있는 중국 교민의 규모를 증대하였을 뿐만 아니라 수리남의 복잡한 종족정치에 새로운 압력을 가하고 있다.[19]

수리남은 주변국 및 역외 국가들과 관계 강화와 동시에 여러 지역통합 기구의 회원이 되었는데, 이는 아메리카국가조직, 라틴아메리카-카리브해 국가공동체(CELAC, Community of Latin American and Caribbean States)와 카리브공동시장을 포함한

----

17 "Our regional integration policy is based on economic diplomacy," *Worldfolio*, (August 31, 2012). http://www.worldfolio.co.uk/reports/suriname/winston-lackin-minister-of-foreign-affairs-suriname-n1553.

18 "Suriname Report," *World Folio*, 2012.8.21. http://www.worldfolio.co.uk/archives/1346103300.pdf.

19 Evan Ellis, "Suriname and the Chinese: Timber, Migration, and Less-Told Stories of Globalization," *SAIS Review*, Vol.32, No. 2 (2012), pp.85-97; Paul B. Tjon Sie Fat, 2009. *Chinese New Migrants in Suriname.* : The Inevitability of Ethnic Performing, Uva Proefschriften, (Amsterdam University Press, 2009).

다(2012년 상반기 바우테르서 대통령은 이 조직의 순번에 따라 대표가 되었다). 그리고 남미 공동시장(Mercosur, Mercado Común del Sur)과의 관계도 강화하였다. 2011년 1월 수리남은 남미국가연합(UNASUR, Union of South American Nations)에 가입하였는데 임시대통령 바우테르서의 임기도 2013년 8월로 연기되었다. 상술한 여러 국가연합 기구들은 통해 수리남 정부는 남남협력과 지역통합의 중요성을 강조하였다. 카르타헤나 제6차 아메리카국가 정상회담에서 바우테르서는 지역연합이 '아메리카국가의 시대' 도래를 촉진할 것이라고 강조하였다.[20] 그리고 수리남은 남미인프라통합구상에 가입하였는데 이는 교통, 통신, 에너지 인프라 시설 연계를 통하여 남아메리카 통합 정도를 강화하는 데 목적을 두고 있다.

남남협력으로 인한 통합은 수리남의 진정한 변혁을 가져왔다. 수리남의 광업이외의 부문에서 소상품 경제는 장기간 투자자를 유치하는 데 어려움을 겪었다. 2012년 세계은행에 따르면 수리남의 기업환경은 164위에 머물러 있다. 알루미늄의 주요 생산국으로서 알루미늄 수출이 수리남 GDP의 15%와 수출입의 80%를 차지하고 있어서, 가격인하는 경제에 부정적 영향을 끼쳤다. 예를 들면, BHP 빌리튼(BHP Billiton) 광산기업은 최근 수리남 영업점을 폐쇄했다. 알루미늄과 황금 외에도 내륙에는 대량의 철광석, 망간, 희토류 등이 매장되어 있을 것으로 보인다. 또한 수리남 아마존 강 지역에는 아직 개발되지 않은 수력자원이 있다. 카리브 해 연안의 농업과 어업 자원의 잠재력도 크며, 아직까지 확인되지 않은 근해석유 저장량 역시 긍정적이다. 부분 무역액의 급증으로 최근 수리남의 경제는 높은 상승세를 보이고 있다. 2011년 GDP 증가율이 4.5%에 달하였고, 외국인 직접 투자도 2006년의 1.63억 달러에서 2012년의 5.85억 달러로 3배 가까이 증가하였다.[21]

이렇듯 발전 잠재력과 인구 규모로 세계은행에 따르면 수리남은 천연자원 보유량 10대 국가 중 하나로 꼽혔다. 그러나 여전히 빈곤이라는 중대한 도전 앞에 놓여 있다. 2012년 UN인류발전지수에 따르면 186개 국가 중 105위에 머물러 있다.[22] 교

20 Desiré Delano Bouterse, "Remarks at the VI Summit of the Americas," (April 14, 2012). Cartagena de Indias, Colombia.

21 Desiré Delano Bouterse, "Remarks at the VI Summit of the Americas," (April 14, 2012).

22 UNDP, 2012 *Human Development Report*, (New York, 2012).

통 인프라 시설 역시 여전히 부족하다. 부족한 도로 사정으로 다수 내륙지역은 우기에는 내륙하천를 통해, 건기에는 소형 비행기로 통하고 있다. 브라질과의 간접 통로를 포함한 최소한의 국제관계는 존재하고 있지만 약 4,570킬로미터의 도로 중 대다수가 완공되지 못해 교통량이 대단히 낮다. 북부에 있는 동서방향의 두 간선 도로에 대부분의 인구(약 56만 명)가 집중되어 있다. 카리브 해안과 가까운 수리남은 북부 도로는 프랑스령 기아나의 아이비나에서 수도 파라마리보를 경유하여 가까운 가이아나의 뉴니클리로 통한다. 남부 도로는 파라마리보와 아포이아를 연결한다. 두 도로는 60년대에 부설하였으나 게릴라전으로 인한 파괴 후 상황이 여전히 좋지 못하다.

투자자들의 입장에서 보면 수리남의 교통망을 복원하는 일은 시급하다. 이는 국민들의 생활수준을 개선할 뿐만 아니라 외곽 지역과의 접근도를 높이고, 자원 잠재력을 확인할 수 있다. 지난 10년간 양국 혹은 양국 기구의 여러 차례의 공동 노력으로 여러 도로가 정비, 개선되었다. 예를 들면 유럽연합, 프랑스개발국, 미주 개발은행의 지원 아래, 동서 방향의 도로 일부를 다시 부설하였으나 여전히 제한적이다. 수리남의 국가간 연계는 물론이고 국내 연해 지역과 내륙 삼림 지역과의 연계도 마찬가지이다. 수리남 국가 경쟁력의 중요한 부분으로서 항구 시설 능력 역시 제한받고 있다.[23] 이는 인접 국가와 기타 지역과의 무역왕래를 방해하고 있다. 수리남과 달리 남아메리카 카리브의 문호라는 지위를 다투고 있는 이웃국가 가이아나는 이미 브라질 북부까지 연장되는 도로를 부설하였다. 따라서 교통운송을 개선하고 정비하는 것은 수리남의 경쟁력을 강화시키는 데 없어서는 안 될 중요한 경로이다.

비록 유럽연합을 포함한 선진국 투자자들은 교통운송부문이 지원 사업임을 강조하고 있으나, 수리남 정부는 선진국의 지원이 자력갱생의 능력을 기르는 데는 제한적임을 깨닫고 남남협력의 외교정책을 강조하고 있다.

....

23 Pitou van Dijck, The Impact of the IIRSA Road Infrastructure Programme on Amazonia, (2013).

(2) 중국과 수리남

중국 기업들은 정부의 지원 아래 수리남에서 대량의 인프라 시설 사업을 추진하고 있다. 그 예로 항구가 있으며, 카리브 해안과 가까운 파라마리보와 아마존 강 의 항구 마나우스(브라질 아마존 강 지역의 중심에 위치해 있으며, 부근에 철도가 있었다)를 연결하는 500킬로미터 거리의 도로도 포함하고 있다. 수리남 정부는 적은 인구의, 초목이 무성한 내륙지역의 개발이 시급히 필요했기 때문에 이러한 제안들을 쉽게 받아들였다. 그러나 수리남에서 중국의 지위를 높이는 일은 쉽지 않았다. 특히 대량 이민의 유입으로 수리남에서 중국 혈통을 가진 인구가 총 인구의 10%, 4만 명에 달하게 되었다. 수리남의 민간단체와 반정부파는 과거 네덜란드에 대한 의존이 중국에 대한 의존으로 전환될 것을 우려하여 정부가 중국으로부터 이토록 많은 차관을 제공받는 것이 현명한 것인가에 대해 의구심을 가지고 있다. 정부에서는 중국과의 밀접한 관계가 수리남의 번영에 좋은 기회를 제공하며, 무역과 국외직접투자의 다원화에 도움을 준다고 변론하고 있다.

중국-수리남 관계 발전에 따라 대형 사업 제안이 끊임없이 나오고 있다. 1979년 5월 양국이 정식으로 외교관계를 수립한 이후 몇십 년간은 실질적 협력이 미미했다. 에반 엘리스(Evan Ellis)에 따르면 90년대 이래 중국이 수리남에 대한 참여가 심화됨에 따라 무역을 중심으로 하는 방식보다 교통 인프라 시설에 관심을 두고 있다. 2011년 수리남 수출 상품 중 오직 2.4%만이 중국으로 운송되고 있다.[24] 반면 미국으로의 운송량은 32.6%에 달하고, 벨기에로는 22%를 차지한다. 중국으로부터 들어오는 수입품의 경우 수리남 수입 총량의 12.7%를 차지한다. 반면 미국 상품은 33.6%를 차지하고, 네덜란드 상품은 20.7%를 차지한다. 1998년 수리남 정부와 중국 다롄(大連)은 270킬로미터의 도로 부설에 대한 양해각서에 서명하였다. 비록 반대파의 방해가 있었으나 이 사업은 2003년 완공되었다. 그 후 다롄은 도로 수리를 포함한 기타 인프라 시설 사업을 맡았다. 현재 중국수출입은행의 지원 아래 다롄은 수리남의 사금광을 가지고 있다. 그리고 8천 동의 공공주택을 건설하였다. 타이완

---

24 Evan Ellis, "The Expanding Chinese Footprint in Latin America: New Challenges for China, and Dilemmas for the US," Institut français des relations internationales, Centre for Asian Studies, Asie. Visions 49, (February 2012).

이 같은 사업을 제시하며 외교적 승인과 맞바꾸려 하였으나 수리남 정부는 단호히 거절하였다. 이와 함께 교육, 농업, 일부 군사원조의 기타영역이 협력방안에 포함되었다.[25] 수리남의 협력 관계 발전을 위해 중국 외교관들은 바우테르서를 포함하여 많은 수리남 정치인들이 화인의 혈통을 가지고 있다며 역사 관계를 자주 언급하고 있다.

지리적으로 보면 중국이 수리남에 투자한 인프라 시설 사업은 주로 인구나 기존 인프라 시설과 경제활동이 집중되어 있는 연해 평원 지역에 집중되어 있다. 그러나 점차적으로 원시삼림으로 뒤덮힌 내륙지역에 관심을 가지게 된다. 특히 이 지역 삼림 자원과 거대한 광산자원 매장량을 염두에 두고 있다. 2007년 람미엔 사르조(Ramdien Sardjoe) 부통령의 중국 방문 시, 양국은 다양한 차관 협의를 서명하고, 항구, 도로 등 인프라 시설 사업 확장을 약속하였다. 여기에는 내륙 통로 개발 계획 강화와 목재 수출 확대를 포함하고 있었다. 2011년 9월 양국은 차관과 원조 확대를 포함한 협력에 서명하였는데, 특히 중국국가개발은행이 현재 연구 중인 인프라 시설 사업 후원도 포함하고 있다.[26] 2013년 시진핑(習近平) 주석이 트리니다드 토바고를 포함한 중앙아메리카와 카리브해 국가 방문 시, 바우테르서 카리브공동시장 대표와 양국회담을 진행하였고, 인프라 시설 투자를 논의하였다.

2013년 말까지 야심만만한 계획들이 제시되었다. 2010년 청동인터내셔널과 중국항만공정회사와 체결한 협의의 일부분은 중국 기업이 카리브 해에 심수항구 및 파라마리보와 마나우스를 이어주는 도로, 철로 건설에 투자할 것을 포함한다. 이 협의는 알비나(Albina)에서 니케리에(Nieuw Nickerie)로 이어지는 거대한 제방 건설도 포함된다.[27] 이는 카렌틴(Corentyne), 마로바인(Marowijne)과 자연경계를 이루고 있는 프랑스령 기아나, 가이아나를 잇게 될 것이다. 이 계획은 앞으로 수리남을 해운의 중심으로 만들 수 있는 잠재력을 가지고 있을 것이라 전망된다(현재 브라질과

25 Yuan Nansheng, Renmin Wang, (2010).

26 Ministry of Foreign Affairs, "Ontwikkelingsdiplomatie werpt vruchten af Zuid-Zuid-samenwerking ten bate van ontwikkelingsdoelstellingen," Paramaribo, 2011. 9. 29.

27 Worldfolio, (August 31, 2012), http://www.worldfolio.co.uk/reports/suriname/ramon-abrahams-minister-of-public-works-suriname-n1535.

중국 사이의 업무를 주로 하는 기업을 포함한 대다수 대형해운회사의 선박들은 모두 수리남을 경유하고 있다). 해안과 육지를 이어주는 남북방향의 도로와 철로는 수리남을 통합하는 주요 간선이 될 뿐만 아니라 동서방향의 도로도 함께 발전될 것이다.

그러나 상품가격 하락으로 인해 대형사업 수입을 포함하여 수리남의 중요도가 약화될 것으로 본다. 게다가 지역통합의 잠재력을 지닌 남북방향의 도로는 사업이 수리남의 실행 가능성에 달려있고, 브라질과 개인 합작 당사자의 관심도 살펴야 한다. 특히 건축업의 경우 이 사업이 가져올 경제, 환경의 도전에 대해 종합적으로 고려해야 한다. 따라서 중국의 투자 사업이 수리남에 큰 변화를 일으킨다 하더라도 이러한 기획들과 다국가적 합작 사업 간 조절이 여전히 필요하다. 또한 새로이 연결된 항구와 수리남 내륙 노선이 심각한 환경 파괴를 불러올 수 있기 때문에 건설 중인 대형 공사에 대해 상당히 큰 정치적 반향이 있었다. 중국이 수리남에 진출한 이 같은 투자방식이 다른 라틴아메리카 국가들에도 똑같이 적용될 수는 없겠지만 수리남에서 직면한 기회와 도전은 여타 국가들과의 관계에 경험과 교훈이 되고 있다.

결론

중국의 라틴아메리카 투자를 돌아볼 때 주로 각 지역 항구에 투자하여 광물과 상품을 지속적으로 중국에 운송하는 것에 목적이 있음을 알 수 있다. 이러한 중국의 투자방식은 현재 항구 운영을 뒷받침할 뿐만 아니라, 폐기되었거나 계획 단계에 있는 여러 시설들을 활성화시켰다. 특히 각국의 경제발전에 국제무역의 중요도가 점차 높아진 후, 부두 부설과, 항구 확장 등의 시설 현대화는 각국에 많은 수익을 가져왔다. 이외에 중국의 투자로 인해 라틴아메리카 각 항구들은 맹렬히 경쟁하게 되었다. 멕시코, 콜롬비아, 수리남, 칠레는 모두 중국이 라틴아메리카에 들어오는 주요 통로가 되기를 다투고 있다.

그러나 중국의 투자에는 어느 정도의 위험도 있다. 주로 교통로를 확보하여 상품을 내륙에서 해외로 운송하기 때문에, 상품 수출 주도의 경제발전 양식을 강화한다. 이러한 양식이 경제적 이득을 가져올지는 몰라도, 동시에 지역경제가 특정 상품의 공급과 수요, 가격파동의 피해에 더욱 취약하게 된다. 상대적으로 낮은 투명도, 환경에 미치는 결과, 현지 노동자에 대한 낮은 고용률과 같이 이미 드러난 부작용들은 사회적 긴장을 유발하고 라틴아메리카 다른 지역에도 부정적인 영향을 미친다. 정치적 각도에서는 나날이 심해지고 있는 중국과의 비대칭적 관계로 인해 경제 등의 국제정치 각 영역에서 중국의 입장을 지지하게 되었다. 수리남의 사례에서는 지역의 작은 국가가 중국의 도움으로 변혁 후 지속적으로 수익을 내는 방식을 보여준다. 게다가 대형 공사들이 새롭게 승자와 패자를 만들어 한 국가의 사회 조직과 정치형세, 경제구조를 변화시키는 것에 대해서도 여실히 보여준다.

라틴아메리카 국가의 측면에서는 국가인프라 시설이 특정 투자국에 대해 과도하게 의존하는 위험에서 피할 목적으로 투자원의 다원화가 매우 중요하다. 한 국가가 타국의 인프라 시설 투자를 주도했을 때, 기술 규격이나 시공기술, 관련된 제도에 대한 견고한 경로의존이 형성되고, 이 과도한 경로의존은 시간이 지나면서 협력 동반자를 바꾸는 비용을 증가시키기 때문에 투자국 기업의 업무 확대에 유리한 반면 현지 기업의 참여를 방해한다. 이 과정은 중국의 지역 사업 참여에 한정지어 말하는 것은 아니다. 사실 항구 인프라 시설 사업은 그 규모와 범위에서 금융기관, 건축 회사와 국가개발은행 등 현지 각종 기관을 포함하여 중요한 변혁의 공간을 만들어낼 수 있다. 그러나 중국의 협력에는 시민사회가 거의 배제되어 인프라 시설 건설과 관련해 비정부 기구와 시민단체들의 공개 변론이 거절당했다.

소수의 예외적 사례 외에, 현재 시공하거나 협상단계 있는 사업은 라틴아메리카 국내외 통합을 촉진하는 데 거의 미미한 영향에 그쳤다. 따라서 지역의 행위체는 독립적 혹은 연합으로 이미 건설단계의 인프라 시설의 외부 효과와 반응을 최대화하여야 한다. 양식을 통합하고, 공공투자 전략이 민간자본을 응용 또는 자극하여 지역의 주요 항구들이 하나의 통일된 체계가 되도록 해야 한다. 또한 주요 수출로를 기획하여 사업과 자금의 조정을 통해 대형 인프라 시설을 최대로 통합할 수 있도록 해야 한다. 이러한 인프라 시설 통합의 제안, 미주개발은행, 브라질국가개발은행 및 기타 국가나 기관이 현재 진행되고 있는 사업에 대해 감정과 보완을 더 잘 할 수 있도록 해야 한다. 동시에 아프리카연맹과 서아프리카 국가경제공동체의 아프리카에서의 경험을 참고하여 지역 기반의 조직을 활용하여 중국이 지역 통합 개발 사업을 추진하도록 독려해야 한다(아프리카와 대서양 연안을 관통하는 각국의 서아프리카 고속도로는 이 지역의 주요 항구를 하나로 연결하였다). 중국의 미주개발은행, 카리브공동시장, 미주대륙을 위한 볼리바르동맹(ALBA, Bolivarian Alternative of the Americas), 남방공동시장 등 라틴아메리카 지역 기구에 대한 참여가 라틴아메리카 국가들이 중국 투자로 인해 운송통합과 지역통합을 건설할 수 있는 기회를 제공하였다.

실천적 측면에서 라틴아메리카 국가들은 중국과의 외교와 경제 협상에서 장기적인 계획을 구상해야 하며 기술과 지식의 최적화를 발휘해야 할 때 잘못된 해석이나 정치적 긴장이 생겨나지 않도록 해야 할 것이다. 마지막으로 미국과 유럽의 투자가 축소되는 경우에 중국 자본이 매우 유혹적이라 하더라도 중국 국내의 경제 상황 변화를 고려하여 지나치게 의존하지 않도록 한다. 중국은 현재 투자주도형에서 점차적으로 국내소비체계에 의존하는 방식으로 변화하고 있다. 이런 정책 변화와 확대된 경제환경은 해외 대형 사업에 투자할 능력을 키우게 된다. 따라서 라틴아메리카 국가들은 위험을 분산시키고, 부정적인 영향을 줄이고, 각자의 입장을 조절하여 중국 인프라 시설 투자와 기타 사업들을 서로 통합할 수 있도록 멀리 바라보는 자세가 필요하다.

7장
중국과 라틴아메리카의 지정학적 요소

벤자민 크로이츠펠트(Benjamin Creutzfeldt)

최근 십 년 동안 중국과 라틴아메리카의 경제무역은 급속한 성장을 하였고 중국 기업은 라틴아메리카의 사회, 정치 그리고 중국과 각 국가 간의 관계에 끊임없이 영향을 미치고 있다. 저자는 지정학적 요인으로 라틴아메리카에서 나날이 증가하고 있는 중국의 활동과 영향을 분석하여 중국 외교정책인 평화 공존의 핵심 원칙, 즉 '불간섭' 원칙이 향후 점차 실현되기 어려워질 것이라고 본다.

벤자민 크로이츠펠트(Benjamin Creutzfeldt)_ 콜롬비아 보고타대학 CESA (고급연구관리학원) 부교수 최근 10년 동안 중국과 라틴아메리카 간의 경제무역은 급속한 성장을 하였고, 서로 간의 정치 교류 역시 끊임없이 발전하고 있다. 중국은 다자기구의 적극적인 활동뿐만 아니라 양자 관계의 강화 역시 중요시하고 있다. 브라질과 중국은 모두 브릭스(BRIC)에 속해 있는 국가이자 지역 강국이다. 베네수엘라와 에콰도르는 현재 그리고 향후 중국에 탄화수소를 수출하는 수출국이며 칠레, 페루, 코스타리카는 FTA 체결로 인해 다양한 분야에서 중국과 이들 국가들의 무역 교류 메커니즘을 형성해가고 있다. 중국과 쿠바의 양자관계는 역사와 이념에 근거하여 설립되었고 멕시코와의 양자관계는 북미자유무역협정(NAFTA)의 특수한 관계에 처해있다. 그러나 한쪽의 의사가 반드시 상대방의 동력이 되는 것이 아니듯 중국은 라틴아메리카의 정치적 견해에 대하여 지역적 특성을 충분히 이해하지 못하고 있다. 게다가 일부 라틴아메리카 국가들이 중국이 중요시하는 것에 대해 항상 반응하는 것은 아니다. 이런 상황에서 라틴아메리카는 그들의 '북쪽의 패권'에 가까워지고 있고 라틴아메리카는 미국의 '큰 후방(大後院)'이 될 것으로 보인다.

본 논문은 지정학적 요인으로 중국이 라틴아메리카에서 날이 갈수록 증가시키고 있는 활동력과 영향력을 분석하고자 한다. 따라서 우리는 중국이 오랫동안 스스로 '개발도상국'로 정의할 것이라는 점을 이해할 필요가 있다. 중국의 국제 전략은 중국 국내 주요 문제와 평화 공존 5원칙으로 결정되는 것이다. 이러한 면에서 볼 때 중국과 라틴아메리카 국가가 매우 비슷한 점이 있긴 하지만 국영기업과 민영기업을 불문하고 중국 기업주 혹은 임원의 정보와 제도화된 발전 목표 혹은 전략이 중국 정부와 부합하는 것은 아니기 때문에 중국은 라틴아메리카 지역 혹은 국가에서 아주 복잡한 논쟁을 불러일으키고 있다는 점을 인식해야 한다.[1]

세계 역사에서 중국과 거래가 비교적 적은 지역, 예를 들어 아프리카와 라틴아메리카는 중국 문화와 경제적 이해가 상대적으로 적고 중국 문화센터도 드물어 남아프리카 공화국, 멕시코, 아르헨티나 일부 지역에 극소의 학술연구와 매체가 있을 뿐이다. 따라서 이들 국가들이 중국 외교정책을 이해하기 어려운 측면이 있고 중국

· · · · · · · · · · · · ·

1 중국 정부, 은행, 기업의 서로 다른 목표 분석에 관하여, Erica Downs, Inside China, Inc: China Development Bank's Cross-Border Energy Deals, (Washington, D.C.: Brookings, 2011), 60 ff.

이 이들 국가와 지역에 대한 외교정책 연구 역시 매우 제한적이다. 미국, 유럽 그리고 그 외 아시아 국가와 비교하면 중국과 라틴아메리카의 관계는 매우 적을 뿐 아니라, 언어와 문화의 장벽도 쉽게 찾아볼 수 있다.[2]

서로의 이해를 향상시키기 위해, 중국은 라틴아메리카와 카리브해 지역에 33개의 공자학원을 설립하였다.[3] 그러나 공자학원은 기본적인 중국어와 중국 문화 이외의 독립적인 연구센터는 설립하지 않았다.[4] 이런 상황에도 불구하고 중국과 라틴아메리카의 양자관계는 오히려 전반적인 상승 및 발전 단계에 있다. 2001년 장쩌민, 2004년 후진타오가 라틴아메리카를 방문한 이후로도 중국 지도자가 이 지역을 방문하여 새로운 교류를 시작하였고, 두 지역의 무역 교역총액은 2000년 100억 달러에서 2012년 2,000억 달러로 증가하였다. 중국이 이 지역에 투자한 직접투자도 급속히 증가하여 2008년 경제위기를 겪은 후 이 지역의 잠재적 경제성장이 현실화되었다. 라틴아메리카는 급속한 경제성장과 다각화된 경제발전 모델로 이미 중국의 '가장 활발한 무역 동반자'가 되었다.[5] 중국은 다자기구에도 활발히 참여하고 있다. 중국은 아시아태평양경제협력체(APEC, 칠레, 멕시코, 파나마 및 페루는 정식 회원국)에 적극적으로 참여하고 있으며, 1998년, 2009년 각각 카리브발전은행과 미주개발은행의 주주가 되었고, 라틴아메리카통합연합(ALADI)과 유엔 산하 라틴아메리카-카리브 경제위원회(ECLAC)의 옵저버 국가가 되었다. 그 외 중국과 남미공동시장(Mercosur), 안데스국가공동체(CAN), 카리브 공동시장(Caricom) 등 지역 경제기구는 항구적인 대화 메커니즘을 구축하였고, 중국 정부는 양자 간 대화 포럼을 시작하여 2007년 시작한 중국 라틴아메리카 비즈니스 정상회의(중국국제무역촉진회 주관), 2010년 라틴아메리카와 카리브 지역 싱크탱크 포럼(중국인민외교학회 담당)을 시작하

2 William Ratliff, "China en el futuro de América Latina," in Benjamin Creutzfeldt, ed., China en América Latina: reflexiones sobre las relaciones transpacíficas, (Bogota: Externado University, 2012), pp.27-60.

3 http://www.chinesecio.com/m/cio_wci.

4 라틴아메리카는 해외 기구의 잠재적인 영향력에 대한 공자학원의 논쟁을 공론화하지 않고 있고, 유럽에서는 공자학원의 보도와 논쟁을 찾아 볼 수 있다. http://www.timeshighereducation.co.uk/news/wests-universities-reconsider-china-funded- confucius-institutes/2002870.article.

5 Osvaldo Rosales & Mikio Kuwayama, "China y América Latina y el Caribe: hacia una relación económica y comercial estratégica, Santiago de Chile: CEPAL", (2012), p.69.

였다.[6]

최근 중국은 라틴아메리카에 초점을 맞춰 라틴아메리카 국가들의 특성을 고려하여 서로 다른 대응책을 제시하였다. 예컨대 쿠바와 베네수엘라는 이데올로기, 칠레와 브라질은 실용주의, 페루와 멕시코는 역사적인 측면을 고려하여 2008년 11월, 중국 정부는 '중국의 라틴아메리카와 카리브 정책문건(中國對拉丁美洲和加勒比政策文件)'을 발표하였지만 이 문건은 라틴아메리카 매체와 정치계의 관심을 끌지는 못했다.

본 논문의 주요 쟁점은 아래와 같다: 첫째, 중국 정부는 이 지역에서의 이익을 어떻게 정의할 것이고, 지난 10년 동안 이 이익은 어떻게 변화하였는가? 둘째, 중국은 라틴아메리카에 대하여 어떤 방법과 전략으로 목표를 실현할 것인가? 셋째, 중국의 외교 노력과 비즈니스 활동은 어떻게 효율적으로 조율할 것인가? 어떤 상황에서 이 두 가지 방식이 충돌로 이어질 것인가? 넷째, 앞서 언급한 정책은 중국 정부, 시민 그리고 미국 이익을 어떻게 보고 있는가? 다섯째, 중국이 정책개발 과정에서 직면한 문제와 오늘날 중국의 사회적 국가 이미지는 어떠한가?[7]

지난 10년 라틴아메리카 지역의 중국 정부 이익과 목표

중국 정부가 2008년 발표한 '중국의 라틴아메리카와 카리브 정책문건(中國對拉丁美洲和加勒比政策文件)'에서 '윈윈'을 목표로 한 양자 간의 협력 원칙과 이념을 구체화하였다. 양지에츠(楊潔篪) 외교부 부장은 이러한 양자 간 협력 문건의 중요성을 강조하였다. 2012년 원자바오 총리의 연설은 더 높은 차원으로 관계가 고조되었고 원자바오 총리는 공통의 역사, 문화, 공통의 선열을 가지고 라틴아메리카 대륙을 이야기 하였으며, 라틴아메리카의 음악과 덕망 높은 작가들을 언급하였다. 그 후, 정

••••••••••••••

6 Ana Soliz Landivar & Sören Scholvin, "China in Lateinamerika: Chancen und Grenzen seines zunehmenden Einflusses," *GIGA Focus*, No. 6, (2011), Hamburg: GIGA.

7 Joshua Eisenman, et al., eds., "China and the Developing World: Beijing's Strategy for the Twenty-First Century," (New York: M.E. Sharpe, 2007), p.xviii.

치 연계, 경제발전, 식량 안보, 과학과 인력 교류 등 네 가지 분야의 교류확대를 강조하는 등 양자 간 협력 방안을 제안하였다.[8] 이들 제안은 차관 승인과 특별기금에 기대고 있으며 경제목표를 구체적으로 제시하고 있다. 라틴아메리카 주재 중국대사관의 많은 직원들과의 교류를 통해 2012년 원자바오 총리의 연설이 외교관들의 중요한 업무 지침이 되었음을 알 수 있다.

2004년 후진타오 주석이 라틴아메리카 지역을 방문하였으나 이 지역 국가 지도자들은 중국과 라틴아메리카 관계 발전에 대해 조심스러우면서 주저하는 모습을 보였고, 2008년 말 중국이 라틴아메리카에 대한 정치 문건을 발표한 이후, 중국에 대하여 몇몇 일부 국가들만 대다수 국가와 다른 태도를 보였다. 문건 발표 4년 후에도 이러한 상황은 지속되어 양자협력을 구축하지 못하였을 뿐만 아니라 구체적인 전략도 마련하지 못했다. 라틴아메리카—카리브 경제위원회(CEPAL) 의장은 멕시코, 칠레, 브라질 세 국가만이 '중국의 라틴아메리카와 카리브 정책문건' 발표 후 1년 이내 정부의 반응이 있을 것으로 보았다. 라틴아메리카와 카리브 지역은 중국과의 무역총액, 무역수지 그리고 2001년 이후 중국과 라틴아메리카 양 국가의 방문 회수에서도 상당한 차이를 보이고 있다. 칠레와 브라질은 중국 지도자 방문이 가장 많았던 국가이며, 칠레, 브라질, 베네수엘라는 국빈 방문이 가장 많은 국가들로 이 지역 33개 국가 중 21개 국가가 중국과 외교관계를 수립했지만 양자 간 상공회의소(商會) 설립은 단 6개 국가에 불과하다.

중국과 라틴아메리카의 목표 달성을 위한 노력

중국 정부는 국가 에너지와 식량 안보를 중점 노선으로 삼고 있기 때문에, 라틴아메리카에서의 광산, 탄화수소 등 주로 에너지 개발은 경제무역, 투자, 대출 분야에서 이루어지고 있다. 콜롬비아 중앙은행 통계에 따르면 2000~2001년 동안 중국의

----

8 원자바오: 영원한 상호신뢰의 좋은 친구되기-유엔산하 CEPAL회의 연설,(2012), http://politics. people.com.cn/n/2012/0628/c1024-18396631.html

해외 직접 투자는 '직접 송금(直接賬)'으로 정의하고 있기 때문에 중국의 콜롬비아 투자액은 4천350만 달러로 보고 있다. 그러나 콜롬비아가 수출입과 여행, 외자유치 목적으로 베이징에 사무소를 설립한 콜롬비아 정부기구인 무역진흥기관(Proexport)에 따르면 양국 무역 규모는 약 20억 달러에 이를 것으로 예측하고 있고 이는 미국의 헤리티지 재단이 분석한 수치와 비슷하다.[9] 이 데이터는 중국 국유기업의 실제이익으로 드러났고 이는 에너지 분야를 장악하고 있는 다국적 기업이 포함되어 있기 때문이다.[10] 만약 콜롬비아가 중국의 이익에 효과적인 반응을 보인다면 이 수치는 더 크게 증가할 것으로 보인다.[11]

이러한 모델은 라틴아메리카 전 지역에서 적지 않게 볼 수 있다. 중국은 100여 개 국유기업을 통해 이 지역에 투자하기를 원했고 비록 이러한 모델이 외국의 민간 기업 대량 투자와 유사했음에도 불구하고[12] 많은 해외 분석가들은 의혹을 제기하였고 정확한 평가가 어려워졌다. 그 외 케이맨제도와 영국령 버진아일랜드 조세회피 지역으로 유입된 대량의 자금은 해외직접투자액의 부정확성을 초래했을 뿐 아니라 중국과 서방의 '대출'과 '투자' 두 개념이 서로 일치하지 않았다.

양자 무역액은 더욱 분명하게 드러나는데 중국과의 무역은 라틴아메리카 전 지역에 이미 진출해 있었다. 2010년 중국은 세계 최대 수출국이 되었고 2014년에는 최대 수입국이 될 전망이다. 라틴아메리카 지역의 많은 국가들이 여전히 미국 시장에 의존하고 있지만 중국은 이미 매우 매력적인 또 다른 시장으로 떠오르고 있다.[13] 몇몇 경제학자들이 언급한 것에 대해 우려되는 것은 중국과 라틴아메리카의 교역 차이에 있다: 2010년 중국과 라틴아메리카 양자 무역총액은 1,630억 달러

9 http://www.heritage.org/research/projects/china-global-investment-tracker-interactive-map

10 María Camila Moreno, "La política exterior de la República Popular China y su repercusión en las inversiones en Colombia y América Latina," in Edgar Vieira P., ed., La transformación de China y su impacto para Colombia, (Bogotá: CESA, 2013), pp.251-268.

11 "콜롬비아: 중국 기업이 투자하기에 이상적인 지역", (2012.11.9), http://news.hexun.com/2012-11-09/147798009.html

12 Enrique Dussel Peters, "Características de la inversión extranjera directa china en América Latina (2000-2011)", in Enrique Dussel Peters, ed., América Latina y el Caribe-China. Economía, comercio e inversiones, (México: UNAM/Cechimex, 2013), pp.171-202.

13 "How to get a date: The year when the Chinese economy will truly eclipse America's is in sight," The Economist, (2011. 12. 31), http://www.economist.com/node/21542155

로 그중 브라질, 칠레, 베네수엘라와 페루 등 4개 남미 국가는 중국과의 무역에서 흑자를 보았다.[14]

다른 상반된 사례로 멕시코는 중국무역에 대하여 적자를 보고 있지만 멕시코는 중국의 라틴아메리카 지역에서 가장 중요한 무역 상대국 중 하나이다. 2011년 멕시코의 대중 수출액은 무역총액의 2%에 불과하지만 중국으로부터의 수입은 15%를 차지하고 있다. 여기서 주목할 것은 멕시코의 대중무역 적자는 전체 라틴아메리카와 카리브 지역이 대중무역에서 발생한 흑자와 비슷하다는 점이다. 다시 말해 만약 멕시코와의 교역이 없다면 이 지역은 실제 중국과의 무역에서 무역수지 균형을 유지할 수 있을 것이다.[15] 관련된 또 다른 중요한 점은 중국과 라틴아메리카 양자 무역총액이 중국과 세계 무역총액의 6%를 차지하고 있다는 것이다.

앞서 언급한 것을 분석해보면 라틴아메리카가 중국에 대량으로 수출하는 것은 중국이 직접투자를 하는 것과 같다. 천연자원과 원자재(제련공업과 에너지공업)를 지속적으로 증가시킴으로써 보유하고 있는 새로운 기술과 신흥시장에 대한 접근을 확보하여 경제성장과 식량 안보의 지속성을 제공하기 위함이다. 따라서 중국의 투자는 주로 아시아, 라틴아메리카와 아프리카에 집중되어 있고, 서비스, 무역 그

14 Rosales Osvaldo, La República Popular China y América Latina y el Caribe: diálogo y cooperación ante los nuevos desafíos de la economía global, (Santiago de Chile, CEPAL, 2012), p.29.

15 Rosales Osvaldo, La República Popular China y América Latina y el Caribe: diálogo y cooperación ante los nuevos desafíos de la econo, http://www.heritage.org/research/projects/china-global-investment-tracker-interactive-map.

중국회사의 콜롬비아 투자 관련 자료: María Camila Moreno, "La política exterior de la República Popular China y su repercusión en las inversiones en Colombia y América Latina," Edgar Vieira P., ed., La transformación de China y su impacto para Colombia (Bogotá: CESA, 2013), pp.251-268.

『콜롬비아: 중국 기업 투자의 이상적인 장소』(2012. 11. 9).
http://news.hexun.com/2012-11-09 /147798009.html.

조세회피 천국 관련 자료: Enrique Dussel Peters, "Características de la inversión extranjera directa china en América Latina (2000-2011)," Enrique Dussel Peters, ed., América Latina y el Caribe-China. Economía, comercio e inversiones, (México: UNAM/Cechimex, 2013), pp.171-202.

The Economist, "How to get a date: The year when the Chinese economy will truly eclipse America's is in sight," (2011. 12. 31), http://www.economist.com/node/21542155.

수출입액 관련 자료: Rosales Osvaldo, "La República Popular China y América Latina y el Caribe: diálogo y cooperación ante los nuevos desafíos de la economía global", (Santiago de Chile, CEPAL, 2012), p.29.

Rosales Osvaldo, La República Popular China y América Latina y el Caribe: diálogo y cooperación ante los nuevos desafíos de la economía global, mía global, p. 30.

리고 에너지 분야에 집중되어 있는 것이다. 여러 정황으로 볼 때, 중국의 투자는 세 가지 특징을 가지고 있다: 국유기업에 의한 지배, 지배주주 모색, 합자방식 투자이다.

칠레, 페루, 코스타리카 3개 국가는 각각 2005년, 2010년 그리고 2011년 중국과 자유무역협정(FTA)을 체결하였다. 이들 세 국가는 모두 세계경제에서 가장 개방된 경제체 대열에 진입하려 노력하고 있기 때문에 이러한 현상은 특이한 것이 아니다. 페루 역시 EU, 일본, 캐나다, 미국 등의 국가와 FTA 체결을 위해 노력하고 있다. 그러나 이들 몇몇 국가의 행동이 미치는 영향력은 아직 크지 않고, 미국의 남 캘리포니아대학의 캐롤 와이즈(Carol Wise) 교수가 여러 곳에서 지적한 바와 같이 중국과 FTA를 체결하는 것이 반드시 이득을 주는 것은 아니다. 예를 들어 페루와 칠레가 수출 다변화에 장기간 노력하고 있는 것은 원자재에 대한 의존도를 줄이기 위해서 이고 이로 인해 서양 국가들은 경제협력의 대상이 되고 있다. 캐롤 와이즈 교수는 비록 이러한 협상 체결이 오래되지 않았지만 그 결과는 실망적이라고 지적하기도 하였다.[16]

중국사회과학원 라틴아메리카 연구소장 쩡빙원(鄭炳文)교수는 중국 역시 과학인문교류의 중요성을 강화하여 상호 우호합작과 교류 촉진을 희망하며 '신식민주의'와 중국위협론 등 부정적인 논쟁을 없애 소프트파워를 제고할 것을 강조하고 있다.[17] 여기서 미루어 짐작할 수 있는 것은 중국은 끊임없이 국제전략을 강화한다는 점이다. 실제 중국이 라틴아메리카에 중국문화와 언어를 전파할 목적으로 설립한 공자학원 수는 무역 분포와 비례하고 있다. 즉 세계 800개 공자학원 중 33개가 라틴아메리카에 설립되어 있다.

16 Carol Wise, "China's Free Trade Agreements in South America," *Inter-American Dialogue Economics Brief,* (November, 2012). www.thedialogue.org/uploads/China_in_LA/ChinasFreeTradeAgreementsin SouthAmerica.pdf.

17 Cheng Bingwen, et al., "*Sesenta años de relaciones entre China y América Latina: retrospectivas y reflexiones,*" (Creutzfeldt, 2012), pp.61-85.

중국의 외교 노력과 기업활동의 융합

중국이 이러한 전략으로 기대한 성과는 전혀 없었고 라틴아메리카 대중과 제조업(페루의 방직업, 콜롬비아의 신발제조업 그리고 브라질의 석유산업 개발을 막론하고)이 중국을 반대하는 목소리는 끊임없이 증가하고 있다.[18] 반중국 논조는 언론과 여론에서 분명히 드러나고 있으며 여기에는 여러 가지 원인이 있다: 중국은 상품의 가격과 질적인 면에서 유력한 경쟁 대상이 되었고, 또한 라틴아메리카 사회의 불균형 발전 그리고 정부의 낮은 효율성으로 발생한 많은 문제의 '희생양'이 되었다. 이것이 아니라면 이는 단지 대중들이 중국에 대한 이해가 부족했기 때문이다.

따라서 중국은 라틴아메리카 정책의 실천방안을 강구해야만 한다. 중국의 라틴아메리카 주재 대사관은 비록 능숙한 스페인어를 구사하고 라틴아메리카로 주거지를 옮기긴 했지만 라틴아메리카와의 우호구축, 라틴아메리카(그리고 세계 기타 국가) 대중의 지지를 얻어 중국의 꿈을 추진하려는 목표는 전혀 실현시키지 못하고 있다.

우리는 중국 국제 전략과 국유기업 목표, '해외진출(走出去)' 전략을 지지하는 중국 기업가들의 관계를 어떻게 균형잡을 것인지 생각해볼 수 있다. 중국 에너지안보는 국가전략에서 가장 중요한 것이며 중국 정부의 외환보유고 역시 3조 달러를 초과하였다. 이러한 사실들은 주요 에너지 및 기초설비 기업의 통제에서 중국의 국익과 민족의 이익을 경제이익보다 우선할 수 있음을 증명하였다. 중국 정부는 개도국과의 협상에서 정치요인은 배제하고 중국은 라틴아메리카 지역의 무역 상대국과 동등하고 안정적인 자유 가치적 관계 설립을 추구한다고 말하고 있다. 많은 분석가들과 라틴아메리카 지역의 대중들은 모두 국가이익과 라틴아메리카 지역의 투자와 교역에서 정치와 경제이익 간의 관계를 고려하고 있다.

하지만 중국 기업이 융통성 없이 경제이익을 고려하지 않는다고 보는 것은 아주

• • • • • • • • • • • • • •

18 http://www.americaeconomia.com/negocios-industrias/china-pide-peru-aplicar-procedimientos -correctos-en-el-caso-gamarra; http://www.eltiempo.com/colombia/bogota/ARTICULO-WEB-NEW _NOTA INTERIOR-12850002.html; http://www.lanueva.com/elmundo/nota/366f2fe4da/ 21/154994.html.

잘못된 것이다.[19] 이들 기업 입장에서 볼 때, 라틴아메리카의 미래에서 중국 정부 정책만 생각할 수는 없다. 영국 브리스톨대학 가스톤 포네즈(Gaston Fornes)는 "라틴아메리카에 투자한 중국의 다국적 기업은 중국 정부의 방식보다는 오히려 비즈니스 규칙에 따라 움직이고 있고, 여러 상황에서 보여지듯이 시장을 찾는 과정에서 중국 기업의 이익을 통해 전략적 자산을 얻었다."라고 지적하고 있다.[20] 우리는 기업과 정부 사이의 상호관계를 분명히 이해하고 있어야 하고, 미국의회가 국가 안보상의 이유로 중국 해양석유공사가 미국 유노칼회사(Unocal Corporation)를 인수하는데 반대한 것과 같이 다른 국가에서도 유사한 사례를 찾아볼 수 있을 것이다.

중국의 정책이 라틴아메리카의 다른 경제 주체에 미치는 영향

대외정책과 국가 안보에 드러나는 미국의 위선적 행위는 세계 곳곳에서 나타나고 있고 이것에 대해 아시아와 기타 국가들은 거센 비난을 하고 있다. 하지만 라틴아메리카에서 자원, 시장 그리고 영향력 사이에서의 경쟁은 매우 현실적인 것으로 지리적 접근성으로 인하여 미국과 라틴아메리카는 과거 2세기 동안 오랜 전통적 협력을 해왔고, 이것은 중국의 라틴아메리카 출현이 초래할 우려를 설명하고 있다.

중국 정부는 이미 이러한 국면까지 고려하여 세계 주요 경제와 군사력(미국)과의 관계를 중요시하고 있다. 그러나 미국 국방대학의 에반 엘리스(Evan Ellis)는 중국 정치와 전략이 불투명하기 때문에 외부세계가 중국을 잘 이해하지 못하고 있고, 따라서 미국 정책결정자와 지도자들은 여전히 중국에 대해 다른 태도를 가지고 있으며, 중국이 라틴아메리카에 등장하여 미국과 동맹국의 이익을 '위협'한다고 비평하고 있다고 주장한다. 서방과 동양이 냉전에 대해 서로 다른 이해를 하고 있다는 점을

19 Gregg B. Johnson & Jesse T. Wasson, "China, Latin America, and the United States: The Political Economy of Energy Policy in the Americas", Carrie Liu Currier & Manochehr Dorraj, eds., *China's Energy Relations with the Developing World*, (New York: Continuum, 2011), p.133.

20 Gastón Fornés & Alan Butt Philip, *The China-Latin America Axis: Emerging Markets and the Future of Globalisation*, (London: Palgrave Macmillan, 2012), p.75.

고려하면 라틴아메리카에서 중국은 '제로섬 게임'으로 묘사되기도 한다. 즉 이러한 과정에서 미국은 점점 지정학적 영향력을 잃어갈 것이고 반대로 중국은 승리할 것으로 보인다. 에반 엘리스는 "중국은 라틴아메리카에서 점점 부상하고 있고 향후 미중 대립에서 서반구는 더 이상 미국의 성역이 되지 않을 것이다. 게다가 미국은 그 지역 자원 보호에 쓰일 중요한 자원을 투자해야 했고, 아시아 지역에서도 역시 자원보호가 요구된다."고 언급하였다.[21]

우리는 중국과 라틴아메리카의 잠재적 대립을 인식할 필요가 있다. 왜냐하면 이런 대립이 라틴아메리카에서 매우 강력한 방식으로 드러나고 있기 때문이다. 2012년 말 헤이그 국제제판소는 콜롬비아와 니카라과의 카리브해 영해권 분쟁에서 니카라과에 유리한 판결을 내렸고, 며칠 후 콜롬비아 전 외무장관은 법원 배심원 중 중국판사가 속해 있다며 재판 공정성에 의문을 제기하였다. 중국이 니카라과의 대운하개발 때문은 아닌지 의심하고 있는데, 이 판결은 중국에 현실적으로 이익이 되는 것이었다.[22] 다시 말하면 그는 중국의 '비열한 거래'가 국제기구 결정에 영향을 주고 있음을 암시하고 있는 것이다. 물론 이러한 편견은 잘못된 것이지만 라틴아메리카의 땅위에는 성장할 옥토가 많이 있다. 이와 유사한 잠재성은 멕시코의 일부 도시에서 중국을 겨냥한 시위를 유발하기도 하였다.[23] 호주 시드니대학의 한 교수는 멕시코 북부 시민들은 티우아나 지역에서 중국 무역 점유율이 끊임없이 상승하는 것에 반대하여 때로는 과민반응을 보이기도 한다고 말하고 있다. 에콰도르, 페루 등 라틴아메리카 국가에서도 중국 제련기업에 항의하는 것과 같이 해외기업을 반대하는 상황이 벌어지기도 하였다.

라틴아메리카의 중국 기업이 대면하기 싫어도 피할 수 없는 것은 그들이 각국 사회에 속해있다는 것이다. 중국에서 '라틴아메리카화' 현상은 이미 사회학자와 정치학자들이 직면해있는 아주 중요한 문제가 되었다. '라틴아메리카화'란 빈부

••••••••••••••

21 Evan Ellis, *China in Latin America: The Whats and Wherefores*, (Boulder, CO: Lynne Rienner, 2009).

22 http://www.lafm.com.co/noticias/noemi-sanin-alerta-de-negocios-137211

23 *Harnessing the Dragon: Overseas Chinese Entrepreneurs in Mexico and Cuba*, in Julia C. Strauss y Ariel C. Armony, eds., From the Great Wall to the New World: China and Latin America in the 21st Century, (Cambridge: Cambridge University Press, 2011), pp.111-133.

격차의 확대를 의미하는 것으로 더 정확히 말하자면 변함없는 빈곤과 제한된 사회 유동성의 정체를 의미한다. 홍콩 중문대학의 선쉬후이(沈旭暉)는 중국 네티즌과 블로그에서 '라틴아메리카'를 연상 지어 분석하였고 중국 시민들이 '라틴아메리카화'를 전반적으로 우려하고 있다는 것을 발견하였다.[24] 미루어 짐작할 수 있는 것은 중국 기업과 정부 지도자들 역시 이러한 것을 의식하고 있으며 수출상품의 시장 잠재력, 지역 전략 리스크, 무역활동의 잠재적 영향을 주시하게 될 것이란 점이다.

결론

중국 기업은 라틴아메리카 지역에 지속적으로 진출하고 있고, 그 지역의 사회·정치뿐만 아니라 중국과 각 국가 관계에 미치는 영향이 점점 증가하고 있다. 필연적으로 수용국의 사회 구성원과 정치 지도자들이 중국 기업 및 경제목표와 관련된 결정을 내릴 때, 이들 기업과 대표가 일정한 영향을 미치게 될 것이다. 간단히 말해, 중국 외교정책의 평화공존 5대 원칙의 핵심, 즉 '불간섭' 원칙은 현실에서 점점 통제하기 어려워 질 것으로 본다.

---

[24] Simon Shen, "Online Chinese Perceptions of Latin America: How They Differ from the Official View," *China Quarterly*, No. 209 (March 2012), pp.157-177.

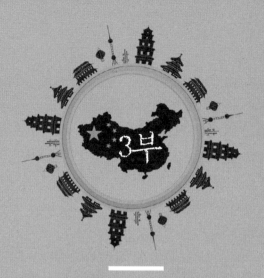

3부

중국의 글로벌 전략

1장
중국의 전략적 미래:
포스트 아메리카 세계질서 논쟁

윌리엄 캘러한(William A. Callahan)

이 글은 '조화세계'를 기조로 하는 중국의 외교정책을 통해 어떻게 시민들이 엘리트들의 외교정책 논의에 도전할 수 있게 되었는지를 밝힌다. '시민 지식인(citizen intellectuals)'은 권력의 중심이 아니지만 중국의 미래, 그리고 세계의 미래에 대한 이념의 자원으로서 영향력이 증가하고 있음을 주장한다.

윌리엄 캘러한(William A. Callahan)_ 영국 런던정경대학 교수

그 당시에는 깨닫지 못했지만, 오늘날 베이징의 단호한 외교정책은 2005년 9월 후진타오 주석이 유엔에서 전 세계인을 대상으로 한 연설에서 시작되었다. 유엔총회의 연단에서 후주석은 '조화세계'를 세계정치의 새로운 개념으로 소개했고, 그 목표는 "지속적인 평화와 공동번영의 조화세계 건설"이라고 설명했다. 그는 새로운 세계질서 속에서 상이한 문명들이 세계 공동체로 공존하며 "인류는 더욱 조화롭고 우리의 세계는 더욱 다채롭게" 될 것이라고 했다.[1] 이 글은 '조화세계'를 바탕으로 한 외교정책을 통해 어떻게 시민 지식인들이 엘리트들의 외교정책 논의에 도전하게 되었는지를 고찰한다. 그들은 반체제 인사처럼 국가권력에 저항하기 때문이 아니라, 국가를 위해 일할 때와 국가 외부의 기관에서 일할 때를 선택할 수 있는 중국의 새로운 사회경제적 자유로부터 이득을 취하기 때문에 '시민 지식인'이다. 비록 이 새 집단은 상대적으로 권력의 중심에서 떨어져 있는 이들로 구성되어 있지만, 필자는 베이징이 더욱 단호하게 외교관계를 밀어붙일 수 있도록 중국과 세계의 미래에 관한 이념의 자원으로서 시민 지식인들의 영향력이 확대되고 있음을 주장한다.

어떻게 조화세계의 건설 선언이 현재 중국의 아시아 이웃국가 및 서구 열강과의 갈등에 영향을 주었는지 살펴보기 위해, 후주석의 외교정책이 중국의 관료와 시민 지식인으로 하여금 포스트 아메리카 세계질서에 대해 논의하게 만들었는지 추적할 필요가 있다. 이러한 논쟁을 연구하기 위해, 이 글은 "조화세계 건설"에 대한 베이징 관료의 견해 그리고 중국과 세계의 미래에 관한 두 명의 시민 지식인들의 견해를 비교할 것이다. 비교할 저작은 자오팅양(趙汀陽) 교수의 『天下體系: 世界制度哲學導論(2005)』와 류밍푸(劉明福) 교수의 『中國夢: 後美國時代的大國思維與戰略定位(2010)』이다.[2] 『天下體系』는 중국의 전통 사상을 이용하여 새로운 세계질서를 풀

1 Hu Jintao, "Making an Effort to Build a Sustainable, Peaceful, and United Prosperous Harmonious World, Speech at the United Nations 60 Year Celebration", *Renmin Ribao*, 2006. 9. 16. 2009년 이후 중국의 단호한 외교정책에 관한 논의는 다음을 참고할 것. David Shambaugh, "Coping with a Conflicted China", *Washington Quarterly*, 34:1, (Winter 2011), pp.7-27; 時殷弘, 『全球性挑戰與中國: 多事之秋與中國的戰略需要』(長沙: 湖南人民出版社, 2010).

2 趙汀陽, 『天下體系: 世界制度哲學導論』(南京: 江蘇教育出版社, 2005); 劉明福, 『中國夢: 後美國時代的大國思維與戰略定位』(北京: 中國友誼出版公司, 2010).

어냈고, 『中國夢』은 중국의 경제적 부상을 지키기 위해 군사적 부상이 필요하다고 주장한다. 두 책은 어떻게 대중의 목소리가 외교정책 전문가들의 논쟁에 영향을 주었는지 알 수 있는 좋은 예이다. 그들은 각각 논쟁을 유발하여 언론의 주목을 받게 되었고, 그 논쟁은 철학자들과 군 장교들이라는 핵심 청중을 훨씬 넘어 중국의 시민사회에까지 광범위하게 영향력을 확산시켰다. 이렇듯 『天下體系』와 『中國夢』은 학술지와 신문의 주류매체뿐만 아니라 각종 미디어의 블로그와 홈페이지 게시판 등의 신매체를 통해서도 널리 논의되어 왔다는 점에서 더욱 중요하다.[3] 그러므로 시민 지식인들의 저작은 세계에서 중국의 적절한 역할에 관한 논쟁의 기준점—이상주의적 세계사회부터 현실주의적 힘의 정치까지— 을 우리에게 제시해준다.

많은 이들이 중국은 비서구적 규범에 호소하는 차별화된 세계 리더국가가 될 것이라고 주장하는 바,[4] 미래의 세계질서에 대한 논쟁은 중국의 시민 지식인들이 자유주의, 이상주의, 그리고 현실주의와 같은 익숙한 주제를 어떻게 재생산하고 있는지 보여준다. 실제로 이러한 논쟁을 이해하기에 가장 좋은 방법은 개혁개방초기 '중국특색의 사회주의'라는 덩샤오핑의 슬로건을 이해하는 것이다. 다수의 사람들이 중국의 이데올로기가 '사회주의'에서 '중국특색'으로 이동했다고 말하지만, 이 글에서는 어떻게 대안적 세계질서가 '사회주의'와 '중국특색' 간의 생산적 긴장을 일으켰는지 보여줄 것이다. 사회주의는 중국에서 사라지지 않았으며 비록 혁명 이데올로기로서의 힘은 약해졌지만, '중국모델'과 '베이징 컨센서스'처럼 논쟁거리를 지속적으로 제공하는 사고방식과 생활양식으로서의 힘은 강해지고 있다.[5] 중국공산당은 많은 문제가 있음에도 불구하고 쉽게 붕괴할 것 같지 않다. 이미 8,000만 명의 당원을 보유했고, 세계에서 가장 부유한 정당이며, 여전히 성장 중

---

3 예를 들면, 秦亞青, "國際關系理論中國學派生成的可能和必然", 『世界經濟與政治』(2006年 第 3期), pp.7-13; 章利新, "中國哲學家以"天下"理念求解和諧世界", 『新華網』, 2007.3.17, (검색일: 2011.9.8) 鵝湖書生, "采訪壺工評論之六: 關於劉明福的〈中國夢〉", 『强國論壇』, 2010.2.23, http://bbs1.people.com.cn/postDetail.do?id=97854420 (검색일: 2011.9.7) 등이 있다. 이 두 책의 영향에 대한 더 많은 증거는 아래의 분석에서 언급될 것이다.

4 Yan Xuetong, "Xun Zi's Thoughts on International Politics and Their Implications", *Chinese Journal of International Politics*, Vol. 2, No. 1, (Summer 2008), pp.135-165; 秦亞青, "國際關係理論中國學派生成的可能和必然", 『世界經濟與政治』, 2006年 第3期, pp.7-13.

이기 때문이다. 비록 중국의 민족주의가 강해졌고 유교의 영향력이 커져가고 있지만, 다수의 서구 학자들이 여기는 것처럼 중국의 전통이 '중국특색' 을 지배하지는 않을 것이다.

따라서 현실주의, 이상주의, 그리고 자유주의가 어떻게 서로 다른 방식으로 결합되는지 판별하기 위해 중국 외교정책 논의의 뉘앙스에 주의를 기울일 필요가 있다. 오히려 조화세계 건설보다 이러한 논의들이 '사회주의' 에 어떻게 '중국특색' 을 조화시켰는지 이해하는 것이 중요하다. 특히 후진타오와 원자바오가 은퇴하고 제5세대 지도부로의 전환이 이루어지는 2012년 혹은 2013년에는 중국이 '다사다난한 시기(多事之秋)' 에 직면하기 때문에 그러한 이념들이 매우 중요하다.[6]

앞으로 살펴보게 될 것처럼, 세계질서를 제안한 조화세계, 천하체계, 그리고 중국몽은 모두 막연할 뿐만 아니라 중기적(medium term)으로도 실현될 것 같지 않다. 다른 말로 하면, 미국의 쇠퇴에 대한 예견이 일반적이라고 하더라도 미국은 여전히 향후 수십 년간 국제정치를 장악할 것이다. 하지만 중국의 전략적 미래는 중국의 관료와 시민 지식인이 어떻게 현재의 세계체제를 넘어서 포스트 아메리카 세계질서로의 이동을 생각하게 되었는지 보여주기 때문에 매우 중요하다. 이들이 말하는 대안적 세계질서가 실현되지 않더라도 여전히 세계 규범에 대한 미국의 영향력을 떨어뜨리는 데 기여할 수 있기 때문에, 중국의 전략적 미래로 인한 영향은 긍정적이기보다 부정적일 것이다. 즉 일정 기간 동안 국제정치는 지배적인 세계체제 간의 무질서한 공백 상태에 놓일 것이다.[7]

이 글에서는 두 가지 요점을 주장한다. (1) 후진타오의 조화세계 외교정책은 의도치 않은 결과를 가져왔다. 사회주의와 중국특색의 서로 다른 조합들을 만들어낸

5 Frank Pieke, *The Good Communist: Elite Training and State Building in Today's China*(Cambridge: Cambridge University Press, 2009), pp.180-195; 潘維編, 『中國模式: 解讀人民共和國的60年』(北京: 中央編譯出版社, 2009). 중국의 성공적인 경제발전모델에 대해 언급하는 두 가지 방식으로 중국모델과 베이징 컨센서스가 있다. 2008년 세계금융위기가 시작된 이후, 다수의 중국학자들이 광범위한 중국의 정치, 사회, 문화 체제를 설명하기 위해 이 개념들을 사용했다.

6 "多事之秋"는 스인홍(時殷弘)의 저서 『全球性挑戰與中國』의 부제 중 일부분이다.

7 Randall L. Schweller and Xiaoyu Pu, "After Unipolarity: China's Visions of International Order in an Era of U.S. Decline", *International Security*, Vol. 36, No. 1, (Summer 2011), pp.57-62.

포스트 아메리카 세계질서를 포함해, 시민들이 중국 미래의 가능성에 대해 광범위하게 발언할 수 있는 기회를 만들었던 것이다. (2) 이러한 전략적 구상이 종종 기대치 않았던 집단에서 나오기도 하지만, 구매체의 상업화와 신매체의 확산으로 시민 지식인의 영향력이 증가하고 있음은 분명하다. 당 중앙은 여전히 강력하지만, 시민 지식인은 중국과 세계의 미래에 대한 다양한 이념의 자원 가운데 하나이기 때문에 더 이상 평가절하할 수 없다.

시민 지식인

중국의 정책결정자와 공공 지식인들은 최근 중국의 경제적 성장을 떠올리며 "다음에 올 것은 무엇인가?"라는 질문을 던진다. 어떻게 해야 중국은 경제성장을 전 세계에 걸친 정치적 문화적 영향력으로 전환시킬 수 있을까? 중국인들은 21세기의 가능성에 대한 흥분과 불안을 동시에 경험하고 있으며, 그것을 '중국의 세기(The Chinese Century)'가 다가오는 것으로 여긴다.

청화대 당대국제관계연구원장인 옌쉐퉁(閻學通)은 자신의 논문 "和諧世界與和諧社會的政策關係"에서 일련의 질문을 통해 새로운 기회에 대한 걱정을 토로했다. 경제적 이익이 여전히 중국의 어젠다에서 최상위를 차지하는가? 중국은 새로운 힘을 국제시장 확대를 위해 사용할 것인가 아니면 친선관계의 확대를 위해 사용할 것인가? 중국은 국제투자를 증가시킬 것인가 아니면 다른 국가에 대한 존중을 증가시킬 것인가? 중국의 주요 목적은 경제적 이득의 증진인가 아니면 국제적 영향력의 확대인가?[8] 옌쉐퉁은 각 질문마다 두 번째의 목적을 선택했지만, 그의 연속된 질문을 통해 베이징의 고위 안보 전문가들 역시 이러한 선택의 범위 내에서 중국의 외교정책을 다루고 있음을 알 수 있다.

대부분의 학자들은 중국이 어느 곳으로 나아가는지 보기 위해 중국의 국제관계 문헌을 보거나 베이징의 엘리트들(학자 및 관료)과 인터뷰를 진행한다.[9] 하지만 이

8 閻學通, "和諧世界與和諧社會的政策關係", 『國際政治硏究』, 2006年 第1期, pp.14-15.

글에서는 공공부문과 대중문화에서 중국인들의 발언을 강조하기 위해 다른 접근법을 취한다. 중국 정치의 광범위한 시각은 우리들로 하여금 시민 지식인이 중국의 미래에 대해 생각할 때 갖는 거대한 영감과 깊은 열망의 폭넓은 스펙트럼을 더욱 잘 탐험할 수 있게 해준다. 중국의 학자 및 관료들이 지난 수십 년간 공식 외교정책의 체계와 내용을 갖추기 위해 노력해온 반면, 시민 지식인들의 새로운 집단은 기존의 정책 기조를 넘거나 종종 도전하기도 한다.

중국의 시민 지식인은 자유주의 사회에서 발견되는 '공공 지식인'과는 조금 다르다. 시민 지식인은 현대 중국인의 사상을 지속적으로 형성해오고 있는 국가 검열의 그늘 아래에서 출현했다. 여기에서 '시민'은 법률적인 용어(즉, 여권 소지자)가 아니라 지식인이 중국의 더 좋은 미래에 대해 생각할 때 느끼는 사회적 책임을 서술한 것이다.

시민 지식인은 권력의 외부인(outsider)이자 내부인(insider)이고, 엘리트 권력자들과 연계되지만 상대적으로 권력과는 거리가 있는 하위의 엘리트이기 때문에 정책 기조에 도전할 수 있다. 예를 들면, 『中國夢』의 서문은 리셴녠(李先念) 전 국가주석의 사위인 중국인민해방군국방대학의 정치위원 류야저우(劉亞洲)가 작성한 것이다. 많은 사람들이 시민 지식인을 '외교정책 수립'[10]과 관련 없는 것으로 여겼지만, 그들은 상대적 외부자로서 중국의 대안적 미래에 대해 생각할 수 있는 자유를 더 많이 가지고 있기 때문에 중요한 의미를 지닌다.[11]

이 글에서는 시민 지식인과 공식적인 외교정책 결정 사이의 직접적인 관련성을 주장하지 않는다. 중난하이(中南海)의 불투명한 속성은 외교정책 결정의 역동성을 보기 어렵게 했기 때문에, 본 논문에서는 시민 지식인들이 외교정책 논의의 발생점

9 Daniel Lynch, "Chinese Thinking on the Future of International Relations: Realism as the Ti, Rationalism as the Yong?", China Quarterly, No. 197 (March 2009), pp.87-107; Shambaugh, "Coping with a Conflicted China."

10 Allen Carlson, "Moving Beyond Sovereignty? A Brief Consideration of Recent Changes in China's Approach to International Order and the Emergence of the Tianxia Concept," Journal of Contemporary China, Vol. 20, No. 68, (January 2011), p.98; 또한 Phillip C. Saunders, "Will China's Dream Turn into America' s Nightmare?", China Brief, Vol. 10, No. 7, (April 2010).

11 비공식적 문헌을 강조하는 다른 연구로는 Christopher R. Hughes, "Reclassifying Chinese Nationalism: The Geopolitik Turn," Journal of Contemporary China, Vol. 20, No. 71, (September 2011), pp.601-620.

내에서 우리에게 강력한 기준점을 제공해줄 수 있다고 주장한다. 이 연구는 중국의 외교정책(예를 들어 일본이나 미국을 향한)을 구속하는 부정적인 힘으로서의 여론을 상정하는 것보다, 어떻게 시민 지식인의 야심적인 사상이 긍정적인 힘으로 전환되는지, 그리고 그들이 중국의 외교관계를 새로운 방향으로 밀고 나아가게 하는지 밝히고자 한다. 실제로 정책 토론에서 공공의 목소리의 역할이 증가한다는 평가가 있다.[12] 심지어 인민대학의 스인홍 같은 사려깊은 학자도 이제 중국의 외교정책 논의를 리더십과 시민 지식인을 포함하는 인민의 생각으로 구성한다.[13] 이런 의미에서 필자는 중국을 정상국가(normal country)로 상정하려 한다. 미국 외교정책에 신보수주의 이데올로기가 미치는 영향에 대한 책은 많지만,[14] 부상하는 세력인 중국의 외교정책 이념의 영향에 대해 서술된 저서는 극히 드물다.

후진타오의 조화세계

베이징의 대안적 세계질서를 살펴보기 전에, 후진타오의 조화세계에 대해 알아보는 것이 도움이 될 것이다. 2005년 후진타오의 유엔 연설 이후, "中國的和平發展道路" 백서(2005년)와 "中國共産黨第十七次全國代表大會報告"(2007년)의 두 공식문서에서 조화세계의 개념이 기술되었다.[15]

"中國的和平發展道路"에 따르면, '상호이익과 공동발전'으로 이끄는 '상호대화 및 교류협력'을 통해 조화세계는 건설된다. 백서에서는 "문명의 다양성이 인류사회의 기본적인 특징이며 인류 진보를 위한 중요 추동력"이기 때문에 "문명 간의 대화를 실현하기 위해 포용과 개방성을 견지"하는 것이 필요함을 설명하고 있다. 이

• • • • • • • • • • • • •

12 Linda Jakobson and Dean Knox, *New Foreign Policy Actors in China*(Stockholm: SIPRI, 2010), SIPRI Policy Paper, No. 26.

13 時殷弘, 『全球性挑戰與中國』, pp.2-39.

14 Anne Norton, *Leo Strauss and the Politics of American Empire*(New Haven: Yale University Press, 2004).

15 中國國務院新聞辦公室, "中國的和平發展道路", 『白皮書』, 新華網, 2005. 12. 22; 胡錦濤, "高舉中國特色社會主義偉大旗幟 爲奪取全面建設小康社會新勝利而奮斗──在中國共産黨第十七次代表大會上的報告", 2007.10.15.

"개방, 포용, 그리고 모두를 포용하는 마음(all-embracing)은 중국 문명의 중요한 특징"이기 때문에 중국이 이 대화를 이끌게 될 것이다. 그 목표는 더욱 "민주적이고, 조화로우며, 정의롭고, 포용적인" 조화세계를 건설하는 것이다. 백서는 또한 "중국은 언제나 평화를 사랑하는 국가였다. 중국 문화는 평화로운 문화이다. 중국인의 정신은 언제나 평화와 조화에 대한 간절한 열망을 특징으로 하기 때문에" 후진타오의 조화세계는 평화로울 것이라고 밝힌다.[16]

백서에 따르면 중국의 외교정책은 단순한 정책 그 이상이다. 중국의 외교정책은 세계와 미래를 이해하는 새로운 방식의 표현이며 "평화, 개방, 협력, 조화와 공영은 우리의 정책, 우리의 이념, 우리의 원칙과 추구"인 것이다. 여기에서 '조화세계'는 서구 문명이 본질적인 폭력성을 보이는 것과 달리, 중국을 태생적인 평화문명으로 여기는 중국 예외주의를 공식 입장의 전형으로 표현하고 있다. 대부분 국가들의 역사처럼 중국 역사도 폭력의 확장 및 수축을 수차례 경험했지만,[17] 공식 문헌은 중국이 결코 어떤 국가도 침략하지 않았으며 앞으로도 그러지 않을 것이라고 적고 있다.

후진타오는 2007년 10월 중국공산당 제17차 대표대회에서 중국의 공식 외교정책으로 조화세계의 개념을 확정했다. 후주석은 유엔 총회에서 세계 지도자들에게 연설을 함과 동시에, 천안문광장의 인민대회당에서 열린 당대회에서 각 지역의 2,217명의 당 대표들에게 중국의 최근 성과와 미래 계획에 대해 보고했다.

유엔에서처럼 후진타오는 조화세계의 건설은 "중국과 세계의 미래와 운명이 상호밀접하게 연결되어 있으며 중국 인민은 다른 국가의 인민들과 더불어 더 나은 인류공영을 위해 끊임없는 작업을 계속할 것"이라고 강조했다. 그는 또 "크고 작건, 강하고 약하건, 부유하고 가난하든지간에, 모든 국가들은 평등"하기 때문에 중국의 목표는 더욱 민주적이고 평등한 조화세계를 건설하는 것이라고 강조했다.[18]

16 中國國務院新聞辦公室, "中國的和平發展道路", 『白皮書』.
17 Yuan-Kang Wang, *Harmony and War: Confucian Culture and Chinese Power Politics,* (New York: Columbia University Press, 2011).
18 胡錦濤, "中國特色社會主義偉大旗幟 爲奪取全面建設小康社會新勝利而奮斗——在中國共産黨第十七次代表大會上的報告".

자위가 격상된 조화세계는 전형적인 중국적 방식으로 선포됐다. 중국공산당 17 차 전국대표대회에 참가한 당원들이 마지막 순서로 당헌에 "지속적인 평화와 공동 번영의 조화세계 건설"이라는 조항의 삽입을 결정했다. 이로써 마오쩌둥, 덩샤오 핑, 그리고 장쩌민의 간결하며 함축적인 구호와 함께, 조화세계가 후진타오의 전략 적 유산으로 확립되었다.

그러나 조화세계라는 감탄할 만한 목표는 센세이션을 불러일으키지 못했다. 어 느 누가 세계 평화, 번영, 그리고 조화에 대해 반대하겠는가? 조화세계 건설을 위한 후진타오의 방법도 그다지 혁신적이지 않았다. 유엔 연설과 '17차 당대회 보고'에 서 후진타오는 중국이 조화세계 건설을 위해 다자주의, 유엔 헌장, 국제법, 그리고 보편적으로 인식된 국제관계의 규범을 이용할 것이라고 강조했다. 하지만 중국만 이 자유주의적 주류 외교를 추구하는 국가가 아닐 뿐더러, EU의 견고한 다자주의 가 중국의 제한적인 다자주의보다 훨씬 더 효율적이다.[19]

조화세계의 영향력을 전면적으로 평가하기 위해서는 중국의 국내정치와 국제 정치의 맥락을 조사하는 것이 필요하다. 2005년 이라크에서 미국과 영국의 주도로 벌어진 전쟁이 폭동과 내전으로 확산된 것을 떠올려보면, 왜 세계 여론이 후진타오 의 새로운 개념을 환영했는지 이해하기 쉽다. 후진타오의 조화세계는 미국의 일방 주의와 정권 교체를 목표로 하는 부시 독트린에 지치고 성난 세계에 강력하게 다가 왔다. 이 전략의 틀에서 후주석은 심지어 조지 W. 부시, 미국, 혹은 이라크를 언급 할 필요도 없었다. 그저 다자주의와 국제법, 그리고 유엔을 지지하는 한편 '패권주 의'와 '권력정치'를 비판하는 것으로 충분했다. 베이징은 수년 동안 세계에서 중 국의 이미지를 바꾸려고 노력해왔는데, 후진타오는 호전적인 미국과 평화를 추구 하는 중국 사이에 명확히 선을 그었기 때문에 이러한 노력이 확실한 성공을 거둘 수 있었다. 이렇듯 중국은 이라크와 아프가니스탄에서 과도하게 얽매인 미국의 상 황을 이용해 아시아 지역의 새로운 힘의 중심으로 스스로를 세울 수 있었다. 그러 므로 2011년 오바마 행정부가 발표한 '아시아로의 회귀(pivot to Asia)'에 대해 베이

19 David Kerr and Liu Fei, *The International Politics of EU-China Relations*, (Oxford: Oxford University Press, 2007).

징이 소극적인 태도를 보인 것은 놀라운 일이 아니다.

하지만 중국의 조화세계를 기조로 삼은 외교정책의 실현을 위한 중국 국내정치 상황은 더욱 복잡하다. 고속성장을 이룬 다른 국가들처럼, 중국 역시 시장경제로의 극적인 전환으로 새로운 승자와 패자 집단이 만들어졌다. 동쪽 연안의 도심지역이 농촌과 내륙지역보다, 교육을 많이 받은 사람이 적게 받은 사람들보다 더 많은 이익을 얻었다. 비록 덩샤오핑의 경제개혁 정책이 1979년 이후 3억 명 이상의 절대빈곤층을 구제했지만, 중국에서는 부유한 도시 엘리트와 가난한 농촌 인민들 간의 경제적 양극화가 꾸준히 심화되었다. 중국공산당의 지속적인 관심 가운데 하나는 국가 구심력이지만, 이와 같은 경제개혁은 국가를 분열시킬 위험성을 가지고 있다.

세계적 수준에서 국내 수준까지 이동함에 따라, ‘조화사회’는 화려한 경제성장을 이어가던 2004년 대중에게 경제 하락을 발표하는 연설에서 중국의 정책 기조로 발표됐다. 그것은 중국의 경제 및 사회 양극화의 ‘재균형’을 위한 일련의 정부 정책이었다. 특히 농촌지역에서의 무상 공교육과 장애인 의료 보조금을 제공하는 새로운 기금을 예로 들 수 있다. 조화사회는 중국의 경제 및 사회 문제를 해결할 당국가체제를 바라보는 세부적인 정책들의 집합이다. 따라서 조화사회의 국가 주도적 개입은 사회주의 현대화와 중국 전통이라는 특정의 조합에 호소한다. 영문판 정책 소개지에서는 유교적 뿌리를 강조하는 반면[20], 중문에서는 종종 “사회주의 조화사회(社會主義和諧社會)”라고 불린다.

조화사회 건설을 위한 베이징의 경험은 세계적 규모로 조화사회를 건설하려는 중국의 목표에 대해 무엇을 말해줄 수 있을까? 강력한 국가라면 중국의 조화사회를 국내에서 건설해야 할 것이다. 하지만 중국의 저자들이 공통적으로 조화사회를 “세계를 위한 모델”로 선언했을지라도,[21] 강력한 국가가 조화세계를 외부에 건설하는 것이 필요한지는 명확치 않다. 2007년에 있었던 중국공산당 제17차 전국대표대회 바로 전에, 중국 정부 소유의 홍콩 신문 『文匯報』는 전 세계가 조화를 향해 나아가기 위해서 후진타오가 세계질서의 제정자, 참여자, 그리고 수호자로서 주도할

20 “和諧世界: 中國以傳統哲學智慧推動建立國際新秩序”, 『新華網』, 2007. 10. 1.
21 Qin Xiaoying, “Harmonious Society to Be Model for the World,” *China Daily*, 2006.10.13.

것을 주장했다.[22]

2005년 이후 조화세계는 베이징의 외교정책 기조로 정의되었고, 후진타오 주석이나 원자바오 총리는 외국 지도자나 청중들에게 말할 때마다 "평화의 지속과 공동번영의 조화세계"를 반복했다.[23] 하지만 불행하게도 어느 지도자도 중국이 어떻게 조화세계를 건설할 것인지에 대해 세부사항을 얘기하지 않았다. 심지어 조화세계의 개념을 서술한 세 가지 주요 문건조차도 대부분 다른 것에 초점을 맞추고 있다. 결국 조화세계는 후진타오의 유엔 연설에서 네 가지 중점 사항 가운데 단지 하나였을 뿐이고, "中國的和平發展道路" 백서의 다섯 개 가운데 하나로 제기되었으며, "中國共産黨第十七次全國代表大會報告"의 12개 분야 가운데 하나로 간략하게 언급된 정도이다. 우리가 말할 수 있는 것은 후진타오의 조화세계는 국가중심적, 하향식(top-down) 개념으로서 '사회주의'와 전통이데올로기의 이상으로 알려진 '중국특색'의 혼합과 맥을 같이하는 조화사회정책을 계승한다는 것이다. 베이징이 조화세계의 비전을 명확히 하면 할수록, 세계질서에 대해 다른 이상을 품고 있는 국가와 인민을 더욱 배제하기 때문에 조화세계는 의도적으로 모호하게 남겨져 있다. 이처럼 어느 누구도 세계 평화와 번영에 반기를 들 수 없기 때문에 조화세계에 대한 모호함은 긍정적인 측면이 있다.

비록 실질적인 공식 설명이 부족했지만 조화세계는 중국의 관료계층과 시민 지식인 사이에서 거대한 관심을 불러일으켰다. 2005년 이전에는 중국의 국제정치 토론에서 단 한 차례만 '조화세계'가 언급됐을 뿐, 오히려 세계불교대회 같은 행사에서 더 자주 사용되었다. '조화세계에서의 빛과 그림자(2003)'는 세계질서에 대한 정교한 이론적 논의가 아니었을 뿐더러, 베이징의 엘리트 인테리어 디자이너들에게 램프와 램프갓에 대한 조언을 제공하는 것과 다름없었다.[24]

그러나 후진타오가 유엔에서 조화세계를 소개한 이후, 다수의 분석가와 학자들이 베이징의 외교정책이 아니라 새로운 세계질서를 설명하기 위해 조화로운 세계

22 『文匯報』, 2007.10.14.
23 中國國務院新聞辦公室, "中國的和平發展道路", 『新華網』, 2011.9.16.
24 晉書, "光與影的和諧世界", 『北京房地産』, 2003年 第7期, pp.108-109.

를 사용하기 시작했다.**25** 중국이 조화세계를 건설하기 위해 어떻게 유엔과 국제법을 사용하는가에 초점을 맞추기보다, 시민 지식인들은 어떻게 전통과 사회주의라는 중국적 이념이 포스트 아메리카 세계질서를 형성하는 데 도움을 줄지에 더 많은 관심을 가졌다.

후진타오의 유엔 연설 이후 중국공산당의 공식 기관지인 『인민일보』는 저명한 3인의 공공 지식인인 중국사회과학원의 왕이저우(王逸舟) 교수, 인민대학교의 진찬롱(金燦榮) 교수, 중앙당교의 먼훙화(門洪華) 교수에게 새로운 외교의 개념을 대중에게 설명해줄 것을 요청하는 인터뷰를 진행했다. 그들은 대부분 유엔과 국제법을 통한 "지속적인 평화와 공동번영의 조화세계의 건설"이라는 후진타오의 표현을 반복했다. 그런데 그들은 베이징이 어떻게 중국의 전통문화로부터 나온 이상을 '세계를 재구성'하는 데 사용할 것인지 강조했다. 즉 중국은 '조화세계의 제안자'일 뿐만 아니라 '주요한 실천자'가 될 것이다.**26**

이는 여전히 학문적 독립과 고결함을 유지하면서 어떻게 시민 지식인이 국가를 도울 수 있는지 보여주는 좋은 사례이다. 향후 시민 지식인은 세계질서의 새로운 관념으로서 조화세계, 특히 사회주의와 중국적 토착 사상의 조합으로 포스트 아메리카의 질서를 추구할 것이다. 중국의 국내 및 외교정책이 조화사회와 조화세계의 상호연계, 이는 자유와 같은 '서구적' 가치보다 조화와 같은 중국적 가치에 호소하는 것으로서, 중국의 미래에 대해 폭넓은 토론의 공간을 제공했다.

확실히 '조화세계'를 단순한 선전문구로 다루는 것은 쉬운 일이다. 더구나 현재 베이징이 '조화'를 국내 및 외교정책을 설명하는 데 활발하게 사용하기 시작한 이후, 아이러니하게도 중국의 네티즌은 당국가체제를 비판하는 데 '조화'를 사용하고 있다. 이들은 '조화된(被和諧了)'이라는 것을 당신이 인터넷에서 검열을 받거나 자신의 의견을 표현하는 데 괴롭힘을 당한다는 의미로 사용한다. 그러나 중국의 많

• • • • • • • • • • • • • •

25 中國知網(CNKI)에 따르면, 2005년부터 2010년까지 전체 데이터베이스에서 "hexie shijie-harmonious world"가 제목에 들어간 글은 1,194편이었으며, 3,355 글에서는 키워드로 사용되었다. 이는 책, 장 (chapter), 신문기사를 포함하지 않은 수치이다.

26 辛本健・丁子, "構建一個更加和諧的世界", 『人民日報』, 2005.9.23. 이후 왕이저우는 베이징대학으로 자리를 옮겼다.

은 지식인들이 정부정책을 지지하면서 동시에 정책의 대안을 제시하고 있기 때문에 조화세계를 단순하게 받아들일 필요가 있다. 이러한 방식으로, 정부의 조화세계 선언에 대한 신중한 모호함은 중국의 세기를 위한 공식적, 비공식적, 그리고 준(quasi) 공식적 이론, 개념 및 대전략의 범위로 채워질 수 있는 전략적 공간을 창출했다.

이상주의적 세계사회: 자오팅양의 『천하체계(天下體系)』

조화세계는 근대국가가 되려고 하는 중국의 열망을 명확히 표현한 것이다. 하지만 과거 수십 년간 '서구화'로 비판받았던 근대화를 넘어서, 21세기에 중국적 개념이 어떻게 적용될지 연구하는 이론가 집단이 출현했다. 2005년 출판된 자오팅양의 『天下體系: 世界制度秩序導論』는 이러한 경향을 반영하는 대표적인 저서이다.

자오팅양은 중국 최대의 싱크탱크인 중국사회과학원의 철학연구소에서 근무했는데 그의 목표는 정치철학뿐만 아니라 공공정책의 문제를 청중에게 널리 전하는 것이다. 그의 책은 중국뿐만 아니라 해외에서도 크게 성공했으며, 이제 관료들이 중국의 조화세계 외교정책에 대해 말할 때 천하체계를 유사한 개념으로 사용하게 되었다.[27] 워싱턴에 위치한 싱크탱크인 세계안보연구소는 자오팅양에게 2008년 *China Security*의 "Debating China's Future" 섹션의 원고를 의뢰했었다.[28] 『天下體系』는 중국적인 세계질서 논의를 주변에서 주류로, 철학에서 안보영역으로 극적으로 이동시켰던 것이다. 이는 중국과 해외에서 공공 지식인들의 핵심적인 비평이 포함되어 있는 2011년 신판 『天下體系』에서도 발견할 수 있다.[29]

자오팅양에 따르면, 중국이 진정한 세계 강대국이 되기 위해서는 단지 경제적 생산이 아니라 '지식 생산'에서도 뛰어나야 하기 때문에 중국의 세계관에 대한

27 章利新, 『中國哲學家以"天下"理念求解和諧世界』; Yu Keping, "We Must Work to Create a Harmonious World", *China Daily*, 2007.5.10.

28 Zhao Tingyang, "All under Heaven", *China Security*, Vol. 4, No. 2, (Spring 2008), p.15.

29 趙汀陽, 『天下體系: 世界制度哲學導論』(北京: 中國人民大學出版社, 2011).

중국인의 논의가 필요하다. 지식의 초강대국이 되기 위해서 중국은 서구사상의 수입과 자신들의 고유한 '전통 사상의 자원' 소모를 그만둘 필요가 있다. 또한 세계 강대국이 되기 위해 중국은 반드시 '새로운 세계의 개념과 구조를 창출' 해야만 한다.[30]

자오팅양이 조화사회와 조화세계 건설이라는 한 쌍의 정책에서 '중국 전통사상의 자원을 활용' 하는 중국 정부를 칭찬한 것은 놀랄 일이 아니다.[31] 그러나 시민 지식인으로서 자오팅양은 이러한 열린 공간을 후진타오의 조화세계와 다른 방향으로 나아가도록 이용한다. 더구나 국제정치를 논평하면서 자오팅양은 철학연구소의 한계를 넘어 시민 지식인 활동의 새로운 공공영역으로 이동했다.

이렇게 함으로써 자오팅양은 글자 그대로 하늘 아래 모든 것을 의미하지만 제국, 세계, 심지어 '중국' 그 자체를 의미하는 천하(天下)의 전통개념을 고찰한다. 자오팅양의 목적은 천하를 이용해 세계의 문제를 세계적 방식으로 해결하는 것이다. 이는 문제라고 여기는 것을 국가 혹은 개인적 관점으로 세계에 관해 생각하는 것보다 '모든 것을 포괄하는' 방식으로 세계를 통해 생각하는 것을 의미한다.[32] 자오팅양은 그에 대한 답을 얻기 위해 중국 철학을 집중 연구하여 B.C. 6세기 전 중국 고전 『道德經』의 54장에 있는 구절인 "以天下觀天下(천하로서 천하를 보아야 한다)"를 자신의 주장의 근거로 삼았다. 자오팅양에게 세계 통합은 세계평화와 조화를 이끄는 것이다. 그러므로 천하는 세계의 문제를 해결하기 위해 필요한 분석적, 제도적 틀을 갖춘 유토피아이다.

천하체계는 지정학적, 심리적, 그리고 제도적인 세계 통합으로 정의한다. 자오팅양의 천하에서는 물질적 혹은 윤리적 경계가 존재하지 않기 때문에, 전체론적 체계에서의 주요 임무로 "'화(化)'는 사람을 정복하기보다 매력으로 끌어당기는 것"으로서 적을 친구로 변화시키기 위해 유교의 윤리를 이용하는 것이다.[33] 그것은 유토피아이므로 자오팅양은 그의 전체론적 천하체계의 세부사항을 자세히 제공하지

30 趙汀陽, 『天下體系: 世界制度哲學導論』(南京: 江蘇教育出版社, 2005), p.3.
31 趙汀陽, "關于和諧世界的思考", 『世界經濟與政治』, 2006年 第9期, p.1.
32 趙汀陽, 『天下體系: 世界制度哲學導論』, p.108, 40.
33 趙汀陽, 『天下體系: 世界制度哲學導論』, p.33.

는 않는다. 후진타오의 조화세계처럼 자오팅양은 세계 정치를 이해하기 위해 문명을 살펴본다. 하지만 상이한 문명들이 세계 무대에서 공존하는 것보다 자오팅양은 하나의 통일된 문명의 관점에서 세계질서를 정의한다. 여기에서 자오팅양의 천하체계는 20세기 이전 주변국들과의 관계를 관리했던 중화제국의 '조공체제'를 고찰한다. 조공체제를 이해하는 최선의 방법은 후기 중화제국(대략 1300년~1900년)에서 사용했던 천하의 지도를 보는 것이다. '천하형식(Tianxia-style)' 지도는(그림 1 참조) 중국을 세계 중심에 놓거나 세계 그 자체로 그린다. 이는 유엔방식의 평등한 주권 국가의 세계지도가 아니다. 오히려 지도와 조공체제는 중심의 '문명'이 강대하지만 중화제국 수도에서 주변 지방들, 제후 국가들, 그리고 오랑캐 지역으로 갈수록 작게 그리는 동심원의 위계체계로 조직되어 있다. 이런 지도에서 인근의 베트남과 인도, 홀로 떨어져 있는 포르투갈, 영국, 미국 같은 해외 국가들은 종종 중국 해변으로부터 떨어진 작고 하찮은 섬으로 표시된다.

그림-1　천하도

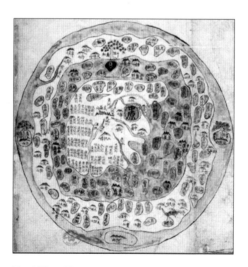

자료 출처: British Library Board, Maps, 33, c. 13.

천하지도는 단순히 동아시아의 상대적 힘과 영향력을 설명한 것이 아니다. 그것은 중화제국의 목적이 이웃국가들의 문명화였음을 보여주는 규범적인 것이다. 실제로 지도 자체는 중화제국 문화권력의 증거이다. 중국 중심의 지도는 중국이 아니라 한국에서 만들어졌던 것이다. 그 지도의 제목은 '천하도'인데 이는 한국어로 '천하 지도(Tianxia map)'를 의미하는 것이다. '상호이익'이 오늘날 후진타오의 조화세계 캐치프레이즈 가운데 하나이지만, 이는 또한 위계적인 조공체제의 이익을 설명하기 위해서 종종 사용되었다.

자오팅양은 천하체계의 동화정책이 과거뿐만 아니라 미래에도 적을 친구로 만드는 데 유용할 것이라고 말한다. 2009년에 출판된 『壞世界硏究: 作爲第一哲學的政治哲學』에서 자오팅양은 중국 철학의 목적은 전 세계 모든 국가와 인민들의 발전이라고 주장한다. 그는 자유주의 윤리(live-and-let-live: 서로 자기 방식대로 살아가기)에 반대하는 동시에 유교 윤리(improve-if-let-improve: 개선시킬 수 있으면 개선하기)를 촉진시키려고 한다.[34]

다수의 중국 전문가들이 베이징은 조공체제를 재창조하지 않을 것이라고 강조하더라도 태국과 싱가포르의 공공 지식인들 간에 있었던 최근의 논의는, 중국의 작은 이웃국가들의 대다수가 중국이 조공체제를 재구축하기 위해 노력 중이라는 것을 당연하게 받아들이고 있음을 확인했다. 동남아시아 국가들이 그것을 이상적인 세계질서로 보고 있는 것은 아니다. 비록 그들이 중국의 위계적인 세계질서를 좋아하지 않지만, 많은 국가들은 결국 조공체제를 받아들일 수밖에 없다고 생각한다.[35]

이러한 논의를 통해서 자오팅양은 천하가 때로는 '세계'로 번역되고 또 다른 때에는 '제국'으로 이해되던 고대의 모호한 용어를 다시 정의했다. 어떻게 정의하든지 천하는 서구의 제국주의와는 전혀 다른 합법적 세계질서로서 표현된다. 자오팅양은 로마제국, 대영제국과 미국의 세계화를 겪은 새로운 제국 모두 치명적인 결함이 있다고 주장한다. 그래서 그는 천하체계의 거버넌스 시스템이 합리적이고 훌륭하므로 21세기에 '수용 가능한 제국'이라고 결론짓는다.[36] 다른 말로 해서, 자오팅

●●●●●●●●●●●●●●

34 趙汀陽, 『壞世界硏究: 作爲第一哲學的政治哲學』(北京: 中國人民大學出版社, 2009), pp.119-120.

35 태국의 군 관료, 중국정치 전문가, 철학자, 정치이론가 및 싱가포르의 사회과학자들과 필자의 인터뷰 (2011.1).

36 Tingyang Zhao, "Rethinking Empire from a Chinese Concept 'All-under-Heaven' (Tian-xia)", *Social Identities*, Vol. 12, No. 1, (January 2006), pp.29, 38.

양의 논리를 따르면 '서구 제국주의'는 '제국주의' 자체가 아니라 단지 서구의 형식 때문에 문제이고, 해결방법은 보편적인 평등이나 정의가 아니라 중국식 관용을 베푸는 천하 제국이다. 앞서 강조한 것처럼 자오팅양은 제국과 제국주의가 중국에 의해서 수행될 때 좋은 것이라고 언급하고 있다.

따라서 자오팅양은 세계 문제의 해결방법으로 천하체계를 제안한다. 즉 천하체계는 자유보다 질서, 법에 우선한 윤리, 그리고 민주주의와 인권보다 엘리트 거버넌스에 가치를 두는 유교주의 위계체계의 새로운 해석인 것이다. 밑에서부터 위로 세계질서를 건설하려는 자유주의 모델로서 유엔을 바라보기보다, 자오팅양은 후진타오의 조화세계처럼 세계 평화와 번영은 단일한 세계정부제도를 통한 하향방식으로만 보장될 수 있다고 생각한다.

자오팅양의 주장은 특히 조화세계 정책을 조성하는 관료와 중국식 세계관을 발전시키고 있는 학자들 사이에서 매우 유명하다. 그러나 중국에는 자오팅양의 주장을 비평하는 이들도 있다. 어느 평론가는 그의 주장을 "생기가 없고 약한(pale and weak)" 것이라고 평하기도 했다.[37] 자오팅양은 자신을 세계의 청중들에게 "중국적 관점"을 소개하는 역할로 표현했지만, 중국의 비평가들은 천하체계를 단지 자오팅양의 개인적 관점이자 오류로 가득 차 있는 것이라고 말한다. 그러나 이런 비판은 요점을 놓친 것이다. 『天下體系』는 야심 있는 저작이다. 자오팅양은 고전 문헌의 진정한 의미에 대한 철학적 기준 논쟁의 참여는 관심이 없음을 명확히 밝혔다. 그의 계획은 어떻게 중국의 사상이 현대의 문제를 해결하는 데 도움을 줄 수 있는지 조사하기 위해 중국 전통의 '역사적 한계를 초월'하는 것이다. 그러므로 그의 목표는 '세계를 다시 생각하기' 위해 '중국을 다시 생각하는' 것이다.[38]

자오팅양은 중국의 미래 역량을 위해 과거를 살펴보는 지금도 성장하고 있는 시민 지식인 집단의 일원이다. 예를 들어, 장이모우(張藝謀) 감독의 블록버스터 영화 〈영웅(英雄)〉(2002)에서는 암살자가 진시황을 죽이지 않겠다고 결정했을 때 영웅이 된다는 결론을 맺는데, 이는 적을 친구로 만든다는 자오팅양의 목적과 매우 흡사하

---

37 張曙光, "天下理論和世界制度: 就〈天下體系〉問學于趙汀陽先生", 『中國書評』, 2006年 第5期.
38 趙汀陽, 『天下體系: 世界制度哲學導論』, pp.10-11.

다. 이러한 역사적 고사는 진나라가 세워진 B.C. 3세기에 어떻게 진시황이 혼란의 세기 이후 재통일을 이루었는지 이야기하고 있다. 영화에서 그려진 교훈은 개인의 경우 천하제국이라는 더 큰 목적을 위해 자신과 자신의 나라를 희생해야 한다는 것이다. 왜냐하면 그 영웅이 말한 것처럼 "오직 진시황만이 정복을 통해 천하를 통일하여 혼란을 종식시킬 수 있기" 때문이다. 결국 자오팅양의 저서는 어떻게 중국이 21세기에 세계대국이 될 것인지에 관한 광범위한 논의 가운데 일부분인 것이다.

수많은 정부관료와 국제관계학자들은 천하체계를 보편적으로 유용한 세계질서의 모델로 만들려는 생각에 사로잡혀있다. 20세기 초반 중화제국의 위계적 세계질서는 문제가 있는 것으로 여겨졌지만 오늘날 많은 중국 사람들은 그것을 세계의 병폐를 해결할 수단으로 본다. 그들은 19세기 서구 제국주의에 의해 파괴되기 전까지 중화제국의 천하체계 거버넌스가 견고했다고 느낀다. 더불어 20세기에 중국은 외국의 위협으로부터 자신을 보호하기 위해 근대민족국가를 설립하도록 강요받았다. 다수의 중국 시민과 관료가 직시하고 있는 문제는 오늘날 강력한 민족국가를 건설한 중국이 천하를 도모하거나 건설할 수 있는 적절한 시기의 여부이다.

조화세계 정책처럼 사람들은 천하를 인자하고 공격적인 외교정책 기조를 드러내는 데 사용한다. 한편으로 후진타오의 가까운 조언자였던 위커핑(兪可平)은 조화세계의 관용과 평등을 '천하대동(天下大同)이라는 고대중국의 꿈을 발전시키는 새로운 시도'로 여긴다.[39] 다른 한편으로 옌쉐통은 중국적 세계질서에는 '천하를 소유한(有天下)' 국제권력에 '자발적인 순종(主動歸順)'이 포함되어 있기 때문에 우월하다고 주장한다. 이는 21세기 '중국의 부흥'의 일부분으로, 그 목표는 위계적 세계질서의 중심에 있었던 한, 당, 초기 청 왕조 때의 전성기로 중국의 지위를 부활시키는 것이다.[40]

가장 온화하고 공격적인 형태로서 천하체계는 단지 중국의 이익을 위한 것이 아

39 Yu Keping, "We Must Work to Create a Harmonious World," *China Daily*, 2007.5.10.

40 Yan Xuetong, "Xun Zi's Thoughts on International Politics and Their Implications", *Chinese Journal of International Politics*, Vol. 2, No. 1, (Summer 2008), pp.148, 159; Yan Xuetong, "The Rise of China and Its Power Status", *Chinese Journal of International Politics*, Vol. 1, No. 1, (Summer 2006), p.13; Yan Xuetong, ed., *Ancient Chinese Thought, Modern Chinese Power*, (Princeton, N. J.: Princeton University Press, 2011).

니라 세계의 이익을 위한 것으로 조성되었다. 중국의 문화는 우월한 것으로 여겨졌기 때문에 많은 사람들이 아시아가 아닌 전 세계적으로 중국의 가치, 언어, 그리고 문화를 확산시키기 위해 애국적인 중국인이 되어야 하는 의무가 있다고 여겼다. 아시아인과 아프리카인을 '발전' 시켜야 하는 대영제국의 '백인의 의무(White Man's Burden)' 로부터 영감을 받으면서, 또 다른 중국학자는 중국의 세계적 임무를 세계를 평화롭고 문명화시키는 '황인종의 의무(Yellow Man's Burden)' 로 말한다.[41]

베이징은 중국이 현재 국제체제 속에서 조화세계를 건설할 책임대국으로 평화롭게 부상할 것이라고 말하는 반면, 천하체계의 계승자는 중국에서 세계 문제를 '중국식으로 해결' 하고자 하는 갈증이 있음을 보여준다. 천하는 모순적으로 보이는 국가주의와 세계주의 담론을 '애국적 세계주의' 라는 새로운 형태로 결합시키기 때문에, 자오팅양은 정책 영역에서 많은 관심을 받았다. 여전히 미래를 위한 그의 계획은 상당히 모호하며, 중국이 무엇을 할 것인지보다 중국과 세계가 어떻게 해야 하는지를 말하고 있다. 그것에 어떻게 도달할 수 있는지에 대한 설명이 부족한 자오팅양의 유토피아적 미래와 고대 사상의 조합에는 '현재' 와 중국의 당국가체제에 대한 것이 결여되어 있다. 이는 계획적 모호함을 지닌 후진타오의 조화세계와 유사하다. 그러나 당연하게도 자오팅양의 접근방식은 사회주의와 중국특색의 상이한 조합을 가지고 있다. 그의 천하체계는 중국 전통에 기초하지만, 중국의 사회주의 당국가체제와 같은 하향식의 세계제도를 통해 이러한 규범을 실현하고자 한다.

전략적 경쟁자: 류밍푸(劉明福)의 『중국몽』

류밍푸의 『中國夢: 後美國時代的大國思維與戰略定位』은 2010년 출판됐을 때 국내외적으로 커다란 관심을 불러일으켰다.[42] 베이징의 평화적 부상 및 조화세계 정책과 다르게, 류밍푸는 경제적 부상을 지키기 위해 중국은 미국의 헤게모니에 대항하

41 Pal Nyiri, "The Yellow Man's Burden: Chinese Immigrants on a Civilizing Mission", *China Journal*, No. 56, (July 2006), p.106.

는 "군사적 부상"이 필요하다고 말한다. 그는 중국이 군사적 경쟁상대에 의해 유린 당할 위험이 큰 살찐 양이 되는 것이기 때문에 일본과 같은 경제 강대국이 되려고 해서는 안된다고 주장한다. 강력한 국가가 되기 위해서 부유한 국가는 경제적 성공을 군사력으로 전환할 필요가 있다. 류밍푸는 덩샤오핑의 화검위리(化劍爲犁, beating swords into ploughshares)의 평화 발전 정책을 따르기보다 중국이 '돈지갑'의 일부를 '탄띠'로 만들어야 한다고 말한다.[43]

그러나 『중국몽』은 미국과의 갈등을 필연적인 것으로 보지 않으며, "중국의 군 사적 부상은 미국을 공격하기 위한 것이 아니라 중국이 미국에게 공격받지 않도록 보장받기 위한 것이다." 류밍푸는 중국이 강함을 통해 평화를 추구해야 한다고 강 조하면서 억제(deterrence)의 논리를 사용하고 있다. 강대국 지위로의 평화적 부상은 반드시 "자위성, 방어성, 평화성, 유한성, 필요성, 중요성, 절박성이라는 중국특색 의 군사적 부상"이 포함되어야만 한다. 만약 미국이 중국의 부상에 도전하기보다 그것을 수용한다면, "중국몽은 미국의 악몽이 될 필요가 없다."고 그는 말한다. 이 러한 평화적 군사부상의 목적은 세계 제일의 군사력을 갖춘 미국을 뛰어넘기 위해 "군사력 강화를 위한 전략적 기회를 잡으려는 것"이다.[44]

왜 우리는 『중국몽』에 주의를 기울여야 하는가? 류밍푸는 중국 인민해방군 국방 대학교에서 교편을 잡고 있는 인민해방군 대교로, 그의 저작은 국방부 관료의 관점 에 일정 부분 반영될 수 있다. 하지만 류밍푸가 부대를 이끄는 야전 지휘관이 아니 라 이데올로기를 다루는 정치위원이기 때문에, 많은 사람들은 『중국몽』이 정말로 중요한지 의문을 가진다. 류밍푸 스스로도 그 책은 공식 정책이 반영된 것이 아니 라고 강조한다. 『중국몽』은 '사상의 조류를 반영'하고 있지만 대중시장의 청중을 위해 쓰였고 상업출판사에서 출판되었다.[45]

• • • • • • • • • • • • • •

42 李躍, "劉明福: 中美競爭是一場田徑賽", 『晶報』, 2010. 1. 23., 第B10版. http://jb.sznews.com/html/ 2010-01/23/content_941864.htm; 程剛, "解放軍大校主張中國爭做世界第一軍事强國", 『環球時報』, 2010. 3. 2., http://world.huanqiu.com/roll/2010-03/730751.html; Chris Buckley, "China PLA Officer Urges Challenging U.S. Dominance," Reuters, 2010. 3. 1; Saunders, "Will China's Dream Turn into America's Nightmare?"

43 劉明福, 『中國夢: 後美國時代的大國思維與戰略定位』, pp.244, 255.

44 劉明福, 『中國夢: 後美國時代的大國思維與戰略定位』, pp.25, 263.

45 Chris Buckley, "China PLA Officer Urges Challenging U.S. Dominance," Reuters, 2010.3.1에서 인용.

비록 일부 학자들이 류밍푸의 '극단적인' 관점의 과대평가를 경고하지만,[46] 『중국몽』은 군대에서, 인터넷에서, 그리고 시민 지식인들 사이에서 생기는 중국의 미래전략에 관한 논의의 중요한 부분을 차지한다. 그 책이 출판된 후, 『환구시보』에서 실시한 여론조사는 네티즌의 80% 이상이 중국이 지속적으로 군사력 우위를 추구해야 한다는 데 동의했다고 발표했다.[47] 좌파(마오주의) 성향의 웹사이트인 우요우쯔샹(烏有之鄉, Utopia)은 이 책의 대중적 지지와 함께 외국인들이 『중국몽』에 의해 느끼는 위협을 보고했다.[48] 실제로 전 미국 국무부 장관 헨리 키신저(Henry Kissinger)는 그의 책 『On China』에서 류밍푸의 책을 중국의 승리주의적(Triumphalist) 관점의 핵심 사례로 분석했다.[49]

일부 군사 지식인들이 류밍푸의 중국몽을 환상으로 보았음에도 불구하고, 널리 인용되는 인민해방군 전략가 다이쉬(戴旭) 대교 같은 이들은 중국과 미국 간 피할 수 없는 갈등에 대해 비관적인 시각을 가지고 있다.[50] 사실상 중국의 전략적 사고의 많은 부분을 특징짓는 음모이론과 비교해보면[51] 『중국몽』은 상당히 합리적이다. 중국의 미래에 관한 논쟁은 지속될 것이므로 『천하체계』가 가치를 인정받는 것과 동일한 이유, 즉 사람들이 그것에 관해 이야기를 하고 영향을 받기 때문에 『중국몽』도 가치가 있다.[52]

따라서 『중국몽』은 베이징이 성공적으로 경제적 자원을 지속적인 세계 정치력으로 전환시킨다는 중국 시민 지식인들의 미래 꿈을 나타내는 핵심 사례이다. 류밍푸는 2006년 방영된 중국의 TV 다큐멘터리 『대국굴기(大國崛起)』에서 이러한 논의를 가장 먼저 제기했다. 이 유명한 다큐시리즈는 중국이 역사적으로 견지해온 공식

• • • • • • • • • • • • • •

46 Saunders, "Will China's Dream Turn into America's Nightmare?"

47 "本期話題: 中國應追求第一軍事強國地位嗎?", 『環球網』, http://debate.huanqiu.com/2010-03/730727.html, 2011.9.9.

48 烏有之鄉網站, http://www.wyzxsx.com/Article/Class22/201003/134608.html, 2011.7.24.

49 Henry Kissinger, *On China*(New York: Penguin, 2011), pp.504-507, 521.

50 "China's Aim of Being Top Military Superpower May Be a Dream", *Global Times*, 2010.3.3. 또는 張文木, 『論中國海權』(北京: 海洋出版社, 2010年版 第2版); "羅援少將: 中國要成一流強國必須有尚武精神', 『環球時報』, 2010.12.12를 참조.

51 Gilbert Rozman, *Chinese Strategic Thought toward Asia*, (New York: Palgrave, 2010).

52 "爭當世界"冠軍國家", 中國夢', 『環球網』, 2010.3.3, http://opinion.huanqiu.com/1152/2010-03/732792.html; 鵝湖書生, "采訪壺工評論之六: 關于劉明福的〈中國夢〉", 『強國論壇』, 2010.2.23.

적인 서술에 도전하는 것이어서 새로운 길로 나아갔다고 평가된다. 세계정치를 서구 제국주의와 중국의 반제국주의-민족주의 간의 대결로 바라보는 마오주의 노선으로 바라보지 않고, 『대국굴기』는 어떻게 서구 국가들이 현대 시대를 정의한 세계를 지배했는지 연구했다. 『중국몽』은 중국의 번영과 서구의 쇠퇴를 예언하는 사람들뿐만 아니라 나이스빗(John and Dora Naisbitts)의 『메가트렌드』(2010), 마틴 자크 (Martin Jacques)의 『중국이 세계를 지배할 때』(2009), 골드만삭스의 짐 오닐(Jim O' Neill) 등 서구의 미래학자들을 자유롭게 인용한다. 류밍푸의 핵심 메시지는 베이징이 '세계 일등'이라는 세계 챔피언이 되기 위해서 현재 '전략적 기회의 순간'에 이익을 얻어야 한다는 것이다.

『중국몽』이 중국 왕조의 역사를 끌어들이고, 두보의 시, 왕도(王道), 『손자병법』의 논의가 포함된 중국문화의 일부를 담고 있지만, 『중국몽』은 고대 중국 사상에 전혀 관심이 없다. 류밍푸의 책은 중국의 대전략을 정교하게 만들기 위해 주로 억제, 세력균형, 힘을 통한 평화 등의 친숙한 지정학적 개념을 사용한다. 게다가 류밍푸는 중국에서 '사회주의 건설'이 '조화세계 건설'의 일부분이라는 주장을 위해 사회주의 역사와 개념을 사용한다. 특히 그는 대약진운동(1958~1961)에 매혹되었는데, 이 마오주의 군중운동의 열광적인 야망을 21세기 중국 성공의 열쇠로 보고 있다.[53] 여기에서 마오쩌둥은 미국을 타도하는 것이 인류를 위한 중국의 가장 위대한 공헌이라고 언급하면서 미국을 능가할 대전략을 대담하게 고안해냈기 때문에 '세계제일주의자(world number one-ism)'라는 최고의 이데올로기 이론가로 묘사되었다. 최근의 연구에서 증명됐듯이, 사실 대약진운동은 3,000만 명 이상의 사망자를 낸 세계 최악의 기근을 초래했다.[54] 류밍푸는 대약진운동이 '고통스러운 패배'였고 '대규모 인구가 비정상적으로 사망했음'을 인정한다. 그러나 마오쩌둥의 중대한 오류는 세계 제일의 강대국이 되기 위해 90년이 필요한데 단지 15년이면 된다는 잘

•••••••••••••••

53 劉明福, 『中國夢: 後美國時代的大國思維與戰略定位』, pp.9-13. 대약진운동(1958-1961년)은 중국공산당이 이끈 군중운동이다. 그 목적은 중국의 농업경제와 전통사회주의를 공업경제와 공산주의로 빠르게 전환시키는 것이었다. 마오쩌둥의 목표는 15년 이내에 영국을 넘어서고 미국을 따라잡는 것이었다. 그러나 그 결과 심각한 경제위기와 전국적인 기아를 초래했다.
54 楊繼繩, 『墓碑: 中國六十年代大飢荒紀實』(香港: 天地圖書, 2008).

못된 시간표를 가졌던 것이라고 류밍푸는 말한다. 따라서 그는 덩샤오핑의 탈마오주의적인 개혁개방정책을 마오쩌둥의 대약진운동의 지속으로 이해한다. 중국의 현재(그리고 미래)의 성공은 마오쩌둥의 야심적인 열망의 산물인 것이다.

만약 류밍푸의 중국몽이 실현된다고 했을 때 그의 목적은 무엇일까? 책의 결론에서 그는 중국의 장기적 평화와 안보를 보장받기 위해 세 가지 주요 혁신을 만들어야 할 것이라고 말한다.

- 평등한 미국식 민주주의보다 더 좋은 위계적인 중국식 민주주의의 기적을 만드는 것
- '복지국가' 보다 더 공정한 '부의 분배' 의 기적을 만드는 것
- 경쟁적 다당제' 보다 더 효과적인 일당국가의 '장기적으로 정직하고 깨끗한 거버넌스' 기적을 만드는 것[55]

여기에서 세계정치는 중국모델과 미국모델 간의 투쟁으로 좁혀진다. 『중국몽』은 민주주의와 번영이라는 아메리카드림과 뒤얽혀있다. 류밍푸의 세 가지 주요 혁신은 기술적인 것이 아니라 이데올로기적이고 관료주의적이다. 그래서 그는 특정한 경쟁의 유형을 기대한다. 강대국 간 경쟁은 자연스럽고 유익하지만 정당 간의 경쟁은 문제이다. 그의 중국모델은 중국공산당을 세계의 모델로서 더 좋은, 더 강한, 더욱 창조적인 국가를 위한 이념의 원천으로 본다.

그의 모든 낙관주의 속에서 류밍푸는 다양한 국가의 걱정거리들을 돌보고 있다. 다수의 전략가들처럼 그는 워싱턴이 실제로 중화민족의 부흥을 억제하려 한다는 확신에 차있다. 그는 미국과의 경쟁을 총체적 승리가 아니면 패배인 제로섬(zero-sum) 게임으로 본다. "만약 21세기에 중국이 세계 제일 국가가 될 수 없다면, 최고의 강대국이 될 수 없다면, 반드시 버려진 낙오자가 될 것이다."[56] 이런 점에서 류밍푸의 책은 중국의 시민 지식인들 사이에 공통적으로 퍼져있는 야망과 불안감의 어색한 조합을 반영하고 있다. 다른 많은 연설, 책, 기사, 블로그, 그리고 영화처럼

55 劉明福, 『中國夢: 後美國時代的大國思維與戰略定位』, pp. 298-302.
56 劉明福, 『中國夢: 後美國時代的大國思維與戰略定位』, p. 9.

중국의 미래에 대한 『중국몽』의 낙관주의는 전염성이 있다. 그것은 중국의 부상을 필연적이며 시간의 문제로 표현해 신뢰를 형성하고 있지만, 묵직한 비관적 기류가 류밍푸의 갈등적 세계정치의 모형에 남아있다.

이러한 이념들은 후진타오의 '조화세계'의 개념과 어떻게 연결될까? 류밍푸는 상이한 사회체제와 문명을 포용하는 세계를 건설하려는 후진타오의 충고를 따르기보다, "조화세계를 건설하기 위해 (중국의) 경쟁정신은 반드시 강해져야 한다."고 설명한다. 이 정신은 단지 경제적인 것이 아니라 군사적인 것이다. "중화민족의 부활을 위해 우리는 중국의 상무정신(尚武精神)을 부활시킬 필요가 있다."[57] 류밍푸는 중국의 전략산업이 '국가 챔피언(national champions)'이 되는 것보다, 중국이 '챔피언 국가(champion nation)'가 되어야 한다고 강조한다. 이런 방식을 통해 그는 중국의 야망의 초점을 경제성장에서 정치군사적 힘으로 되돌린다.

다수의 서구 논평가들이 『중국몽』의 미국에 대한 도전에 초점을 맞추는 반면, 류밍푸는 궁극적으로 중국의 국내 문제들이 자신의 비전에 가장 큰 도전이 될 것이라고 주장한다. 류밍푸는 거버넌스 혹은 제도의 위기보다 부패하고, 평범하며, 경직된 당 간부들의 '리더십 위기'를 중국의 문제로 본다. 어떻게 당 간부의 부패가 소련공산당의 몰락을 가져왔는지를 상술하며, 류밍푸는 베이징이 더 좋은 간부의 양성과 함께 중국에서 컨센서스를 세우기 위한 소위 '지식계획(knowledge planning)'을 더 많이 추구함으로써 리더십의 위기를 헤쳐 나가야 한다고 제안한다. 류밍푸가 가진 야망의 주요 목적은 조화세계나 인류의 이익을 위한 천하제도를 건설하는 것이 아니라 단순히 중국의 당국가체제를 강화하는 것이다. 그래서 그는 '중국특색의 사회주의'에서 '사회주의' 요소를 더 많이 강조한다. 하지만 류밍푸가 자신의 주장에서 강력한 리더십을 위해 중국의 왕조 역사와 문명에 호소한다는 것에 주의를 기울일 필요는 있다.

---

[57] 劉明福, 『中國夢: 後美國時代的大國思維與戰略定位』, pp.184, 245.

경쟁하는 세계질서 간의 긴장관계

앞서 말한 것처럼 1982년 덩샤오핑의 구호 '중국특색의 사회주의'는 어떻게 대안적 세계질서가 중국에서 개념화했는지 이해하는 데 도움을 줄 수 있다. 후진타오의 조화세계는 사회주의 건설과 조화로운 문화의 균형을 포함한다. 자오팅양의 천하체계는 중국의 전통에 기반하고 있지만 이러한 규범들은 국가 중심적 제도를 통해 실체화된다. 류밍푸의 중국몽은 미국을 초월해 세계제일의 국가가 되려는 마오쩌둥의 대약진운동을 통해 완성된다. 자오팅양처럼 자신의 주장을 중국의 역사와 문명 차원으로 구성한다.

세계의 미래에 대한 이 세 가지 견해들은 조화세계 담론에 따라 생성된 기회를 통해 만들어진 논의의 범위를 보여준다. 모든 견해는 중국의 미래에 대해 매우 낙관적이다. 중국은 계속해서 성장할 것이고 중화민족의 부활은 필연적임을 믿는다. 중국은 유럽과 미국에서 정의하는 세계질서와는 다른 자신들의 세계관이 필요하다는 데 모두 동의한다. 다른 방식으로 이러한 견해 모두는 중국이 평화를 사랑하는 국가로서 혹은 상무정신을 통해 세계를 발전시킬 도덕적 사명을 지닌다는 사실을 함축하고 있다. 이외에 세계 질서의 세부사항에 대해서는 세 견해 모두 모호하다. 자오팅양과 류밍푸는 특히 자신들이 좋아하는 것보다 자신들이 좋아하지 않는 것—미국과 서구처럼—에 대해 더욱 확실한 입장을 가지고 있다. 따라서 그들이 미치는 영향은 시종일관 포스트 아메리카 세계질서를 증진시키는 긍정적인 측면보다 현 세계질서의 정당성을 부정하는 측면을 가지고 있다.

이러한 공유 주제와 함께 세계의 질서화를 위한 서로 다른 개념과 방법을 제시하는 후진타오, 자오팅양, 류밍푸의 미래 비전 간에는 상호 긴장감이 존재한다. 후진타오의 조화세계는 국제정치의 자유주의적 관점을 견지한다. 상호 안보와 번영의 포지티브섬(positive-sum)의 윈윈(win-win)을 위한 다자주의 외교에 참여하는 평등한 민족국가가 그것이다. 그러나 후진타오는 세계 조화관을 서로 구별되지만 여전히 평등한 문명들의 관용적 상호관계로 재빠르게 바꿨다. 자오팅양의 천하체계 역시 문명에 초점을 맞춘다. 그러나 그의 세계 조화관은 하나의 세계 문명-제도가 세계의 모든 사람들을 조화시킨다는 전체론적이고 위계적인 것이다. 포지티브섬의 윈윈 전략보다 천하체계는 많은 다양성을 인정하지 않는 보편적인 '윈(win)' 전략의 전형이다. 다른 한편으로 류밍푸의 중국몽은 외교나 조화에 관한 것이 아니며, 명확한 승자와 패자를 만들어내는 강대국의 제로섬 경쟁이다. 그러나 다른 두 세계관처럼, 류밍푸의 국가는 빠르게 문명화를 이루고 경쟁을 시작한다. 그는 궁극적으로 세계정치를 '황인종'과 '백인종' 간의 경쟁으로 보는 것이다.[58]

후진타오는 조화세계를 외교 전략으로 표현했지만 시민 지식인들 역시 그들의 조화세계에 군사력을 가져오려고 했다는 점에서 예상치 못한 접점이 생겼다. 예를 들어, 2010년 10월에 유엔 사무부총장 샤주캉(沙祖康)은 츠하오티엔(遲浩田) 상장에게 세계평화에 기여한 공로로 '세계조화상(World Harmony Award)'를 수여했다. 그가 수상자로 선정된 것은 의외의 결과였는데, 전 중국 국방부장 츠하오티엔은 1989년 최소 수백 명의 사상자가 발생한 천안문 사태 당시 시위대에게 군사공격 명령을 냈던 인물이었기 때문이다. 비록 중국의 언론은 세계조화상이 유엔에서 수여하는 상이라고 보도했지만, 사실 이 상은 중국의 사업가가 발족한 세계조화기금(World Harmony Foundation)에서 나온 것이었다.[59] '세계조화상'은 중국의 반체제인사인 류샤오보의 노벨 수상에 대한 대응으로서 시민과 관료가 세계 조화, 외교, 그리고 군사력이 중국에서 상호 연계되는 것을 어떻게 생각하는지 보여주는 것이다. 이것은 또한 세계의 조화가 반드시 평화적일 필요는 없다는 점을 시사하기도 한다.

이는 1999년 체첸과의 전쟁을 일으킨 러시아의 블라디미르 푸틴 총리에게 2011년 중국이 공자평화상(Confucius Peace Prize)을 수여했을 때 확실해졌다. 조직위원회는 푸틴의 엄격함과 강인함은 이번 전쟁에서 러시아 국민들에게 깊은 인상을 남겼고, 러시아에 안정과 안전을 가져다줬다고 설명했다.[60] 비록 유교에서는 평화를 조화에서 나오는 것으로 설명하지만, 여기에서 평화는 폭력의 결과이다. 그러므로 세 가지 시나리오에는 모두 온건한 방법으로 세계 조화를 촉진시키고자 하는 목표와

58 劉明福, 『中國夢: 後美國時代的大國思維與戰略定位』, p.22. 필자의 분석은 다음을 볼 것. William A. Callahan, *China Dreams: 20 Visions of the Future*, (New York: Oxford University Press, 2013), Chapter 4.

59 "遲浩田獲聯合國世界和諧人物裝", 『新華網』, 2010.10.28.

60 Edward Wong, "For Putin, a Peace Prize for a Decision to Go to War", *New York Times*, 2011.11.15.

필요하다면 폭력을 사용해서라도 세계를 조화시키고자 하는 보다 공격적인 계획 사이에 긴장감이 존재한다.

결론

최근 베이징이 온건한 외교정책에서 국제무대에서의 보다 적극적인 자세로 전환한 것을 어떻게 설명해야 할까? 이러한 변화에는 근본적인 이유들이 있지만, 이 글은 어떻게 이념이 정책결정자의 세계관을 형성하는지 주의 깊게 관심을 가질 필요가 있음을 강조한다. 동아시아, 유럽, 그리고 미국의 사이에서 중국이 '다사다난한 시기(多事之秋)'를 겪고 있는 것과 함께, 중국의 시민 지식인들 사이에서 불만이 증가하고 있다. 새로운 목소리들이 세계에서 중국의 위치에 대한 논의와 관련해 중국 외교정책 수립과정의 독점에 도전하고 있는 것이다. 심지어 저명한 전략가인 옌쉐퉁은 최근 주류 안보연구 집단의 외부에 존재하는 대중의(그리고 대중영합적인) 시각과 견해를 달리하였다는 이유로 전문 전략가들의 지위가 하락하는 것을 안타까워했다.

그러나 이 글은 중국이 다양한 전략과 미래를 가지고 있음을 인식하는 것이 필요하다는 것을 보여준다. 자오팅양과 류밍푸 같은 시민 지식인들은 모호한 정부 정책으로 인해 마련된 개방성을 통해 중국의 지정학 전략(geostrategy)을 개발함으로써 유리한 위치에 서게 되었다. 이러한 시민 지식인들은 (조화세계와 같은) 상대적 외부인으로서 정부 정책을 수립, 실행, 방어, 기각하는 과정에 기준점을 제공해줄 수 있기 때문에 흥미롭고 중요하다. 후진타오의 조화세계와 함께 보면, 그들은 포스트 아메리카 세계질서에 대한 중국의 가능성의 스펙트럼을 더 잘 이해할 수 있게 하는 이상주의자부터 현실주의자까지 상이한 견해의 범주를 제공한다. 베이징의 공식적인 외교정책에 도전하는 시민 지식인들의 저작은 중국 시민사회의 확장에 대한 증거이다. 이러한 책들은 공무원들에 의해 검열되기보다는 여론 형성자들에 의해 장려되고 있다.

시민 지식인들은 중국의 미래 외교정책에 대한 논의들이 실제로 베이징이 소련

연구 방법론을 통해 밝힐 수 있는 명확한 외교정책을 갖고 있는지에 대한 의구심을 부추길지라도 그 해답을 내놓지는 않는다. 필자는 명확하고 통일된 외교정책을 찾기보다 중국에서 논의되고 있는 가능성들의 부정적, 긍정적 영향력을 기록하면서 목록화하고 관점의 범위를 분석하는 것이 더 생산적임을 주장한다.

중국 학자들은 공통적으로 중국이 더욱 평화롭고, 도덕적이고, 세계문명에 공헌하며, 조화로운 규범을 제공하는 다른 종류의 초강대국이 될 것이라고 단언한다. 부상하는 세력은 전형적으로 유럽의 문명화 사명(mission civilisatrice), 미국의 자유세계, 일본의 경제 기적 등과 같은 더 나은 세계질서를 위한 도덕적 모델로서 자신들의 독특한 가치를 장려하기에 이는 놀라운 일이 아니다. 하지만 이 글의 사례들은 '중국 예외주의(Chinese exceptionalism)'를 조장하기보다 중국의 국제관계이론이 주류 국제관계이론의 대응으로 더욱 잘 이해되고 있음을 보여준다. 독특한 대안이 되기보다 현실주의, 자유주의, 그리고 이상주의라는 주류 학파와 밀접히 상호연계된 것이다. 비록 그들이 유럽과 미국의 이론들과 정확히 일치하지는 않지만, 차이점은 종류보다 정도의 문제이다. 예를 들어 중국식 현실주의처럼 말이다.

시민 지식인은 또한 중국 외교정책의 분석이 여전히 사회주의를 진지하게 받아들일 필요가 있음을 알려준다. 혁명 이데올로기로서의 힘은 약해졌지만 사고하는 방식으로서의 사회주의는 여전히 중국에서 문제와 해결방안이 형성되는 모습을 보여준다. 이는 미래에 대한 중국의 다양한 꿈을 위해 중앙집권적 하향식 계획의 지속적인 영향력을 설명하는 데 도움이 된다.

마지막으로 공식적, 비공식적 중국 문헌들에 중국의 승리가 절박한 것처럼 서술되는 경향이 있지만, 사실 중국은 향후 수십 년간 미국을 경제적, 정치적, 문화적 혹은 군사적으로 따라잡기 힘들 것이다. 세계적 힘과 영향력을 고려해보았을 때 베이징이 실제 실행할 수 있는 것보다 더 많은 것을 시민들에게 약속하고 있기 때문에 이처럼 큰 야심과 중간 수준 역량은 갈등을 이끌 것이다. 이런 종류의 '선전의 간극(宣傳上的鴻溝)'은 향후 수년 간 중국과 서구의 긴장감을 쉽게 증가시킬 수 있다. 2012~2013년 후진타오와 원자바오의 은퇴 이후 권력을 잡게 되는 베이징의 5세대 지도부로의 이동과 함께 포스트 아메리카 세계질서를 요구하는 대중영합적 발언은 점점 커져가고 있다.

2장
다극화의 부상과 질서 재형성:
중국은 아름다운 신세계에 살고 있는가?

천쯔홍(陳智宏)

저자는 세계 패권이 서방에서 동방으로, 전통적 강대국에서 신흥강대국으로, 미국에서 중국으로 이전하는 과정에서 중국이 전 세계에서 차지하는 지위에 관하여 논의하였다. 금융위기 발발 이후 미국의 상대적 쇠퇴에 따라 오늘날 세계는 더욱 안정된 다극체제로 변해가고 있으며, 신흥국가들이 국제이슈에 미치는 영향력도 계속 강화되고 있다. 미국은 중국의 부상을 일종의 도전으로 간주한다. 미국은 '오바마주의'를 추진하고 전통적 동맹국과 연합하여 중국을 제압하려 한다. 미국은 중국이 구속을 받아야 하고, 그를 지배하는 국제관계 규칙 속에 포섭되어야 한다고 여긴다. 이에 대해 중국은 결코 완전히 수용하지는 않고 있다. 대부분의 경우 기존의 규칙은 미국과 영국, 프랑스, 독일 등 유럽국가들이 설계하고 추진한 것으로 그들의 이익을 주로 대변하고 있기 때문에 중국은 거기에 참여하지 않아왔다. 유럽 금융위기는 세력전이과정을 가속화시켰고, 남남협력은 이러한 배경 속에서 더욱 강화되었으며, 중국은 더 많은 리더십을 발휘하여 아름다운 신세계를 만들라고 요구받고 있다. 중국은 패권정치도 없고, 각국이 공정한 세계에서 우호적인 방식으로 함께 일하는 조화로운 세계가 이뤄지길 바란다. 이러한 사회는 기층이 안정된 체계와 세력균형체제의 중간단계로서, 평화적 방식을 통해 분쟁을 해결하려는 사회이다. 중국의 최종 운명은 향후 국내 개혁의 필요성 및 국제적 압력에 대응하는 능력에 좌우될 것이다.

천쯔홍(陳智宏, Gerald Chan)_ 뉴질랜드 오클랜드대학 교수, 정치연구학과 전임 주임, 영국 더럼대학(Durham University) 교수 및 중국센터 주임 역임

국가는 반드시 동일한 규칙에 따라 행위해야 한다.**1**
- 톰 도닐런 미국 국가안보보좌관, 2011년 11월

먼저, 우리는 토론하려는 것이 누구의 규칙인지부터 이해해야 한다.**2**
- 팡선(龐森) 중국외교부 부국장, 2011년 11월

이전과 비교해 오늘날 경제세계에서 국가의 통제가 증대하고 있고, 신자유주의는 약화되고 있지만, 여전히 유럽을 석권하고 있는 금융위기는 하나의 새로운 세계 탄생을 재촉하고 있다. 독일, 프랑스 같은 유럽의 주요국들은 신자유주의 정부가 실행하는 자유시장체제가 유럽을 경제파산의 진흙구덩이에서 건져낼 수 없으며, 더 많은 재정 통제가 필요하다는 것을 깨달았다. 더 많은 재정 통제는 유로화 지역 국가들이 브뤼셀이 요구하는 엄격한 조건을 반드시 충족시켜야 한다는 것을 의미한다. 지출을 삭감하고, 대출을 줄여야 하는 것이다. 이는 유럽의 더 큰 공동이익을 실현하기 위해서는 국가들이 일정 정도 주권을 내려놔야 한다는 것을 의미한다.

이렇게 아름다운 신세계에서 중국이 해야 하는 역할을 논해보자.**3** 중국과 세계와의 관계에 대한 연구는 이미 오래전부터 시행돼왔다. 역사가 오래되었다고 말하는 것은 중국과 세계와의 상호작용이 매우 오랜 역사를 가지고 있기 때문이다. 중국과 외부세계 간의 조기 무역왕래 시기까지 소급될 수도 있다. 주변국들과 상품과 선물을 교환하던 조공체계 시기를 제외하더라도, 우리는 바로 실크로드를 생각해낼 수 있다. 실크로드는 육로와 해로를 포함한다. 가장 최초에 중앙아시아를 통과한 실크로드는 기원전 200년의 한나라 시기까지 올라간다.**4** 또한 초기의 해상 실크

---

1 Tom Donilon, "America is Back in the Pacific and Will Uphold the Rules," *Financial Times*, (November 28, 2011), p.9.
2 "China Will Play by Rules It Negotiates: Official," *Reuters*, (November 14, 2011).
3 비록 이것이 알더스 헉슬리(Aldous Huxley)가 1932년 출판한 『아름다운 신세계』 혹은 1958년의 『아름다운 신세계』(수정판)에서 묘사한 그러한 세계는 아니지만, 서구 자유시장의 신자유주의의 통제하에 있는 세계는 현재 국가의 강력한 통제를 받아들이고 있다.
4 재미있는 것은 2012년 3월 로번 아지잔(Rouben Azizian)이 뉴질랜드 오클랜드대학에서 "중앙아시아는 유럽에 속하나 아시아에 속하나?'라는 주제의 발표를 통해 오늘날 부상 중인 중국이 현재 중앙아시아로 가는 실크로드를 다시 되살리고 있다고 공식 언급했다는 사실이다.

로드는 15세기 초 중국 명나라 시대로 거슬러 올라간다. 당시 쩡허(鄭和) 장군과 그의 함대는 유명한 항해를 진행했다. 이러한 예전의 무역교류가 있었기 때문에 내가 중국과 세계 간의 관계에 대한 연구는 낡은 문제라고 말하는 것이다.

이와 동시에 나는 또한 그것이 새로운 것이라고 여긴다. 왜냐하면 흔히 현대 중국에 대한 연구는 1840년대부터 시작하는데 이는 영국 등을 대표로 하는 서구세계가 그때에 중국을 침략했기 때문이다. 이러한 국가들이 중국의 대문을 열어제꼈던 군함 안에는 군인뿐 아니라 상인과 선교사들도 있었다. 현대 중국에 대한 더욱 새로운 연구는 1949년 중화인민공화국의 수립에서부터 시작된다. 수립 후 첫 번째 30년 동안 중화인민공화국은 세계에서 매우 고립되어 있었다. 하지만 1979년 이후 개혁정책의 추진하에 중국은 자신을 점차 대외적으로 개방하여 오늘날에 이르렀다. 이러한 의미로 본다면, 중국과 세계와의 관계에 대한 연구는 새로운 것이다. 4000년의 역사적 시각에 기반하여 진행하는 연구와는 다르다. 중국은 현재 대외활동에 적극적으로 참여하고 있고 정치, 무역 및 각종 사회적 교류를 진행하고 있다. 게다가 이러한 활동들은 나날이 중국 및 세계 간의 쌍방향 상호작용으로 나타나고 있다.

이에 나는 중국과 세계와의 관계의 최신 발전에 주목할 것이다. 현대 중국의 국제관계와 외교정책은 내가 가장 흥미를 갖는 부분이기 때문이다. 2008~2009년의 경제위기를 시작으로 당시 미국의 투자은행 리먼 브라더스사는 파산했다. 이후 미국의 부동산이 대폭 침체되었고 전 세계 금융에 끼친 타격이 오늘날까지 이어지고 있다. 특히 유럽에서는 그리스와 이탈리아가 유럽 중앙은행의 금융구제를 받기 위해 정부를 개혁하였고 자신의 재무구조를 재편하였으며 공공지출을 대폭 삭감하였다. 얼마전 아이슬란드와 아일랜드 또한 비슷한 운명을 겪었다. 그리스와 이탈리아 이후 스페인과 포르투갈 같은 나라들, 어쩌면 프랑스와 영국도 이런저런 방식을 통해 각각 영향받고 있는 것 같다.

다극화의 대두?

이번 경제위기 이전 세계 다른 지역과 비교해보았을 때, 전 세계 유일한 패권국가로서의 미국의 지위는 하락했다. 미국의 쇠퇴는 실제로 미국의 이라크 및 아프간 침공(심지어 더 빨리는 1970년대에 있었다)에서 시작되었다는 분석도 있다.[5] 미국은 값비싼 해외 군사적 모험을 위해 실력을 부단히 확충했다. 예일대학 역사학과 폴 케네디(Paul Kennedy)가 1987년 출판한 『대국의 흥망성쇠』에서 경고한 것처럼 말이다. 2012년 11월 미국 대선 직전인 2011년 12월 미국은 이라크로부터 철군을 완료했다. 2003년 이라크 침공에서부터 철군하기까지 적게 잡아도 7,000억 달러의 비용을 들였고 4,500명의 사망자를 냈다고 한다.(이에 비해 이라크인들은 약 10만 명이 사망했다).[6]

양극체제는 냉전시기 미소 양 핵보유 초강대국들의 경쟁을 특징으로 한 전세계적 구조로서 소련과 동유럽 공산주의 동맹국들의 해체와 함께 종결되었다. 냉전 종식 이후 전 세계 구조는 이미 다극체제하 단극체제로 변화하였다.[7] 단극이란 슈퍼파워 미국을 말하며 다극이란 러시아, 유럽연맹, 중국과 일본을 뜻한다.[8] 새천년 진입 이후 미국이 상대적으로 쇠퇴하면서 오늘날 세계는 또한 더욱 안정된 다극체계로 전환되고 있는 중이다. 시간이 흘러감에 따라 단극적 권력은 신흥대국의 부상과정 속에서 점차 사라지고 있다.

··············

5 가령 신자유제도주의자들은 1970년대 초 리처드 닉슨 대통령의 금본위제도 종결 선포 그리고 오일파동이 미국의 쇠퇴를 암시했다고 여긴다. 이러한 사건들은 로버트 코헤인의 『After Hegemony』 저작의 배경이기도 하다. 그는 미국이 2차대전 이후 수립된 국제 메커니즘들에 의거하여 자신의 지위를 유지한 것이라고 여긴다.
6 "World Watch," *Radio New Zealand*, (November 27, 2011).
7 중미관계의 맥락에서 오늘날 단극, 양국 및 다극에 대한 유익한 논의로는 Randall L/ Schweller and Xiaoyu Pu, "After Unipolarity: China's Vision of International Order in an Era of U.S. Decline," *International Security*, Vol. 36, No. 1, (Summer 2011), pp.41-72; G. John Ikenberry, Michael Mastanduno and William C. Wohlforth, eds., *International Relations Theory and Conesequences of Unipolarity*, (Cambridge: Cambridge University Press, 2011) 참조.
8 냉전 종식 후 단기간 동안 이러한 다극체제하 단극과 중국 '일초다강(초강대국 하나, 강대국 여러 개)'의 개념은 서로 밀접하게 관련돼 있다. Gerald Chan, *Chinese Perspectives on International Relations*, (New York: St. Martin's Press, 1999), p.111.

신흥대국의 부상

신흥대국은 사람들에게 익숙한 브릭스, 즉 브라질, 러시아,인도, 중국 그리고 남아
프리카공화국으로 구성돼 있다. 다른 나라로는 인도네시아와 터키, 그리고 아세안
(동남아국가연맹) 회원국들도 있다.[9] 이들은 무역이 왕성하거나, 풍부한 천연자원을
가졌거나 혹은 양자 모두를 갖춘 국가들이다. 그중 중국은 경이로운 경제성장을 이
뤄 이미 가장 눈에 띄는 나라가 되었다. 오늘날 중국은 세계 제2대 경제대국이자 제
2위의 무역국가다.[10] 세계에서 가장 많은 외환보유국(2013년 6월 기준으로 약 3조 5,000
억달러로[11] 이는 전 세계 외환보유고의 약 30%에 달한다)이기도 하다. 블룸버그 뉴스
(Bloomberg News)의 통계에 따르면 2008년 이후 중국이 전 세계 경제에서 차지하는
비중이 40%를 넘었다.[12] 2020년 즈음 미국을 넘어 세계 최대 경제 대국이 될 것이라
는 다수의 전망이 있다. 이러한 모든 경제지표에 더해 인구규모 그리고 유엔 안보리
에서의 거부권 등으로 인해 중국의 종합국력은 상당히 증가되었다. 물론 이러한 경
제 수치와 예측의 정확성 및 신뢰성에 대해 논할 수는 있겠지만 중국이 자동차 판매
량, 핸드폰 판매량, 철강 및 콘크리트 사용량 등 점점 많은 부분에서 미국을 넘어서
고 있다는 것에 대해서는 의심하는 사람이 없는 것 같다. '생산'의 현실을 느끼는
데 있어 중국은 없는 곳이 없고, 미치는 영향력 또한 어디서든 느낄 수 있다.

중국의 국력이 날로 강해지는 현실을 감안한다면, 이러한 큰 변화가 초래한 부
정적인 영향들을 중국이 잘 회피해나갈 수 있을까? 오늘날에 이르기까지는 잘해온

----

9 골드만삭스의 짐 오닐 사장은 약 10년 전 'BRICS'라는 용어를 만든 데 이어 최근 또다시 '사향고양이
(CIVETS)' 개념을 제시했다. 콜롬비아, 인도네시아, 베트남, 이집트, 터키 그리고 남아프리카 6개 신흥
국들을 뜻한다. "First Brics…Now Civets in Changing Global Economy," *BBC news*,
http://news.bbc.co.uk/today/hi/today/newsid_9645000/9645038.stm.

10 블룸버그 뉴스에 따르면, 수출입 총액으로 계산했을 때 실제로 중국이 2012년에 이미 미국을 앞질러
세계에서 가장 큰 무역대국이 되었다고 한다. 양국 세관의 통계수치를 각각 살펴보면: 2012년 미국의
수출입 총액은 3조 8,200억 달러, 중국은 3조 8,700억달러에 달했다. *Taipei Times*, February 11, 2013,
p.6 참조. http://www.taipeitimes.com/News/biz/archives/2013/02/112003554692.

11 "Chinese Monthly Foreign Exchange Resources," http://www.bloomberg.com/quote/CNGFOREX:
IND.

12 Liam Dann, "Get Set for Part 3: The China Crisis," *Weekend Herald*, Auckland, (November 26, 2011),
p.C4.

것 같지만 하지만 점차 상호 의존도가 제고되는 세상 속에서 그 어느 국가들도 외로운 섬처럼 떨어져 있을 수 없기에, 중국 또한 조만간 상당한 영향을 받게 될 것이다. 블룸버그 뉴스가 2011년 9월 투자자들을 대상으로 시행한 조사에 따르면 대다수 투자자들은 과거 중국이 30년 동안 누렸던 10%의 성장률이 2016년이 되면 5%에 그칠 것이라고 전망하고 있다.[13] 이에 대해 완전히 절망할 필요는 없다. 국제 기준에 따르면 이러한 성장 수준은 중등 수준의 성장 혹은 계속 지속되는 성장을 의미하는 것이기 때문이다. 유럽과 미국의 경제 쇠퇴로 인해 2012년 중국의 수출이 다소 주춤하였지만 2013년 전반기에 다시 살아나고 있다.

신흥대국이 최근 갖게 된 영향력은 최소한 두가지 주요한 국제 분야에서 검증되고 있다. 첫째는 국제통화기금(IMF)과 세계은행(World Bank)의 재편 문제다. 기구 내 지분 배분과 투표권 방면에서 이러한 국가들이 더 많은 대표성을 원하고 얻어가고 있다. 다른 하나는 기후변화 문제이다. 신흥국가들은 먼저 2009년 코펜하겐의 첫 번째 정상회담에서 다음으론 2010년 칸쿤, 2011년의 더반, 2012년의 리우데자네이로에서 그들의 가격협상 능력을 선보였다. 아울러 이러한 국가들은 대외원조를 제공하기 시작했다. 2011년 4월 중국은 자신의 첫 번째『중국의 대외원조』백서를 공표했다. 인도는 향후 5~7년 사이에 그의 동반자관계 발전기구가 110억 달러를 넘는 원조 예산에 대해 감독을 시행할 것이라고 최근 선포하였다.[14] 이런 국가들의 모든 원조정책은 유사한 목적, 즉 '남남협력'을 강화해야 한다는 목적에서 시작된 것이다. 가령 중국의 대외원조의 목표는 개도국 간 상부상조이다. 브라질의 원조 프로젝트는 라틴국가들과 아프리카 포르투갈어 사용 국가들 간 단결과 협력을 실현하기 위한 것이다. 러시아가 원조를 '되살리는' 목적은 저소득국가의 지지를 통해 자신이 우호적인 이웃 국가임을 드러내는 데 있다.

13 Liam Dann, "Get Set for Part 3: The China Crisis," *Weekend Herald*, Auckland, (November 26), 2011, p. C4. 미국의 한 대기업연합회의 브레인고문단은 중국의 경제성장률이 2012년에 8%에 달한 이후 점차 완화되어 2013년에서 2016년까지 매년 약 6.6%의 성장률을 보일 것이라고 전망하였다. Bob Davis, "New Push for Reform in China," *The Wall Street Journal*, 23rd February 2012에서 인용함. 2012년 4월 아시아개발은행은 2012년 중국 GDP 증가율 예측치를 낮게 조정하였다. 8.5%부터 7.7%까지 떨어졌다. 2013년 예측은 8.7%에서 8.1%로 낮췄다. "ADB Lowers China's Growth Forecast to 7.7%," *China Daily*, Internet ed., (October 4, 2012). 참조.
14 *The Guardian Weekly*, (2011.12.16), p.34.

세계질서는 변화 중

냉전 종식 이후 국제정치의 다극화는 시시각각 진행되고 있다. 미국의 상대적 쇠퇴, 신흥대국의 상대적 부상이 이러한 시기를 유발시켰다. 그 결과 국제사회에서 거버넌스가 전체적으로 더욱 다원화되었으며, 더욱 민주적이고 더욱 복잡해졌고 또한 더욱 경쟁적으로 변했다.

비록 상대적으로 쇠퇴하기 시작했지만 미국은 여전히 중요한 방식을 통해 다극화의 발전에 영향을 미치고 있다. 미국은 자신의 쇠퇴를 억제하려고 애쓰고 있으며 우세한 지위를 유지하려 한다. 따라서 중국의 부상을 일종의 도전으로 보고 있다. 중국이 보기에 미국은 중국 자신의 부상을 의식적 또는 무의식적으로 가로막고 파괴하려는 경향이 있는 것 같다. 미국은 이러한 관점을 가지고 있는 것 같다. 즉, 중국은 국제관계를 지배하는 규칙에 구속될 필요가 있다고 여기고 있다. 오바마 대통령이 그렇게 여기고 있으며 힐러리 클린턴 전 국무장관 또한 마찬가지다.

2011년 11월 오바마는 호주 연방의회에서의 연설을 통해 이러한 견해를 명확히 드러낸 바 있다. 미국은 장차 아시아로 돌아갈 것이며(베트남전쟁 및 아프간 및 이라크에서의 군사행동 이후), 중국에서의 공산당의 통치는 결국 실패하게 될 것이라고 오바마는 강조하였다. 미국은 캔버라와 군사협정을 맺고 호주 북부 중심도시인 다윈에 군사기지를 세우려 했다. 미국은 현재 강경한 수단을 취하며, 호주와 일본, 한국 등 전통적 동맹국 그리고 인도와 인도네시아 등 새로운 동맹국들과 연합하여 중국을 억제하려는 것처럼 보인다.[15] 줄리아 길라드 전 총리와 현 외교장관 케빈 마이클 러드의 성명은 호주정부가 미국과 함께 하려는 것을 보여준다.

하지만 호주 국내에서도 반대의 목소리가 있다. 폴 키팅 전 총리는 매우 다른 견해를 가지고 있다. 아태지역에서의 미국의 존재 및 다윈에 미국 해군 기지를 배치한 것에 대해 그는 환영의 입장을 표했다.[16] 호주의회가 중국을 억제하려는 정책을

· · · · · · · · · · · · ·

15 혹자는 이를 중국에 '헤징' 하는 것이라 칭한다. Zbigniew Brezinski, "After America," *Foreign Policy*, (January/February 2012). 미국, 일본, 호주와 인도가 연합하여 중국을 포위하려 한다는 연구로는 Ashok Sharma, "The Quadrilateral Initiative: An Evaluation," *South Asian Survey*, Vol. 17, No.2 (September 2010), pp.237-53 참조.

표명한 것에 대해 그는 분명 의구심을 느꼈다. 그는 중국은 구소련이 아니며 더욱이 양극체제로 돌아가는 것은 평화에 도움이 되지 않는다고 여겼다. 그가 보기에 세계는 일종의 권력교향곡을 연주하면서 다극균형체제로 변해가고 있다. 호주의 TV 인터뷰를 통해 키팅은 다음과 같이 말했다.[17] 200여 년의 완만한 발전을 이룬 후 중국은 오늘날 부유해지고 있다. 중국은 국제사회의 환영을 받아야 하며, 부상하는 대국이 발언권을 증대하려는 것은 자연스러운 일이다. 그가 타국을 지배하려는 의도가 있는 것이 아닌 이상 그는 당연히 다른 이로부터 받아들여져야 한다. 키팅은 또한 주변 국가와 남중국해의 작은 섬의 귀속문제에 관해 약간의 마찰이 있는 것 외에 중국이 타국을 조종하려는 증거는 없다고 말했다.

키팅의 분석은 매우 명석한 것 같다. 하지만 호주정부의 생각은 분명 그와 다르다. 비록 중국은 호주산 제품의 첫 번째 수입국이지만, 중국은 서로 다른 체계에 속해있기 때문에 잠재적인 적수인 것이다.[18] 아마 다른 아시아태평양 국가들과 마찬가지로(필리핀이 좋은 예일 것이다) 호주는 자신과 대국과의 관계에서 균형을 맞추려는 것이며, 미국과 정치군사적으로 동맹을 맺는 동시에 중국과는 경제무역 및 투자 관계를 가지려는 것이다.

호주의 전략전문가 휴 화이트는 공산주의를 억제했던 트루먼주의를 참조하여 미국의 이러한 억제정책을 '오바마주의'라고 칭했다.[19] 그는 이러한 정책이 중미 양자에게 많은 리스크를 담고 있다고 여겼다. 그는 미국이 (중국과) 전략적 대항 태

----

16 미국은 2016에서 2017년까지 호주 북부에 2,500명 정도의 해군 부대를 교대로 배치할 계획이다. "Three-way Military Drills with US, PRC Possible: Australia," *Taipei Times*, http://www.taipeitimes. com/News/front/print/2011/12/23/2003518987. 약 200명의 미해군부대가 2012년 4월 처음 배치되었고 2012년 9월에 배치 완료되었다. 다음 200명의 해군부대는 2013년 4월 배치될 예정이다. "US Marines Prepared To Leave Darwin," *The Australian*, Internet ed., (September 24, 2012) 참조.

17 "Paul Keating Welcomes the Rise of China," http://www.abc.net.au/lateline/content/ 2011/s3374642.htm.

18 그럼에도 불구하고 2012년 8월 호주 국방장관 스티븐 스미스는 본국에 미국 항모와 기타 군함을 정박시키자는 제안을 거절하였다. "Australia Rules Out US Aircraft Carrier Base," *Global Times*, Gugust 2, 2012, http//www.globaltimes.cn/content/724938.shtml.

19 다른 관찰자는 다른 일을 가리켜 '오바마주의'라고 칭한 바 있다. 가령 더글라스 페이스(Douglas Feith)와 세스 크롭시(Seth Cropsey)는 전 세계적 관점으로 오바마주의를 정의하였다. 즉 이는 미국 역사상의 침략정책에 대한 억제정책을 의미한다. Douglas Feith and Seth Cropsey, "Containment: The Obama Doctrine Defined," *Commentary*, (July/August 2011), pp.11-18.

세를 취한다면 그 대가가 매우 클 것이고, 그로 인해 아마 승리하지는 못하면서 아시아에서의 중요한 이익을 손상시킬 가능성은 매우 크기 때문에 오바마주의는 매우 심각한 잘못이라고 지적했다.[20] 그는 미국이 오바마주의에서 발을 뺄 것을 건의했다.

미국은 여전히 슈퍼파워 대국으로서 서구의 자유민주주의 가치관의 적극적인 리더다. 미국 정부가 잘 유지되는 근본 원인도 그가 국민의 투표를 통해 선출되기 때문이다. 미국 국민들은 중국인이 그들의 취업기회를 앗아가는 것에 대해 큰 불만을 갖는다. 월스트리트와 기타 도시들을 점령하는 것을 통해 미국의 99%의 국민들이 반항심리를 드러낸 바 있었고, 나머지 1% 사람들은 그들의 분노를 누그러뜨리기 위해 반드시 무언가 행동을 해야 했다. 중국은 미국 경제의 문제를 해결하기 위한 속죄양이 될 가능성이 매우 크며 특히 2012년 말 미국 대선이 진행됐던 그 시기에 그러했다. 미국은 '냉전'의 적수가 필요했고, 무지나 정치적 편의주의 혹은 양자 모두에 의해 추동되는 억제정책이 필요했다.[21] 하지만 미국이 근본주의 세력 및 탈레반에 대해 전개한 아프간 및 이라크 침략행동은 이미 일정하게 그 광택을 잃었다. 사람들의 비난 목소리 속에서 갈수록 과거 베트남전쟁과도 같이 궤멸적 패배를 닮아가고 있다.

새로운 억제정책은 여전히 초기단계다. 또한 어떠한 분명한 방식으로 진정한 의미의 제도화를 이뤄낸 것이 아니기 때문에 여전히 행동보다 말이 앞서는 셈이다. 호주에 주둔한 작은 부대 하나도 상징적인 것에 불과하다. 그럼에도 불구하고 유럽에서 일본, 현재는 호주에 이르기까지 미국의 군사적 압력을 분담하려는 이념과 실천이 확대되고 있다. 무역분야에서 작은 경제체(미일 제외)와 함께 중국을 배제한 '환태평양경제동반자협정(TPP)'을 구축하는 것은 별다른 성과를 얻지 못할 것이다. 세계 제2대 경제 실체에 불필요하게 대항할 경우 그의 기능은 역내 많은 다자간

20 Hugh White, "The Obama Doctrine", *The Wall Street Journal*, 2011.11.25.
21 미국과 중국 주변 국가들은 줄곧 군사적 관계를 맺어왔다. 이러한 국가들과 지역으로는 일본, 한국, 중국 대만 지역, 필리핀, 오스트레일리아 그리고 인도가 있다. 미국은 또한 베트남과의 관계 개선에 공을 들이고 있으며, 미얀마 군사정부에게 '관계의 얼음을 깨는 방문'을 시행한 이후 미국의 억제 포위권이 대략 완성된 것으로 보인다.

혹은 양자간 자유무역 레짐과 서로 중첩될 것이며, 그 업무 내용도 세계무역기구와 또한 유사하기 때문이다. 중국은 모든 TPP 회원국들의 가장 큰 무역 파트너이므로 그들과 중국과의 무역관계를 손상시키려는 그 어떠한 시도도 반드시 어려움에 봉착하게 될 것이다. 모든 국가들은 미국이 중국의 균형자로 존재하길 바라지만, 중미가 군사적으로 대립하는것은 최대한 피하고자 한다. 그렇게 될 경우 그들의 이익이 손상될 것이기 때문이다.[22]

중국의 세계지위 추구

전략-정치권력 균형(군사위협을 기초로 하는 전통적, 고전적 현실주의 관점)과 이데올로기 균형(자유민주와 공산주의 사이)의 반영 속에서 오늘날 다극체제에는 일종의 경제적 균형이 나타나고 있다. 경제적 균형은 무역, 금융분야에서 날로 치열해지는 경쟁 및 이러한 경쟁적 운행을 지배하는 체제에서 이뤄진다. 이러한 거버넌스에서 비교적 현저하게 드러나는 한 가지는 그 운행규칙이 먼저 현대 유럽에서 형성되었다가 장기간을 거쳐 2차대전 이후 전 세계로 전파되었다는 것이다. 따라서 누구의 룰이 게임을 지배하는가가 비로소 중요한 관건이 되었다.

대부분의 경우 현대에 사용되는 규칙의 제정, 응용 및 판단 시스템은 서구에 의해 발명된 것이다. 이는 1648년 베스트팔렌 체제에 기반하고 있다. 이러한 규칙은 유럽국가들 간의 관계와 국제기구를 좌지우지하는 기초를 구성하였다. 약 360여 년간의 시간을 거쳐 이러한 방식은 유럽 이외의 세계로까지 전파되었다. 서구의 감독하에 특히 유엔의 수립 및 개도국의 독립에 따라 이것이 고착화되었다. 유럽은 공업화와 해외식민지 개척을 통해 몇 세기를 거치며 날로 강대해졌고, 오늘날 우리

---

22 흥미로운 사실은, 갤럽이 아시아 9개국을 대상으로 진행하고 2011년 11월 18일 발표한 여론조사 결과 응답자의 44%는 미국이 아시아에서 지도자적 위치를 차지하는 것을 지지하며, 동시에 응답자의 30%는 이 지역에서의 중국의 지도자적 위치를 지지한다는 것이다. 호주, 필리핀과 한국에서의 미국에 대한 지지는 중국에 대한 지지보다 29% 높았다. Lin Cheng-yi, "It Is Time To Pick Sides in the South China Sea," *Taipei Times*, 2011.11.29, http://www.taipeitimes.com/News/editorials/archives/2011/11/29/2003519466/1.

가 보듯 현대국제관계체제의 주도세력이 되었다. 중국은 비록 기껏해야 국제사회의 피침략국 혹은 이류 구성원에 불과했지만, 청조와 초기 중화민국(대만으로 퇴각하기 이전에)은 이미 외교적 경험을 가지고 있었다. 중화인민공화국은 1978년 개혁개방을 추진한 이후에야 외부세계와 접촉할 수 있었다. 오늘날 대국으로서 중국은 여전히 세계와 국제기구에서 후발자에 속하며, 다자주의적 참여라는 각도에서 본다면 더욱 그러하다. 중국은 줄곧 국제적 게임의 규칙을 학습해왔다. 이러한 규칙 대부분은 서구, 특히 미국과 영국, 프랑스, 독일 등 주요 유럽국가들이 설계하고 추진해온 것이다. 금융과 무역분야에서 가장 두드러지는 예로는 세계은행, IMF, WTO를 지배하는 규칙이 있으며, 이것들은 브렌튼우드 체제의 산물이었다. 초기엔 미국, 영국 및 서구의 2차대전 승전국들의 물질적 이윤을 위해 설계된 것이었다.

중국은 후발자이자 상대적 약소국으로서(경제와 군사의 전체적 실력을 제외하고, 1인당 평균치를 국제기준에 따라 보았을 때 국력은 더욱 미약하다) 늦게 출발했다. 또한 서구국가들이 이미 오랫동안 구가해온 게임을 배우고 있는 중이다. 이러한 과정 속에서 중국은 매우 조심스럽게 자신의 이익을 보호해왔다. 중국에게 있어 기존의 규칙이 늘 우호적인 건 결코 아니라는 사실을 중국은 잘 알고 있다. 그것들은 주로 서구의 부강한 국가들의 이익을 보호하는 데 쓰여온 것들이며 개도국의 이익은 무시하거나 심지어 손상시키기도 하는 것들이기 때문이다.

대통령을 포함하여 미국 관방의 고급관리들은 중국에게 국제관계의 보편적 규칙에 따르라고 요구하고 있다. 세계의 정치적 및 경제적 영향력과 이익을 두고 경쟁하는 가운데 강대국들이 준수하는 이러한 규칙들의 중요성은 말할 나위도 없기 때문이다. 오바마 대통령은 2011년 11월 아태지역을 9일간 순방하는 기간 호놀룰루에서 캔버라, 발리섬에 이르기까지 미국이 아시아로 돌아올 것이라고 반복적으로 밝혔다. 오바마는 중국에게 경제업무에서 국제사회의 규칙에 따라 일을 해야 한다고 밝히며, 중국의 정치 및 재정개혁의 지지부진, 인민폐의 대달라 환율의 인위적 통제 및 지식재산권 침해 등의 문제가 있다고 경고하였다.[23] 전 세계 경제가 쇠퇴하고 미국이 이라크 및 아프간에서 철군하게 되면서 오바마가 미국의 이익과 가치관을 추진하려는 것이 분명하다. 중국은 신속히 반응했다. 2011년 11월 호놀룰루에서 개최된 APEC 정상회담에서 중국외교부의 팡선(龐森) 부국장은 "만일 규칙이 한 나라 또는 몇 개국에 의해 정해지는 것이라면 중국은 그것들을 지킬 의무가 없다."고 밝혔다.[24] 그는 협의를 통해 함께 제정한 규칙을 중국이 준수할 것이라고 밝혔다.[25]

후발자의 규칙준수문제에 관한 미중 양국 간 관점의 차이는 오늘날 국제관계에서 두 가지 주요한 부분에서 두드러지게 나타나고 있다. 하나는 규칙이 어떠한 국가의 국제적 업무를 판단하는 수단으로 점점 변해간다는 것이다. 다른 하나는 규칙과 규범의 준수문제에서 중국의 저촉 여부이다. 이 두 가지는 쇠퇴하는 대국과 부상하는 대국 간 관계를 두드러지게 나타내줄 뿐 아니라 다른 국제관계에도 영향을 미치고 있다. 국제업무에서 규칙의 중요성이 부단히 강화되는 것은 좋은 현상이다. 국가 간 무력을 통해 분쟁을 해결하는 것이 아니라 법률을 통해 행위 기준을 판별할 수 있게 해주기 때문이다. 이러한 발전은 국제 분쟁을 해결하는 일종의 방법으로 나타나고 있으며, 군사적 위협의 효율을 점차 약화시키고 있다. 아울러 평화적 해결 수단으로서의 다자간 협의가 더 많은 환영을 받고 있다.

두 번째, 중국이 국외자인가 여부는 심도 있게 고찰할 필요가 있다. 이 문제의 답이 미래 세계의 전쟁과 평화문제에 막대한 영향을 미칠 것이기 때문이다. 이 문제는 당연스럽게 국제 정치 규칙 체계의 발전 내용에 관한 것으로 여겨지고 있는 것 같다. 내가 앞에서 간단히 언급했듯, 유럽 국가체제와 국제기구체계는 이러한 규칙에 기반하여 발전한 것이다. 먼저 유럽국가들 사이에서 이뤄지다가 이후에 유럽이외의 세계로 전파된 것들이다. 그리고 이 문제는 여기와 긴밀히 연관돼 있다. 국가와 국제기구 간의 관계 또한 반드시 고려될 필요가 있다. 과거에 유럽 열강들은 규칙을 적용하면서 '이중 잣대'를 들이댔기 때문이다. 서구 강대국 문명의 영향을 받은 국가들 간에는 서로 평등하고 따라서 서로 내정을 간섭하지 않는다는 기준을 적용했다. 하지만 그러한 문명의 영향권 밖에 있던 개도국들에게는 예를 들면 치외법권 등 다른 기준을 적용하였다. 가난한 국가와 피침략국가들의 정치적 의식

23 David Nakamura, "China Must 'Play by the Rules'," *The Guardian Weekly*, (November 25, 2011), p.10.

24 Grace Ng, "Pacific Trade Pact a Wake-up Call for China?" *The Strait Times*, Singapore, (November 23, 2011), p.A2.

25 "China Will Play by Rules It Negotiates: Official," *Reuters*, (November 14, 2011).

이 증대되고 개도국 강대국이 부상함에 따라 유사한 행위의 정도가 다소 감소했고 더욱이 날로 불분명하게 변해가고는 있지만 여전히 존재하고 있는 것이 사실이다. 유럽국가들이 비유럽국가들에게 적용했던 차별적 문명 기준에 대해 신흥대국들은 강하게 반발하고 있으며 또한 실제 행동을 통해 이러한 불공평을 수정해나가고 있다. 물론 실제 화면에서는 이에 비해 훨씬 부드럽고 복잡한 모습으로 나타나며, 서방과 비서방관계에 대한 논의가 회피되고 있다. 동서방 세계의 내부에도 각각 차별적 기준의 문제가 존재하고 있다.

중국은 미국의 이러한 억제정책을 이미 인식하였기 때문에 현재 조치를 채택하여 대응하고 있다. 그중 하나가 주변 이웃국과 영토분쟁으로 악화된 바 있는 관계를 개선해나가는 것이다. 2011년 7월 중국은 남중국해 분쟁을 해결하는 강령을 선포하였다. 이는 중국이 동남아국가들과 체결한 '행동강령'에 기반하여 만든 것이다. 2011년 11월 초 중국은 서남부 주변국들과 함께 메콩강 하류에서 해적들을 소탕하는 작전을 전개할 것이라고 선포하였다.[26] 2011년 11월 말 인도네시아 발리섬에서 개최된 EAI 정상회담에서 분쟁영토에 관한 미국과 필리핀의 책동에 대응하기 위하여 중국은 30억 인민폐를 들여 ASEAN과 해상협력기금을 조성하기로 하였다.

다극화의 대두는 단순히 냉전의 종식 및 미소 두 초강대국 간 적대적 관계의 종결로만 정의되어서는 안 된다: 미국의 상대적 쇠퇴, 중국과 인도, 브라질 등 신흥대국의 상대적 부상에만 국한돼서도 안 된다. 다극화는 매우 풍부한 실질적 내용을 가지고 있다. 오늘날 유럽의 금융위기 및 가까운 장래에 유로화지역 주요 대국과 미국의 전쟁위기에서의 무능함은 전 세계 경제권력의 축이 아시아 및 세계 기타 신흥 경제체로 전이되고 있음을 의미한다. 또한 그 속도는 우리가 천년 동안 교류하는동안 예측했던 것보다 훨씬 빠르다. 유로화 위기의 영향을 받지 않는 국가가 없지만, 이 문제의 대응면에서는 아시아와 신흥경제체가 타국에 비해 더욱 출중한 것같다. 이들의 거시적 경제체제의 적응능력이 더욱 강하기 때문이다. 이는 수출 민간 저축 및 외환보유고 등에 기반한다. 이러한 위기는 무역과 투자구조가 '북남 협

26 Ian Johnston and Jackie Calmes, "As U.S. Looks to Asia, It Sees China Everywhere," *New York Times*, 2011.11.15.

력'에서 '남남 협력'으로 전환되는 것을 추동하고 있다. 이 외에도 예를 들면 인도네시아, 멕시코, 터키 등 신흥경제체들이 브릭스 국가 그룹에 편입되어지고 더 나아가 하나의 경제공동체를 형성하고, 그리하여 이러한 국가들이 세계 정치경제에서 차지하는 비중을 제고시키고 있다. 이러한 세력 전이는 이러한 국가들이 국제 이슈를 지배하는 규칙을 만들 때에 더 큰 목소리를 내도록 촉진하게 될 것이다. 묵인과 설계의 상황 속에서 중국은 더 큰 지도자 역할을 발휘하여 아름다운 신세계를 만들라고 요구받게 될 것이다. 중국이 선뜻 나설까?

이 아름다운 신세계에서

(1) 중국은 어떠한 도전에 직면해 있는가?

중국은 아시아의 부유한 국가들 및 신흥경제체들과 함께 전 세계 발전의 불균형과 전 세계 부의 불균등적 배분상황을 개선하는 것에 기여할 수 있다. 중국과 이러한 국가들이 향후 어떻게 도전을 맞이하게 될 것인가? 남남협력을 제고시키자는 건의가 많은 이들의 진지한 반응을 얻기 시작했다. 2011년 11~12월 한국의 부산에서 개최된 제3차 부산 세계개발원조총회에서 중국이 국제원조분야에서 발휘한 역할은 참여자들의 인정을 받았다. IMF 채권을 증액하여 인수 또는 구매하는 것을 통해 IMF에 자금을 제공하거나 제공을 승낙하거나, 치앙마이 이니셔티브 다자화 등 역내 이니셔티브를 발전시킴으로써[27] 중국은 현재 국제 혹은 지역 공공재를 제공하고 있다고 여겨지고 있다. 이러한 행동들이 국제 금융과 경제를 안정시키는 데 얼마만큼 도움이 될 수 있을지에 대해서는 다양한 논쟁이 전개되고 있어 향후 계속 관찰할 필요가 있다. 어찌됐건 중국은 상대적으로 더욱 강한 행위자가 될 것이며, 오늘날의 경제위기 속에서 더 많은 국제정치경제의 리더십을 발휘할 것을 요구받고 있다. 중국인들이 지도자적 위치를 차지하는 국제기구의 수도 점점 많아지고 있

27 Gerald Chan, "China's Response to the Global Financial Crisis and Its Regional Leadership in East Asia," *Asia Europe Journal*, Vol. 9, Issue 2-4, (March 2012), pp.197-209.

음을 아래의 데이터는 보여주고 있다.[28]

표-1 중국인이 국제기구에서 맡은 주요 직무

이름	직위	역임 시기(년)
천펑푸전	세계보건기구 간사장	2007
샤주캉	유엔사무차장	2007
린이푸	세계은행 수석경제학자, 선임 부총재	2008-2012
주민	IMF 총재 특별고문	2010
장위예자오	WTO 대법관	2008
허창추이	유엔식량농업기구 사무부총장	2009
왕빈잉	세계지식재산권기구 사무차장	2010

자료 출처: Xie Zhihai, "The rise of China and its growing role in international organizations," ICCS Journal of Modern Chinese Studies, Vol. 4, No. 1, 2011, p.89.
http://iccs.aichi-u.ac.jp/archives/report/038/5099f0477e37a.pdf (2013.9.27).

세계와 날로 융합되는 가운데 중국은 규칙을 채택하고 준수하거나 부분적으로 내재화하는 방식을 통해 부단히 외부세계를 배워나가고 있다. 하지만 다른 한편으로 중국은 일부 규칙을 거부할 뿐 아니라 그것을 바꿔나가려고 시도하거나 혹은 새로운 규범을 제시하여 그것과 경쟁하는 방식으로 점차 나아가고 있다. 대부분의 경우 중국은 규칙 수용자이지만, 규칙 파괴자일 때도 있고, 또한 점차 규칙 제정자로 성장해나가고 있다. 외부세계 또한 중국의 행위방식을 학습하고 있다. 그들 간 상호 사회화 및 합법화의 과정이 시작되었다. 비록 상호의존이 서로에게 미치는 영향이 불균형적이기는 하지만, 어차피 이것은 관련된 의제 및 권력관계에 의해 좌우되는 것이다.

(2) 중국의 의도는 무엇인가?

마오쩌둥이 1949년 "중국이 일어났다."라고 선포했을 때 그는 아마 중국이 서구 제

---

28 "China's Best Play a Part on International Stage," *China Daily*, 2012.8.8, http://www.chinadaily.com.cn/cndy/2012-08/08.

국주의로 인해 겪었던 백년의 굴욕에서 이미 벗어났다고 여겼던 것 같다. 이후 중국의 목표는 군사력이 강하고, 물질적으로도 부유하며, 자신을 보호할 수 있고, 남으로부터 다시는 능욕 당하지 않는 국가, 오늘날 그리고 과거의 찬란함에 큰 자부심을 느낄 수 있는 국가, 그리고 타국의 존중을 받을 수 있는 국가를 만들려는 것이었다. 중국의 최근 몇 년 그리고 몇십 년에 걸친 경험들은 이러한 국가를 만들어가는 과정에 내부적 및 외부적 도전들이 산적해있음을 나타내고 있다.[29]

중국은 부강해진 이후 '패권국'이 될 것인가? 비록 중국의 지도자 덩샤오핑과 그의 계승자들은 중국이 절대 그렇지 않을 것이라고 말해왔지만 외부의 시각은 결코 그렇지 않다. 과거의 대국들—스페인, 포르투갈, 네덜란드, 프랑스, 독일, 영국, 일본, 소련과 미국—은 모두 제국주의와 식민주의의 길을 걸었기 때문이다. 하지만 이에 대해 다른 의견을 가진 자는 중국이 상술한 국가들과 다르다고 말한다. 앞서의 국가들은 모두 서구 국가들이었기 때문이라는 것이다. 중국은 평화적으로 부상하고 있는 국가이다. 과거에 그와 외부세계와의 관계는 '야만인'으로부터 자신을 방어하는 데에 초점이 있었지 그들을 침략한 것이 아니었다. 비록 침략행위도 있었지만 그 시기는 극히 짧았으며 중국은 신속히 자신의 영토 범주 내로 돌아갔다. 중국인의 사유방식은 '내적'이지 '외적'이지 않다. 오늘날에 이르기까지 중국은 해외에 군사기지를 가지지 않았으며, 중국과 주변국과의 충돌은 대부분 소규모로, 우연히 발생된 것들이었고, 더욱이 작은 섬의 영토분쟁 문제에 국한된 것들이었다. 중국과 대만과의 관계는 내정에 속하는 것이며 더욱이 최근들어 점차 안정화되고 있다. 어떤 의미에서 보면 중국은 유일무이한 사례로서 자신만의 품격을 만들어내고 있다.

(3) 중국의 바람은 무엇인가?

중국의 지도자들은 부강한 국가 건설 이외에 다른 명확한 미래 비전을 결코 제시한

···············

29 아라가파(Muthiah Alagappa)는 국가건설이 아시아 국가들에게 있어 주요한 안보문제의 핵심이라고 여겼다. 비록 서구 국제관계이론은 이미 이 지역의 문제를 이해하는 데 상당한 공헌을 했지만, 이 문제는 마땅히 아태지역 국제관계 연구의 초점이 되어야 한다. Chris Laidlaw, Alagappa와의 인터뷰, *Radio New Zealand*, (December 5, 2011).

바 없는 것 같다. 중국은 다른 초강대국들과 달리 자신의 이데올로기를 전 세계 보편적인 것으로 삼아 전파하거나, 이것을 가지고 타국을 노예처럼 부리거나, 그들로 하여금 자신의 신조를 받아들이도록 강요한 적이 없다. 중국은 낮은 곳에서부터 출발했기 때문에 마치 전통 농업사회에서 농민들이 그랬던 것처럼 경제활동에 공을 들이고 있다. 중국은 결코 타국의 일에 관심 갖지 않으며 자기의 일에만 신경을 쓴다. 또한 중국은 타국이 자신의 내정에 간섭하는 것도 좋아하지 않는다.

비록 갈수록 많은 사람들이 중국에게 국제사회에서 책임 있는 구성원이 되라, 국력 및 지위에 상응하는 역할을 해라, 국제사회에서 더 큰 역할을 발휘하라고 촉구하지만 중국은 결코 급하지 않다. 책임 있는 구성원으로 여겨지지만 그가 지배적 지위를 점한 지도자는 아니라는 것은 확실하다. 중국은 국제이슈의 지도권에 대해 다음과 같이 여긴다. 집단의 가장 앞에 선 지도자는 타국에 대해 명령할 권리가 없을 뿐 아니라 규칙을 지키고 책임을 다하는 집단의 한 구성원이여야 한다. 만일 중국의 국익이 침해되지 않는다면, 설사 타국이 지도자의 역할을 맡기 시작할지라도 그는 안 기뻐할 이유가 없으며, 중국은 할 수 있는 모든 노력을 다해 먼저 자신의 국익을, 그 다음은 개도국의 이익을 지킬 것이다. 하지만 이러한 질서 속에서 중국이 체제 내 지도자의 이익을 완전히 무시하지도 않을 것이다.

중국은 세계가 하나의 조화로운 사회가 되기를 원한다. 그 속에 패권정치도 없고, 구성원 각자가 공정한 국제사회 구조 속에서 우호적인 방식을 통해 함께 일하는 사회 말이다. 이러한 사회는 일종의 패권안정체제와 세력균형체제의 중간에 속하며, 평화적 방식을 통해 문제를 해결하려 한다. 최근 해당 영역의 일부 저작들이 이러한 제안들을 함축적으로 제시하고는 있지만[30] 이는 결코 과거 조공시대 '천하체제'로의 회귀를 뜻하는 것이 아니다. 오늘날 국제관계에서 하나의 조화로운 사회를 만들자는 중국의 바람인 것이다.

· · · · · · · · · · · · · ·

30 Yan Xuetong, *Ancient Chinese Thought, Modern Chinese Power*, (Princeton and Oxford: Princeton University Press, 2011) 및 William A. Callahan and Elena Barabantseva, eds., *Chinese Orders the World: Normative Soft Power and Foreign Policy*, (Baltimore, MD: The Johns Hopkins University Press, 2012).

(4) 중국의 운명은 어떻게 될 것인가?

중국의 운명은 국내 개혁의 필요성 및 국제적 압력의 도전에 대한 대응 능력에 달려있다. 그중 국내정치 개혁에 대한 요구가 더욱 중요하다. 다른 독재국가와 마찬가지로 중국도 더 큰 자유와 문책 메커니즘을 요구하는 압력에 봉착해있다.

더욱이 인터넷의 발달로 인해 이러한 요구의 전파속도는 유례를 찾을 수 없을 정도로 빠르다. 중국은 현재 빈부차, 환경오염, 형편 없는 보건복지 시스템 등 사람들이 익히 아는 문제들에 대처하느라 바쁘다. 따라서 전 세계 문제를 해결하는 데 전력을 투자하기 어렵다. 외부세계는 중국의 열악한 인권기록, 자연자원에 대한 약탈적 탐색 및 중상주의 무역방식에 맞서 중국에게 국제규범과 규칙을 준수하도록 요구하고 있다. 이러한 요구들에 대하여 중국은 일부 주요 성과를 얻기는 했지만 여전히 대응하는 데 힘들어한다. 하지만 여전히 외부세계(서구)의 기대와는 동떨어져 있다.[31] 중국은 여전히 해야 할 일이 많다. 특히 어떻게 자신에 대한 긍정적 이미지를 수립하고, 소프트파워를 육성하며, 경쟁 대상국들과 우정을 쌓고, 더 나아가 그들의 마음을 얻을 수 있을 것인지 등이다. 이 외에도 중국은 자신의 행위 및 의도에 대한 타국의 일련의 오해들과 억측에도 인내해야 한다.

중국의 대내적 정당성은 국민의 생활수준을 개선하고 더욱 여유 있는 정치적 분위기를 만들어내는 능력에 달려있다. 중국의 대외적 정당성은 다자기구와 효과적인 협력을 할 수 있는지, 더욱 평화로운 세상을 만들 수 있는지, 더욱 공평하고 공정한 국제사회를 만들 수 있는지에 달려있다. 대내적·대외적 정당성을 증대하려고 시도하는 과정 속에서 자신의 신분을 수립하려고 애쓰는 중이다. 이러한 신분은 그로 하여금 제국의 과거와 구별되게 해준다. 중국은 다시는 '중앙왕국'[32]의 마음가짐을 갖지 않고, 다극체제에서 하나의 '정상적' 국가가 되려고 하고 있다. 세계의

---

31 이에 대한 더욱 자세한 분석으로는 Gerald Chan, Pak K. Lee and Lai-Ha Chan, *China Engages Global Governance: A New World Order in the Making?* (London and New York: Routledge, 2012). 특히 결론부분을 참조. pp.174-184.

32 'Zhongguo'는 'Central Kingdom(중앙 왕국)'으로 번역되어야 한다. 이것은 중국이 자신을 우주의 중심으로 여겼던 오래된 신념을 나타낸다. 'Middle'은 지리적 또는 위치의 개념으로 더 많이 쓰이는 것으로 결코 '핵심 또는 중심'의 의미를 가지고 있지 않다.

권력 및 발전의 중심이 서양에서 동양으로 전환되고 있는 이 때 중국이 반드시 미국의 패권과 공존해야 하는 것과 마찬가지로, 다른 국가들도 중국과의 공존이 필요한 것 같다. 중국은 현재 '중앙왕국'에서 정상국가로 넘어가는 쉽지 않은 과정 중에 있다. 이제는 중국이 자신의 꿈을 이뤄나가도 좋다. 기억할 수 있는 과거의 시간들 속에서 중국은 허다한 악몽을 다 이겨내왔다.

3장
중국의 새로운 미래:
러시아의 관점

바실리 미세야프(Василий Михеев)

필자는 후진타오 집권기 중국이 얻은 경제, 사회, 정치 성과를 돌아보고
미래 중국의 발전 전망, 대외정책과 중러관계를 예견하고 있다. 중국 발
전의 중단기 전망과 새로운 지도자들이 효과적으로 발전 전략을 추진하
고 현재의 불평등한 관계를 극복하고 있는지 살펴보고 있다. 중국의 주
요 전략적 임무는 계속해서 현재 선택한 노선을 추진하는 것과 동시에
중국 사회의 불균형한 상태를 개선하는 것이다. 새로운 지도부가 들어선
이후 중러관계는 여전히 어떠한 돌파구도 없으며 또한 급격히 악화되지
도 않고 있다. 양자관계는 현재의 발전 논리를 유지하고 있으며 계속해
서 전략적으로 그리고 전술적으로 협력과 경쟁이 상호 공존하는 관계를
유지할 것이다.

바실리 미세야프(Василий Михеев)_ 러시아 과학원 원사, 러시아과학원 세계경제와
국제관계연구소 부소장

개혁개방 이래 얻어낸 경제적 성과 때문에 사회, 정치 그리고 기타 방면의 문제들은 적극적이든 아니면 소극적이든 모두 등한시되었다. 그래서 중국은 새로운 발전 전략을 찾기 시작하였다. 2012년 말에서 2013년 초 중국은 권력이 교체되었다. 시진핑(習近平)은 새로운 시기 지도자로서 당과 정부의 핵심적인 지위를 모두 차지하였다. 예컨대 중공중앙 총서기, 중공중앙군사위원회 주석, 중화인민공화국 주석, 중화인민공화국 중앙군사위원회 주석 등이다. 이는 개혁개방 이후 첫 번째 전면적인 권력의 교체이다.

중국공산당 엘리트 내부의 새로운 정치 프레임은 타협의 기초 위에서 만들어졌다. 먼저, 시진핑은 강대한 자원의 잠재력을 획득하였으며 동시에 총서기와 중앙군사위원회 주석으로 임명되었다.[1]

중공중앙정치국 상무위원회 위원은 9명에서 7명으로 줄어들었으며 복잡한 정치적 결정의 심사와 비준 과정을 간단하게 하였다. 중공당 제18차 당대회 이후 시진핑은 바로 정치적 권위를 공고히 수립하기 시작하였으며 '적게 말하고 많이 일하고', '객관적이며 실재적으로 상황을 연구' 하는 등 새로운 리더십의 품격을 보여주었다. 다른 한편 중국공산당은 지도자들의 결정은 내부 협상을 통해 이루어진다는 집단 리더십의 특징을 갖고 있다. 지도자들에 대한 두 번째 제약은 새롭게 형성된 정부와 사회의 관계이다. 인터넷 기술의 발전은 점차 국가 지도자들에 대한 사회의 영향력을 강화시킬 것이다. 이러한 상황에서 중국의 고위층 정치 전략가들은 중국 정치 모델과 미국의 유사성을 느끼기 시작하였다. 새로운 발전모델의 제정은 중국 지도자들이 전통적인 이데올로기와 정치 방침을 다시 평가하도록 요구하고 있다.

- - - - - - - - - - - - - -

1 중앙군사위원회는 중국 군사정책 과정에서 중요한 역할을 담당한다. 그러나 사회발전 전략에 대한 영향은 개혁 초기에 비해서는 상대적으로 작다. 그러나 군대는 시장개혁을 후퇴시켜 군사공산주의로 이르게 할 수 있다. 그래서 덩샤오핑과 정권자들은 군대에 대한 영도를 요구하고 있으며 마오쩌둥 시대로 회귀하는 것을 방지하고자 하였다. 지금과 같이 군대가 정치권력을 장악하지 않으며 중국의 전략적 방침을 바꾸려는 이데올로기상의 요구도 없다. 왜냐하면 군대의 고위층들은 이미 시장개혁 과정에서 이익을 받고 있기 때문이다.

후진타오 10년의 총괄

후진타오(胡錦濤) 집권 10년간 중국 사회는 질적인 성장을 이루었다. 그 본질은 중국이 글로벌 차원에서 발전하는 '현대적 의미의 정상 국가'가 되었다는 것에 있다. 즉 시장 지향 민주를 추진하고, 글로벌 일체화에 참여하고, 세계 대국들과 글로벌 안보, 발전 그리고 기타 문제를 분담하는 책임을 진다는 사실이다. 이러한 배경하에서 객관적으로 비록 이것이 중국 공산당의 이데올로기 형태를 직접 형성하지는 않는다 하더라도 중국 공산당이 '중국특색의 사회주의'라는 강령을 발전시켜 나가는 데 새로운 보충 역할을 하였다. 개혁 초기, 이 강령이 중국의 개혁자들에 의해 제안될 당시에는 그 방향은 공산주의 정통 좌파와 사회에서 부분적으로 공산주의 이상을 견지하는 자들과 서로 대립적이었다. 이는 다음과 같은 것을 의미한다. 먼저, 중국의 사회주의는 마르크스 레닌주의와 마오쩌둥 사상을 유지한다는 것이다. 다음으로, 중국은 자신의 길을 가는 마르크스 공산주의라는 것이다.

이는 덩샤오핑이나 그 지지자들이 시장화 개혁을 실시하거나 개혁개방 정책을 추진하는 과정에서 좌파들이 이른바 수정주의이고 공산주의 원칙을 위반한다는 비판을 피할 수 있도록 재산 사유화와 시장의 관계를 받아들이지 않도록 하였다.

오늘날 이 강령은 중국이 바로 자신의 걸음과 방식으로 시장민주화 개혁과 글로벌 공동 발전의 길로 나아가고 있고 중국이 이 길로 전진해가면서 이미 통상적으로 마르크스 레닌주의 길 가운데 '돌이킬 수 없는 반환점'을 넘어버렸다는 것을 의미한다. 그러나 이것은 중국 사회 모델 가운데 모든 요소들이 모두 이러한 속도로 발전하고 있으며 아울러 같은 성과를 얻었다고 말하는 것도 아니다. 발전 자체도 많은 자연적인 소극적 영향을 만들어냈다.

최대 성과는 경제 방면에 있다. 수량 지표에 근거하면, 중국은 이미 미국에 이은 세계 제2의 경제 실체이다. 그러나 양적인 성장은 또한 자원의 품귀현상, 생태환경의 악화, 사회 불균형 문제 등 엄중한 결과를 촉발하였다. 과학기술 현대화 발전이 완만해지면서 이는 중국의 경제성장이 질적인 측면에서 숫자로 보여지는 현저한 성과를 만들어내는 게 어렵게 되었다는 것을 의미한다. 이 방면에서 중국은 여전히 미국보다 낙후되어 있을 뿐만 아니라 일본, 유럽 그리고 한국보다 낙후되어 있다.

반대로 말하면, 현재 혁신 발전을 향한 과도한 요구가 사실은 중국 경제 저발전 부문이 여전히 혁신 발전에 적응할 준비가 되어 있지 않다는 것을 보여준다.

비록 경제발전에 의존하고 있다고 해도, 최근 사회 영역은 먼저 경제가 성장하고 있고, 그 후에 경제 성과의 재분배가 소비를 추동하는 등 여전히 발전이 매우 빠르다. 이 방면의 부정적인 영향은 사회분화의 심화와 저소득 계층의 자신의 상황에 대한 불만이 증가하는 데 있다. 군사부문 현대화 수준도 경제성장보다 낮다. 과거 2, 3년간 빠른 군사 현대화는 부정적인 영향을 만들어냈고 지역 인근 국가의 중국에 대한 시기와 불신을 높였다. 대내외 정책 영역의 변화 공간도 줄어들고 있다.

당내와 기층 민주 발전은 전면 민주 실현을 위한 길이 매우 길게 가야 하는 길임을 의미하고 있다. 이러한 민주는 이제 막 시작하였을 뿐만 아니라 이 모든 것은 또한 사회문명 발전의 추세이기도 하다. 비록 언론의 자유가 여전히 예외적이라고 하지만 정보와 통신 혁명은 시민사회가 당국에 대해 한층 공개적인 평가와 비평을 할 수 있도록 하고 있으며 정부가 사회의 요구에 반응하도록 압력을 가하고 있다.

경제, 사회 그리고 국내 정치 영역에서 만들어낸 가장 부정적인 정치 결과는 바로 부패이다. 그 거대한 위협성은 중국의 부패가 가지고 있는 체계성에 있다. 그것은 일종의 나쁜 현상일 뿐만 아니라 뇌물이 건네지지 않으면 문제를 해결할 수 없다는 점에서 발전의 구성부분이기도 하다.

세계경제와 금융 영역에서 자신의 존재를 확대한 중국은 일시적으로 흡인력을 갖추고 세계가 이해하는 글로벌 발전 논리를 아직 제정하지 않고 있다. '조화사회(和諧世界)'는 단지 명확한 목표, 즉 '모두가 좋은 것이 비로소 진짜로 좋은 것'이라는 명확한 목표만을 제시하였을 뿐이다. 이 개념의 구체적인 내용, 즉 '좋은 것이 어떠한 것인지' 그리고 목표를 이루기 위한 구체적인 경로가 무엇인지를 갖추고 있지 않다. 다른 한편, 중국 경제 능력의 성장, 그리고 세계와 아시아태평양지역 주요 국가들 시야에 중국의 대외정책과 군사적 구상이 투명성을 결여하고 있다는 시각은 이들 국가들의 강대한 중국에 대한 '새로운 의구심'을 야기하고 있다. 새로운 목표는 아직 명확하고 분명하지 않으며 오히려 원래 가지고 있던 우려가 증폭되고 있다.

중국 지도자들의 이데올로기 부문에서의 진전은 그리 크지 않다. 중국 공산당은 여전히 마르크스 레닌주의, 마오쩌둥사상을 견지하고 있으며 중국 지도자들이 '3 개대표', '과학적 발전관' 등 비록 자신들의 이념을 시험해보고는 있으나 이러한 경향은 중국 지도자들이 국가 역사에서 개인 사상의 흔적을 남기고자 하는 희망을 표명한 것에 지나지 않는다.

중국의 발전 전망과 예측

중국 발전의 중단기 전망은 새로운 지도자들이 발전 전략을 효과적으로 추진하고 현재의 불균형을 효과적으로 극복할 수 있느냐와 관련되어 있다. 그래서 중국의 주요 전략적 임무는 기존에 선택했던 노선을 계속해서 추진함과 동시에 중국 사회의 균형발전을 저해하는 불균형 상태를 개선하는 것이다.

　중국 지도층은 비교적 높은 경제발전 속도를 성공적으로 유지하였다. 그러나 사회의 전면적인 균형 발전을 실현하지 못했다. 마치 예전처럼 경제는 매우 현대적이지만 과학기술과 실질 군사 능력의 낙후는 여전히 존재한다. 물론 과거 10여 년 전에 비해서는 부분적으로 개선된 측면이 있다. 사회영역의 낙후 또한 여전히 존재한다. 그러나 대규모 사회 개혁의 배경하에서 보험, 의료, 교육 영역은 상대적으로 경제현대화의 낙후 정도보다 축소되어 있다. 대외정책 현대화의 낙후 정도는 비교적 분명한 개선을 보이고 있다. 그러나 이것은 또한 중국의 대외정책 구상과 글로벌 발전 목표에 대한 대범하고 깊이 있는 새로운 평가를 요구하고 있다. 대내정책과 이데올로기 영역에서 현대화 정도의 격차가 가장 크다. 이 문제는 세대를 이어 다음 지도자들에게 건네질 것이다. 그들은 심리, 교육 그리고 기본 가치 방면에서 이미 마르크스주의와 마오쩌둥사상 유산의 영향을 받지 않을 것이다.

(1) 정치

이데올로기 형태와 사회경제 발전이 상호 연계된 중국 정치 발전은 아래 두 가지 주요 변수에 달려 있다. 첫 번째 변수는 이데올로기와 경제 사이에 존재하는 기본 모순이다. 중국 경제는 사실상 자본주의이다. 왜냐하면 모든 경제 주체, 예컨대 국유기업조차도 모두 자본주의 논리에 의해 이윤을 취득하고 있기 때문이다. 중국 경제발전과 '표준화된 현대국가'를 향한 전화의 주요 제도적 성과는 과거 10년 동안 줄곧 유보되어진 사회주의 물자 분배 방법(시장에서 물자를 구매하는 화폐 분배를 대체)과 예컨대 실물 표현 형식으로 획득한 성과에 있다. 동시에 중국 이데올로기는 여전히 공산주의 형식을 유지하고 있고 일부 중국 지도자(원로)와 (빈곤한) 인민들은 계속해서 공산주의 이론을 지지하고 있다. 중공당 제18차 당대회 보고 문건에서도 여전히 마르크스주의와 마오쩌둥사상이 유지되고 있다. 분명한 것은 향후 최소한 5년 이내에 새로운 지도자들은 서로 다른 연령 집단과 중국공산당 당내 이데올로기 집단 간의 이익의 균형을 맞추는 것이 필요하다. 그러나 이 모순은 바뀌지 않을 것이다. 그래서 예측컨대, 중국 시장경제 발전에 따라 중국 자본 국가와 국제 지위가 한층 강화될 것이고 인민들은 한층 부유해질 것이기 때문에 중요 전략을 결정할 때 정치방면의 결정을 포함하여, 이러한 모순은 모호하고 허위적인 현상을 강화할 것이다. 이것이 바로 중국 발전이 직면하고 있는 주요 도전이다. 최소한 중단기 내에 중국의 전략은 향후 이러한 도전에 대한 효과적인 대응에 달려 있다.

비록 사회주의 시장 민주 방안이 대다수 사람들의 이익을 중점적으로 고려한다 할지라도, 중국의 새로운 이데올로기 현대화 방안 가운데 하나로 볼 수도 있지만 향후 발전 형식이 어떻게 될 것인지 예견하는 것은 매우 어렵다. 다른 한편, 이데올로기 현대화는 장기적일 뿐만 아니라 논쟁이 있는 방안이기도 하다. 그것은 중국 사회의 극단주의와 안정 요인 증가를 파괴하는 위험, 또는 여러 사람들의 불만의 정서를 포함하고 있다. 그들은 시종일관 공산주의와 마오쩌둥사상이 '좋고 나쁨"을 이해하는 가장 정확한 방안이라고 인식하고 있다. 이런 기초에서 중국공산당은 중기(中期) 내에 현재의 사상 이론을 방기하지 않을 것이며, 비록 마르크스·레닌주의와 마오쩌둥사상이 점점 적게 언급된다고 할지라도 중국 시장 민주와 글로벌화 사상의 토론 과정에서 여전히 끊임없이 지속될 것으로 여겨진다.

이데올로기와 국내정치 간의 연계는 아래 방안으로 현실화될 가능성이 있다. 즉 중국공산당은 대중의 불만을 분출하고 수습하는 데 있어서 정치개혁이 필수적이라는 것을 간파하고 있다. 경제적으로 어려운 시기에 특히 그렇다. 그러나 사상 차원에서의 제약이 민주 개혁을 저해하고 있다. 중공당 제18차 전국대표대회에서는 당내와 기층(현급)에서 개혁을 진행한다는 방침만을 확정했을 뿐이지 전체적인 민주개혁의 방침은 아니다. 그 추세는 중국공산당이 장차 당내와 기층 민주를 발전시키고 기타 8개 민주당파의 역할을 제고하는 것이지 중국공산당이 정치권력을 잃는 것을 야기할 수 있는 개혁을 진행할 수 없다는 사실이다.

두 번째 요인은 사회경제 상황이다. 정치위기의 발전은 예전과 마찬가지로 아래와 같은 규율을 체현해낸다. 즉, 경제성장의 정체는 사회 불만의 증대를 초래하고 사회 불만은 사회 불안정으로 변화한다. 사회 불안정은 결국 정치 불안정으로 변화한다. 그러나 현재 5개년 계획과 중공당 제18차 당대회의 총체적 전략 방침에 근거하면 중국 경제와 사회 발전의 주요 추세는 비교적 높은 경제성장을 유지하고 그결과 정치안정을 보장한다는 것이다. 동시에 사회 분화는 중국공산당의 새로운 지도자들에게 사회 불만이 끊임없이 높아지는 사회 정치 혼란을 방지하는 행동을 취할 것을 요구하고 있다. 현재의 상황으로 보면, 중국의 새로운 지도자들은 중기 내에 사회경제 영역의 정책 안정을 유지할 수 있는 능력을 가지고 있다.

민주화와 내부 정치투쟁 발전은 아래와 같이 몇 가지 방면의 도전에 직면하고 있다. 먼저, 당내와 기층 민주는 완전한 민주로 이행하는 데 충분하지 않으며 내부 정치 안정을 보장하고 인민의 불만을 풀어놓는 기초로서도 충분하지 않다. 또한 일종의 의식 해방과 자유 발전의 수단으로서도 충분하지 않다. 도전은 바로 충분한 민주는 중국공산당이 준비를 잘하도록 기다려야 하고, '책임을 지는' 유권자(選民) 참여하에서 공개선거가 장점을 상실할 때가 되면 다른 '책임 있는 정당'(당국의 정책이 불건전하여 소련의 충격방식 민주가 출현하는 것을 피하여)에게 평화적으로 정권을 이양할 수 있어 중국의 현대화를 계속 추진해야 한다는 데 있다. 그러나 중국의 문제는 대략 2/3의 인구가 농민이며 또한 내부적으로 인구 이동이 빈번하고 양호한 교육이 결핍되어 있으며 적극적인 정치생활이 습관화되어 있지 않고 책임을 지는 대규모 유권자가 형성할 방법이 없다는 데에 있다. 중국공산당을 대체할 수 있는 정치 세력이 없다. 책임 있는 유권자와 책임 있는 대체 정치 세력을 형성하기 위해서는 시간이 필요하다. (예컨대 일본의 자민당은 거의 반세기 동안 집대체 불가능한 집권당이었다.) 이런 측면에서 중국공산당은 정치개혁을 추진할 충분한 시간을 가지고 있다. 그 조건은 다음과 같다. 높은 경제성장을 계속 유지하고, 반부패 투쟁에서 실질적인 성과를 얻어내고, 경제발전과 빈곤 인구의 복지 성장의 불균형을 개선하여 광범위한 대중들이 볼 수 있고 느낄 수 있도록 해야 한다. 이로써 다음과 같은 예견이 가능하다. 중국공산당은 정치개혁을 더욱 단단하게 옥죄지 않을 것이며 또한 정치권력 교체 시간의 도래를 더디게 할 것이다. 왜냐하면 정치개혁은 반드시 하나의 문제를 야기하기 때문인데, 또 다른 세력 출현의 조건하에서 중국공산당이 제대로 준비해서 다른 세력에게 정권을 민주적으로 넘겨줄 지 여부이다.

둘째, 만약 중국 경제와 사회 발전의 구조적 요인 중에서 중국공산당이 부패와 관료부패 등을 충분히 극복하지 못한다면 중국 사회는 장차 과두자본주의로 변화하는 위험에 직면할 것이다. 중국공산당 신임 지도자들은 반부패 투쟁을 강화할 것임을 명확하게 표시하였다. 매우 분명하게도 이것은 필연적인 발전 추세이다. 그러나 이러한 도전의 복잡성은 반부패 투쟁이 중국 고위층 지도자들의 개인 이익과 닿아 있다는 데 있다. 따라서 반부패 투쟁은 위험이 존재한다. 어쩌면 중국 공산당 최고위층 파벌 간의 투쟁으로 비화될 가능성도 있다. 따라서 반부패 투쟁의 끊임없는 성공을 위해서 시진핑과 그 지지자들은 그 지위를 한층 강화해야 한다. 연령 제한 때문에 5명의 중공중앙 정치국 상무위원은 향후 중국공산당 제19차 당대회에서 다시 정치국 상무위원으로 나설 수 없다. 2017년 시진핑은 자신의 구도를 건립할 기회를 가지게 될 것이다. 이에 근거하여 예측하면, 가까운 시기에 중국공산당은 국가가 과두자본주의로 이행하는 위험을 성공적으로 저하시킬 것이다. 그러나 반부패투쟁의 성과는 매우 철저하지 않을 것이고 이 문제가 미래 10년 동안 여전히 매우 중요한 문제가 될 것이다.

셋째, 반부패 투쟁이 서로 다른 파벌의 이익과 연결되기 때문에 당내 투쟁이 점차 격렬해질 것이며 심지어 직접적으로 정책 결정자의 권위에 영향을 줄 것이다. 이런 상황에서 중국 공산당 내부 파벌 간 충돌의 위험은 한층 커진다. 중국공산당은 장차 한층 빠르게 당내 민주를 추동할 것이며 각 파벌 간 충돌은 공개적인 민주 절차에 따라 해결될 것이며 전체 당의 권위를 파괴하지는 않을 것이다. 이런 예측에 근거하여, 비록 중국공산당의 당내 충돌이 격화될지라도 장기간 안정을 유지한 관성과 10년간 달성한 공통된 인식은 장차 내부의 안정을 보장할 것이다. 그러나 10년 기간의 최후 단계에서의 충돌 추세는 점차 강해질 것이며 파벌 간 이익이 전체 당의 안정된 이익을 이겨낼 것이다. 이러한 모순이 불안정한 정도에 충분히 이를 것인가 여부가 당내 민주의 발전 추세를 결정할 것이다.

넷째, 단기간 내에 중국 시민사회(公民社會)의 발전은 당내와 기층 민주의 신속한 발전에 의존하게 될 것이다. 빠르게 정보를 획득하는 인터넷 통신, 블로그, SNS 등으로 공산당이 통제할 수 없는 새로운 학술 환경이 만들어졌다. 이는 중국공산당의 위신에도 영향을 미쳤다. 시민사회의 발전 촉진, 즉 민주화를 한층 빠르게 추진하는 것은 중국공산당 당국에 대한 장기 도전이다. 미래 10년, 안정을 유지하는 상황 하에서 중국공산당은 시민사회의 지력(智力)과 잠재력에 대해서 훨씬 더 관심을 갖게 될 것이다. 그런데 사회 민주 정도가 높지 않은 상황하에서 고속발전과 끊임없는 개선이 이루어지는 사회 인터넷 자원 간의 불균형은 극복할 수 없을 것이다. 바로 상술한 것과 같이 책임 있는 유권자와 책임 있는 정치 세력의 건립이 필요하다. 이러한 임무가 장차 중국 다음 세대 지도자들에게 남겨질 것이다.

(2) 경제

중국은 8~9% 고속성장을 유지하고 있다. 중국이 제안한 새로운 경제 전략, 즉 대가를 고려하지 않는 '성장 유지 전략'에서 벗어나, '질적 성장 희망'을 거는, '혁신 전략', '녹색 성장 전략' 등으로 그 발전을 촉진할 것이다. 중국은 세계의 공장으로부터 점차 완성품 생산공장과 가공 공장 그리고 글로벌 거대 소비시장으로 변화하고 있다. 중국의 전략적 전망(前景)은 내구 용품과 사치성 제품 수요 증가 혁신, 고품질 노동력 그리고 로봇 기술 등의 수요를 추월하고 있다는 사실에 있다.

중국 변수는 전략상 세계와 지역(아태지역)의 노동력 분화의 변화를 야기할 것이다. 노동집약형 그리고 고오염성 생산활동이 점차 중국에서 동남아, 동아시아와 아프리카의 저개발 국가로 옮겨갈 것이다. 중국이 아프리카에서 벌이는 투자 방향도 장차 변화가 발생할 것이다. 즉 자원과 기초설비 투자로부터 노동집약형 제품 생산 투자로 옮겨갈 것이다. 중국은 (인민폐의 국제화와 중국 금융시장의 개방성 정도를 보면) 향후 10년 세계의 금융 중심이 될 것으로 기대하고 있다. 중기적 관점에서 중국은 세계 주요 자본 수출국이 될 것이며, 세계 주요 대국 정부채권의 보유자가 될 것이다. 수출 차원에서 보면, 아세안과의 적극적인 협력 그리고 한중일 등 새로운 지역에서의 자유무역지대의 창설로 중국은 장차 지역의 수요를 확대할 것이다.

그러나 새로운 전략은 한계가 존재한다. 먼저, 자연적인 제약이다. 즉 자원의 부족과 생태환경의 제약이다. 둘째, 역사적인 제약이다. 즉 기초 연구가 덜 발달되어 있고 중국의 금융 시장이 계속해서 폐쇄적이라는 점이다. 셋째, 구조적 제약이다 50%의 인구는 여전히 낙후된 농촌에서 생활하고 있고 (농촌에서 도시와 도시에서 농촌으로 이동하는) 내부 이민은 약 15%가 존재한다. 비도시인구는 중국 중산계급과 경제 지속 성장의 예비 역량이다. 이를 위해서 대량의 사업, 즉 기초설비 투자, 도시화, 농촌 교육과 의료 서비스 체계의 발전 등을 추진하여 취업을 보장하는 노동 밀집형 산업을 추진하고 있다. 로봇 기술과 노동 밀집형 생산은 수출 방면에서 중국의 노동 생산율을 높이고 있다. 그러나 동시에 중저가 숙련 노동력의 수요를 억눌러서 사회 안정에 부정적 영향을 만들어내고 있다. 한편 위에서 언급한 생산 이동, 혁신 전략, 로봇 기술의 확대 등은 중국 경제가 직면한 '후퇴'의 위기를 초래할 가능성이 있고 이는 실업, 사회 저항 증가, 생활 수준의 대폭 하강 등 부정적인 결과를 만들어낸다.

중국 경제의 이중적 수요는 국가와 개인의 대폭적인 투자를 요구하고 있으며 동시에 혁신, 자원 절약과 '녹색' 기술 발전 등 구조적 개혁을 추진하는 데 유리하다. 한층 빠른 경제성장 상황하에서 중국의 새로운 지도자들은 또다시 최근 2년간 정부가 이미 맞닥뜨렸던 함정에 직면하게 될 것이다. 즉 경제 투자가 완만해지고, 통화 팽창(7%를 초과한 적은 없고, 그래서 이것은 높은 지표는 아님) 위협과 '금융 거품'이 경제성장을 늦출 것으로 보인다. 여기에서 중국은 국제관계의 '스마트 파워 (Smart power)'와 조우하게 된다. 2008~2009년 세계금융위기 이후 중국은 신속하게 세계경제에서 자신의 지위를 공고히 하고 많은 국가의 구세주 역할을 담당하였다. 이것이 몇몇 미국 엘리트들의 반중(反華) 정서를 야기하였으며 중국 구상의 출발을 억제하였다. 그 목적은 중국 경제의 급속한 정체를 원하는 것이 아니다. 왜냐하면 중국은 이미 글로벌 경제 발전의 중요한 요소이기 때문이다. 즉 미국을 포함하여 중국 상품에 대한 수요는 단지 늦추는 것만 가능하기 때문이다. 이로부터 새로운 언술이 나타났다. 학술회의 등을 통해서 위기로 잠복되어 있는 중국 지방정부의 불량 채권 문제, 부동산 시장의 과열 문제, 금융 거품 문제 등이 거론되었다. 이론상의 충격은 상당히 강대하며 또한 사람들을 설복하고 있다. 따라서 중국 학계와 정치 엘리트들은 투자 증가폭의 하락과 부동산 구매의 제한 등 필요한 조치를 고려하기 시작하였다.

그러나 이러한 방안의 거시경제상의 주요 착오는 다음과 같다. 먼저, 중국 내 저발전 지역에 대한 투자 증가의 요구를 고려하지 않고 있다. 이들 지역에 투자가 없으면 이 영역에서는 어떠한 내부적 수요나 취업 증가가 있을 수 없다. 다음으로, 중산 계급의 투자 수요를 등한시하였다. 그들은 부동산 투자를 통해서 이루어지는 개인 자본의 증가에 매우 관심을 가지고 있다.

우리들은 중국의 새로운 지도자들이 외부 '스마트 파워'로부터 방안을 받아들일 때 한층 신중해져야 한다고 주문한다. 중국 경제의 완만한 발전 가능성은 중공당 18차 당대회 이후 발생할 것이다. 그 원인은 군대 현대화 그리고 국가가 장차 투자에 대해서 새롭게 배분을 하기 때문이다. 군비가 확대되기 때문에 완만하게 진행되는 도시화와 중산계급 숫자의 증가는 전체 사회 경제 발전에 부정적인 영향을 만들어낼 것이다. 경제와 군사 현대화의 '새로운 균형'을 찾는 것이 새로운 지도부들이 중기 내에 해결해야 하는 중요 난제 가운데 하나가 될 것이다.

(3) 사회 현황

중기적으로 보면, 인구 증가를 낮아지게 할 수 없다는 것이 중국의 주요한 전략적 도전 가운데 하나이다. 그러나 문제를 해결하는 방안을 일시적으로 아직 찾아내지 못하고 있다. 부자들의 수입을 제한하는 방안도 적극적인 결과를 만들어내지 못하고 있다. 왜냐하면 이러한 거시경제 방면은 경제성장에 영향을 주기 때문이다. 정치적으로 대부분 이 계층이 대표하는 개인 이익과 어긋났다. 이 문제를 해결할 때 중국의 새로운 지도부는 장차 이데올로기적인 딜레마를 만나게 될 것이다. 정부 당국은 시종 사회주의 이데올로기를 견지하고 또한 개개인의 평등을 선전하고 있다. 그러나 현실은 이와 상반된다. 새로운 이데올로기와 실천 방법의 기초 위에서 문제를 해결하는 방법을 찾아내는 것으로 가정하자. 그 본질은 당연히 자본주의든 아니면 사회주의 모델이든 모두 평등하지 않다는 것과 평등이라는 것이 불가능하다는 것을 강조하는 데 있다. 이러한 불평등 발전 메커니즘에 관한 언론은 사회와 경제

상황의 안정을 파괴하지 않을 것이고 이와는 반대로 충분히 현실적으로 보완될 수 있다는 것이다. 먼저, 저소득 가정이 훨씬 높은 사회 계층으로 올라서는 것을 허락하는 '사회 통로'를 건립하는 것이다. 다음으로 투자 제고가 주택, 의료 서비스 교육 등 방면의 기본 생활 서비스 질 영역을 보장한다는 점이다. 아울러 사람들이 이러한 서비스를 충분히 향유하게 보장한다는 사실이다. 비록 자금이 부족하고 사회보장체계가 불건전할지라도 높은 기술 능력을 가진 전문가 부족이 향후 미래 계획을 실시하는 데 영향을 줄 것이다. 그러나 중공당 18차 당대회 결정에 따르면 중국 지도자들은 이 문제를 해결하려고 하고 있다.

　중국 인구 '노령화'는 장차 사회 발전의 가장 중요한 부정적인 요인이 될 것이며 양로보험제도의 부담 증가를 야기할 것이다. 현재 중국이 계속해서 낳고 기르는 것을 제약하는 상황하에 노동인구와 양로금을 수령하는 사람들 간의 관계에서 후자 때문에 부정적인 변화가 발생하겠지만 그래도 10년의 저축 시간을 가지고 있다. 이를 토대로 예측해보건대, 가까운 5~10년에 계획생육제도(가족계획제도)를 폐기할 것이다. 또 다른 사회 불균형 성장의 요소는 식품 가격 상승이다. 이는 빈곤 인구군의 증가를 야기할 것이고 결과적으로 사회 붕괴를 촉발할 것이다. 모든 사회 정세의 중기 예측은 다 긍정적이다. 비록 중국공산당이 사회 계층 분화를 성공적으로 억제하지 못한다 할지라도 적어도 그 정치적 영향력은 완화시킬 수 있기 때문이다.

(4) 종합 예측

중국의 발전 가능성은 아마도 아래 방안에 기초하고 있을 것이다. 향후 5~10년간 국내 정치의 안정이 총체적으로 계속해서 유지되어야 한다. 중국이 경제의 고속 성장을 계속 유지하는 능력은 가치와 동기 구조 가운데 개인의 복리를 강화하는 데 있지 정치 자유에 있지 않기 때문이다. 그러나 경제와 시민사회의 발전 수준과 시대에 뒤떨어진 공산주의 이데올로기 간에는 불균형이 존재할 뿐만 아니라 이러한 불균형은 극복할 수 없다는 점이다. 경제의 완만한 성장과 금융 위기라는 배경하에서 중국공산당은 또 다른 위험에 놓여있다.

대외정책과 러중관계

새로운 지도부가 들어선 이후 중국과 러시아 관계는 어떠한 새로운 진전도 있지 않으며 또한 급속하게 관계가 악화되지도 않았다. "충돌하지 않고, 동맹도 맺지 않는다."는 것은 중국의 일관된 관점이다. 중공당 18차 당대회에서 확정된 대외정책은 러시아와 중국 관계에 새로운 발전을 가져오지 않았다. 양자관계는 현 상태의 발전 논리를 유지할 것으로 보이며 계속해서 전략적이며 전술적 차원에서 협력과 경쟁이 병존하는 관계를 유지할 것이다.

가까운 장래에 러시아와 중국의 관계는 중국의 새로운 대외정책의 영향을 받을 것이다. 중국 지도부는 이미 새로운 대외정책을 만들기 시작하였으며 아마도 2014년 가을에 완성할 것으로 보인다. 그전에 시진핑 체제는 국내 문제의 해결에 관심을 보일 것이다. 새로운 중국 지도자들의 대외정책의 전망에 대한 총체적인 평가는 아래 몇 가지 방안으로 정리할 수 있다. 먼저, 중국 지도자들은 대외정책이 경제적 성과보다 낙후되었다고 생각하고 '조화세계' 사상을 제외하고 기타 명확한 글로벌 발전 전략을 제안할 것으로 보인다. 둘째, 모순이 계속 존재할 것이다. 중국은 비록 세계 대국의 지위를 얻었다고 생각할지라도 이전과 마찬가지로 글로벌 문제나 지역 문제를 해결할 지도자의 책임을 맡을 준비가 아직 덜 되어 있다. 셋째, 미국과의 금융과 경제 협력은 새로운 단계로 접어들었으며 훨씬 적극적으로 중미 군사, 정치 협력을 촉진할 것으로 예상한다. 러시아는 아마도 바깥으로 배척될 것이며 특히 러시아 외교에서 비교적 중시되는 아태지역에서 그러할 것이다. 넷째, 중국이 군사 지위를 더욱 강화할 것이다. 중국은 "대미관계에서 특히 군사관계에서 우리들은 압제를 받지 않을 것"이라고 늘 말하였다. 이는 중국의 군비 지출 증가를 야기한다. 중국과 아태지역에서 군비 경쟁은 러시아 자신에게도 불리하다. 다섯째, '서부 대개발' 계획은 장차 중국의 중앙아시아 지역에서의 지위를 더욱 강화할 것이다. 동남아 지역과 동북아 지역의 경제공동체 발전에서 중국은 동일하게 지도자의 역할을 수행할 것이다. 아마도 이는 러시아와 중국 관계에서 긴장 국면을 조성할 것이고 장차 논쟁적인 해역 대륙붕에서 러시아와 베트남의 천연가스 개발을 위한 협력관계와도 관련이 있을 것이다. 여섯째, 중국은 글로벌 차원, 특히 아프리카 지역과 라틴아메리카, 동유럽 지역에서 경제와 문화 영역의 존재감을 확대할 것이다. 일곱째, 중국은 훨씬 적극적이고 강경한 외교가 대외전략 목표를 실현하는 효과적인 수단임을 인식하고 있다.

중국 대외정책의 가능한 변화는 러시아를 포함하여 세계 전통 대국에게 이미 도전이 되고 있으며, 또한 새로운 기회를 창출하고 있다. 도전은 현재의 모순이 훨씬 첨예하게 변화한다는 데에 있다. 예컨대 댜오위댜오(釣魚島問題) 문제가 그렇다. 따라서 '중국 군사 위협론'이라는 고유의 사상이 러시아에서 다시 되살아날지도 모른다고 예상할 수 있다. 중국의 군대 현대화는 이러한 관점을 가진 사람들에게 한층 충분한 증거가 될 것이다. 그러나 그들의 우려는 많은 문제들로 희미해질 것이다. 중기(中期) 내에 중국은 장차 해군을 중점적으로 발전시키고, 아울러 동남아에 관심을 둘 것이고, 그 군사 주의력은 러시아로 이동할 것이다. 이런 상황에서 '중국 군사 위협론'을 가진 사람들은 러시아에 대한 유리한 일면(一面)을 볼 수 있을 것이다. 즉 러시아는 시간을 갖고 정비를 추진해나갈 것이라는 점이다. 우리들의 기회는 중국이 태평양을 아우르는 안보환경하에서 새로운 안보구조를 희망하고 있다는 점에서 대화를 진행하는 데 있다.

러시아에는 중국의 새로운 군사 정책에 대응하는 사전 준비가 필요하지 않다. 그러나 중국의 대외정책 영역의 새로운 변화를 추적 관찰하는 것은 필요하다. 새로운 사고의 방향을 찾을 필요는 있으며 중국을 끌어들여 훨씬 광범위하게 정치, 군사, 가치관, 인문 교류 기타 영역의 대화에 참여해야 한다. 이로써 러시아는 중국의 대외정책 조정으로 조성될 자신에 대한 잠재적 '위협'을 줄일 수 있다. 이러한 사고는 장차 중국을 러시아와 미국의 전략 핵 안정 협력으로 이끌고 중국을 러시아와 미국의 미사일 방어 체계 협력으로 이끌어내어 새로운 태평양 안보 구조를 창설하고 러시아, 중국, 미국과 일본, 한국 기타 지역 내 국가들을 그 안으로 포괄해낼 수 있다.

4장
신형대국관계:
미중관계의 항구적 기초를 탐구하다

데이비드 램튼(David Lampton)

저자는 미중 양국 간 신형대국관계의 수립이라는 전략적 목표에 착안하여 이것을 실현해나가는 구체적 단계를 모색한다는 목적하에, 중미관계의 군사, 경제, 안보 등의 문제에 관해 논의하였다. 저자는 신형대국관계가 네 가지 특징을 가지고 있다고 보았다: 상호 투자 확대, 외교 및 안보 정책에서의 내부 조율, 군사협력과 교류의 심화 및 제도화 추진, 그리고 양국을 포함한 아시아 경제/안보 기구의 수립. 저자는 미중 양국의 역사와 현실에서 출발하여 공세적 현실주의 이론에 비판을 가했으며, 아울러 미중 양국의 신형대국관계 수립에 유리한 요인들에 대하여 분석했다. 이러한 기반 위에 필자는 미중관계를 발전시키려면 양국의 사회를 긴밀히 엮는 것부터 시작해야 하며, 위기관리, 양국 군부 관계, 위험 관리, 제3자 관리, 그리고 역내 제도화 등 국가 차원에서 대화와 협력을 강화해야 한다고 주장하였다. 아울러 우선적으로 고려해야 할 사항이 무엇인지를 제시하였다.

데이비드 램튼(David Lampton)_ 존스 홉킨스대학 국제고급연구원 중국문제연구소 주임, 교수이 글은 최근 중미 양국 간 신형대국관계 수립에 관한 각종 견해들을 논하고, 양국이 이러한 관계를 실현하기 위해 밟아야 할 구체적인 단계들을 분석하는데 목적이 있다. 2012년 2월 시진핑 중국 국가 부주석의 미국 방문기간 동안 시진핑은 양국이 "21세기를 바라보는 신형대국관계를 수립"해야 한다고 주장했다. 지난 1년간 미국 지도자들은 그러한 견해가 보기엔 모호하지만 실제로 유용할 수도 있는 개념이라는 데 대부분 동의했다. 신형대국관계의 핵심전제는 미국과 중국 간의 충돌은 절대 피하지 못하는 것이 아니며, 만일 충돌할 경우 양국과 전 세계에 재난을 초래하게 될 것이며, 관건적인 문제에서 협력하지 않는 간단한 처리방식을 취할 경우 기회비용이 매우 클 것이라는 것이다. 이 글은 협력을 기초로 하는 신형대국관계가 다음과 같은 특징을 가진다고 여긴다. 양자는 상대가 설립한 기업을 통해 취업기회를 창출하며, 기업의 수와 규모를 확대해나가야 한다; 양국은 외교와 안보정책상 각자 내부조율을 더욱 잘해야 한다; 위기관리 능력을 제고시켜야 한다; 군사협력과 전략적 대화를 확대 및 심화시킴과 동시에 제도화시켜야 한다; 양국을 포함한 아시아 경제 및 안보기구를 설립하여, 한쪽이 다른 쪽을 배제하는 기구를 설립하는 것을 방지해야 한다. 이 글은 신형대국관계를 구축하기 위해서 중미 양국 지도자들이 다음과 같은 구체적인 단계를 취해야 한다고 여긴다. (1) 자국 기업이 상대 국가에서 직접투자를 확대하도록 장려하고, 투자 장애요인을 제거해야 하며, 취업기회를 창출하고, 일정 정도 양자 간 투자조약을 맺을 수 있다. (2) 중미 양자대화 메커니즘을 새롭게 고려하여, 양자관계를 실무적으로 처리할 고위관리를 임명해야 한다. (3) 양국 간 군사교류 및 협력의 제도화를 촉진시켜야 한다. (4) 주요한 제3자 행위자에 대한 관리 규제를 양국이 각자 강화해야 한다. (5) 상대 국가에 거주하는 자국 국민을 소외시키는 행위를 하지 말아야 한다.

2012년 2월 당시 중국 국가부주석이었던 시진핑이 워싱턴에서 강연을 통해 "21세기를 바라보는 신형대국관계를 수립하자."고 제시했다. 이러한 제안은 매우 가치 있는 것이다. 시진핑은 강연을 통해 이에 대해 진술했을 뿐 아니라 이러한 관계의 특징이 "상호 이해와 전략적 신뢰," "각자의 핵심이익 존중," "상호협력" 및 "국제이슈 및 전 세계 문제에서 협력과 조율 강화"라고 밝혔다.[1] 이후 2012년 5월 베이징에서 제4차 미중전략경제대화가 개최되는 동안 당시 국가주석 후진타오와 국무위원 다이빙궈는 신형대국관계를 함께 발전시키는 문제를 논의할 것을 제안했다. 같은 달에 당시 국무위원 겸 국방장관인 량광례(梁光烈)가 워싱턴을 방문했던 기간에도 이러한 건의를 하였다. 2012년 6월 멕시코에서 개최된 G20회의에서 버락 오바마 대통령과 후진타오가 회담을 가졌다. 보도에 따르면, 후진타오는 양국이 대화를 강화하고, 상호 원원하는 협력을 도모하고, 마찰요인을 적절히 처리하며, 국제적 책임을 함께 짊어나가자고 제안했다.[2] 새로 취임한 중국의 주미대사 추이톈카이(崔天凱)와 팡한자오(龐含兆)는 2012년 7월 중국 외교부 홈페이지 및 『중국국제전략평론』에 발표한 논문을 통해 이 문제를 자세히 다뤘다.[3] 현재 시진핑 주석과 리커창 총리가 집권 하고 있다. 2013년 3월 17일 리커창은 중국인대 기자 브리핑 석상에서 기자의 질문에 대답하면서 "대국 간 충돌이 피할 수 없는것이라 생각하지 않는다… 공동이익이 종종 마찰보다 크다… 우리는 오바마 정부와 함께 신형대국관계를 구축하길 희망한다."고 언급했다.[4]

중국이 이러한 입장을 피력한 이후 오바마 행정부도 일련의 긍정적 태도를 보였다. 당시 국무장관 힐러리 클린턴은 2012년 3월 입장을 밝혔다. 보도에 따르면, 미국의 오바마 대통령은 동년 6월에도 입장을 피력했다. 2013년 리커창 총리의 연설이 있기 일주일 전에 오바마의 국가안보좌관 톰 도닐론은 비교적 상세하게 미국 정부의 전반적 태도를 정리하여 주었다. 그는 "나는 일부 사학자들과 이론가들의 전제, 즉 부상하는 대국과 지위가 비교적 안정된 대국 간에는 필경 충돌이 빚어진다는 것에 동의하지 않는다. 이러한 결론은 결코 이미 확정된 것이 아니다. 이는 물리적으로 정해진 규칙이 아니며, 지도자가 대국 간 대항을 초래하는 일련의 선택을 하는 것이다. 억제를 하자고 요구하는 사람이 있지만, 우리는 그것을 거부한다. 우

1 2012년 2월 15일 시진핑의 미중관계전국위원회 및 미중상업위원회에서의 오찬 연설은 http://www.ncuscr.org/programs/luncheon-honor-vice-president-xi-jinping을 참조.

2 장투어성(張峨生), 『中美建立新型大國關係』 http://www.chinausfocus.com/print.?id=22800 참조. 또는 Michael S. Chase, "China's Search for a 'New Type of Great Power Relationship'," Jamestown Foundation, *China Brief*, (September 7, 2012) 참조.

3 추이톈카이, 팡한자오, 『新時期中國外交全局中的中美關係: 兼論中美共建新型大國關係』 2012.7.20, 중화인민공화국외교부 홈페이지 http://www.fmprc.gov.cn/eng/zxxx/t953682.htm 참조.

4 리커창, "未來中美貿易和投資機會會更多," 2013.3.17, http://news.xinhuanet.com/english.china/2013-03/17/c_132240139.htm.

리는 더 좋은 결과를 얻을 수 있을 것이다. 하지만 기존 강대국과 신흥강대국 간에 신형관계를 수립하는 것은 미중 양국의 책임이다. 시 주석과 오바마 대통령 모두 이 목표에 찬성했다."[5]

과거에 미국은 양국이 상호의존하고 중국이 날로 강해지는 상황 속에서 각자의 역내 역할 및 전 세계 역할이 발휘되도록 추동하고, 이 구상이 협력을 추동할 가능성이 있다고 중국에게 촉구한 바 있다. 따라서 워싱턴은 신형대국관계 수립에 관해 대화하자는 중국의 요청을 환영해야 하며, 더욱이 지금의 상황은 더욱 좋아진 것이다. 다만 지금 보기에 양국의 초기 건의는 중미 양국이 모두 반드시 해야 하는 일을 한 측이 다른 측에게 해달라고 바라는 것에 치중돼 있었다. 이것들은 모두 예상되었던 것이다. 이 글은 이러한 문제에 관한 논의를 촉진시키고, 경제와 안보영역의 어디에서부터 협력을 시작하거나 강화해야 하는지를 명확하게 제시하고, 구체적으로 정책적인 제안을 하는 것에 목적이 있다.

우리는 구체적으로 사고할 필요가 있다. 쌍무관계건 아시아 일부 지역의 갈등사태건 그 전개상이 모두 우려할 만하기 때문이다. 중국 최고 당정 지도자가 비준한 2013년 중국 국방백서에는 이렇게 나와 있다. "중국은 여전히 다원적이고 복잡한 안보위협과 도전에 직면해있다. 어떤 국가(미국)는 아태지역 군사동맹을 강화하고 군사력을 확대하며 역내 긴장정세를 빈번하게 초래하고 있다. 몇몇 이웃국들은 중국 영토주권 및 해양권익에 관련된 문제에서 문제를 복잡화하고 확대화하려는 움직임을 보이고 있다. 일본은 조어도문제에 관해 문제를 야기하고 있다. 테러리즘, 분열주의, 근본주의 삼대세력의 위협이 강화되고 있다… 디지털전쟁이 정보화전쟁으로 빠르게 변화하고 있다. 주요 국가들이 최첨단 군사 기술을 대대적으로 개발하고 있으며, 우주공간, 인터넷 공간 등 국제적 경쟁전략의 감제고지를 점령하고 있다."[6]

5 Tom Donilon, "The United States and the Asia-Pacific in 2013," *remarks at the Asia Society*, New York, (March 11, 2013).

6 중국국무원 언론실, 『中國軍隊的就業多元化』 2013.4.16, http://news.xinhuanet.com/english/china/2013-04/16/c_132312681.htm.

오늘날 중미 양국은 반드시 역사적 결정론에서 벗어나 각자의 운명과 공동의 운명을 새롭게 장악해야 한다. 20세기의 대부분 시간에서는 국제적 계급투쟁의 이데올로기 및 냉전적 사고방식의 결합이 지배적인 작용을 미쳤다. 오늘날에도 대국 간 충돌은 피할 수 없다는 하나의 결정론이 지배적 지위를 점하고 있다. 이는 이성과 사실에 대한 하나의 새로운 도전이다. 2013년 1월 경력이 풍부한 한 중국 대표가 나에게 "현재 부상하고 있으며 지배적 위치를 차지한 대국은 곧 절벽에서 떨어질 거라고 여기는 사람이 있습니다."라고 말한 것과도 같다.

대국관계의 변화

(1) 산 하나에 호랑이 두 마리

미중 양국은 20세기 70년대에 새로운 대국관계를 맺은 바 있다. 지금의 움직임도 마찬가지로 선견지명을 지니고 있다. 그렇지만 현재와 과거는 여전히 적잖은 차이가 있다.

닉슨 대통령과 마오쩌둥 주석, 카터 대통령과 고위층 지도자 덩샤오핑이 대국 간 새로운 관계를 수립한 바 있다. 하지만 그것은 여전히 낡은 형태의 관계였고, 냉전 속에서 만들어진 관계였으며, 또한 실질적으로는 제3자 소련에 대한 공동 반대를 기반으로 하여 이뤄진 것이었다. 이러한 관계의 기초는 양국이 무엇을 지지하느냐가 아니라 양국이 무엇을 반대하느냐였다. 비록 이후에 양국이 우호적 관계를 유지할 이유가 크게 증가했지만 말이다. 이는 양국이 냉전 분위기 속에서 수립한 새로운 관계였다.

중국에는 "산 하나에 호랑이 둘은 있을 수 없다."라는 성어가 있다. 오늘날 미중 양국 지도자가 당면해있는 새로운 도전은 바로 양국 사회 내 많은 사람들이 가지고 있는 이런 가설이 틀린 것임을 증명하는 것이다.

존 미어샤이머가 쓴 『대국정치의 비극』[7]에서 이러한 이론이 가장 강력하게 제시

---

7 John J. Mearsheimer, *The Tragedy of Great Power Politics,* (New York: W.W.Norton, 2001).

되고 있다. 미어샤이머와 그에 동의하는 사람들은 다음과 같이 단언한다. 국제이슈에서는 안보문제가 주도적 위치를 차지한다. 부상하고 있는 경제대국은 그 경제력을 강대한 군사력으로 전환시키며, 그를 통해 주도적 위치와 안보를 보장받는다. 그리고 이러한 행위는 원래 주도적 지위를 점하고 있던 강대국의 우려와 억제를 초래한다. 기존 강대국은 부상국의 부상을 억제하거나 막으려 하고, 부상국의 국력을 소멸시켜버릴 수도 있다. 따라서 대국관계에 변화가 생길 때 국제체제는 매우 위험해지며 마찰을 피할 수 없게 되고 전쟁도 발생할 수 있다고 말이다. 현재 부상하고 있는 강대국은 기존의 주도적 지위를 차지했던 강대국의 억제정책에 불만족하고, 기존 강대국이 누리는 특권에 불만을 갖게 되며, 또한 인내심을 잃을 수도 있다. 그럴 경우 기존의 강대국은 두려움을 갖고 불안감을 느끼므로, 당면한 도전을 제거하기 위한 행동을 취할 수 있다는 것이다.

부상하는 대국과 기존의 강대국 간 상호작용은 도전적 성격을 갖는다. ―정말로 불안정적이다. 하지만 미어샤이머 등 '공세적 현실주의자'들이 이러한 긴장정세를 해결하기 위해 제시한 전략은 현실, 즉 기존의 지위 또는 패권적 지위를 유지하기 위한 정치적 자원 및 물질적 자원, 중국에 들어갔다가 온 힘을 다 소실해버릴 가능성, 그리고 국제체제 내 다른 국가들의 반응 등을 충분히 고려하지 못한 것이다. 결국 지도자적 지위와 패권을 실현하려는 노력이 국내에 필요한 자원들을 소진하게 됨으로써 일국 또는 양국이 종합국력을 유지할 근간을 잃게 될 수도 있다는 점은 우습기도 하다.[8] 이러한 공세적 현실주의가 서로 다른 어휘를 쓰고 있음을 중미 양국 모두가 듣고 있다. 만일 양국의 지도자와 집단이 이러한 이론 및 그 근거를 통해 중미관계의 오늘날 현실을 이해하고 결정을 내린다면 협력이 이뤄지기란 매우 어려워진다. 미국에서 일부 사람들은 중국의 목적이 아시아에서 미국의 역할을 최대한 감축시키는 데 있다고 단언한다. 중국에서는 다음과 같은 말들을 종종 듣게 된다. ―미국의 정책은 중국의 경제성장을 억제 또는 저지함으로써, 중국이 국제무대에서 강대국이 되는 것을 방해하려는 것이다. 그 목적은 중화민족의 위대한 부흥

••••••••••••••

8 공세적 현실주의의 이론적 결함을 밝혀낸 조나단 키스널의 우수한 저작으로는 Jonathan Kirshner, "The Tragedy of Offensive Realism: Classical Realism and the Rise of China," *European Journal of International Relations*, Vol. 18, No. 1, (March 2012), pp.53-75.

의 실현을 막으려는 데 있다. 하지만 신념은 객관적 현실의 큰 적일 수 있다. 중국은 줄곧 역내 및 국제 포럼, EAS, UN, World Bank, IMF 그리고 많은 다른 쌍무조직 및 기관에서 미국과 협력해왔다. 2011~2012년에 이르기까지 미국은 약 19만 4천명의 중국 학생과 학자들을 받아들였다. 중미 양국 간 한 측은 다른 측의 최대 무역 파트너이고, 양국 간 무역왕래는 2011년 처음으로 5,000억 달러를 넘어섰다. 다시 생각해보면 2008년 가을 전 세계 금융위기 기간과 그 이후의 중미 간 협력은 사람들에게 매우 강한 인상을 남겼던 것이다. 이러한 사실 및 다른 사실들을 다 포함하여 우리 모두는 어느 한 측의 다른 측에 대한 동기, 이익 및 행위에 대한 가장 부정적인 해석을 지지하지 않는다. 우리는 결코 문제가 존재하고 있다는 것, 또한 그중에는 일부 심각한 문제가 있다는 것을 부인하는 것은 아니다.

이러한 문제는 매우 간단하게 다음과 같이 귀결된다: 중미 양국은 어떻게 현재의 서로 신뢰하지 못하는 상황에서 안정되고 성과가 많은 상황으로 나아갈 수 있는가? 신형대국관계를 수립하려면 양국관계의 공동 이해라는 전략적 기초를 통해서, 적당하고 긍정적이며 점진적인 단계를 거쳐야 한다. 상호 불신이 지식이론, 관료기구의 인식과 이익 그리고 대중의 우려에 깊이 뿌리 박고 있기 때문에 일련의 긍정적이고 점진적인 행위를 통할 때 실현성이 가장 높다.

신형대국관계 수립의 목표는 미중 양국 간 심각한 충돌의 발생을 피하고, 현저한 협력의 성과를 얻음으로써 이러한 성과가 전 세계 체제에 미치도록 하는 것이다. 오늘날 임무는 실제적이고 실현 가능한 단계를 확정하고, 양국이 그러한 방향으로 나가도록 하는 것이다. 양국은 이러한 임무를 함께 짊어질 필요가 있다. 한 측이 모든 것을 타협하거나 단독으로 자기 노선의 잘못을 인정하는 그런 기초위에서 제시된 제안은 이뤄지기 쉽지 않다.

공동전략의 출발점은 미중 양국이 적이 아니라는 것이며 더욱이 적일 필요가 없다는 것이다. 비록 경쟁과 갈등영역이 지속될 것이지만 이는 자연적인 것이며, 협력의 수확은 충돌의 수확보다 더욱 크다. 전략적으로 보았을 때 양국이 시급히 해결해야 할 임무는 자신의 국내제도 개혁에 매진하는 것이다. 양측은 모두 상대를 적으로 간주함으로써 초래될 고통과 큰 대가 그리고 불필요한 결과를 감당하기 어렵다. 미국인과 중국인 모두 이러한 충돌이 발생하는 것을 원치 않으며, 양국의 거의 대부분의 여론조사는 이러한 결과를 보이고 있다.[9] 협력이 특히나 중요하다. 전세계 경제, 환경 및 보건에 대한 도전이 모두 안보문제를 촉발할 수 있기 때문에, 그 중요성은 심지어 20세기 전통적 안보문제보다 더욱 클 수 있다. 반드시 더욱 강력하게 그리고 사람들로 하여금 양국의 이익단체와 대중들에게 이 점을 명백히 서술할 수 있도록 해야 한다.

오늘날의 문제 중 안보문제의 경우 애초에는 미중 양국이 함께 협력했었다. 처음엔 함께 소련에 반대했었고 후엔 테러리즘을 공격했다. 하지만 지금은 안보문제가 양국 간 날로 심각한 분열요인이 되고 있다. 만일 적당한 이해수준에 도달한다면 공동안보는 여전히 양국 간의 핵심이슈이며, 안보는 협력을 통해 가장 잘 추동될 수 있다. 아래의 건의 중에서 나는 안보와 경제협력에 대한 전통적 이해를 더욱 강조할 것이다. 하지만 전 세계 환경과 보건문제는 여전히 핵심적인 협력 영역에 속하며 안보 및 경제관계에 매우 큰 영향을 미친다.

(2) 오늘날 기회의 창: 최근 지도자 교체의 영향

중국과 미국은 최근 모두 지도층이 교체되었다. 따라서 새로운 사고를 할 수 있는 기회를 갖게 되었다. 중국에서 중공 제18차 당대회와 제12차 전국인민대회가 개최된 이후 새로운 외교정책 지도자들이 나타났다. 일부 지도자는 동아시아 역내 관계 특히 중미관계에 관해 풍부한 경험을 가진 사람들로서, 그중에는 양제츠 국무위원, 왕이 외교부장, 추이톈카이 주미중국대사가 있다. 그들은 물론 시진핑을 포함한 중국 신임 고위층 지도자들의 정책적 지도를 받게 될 것이다. 상술했듯, 이러한 새로운 지도자들은 신형대국관계 수립과 관련하여 중요한 역할을 발휘한 적이 있다. 이번 교체 이후 오바마 정부는 톰 도닐론의 강연을 통해 중국에게 강력한 긍정적 신호를 보냈다: 미국 정부는 "이미 준비가 되었다. 우리와 시진핑, 리커창 등 중국 고위지도자들과의 기존 관계를 공고히 할 것이다."는 것이다.

미국에서도 중요한 인사 변동이 있었다. 비록 그것의 전면적 영향은 시간이 지

9 대중여론에 대해서는 Benjamin I. Page and Tao Xie, *Living with the Dragon: How the American Public Views the Rise of China,* (New York: Columbia University Press, 2010).

나봐야 분명해지겠지만 말이다. 더욱 경험 있는 대통령과 국방부(현재 전 상원의원 척 헤이글이 이끄는) 그리고 국무부(상원의원 존 케리가 이끄는)의 새로운 지도자 집단의 결합은 변화 중인 아시아 정세 및 중미관계에 새로운 견해를 창출해낼 것이다. 존 케리 국무장관과 척 헤이글 국방장관은 모두 탁월한 경력을 가지고 있으며 1960년대 아시아의 난국을 헤쳐나간 적이 있다. 케리와 헤이글 모두에게 중요한 영향을 미쳤던 베트남전쟁 경력 이외에도, 힐러리 클린턴 전 국무장관이 이직한 후 단기간내에 사람들은 엄격한 예산의 제약이 외교정책에 미치는 영향, 그리고 중동, 중앙아시아 및 남아시아에 대한 공약과 이익이 점차 소실되는 현실을 보았다.

미국의 경제와 예산상황에 관하여 마틴 뎀프시(Martin Dempsey) 미군 합참의장은 2013년 3월 18일의 연설에서 미국 국방전략이 받은 영향에 대해 언급했다: "오늘날 내가 여기에서 연설할 때 나는 우리의 국방전략이 변화할지, 한다면 얼마나 변할지를 알지 못한다. 하지만 나는 변화하게 될 것이라고 예언한다. 우리는 우리의 가설을 새롭게 평가할 필요가 있으며, 우리의 부담을 우리의 능력에 맞도록 조정할 필요가 있다. 이는 일을 적게 하자는 것을 의미하지만, 일을 잘하지 말자는 것은 아니다."[10] 이러한 발언에 대해서는 반드시 보도의 배경을 고려하여 평가해야 한다. 보도에 따르면 척 헤이글 장관은 이미 "오바마 정부가 펜타곤에게 작년에 공포한 전면적 군사전략을 새롭게 재편하여 최근 예산이 삭감된 상황하에서도 여전히 이러한 부담을 질 수 있는지를 명확히 하라고 명령"하였다고 한다.[11] 이외에도 존 케리는 청문회석상에서 향후 미국이 소위 '중심'을 아시아로 옮기는 것에 대해 중국이 어떻게 받아들이지를 유심히 살필 것이라고 밝혔다: "모든 동작은 반응을 초래하고 있다. 이는… 단지 물리적으로 정해진 규칙이 아니며, 정치와 외교의 정해진 규칙이다. 우리는 우리가 향후 어떻게 해야 할지를 반드시 고려해야 한다고 여긴다."[12]

• • • • • • • • • • • •

10 Martin Dempsey, "Gulf Roundtable with Chairman of the Joint Chiefs of Staff General Martin Dempsey," (전략과 국제연구센터에서의 발언, 워싱턴 D.C., 2013.3.18). 혹은 Craig Whitlock, "Budget Cutting Spurs Hagel to Order Pentagon Reviews of Year-Old Strategy," *Washington Post*, 2013.3.19.
11 Craig Whitlock, "Budget Cutting Spurs Hagel to Order Pentagon Reviews of Year-Old Strategy."
12 Paul Maley, "Carr Defends Kerry's Asia 'Pivot'", *Australian*, 2013.3.20.

존 케리는 2013년 2월 국무장관에 취임한 후 오바마 행정부의 재균형정책을 단호히 지지했다. 하지만 '재균형'이라는 개념은 여러 내용을 담고있는 것으로서 '중심' 개념처럼 그렇게 튀지 않으며 또한 상당히 큰 해석의 여지를 가지고있다.

아시아는 현재 세계경제 및 전 세계 안보에 날로 큰 영향을 미치는 지역이다. 하지만 미국도 분명 세계 강대국으로서 진정한 전 세계적 이익을 가지고 있다. 다른 지역 특히 유럽과 함께 장기간에 걸친 중요한 관계를 유지해오고 있다. 미국은 한 지역에 오래 주둔하는 동시에 반드시 다른 지역의 문제, 이익, 기회 및 관계에도 관심을 쏟아야 한다. 적당한 균형을 어떻게 유지하는가에 관해 종종 논쟁이 벌어지곤 한다. 가령 바이든 부통령이 2013년 2월 유럽을 방문한 기간 동안 밝히기를: "간단히 말해, 오바마 대통령과 나는 유럽이 우리와 세계 다른 지역 간 교류의 기반이며, 또한 우리와 전 세계 간의 협력을 촉진하는 촉진제라고 여전히 믿고 있다. 이것이 기본이며, 아무것도 변하지 않았다."[13] 개별사례로 보던지, 아니면 전체적으로 평가하던지간에 이러한 발언을 과도하게 해석해서는 안 된다; 그럼에도 불구하고 이러한 언론은 여전히 매우 중요하다. 자원과 경쟁의 요구, 부단히 변화의 필요성 그리고 홀연히 나타난 기회가 구성한 도전들을 나타내고 있기 때문이다.

지금 이 시각에도 미국에게 관심을 기울여라, 혹은 자원을 제공하라는 국내외의 요구는 아마도 매우 많을 것이다. 대외적으로 시리아의 학살, 팔레스타인-이스라엘 평화구축 프로세스, 이란의 핵개발 및 아프가니스탄과 파키스탄과 관련된 도전 등은 모두 미국에게 관심을 기울이라고 요구하고 있다. 우리는 이러한 요구들에 대해 얼마나 관심을 기울여야 할 것인가? 이러한 문제는 단지 중동, 중앙아시아와 남아시아의 문제이다. 국내에서 의회와 행정부 간의 대치는 예산을 큰 폭으로 삭감시켰고, 국방지출의 삭감 폭이 가장 컸다. 이 외에도 베이비붐 세대가 노년기에 접어듦에 따라 사회지출이 큰 폭으로 급속히 확대될 필요가 있다. 대량의 투자가 필요한 그래서 곧 문을 닫아야 하는 학교와 오래된 기초 인프라 시설에 대해서는 아직 언급하지도 않았다. 솔직히 말해 워싱턴과 베이징이 새로운 관계를 구상하고 있을 때, 오바마 정부가 실제로 다음과 같은 전략이 있는건지 아직 잘 모르겠다; 정부는

----

13 존 바이든의 2013년 2월 2일 독일 뮌헨 안보회의석상에서의 연설.

그간 세계 각지에 대해 다양하고도 지속적인 안배와 배치를 진행해왔다. 미국의 자원과 서로 균형되게 맞춰왔고, 주요 행위자의 지속적인 지지를 받아왔으며, 국내 발전의 필요성을 충족시켰고, 중국의 협력을 얻거나 혹은 중국의 과도한 반응을 피해왔으며, 또한 눈 깜짝할 새에 변하는 정세에 부합해올 수 있었다고 말이다.

어떠한 단계를 밟아야 미중관계를 앞으로 나아가게 할 수 있는가?

중국과 미국은 모두 반드시 서로 충돌하지 않는 것을 전제로 한 21세기 대국관계를 일부 영역에서 단계적으로 수립해야 한다. 어떤 행위들은 양국이 단독으로 취할 수도 있다. 하지만 이러한 행위는 서로 저촉되지 않고 서로 보완적이어야 한다. 다른 행위들은 명확한 양자 간 조율 또는 일치된 의견이 필요하다. 가능성 및 가능한 범위를 확인한 후, 이 글은 양국이 어떻게 그 행위의 선후 순서를 확정지어야 할지를 마지막으로 논의하겠다 ―우리는 결코 모든 단계가 다 똑같이 긴박하거나 똑같이 가능하다고 가정하지 않는다. 하지만 리더십과 물질적 자원이 부족한 상황일 때에는 선택을 해야 한다.

(1) 두 사회를 긴밀하게 하나로 결합시켜라

어떠한 관계의 좋고 나쁨은 기초에 달려있다. 그리고 기초는 기층에서 만들어진다. 따라서 미국과 중국은 먼저 양국의 지역과 지역 간의 관계를 고려해야 한다. 중국과 미국의 지방정치와 전국정치의 주요 현상은 다음과 같다. 시민들은 그들의 경제 상황과 현지 상황에 가장 관심이 큰데 그중에서도 가장 중요한 것은 취업이다. 1980년대에 일본이 미국과 지역 간 관계를 발전시키기 시작한 후에야 미일관계가 완전히 안정될 수 있었다. 일본과 미국이 지역 간 관계를 발전시킬 때에는 흔히 취업기회를 창출할 수 있는 기업, 특히 자동차 업종에 투자하는 방식으로 이뤄졌고, 자동차산업과 미국의 많은 경제영역이 광범위하게 연결되었다. 마찬가지로 1980년대와 1990년대 초에 미중관계가 개선되는 동시에 미국은 대중 투자를 확대했다. 이러한 투자는 우선 많은 중국 국민들에게 많은 일자리를 제공했다. 오늘날 미국의 대중 투자는 미국의 외국인직접투자 총액의 약 3~4%밖에 미치지 못한다. 이러한 비율에 관심 가질 필요가 있다. 결코 높지 않다. 2011년 미국의 대중 직접투자 총액은 605억 달러로서 한 해 전에 비해 8.2% 증가했다.[14] 그리고 중국의 대미투자율은 빠르게 상승하고 있다. 하지만 절대적 수치는 여전히 낮아서 2012년 약 65억 달러에 겨우 도달한 정도다.[15]

지역의 지도자들 및 본국 수도에 있는 대표들이 만일 양자관계와 다른 지역의 복지 상태 간의 직접적 연관관계를 인식하게 된다면 그들의 언행은 더욱 균형적이고 온화하게 변하게 될 것이다. 내가 관찰한 바에 따르면, 만일 몇몇 국회의원들이 거주하는 지역과 주에 중국이 투자를 함으로써 취업기회가 창출될 경우, 양자관계에 관한 그들의 언행이나 사고방식은 중국과 관계를 가져본 적 없는 지역의 의원들에 비해 온화해진다. 가령 미네소타주 채광지역, 켄터키주 공구 및 주물산업 및 노스캐롤라이나주 실리콘밸리 지역의 국회의원들은 더욱 강력한 중미관계를 지지하는 것과 같다. 그들이 그 지역의 구체적이고 유리한 취업 상황을 제시할 수 있기 때문이다. 중국에서도 유사한 추세가 나타나고 있는 것 같다.

이런 모든 것들은 중국과 미국이 지방 차원의 상호의존 및 양자 간 상호의존적 조치를 확대해야 함을 나타낸다. 이것은 양국 주지사와 성장, 도시와 도시 그리고 기업 간의 왕래를 강화해야 함을 의미한다. 예를 들어 미국 캘리포티아 주지사와 중국 성장 간의 회의가 더욱 늘어야 한다. 양국의 지방 비즈니스 업계 간의 교류채널이 강화되어야 한다. 이러한 관계를 강화하는 것은 양측에게 유리하며 또한 최근 이러한 추세가 강화되고 있다.

양국의 지도자들은 서로 관련되고 또한 상부상조하는 방식으로, 그들이 중시하는 부분 및 업무과정을 통하여, 미중관계의 심화는 단순히 양국 수도 간 그리고 연

14 The U.S.-China Business Council, "Foreign Direct Investment in China," (2013), http://www.Uschina .org/statistics/fdi_cumulative.html. 또는 "People's Republic of China: U.S.-China Trade Facts," Office of the U.S. Trade Representative, *Fact Sheet*, http://www.ustr.gov/ countries-regions/china-mongolia-taiwan/peoples-republic-china.

15 "Chinese Direct Investment in the United States, 2000-2012," in Thilo Hanemann, "Chinese FDI in the United States: Q4 2012 Update," *Rhodium Group*, (January 16, 2013), http://rhg.com/notes/ chinese-fdi-in-the-united-states-q4-2012-update, fig. 1.

해 지역 금융무역센터 간의 관계인 것만이 아니고 양국 사회를 포괄한 관계임을 드러내야 한다. 시진핑 주석이 부주석이었던 2012년에 아이오와주의 마스카틴을 방문한 것이 바로 그러한 정확한 신호였다. 그는 이렇게 매우 전형적인 지역을 방문한 것에 대해 다음과 같은 메세지를 전했다; 면적과 대륙이 비슷한 중국과 미국이 만일 미래의 각종 조치를 취하는 과정에서 내륙지역의 참여가 없다면 양국관계가 약화될 것이다. 그의 마스카틴 방문 그리고 그 얼마 전 국내에서 허베이성을 시찰하며 전달한 메시지는 서로 별 차이가 없다. 미국과 중국의 지도자는 본국 내륙지역의 민심에 대해 관심을 가지고 있다.

양국 지도자들은 자신의 출장 일정을 담당한 사람에게 상대국 방문기간 동안 최소한 1/3의 시간을 연해 내륙 지역에 할애하도록 지시해야 한다. 이러한 조치는 많은 잠재적 이익, 특히 양국 지도자들이 피차 반드시 대면해야 하는 서로 다른 의견과 상황을 보게 하는 그런 장점들을 가지고 있다. 또 다른 효과로는 지방 방문, 특히 미국에서의 지방 방문 시 그 지역의 대중매체로 하여금 인터뷰를 진행하도록 함으로써 뉴스보도가 완전히 다르게 이뤄지도록 할 수도 있다. 따라서 지방 방문은 대중의 토론 범위를 관방 언론이 관심을 갖고 있지 않은 문제의 영역으로도 확대시킬 것이다.

(2) 국가 차원의 관계 처리

미중 양국 지도자들은 많은 국내문제와 국제적 도전에 직면해있다. 오늘날 나타나는 긴급한 문제들은 내일의 중요한 문제보다 더욱 중요하다. 이것은 매우 자주 볼 수 있는 상황이다. 하지만 미중관계는 국제관계에서 가장 중요한 양자관계이다. 양자가 모두 각자 매우 지식이 많은 지도자들을 지명하여 양국관계의 일상적 사무들을 처리하게 했을 때, 양국관계는 가장 순조로울 수 있다. 양자관계의 전개는 걸출하고도 효과적인 관계처리 담당자와 결코 유리된 게 아니다. 따라서 미국의 업무를 언급하면 우리는 곧장 헨리 키신저, 즈비뉴 브레진스키, 샌디 버거, 로버트 졸릭, 그리고 헨리 파월(중국에도 그처럼 강력하고 능력 있는 관료들이 있다)을 생각하게 된다. 어떤 상황 속에서 미국 대통령과 중국의 최고지도자는 모두 양국관계를 능란하게 처리해 왔다. 조지 부시가 바로 좋은 예이다. 중국의 덩샤오핑과 장쩌민 또한 그러하다. 상대적으로 보았을 때 누가 양국관계를 책임져야 할지를 명확하게 지정하지 않았을 때 양국관계의 처리는 종종 그다지 성공적이지 않았다. 이러한 측면에서 클린턴의 첫 임기는 하나의 예가 될 수 있다. 더욱이 그의 두 번째 임기 내 양국관계의 처리는 더욱 효과적으로 이뤄졌다. 만일 양자가 모두 어떤 권위가 부재한 목소리로써 매일 미중 양국의 제도 속에서 그리고 제도 간에 나타나는 마찰을 지도하고 해결하려 한다면 양자관계는 그다지 좋은 성과를 보기 어렵다.

미중관계의 대화 메커니즘 중에서 전략경제대화 메커니즘은 결코 실패하지 않았다. 이러한 메커니즘은 주로 전략대화를 심화시키고, 양국 행정부처가 양자관계에서 나타나는 많은 이익상관자들을 불러모아 아태 협상을 진행하도록 촉진한다. 하지만 전략경제대화에 관련된 자들은 너무 많은 반면 그들이 모이는 숫자는 도리어 너무 적다(설사 업무팀 간의 접촉자들을 모두 합한다 하더라도 마찬가지다). 토론의 주제는 또한 너무 많다. 따라서 이러한 대화는 종종 공공관계를 언급하지 관계 처리에 관해 언급하지 못한다. 미래를 전망한다면 양국은 각자 적합한 다섯 명의 대표들을 파견하여 회담을 해야 할 것이며, 회담은 더욱 빈번하게 열려야 할 것이다. 양국의 지도자들은 매년 한 번에서 두 번 회담을 하여 양자관계의 전략적 기초와 실무적 정책들을 논의할 필요가 있다. 이는 양국 관료기구들의 발전을 추동할 것이다. 이러한 건의는 양국 지도층에게 더 많은 시간과 주의력을 기울일 것을 요구한다. 만일 시간을 내지 못한다면 문제는 큰 화로 전이되게 될 것이며 점점 더 쌓이게 될 것이다. 이것은 결코 매년 몇 차례에 걸친 전화 통화나 다자간 포럼 이외의 회담이 중요하지 않다는 것이 아니며, 지도층들이 양자관계를 지속적으로 중시하고 상호접촉할 것을 요구하는 것이다. 바이든 부통령과 당시 시진핑 부주석은 광범위한 대화를 통해 상호작용 강화를 위한 기초를 쌓았으며, 이러한 방향에서 성과를 얻기 위한 견실한 기초를 쌓았다.

아래의 논의에서 나는 몇 가지 제안한다. 국가 차원 관계의 처리에 관한 구체적인 사항들에 대한 것들로서 독자적으로 고려해 볼 가치가 있다.

① 위기 관리

미중관계에는 의외의 사태가 매우 쉽게 발발하는 것 같다. 양국사회의 피차 간 접촉이 날로 확대되는 점을 감안하여, 오판이나 실수 및 돌발사태가 발생하는 것을 면하기 어렵다. 오늘날 동중국해에는 위험이 도사리고 있다. 이는 우리로 하여금 1999년 미국이 비의도적으로 중국의 주유고슬라비아대사관을 폭격한 사건 그리고 2001년 중미 정찰기가 충돌한 사건을 떠올리게 만든다. 이외에도 위기는 다자적인 것일 수도 있다. 2008년 전 세계 금융위기가 그 예이다. 지금 회상해보면 양측은 그러한 위기를 적절하게 처리했다. 위기를 적절히 처리하기 위해서는 몇 가지 선결조건 중에서 다음과 같은 두 가지를 먼저 해야 한다. 첫째, 양국 지도자들은 위기 발생이후 최대한 빨리 직접 접촉해야 한다. 둘째, 양국 지도자들은 대중매체와 실시간 통신의 작용 및 반작용 주기를 최대한 짧게 만드는 데 최선을 다해야 한다.

하지만 과거 양국 지도자들 간 직접 소통은 너무도 느리게 진행되었으며 또한 정해진 시간도 없었다. 더욱이 대중매체의 가속 및 확대작용은 매우 현저했다. 따라서 고위 지도자들은 직접 소통을 강화하도록 노력해야 하며, 대중매체를 통해 위협하거나 요구하는 상황을 감소시켜야 한다. 이것이 양국 제도체제의 현실이다.

② 양국 군부관계

미중 양군의 과거를 보면, 일단 양자관계가 악화되면 양국 간의 군부관계가 매번 가장 먼저 그 희생물이 되곤 했다. 또한 양자관계가 완화되고 발전되는 때에도 양국 군부관계는 가장 느리게 회복되곤 했다. 이러한 모델은 양국의 서로 다른 시기에서 나타나는 특징이었다. 오늘날 미중 양군관계는 발전 중이지만 양국관계는 도리어 단기간 경색되는 국면이 나타나고 있다. 과거의 모델로는 현상에 적용하기 어려우며 양자는 과감하게 이를 버려야 한다. 사람들은 양국 군부관계가 더욱 광범위한 정치추세와 유행추세와 서로 유리되어서는 안 된다고 흔히들 말한다. 이러한 말은 어떤 측면에서는 매우 정확하다. 하지만 상호 불신감이 강화되고, 상호 무시 및 위기처리의 상황 속에서 그렇게 행한 대가는 너무도 크다. 따라서 양국 지도자는 응당 국민들에게 이 점을 잘 설명하고, 양국의 군부관계가 감정적인 영향을 받지 않도록 하기 위해 최선의 노력을 기울여야 한다.

강대국충돌모델에서는 더 많은 하드파워를 얻어 점차 강해지는 모델이 반드시 나타내는데, 이는 일종의 제로섬 게임이며 더욱이 충돌은 피할 수 없다는 것이다.

따라서 이러한 방정식은 미중 양국의 안보기구를 양자 간 현안의 핵심에 처하게 만든다. 만일 해결방안이 있다면, 이러한 딜레마를 벗어나는 주요 방식은 양국 안보기구가 모든 차원에서의 적극적 상호작용을 강화하는 것이다.

구체적으로 말해 이는 하급 및 중급 장교 그리고 상급 장교 간의 교류 강화, 아울러 교류 범위를 외교영역 및 정보기구 이외의 영역으로 넓히는 것을 의미한다. 미중 양국은 반드시 인도주의적 원조 및 위기상황 속에서 협력해야 하고, 양국 군사능력을 동원해야 하며, 군대를 공동으로 지도해야 한다. 마치 그들이 아덴만에서 항해보호임무를 성공적으로 집행했던 것처럼 공해에서 공익서비스를 제공해야 한다. 마지막으로 양자는 반드시 상호 안보상황과 원칙을 이해하기 위해 노력해야 한다. 만일 양자가 단지 비밀 정보행위로만 여긴다면, 상황은 개선되기 어렵다.

③ 이유 없는, 불필요한 모험의 방지

양국 사회에는 모두 상대국 국민들을 분노하게 만드는 충동행위, 조직 및 좋지 않은 취미가 있다. 이에 나는 군사, 정보 및 사영부문의 감시 등을 생각하게 되었다. 전 세계 범위에 관한 미국의 입장은 국제법과 국제관례가 그(그리고 다른 국가들)에게 세계의 모든 해안 12킬로미터 이외의 지역에서 활동할 수 있는 권리를 주었다는 것이다. 이 범위 내에서는 정보를 수집할 수도 있고 또는 그저 공해상에서 항해를 하는 것도 가능하다는 것이다.

하지만 많은 중국인들은 이러한 감시에 대해 심한 불안감을 느낀다. 12킬로미터라는 범위를 애초에 정할 때만 해도 12킬로미터는 매우 넓은 것이었지만 지금은 결코 그렇지 않다. 지혜로운 지도자라면 12킬로미터를 재고해야 하냐의 문제가 아니라, 이러한 빈번한 활동이 가져오는 좋지 않은 느낌과 예상되는 효과를 서로 비교했을 때 이것이 과연 할 만한 가치가 있느냐를 평가해야 한다. 마찬가지로, 미국인들은 그가 중국의 개인과 조직, 특히 미국 사영부문이 전개하는 실질적이고 의심스러운 인터넷 활동들에 대하여 똑같이 부식성을 가지고 있다고 여긴다. 가령 톰 도닐런은 2013년 3월 11일에 인터넷 문제가 이미 미국의 의제에서 중요한 문제가 되었다고 공개적으로 밝혔다.[16]

미중 양국 지도자들은 자문할 필요가 있다: "우리가 종사하는 활동들이 우리 두 사회를 서로 소원하게 만드는 것은 아닌가? 예상되는 이익을 위해 이러한 대가를 치룰 가치가 있는 것인가?' 양국은 단지 행동을 변화시키는 것이 필요할 뿐이며 정식 협의를 체결하는 것도 심지어 필요하지 않다. 닉슨 대통령은 1969년 대만 해협에서 연례 순항하는 두 척의 구축함을 철수하기로 결정함으로써 이후 미중관계의 극적인 개선을 위한 긍정적 기반을 닦았다. 당시 양자는 협의를 체결할 것도 아니며 단지 지혜로운 조치를 취했을 뿐이었다. 양자가 반드시 모든 방법을 다해 일정 정도 상대의 관점과 민감성을 이해한다는 것은 매우 중요하다. 특히 대중의 관점과 민감성을 말이다. 이러한 모든 것들의 이유는 한 나라가 어떤 일을 행할 때 그렇게 하는 것이 결코 전체적인 장기적 이익에도 부합함을 의미하는 것이 아닐 수도 있기 때문이다.

(3) 제3자 관리

양자관계의 처리는 결코 쉬운 일이 아니다-제3자의 개입은 리스크와 복잡성을 증가시킨다. 각자의 역사 및 냉전이 남긴 문제 그리고 단순한 지리적 위치로 인하여, 미중 양국은 줄곧 양국관계 및 상호교류 시 나타난 국부적 민감 이슈를 중시해왔다. 쿠바, 베네수엘라 그리고 북한은 미국의 두통거리다. 미국과 중국 인접국가 간의 교류도 또한 베이징을 매우 민감하게 만들었다. 특히 한반도 문제 및 미국과 베트남과의 교류, 게다가 특수한 상황의 대만 문제까지 있다. 따라서 만일 미중 양국 각자의 친구 및 다른 나라의 행동이 양국관계의 안정에 영향을 미치면, 그들에 대해 제한적인 영향력을 행사해야 한다. 적절한 예가 하나 있다. 조지 W 부시 미국 대통령이 2003년 및 그 이후 대만의 천수이비엔(陳水扁)에게 가한 제약 말이다. 중국이 종종 북한의 행위를 구속하려고 시도하는 것도 환영받을 만하다.[17] 만일 양국의 친구의 행위 방식이 각자의 이익에 부합하지 않는다면 그들로 하여금 자신의 더욱 광범위한 의무가 무엇인지 주의하도록 깨우쳐 줄 필요가 있다. 물론 우리가 생각하는 것은

---

16 Tom Donilon, "The United States and the Asia-Pacific in 2013," 2013년 3월 11일 뉴욕에서 개최된 Asia Society에서의 발언.

17 "Chinese Punishes North Korea for Nuclear Tests," *Associated Press*, (2013.3.23).

중국과 북한과의 관계와 미국과 일본과의 관계다. 가령 만일 북한이 최근 핵실험을 감행하지 않고, 미사일 발사를 하지 않으며, 격렬한 언사를 사용하지 않는다면 미국은 이렇게 신속하게 미사일 방어체계를 아시아로 돌리지 않았을 것이다(이 과정 중 유럽에서의 배치를 감소시켰다). 이것은 중국이 원하는 상황이 아니다.

(4) 역내 제도화

아시아에서 충돌을 처리할 때 취하는 방침은 포용적인 역내 기구와 협상의 효과를 강조한다. 미국이 동 지역에서 다섯 개의 쌍무 연맹을 맺고 있는데 정의(definition) 차원에서 보자면 이러한 연맹에 중국이 포함되지 않았다는 것 또한 이 지역의 장기적 특징이다. 이러한 연맹 이외에도 경제, 안보 및 기타 협력 기구를 수립하려는 추세가 있었고, 이러한 기구들은 당초에는 중국과 미국의 동시 참가를 요청하려고 했던 것이 아니었다. 가령 아세안+3(10+3), 환태평양경제동반자협정(TPP)과 상하이협력기구 등이 그러하다.[18] 일부 기구들 예를 들면 동아시아정상회담(EAS)과 아세안지역포럼(ARF)이 미중 양국을 동시에 포괄하려 한다는 사실은 안심할 만하다. 양측의 전략적 목표는 배타적인 기구를 만들려는 것이 아니라 더욱 밀집된 포용성이 있는 기구의 창출을 우선적으로 고려한다는 것이다. 가령 동북아에서 만일 미국과 중국이 북한 문제에서 돌파구를 찾을 수 있다면, 동북아 안보 틀의 구축이 장차 크게 진전될 것이다. 무역영역에서의 중점은 중국과 미국을 동시에 참여시키는 자유무역 레짐을 만드는 데 있지, 양측 중 한 측이 무관심하거나 혹은 양자 중 하나의 가입을 반대하는 틀을 만드는 데 놓여서는 안 된다. 중국의 '10+3' 프로세스 추진, 미국의 TPP 전개 및 참여자들의 당초 기조는 배타성을 명확히 띤 두 가지 예에 해당한다.

(5) 우선 고려사항

이 글은 이미 중미 양국이 신형대국관계를 수립하는 과정에서 취할 수 있고, 또 취

---

18 TPP 관련하여 오바마 행정부는 중국이 향후 적합한 시간과 조건하 가입하는 것을 막지 않을 것임을 거듭 천명하였다.

해야만 하는 몇 가지 구체적인 절차를 밝혔다. 비록 이러한 의제의 목표를 동시에 실현하는 데에는 물질적 자원의 제약이 따르지만, 사실 반드시 필요한 지도자들의 관심 그리고 정치적 자본으로부터의 제약을 더욱 많이 받는다. 따라서 지금 반드시 우선 고려사항을 확정지어야 한다. 그렇다면 우리는 어떻게 해야 우선 사항을 가장 전면적으로 고려하고 또한 확정할 수 있는 것일까? 미국의 심리학자 아브라함 마슬로(Abraham Harold Maslow)의 주장과도 같이 인류의 필요는 서로 다른 차원으로 구성된다. 개인, 집단 및 사회는 안보를 경제적 필요의 위에 두며, 경제학은 다른 문화나 자아실현의 문제보다 중요하다. 이러한 경중을 가려 선후 순서에 반영시키는 것이 지혜로운 정책인 것이다. 이에 따르면 미중 양국은 응당 양국관계에서 관건이 되는 안보 및 경제문제를 먼저 해결해야 한다. 이외에 양국 사회가 문화와 교육부문에서 충분한 활력을 가지고 있다는 사실은 기쁜 일이다. 비록 정부가 각종 활동을 지지해야 하지만 민간부문과 시민의 능력 또한 광범위하게 활용될 수 있다.

상술한 몇 가지 건의사항을 정리해보니 다음과 같은 세 가지가 강조돼야 할 것 같다.

(1) 미중 양국의 고위 정치관료들은 협력과 전략적 상호 이해도를 높여나가야 한다. 군사기관 간의 교류와 협력을 강화시킴으로써 위기관리 및 양국 외교정책과 안보 간 조율이 더욱 효과적으로 이뤄질 수 있다.

(2) 양국은 양 사회 간, 특히 각 주, 성 그리고 지역에서 취업기회를 창출하는 기업 간의 경제영역 상호의존도를 심화시켜나가야 한다. 이는 불필요한 투자 장애를 제거해나가야 함을 의미한다. 가령 쌍무 투자조약을 체결함으로써 현재 진행 중인 투자를 더욱 안전하게 만드는 것이다.

(3) 미중 양국은 양국을 포함한 역내 및 다자간 안보/경제 기구를 수립함으로써 양국관계가 악화되어 각자 자기 생각대로만 흘러가는 상황에 도달하지 않도록 해야 한다.

모든 큰 주제하에는 무수한 구체적인 제안과 협력계획이 있다. 새로운 제안과 계획은 발기시킬 수 있는 것이며, 이미 존재하는 것들은 강화시킬 수 있다. 아마도 이러한 틀을 공고히 하는 가장 좋은 방식은 양국 지도자들이 양국 사회에서 영향력이 있는 인사들로 구성된 '현인' 그룹을 만드는 것일 것이다. 그들은 함께 사고하고 또한 향후 조치에 대해 건의할 수 있을 것이다. 마치 중국의 한 분석가가 최근 "중점은 협력이지 상호신뢰에 있지 않다. 상호신뢰는 협력의 기초 위에 쌓이는 것이다…. 우리는 예방적 성격을 띤 협력을 진행해야 한다."[19]고 말한 것과도 같이 말이다.

19 2013년 1월 16일 필자가 중국의 한 전문가와의 인터뷰를 진행했을 때 들은 말이다.

5장
가장 중요한 일 먼저하기:
미중관계 위기 불안정성의
긴급한 위험

애버리 골드스타인(Avery Goldstein)

1990년대 중반 이후 중국이 미국의 세력균형 상대로 등장하면서 불러온 잠재된 영향력에 대한 많은 토론이 있었다. 그러나 이 글에서는 미중관계가 빠져든 보다 긴급한 위험에 대해 서술한다. 미국과 아직 상대적 열세인 중국이 공개적인 군사충돌에 따른 위험에 빠져들 수 있는 것이다. 사실 미중의 신형대국경쟁에 대한 장기적 전망은 기본적으로 양국 간 세력전이의 불확실한 예측과 상대방의 동기에 대한 성급한 단정에 근거하고 있다. 하지만 핵 강대국인 미중 간 위기가 가져올 불안정성이 급선무다. 현재 미중관계의 현황과 냉전시기 미소위기의 주요 상황에 대한 비교분석을 통해 우리는 미중 간 위기발생의 가능성이 일반적인 예측을 크게 웃돌며 그 수준도 심각함을 알 수 있다. 주요 원인은 미중 양국 간 힘의 비대칭이며 또한 위기 소통, 전략 이념, 기술 및 지리적 측면의 불확실한 요인도 존재한다. 미중 양국의 위기 중에는 선제공격에 대한 압력뿐만 아니라, 대치하고 있는 군사력을 이용해 협상의 우위를 확보하려는 것도 있다. 양측이 보유하고 있는 군사력과 아울러 미중위기가 가져올 폭발성의 위험은 우리를 우려하게 하는 큰 이유다. 위기가 일단 시작되면, 곧 빠르게 확대되어 외교협상을 통해 군사 충돌을 회피할 시한을 제한하기 때문이다.

애버리 골드스타인(Avery Goldstein)_미국 펜실베니아대학 교수

탈냉전 시대 국제안보를 둘러싼 논쟁은 크게 두 방향으로 진행되었다. 첫째, 핵확산, 불량국가(rogue states), 그리고 국제 테러리스트라는 수명이 다했다고 여겨졌던 조합이 2001년 9월 11일 미국을 향한 테러공격 이후 주요 고려사항이 되었다.[1] 둘째, 1990년대 중반 이후 미국의 우세가 약해지는 상황에서 만약 중국이 미국의 경쟁상대가 되면, 미국이 우세했던 시기에 수립했던 국제질서에 도전할 것이라는 잠재적으로 파괴적인 영향력에 관한 것이다.[2] 이러한 두 번째 관점에 비추어 일부 학자들은 중국이 테러리스트와 불량국가가 할 수 없는 방식으로 미국의 세계이익에 도전할 수 있다고 주장하면서, 9 · 11 이후의 주요 안보어젠다에 관한 의구심을 표현했다. 이 글에서는 그동안 충분히 주의를 기울이지 못했던 긴급한 이슈를 제기하고자 한다. 적어도 향후 10년 후에는 상대적으로 중국이 열세인 상황에서 양국이 공개적인 군사충돌로 확대되는 위기 속의 자신들을 발견하는 것이 미중관계의 가장 심각한 위험이 될 것이다.

양국의 의도에 대해 논쟁의 여지가 있는 주장과 국가능력 변동에 관한 불확실한 예측이 남아있지만, 미중 간 새로운 강대국 경쟁이라는 장기 전망과 대조적으로 두 핵무장 국가가 포함된 위기 속에서 불안정성의 위험은 머지않은 장래의 현실적인 우려사항이다.[3] 비록 전쟁위험의 위기와 군사력 사용의 확대 가능성이 낮다고 하더라도, 대재앙의 가능성이 있는 시나리오의 결과들은 역동성을 더 잘 이해하려는

· · · · · · · · · · · · · ·

1 이처럼 새로운 주요 어젠다에 대한 논의는 다음을 볼 것. Francis J. Gavin, "Same As It Ever Was: Nuclear Alarmism, Proliferation, and the Cold War," *International Security*, Vol. 34, No. 3, (Winter 2009/2010), pp.7-37; John Mueller, "Is There Still a Terrorist Threat? The Myth of the Omnipresent Enemy," *Foreign Affairs*, Vol. 85, No. 5, (September/October 2006), pp.2-8; 그리고 Ian S. Lustick, Trapped in the War on Terror, (Philadelphia: University of Pennsylvania Press, 2006).

2 Aaron L. Friedberg, "The Future of U.S.-China Relations: Is Conflict Inevitable?," *International Security*, Vol. 30, No. 2, (Fall 2005), pp.7-45; Aaron L. Friedberg, *A Contest for Supremacy: China, America, and the Struggle for Mastery in Asia,* (New York: W.W. Norton, 2011); Richard K. Betts, "Wealth, Power, and Instability: East Asia and the United States after the Cold War," *International Security*, Vol. 18, No. 3, (Winter 1993/94), pp.34-77; John J. Mearsheimer, *The Tragedy of Great Power Politics,* (New York: W.W. Norton, 2001); Avery Goldstein, *Rising to the Challenge: China's Grand Strategy and International Security,* (Stanford, Calif.: Stanford University Press, 2005); 그리고 Thomas J. Christensen, "Fostering Stability or Creating a Monster? The Rise of China and U.S. Policy toward East Asia," *International Security*, Vol. 31, No. 1, (Summer 2006), pp.81-126.

학자들과 그 함의를 충분히 고려하려는 정책결정자들에게 좋은 동기를 제공한다. 더구나 2010년 이후의 사건들-특히 동중국해와 남중국해의 분쟁과 관련된 사건들-은 미중 교착상태를 이끌 수 있는 서태평양에서의 군사대립의 위험성이 점차 증가할 수도 있음을 시사한다.

필자는 가장 심각한 위기로 제기된 선제공격 압박이 미중 간 대결을 전개시키는 것뿐만 아니라, 조금 덜 극적이지만 협상력 획득을 위한 제한된 군사력 사용-위기 중 압도적인 불안정성을 야기할 가능성이 있는 두 번째 방아쇠-과 연관된 유인을 확인하고자 한다.[4] 논의는 세 부분으로 진행된다. 첫째, 왜 현재 인식보다 향후 10년 혹은 20년 후에 미중위기가 발생할 가능성이 더 높은지 설명한다. 둘째, 양국을 위험에 처하게 할 개연성 있는 미중위기의 특징을 조사한다. 셋째, 비대칭적 이원구조에서 위기 안정성의 일반적 특징을 검토한다. 여기에서 말하는 비대칭적 이원구조는 중국의 능력이 꾸준히 증가하고 있지만 여전히 미국이 압도하는 상황이 적어도 향후 10년까지 계속될 것임을 의미한다. 이처럼 더욱 양식화된 논의는 중국의 국방 현대화 및 서태평양 지역에서 미국과의 갈등 가능성이 가지는 함의에 대한 현재의 논평으로서 재래식전력(conventional forces)[5]에, 혹은 논평의 작은 부분으로서 중국의 핵전력(nuclear forces)에 일방적으로 초점이 맞춰진 부적절성을 명확히 한

· · · · · · · · · · · · · ·

3 중국과 미국의 군사능력은 여전히 격차가 크며 아마도 그 차이는 더 벌어질 것이다. M. Taylor Fravel, "China's Military Rise: Assessing Military Capabilities and Political Influence", Massachusetts Institute of Technology, 2011, especially pp.6-10; Michael Beckley, "China's Century? Why America's Edge Will Endure," *International Security*, Vol. 36, No. 3, (Winter 2011/12), pp.41-78; Sheena Chestnut and Alastair Iain Johnston, "Is China Rising?" in Eva Paus, Penelope B. Prime, and Jon Western, eds., *Global Giant: Is China Changing the Rules of the Game?* (New York: Palgrave Macmillan, 2009), pp.237-260; Dennis J. Blasko, "An Analysis of China's 2011 Defense Budget and Total Military Spending- The Great Unknown," *China Brief*, Vol. 11, No. 4, (March 2011), pp.4-6; and Andrew S. Erickson and Adam P. Liff, "Understanding China's Defense Budget: What It Means, and Why It Matters", *PacNet*, No. 16, (March 2011), http://csis.org/files/publication/pac1116.pdf.

4 Richard K. Betts, *Nuclear Blackmail and Nuclear Balance,* (Washington, D.C.: Brookings Institution Press, 1987), p.161.

5 Aaron L. Friedberg and Robert S. Ross, "Here Be Dragons", *National Interest*, No. 103, (September/October 2009), pp.19-34; James Dobbins, "War with China", *Survival*, Vol. 54, No. 4, (August/September 2012), pp.7-24.

다.[6] 재래식전력과 핵전력의 상호작용을 고려한 평가는 왜 위기 불안정성의 결과에 따른 확대가 파괴적인 가능성을 낳는지 밝힌다.

논의를 전개하기에 앞서 필자는 본문에서 사용될 '위기'와 '불안정성'이라는 용어를 명확히 하고자 한다. 이 글의 목적에 맞춰 필자는 위기를 핵심적인 국익의 위협에 연루된 국가들의 대립으로 정의한다. 국가들은 단기간에 해결될 수 있다는 기대를 가지고 있으며, 더불어 전쟁의 위험이 급격히 증가할 수 있다는 것을 이해하고 있다.[7] 이러한 정의는 더 장기화된 대립, 핵심이익이 아니며 군사력이 관련되지 않았지만 중요 문제를 둘러싼 선명한 불일치, 그리고 핵심이익과 군사적 요소도 포함되었지만 즉각적인 전쟁의 위험이 거의 없는 정치갈등 같은 다양한 상황들로

••••••••••••••

6 Keir A. Lieber and Daryl G. Press, "The Nukes We Need: Preserving the American Deterrent", *Foreign Affairs*, Vol. 88, No. 6, (November/December 2009), pp.39-51; Michael S. Chase, Andrew S. Erickson, and Christopher Yeaw, "Chinese Theater and Strategic Missile Force Modernization and Its Implications for the United States," *Journal of Strategic Studies*, Vol. 32, No. 1, (February 2009), pp.67-114.
7 비록 여기에서 밝힌 앞의 두 분류와 대부분 중첩됨에도 불구하고, 위기에 관해 좀 더 완화된 정의가 많이 있다. Charles Hermann, "International Crisis as a Situational Variable" in James N. Rosenau, ed., *International Politics and Foreign Policy*, (New York: Free Press, 1969); Charles Hermann, *International Crises: Insights from Behavioral Research*, (New York: Free Press, 1972); Glenn H. Snyder and Paul Diesing, *Conflict among Nations: Bargaining, Decision Making, and System Structure in International Crises*, (Princeton, N.J.: Princeton University Press, 1977), pp.6-8; 張峨生, "中國國際軍事安全危機行爲研究", 『世界經濟與政治』, 2011年 第4期, pp.103-121. 전쟁 위협 위기의 출현 배경으로서 정치군사적 이익의 근본적인 충돌에 관한 논의는 다음을 볼 것. Joseph F. Bouchard, *Command in Crisis: Four Case Studies* (New York: Columbia University Press, 1991), p.xi; 郭學堂, "國際危機管理與決策模式分析", 『現代國際關係』, 2003年 第8期, p.31.
8 따라서 이러한 정의에 의하면, 1995-1996년 대만해협에서의 미사일 발사실험, 1999년 5월 미국의 베오그라드 중국대사관 오폭사건, 2001년 4월 미국의 EP-3기와 중국 전투기 충돌 사건 이후 긴장감은 증가했지만 위기는 발생하지 않았다. 1995-1996년의 긴장감의 제약에 관한 것은 다음을 볼 것. Robert L. Suettinger, "U.S. 'Management' of Three Taiwan Strait 'Crises'" in Michael D. Swaine and Zhang Tuosheng, with Danielle F.S. Cohen, eds., *Managing Sino-American Crises: Case Studies and Analysis*, (Washington, D.C.: Carnegie Endowment for International Peace, 2006), pp.251-292. 또한 다음을 볼 것. Nie Jun, "Chinese Decision Making in Three Military Actions across the Taiwan Strait," 앞의 책, pp.293-326.
9 안정성의 정의는 미국과 소련의 핵균형 분석에서 사용된 것, 즉 선제예방공격을 가할 유인의 부족으로 좁게 안정성을 정의한 것과는 다르다. 특히 다음을 볼 것. Charles L. Glaser, *Analyzing Strategic Nuclear Policy*, (Princeton, N.J.: Princeton University Press, 1990), pp.45-46. 또한 다음을 볼 것. Robert Powell, "Crisis Stability in the Nuclear Age," *American Political Science Review*, Vol. 83, No. 1, (March 1989), pp.61-76; Jean-Pierre P. Langlois, "Rational Deterrence and Crisis Stability," *American Journal of Political Science*, Vol. 35, No. 4, (November 1991), pp.801-832.

부터 위기를 구별하게 만든다.[8] 필자는 위기에 처했을 때 군사력에 의존하려는 유혹으로 불안정성을 정의한다.[9] 위기 안정성은 양측이 협상 지속을 강하게 선호할 때 가장 높으며, 불안정성은 군사력을 사용하려는 유혹이 강할 때 가장 높아진다. 따라서 안정성은 양측이 군사력을 사용할 이익이 전혀 없는 한쪽의 극단에서, 양측이 군사력을 사용할 때 비용과 이익의 균형이 존재하는 지점을 거쳐, 군사력 사용 이익이 선제공격의 비용을 크게 초과하는 다른 쪽의 극단까지 스펙트럼으로 설명된다. 비록 미중위기에서 군사력 사용을 개시할 유인이 극단적인 수준까지 도달하지 않을지라도, 양국이 보유한 능력은 확대 압력의 존재와 더불어 군사충돌을 피할 외교적 틀을 만들 시간을 압박하면서 확대압력이 위기 초기에 가장 높을 수도 있다는 우려를 증가시킨다.

미중위기: 전쟁보다 더 큰 가능성, 대만보다 더 큰 관심사항

중국 부상의 장기적 함의에 대한 계속된 논쟁은 오늘날 미국과 중국이 직면한 보다 더 긴급한 위협—전쟁위협 위기의 위험성—으로부터의 전환일 뿐만 아니라 가까운 미래의 우려에서 비롯된 놀라운 전환이다. 중국이 상대적 열세로 남아있음에도 불구하고, 갈등의 위험이 십여 년 전 크리스텐센(Thomas Christensen)의 논문[10]에서 널리 인용되었을 때보다 더 증가했던 것이다. 확실히 비대칭적 갈등에 관한 크리스텐센의 주장은 특히 대만해협처럼 미국의 우세 지역에서 전쟁이 발생하는 상황에 대해 지속적으로 대응능력이 발전하는 베이징의 무기와 전략에 대해 학자들이 더 많은 관심을 갖게 했다. 그러나 이 글은 미중위기 시 처음부터 군사력에 의존을 한다는 예상에 관한 폭넓은 질문을 근접하여 초점을 맞춘 것이 아니다. 세 가지 이유로, 전쟁 시나리오보다 오히려 미중위기에서 잠재적인 불안정성에 대한 초점뿐만 아니라 대만보다 다른 지역에서 우연히 발생하는 위기들의 가능성에 대해 초점이 맞춰졌다.

• • • • • • • • • • • • • •

10 Thomas J. Christensen, "Posing Problems without Catching Up: China's Rise and Challenges for U.S. Security Policy", *International Security*, Vol. 25, No. 4, (Spring 2001), pp.5-40.

첫째, 위기는 주요 군사행동에 선행할 뿐만 아니라 결과적으로 전쟁을 피하더라도 군사력 사용에 따른 심각한 결과의 위험을 동반한다. 현재 중국과 미국의 군사적 선택을 비교하는 많은 문헌들이 위험의 확대(군사력이 사용되어 제한된 갈등에 대한 우려를 부를 때)를 논의하지만, 초기에 군사력을 사용하여 위기가 확대되는 그 이전의 의문을 대수롭지 않게 생각해왔다. 미중관계의 위기를 말하는 문헌들은 역사적 사례의 면밀한 평가를 제공하고 위기방지와 관리방안을 제공한다. 하지만 이 글에서는 미중관계의 경험적인 초점과 위기 불안정성의 문제를 다룬 국제관계학자들이 발전시킨 이론을 통합하도록 한다.[11]

둘째, 비록 학자들과 정책결정자들이 핵무장을 한 강대국 간 전쟁이 발생할 수 있는 다양한 방식을 오랫동안 고찰하고 대비했더라도, (다행스럽게도) 그런 전쟁은 발생하지 않았다. 대조적으로 위기 불안정성의 저술들은 냉전시대에 발생한 핵무장의 두 강대국이 위기에 빠졌던 실질적인 경험에 부분적으로라도 정보를 제공했다. 이 저술은 미국과 중국을 함정에 빠뜨릴 수 있는 위기에 대해 생각하는 출발

••••••••••••••

11 최근 이러한 경향에 대한 주목할 만한 예외로는 다음의 글이 있다. David C. Gompert and Phillip C. Saunders, *Paradox of Power: Sino-American Strategic Restraint in an Era of Vulnerability*, (Washington, D.C.: National Defense University Press, 2011). 이 책의 출판에 앞서 비록 여기에서 사용된 위기에 대한 광의의 정의를 수용했지만 미중위기를 조사한 가장 포괄적인 저서는 다음을 볼 것. Michael D. Swaine and Zhang Tuosheng, with Danielle F.S. Cohen, eds., *Managing Sino-American Crises*. 미중위기의 방지와 관리에 대한 실질적인 도전에 대해서는 다음을 볼 것. Andrew Scobell and Larry M. Wortzel, eds., *Chinese National Security Decisionmaking under Stress*, (Carlisle, Pa.: Strategic Studies Institute, U.S. Army War College, 2005); Forrest E. Morgan, Karl P. Mueller, Evan S. Medeiros, Kevin L. Pollpeter, and Roger Cliff, *Dangerous Thresholds: Managing Escalation in the 21st Century*, (Santa Monica, Calif.: RAND Project Air Force, 2008), chap.3; Lonnie D. Henley, "Evolving Chinese Concepts of War Control and Escalation Management," in Michael D. Swaine, Andrew N.D. Yang, and Evan S. Medeiros, eds., *Assessing the Threat: The Chinese Military and Taiwan's Security*, (Washington, D.C.: Carnegie Endowment for International Peace, 2007), pp.85-110; Christopher P. Twomey, *The Military Lens: Doctrinal Difference and Deterrence Failure in Sino-American Relations*, (Ithaca, N.Y.: Cornell University Press, 2010). 관련된 중국 문헌으로는 다음이 있다. 夏立平, "美關于危機管理的理論與實踐: 以中美關係爲例", 『美國硏究』, 2003年 第2期, pp.73-86; 郭學堂, "國際危機管理與訣策模式分析", 『現代國際關係』, 2003年 第8期, p.31; 高新濤, "危機管理視角下的臺海危機探析", 『臺灣硏究集刊』, 2007年 第3期, pp.10-18; 許海峰, "冷戰後中美危機處理機制的管理與構建", 『前沿』, 2008年 第2期, pp.154-158; 程曉勇, "國際核危機的控制與管理: 南亞核危機案例硏究", 『南亞硏究』, 2010年 第3期, pp.17-29.
12 비록 군사력 사용 전의 위기라기보다 제한된 군사충돌의 맥락이지만, 1999년 인도와 파키스탄 간 카길(Kargil) 전쟁 역시 재래식 무기와 핵무기를 고려한 확대압력과 상호작용의 증거를 제공한다. 각주 79번을 볼 것.

점이 될 수 있다.[12]

셋째, 오늘날 대만해협보다 다른 동아시아 지역이 향후 10년 혹은 20년 동안 미국과 중국을 포함할 수 있는 위기와 갈등에 명백한 위협을 제공한다. 일부 학자들은 대만의 운명을 두고 군사대결을 벌일 가능성이 감소하는 반면, 다른 지역에서 미중위기의 가능성이 증가한다고 말한다.[13] 양안관계는 최근에 뚜렷이 개선되었고, 크리스텐센이 설명한 것처럼 2003년 이후 미국은 중국이 군사력에서 열세일지라도 미국을 향해 군사력을 사용할 방아쇠가 될 가능성이 가장 높은 대만의 독립을 지지하지 않는다고 더욱 확실하게 언급해왔다.[14] 아직 대만을 둘러싼 위험한 대결 가능성이 지속되지만, 세심한 주의를 계속하고 있다.

대만을 둘러싼 대결 가능성이 감소하는 것과 대조적으로, 미국과 중국이 남중국해 혹은 동중국해의 주권분쟁에 의해 촉발된 위기 속에서 자신을 발견할 가능성은 증가해왔다. 2005년 이후 동아시아에서 해상영토와 영해에 대한 주장에 비해 상대적으로 낮았던 긴장감은 중국과 이웃국가들이 차이점을 평화롭게 해결할 수 있는

....

13 대만해협의 변화상황에 대해서는 다음을 볼 것. Michael A. Glosny, "Getting beyond Taiwan? Chinese Foreign Policy and PLA Modernization", *Strategic Forum*, No. 261, (Washington, D.C.: Institute for National Strategic Studies, National Defense University, January 2011); Lyle Goldstein, "Chinese Naval Strategy in the South China Sea: An Abundance of Noise and Smoke, but Little Fire", *Contemporary Southeast Asia*, Vol. 33, No. 3, (December 2011), p.340. 해상에서의 발화점에 관한 다른 연구는 다음을 볼 것. Mark J. Valencia, "Foreign Military Activities in Asian EEZs: Conflict Ahead?" in NBR Special Report, No. 27, (Seattle, Wash.: National Bureau of Asian Research, 2011); Michael McDevitt, "The PLA Navy's Anti-access Role in a Taiwan Contingency," in Phillip C. Saunders, Christopher D. Yung, Michael Swaine, and Andrew Nien-Dzu Yang, eds., *The Chinese Navy: Expanding Capabilities, Evolving Roles*, (Washington, D.C.: National Defense University Press, 2011), pp.198-199; 王立東,『國家海上利益論』(北京: 國防大學出版社, 2007年版). 동아시아 해상 시나리오에 대한 미국의 관심 증가는 공해전투(airsea battle) 개념의 논의에 반영되어 있다. 이에 대한 것은 다음을 볼 것. Michael McDevitt, "The Evolving Maritime Security Environment in East Asia: Implications for the US-Japan Alliance," *PacNet*, No. 33, (May 2012), http://csis.org/ales/publication/Pac1233.pdf; Jan van Tol, with Mark Gunzinger, Andrew F. Krepinevich, and Jim Thomas, AirSea Battle: A Point-of-Departure Operational Concept, (Washington, D.C.: Center for Strategic and Budgetary Assessments, 2010), http://www.csbaonline.org/wp-content/uploads/2010/05 /2010.05.18-AirSea-Battle.pdf; 그리고 Eric Sayers and Fan Gaoyue, "AirSea Battle: An Exchange", *PacNet*, No.17, (March 2011), http://csis.org/ales/publication/ pac1117.pdf.

14 Thomas J. Christensen, "Posing Problems without Catching Up," 또한 Thomas J. Christensen, "The Contemporary Security Dilemma: Deterring a Taiwan Conflict," *Washington Quarterly*, Vol. 25, No. 4, (Autumn 2002), pp.7-21.

능력과 자발성에 관심을 증가시켜 왔다.[15] 베이징은 영토와 인접 수역에 대한 주장을 보장받기 위한 궁극적인 수단으로서 군사력 사용의 배제를 오랫동안 거부해왔다. 비록 미국은 이런 성가신 지역 분쟁의 책임자가 아니지만, 미국 정부는 문제해결을 위한 군사력 사용에 대해 원칙적인 반대를 분명히 언급해왔고, 게다가 중국의 주장에 대항하는 두 국가(일본, 필리핀)와 조약을 체결했으며, 베트남과는 밀접한 관

••••••••••••••

15 주로 관심은 동중국해에서 중국과 일본의 분쟁, 그리고 남중국해에서 베트남, 필리핀과의 분쟁에 집중된다. Michael D. Swaine and M. Taylor Fravel, "China's Assertive Behavior, Part Two: The Maritime Periphery," *China Leadership Monitor*, No. 35, (Summer 2011); Lyle Goldstein, "Chinese Naval Strategy in the South China Sea; M. Taylor Fravel, "China's Strategy in the South China Sea," *Contemporary Southeast Asia*, Vol. 33, No. 3, (December 2011), pp.292-319. 위치를 더욱 잘 설명하기 위해 중국의 필요성을 강조하는 견해로는 다음을 볼 것. 朱成虎, "南海爭端, 中國可以做得更多", 『環球時報』, 2011.07.01. 베이징이 1996년부터 2005년까지 협력을 추구했던 인식과 최근에 중국의 행동이 더욱 공격적이 된 인식의 대조는 다음을 볼 것. Goldstein, *Rising to the Challenge*. 영토분쟁의 관리에 대한 중국의 접근법을 개관하려면 다음을 볼 것. M. Taylor Fravel, "Regime Insecurity and International Cooperation: Explaining China's Compromises in Territorial Disputes," *International Security*, Vol. 30, No. 2, (Fall 2005), pp.46-83; M. Taylor Fravel, Strong Borders, *Secure Nation: Cooperation and Conflict in China's Territorial Disputes*, (Princeton, N.J.: Princeton University Press, 2008).

16 이러한 국가들에게 영향을 미치는 최근의 갈등은 다음과 같다. 일본의 해양경비대가 분쟁수역인 동중국해에서 중국 어선은 떠나라는 명령을 내린 이후 2010년 9월 일본 해양경비대 선박과 부딪힌 중국 어선의 선장을 체포한 사건, 2012년 9월 일본 정부가 이 수역에서 개인 소유의 섬을 구매했음을 발표, 2010년 4월에 시작된 황옌다오(黃巖島, Scarborough Shoal) 분쟁과 이를 둘러싼 수역의 어업권과 주권 요구에 관한 중국과 필리핀 간 장기 교착상태, 동중국해에서 석유와 가스탐사 입찰을 수용한 중국, 베트남, 필리핀에 의한 잠재적으로 도발적인 계획들. Sun-won Park, "The East China Sea Dispute: Short-Term Victory and Long-Term Loss for China?" (Washington, D.C.: Brookings Institution, November 2010), http://www.brookings.edu/papers/2010/1101_east_china_sea_park.aspx; Bonnie S. Glaser, "Armed Clash in the South China Sea," *Contingency Planning Memorandum*, No. 14, (New York: Council on Foreign Relations, April 2012), http://www.cfr.org/east-asia /armed-clash-south-china-sea/p27883; International Crisis Group, "Stirring up the South China Sea (I)", *Asia Report*, No. 223, (Brussels: International Crisis Group, 2012.04.23), http://www.crisisgroup.org/_/media/Files/asia/north-east-asia/223-stirring-up-the-south-china-sea-i.pdf; International Crisis Group, "Stirring up the South China Sea (II): Regional Responses," *Asia Report*, No. 229, (Brussels: International Crisis Group, 2012.07.24) http://www.crisisgroup.org/_/media/Files/asia/north-east-asia/229-stirring-up-the-south-china-sea-ii-regional-responses. 미국은 미일방위조약하에서 군사활동은 (일본에서는 센카쿠로, 중국에서는 댜오위다오로 불리는) 핵심분쟁 섬을 포함한 일본 정부의 모든 관할 영토로 확대한다고 명확하게 나타냈다. Jean-Marc F. Blanchard, "The U.S. Role in the Sino-Japanese Dispute over the Diaoyu (Senkaku) Islands, 1945-1971," *China Quarterly*, No. 161, (March 2000), pp.95-123; M. Taylor Fravel, "China's Military Rise", p.32; Secretary of State Hillary Rodham Clinton, joint press availability with Japanese Foreign Minister Seiji Maehara, Honolulu, Hawaii, 2010.10.27, http://www.state.gov/secretary/ /2010/10/150110.htm.

계를 발전시키고 있다.[16] 아마도 중요한 것은 버락 오바마 행정부의 초기 이래로, 미국이 중국과 이웃국가들 간 충돌을 일으킬 수 있는 동아시아와 태평양 이슈에 더 많은 관심을 쏟아왔다는 점이다. 특히 2011년에 미국은 아태지역을 강조하기 위해 전략적 우선순위를 재조정하려는 의도를 명확히 밝혔다. 중국과 영해갈등을 겪고 있는 미국의 동맹국들에게 이러한 외교적 전환은 지역 위기 혹은 갈등 사건에 미국이 개입할 실질적인 가능성이 있다는 인식을 강화했다.[17]

중국과 미국 역시 중국 부근의 영공과 국제해역에서 미국의 군사력 사용에 대해 첨예한 의견의 불일치를 보였다. 미국은 12해리 이상의 공해 상에서 자유로운 항해의 원칙을 오랫동안 고수해왔다. 반대로 중국은 군함이 포함되는 무제한의 항해 자유는 국가의 배타적 경제수역(EEZ)의 바깥에서부터 시작되어야 한다고 주장한다. 즉 12해리 이상 그리고 EEZ 제한인 200해리 안에서 벌어지는 미국의 공군 및 해군 작전은 제한되어야 한다는 것이다.[18] 이러한 의견 불일치는 단순히 국제법에 대한 학술적 논쟁이 아니다. 반대로 양측은 중국의 EEZ 내외에서 미국의 정보수집이 중요한 군사적 함의를 지닌다는 것을 알고 있다. 더구나 이러한 활동에 관한 미중의 불일치로 발생하는 대결의 전망은 상상 이상이다. 이미 양측이 자신들의 입장을 재

---

17 Hillary Rodham Clinton, "Remarks on Regional Architecture in Asia: Principles and Priorities," Honolulu, Hawaii, January 12, 2010, http://www.state.gov/secretary/rm/2010/01/135090.htm; Hillary Rodham Clinton, "America's Pacific Century", *Foreign Policy*, No. 189, (November 2011), pp.56-63; Avery Goldstein, "U.S.-China Interactions in Asia," in David Shambaugh, ed., *Tangled Titans: The United States and China*, (Lanham, Md.: Rowman and Littlefield, 2012), pp.263-291.

18 갈등하는 지점에 대해서는 다음을 볼 것. Peter Dutton, ed., *Military Activities in the EEZ: A U.S.-China Dialogue on Security and International Law in the Maritime Commons*, (Newport, R.I.: China Maritime Studies Institute, U.S. Naval War College, 2010). 아직 그러한 주장의 범위 혹은 군함의 통행이라는 함의를 명확히 하지는 않았더라도, 중국은 이런 주장이 남중국해를 통한 항해의 자유에 영향을 줄 것이라는 점을 부인한다. "Foreign Ministry Press Release: No Wholesale Claims over S. China Sea Sovereignty," China.org.cn, 2012.3.1, http://www.china.org.cn/world/2012-03/01/content_24767658.htm. EEZ 내외의 권리에 대한 미국과 중국의 시각, 특히 해양법과 관련한 시각에 대해서는 다음을 볼 것. Peter Dutton, *Military Activities in the EEZ*; Raul Pedrozo, "Preserving Navigational Rights and Freedoms: The Right to Conduct Military Activities in China's Exclusive Economic Zone," *Chinese Journal of International Law*, Vol. 9, No. 1, (March 2010), pp.9-29; Zhang Haiwen, "Is It Safeguarding the Freedom of Navigation or Maritime Hegemony of the United States? Comments on Raul (Pete) Pedrozo's Article on Military Activities in the EEZ," *Chinese Journal of International Law*, Vol. 9, No. 1, (March 2010), pp.31-47.

언급하면서 중국과 미국 함정 간 교착상태에 이른 사건도 있었다.[19] 특히 2001년 4월 미국 정찰기와 중국 전투기 간의 충돌로 중국인 조종사가 사망하고 U.S. EP-3호기가 중국 해남도(海南島)에 비상착륙했던 사건에서, 입장 변경의 거부는 미국인 승무원 석방과 기체반환 협상을 어렵게 했다.

해상 통행권에 관한 미국과 중국의 근본적인 불일치는 베이징이 자신의 영토라고 주장하는 남중국해 부근 영역에서 핵심적인 해상교통로를 위해서라면 언제라도 상황이 급변할 수 있는 불안한 함의를 가지고 있다. 특히 남사군도(南沙群島)에 대한 중국의 광범위한 요구를 따르게 되면 남중국해의 대부분이 중국의 EEZ로 편입되고, 외국 군함이 그 해역을 통과하기 위해서는 사전에 동의를 받아야 한다. 이런 이슈의 민감성과 미중 불화의 가능성은 2010년 베트남 하노이 아세안지역안보포럼(ARF)에서 강조되었다. 이때 남중국해에서 벌어지는 주권 분쟁의 평화적 해결을 바라는 미국의 희망과 다자포럼이 이런 사항에 유용할 수 있다는 미 국무장관 힐러리 클린턴(Hillary Clinton)의 온화한 외교적 표현에 중국의 외교부장은 뜻밖으로 거칠게 반응했다.[20]

• • • • • • • • • • • • • •

19 Michael D. Swaine and M. Taylor Fravel, "China's Assertive Behavior, Part Two". 자국의 영해임을 주장하기 위해 상습적인 비군용함정의 사용은 안전해 보이는 행동을 대담하게 만들지만, 실제로 위기를 촉발 및 확대시킬 수 있는 다른 책임자의 대응을 조장하는 위험을 자초한다. M. Taylor Fravel, "China's Military Rise," p.31. 2009년 3월 8일 미해군의 임페커블호(Impeccable, 无瑕號) 사건의 정황에 대해서는 다음을 볼 것. Oriana Skylar Mastro, "Signaling and Military Provocation in Chinese National Security Strategy: A Closer Look at the Impeccable Incident," *Journal of Strategic Studies*, Vol. 34, No. 2, (April 2011), pp.219-244; Andrew S. Erickson and Michael Chase, "An Undersea Deterrent?," *U.S. Naval Institute Proceedings*, Vol. 135, No. 6,(June 2009), pp.36-41.

20 Mark Landler, "Offering to Aid Talks, U.S. Challenges China on Disputed Islands," *New York Times*, 2010.07.24., http://www.nytimes.com/2010/07/24/world/asia/24diplo.html. 중국은 각각의 주권분쟁이 양자관계를 기반으로 조정될 것이라고 주장한다. 이에 대한 논의는 다음을 볼 것. Michael D. Swaine and M. Taylor Fravel, "China's Assertive Behavior, Part Two"; Douglas H. Paal, "South China Sea: Plenty of Hazards for All," *Asia Pacific Brief*, (Washington, D.C.: Carnegie Endowment of International Peace, 2011.7.7, http://www.carnegieendowment.org/2011/07/07/south-china-sea-plenty-ofhazards-for-all/2w00. 2012년 8월 미국 국무부는 남중국해에서의 미국의 이익을 더욱 강하게 주장했고 지역의 군사적 방어에 초점을 맞춘 새로운 책임을 부여하는 동시에 남중국해의 서사군도(西沙群島), 중사군도(中沙群島), 남사군도(南沙群島)를 아우르는 새로운 행정단위로 삼사군도(三沙群島)를 설립 중이라는 중국의 발표에 관한 미국의 우려를 명확히 표현했다. Patrick Ventrell, "South China Sea," press statement, Office of Press Relations, U.S. State Department, 2012.8.3, http://www.state.gov/r/pa/prs/ps/2012/08/196022.htm; 以及外交部發言人 秦剛就美國務院發表所謂南海問題聲明闡明中方嚴正立場, 中華人民共和國外交部, 2012.8.4, http://www.fmprc.gov.cn/mfa_chn/wjdt_611265/fyrbt_611275/t958213.shtml.

이러한 해양환경에서 군사적 우발사고를 대비한 계획은 미국과 중국이 배치한 군사력을 형성하고, 대부분의 논문에서 발표했던 필요 지점이 되면 그 군사력을 전투 초기 단계에서 사용하게 될 것이다. 하지만 나의 관심은 앞의 질문에 맞춰져 있다. 만약 해양협정의 불일치로 인해 발생한 위기에서 협상 지속과 군사력 사용 가운데 하나를 선택해야 한다면 중국과 미국이 직면하게 될 유인은 무엇일까? 물론 군사력 배치와 사용계획은 그들의 선택과 외교적 해결이 달성되기 전에 대치상황이 군사행동으로 확대될 가능성에 영향을 미친다.[21] 그러나 위기 시, 적어도 한쪽이 전쟁 시작을 위한 구실로서 단순히 수작을 부린 것이 아니라면, 상대방은 전쟁 없이 분쟁을 해결할 수 있는 수용 가능한 방안을 찾는 과정에서 이익을 공유할 것이다. 오늘날 광범위한 전쟁협상이론의 문헌에서 나타나는 것처럼, 다양한 이유로 (예를 들면, 정보와 실행문제뿐만 아니라 분쟁에서 이슈의 속성을 반영하는 실행 가능한 타협안을 만드는 어려움) 국가는 외교적 해결방안을 찾지 못할 수도 있다.[22] 하지만 위기 시그 조사는 지속적이고 집중적이다. 국가가 직면하는 시간 압박과 군사력 사용의 유인-외교를 단절시키고 군사갈등을 이끄는 유인과 압박-은 위기 불안정성의 정도를 결정할 것이다.

냉전시기 미소위기

위기 불안정성의 위험을 평가하기 위해 냉전시기의 사상을 부분적으로 가져온다. 하지만 이 접근법은 현 시대의 미중관계가 과거의 미소관계처럼 적대적이라는 확

----

21 핵전력의 효과와 냉전시기 억지안정성 독트린의 영향력을 서술한 문헌은 억지안정성을 낙관하는 군사력 구조(전쟁 시작 전 위기 시 희망하는)와 전쟁비용의 제약이라는 낙관주의(억지가 실패했을 때 바라는) 간의 긴장감을 증명한다. 전쟁이 시작되어 한차례 핵교전이 발생하는 동안 피해를 줄이거나 억제 유인을 제공하는 군사력은 위기 시 군사력 사용을 단념하게 만드는 수용하기 힘든 피해와 통제불능의 확대 두려움을 줄인다. Lawrence Freedman, *The Evolution of Nuclear Strategy*, (New York: St. Martin's, 1981); 그리고 Fred Kaplan, *The Wizards of Armageddon*, (New York: Simon and Schuster, 1983).

22 James D. Fearon, "Rationalist Explanations for War," *International Organization*, Vol. 49, No. 3, (Summer 1995), pp.379-414. 이러한 접근법에 대한 면밀한 비판은 다음을 볼 것. Jonathan Kirshner, "Rationalist Explanations for War?," *Security Studies*, Vol. 10, No. 1, (Autumn 2000), pp.143-150.

신에 의거하지 않는다.[23] 그뿐 아니라 그 논리의 타당성 때문에 그리고 냉전의 경험은 국가 지도자들이 직면하는 선택에 통찰력을 제공하기 때문에 이러한 사상들을 이용한다. 그러나 과거의 교훈을 적용할 때 현재의 미중관계는 차이가 있다는 점을 고려할 필요가 있다. 아마도 이러한 차이는 위험한 미중위기의 현재 가능성에 대해 우려해야 할 추가적인 이유를 제시한다. 심각한 미중 대결의 위험성이 존재함에도 불구하고, 제로섬 같은 미소관계처럼 최대 라이벌 간의 사활을 건 투쟁의 부재 때문에 저평가받기 때문이다.

무장한 적대국가로서 미국과 소련은 그들의 상반된 이익이 위기를 발생시킬 것이라고 예상했다. 시간이 흐르면서 이러한 인식은 양측이 위험한 대결을 회피하고 대치상황이 발생했을 때 관리능력 향상을 기대할 수 있게 했다. 이처럼 유익한 추세는 단지 지적 계몽과 신중함의 결과가 아니라 신경의 예민한(nerve-rattling) 경험에 의해 촉진된 것이다. 냉전의 첫 15년 동안 워싱턴과 모스크바는 베를린에서 세 차례, 쿠바에서 소련의 핵무기 존재로 인해 한 차례의 군사적 긴장고조의 위험에 직면했었다. 이러한 무서운 경험을 통해 양측은 파국적인 전쟁으로 확산될 수 있는 대결이 발생하지 않도록 자국 이외의 지역에서 상대국의 핵심이익으로 명확히 이해된 것에는 도전하지 않기로 했다.

냉전 이후 미중위기

양국이 핵심이익을 지닌 지역에서 미국과 소련의 국제적 현상유지에 대한 인식의 증가는 주요 위기를 발생시킬 수 있는 행동의 가능성을 감소시켰다.[24] 중국과 미국의 사례에서는 아직 유사하게 공통된 이해에 도달하지 못했다. 가장 중요한 것은

---

23 반대로 중국과 미국은 강한 경제적 연계를 맺고 국제적인 이슈에서 상호협력한다. 제로섬과 거리가 먼 양자적 관계를 형성하는 공동이익을 반영하고 있다.

24 위기행동의 불확실성과 역동성의 관계는 다음을 볼 것. Snyder and Diesing, *Conflict among Nations*, p.8; Thomas C. Schelling, *The Strategy of Conflict*, (New York: Oxford University Press, 1960), pp.96-97.

자국의 국경을 넘어선 지역, 특히 서태평양에서 미국과 중국의 핵심이익이 무엇인지 명확히 규정하지 못했다는 점이다. 모호함은 본토의 국경과 대만의 지역적, 정치적 통합은 차치하고 '핵심이익'에 관한 중국의 다양한 성명에 반영되어 왔다.[25] 또한 미국이 넓게 해석한 대만의 미래 지위뿐만 아니라 동중국해와 남중국해에서의 해양영토분쟁의 해결방안에도 모호함이 반영되어 있다.

갈등의 위험 없이 넘을 수 없는 '레드라인(red line)'에 관한 막연함 혹은 불확실성은 국가가 의도치 않게 확고한 대응을 이끌어내는 단계를 밟을 가능성을 증가시킨다. 국가가 그때가 되어서야 확실해지는 이전의 모호한 이익을 명확히 함으로써 그러한 행동은 위기를 발생시킨다.[26] 각자가 대담하게 군사충돌이라는 확대의 위험으로 나아갈 수 있는 이슈에 대한 불확실성은 중국 혹은 미국을 단순히 현상유지를 굳히면 안전하다는 방향으로 행동을 이끌 수 있다. 그러나 레드라인이 불명확하기 때문에 다른 한쪽이 그런 단계를 도발적이고 위기를 발생시키는 것으로 파악할 수 있다.[27]

핵심이익의 정의가 모호한 결과로 미중위기를 의도치 않게 촉발시키는 행동의 위험은 대만해협의 문제가 될 것처럼 보인다. 어쨌든 양측이 현상유지에 만족한 것처럼 지금은 보이기 때문이다. 그러나 불행하게도 여기에는 잠재적으로 위험한 모

25 "China's Peaceful Development," Information Office of the State Council of the People's Republic of China, Beijing, 2011.9.7, http://www.fmprc.gov.cn/eng/zxxx t856325.htm; Michael D. Swaine, "China's Assertive Behavior, Part One: On 'Core Interests'," *China Leadership Monitor*, No. 34, (Winter 2011).

26 6·25전쟁과 이라크의 쿠웨이트 침공은 1950년대와 1990년대 미국의 이익 범위에 관한 생각을 명확하게 만들었다. 중국의 지도자들은 언뜻 보기에 2009년 미해군의 임페커블호(USNS Impeccable) 대결에서 미국의 반응에 놀란 것처럼 보이지만, 공개적으로 되었을 때 베이징은 EEZ 내 미국의 감시활동에 대한 반대 이유를 상술하고 레토릭의 거슬림을 확대시키는 국내정치 상황에 구속받고 있음을 느꼈다. Oriana Skylar Mastro, "Signaling and Military Provocation in Chinese National Security Strategy," pp.223-228; Frank Miller and Andrew Scobell, "'Decisionmaking under Stress' or 'Crisis Management?,' In Lieu of a Conclusion," in Scobell and Wortzel, *Chinese National Security Decisionmaking under Stress*, p.232.

27 크리스텐센은 양측이 현상유지를 지킨다고 믿는 불일치의 결과로 나타난 미중위기의 본래 위험에 대해 걱정해야 할 또 다른 이유를 제시한다. 기대이론(prospect theory)을 통해 그는 패배를 피하기 위해 행동한다는 믿음이 위험을 증가시킨다고 지적한다. Thomas J. Christensen, "The Meaning of the Nuclear Evolution: China's Strategic Modernization and U.S.-China Security Relations," *Journal of Strategic Studies*, Vol. 35, No. 4, (August 2012), p.465.

호성이 널리 퍼져있다. 중국의 현상유지 수용은 국가통일의 가능성을 보존하는 조건으로 한다. 미국은 대만해협을 둘러싼 양측의 국민들에 의한 변화가 평화적으로 합의되지 않는다면 정치적 분리로 정의된 현상유지는 반드시 계속되어야 한다고 주장한다. 더구나 최근의 경험은 그들이 현상유지를 지지하는 것으로 보이는 행동들이 도전으로 관찰될 가능성을 과소평가하는 위험을 실제로 증가시키고 있다.

1990년대 중반 이후 베이징이 대만에 대한 미국의 지원이 독립을 추동하는 경향이 있다고 우려했을 때, 중국은 현상유지에 대한 도전을 단념시키도록 확실한 신호를 주기 위해 해협을 따라, 해협에서, 그리고 해협을 넘어서 더 많은 군사력을 배치해왔다(베이징에게 이는 대만에 대해 아직 실행할 수 없는 공식적인 주권행사를 의미한다). 특히 대만을 가로지르는 미사일의 증강 배치는 워싱턴으로부터 신랄한 비판을 받았다. 이 미사일이 대만을 강제할 수 있기 때문에 미국은 중국의 전력증강을 평화적인 현상유지를 위협한다는 꼬리표를 붙였다. 동시에 중국의 현상유지 도전을 단념시키기 위해 대만에 무기공급을 지속적으로 실시했다(워싱턴에게 이는 대만의 시민들이 원하는 한 정치적 자율성을 존속시킬 것을 의미한다). 이러한 미국의 무기판매는 베이징으로부터 날카로운 비판을 받았다. 이 무기들은 '방어막'을 제공해서 대만이 독립을 추구하려는 대담함을 끌어낼 수 있기 때문에, 중국은 평화로운 현상유지를 저해하는 진정한 위협이라고 꼬리표를 붙였다. 베이징과 워싱턴의 수사(rhetoric) 양측의 행동이 위기를 촉발하는 도발적이고 위험한 것으로 보이게 한다. 하지만 어느 쪽도 그들이 실제로 매우 심각한 위험을 진행시키고 있다는 우려를 나타내지 않았다. 그리고 1996년 이후의 경험은 이러한 믿음을 강화해왔다. 대만의 미래 지위에 관한 불일치로 매번 긴장감이 급증했고, 미국과 중국은 제한을 경험해왔다. 그러한 제한은 환영하지만 위험을 과소평가하게 만들기도 한다. 만약 중국과 미국이 각자 관용의 한계 시험을 안전하다고 믿는다면, 그들은 대만해협에서 위험한 위기에 빠져들게 될 것이다.[28]

• • • • • • • • • • • • • •

28 EP-3 사건 발생 전의 정보 감시를 둘러싼 미중 충돌의 위험에 대해 빗나간 '경고신호(warning sign)'는 다음을 볼 것. Zhang Tuosheng, "The Sino-American Aircraft Collision: Lessons for Crisis Management," in Michael D. Swaine and Zhang Tuosheng, with Danielle F.S. Cohen, eds., *Managing Sino-American Crises*, pp.412-413.

1990년대 중반 이후 대만에 대한 중국의 주기적인 압박이 대결의 위험을 증가시키는 미국의 반응을 촉발시키지 않았기 때문에, 베이징은 직면한 위험이 낮고 관리 가능한 것으로 결론을 내렸다. 그러나 이전과 같지 않은 상황이 출현할 수도 있다. 중국이 새로운 조치를 취해서 미국의 현상유지의 도전에 대응하려고 하지만, 반대로 미국의 확고한 대응을 야기해서 위기로 이어질 가능성도 존재한다.[29] 예를 들어, 마잉주(馬英九) 총통의 집권기간에 양안관계의 증진이라는 베이징의 기대는 좌절될 것이다. 혹은 대만 유권자들이 베이징이 받아들일 수 없는 주권과 독립 정책을 더 많이 지지하게 된 상황에서, 미국이 대중에 의해 선출된 지도자를 억제하기를 꺼려하게 될 것이다. 마찬가지로 대만에 대한 미국의 정기적인 무기판매는 대결 위험의 증가보다 오히려 베이징의 강한 반발을 이끌어낼 것이기 때문에, 워싱턴은 중국의 반응신호가 해결이 아닌 국제경제 및 외교 이익에 더욱 집중하는 국가의 자제력(self-restraint)이라고 결론을 내릴 수도 있다.[30] 중국의 반응에 대한 추론이 틀리더라도 최근의 패턴이 미래에도 유지될 것이라는 추정이 안전한지는 불분명하다. 서구와 중국의 학자들은 베이징의 지도자들이 정부의 억제에 대한 불만을 표현하고 대만에 대한 미국의 무기판매에 더욱 강력한 대응을 요구하는 국내정치의 목소리에 민감하게 반응하고 있음을 관찰해왔다.[31] 특히 앞서 언급한 것처럼 만약 베이

- - - - - - - - - - - - - - - - -

29 과거의 경험에 기초하여 예상 가능한 적의 해결방안에 대해 추론을 하는 것의 본질적인 어려움과 위험에 대해서는 다음을 볼 것. Jonathan Mercer, *Reputation and International Politics,* (Ithaca, N.Y.: Cornell University Press, 1996); Daryl G. Press, *Calculating Credibility: How Leaders Evaluate Military Threats,* (Ithaca, N.Y.: Cornell University Press, 2005).

30 대만과의 확고한 경제관계, 이웃국가 및 주요 무역상대국으로서의 좋은 관계를 보호라는 중국의 이익에 대한 미국의 관점은 중국의 경고가 허울뿐인 말이라고 확신한다. Robert Jervis, "Hypotheses on Misperception," *World Politics,* Vol. 20, No. 3, (April 1968), pp.454-479; Robert Jervis, *Perception and Misperception in International Politics,* (Princeton, N.J.: Princeton University Press, 1976).

31 Susan L. Shirk, *China: Fragile Superpower,* (New York: Oxford University Press, 2007); Oriana Skylar Mastro, "Signaling and Military Provocation in Chinese National Security Strategy," pp.223, 228; Dennis C. Blair and David V. Bonali, "The April 2001 EP-3 Incident: The U.S. Point of View," in Michael D. Swaine and Zhang Tuosheng, with Danielle F.S. Cohen, eds., *Managing Sino-American Crises,* p.384; Zhang, "The Sino-American Aircraft Collision," p.401; Avery Goldstein, "Parsing China's Rise: International Circumstances and National Attributes," in Robert S. Ross and Zhu Feng, eds., *China's Ascent: Power, Security, and the Future of International Politics,* (Ithaca, N.Y.: Cornell University Press, 2008), pp.55-86; Thomas J. Christensen, "Posing Problems without Catching Up"; 張峨生, "中國國際安全危機行爲硏究", 『世界經濟與政治』, 2011年 第4期, p.116.

징이 중국의 강경함에 대한 이전의 미국 대응이 대만을 둘러싼 대결의 위험을 꺼려하는 워싱턴이 신호를 보낸 것이라고 믿는다면, 상대적으로 조심스러운 중국 지도자들은 국내정치의 압력 요구에 부응하기 위한 공격적인 행동은 필요한 것이 아니라 안전하다고 결정하게 된다.[32] 만약 그렇다면 워싱턴이 미국의 무기판매가 베이징으로부터 형식적인 비난 이상의 것을 이끌어 내지 않으면서 자신들의 결정을 표현하는 신뢰할 수 있는 방법이라고 믿는다면, 미중위기를 촉발시키면서 전례 없이 뜻밖의 강력한 중국의 반응을 유발시키게 될 것이다.

미중위기는 위험한가?

만약 미국과 중국이 심각한 위기에 빠지는 과오를 범한다면, 미국과 소련이 냉전시기에 평화적으로 관리했던 것만큼 위험하거나 아마 더욱 위험할 것이다. 이는 다시 미국과 중국이 오늘날 직면한 상황과 미국과 소련이 지난 세기에 직면했던 상황의 차이를 반영한다. 아래에서는 미중위기에서 발생가능한 위험의 차이점과 함의를 다섯 가지로 분류하여 강조한다.

(1) 뚜렷한 비대칭성
첫째, 군사능력의 균형은 미국과 소련 때보다 오늘날의 미중관계에서 한쪽으로 더욱 많이 기울어져 있다. 양국 모두 미국이 위기 행위자를 억제할 수 있는 재래식 무

---

32 만약 중국의 지도자들 역시 무기판매를 받아들일 수 없다는 베이징의 수많은 경고를 워싱턴이 무시해왔으므로 그들의 행동을—대만 인근에 군함을 배치하고 영해에서 화물입고를 조사할 권리를 요구하는 결정—정당하고 상대적으로 억제된 대응으로 묘사한다고 믿는다면, 극적인 새로운 옵션을 받아들이는 경향이 강화될 것이다. EP-3 사건과 임페커블호 사건 모두 미국의 지속적인 감시에 대한 좌절과 불만을 더욱 강력하게 표현한 중국의 결정을 반영한 것이다.

33 비록 냉전기간, 특히 초기에 전략적 핵균형은 미국이 유리했지만, 소련은 분할된 유럽, 특히 베를린에 재래식 군사력을 집중시킬 수 있는 중요한 이점을 보유했다. 더구나 소련의 핵전력은 최고로 고안된 미국의 선제공격이 보복공격을 불가능하게 할 수 있다는 신념을 가질 수 없을 정도로 충분히 강력했다. Lawrence Freedman, *The Evolution of Nuclear Strategy; Fred Kaplan, The Wizards of Armageddon.*

기와 핵능력에서의 뚜렷한 비대칭성(질적, 양적인 차원에서)을 인식했다.³³ 필자는 다음 부분에서 이러한 불균형의 함의의 문제점에 집중한다.

(2) 위기 소통

둘째, 선호, 독트린, 그리고 긴급사태 대응계획이 실제 결과로서 어려운 선택을 경험했을 때인 냉전 초기에 미국과 소련의 지도자들이 위기관리를 통해 학습한 교훈을 중국과 미국은 아직 함께 축적하지 않았다. 특히 중국 쪽의 경험 부재로 인해 미중위기는 냉전 초기 미소대결의 위험성과 유사하다고 잘 증명할 수 있다.[34] 위기소통에 대한 도전은 미중위기가 작동하는 방식에 대해 곤란한 우려를 증가시킨다.

그래서 가장 심각한 미중대립(1999년 베오그라드 중국대사관에 대한 미국의 우발적 폭격사건, 앞서 언급한 2001년 중국 전투기와 미국 EP-3 정찰기의 충돌)은 사람들에게 위기 시 소통채널의 존재에 회의감을 갖게 했다. 1998년에 만들어진 핫라인의 유용성에도 불구하고 두 사건에서 미국은 바로 중국의 최고 지도부와 직접 연락을 하는 데 어려움을 겪었다. 중국의 지도부가 내부 합의에 도달하거나 군사부문의 폭넓은 의견을 듣기 전까지 최고수준의 연락채널 이용을 꺼렸거나, 아니면 그들의 정책조정이 미국 국가안전보장회의에 대응하는 상대역의 부재로 방해받았든지 간에, 핫라인을 통한 직접 연락이 지연된 최근의 경험은 미국과의 위기가 시작된 초기에 결정적으로 작용할 것이다.[35]

위기의 최초 단계에서 소통은 공식성명 혹은 행동을 통해 보내진 암묵적인 신호로 제한될 것이다. 이런 방법들은 다음의 문제가 있다. 첫째, 공식성명의 유용성은 다중의 청중(국내 및 해외)에게 발표되는 것으로 인식되기 때문에 제한적이다. 청중비용(audience costs)을 이용하는 이익이 때로 갈등해결을 위해 신뢰할 수 있는 신호를 보내는 매력적인 방법일지라도, 확산을 통제하려는 경쟁적 이익이 비밀 채널을

----

34 추가로 중국은 1969년 이후 전쟁위험의 위기를 겪지 않았고, 1979년 이후 주요 전쟁에 참여하지 않았다. 이러한 현실은 행동에 영향을 줄 수 있는 정치지도자, 군 관료, 병사들의 무경험에 관한 많은 의문을 제기하게 한다. 군사안보 위기로부터의 제한된 학습과 중국의 경험에 관한 간략한 조사로는 다음을 볼 것. 張峩生, "中國國際事安全危機行爲硏究", 『世界經濟與政治』, 2011年 第4期, pp. 103-129.

통해 보다 더 효과적으로 메시지를 보내도록 요구할 수도 있다.[36] 둘째, 행동을 통한 무언의 신호 발송의 신뢰성과 효율성은 발송자의 메시지가 행동으로 번역되는 명확성과 수신자가 의도된 것으로 신호를 해석할 가능성에 달려있다.[37]

더욱 문제가 되는 것은 중국의 분석가들이 군사행동으로 신호를 보낼 수 있다고 쉽게 과대평가하고, 신호 행동이 잘못 가거나 오해로 발생할 수 있는 위험의 확대를 과소평가한다는 지적이 있다.[38] 적어도 중국의 대함탄도미사일(ASBM)의 세 가지 사용계획은 이러한 관계에서 설명되고 있다.[39] 두 가지는 '최후통첩(shots across the bow)'과 같다. 대함탄도미사일의 조작가능한 탄두는 미국의 항공모함과 호위함

....

35 1999년 베오그라드 대사관 폭격 이후 위기관리를 향상시키기 위해 중국은 국가안전영도소조(國家安全領導小組)를 설립했다. 그러나 이 집단이 위기상황에서 의사결정의 핵심조직이 아니었기 때문에 중국공산당 중앙정치국 상무위원회가 여전히 존속한 가운데 때때로 중앙당, 국가, 그리고 군대에서 추가인원을 보충했다. 張峨生, "中國國際事安全危機行爲硏究", 『世界經濟與政治』, 2011年 第4期, pp.115-116. 위기 시 중국의 의사결정과정의 계속되는 문제에 관한 것은 다음을 볼 것. Oriana Skylar Mastro, "Signaling and Military Provocation in Chinese National Security Strategy", p.229; Swaine, "Chinese Crisis Management," pp.22-28; 許海峰, "冷戰後中美危機處理机制的管理與構建", 『前沿』, 2008年 第2期, pp.154-158; 高新濤, "危機管理視角下的臺海危機探析", 『臺灣硏究集刊』, 2007年 第3期, pp.10-18; 郭堂, "國際危機管理與決策模式分析", 『現代國際關系』, 2003年 第8期. 2008년 중국과 미국은 국방부에 설치된 것 외에 다른 핫라인을 추가하는 것에 동의했다. 이 핫라인의 잠재적 가치에 대해서는 다음을 볼 것. Glaser, "Armed Clash in the South China Sea," p.7. 하지만 양측의 정치지도자들이 직면하게 될 도전의 속성을 평가하기 위해 군사통신이 쓰이고 있는 한, 양국에서 시민통제의 원칙은 직접적인 군사통신이 위기의 초기 단계를 관리할 주요 장소가 될 것 같지는 않다. 이러한 미중위기의 소통에 관한 함의는 다음을 볼 것. Kurt M. Campbell and Richard Weitz, "The Chinese Embassy Bombing: Evidence of Crisis Management?" in Swaine and Zhang, with Cohen, *Managing Sino-American Crises*, 특히 pp.338, 347 n.42.; Wu Baiyi, "Chinese Crisis Management during the 1999 Embassy Bombing Incident," in Swaine and Zhang, with Cohen, *Managing Sino-American Crises*, pp.358-359; Blair and Bonali, "The April 2001 EP-3 Incident," in ibid., pp.380, 387; Zhang, "The Sino-American Aircraft Collision," pp.395, 410, 414; Michael D. Swaine, "Conclusion: Implications, Questions, and Recommendations," in Swaine and Zhang, with Cohen, *Managing Sino-American Crises*, pp.424-426, 448-449. 해상분쟁을 관리할 때 중국의 조정 문제에 관련해서는 다음을 볼 것. Swaine and Fravel, "China's Assertive Behavior, Part Two," p.32 n.79; 朱成虎, "南海爭端, 中國可以做得更多", 『環球時報』, 2011.7.1.

36 청중비용에 관한 논쟁의 예로는 다음과 같다. James D. Fearon, "Domestic Political Audiences and the Escalation of International Disputes," *American Political Science Review*, Vol. 88, No. 3, (September 1994), pp.577-592; Kenneth A. Schultz, "Looking for Audience Costs", *Journal of Conflict Resolution*, Vol. 45, No. 1, (February 2001), pp.32-36; Jessica L. Weeks, "Autocratic Audience Costs: Regime Type and Signaling Resolve," *International Organization*, Vol. 62, No. 1, (Winter 2008), pp.35-64; Keren Yarhi-Milo, "Tying Hands behind Closed Doors: The Logic and Practice of Secret Reassurance," (Princeton University, 2011).

에 쏘거나 함정이 진행방향을 벗어나도록 하기 위해 일정 방향에 조준하여 쏠 수도 있다. 이는 1995~1996년에 중국이 사용한 기술의 업데이트 버전이다. 군사훈련을 실시하면서 동시에 대만의 정치적 경향에 불만을 표시하기 위해 해안의 핵심 항구에 미사일을 발사했다. 비록 간이미사일을 발사했고, 개방된 해역을 목표로 했으며, 시험지역을 벗어나라고 함정들에게 사전경고를 했을 뿐만 아니라, 의도치 않은 목표를 맞추는 사고의 위험을 수반하기도 했지만, 그 작전은 여전히 항모전단의 모든 이동요소를 놓치고 있지만 가까운 것을 타격하기 위해 필요한 정밀도의 수준을 어디에서도 요구하지 않았다. 코트(Owen Coté)가 주목한 것처럼 정밀 임무를 수행하기 위해 완벽히 작동하는 대함탄도미사일의 능력은 탄두의 정밀유도뿐만 아니라 추적, 조준, 발사와 충돌 사이 흐르는 시간에 의해 결정되는 오차 범위를 가진

••••••••••••

37 Thomas C. Schelling, *Arms and Influence,* (New Haven, Conn.: Yale University Press, 1966); Robert Jervis, *The Logic of Images in International Relations,* (Princeton, N.J.: Princeton University Press, 1970). 독트린의 차이가 신호를 복잡하게 만드는 방식에 관해서는 다음을 볼 것. Twomey, The Military Lens, pp.246-250.

38 이런 종류의 미국 신호 역시 위험을 수반한다. 미국의 비대칭적 관계를 누리는 많은 이익 때문에, 군사력 사용 이유의 모호성은 최악의 시나리오를 그리는 중국을 더욱 취약하게 하고 뜻밖의 확대된 결과에 반응하게 한다. M. Elaine Bunn and Vincent A. Manzo, "Conventional Prompt Global Strike: Strategic Asset or Unusable Liability?," *Strategic Forum,* No. 263, (Washington, D.C.: Institute for National Strategic Studies, National Defense University, February 2011); Iskander Rehman, "A Step Too Far: Why CPGS Is the Wrong Answer to China's Anti-Access Challenge," *Asia Pacific Bulletin,* 2011.3.24. 행동의 제약에 대해 상대를 안심시키는 것과 상대가 확대를 두려워하게 강제하는 것의 상충관계는 증진시키려는 국가의 의도에 영향을 주고 이용가능한 통신 채널에 의존한다.

39 DF-21 중거리 탄도미사일ballistic missile을 개량한 것으로 예측되는 대함탄도미사일은 타겟의 이동에 맞춰 경로를 조정하고 미사일 방어시스템을 회피할 수 있도록 탄두를 조작할 수 있는 지대함 미사일이다. 이 미사일의 주요 임무는 중국이 관심을 가지고 있는 서태평양에서 미국의 항모를 위협하는 것이다. Andrew S. Erickson and David D. Yang, "On the Verge of a Game-Changer," *U.S. Naval Institute Proceedings,* Vol. 135, No. 5, (May 2009), pp.26-32. 대함탄도미사일의 사용전략을 서술하면서 에릭슨(Erickson)과 양(Yang)은 『第二砲兵學戰役論』, 『解放軍出版社(2004年版)』 같은 권위 있는 중국의 문헌을 인용했다. Erickson and Yang, "Using the Land to Control the Sea?," *Naval War College Review,* Vol. 62, No. 4, (Autumn 2009), pp.53-86. 대함탄도미사일의 효과적 사용을 위해 중국이 반드시 사전에 작업해야 하는 많은 장애물에 대해서는 다음을 볼 것. Eric Hagt and Matthew Durnin, "China's Antiship Ballistic Missile," *Naval War College Review,* Vol. 62, No. 4, (Autumn 2009), pp.87-115.

다.[40] 만약 배를 맞출 의도였다면, 중국은 다탄두 일제사격을 하고 지대공, 공대공, 함대 미사일(특히 크루즈 미사일) 등의 서로 다른 종류의 미사일을 조합하여 이러한 오차를 상쇄해야 한다. 그러나 목적이 위협, 강제, 그리고 실제로 함정에 대한 타격 없는 신호를 보낼 때 과잉은 역효과를 낳는다. 게다가 최소한의 일제사격일지라도 조준오차는 부주의로 인한 피해와 의도하지 않은 확대 결과를 초래할 수 있는 위험의 수용을 수반한다.

위기 시 중국의 대함탄도미사일의 또 다른 신호역할은 탄두로 항공모함의 특정 부분(함교 등의 부분)을 맞춰서 위험의 증가를 경고하고 동시에 항공모함과 비행기에 손상을 줄일 수 있는 미사일의 자탄(子彈, submunitions)을 이용해 중국의 결의와 자제력을 표현하는 것이다.[41] 그러나 상술한 기술적 이유로, 이러한 방식은 의도한 것보다 더 도발적인 메시지를 보내게 되어 파괴적 공격이라는 피할 수 없는 위험을 일으키며 충돌의 확대를 야기한다.[42]

(3) 전략 이념

셋째, 소련과 달리, 중국의 공식성명과 정책은 안정성-불안정성 역설의 믿음을 반영한 것으로 보인다. 그 역설은 일반적인 핵전쟁의 최고수준에서의 안정성은 하위의 갈등을 안전해 보이게 만들어 낮은 수준의 불안정성을 증가시키는 현상을 말한다. 각국은 상호파괴의 가능성으로 인해 일반적인 핵전쟁으로 쉽게 확산될 수 없다는 것을 잘 알기 때문에, 재래식 군사력을 이용한 갈등이나 혹은 매우 조심스럽게

••••••••••••••

40 Owen R. Coté Jr., "Assessing the Undersea Balance between the U.S. and China," *SSP Working Paper,* WP11-1, (Cambridge, Mass.: Security Studies Program, Massachusetts Institute of Technology, February 2011), p.23, http://web.mit.edu/ssp/publications/working_papers/Undersea%20Balance%20WP11-1.pdf.

41 Erickson and Yang, "Using the Land to Control the Sea?" p.61.

42 Erickson and Yang, "Using the Land to Control the Sea?" pp.62-63. 중국학자들은 의도하지 않은 결과의 위험이 위기나 갈등 시 대함탄도미사일의 사용으로 중국을 억제한다고 주장한다. 火飛 羅世偉, "無弓之箭－反航母彈道彈效能及實用化評估", 『現代艦船』, 2008年 第4期, p.23, Erickson and Yang, "Using the Land to Control the Sea?," pp.68-69에서 재인용. 하지만 보다 전형적으로 중국의 글들은 종종 확대 위험에 대한 조심성 없이 위기 혹은 갈등 시 초기 주도권을 움켜쥐고 유지할 것을 강조하고, 군사력을 사용할 때 적에게 충격을 주고 강제할 것을 강조한다. Morgan, et al., *Dangerous Thresholds,* chap.3.

조정된 소규모 핵정밀 타격으로 스스로를 제한할 것이다.[43]

미국이 1960년대 초반 안정성-불안정성 논리에 따라 유연한 대응 독트린으로 정책을 전환했던 것과는 다르게, 냉전 초기에 소련 지도자들은 반복적으로 안정성-불안정 역설의 논리를 거부했고, 대신에 전쟁이 다가오면 무제한의 군사적 수단을 보게 될 것이라고 말했다. 반대로 중국의 전략분석가들은 무력대치 상황에서 재래식 무기 이상으로 확대시키려는 미국의 의지를 중국 핵능력의 공포가 제한할 것이라는 논리를 받아들인다. 중국의 군사문헌들은 전투가 핵전쟁으로 확대된다는 위험에 대한 우려를 가지지 않고 재래식 무기의 결단력 있는 사용을 강조한다.[44] 갈등에 대비해 임전태세와 군사훈련을 이끄는 중국의 공식적인 핵무기 선제사용 포기 정책(no-first-use policy)은 국지전과 전면전 사이의 확실한 억제선은 넘지 않을 것이라는 부적절한 확신을 초래할 수도 있다.[45] 중국 지도자들이 상대국이 중국이 핵전력을 먼저 사용하지 않을 것을 알고 있기 때문에 확대(특히 핵전쟁으로)는 통제될 수 있다고 생각한 결과, 그들은 위기촉발의 위험으로 진행되는 조치를 취하려고 할 뿐만 아니라 위기 시 재래식 군사력 사용에 내재하는 실질적인 확대위험을 과소평가할 수도 있다. 요약하면 중국의 전략신념과 독트린의 조합은 전쟁을 더욱 가능하고 위험한 것으로 만들 수 있다.

43 안정성-불안정성 역설에 관한 고전으로 다음의 글을 볼 것. Glenn Snyder, "The Balance of Power and the Balance of Terror," in Paul Seabury, ed., *The Balance of Power*, (San Francisco, Calif.: Chandler, 1965), pp.196-201. 안정성-불안정성 역설의 논리와 한계, 그리고 그 역설이 냉전기간 미국의 핵전략에 반영된 것에 대한 자세한 설명은 다음을 볼 것. Robert Jervis, *The Illogic of American Nuclear Strategy*, (Ithaca, N.Y.: Cornell University Press, 1986), 특히 pp.29-34.

44 Morgan, et al., Dangerous Thresholds, pp.58-71. 헨리(Lonnie Henley)는 무제한의 전쟁시대가 끝났다는 전제를 반영한 확대의 통제에 관한 중국의 전략적 저술들에서 잘못된 신뢰를 보았다. Henley, "Evolving Chinese Concepts of War Control and Escalation Management," pp.86, 100-101, 105. 또한 Swaine, "Chinese Crisis Management," pp.18, 30; Christensen, "The Meaning of the Nuclear Evolution"; Twomey, *The Military Lens*, pp.244-246; Andrew Erickson and Lyle Goldstein, "Gunboats for China's New 'Grand Canals?'," *Naval War College Review*, Vol. 62, No. 2, (Summer 2009), p.67.

45 중국의 선제사용 포기정책은 다음을 참고할 것. M. Taylor Fravel and Evan S. Medeiros, "China's Search for Assured Retaliation: The Evolution of Chinese Nuclear Strategy and Force Structure," *International Security*, Vol. 35, No. 2, (Fall 2010), pp.48-87.

(4) 기술

넷째, 1970년대 이후 기술발전은 국가가 이용할 수 있는 공격용 재래식 군사능력을 극적으로 향상시켰다.**46** 냉전시기(특히 미소 양국이 모두 동원된 위기 시) 유럽에서 재래식 무기로 선제공격을 하는 전략의 장점은 미지수였다. 다른 말로 하면 이용 가능한 무기들이 공격이나 방어에서 확실한 결정력을 부여하지 못했던 것이다.**47** 반대로 21세기 초 미국이 재래식 군사력에서 중국에 대한 커다란 장점을 가졌더라도, 양측은 한쪽이 상대방을 공격하거나 대책을 수용하기 전 공격에 사용될 경우 더욱 큰 효율적인(아마도 효율적이기만 한) 능력을 보유했다.

특히 가장 발전된 재래식 무기의 효율성은 명령, 통제, 통신, 컴퓨터, 정보, 감시와 정찰네트워크(C4ISR)에 서로 긴밀하게 연계되어 있다. 이 네트워크는 운동에너지 무기(kinetic strikes) 혹은 전자전과 사이버전을 통해 적을 약화시킬 수 있다. 적의 타격 혹은 결의 신호 및 확대 경고를 위한 그들의 독특한 유용성은 확실히 추적하고 조준하는 능력이 피해를 입으면 사라질 것이다. 만약 일반적으로 믿는 것처럼 사이버전쟁과 우주전쟁 능력이 방어보다 공격에 유리하다면, 상호취약성에 기반하여 억제됐던 평화시기가 위기 시 이익을 찾으려는 것에 대체하게 되자마자, 어느 쪽도 C4ISR의 견고함에 대해 확신할 수 없다.**48** 열세인 중국은 명령과 통제라는 필수요소 통합이 절충되기 전에 가장 정교한 능력을 사용할 강력한 유인을 가질 것이

• • • • • • • • • • • • •

46 공격/방어 구분의 의미에 관한 논쟁과 토론은 다음을 볼 것. Robert Jervis, "Cooperation under the Security Dilemma," *World Politics*, Vol. 30, No. 2, (January 1978), pp.167-214; Stephen Van Evera, "Offense, Defense, and the Causes of War," *International Security*, Vol. 22, No. 4, (Spring 1998), pp.5-43; Charles L. Glaser and Chaim Kaufmann, "What Is the Offense-Defense Balance and Can We Measure It?," *International Security*, Vol. 22, No. 4, (Spring 1998), pp.44-82; Karen Ruth Adams, "Attack and Conquer? International Anarchy and the Offense-Defense-Deterrence Balance," *International Security*, Vol. 28, No. 3, (Winter 2003/2004), pp.45-83; Richard K. Betts, "Must War Find a Way? A Review Essay," *International Security*, Vol. 24, No. 2, (Fall 1999), pp.166-198.

47 Joshua M. Epstein, "Policy Focus: The European Conventional Balance: Dynamic Analysis and the Conventional Balance in Europe," *International Security*, Vol. 12, No. 4, (Spring 1988), pp.154-165; John J. Mearsheimer, "Policy Focus: The European Conventional Balance: Numbers, Strategy, and the European Balance," *International Security*, Vol. 12, No. 4, (Spring 1988), pp.174-185; and A. Cohen, "Toward Better Net Assessment: Rethinking the European Conventional Balance," *International Security*, Vol. 13, No. 1, (Summer 1988), pp.50-89.

다. 이는 자신들의 무기를 잃을 것에 대한 전통적인 우려에 의해 유발되는 것만큼 큰 압력이 군사력 사용을 개시하도록 유발할 수도 있다.**49** 더불어 고려사항이 다를지라도 우세한 미국은 먼저 행동할 유인을 직면하게 될 것이다. 중국 해안의 모든 영공과 영해에 걸친 미국의 우세함과 함께 미국의 감시와 조준 방법의 중복은, 더욱 발전한 군사무기를 폭넓게 효율적으로 배치하기 위해 가장 취약한 우주 기반의 C4ISR 구성요소에서 중국보다 미국을 덜 의존적으로 만든다. 이에 따라 미국은 바로 즉시 차선책을 고안할 수 있다.**50** 하지만 이는 미국이 위성공격(ASAT)을 삼가도록 중국을 격려하는 방법으로 억제를 실행할 유인이 더 클 수 있는 중국의 위성에 대응해 선제공격(운동성 혹은 비운동성 에너지 공격(nonkinetic)에 의존)의 유인에 직면하게 되는 것을 의미한다.

만약 중국이 자랑하는 대함탄도미사일 시스템이 실제로 작동한다면, 중국의 C4ISR을 공격할 미국의 유인과, C4ISR이 공격받기 전에 최고의 무기를 사용할 중국의 유인은 결정적인 고려사항이 될 것이다. '제 1도련선(대략 일본, 대만, 필리핀, 대순다열도 지역)'을 넘어선 대함탄도미사일의 효과는 적절한 위성정찰과 핵심 의사결정자와의 효율적인 소통에 결정적으로 의존한다.**51** 위기 시 특히 군사 적대행위가 임박한 것으로 보이는 곳에서, 데이터와 공격지침을 전달하기 전에 미국이 스푸핑 같은 해킹수단을 이용하여 중국의 위성감시와 컴퓨터 네트워크를 작동불능으로 만들 의사를 가지고 있기 때문에, 중국은 대함탄도미사일의 조기 사용을 고려해야

∙∙∙∙∙∙∙∙∙∙∙∙∙

48 상호취약성에 대해서는 다음을 볼 것. Gompert and Saunders, *Paradox of Power*. 그러한 취약성의 전략적 중요성에 관한 회의적 견해는 다음을 볼 것. Thomas Rid, "Think Again: Cyberwar," *Foreign Policy*, No. 192, (March/April 2012), pp.80-84; John Arquilla, "Cyberwar Is Already upon Us: But Can It Be Controlled?," *Foreign Policy*, No. 192, (March/April 2012), pp.84-85 참조.

49 Bruce G. Blair, *Strategic Command and Control: Redefining the Nuclear Threat*, (Washington, D.C.: Brookings Institution Press, 1985). 또한 1991년 미국의 공격이 이라크의 대응능력을 분쇄하기 전 사담 후세인의 미국 공격 실패에 대한 중국의 논의는 다음을 볼 것. Christensen, "Posing Problems without Catching Up," pp.26-27.

50 중국 해안에 대한 작전 환경에서 공군력의 우월성을 반영한 미국의 이점에 대해서는 다음을 볼 것. Coté, "Assessing the Undersea Balance between the U.S. and China," pp.24-26.

51 평상시 행보가 느리고, 느슨하게 통합된 시민-당과 군관료조직은 저효율을 극복해야만 한다. Hagt and Durnin, "China's Antiship Ballistic Missile," pp.88-89, 106; Andrew S. Erickson, "Eyes in the Sky," *U.S. Naval Institute Proceedings*, Vol. 136, No. 4, (April 2010), pp.36-41.

할 압력에 직면할 것이다.[52]

(5) 지리

다섯째, 미중위기가 발생할 가능성이 가장 높은 지리적 위치—서태평양과 중국본토에 인접한 바다—는 주로 대륙적 사건들에 초점이 맞춰진 미국과 소련의 경험과 차이가 있는 미중위기의 위험을 시사한다.

특히 중국의 잠수함 성능향상의 유용성이 지니는 해양지리의 의미는 위기 초기에 운명적인 선택을 요구할 것이다. 중국의 소형 탄도미사일잠수함 전단과 더 크고, 더 빠르고, 더 조용하며, 더욱 더 치명적인 공격형 잠수함은 미국의 수상함정(surface ship)를 상대로 중대한 위협을 가할 수 있는 미사일로 무장하고 있다. 이들은 중국본토 근처의 시끄러운 연안 지역이나 얕은 바다 속에 있을 때 가장 안전하다. 이러한 공격형 잠수함이 그곳에 존재하는 한, 빈약한 수중음향탐지기는 일반적으로 미국의 우수한 해저 대잠수함전(ASW) 능력의 효과와 절충되고, 반면에 중국의 지상비행기와 지대공방어체제의 근접성은 미국의 하늘과 바다에서 펼치는 대잠수함 작전을 복잡하게 만든다.[53] 그러나 미중위기에서 핵심역할을 할 중국의 잠수함 전력이 성능을 발휘하기 위해서는 반드시 안전한 연해를 떠나서 남쪽과 동쪽으로 이동해야 한다.

중국의 탄도미사일잠수함의 역할은 핵보복 위협의 억제력을 높이는 것이다. 이

••••••••••••

52 Harry Kazianis, "Behind the China Missile Hype: Interview with Roger Cliff," *Diplomat*, 2012.1.20, http://the-diplomat.com/2012/01/20/behind-the-china-missile-hype/; Spencer Ackerman, "How to Kill China's 'Carrier-Killer' Missile: Jam, Spoof, and Shoot," *Wired*, 2012.3.16. http://www.wired.com/dangerroom/2012/03/killing-chinas-carrier-killer/ 만약 미국이 운동에너지 공격을 결정한다면, 중국의 위성은 또 다른 핵심명령통제 시설인 초수평선 후방산란(over-the-horizon-backscatter) 레이더 기지보다 더 유혹적인 목표물이 될 것이다. 레이더 설비 폭파는 중국 본토에 대한 공격이 필요하므로, 중국 영토의 외부인 영공, 영해, 우주에서 제한된 공격보다 미중위기 혹은 갈등의 극적인 확대를 구성하는 단계가 필요하다. 지상기지에 대한 공격은 위성에 대항한 공격을 명백히 회피할 어떤 것, 즉 중국의 희생자가 발생할 가능성을 감수해야 한다. Raoul Heinrichs, "America's Dangerous Battle Plan," Diplomat, 2011.8.17. http://the-diplomat.com/2011/08/17/america%E2%80%99s-dangerous-battleplan/?all_true. 그럼에도 불구하고 일부는 공해 전투 개념의 서술에서 확대의 통제보다 군사적 효율성을 강조했다. van Tol, with Gunzinger, Krepinevich, and Thomas, AirSea Battle; 그리고 Williams, "Air-Sea Battle."

역할을 수행하기 위해 중국의 탄도미사일잠수함은 연해수역에서 벗어날 필요가 있다. 함대 규모가 더욱 크게 성장하고 중국이 장거리 순찰에 투입되는 군사력을 일상적으로 유지할 수 있을 때까지, 탄도미사일잠수함이 중국의 핵억제력에 주로 기여하는 것은 생존가능한 탄두를 점증적으로 추가(상당 부분이 지상이동시스템에 기반을 계속 두게 됨)하는 것이 아니라 미국의 미사일 방어체제에 대항하는 위험분산으로서의 유용성을 갖는 것이다.[54] 왜냐하면 잠수함발사탄도미사일(SLBM)은 넓게 퍼진 지역에서 예측하기 쉽지 않은 궤도로 발사되기 때문이다. 현 세대의 중국 잠수함발사탄도미사일은 아직 범위의 제한이 있어 위험분산의 역할을 수행하려면 탄도미사일잠수함을 더욱 먼 해역으로 배치해야 한다. 중국의 재래식 공격형 잠수함이 전략적 핵심 역할을 담당하려고 하면 미 해군을 상대하는 위험을 감수해야만 한다. 오직 해안을 벗어나야 중국의 잠수함은 반격의 힘이 미치지 않는 곳에 남아있으면서, 우세한 장거리 투사 능력으로 중국을 위협할 수 있는 곳까지 미 해군이 도달하는 것을 저지할 수 있다. 그러나 이는 위기 시 중국의 지도자들이 선택에 직면하게 됨을 의미한다. 그들은 인근 해역에 잠수함을 대기시켜 잠수함의 생존가능성을 극대화할 수도 있고 혹은 잠수함을 심해로 이동시켜 강제력을 극대화시킬 수도 있다. 심해에서 중국 잠수함은 연해에서의 열악한 수중음향탐지나 지상의 중국 항공기 및 대공무기에 구속받지 않는 우세한 미국의 대잠수함전 작전에 마주치게 될 것이다.[55] 중국이 어떤 선택을 하든지, 미중위기의 초기에 중국 잠수함에 대한 예

53 Coté, "Assessing the Undersea Balance between the U.S. and China," pp.3, 8-9. 잠수함과 대잠능력에서의 미국의 우세에 대한 중국의 인식은 다음을 볼 것. Gabriel Collins, Andrew Erickson, Lyle Goldstein, and William Murray, "Chinese Evaluations of the U.S. Navy Submarine Force," *Naval War College Review,* Vol. 61, No. 1, (Winter 2008), pp.68-86; Fravel, "China's Military Rise," p.12.

54 Andrew S. Erickson and Lyle J. Goldstein, "China's Future Nuclear Submarine Force," *Naval War College Review,* Vol. 60, No. 1, (Winter 2007), pp.65-66.

55 Owen R. Coté Jr., "Assessing the Undersea Balance between the U.S. and China," p.9. 중국의 잠수함은 제1열도선(first island chain) 내에서 수면 위로 나가야 한다. 비록 '열도선'의 사용법이 불명확하고 논쟁적이지만, 코우트(Coté)는 핵심특징이 필리핀해(Philippine Sea)처럼 중국에 근접한 얕은 해역과 심해라는 두 가지 작전 환경 사이에 있다고 강조한다. 그러나 제1열도선 내 남중국해의 일부 지역에서는 더 나은 수중음향탐지로 미국의 대잠수함전 능력을 강화하고, 먼 거리를 이용하여 지상기지에서 출격하는 중국 전투기의 능력을 약화시킬 수 있다. Coté, "Assessing the Undersea Balance between the U.S. and China," p.6.

상은 양국을 잠재적으로 불안정하게 만들어 군사력 사용개시를 고려하는 유인을 제공할 것이다.

비록 미국의 대잠수함전이 조용하고 개방된 해역(또한 미국이 항공력 우위를 누리는 곳)에서 중국의 공격용 잠수함작전에 비해 더 효율적일지라도, 잠수함은 여전히 미 해군의 도전과제로 여겨진다. 대잠수함전은 중국 잠수함의 범위 내로 다가가는 미 해군 함정의 취약성을 감소시킬 수 있지만 제거할 수는 없다. 따라서 위기 시 미국은 중국의 인근 영해를 벗어나려고 시도한다면 가능한 많은 잠수함을 공격하고, 미국의 함대에 성공적으로 탄도미사일 및 크루즈미사일 공격을 하기 위해 필요한 정보를 제공하려는 중국의 C4ISR에 반격할 유인을 갖게 될 것이다.[56] 만약 미국이 그런 행동을 취하지 않는다면, 혹은 그럼에도 불구하고 일부 공격형 잠수함이 돌파할 방법을 강구한다면, 연안해역에서 누리던 상대적 안전을 박탈당한 중국 잠수함의 생존은 "사용하지 않으면 아예 못쓰게 된다(use' em or lose' em)."는 군사력 사용에 따른 초기 확대의 압력에 직면할 것이다.[57]

중국의 탄도미사일잠수함과 관련해서, 불안정성의 위험은 다르지만 여전히 중요하다. 미국은 중국의 잠수함이 심해로 진입했을 때 다시 추적하고 조준할 수 있는 능력을 향상시켜왔다. 하지만 중국의 대규모 지상기지발사 미사일을 제거하기 위한 무장해제용 선제공격이라는 미국의 커다란 계획의 일부분이 아니라면, 미국이 중국의 전략적 핵전력의 요소로 의심할 여지가 없는 시설에 대한 공격개시를 고려할 의향이 있는지는 불명확하다. 특히 전략적 군사력에 대한 공격은 중국이 핵무기선제사용포기 정책의 희생을 정당화하는 것으로 출발했던 시나리오 가운데 하나이기 때문에, 미국은 핵보복이라는 명확한 위험을 감수하지 않고 위기 시 단순히 결의의 신호를 보내기 위해 중국의 탄도미사일잠수함을 목표로 삼을 수 없다.[58] 이

• • • • • • • • • • • • • •

56 특히 미국은 물리적 혹은 전자적으로 신호전달 설비를 공격하고 싶어질 것이다. 그런 시설이 오늘날의 초수평선-B 레이더이든지 아니면 미래의 이동표적지시(MTI) 레이더위성이든지 말이다. Coté, "Assessing the Undersea Balance between the U.S. and China," pp.12, 16-17.

57 Coté, "Assessing the Undersea Balance between the U.S. and China," pp.12,16-17. 또한 다음을 볼 것. Twomey, *The Military Lens*, p.251.

는 위기 시 분산 배치되어 있는 탄도미사일잠수함이 주는 중국의 보복능력이 미국도 인정할 정도로 증가했음을 의미한다. 이를 인식해서 중국은 위기 초기에 탄도미사일잠수함을 멀고 깊은 해역에 배치하려는 유인을 갖게 된다. 하지만 이러한 심해로의 배치는 두 가지 위험을 초래한다.

첫 번째 위험은 미국이 탄도미사일잠수함으로 인식하지 못하고 공격형 잠수함이라고 생각해 군사력을 사용할 (추측컨대 작은) 가능성이다. 위기가 집중되는 시기에 여전히 심각하지만 추측컨대 안전한 결의의 신호라고 생각하면서, 미국은 부주의하게 중국의 전략핵무기에 대해 공격을 확대시켜왔다.[59] 더욱 발생가능한 또 다른 위험은 탄도미사일잠수함에 대한 중국의 명령과 통제의 실패 가능성이다. 탐지를 피하기 위해 통신을 제한하는 탄도미사일잠수함에게는 허가되지 않은 사용을 막기 위한 소극적인 통제(負控制, negative control)와 누군가 일으킬 수 있는 위협을 안전하게 지키는 적극적인 통제(正控制, positive control)의 균형이 지극히 미묘하다. 어느 한쪽이 군사력 사용을 시작한다면, 혹은 소통이 불확실해서 어떻게 대결이 진행되었고 어떤 명령을 수행해야 하는지에 대한 정보가 제한된 잠수함 함장에게 의사결정을 위임한다면, 위기 시에 도전은 가장 어렵고 여전히 강력하다. 이는 심지어 반세기 이상 문제해결의 경험이 있는 미국에게도 도전을 강요한다. 소형 탄도미사일잠수함 함대의 크기와 취약성에 의해 악화된 명령과 통제의 해결책을 찾는 중국

. . . .

58 Fravel and Medeiros, "China's Search for Assured Retaliation" ; Chase, Erickson, and Yeaw, "Chinese Theater and Strategic Missile Force Modernization and Its Implications for the United States," pp.94-98; Jeffrey Lewis, "China and No First Use," *Arms Control Wonk*, 2011.1.14. http://lewis.armscontrolwonk.com/archive/3446/china-and-no-arst-use-3

59 일반적으로 확대위험은 탄도미사일잠수함 시설에 대응하여 전략적 대잠수함전을 지원하는 미국의 추적 및 감시작전의 관리에 가장 중요하게 작용한다. 전략적 대잠수함전 작전과 중국 해군의 대응수단 계획에 의존해서, 그런 상황은 극적으로 그리고 의도치 않게 위기를 확대시키는 가능성을 지닌다. Chase, Erickson, and Yeaw, "Chinese Theater and Strategic Missile Force Modernization and Its Implications for the United States," p.101. 냉전시기 대잠수함전, 전략핵무기, 그리고 재래식 잠수함의 혼합에 내재하는 위험에 대한 비교 가능한 우려는 다음을 볼 것. Barry R. Posen, *Inadvertent Escalation: Conventional War and Nuclear Risks*, (Ithaca, N.Y.: Cornell University Press, 1991). 선제공격의 전술적 이익이 대부분의 해군의 대결에 도입되는 위험의 특징에 대한 것은 다음을 볼 것. Bouchard, *Command in Crisis*, pp.xxiv, xxviii-xxix.

의 탐색은 아직도 초기 단계에 있다.[60] 중국의 도전은 명령과 통제유지를 위한 통신요구와 미국의 우세한 대잠수함전에 의해 탐지되는 것을 피하기 위해 침묵을 유지해야 하는 탄도미사일잠수함의 필요가 상충하는 더 깊고 먼 거리의 해역으로 함대가 배치됨에 따라 더욱 힘들어졌다.

위기 초기의 해양지리가 반영된 불안정성의 가능성은 중국의 잠수함이 더 깊은 해역에 도달하기 위해 반드시 통과해야 하는 경로의 제약으로 인해 크게 증가되었다. 이러한 해로(海路)의 예측가능성과 협소함은 위기의 발단 시 중국이 이동을 결정할 경우 미국이 결정적인 선택에 직면하게 되는 것을 의미한다. 그 선택은 확실한 이익을 가지게 되었을 때 군사력에 의존해 위기를 확대시키거나 혹은 중국의 작전수행을 자유롭게 허용해 미 해군의 위험증가를 감수하는 것이다.[61] 또한 중국은 일찍이 어려운 선택에 직면하게 된다. 혹독한 시련에 의해 잠수함을 잃을 위험에 처하게 하거나, 앞서 설명한 것처럼 상대방을 압박할 수 있는 전략적 가치의 많은 부분을 희생해서 인근 해역의 잠수함을 상대적으로 안전하게 지킬 수도 있다. 더구나 베이징의 결정은 위기 불안정성의 또 다른 문을 열게 되는 초기의 결의 신호로 확실히 읽히게 될 것이다.

만약 중국의 지도자가 해양의 중요 길목을 지나도록 잠수함을 투입하지 않는다면, 미국은 중국이 위험을 부정적으로 생각하는 신호로 볼 것이다. 그러나 만약 그 해석으로 미국 지도자가 협상에서 더욱 강경하게 중국을 압박한다면, 그 순간 베이징은 중국의 이익을 확보하기 위해 심해에서의 충돌시도라는 위험한 확대를 결정할 것이다. 중국은 미국이 결연한 의지의 적을 맞게 될 것이라는 신호를 보내기 위

· · · · · · · · · · · · · ·

60 경고가 발령됐을 때 중국의 전략적 군사력에 대한 중앙통제의 유지 가능성에 관한 것은 다음을 볼 것. Chase, Erickson, and Yeaw, "Chinese Theater and Strategic Missile Force Modernization and Its Implications for the United States," pp.104-105; Andrew S. Erickson and Michael S. Case, "Information Technology and China's Naval Modernization," *Joint Force Quarterly*, No. 50, (Summer 2008), pp.24-30; Stephen Polk, "China's Nuclear Command and Control," in Lyle J. Goldstein and Andrew S. Erickson, eds., *China's Nuclear Force Modernization*, (Newport, R.I.: Naval War College, 2005), pp.7-21.

61 Owen R. Coté Jr., "Assessing the Undersea Balance between the U.S. and China," pp.9, 12, 18. 코우트는 이러한 지리적 제약은 기지에 출입하는 동안 그리고 첫 번째와 두 번째 작전지역을 통과하는 동안 중국이 핵잠수함으로 조용히 이동한다고 하더라도 제거되지 않는다고 강조한다. Owen R. Coté Jr., "Assessing the Undersea Balance between the U.S. and China," pp.9-10, 26-27.

해 위기 초기부터 미국이 알아볼 수 있도록 이동 준비에 착수해서 이러한 시나리오를 회피할 수 있다. 하지만 중국의 지도자들이 그러한 신호가 효율적인지 의심하게 된다면, 그들은 잠수함 돌파를 실행해서 손실을 최소화하려는 선택을 보존하길 원하게 된다.[62] 후자는 전술적 기습을 성공해야 하므로, 중국은 미국이 탐지할 수 있는 함대의 기동작전을 피해야 한다. 그리고 이는 누가 봐도 알 수 있는 중국 잠수함의 무행동을 미국이 결의 부족 신호로 읽을 가능성을 무심코 증가시키게 된다.[63] 그렇다고 베이징이 엄중한 성명을 발표해서 그러한 오해를 배제시킬 수도 없다. 말은 듣지만 행동은 보지 않기 때문에 미국은 중국의 단호한 언어를 '빈말(cheap talk)'로 생각해 무시하기 쉽다. 만약 그렇다면 중국 지도자는 위기 확대의 행동을 통해 미국이 기대하지 않았던 방식으로 명확한 메시지를 보낼 것이다.[64]

하지만 이러한 사건의 순서가 보일 것 같지 않지만, 선례가 없는 것은 아니다. 사실 화이팅(Allen Whiting)과 최근 재평가된 슬렌치세브(Branislav Slantchev)의 주요 저서에서 서술된, 신호의 실패와 그에 따른 확대 사례인 중국의 6·25 전쟁에 개입 전 상황과 유사하다.[65] 1950년 가을에 중국이 한반도 국경 근처로 군대를 이동시키면서 비밀유지로 군사 효율성을 극대화해야 할 전략적 필요성은, 만약 38도선 북쪽으로 진격한 미국 주도의 유엔군이 중국의 국경인 압록강에 도달할 경우 베이징이 신뢰할 수 있는 대응 결의의 신호로서 전력증강을 지시하는 것을 막았다. 억제 실패의 사례로서, 억제와 군사효율성이라는 중국의 경쟁목표는 중국이 외교채널을 통해 간접적으로 소통하려고 했음에도 불구하고 워싱턴이 베이징의 결의를 과소평

---

62 연안 해역에서 은밀히 존재하는 중국 잠수함의 중요성에 대해서는 다음을 볼 것. Owen R. Coté Jr., "Assessing the Undersea Balance between the U.S. and China," p.11.

63 Morgan, et al., *Dangerous Thresholds*, pp.54-55.

64 위기 안정성의 유지에서 계획된 행동에 따른 군사 효율성의 극대화로 초점의 이동을 요구하는 국내 정치압력에 의해 결박당하면, '빈말' 이 비용을 지불해야 할 것으로 판명되어 중국의 지도자가 행동을 취할 유인이 증가하게 된다.

65 Allen S. Whiting, *China Crosses the Yalu: The Decision to Enter the Korean War,* (Stanford, Calif.: Stanford University Press, 1960); 그리고 Branislav L. Slantchev, "Feigning Weakness," *International Organization*, Vol. 64, No. 3, (Summer 2010), pp.357-388. Zhang Baijia, " 'Resist America' : China's Role in the Korean and Vietnam Wars," in Swaine and Zhang, with Cohen, *Managing Sino-American Crises*, p. 191.

가하게 만들었다.[66] 미국 주도의 군사작전이 강하게 압박해왔을 때 중국 지도자들은 결국 동북 국경 부근의 핵심이익을 확보하기 위해 전쟁개입에 따른 비용을 감수하기로 결정했다. 전략적 고려사항들이 중국의 더욱 신뢰할 수 있는 결의 신호의 발송을 부분적으로 어렵게 했기 때문에 미국은 중국의 결정을 완전히 파악하는 데 실패했다.

전력 비대칭, 표적 정보, 그리고 위기 안정성

다음 논의는 현재 미국과 중국의 사례로서, 군사력 균형이 뚜렷하게 비대칭적인 양국 간의 위기에서 더욱 양식화된 안정성을 검토할 것이다. 필자는 양측이 이용가능한 군사적 능력(핵무기 혹은 재래식 무기)의 유형과 군사정보의 적절성이라는 두 가지 차원으로 추가적인 변화를 고찰한다. 이러한 단순화는 위기 안정성에서 중요한 두 가지 영향력을 조명하는 데 도움을 주지만, 실제 위기와 관련된 다른 많은 고려사항(앞에서 보여준 설명에 더욱 용이하게 들어있는 일부를 포함)을 생략하는 대가를 치러야 한다.[67] 비록 미국과 중국 모두 핵무기와 재래식 무기를 소유하고 있지만, 각 무기들의 효과를 분리해서 고려해보면 어떤 군사력의 유형이 군사정보의 변수와 함께 위기 안정성에 영향을 끼치는지 명확히 밝힐 수 있다.

[그림 1]은 위기 안정성에서 X, Y 두 축의 변수를 그린 것이다. 이러한 비대칭적 이원구조에서 X의 군사 능력은 크게 Y를 초과한다. 세로열은 세 가지 설정으로 구분된다. 첫째는 지도자들이 오직 재래식전력의 역할만 고려하는 것이고, 둘째, 핵전력의 역할을 고려하는 것, 셋째, 재래식전력과 핵전력을 같이 고려하는 것이다.

---

66 夏立平, "美國關于危機管理的理論與實踐", 『美國研究』, 2003年 第2期, pp.75-85.
67 위기 안정성과 관련하여 고려사항이 거의 무제한의 목록을 가진 상황에서 어떤 연구라도 일부 변수의 부분집합을 선택하게 된다. 그 목록은 단순히 양측이 배치한 군사력에 대한 세부사항뿐만 아니라, 위기 시 의사결정의 조직적 틀, 국내정치 억제요인(외교정책에 대한 경제적 조건, 이데올로기, 다른 규범적인 영향력들), 그리고 지도자의 배경과 성격의 역할도 포함한다. 이 부분에서 반영된 선택은 더욱 철저한 설명을 목표로 하는 작업의 대체재라기보다 보완재로서 만약 위기 안정성의 중요한 측면을 조명한다면 정당화된다.

가로행은 우세인 쪽이 위기 시 군사력 사용의존을 선택할 경우, 그 열세인 상대방의 군사력에 대한 좋은 정보를 가질 수 있는 것과 가지기 힘든 경우의 구분이다. 위기시 안정성은 군사력 사용의 개시에 대한 양측의 판단에 의해 결정된다.[68] 양측은 자신들의 이익 확대를 기대할 수 있을 때에만 군사력을 사용한다는 의미에서 합리적 행위자로 가정한다.

그림-1 비대칭적 이원구조 X, Y에서의 위기 안정성(X 〉〉 Y)

이용가능한 군사능력의 유형

	재래식전력	핵전력	재래식전력 + 핵전력
Y의 능력에 대한 X의 정보 (군사정보)			
부족함	불안정	매우 안정	안정
충분함	매우 안정	안정	안정

P : X의 효율적인 군사력사용 기대 확률

(1) 재래식전력

C_c : X에 대한 군사적 대응을 위한 Y의 재래식 능력

D_c : 비효율적 군사력사용에 대한 X의 기대 비용

[Y의 재래식 보복에 따른 피해, 혹은 X와의 전투에 사용될 수 있는 Y의 남아있는 재래식 능력 : $D_c=(1-P) \times C_c$]

---

68 이 분석은 중요성을 연구하는 것이 아니라, 논리적으로 뚜렷하고 위기 시 어느 한쪽에 만연한 문제로서, 오직 결과는 군사력 사용에 의해 선행할 것이라는 가능성에 대한 것이다.

(2) 핵전력

C_n : 자율적인 위험을 발생시킬 수 있는 X에게 보복하거나 경쟁할 수 있는 Y의
핵능력

D_n : 비효율적 군사력사용에 대한 X의 기대 비용

[핵무기 보복에 따른 피해, 혹은 확대의 위험을 발생시킬 수 있는 Y의 남아
있는 핵능력 : $D_n=(1-P) \times C_n$]

(3) 재래식전력과 핵전력

C_{cn} : 핵무장 국가 간 위기 시 확대의 자율적 위험을 발생시킬 수 있는 Y의 재래
식 능력과 핵능력

D_{cn} : 비효율적 군사력 사용에 대한 X의 기대 비용

[Y의 군사대응에 따른 피해, 혹은 핵확산의 위험을 발생시킬 수 있는 Y의
남아있는 능력 : $D_{cn}=(1-P) \times C_{cn}$]

군사력 사용에 관한 결정은 효율적인 군사공격의 확률(P)에 대한 X의 믿음과 Y
가 X에 대항해 사용할 수 있는 Y의 능력(C)으로 이루어진다. X에 의한 효율적인 군
사공격은 징벌적 보복을 개시할 Y의 능력을 감소시키거나, Y에 대한 협상 지위를
강화시키려는 X의 군사적 이점을 증가시킨다. 만약 X가 공격한다면, Y는 X가 선호
하는(위기의 종식) 협상합의에 동의하거나, 자신에게 유리한 합의(위기의 지속)에 도
달하기 위해 노력하거나, 혹은 이익(군사적 갈등과 전쟁 위험의 확대)을 확보하기 위해
여분의 군사력을 사용할 수도 있다. 만약 X가 효율적인 공격을 시작했다면, Y는 완
강한 협상 자세의 지지를 통해 확실히 군사력을 사용할 것이라고 위협할 필요가 있
는 능력, 또는 X에 대한 영향력을 얻기 위해 군사력을 사용할 필요가 있는 능력 모
두 유지하지 못한다. 반대로 만약 X의 군사력 사용이 비효율적이라면, Y는 X를 위
협하거나 공격해서 이익을 확대할 수 있는 군사적 능력(D=(1-P)×C)을 보유하게 된
다. 아래에서 설명한 것처럼, Y는 병력 증강으로 협상지위를 높이기 위해 군사력
사용을 개시할 수 없지만, 단지 결의의 신호는 보낼 수 있다.

재래식 무기의 비대칭과 불안정성

[그림 1]의 첫 번째 열에서 볼 수 있는 것처럼, 오직 재래식전력만 작동하는 곳에서의 비대칭은 일반적으로 군사력을 사용하려는 유혹의 한 원인이 되고 개선된 표적정보는 이러한 불안정의 자원을 악화시킨다.

그림의 왼쪽 상단 칸에서, 정보의 적절성에 대한 의구심은 압도적인 군사적 우월함이 효율적인 군사력 사용을 가능하게 할 것이라는 우세측의 자신감을 떨어뜨린다. 이러한 불확실성은 협상을 지속하기보다 오히려 공격의 기대이익을 완화시킨다. 그러나 동등한 경쟁자들 간의 유사한 대결과는 다르게, 군사능력에서의 비대칭성은 공격 계획의 다중 설계를 통해 우세측의 정보 부족(그리고 무기와 인원의 성과에 대한 현재까지의 우려사항)을 보완할 수 있다. 이러한 가능성은 위기 시 군사력을 사용할 선택의 유인을 증가시킨다. 군사 공격은 우세측이 선호하는 조건으로 쉽게 결정되도록 열세측의 능력을 감소시키거나, 아니면 해결되기 전에 초기 공격으로 크게 손상된 능력을 가지고 싸우게 될 것이다.

열세측 또한 비록 다른 이유지만 군사력 사용을 개시할 유혹을 받는다. 그들은 오직 파괴되기 전에만 군사력을 사용할 수 있을 것이라는 기대를 하게 된다. 열세측이 선제공격으로 승리할 수 있다고 믿기 때문에(훌륭한 표적 정보를 가진 동등한 경쟁자 간의 위기 시 일어날 수 있는 상황) "사용하지 않으면 아예 못쓰게 된다(use' em or lose' em)."는 딜레마는 불안정성을 만들지 않는다. 대신에 열세측은 군사력 사용의 시작이 더 우세한 적에게 자신의 결의를 더욱 확실하게 표현해서 협상에서의 지위를 증진시킬 것이라고 믿기 때문에 불안정성이 발생할 수 있다.[69] 만약 열세측이 위기 시 핵심적인 이해관계를 가졌을 뿐만 아니라, 우세한 적이 이익에 가치를 둔 것보다 자신들의 이익이 더욱 가치 있다고 믿는다면 특히 그런 행동이 일어날 수 있다. 우세측이 열세측의 믿음을 알고 있지만 군사력이 더 약한 경쟁자가 생각하는 것보

---

[69] 자신에게 유리하게 군사균형을 이동하지 않더라도 결의의 신호로 사용하는 군사력 사용에 대해서는 다음을 볼 것. Jervis, *The Illogic of American Nuclear Strategy*, p.129. 또한 Snyder and Diesing, *Conflict among Nations*, pp.456-457.

다 자신의 이익에 가치를 둔다면, 이는 우세측이 군사력에 의존할 유혹을 증가시킬 것이다. 선제공격은 크게 감소하거나 약세측의 비효율적이지만 선제공격을 흡수한 결과로 피해를 미연에 방지하게 된다.

[그림 1]의 왼쪽 하단의 칸은 군사력 사용을 개시할 압력이 심지어 더 높고 위기 불안정성이 더 큰 상황을 그린다. 우세측은 표적의 정보 부족을 보완하기 위해 불필요한 다중공격에 더 이상 의존할 필요가 없다. 군사력이 약한 경쟁상대에 대한 정보 신뢰성은 군사력 사용이 효과적이고, 차례로 약세측에 '사용하지 않으면 잃게 된다' 는 압박을 증가시킨다. 따라서 그러한 위기 상황은 양측이 선제공격할 유인을 거의 억누를 수 없고, 협상이 군사력 사용에 양보하게 될 가능성이 가장 높은 스펙트럼의 불안정성 쪽의 끝에 위치한다.

만약 오직 재래식 군사력만이 작용한다면, 가까운 미래에 미국과 중국의 위기는 [그림 1]의 첫 번째 열에서 표현된 것 같은 비대칭의 조건하에서 일어난다. 게다가 정교한 미국의 정보능력과 중국이 군사적 자세에 관해 더욱 투명해질 것이라는 희망적인 격려로 여겨지는 것과의 조합은, 미중위기가 하단의 칸에서 묘사된 위험하게 불안정한 조건들과 거의 유사하다.

앞에서 언급한 해양 시나리오의 유형에서, 부분적으로 평화시기 정보활동에 의해 제공된 표적 정보의 적절성은 중국이 해군력을 심해로 분산시키기 시작하면서 저하되기 때문에, 미국은 초기에 군사력 사용을 개시할 유혹에 직면하게 된다. 비록 다른 이유에서지만 중국의 지도자도 또한 군사력 사용의 유혹에 직면한다. 그들은 자국의 이해관계가 미국보다 더 높다고 믿을 것이고, 그 믿음은 단연코 군사력이 열세인 경쟁상대가 능력과 선택권이 제거되기 전에 결의 신호를 보내기 위한 군사력 사용을 개시할 유인을 제공한다는 것을 의미한다.[70]

그런 관점에서 베이징은 인근 해역에서 중국의 영토와 해양 이익을 방어할 것이다. 그러한 위기들이 미국의 이익과 관계있다고 하더라도 이들은 두 가지 관점에서 다르다. 첫째, 미국은 중국의 강한 군사력(여전히 상대적으로 약하더라도)이 점차 증가하더라도 위협받지 않는 강력한 동맹으로서의 명성을 유지하려는 지역적 이익뿐

••••••••••••••••
70 夏立平, "美國關于危機管理的理論與實踐", 『美國硏究』, 2003年 第2期, pp.81-82.

만 아니라, 공해상에서 항해자유의 원칙을 유지하려는 세계적 이익의 보호를 추구하고 있다. 비록 중국의 우려보다 본질적으로 덜 중요하지 않더라도, 중국의 이해관계가 자신들의 영토와 해양이라는 내부적 이익을 반영하는 반면, 미국의 이해관계는 평판과 원칙이라는 외부적인 이익을 반영한다.[71] 둘째, 이런 위기가 발생하는 지역은 미국보다 중국에 훨씬 가깝기 때문에, 베이징이 자신들의 이해관계로 간단히 핵심이익을 다룰 수 있는 주장을 지리가 더욱 순조롭게 할 수 있도록 만든다. 상대적으로 미국 주장의 신뢰성은 이처럼 먼 지역에 존재하는 이익의 속성과 중요성에 대한 설명의 설득력에 달려있다.[72] 이러한 근본적인 차이는 심지어 부정확할지라도 왜 중국은 미국이 하는 것보다 더 많이 아시아-태평양 해양 분쟁의 이해관계에 가치를 둔다고 믿는지 시사한다. 그 믿음은 위기 시 열세인 중국이 사용할 수 있는 군사력을 보유하고 있는 동안 군사력에 호소할 유혹을 증가시킨다.[73] 대단히 소중한 이해관계를 넘어 위험을 실행할 의향의 표현은 심각한 군사갈등을 더욱 확산시키기보다 오히려 미국 정부가 합의하도록 납득시킨다. 미국이 확실하게 승리하지만 이익을 초과하는 전쟁비용을 감수해야 하기 때문이다.[74] 그러나 만약 중국이 미국의 이해관계 파악을 부정확하게 평가한다면, 워싱턴은 위기 초기에 신뢰성이 정점에 이르는 미국의 우세한 군사능력과 표적 정보를 이용해서 중국의 군사력 사용을 미연에 방지하려는 유혹을 받게 된다.

. . . .

71 이러한 차이는 과장될 수 있다. 동아시아의 경제와 핵심적 해양교통선의 중요성 증가는, 미국에게 이용가능한 군사기지의 유용성과 함께, 지역에서의 명성에 대한 관심을 넘어서는 미국의 유형의 이익을 확립한다. Yoichi Kato, "Patrick Walsh: South China Sea Could Be a New 'Strategic Pivot'," *Asahi*, 2012.3.21, http://ajw.asahi.com/article/views/opinion/AJ201203210024.

72 스나이더와 디징은 이익이 자명하고 객관적으로 측정된 것이 아니라 오히려 명성일 때 위기 시 행위자 간 결의를 비교하는 것의 어려움을 논의한다. Snyder and Diesing, *Conflict among Nations*, pp.456-457. 또한 Schelling, *Arms and Influence*, pp.35-36.

73 미중위기에서 이해관계는 위기가 시작하는 방식으로 형성될 수도 있다. 중국이 공개된 도전으로 인식하는 미국의 행동에 의해 촉발된 위기는 극적으로 베이징의 이해관계를 상승시키면서 중국에 국내정치 압력을 증가시킨다. 중국에 의해 도발되지 않은 도전은 동아시아에서 국제 약속의 신뢰성에 대한 미국의 우려를 끌어들여서 워싱턴의 이해관계를 극적으로 상승시킨다.

74 Morgan, et al., *Dangerous Thresholds*, chap.3.

핵무기 비대칭과 안정성

미중위기에서 양국의 재래식전력만을 고려했을 때 안정성의 전망은 암울하게 보인다. 물론 실제로 양국 모두 핵무기를 보유하고 있다. 그렇다면 핵무기는 어떻게 위기 안정성에 영향을 미칠까? 필자는 우선 위기 안정성에서 핵무기의 영향력을 분리한다. 심각한 위기 상황에서 미국과 중국이 핵무기의 사용만을 고려할 가능성 때문이다. 그러나 그렇지 않을 경우라도, 이러한 무기가 도입된 위기 안정성에서의 고유한 압력을 알아내는 데 도움이 될 것이다.

다시 말해서 안정성은 협상을 계속할 것인지 아니면 상대방에게 군사력을 사용할 것인지 양측의 결정에 따라 좌우된다. 재래식 무기의 경우, 군사력 사용이 효과적일 가능성에 대한 믿음과 이에 대응하여 상대방이 사용할 능력에 의해 결정된다. 그러나 핵무기가 관련된 곳에서 유효성의 실질적인 의미는 다르다. 군사력 사용은 두 가지 방법 중 하나에 효과적일 수 있다. 하나는 허용된 것으로 간주되는 수준에서 보복공격을 가할 상대국의 능력을 감소시키는 경우이다. 하지만 보통의 핵능력이라도 재앙적인 피해를 가할 수 있음을 고려해볼 때, 군사력이 열세인 상대방이 비교적 소형의 핵무기로 입힐 수 있는 보복타격을 단순히 줄이려고 하는 것보다 어떻게든 배제시켜야 함을 의미한다. 군사력이 효율적일 수 있는 다른 하나는 핵대결이라는 독특한 의미에서 위기 시 공격자의 협상이익을 증가시키는 경우이다.

핵무장한 국가 간의 협상은 상대방이 견딜 수 없는 것을 찾아서 확실히 위협적인 확대를 할 수 있는 양쪽의 능력에 의해 달려있다. 양국이 서로에게 재앙적인 징벌을 가할 수 있을 때에는 어느 쪽도 전방위적인 핵교전이라는 확실한 재앙을 초래할 공격을 시작할 수 없다.[75] 대신 쉘링(Thomas Schelling)이 '위험감수경쟁(competition in risk taking)'이라고 부른 것처럼, 이익 획득은 상대방이 허용할 수 없는 재앙의 공유된 위험부담 수준을 만들 수 있는 능력에 달려있다. 따라서 두 번째 의미의 효과를 생각하면, 위기 시 핵전력에 기대는 것은 다음의 위험 감수를 두고 경쟁하는 상대방의 능력을 의미 있게 감소시킬 수 있다.

어느 국가의 군사 정보에 커다란 확신을 가지고 있더라도, 효율성 중 어느 쪽이든 실험을 충족시키는 핵전력 사용을 계획하기가 매우 어렵다. 군사적으로 열세인 경쟁상대를 완전히 무장해제시키기 위해서, 군사력 사용은 최초의 공격에서 살아남은 군사력으로 상대방이 최대한의 보복공격을 할 것임을 인식하고 가장 완벽하게 해야 한다. 그런데 살아남은 무기가 핵무기라면, 이러한 전망을 수용할 수 없게 많이 살아남을 필요는 없다($Dn=(1-P) \times Cn$). 대안은 핵무기 발사를 위해 필요한 상대방의 명령과 통제를 무효화시키거나 혹은 위험감수경쟁의 수단을 부족하게 만들기 위해서 상대방의 핵능력을 떨어뜨리도록 더욱 제한된 핵공격을 개시하는 것이다. 하지만 이 선택은 상대방이 확실하게 주눅들지 않는다는 실질적인 도전에 직면한다. 만약 확실히 전면적인 보복대응의 계기를 피할 수 있도록 공격이 신중하게 소규모로 제한된다면, 핵무기 위험감수경쟁을 하는 상대방의 능력을 제거하기에 충분한 것인지 아닌지는 분명하지 않다. 만약 공격이 그렇게 하기에 충분하다면, 재앙과 같은 보복을 촉발할 위험을 증가시킨다. 상대방이 그런 큰 공격과 무제한적인 공격을 구분하는 것이 더 어려워지기 때문이다.

더구나 다른 의미로 위기시 효율적인 공격 계획의 도전은 증가한다. 핵무장을 한 경쟁상대들이 이미 위기에 빠져든 곳에서, 공격은 "마른 하늘에 날벼락(bolt out of the blue)"처럼 갑작스러운 일이 아니라 오히려 전쟁의 암운이 이미 모여들었을 때 발생하는 것이다. 공격자는 상대방이 일상적인 경계를 할 때보다 더욱 빈틈없이 대응할 준비가 되어 있다고 상정해야만 한다. 상대방은 확실히 더 높은 준비 수준으로 무기를 대기시켜 놓고, 아마 평화시기 정보에 기초한 표적 정보의 신뢰성을 약화시키는 방식으로(설령 그런 노력들이 갱신되었더라도) 재배치 할 것이다. 고조된 경계는 또한 생존한 핵전력을 사용할 수 없게 만들기 위해서 상대국 국가 통수권자에 대한 직접 공격까지 염두에 둔 가장 유혹적인 공격 선택의 가능성을 낮춘다. 그러

<hr />

75 비록 대량보복이 무제한의 핵공격에 국가가 빠져드는 합리적 선택일 수 있더라도, 국가는 합리적으로 상호파괴를 불러일으킬 선택을 할 수 없다. 하지만 합리적 행위자는 확대가 양측의 통제를 벗어날 수 있는 위험을 창출할 수 있다. Schelling, *The Strategy of Conflict*, pp.199-201; Robert Powell, "The Theoretical Foundations of Strategic Nuclear Deterrence," *Political Science Quarterly*, Vol. 100, No. 1, (Spring 1985), pp.75-96; 그리고 Robert Powell, 『*Nuclear Deterrence Theory: The Search for Credibility*』, (New York: Cambridge University Press, 1990) 비대칭적 이원구조에서 위험이 약세국의 억지전략에서 차지하는 중심 역할에 대해서는 다음을 볼 것. Avery Goldstein, *Deterrence and Security in the 21st Century: China, Britain, France, and the Enduring Legacy of the Nuclear Revolution,* (Stanford, Calif.: Stanford University Press, 2000).

한 표적을 노리는 논리는 매우 분명하기 때문에, 우세측은 상대국이 이처럼 분명한 취약성을 줄일 단계를 취할 것을 상정해야만 한다. 보호소 대피 혹은 미사일 방어를 통해서 국가지도자를 보호하려는 시도를 제외하고, 열세측은 명령계통의 다중화 수립, 공격이 감지됐을 때 의사결정권한의 즉각적인 위임 준비(공격 전 발사권한의 사전위임까지도), 혹은 국가 지휘체계의 분산과 이동성 구축의 방법을 통해 취약성을 경감시킬 수 있다.[76]

효율적인 핵전력 사용이라는 쉽지 않은 도전은 비록 위기 안정성이 보장되지 않더라도(P>0) 비대칭적 핵전력의 이원구조에서 매우 강력할 것을 의미한다. 재래식 무기의 경우와 달리, 인상 깊게 지배적인 능력에도 불구하고 우세측은 적절한 표적 정보의 부족함을 보완하기 위해 다중공격을 할 수 없다(그림 1의 상단). 그리고 더 좋은 표적 정보를 갖고 있더라도(그림1 하단), 핵전력 사용은 약세인 상대방의 공격이 비효율적일 경우 부과할 수 있는 비용을 상쇄할 정도로 충분히 효과적이라는 가능성을 증가시키기 어렵다. 위기 시 이해관계는 기대비용을 확장하거나 확실히 대응할 수 있게 믿을 수 없을 정도로 높아야 한다. 우세측의 군사력 사용 유혹이 매우 낮기 때문에, 상대방이 재래식 무기로 무장했을 때 열세측의 사용하지 않으면 잃게 된다는 논리를 추동하는 압력은 핵무기로 무장했을 때보다 관련성이 적다.

그러나 위기가 격화되고 핵전쟁이 가능할 것처럼 보이게 하는 것은 무엇일까? 공격받기 전에 공격할 유혹—재래식 무기 사례에서 불안정을 위한 방안—은 억누를 수 없는가? 비대칭성이 이러한 유혹에 어떻게 영향을 주는가? 결국 냉전시기 핵전략과 정책에 관한 수많은 의견충돌에도 불구하고, 학자들은 두 번째 공격받는 것보다 더 나쁜 것은 첫 번째 공격받는 것이라는 점에 일반적으로 동의했다.[77] 전쟁을 피할 수 없다면, 선제공격이 상대방에게 심대한 타격을 줄 수 있거나 혹은 원하

---

76 Desmond Ball, *Can Nuclear War Be Controlled?*, (London: International Institute for Strategic Studies, 1981); Blair, *Strategic Command and Control*; Bruce G. Blair, *The Logic of Accidental Nuclear War,* (Washington, D.C.: Brookings Institution Press, 1993); Paul J. Bracken, *The Command and Control of Nuclear Forces,* (New Haven, Conn.: Yale University Press, 1983); 그리고 Vipin Narang, "Posturing for Peace? Pakistan's Nuclear Postures and South Asian Stability," *International Security*, Vol. 34, No. 3, (Winter 2009/10), pp.38-78.

77 Powell, *Nuclear Deterrence Theory*; 그리고 Betts, *Nuclear Blackmail and Nuclear Balance*.

는 쪽으로 피해의 균형을 기울이게 할 수 있는 작은 기회라도 합리적인 선택이 될 수 있다. 하지만 이러한 주장의 관련성은 위기 시 전쟁의 인식 필요성에 대해 이론적으로 유용하지만 오해할 만큼 비현실적인 가정을 필요로 한다.[78] 핵무기의 존재는 이러한 가정의 개연성을 바꾼다. 핵무기 출현 전에 전쟁은 실행가능한 경우 일반적으로 바람직하지 않은 외교의 대안으로 여겼다. 핵무장을 한 상대국이 같은 시각으로 전쟁의 전망을 봐왔다고 말할 수 없다. 반대로 긴급사태 계획과 가상 시나리오에도 불구하고, 초점이 핵무기에 맞춰진 위기의 제한된 역사는 지도자들이 핵전쟁을 임박하고 놔두면 피할 수 없는 것으로 여기는 데 강하게 저항해왔다.[79]

냉전의 초강대국 간 가장 심각했던 위기인 1962년 쿠바에서의 대결에서, 핵능력의 균형은 비대칭적이었고, 이해관계는 높았으며, 경쟁은 강렬했고, 미국과 소련 모두 미국이 원칙, 목표 계획, 그리고 소련에 선제타격을 가능하게 할 정보를 가졌음을 알고 있었다. 하지만 양측은 전쟁을 피할 수 없다고 믿는 것처럼 행동하지 않았다. 대신에 전쟁이 임박했다고 보였을 때, 양측은 위기 협상에 집중했고 군사적

· · · · · · · · · · · · · ·

78 필연성에 대한 인식은 전쟁 가능성이 100%라는 주관적 판단으로 정의된다. 100% 미만이면 전쟁은 임박했지만 필연적이지 않은 것으로 인식한다.

79 Snyder and Diesing, *Conflict among Nations*, pp.451-452. 핵무기의 존재로 전쟁의 필연성에 관한 불확실성은 정교하기보다 오히려 견고한 억지균형을 생성한다. Bernard Brodie, "The Development of Nuclear Strategy," *International Security*, Vol. 2, No. 4, (Spring 1978), pp.65-83; Kenneth N. Waltz, "Nuclear Myths and Political Realities," *American Political Science Review*, Vol. 84, No. 3, (September 1990), pp.731-745; Robert Jervis, *The Meaning of the Nuclear Revolution: Statecraft and the Prospect of Armageddon*, (Ithaca, N.Y.: Cornell University Press, 1989); 다음을 참조할 것. Albert Wohlstetter, "The Delicate Balance of Terror", *Foreign Affairs*, Vol. 37, No. 2, (January 1959), pp.211-234. 핵무기가 위기에서 도입되어 인도와 파키스탄 간의 갈등을 제한시킨 전쟁수행의 억제에 관한 논쟁은 다음을 볼 것. Ashley J. Tellis, C. Christine Fair, and Jamison Jo Medby, *Limited Conflicts under the Nuclear Umbrella: Indian and Pakistani Lessons from the Kargil Crisis*(Santa Monica, Calif.: RAND, 2001); Scott Sagan and Kenneth Waltz, *The Spread of Nuclear Weapons: A Debate Renewed*(New York:W.W. Norton, 2003), pp.88-124; Sumit Ganguly and Devin T. Hagerty, *Fearful Symmetry: India-Pakistan Crises in the Shadow of Nuclear Weapons*, (Seattle: University of Washington Press, 2005); S. Paul Kapur, *Dangerous Deterrent: Nuclear Weapons Proliferation and Conflict in South Asia*, (Stanford, Calif.: Stanford University Press, 2007); 그리고 Peter R. Lavoy, *Asymmetric Warfare in South Asia: The Causes and Consequences of the Kargil Conflict*, (New York: Cambridge University Press, 2009).

선택을 거부했다.[80]

쿠바 미사일 위기는 미중위기 시 핵 안정성의 전망에 관하여 무엇을 시사하는가? 미국은 중국보다 더 크고, 더욱 다양하며, 보다 정교한 핵무기를 이용할 수 있다. 게다가 오늘날 중국 무기에 관한 미국의 군사정보는 냉전의 대부분 시기에 이용했던 것보다 훨씬 더 신뢰할 수 있는 기술적 수단에 기초한다. 결론적으로, 미국은 소련의 핵무기가 대표했던 더 커다란 표적 설정보다 현대 중국에서 직면하는 더 작은 핵무기 목표 설정에 관한 더 좋은 정보를 가지고 있을 것이다. 만약 작동 중인 무기가 오직 재래식 무기라면, 앞서 말한 것처럼 군사정보와 능력의 관점에서 미국의 이익은 위기 시 군사력 사용을 매우 유혹적인 것으로 만들 것이고, 어떤 것은 또한 중국이 먼저 공격에 의존할 유인을 증가시킨다. 그러나 군사력이 핵무기인 곳에서의 상황은 상당히 다르다.

위기 시 비대칭은 중국이 미국에 의한 비효율적인 군사력 사용 비용을 증가시킬 유인을 명확히 한다. 핵무기의 이용 가능성은 재래식 무기가 작동 중일 때 실행가능하지 않은 방식으로 비용 증가를 가능하게 만든다. 그 가능성은 앞서 말한 수단, 즉 대응준비를 확대하고 핵전력의 재배치로 목표에 대한 도전을 복잡하게 하기, 혹은 다른 지역으로 핵무기를 분산시켜 실제 수량과 위치에 대한 의심을 조장하기, 이동

----

80 존 F. 케네디 대통령은 미국의 핵무기 우위가 베를린 혹은 쿠바 위기에서 커다란 전략적 우위를 부여할 것이라는 생각을 받아들인 것 같지 않았다. "First Strike Options and the Berlin Crisis, September 1961", in William Burr, ed., *National Security Archive Electronic Briefing Book*, No. 56(Washington, D.C.: National Security Archive, 2001), http://www.gwu.edu/_nsarchiv /NSAEBB/NSAEBB56/; 그리고 Marc Trachtenberg, "The Influence of Nuclear Weapons in the Cuban Missile Crisis", *International Security*, Vol. 10, No. 1, (Summer 1985), p.148. 비대칭에도 불구하고 핵 선제공격의 논리는 쿠바위기가 격렬해진 것처럼 어느 한쪽에 전투태세를 추동하지 않았다. 만약 협상이 실패하면, 미국은 소련에 포괄적인 선제응징 대응공격으로 군사력 사용을 개시할 계획이 아니었다. 혹은 모스크바도 미국에 의해 파괴되기 전에 핵무기 사용을 가능하게 하는 방법의 차원에서 자신들의 핵무기를 준비하지 않았다. 크레믈린은 여전히 피할 수 있는 전쟁임에도 미국이 방아쇠를 당길 수도 있는 결정에 대해 더욱 명확히 우려했었다. Trachtenberg, "The Influence of Nuclear Weapons in the Cuban Missile Crisis"; 그리고 Powell, "Crisis Stability in the Nuclear Age," p.72. 하지만 케네디와 소련 지도자 흐루시쵸프는 다른 위험을 과소평가했다. 그것은 사실상 자신들의 명령하에, 그러나 실제로 그들이 완전히 통제할 수 없는, 공식적으로 비핵무기로 인해 발생하는 확대의 위험이다. Michael Dobbs, *One Minute to Midnight: Kennedy, Khrushchev, and Castro on the Brink of Nuclear War,* (New York: Alfred A. Knopf, 2008).

식 운반수단을 이용해 빈번히 옮기기, 그리고 이전에 비밀로 감춰뒀던 군사력에 대해 넌지시 발표하기 등을 포함한다. 그 결과 미국의 목적이 오직 중국의 핵무기 선택권을 제거하기보다 크게 줄이는 것이라도, 표적 설정에 대한 불확실성을 보완하기 위해 계획된 미국의 공격은 대규모여야 할 필요가 있다. 추가로 경계 수준을 높이거나 지도부 직접 공격에 대한 위험분산으로 발사권한을 사전위임하는 것들은 중국이 위기 시 취할 수 있는 단계들이다. 이는 중국의 군사력이 파괴되기 전에 최대의 보복 대응을 이끌 수 있으므로 대규모 공격의 감지가 미국의 위험을 증가시킨다. 보복은 생존가능성의 향상을 위해 더 높은 경계를 걸어놓은 취약한 군사력에 대한 통제력의 상실로 인해 발생할 수 있거나, 혹은 만약 실수로 자국이 무제한적인 핵공격으로 제거된다고 믿는다면 중국의 지도자들에 의해 명령내려질 수 있고, 그 상황은 합리성이 더 이상 약세측을 핵공격의 시작으로부터 막을 수 없는 상황이다.[81]

재래식 무기만 고려했던 위기상황과 대조적으로, 오직 핵무기만이 작동하는 경우 선제공격의 압박이 미국을 군사력에 의존하게 이끌 것 같지는 않다. 혹은 중국도 군사력 사용을 개시할 것 같지 않다. 재래식 무기의 사례처럼, 중국은 군사적 이득을 얻을 수 없다. 그러나 재래식 무기 사례와 다르게 베이징은 빠르게 재앙의 확대를 촉발하는 질적으로 더욱 커다란 위험의 수용 없이 결의의 신호로 핵무기를 사용할 수 없다.

위기 시 베이징이 핵전력의 사용을 확실히 이성적으로 명령할 수 있는 유일한 상황은 미국이 이미 무제한적인 핵공격을 개시했다고 중국의 지도자들이 생각하는 경우일 것이다. 하지만 이 환경은 미국이 먼저 군사력에 의존할 것을 요구하기 때문에, 위기 안정성에서 진정한 위협은 중국이 아닌 미국으로부터 나온다고 말하는 것과 동일하다. 그러나 앞서 강조한 것처럼, 중국이 촉발시킨 최대의 대응을 피하기 위한 가장 가능한 제한적 타격을 포함해서 미국이 핵공격의 시작으로 만드는 위험은 그 매력을 떨어드린다. 미국의 이해관계는 군사력 사용이 비효율적이라고 판명될 경우 초래되는 기대비용에 의해 제시된 위험을 정당화하기 위해 이례적으

<hr />

81 무기의 취약성을 고려해볼 때, 중국은 미국의 공격 경고를 받았을 때 혹은 중국의 첫 표적이 파괴되자마자 보복타격을 시작할 유인을 가진다. Goldstein, *Deterrence and Security in the 21st Century*, chap. 2.

로 높아야 한다($Dn=[1-P]×Cn$). 더구나 이러한 시나리오와 달리 미국은 비효율성의 위험(중국에 목표 설정에 대한 정보에서 잘못된 신뢰뿐만 아니라 미국의 무기와 인원의 수행력 부족의 결과로 발생)을 최소화하기 위해 공격을 확장하려는 유혹을 거부할 수 있도록 정보의 질적인 측면에서 더욱 확실해야 한다. 공격의 범위를 확장하려는 유혹은 강하다. 일시적 감정을 누르기 위해서는 중국이 위기 시 미국의 공격 효율성을 감소시키기 위해 취하는 모든 단계를 그들의 정보가 올바르게 예측 가능하다는 미국 지도자들의 믿음이 필요하다. 이러한 우려에 대한 유일한 위험분산의 방법은 공격을 확장시켜 반복공격을 하는 것이다.

따라서 미국은 딜레마에 직면한다. 만약 조심스럽게 제한된 핵전력의 사용 개시를 선택한다면, 오직 모든 것이 계획에 따랐을 경우에만 원하는 대로 위기를 해결할 수 있다. 정치지도자가 목적 달성의 확신도 없이 핵공격의 시작을 결정하기는 상상하기 힘들기 때문에, 확장된 공격은 더욱 신중한 선택으로 보인다. 하지만 비효율성의 위험에 대한 위험분산으로서 공격 범위의 확장은 무제한적인 핵보복을 촉발할 수 있는 위험을 증가시킨다. 그러므로 표면상 더욱 신중한 선택은 포용을 어렵게 하는 기대비용, 즉 무제한적인 핵보복이라는 작은 가능성을 가진다. 이 딜레마는 상대방이 핵무장할 때 군사력 사용을 위한 효과적인 선택을 고안하려는 벅찬 도전을 반영한다. 심지어 한쪽이 표적이 된 다른 쪽의 능력에 대해 훌륭한 정보와 막대한 우월함을 갖췄더라도 말이다. 왜 재래식 무기보다 오히려 핵무기가 작동할 때에만 위기 안정성이 훨씬 더 견딜 것 같은지 보여준다.[82] 전쟁이 단지 임박한

••••••••••••

82 이러한 고려사항들은 미국의 핵 우위가 선제공격의 매력을 증가시킨다는 리버(Keir Lieber)와 프레스(Daryl Press)의 주장이 과장되었다는 것을 시사한다. Keir A. Lieber and Daryl G. Press, "The End of MAD? The Nuclear Dimension of U.S. Primacy," *International Security*, Vol. 30, No. 4, (Spring 2006), pp.7-44; 그리고 Lieber and Press, "The Nukes We Need," pp.39-51. 여기에서 논의된 고려사항을 언급한 것뿐만 아니라 기술적인 이슈를 다룬 것으로는 다음을 볼 것. James M. Acton, "Managing Vulnerability," *Foreign Affairs*, Vol. 89, No. 2, (March/April 2010), pp.146-148; Hans M. Kristensen, Matthew McKinzie, and Ivan Oelrich, "Failure to Yield," *Foreign Affairs*, Vol. 89, No. 2, (March/April 2010), pp.148-150; Jan Lodal, "The Counterforce Fantasy," *Foreign Affairs*, Vol. 89, No. 2, (March/April 2010), pp.145-146; 그리고 Keir Lieber and Daryl Press, "Lieber and Press Reply," *Foreign Affairs*, Vol. 89, No. 2, (March/April 2010), pp.150-152.

것이 아니라 필연적이라는 받아들이기 어려운 믿음이 생기지 않는 한, 양측 모두 군사력 사용의 개시를 선택하지 않을 것이다.

하지만 핵위기 안정성의 견고함은 단지 재래식 무기의 대안으로만 비교해서는 안 된다. 더욱 연관된 비교는 위기 시 상대국이 핵무기와 재래식 무기 모두 보유한 상황이다. 결국 중국과 미국을 포함해서 핵무기를 보유한 모든 국가는 재래식 무기 역시 소유하고 있다. 비록 앞서 제시한 재래식 무기와 핵무기 시나리오에서 설명된 고려사항들이 여전히 의미가 있지만, 그들의 상호작용은 위기 안정성에서 구분된 효과를 가진다.

핵무기와 재래식 무기 비대칭성, 그리고 위기 안정성

[그림 1]의 우측 열은 양국이 핵전력뿐만 아니라 재래식전력을 가졌을 때 위기 안정성에서의 변화를 그린 것이다. 효율적인 군사공격은 핵전력 사례에서 서술된 것처럼 경직된 시험을 충족시킬 필요는 없다. 재래식전력이 포함되었을 때, 우세측은 공격이 재앙적 핵보복을 촉발할 위험을 최소화시킬 더욱 세련된 무기 사용을 선택할 수 있다. 그럼에도 불구하고 효율적인 군사 공격은 재래식전력 사례에서 서술된 것보다 더 힘든 시험을 충족시켜야만 한다. 그 경우에 상대방이 즉시 위기 요구에 응하지 않더라도 공격자의 초기 군사적 이점이 증가하도록 한쪽이 상대국을 무장해제시키거나 군사능력의 균형을 이동시킨다면 군사력 사용은 효율적이다. 하지만 상대국이 핵무기를 가졌을 때 재래식전력을 사용해서 끔찍한 보복공격을 가할 상대국의 능력을 확실히 파괴할 것이라는 확신이 없다면, 효율적인 공격은 공격자의 협상지위를 매우 특정한 방식으로 강화시켜야 한다. 즉 핵 위험감수경쟁으로 교전하게 될 상대방의 능력을 줄여야만 하는 것이다. 그러나 재래식 무기 공격에 뒤이어 펼쳐지는 위기정책(brinkmanship)에서 이점을 취하려면, 군사력 사용을 사용해서 공격자의 위험 조종 노력에 걸맞게 상대국의 능력을 제거해야 한다. 혹은 누구도 합리적으로 그리고 의도적으로 시작하지 않은 재앙적인 핵교전의 확대 위험을 포함해서, 남아있는 군사력의 조합으로 만들 수 있는 위험의 수준을 감내하기에는

부족한 상대방의 결의를 노출시켜야만 한다.[83] 비록 재래식 무기 공격이 핵확산의 위험을 조정할 수 있는 상대방의 능력을 완전히 박탈할 필요는 없더라도, 경쟁상대에게 이용 가능한 최고의 선택지를 공격자에게 남겨놓는 것이 효과적이다. 이러한 효율성의 시험을 충족시키는 방식으로 군사력 사용능력이 점점 더 커질수록, 핵무기와 재래식 무기로 무장한 국가들 간의 위기 불안정성의 정도 역시 더욱 커진다.[84]

따라서 핵무장 국가의 재래식 무기사용에 대응한 군사력 사용의 기준은 매우 높다. 표적 정보의 결점은 오직 재래식 무기만으로 충분하게 다중공격을 할지라도, 살아남은 군사력으로 핵확산의 위험을 조정할 수 있는 약세 국가의 능력을 제거하기 어렵다는 것이다. 앞서 서술한 이유처럼, 표적 정보의 적절성에 관한 우려를 상쇄할 수 있는 핵무기에 의존하는 것은 매력적인 선택이 될 것 같지 않다. 더 좋은 정보는 재래식 무기가 효율적인 기능을 발휘할 가능성에 대한 신뢰를 증가시킨다. 그러나 상대방 또한 핵무장을 했을 때, 초기의 군사력 사용에 뒤이어 재래식 무기로 치러지는 전쟁의 승리를 위해 상대국의 능력을 단순히 감소시키는 것은 불충분하다. 그 공격은 상대방에게서 핵확산의 위험을 만들고 조정하기 위해 필요한, 심지어 더욱 빈약한 재래식 및 핵능력이라도 빼앗아야 한다. 쉘링의 언어로 표현하면, 이 목적을 위해서 상대방은 '전쟁승리능력(war winning force)'이 아니라 '전쟁위협능력(war threatening force)'을 보유할 필요가 있다.[85] 이는 비효율적인 군사력 사용에 대한 기대비용이기 때문에, 공격의 유혹은 핵무기 사례만큼은 아닐지라도 재래식 무기의 경우보다 낮다.

하지만 위기 시 이해관계가 충분히 크다면, 비대칭 이원구조에서 더 강력한 국

---

83 중국의 군사 현대화에 대한 명확한 결론은 위험을 만들 군사수단의 수와 종류를 증가시켜왔다는 점이다. 중국이 격차를 크게 개선하지 못했더라도, 군사대결을 벌일 수 있는 우세한 미국의 군사력을 패배시키기 위해 증가된 재래식 무기능력은 전략적으로 유용하다. Christensen, "The Meaning of the Nuclear Evolution," pp.475-479.

84 공격결정 또한 위기에서 이해관계의 가치에 달려 있다. 만약 군사력 사용의 기대비용 감소가 위기에서 우세한 가치를 초과한다면, 실패확률이 낮은 위험성은 공격을 포기시키는 데 충분할 것이다. 하지만 여기에서 논의된 전쟁위협 위기의 종류에 비해서 국가의 가치는 매우 높게 설정된다.

85 Schelling, *Arms and Influence*, chap.3.

가는 재래식 공격이 비효율적이라는 위험을 기꺼이 받아들여 위기 외교에서 핵 위기정책으로 이동하는 결과를 낳을 것이다. 특히 지도자들이 열세의 상대방보다 통제되지 않는 확대의 더 큰 위험을 실행할 준비가 되어있다고 믿는다면, 그들은 기꺼이 도박을 할 것이고 재래식 공격이 효율적인 내기에서 질 것이다. 그런 환경 아래에서, 그들은 군사력 사용을 상대방의 능력을 낮추고 자신의 결의를 보여주는 방식으로 생각할 것이다. 비록 열세측이 상대방의 군사능력을 효과적으로 줄이는 군사력을 사용할 수 없더라도, 결론적으로 위기에서의 이해관계가 더욱 크고 더 높은 확대 위험을 실행할 준비가 되어 있다면, 결의의 신호로 재래식 공격을 사용하기로 결정할 수 있다.

어느 국가의 지도자라도 전쟁이 임박했다고 믿으면 군사력에 의존할 유혹은 증가한다. 그런 환경 아래에서, 관련된 고려사항은 공격받기 전에 공격할 이익을 이동시킨다. 만약 핵확산 위험의 발생과 조작의 이익을 얻기 위해 재래식 군사력으로 한 국가가 선제공격을 기대한다면, 군사력 사용을 개시할 유혹은 강해진다. 유혹의 강도는 공격이 양측의 핵 위기정책에서 이용 가능한 군사력으로 의미 있는 효과를 가질 수 있는 범위에 달려있다. 생존한 재래식 군사력의 주요 목적은 전투에 임해서 승리하는 것이 아니라 핵확산의 위험을 지닌 상대방과 대치하는 것이기 때문에, 군사력 사용이 의미 있는 효과를 가지기 어렵다. 그러나 우세측은 위험감수경쟁을 할 필요가 있는 군사력이 열세인 상대국의 재래식 군사력을 확실하게 줄일 수 있는 능력과 정보를 가지고 있고, 안전하게 무제한적인 보복공격을 계획할 수 있다고 믿을 수 있다. 더구나 공격이 비효율적이라고 하더라도, 우세측은 촉발을 피할 수 있는 재래식 전투 혹은 핵확산의 위험 조정을 통해서 약한 상대에게 압박을 가할 수 있는 다양한 능력을 가지고 있다. 비효율적인 군사력 사용의 기대비용이 줄어들 때 위기 안정성은 약해진다.

적어도 다음 10년 동안 재래식 무기의 수량과 정확성, 기술적 우위와 목표 정보에 대한 더 풍부한 자원의 측면에서 미국의 이점은 앞서 언급한 서태평양에서의 위기 시 공격의 실현가능성을 높인다. 미국이 이해관계에 더 높은 가치를 둘수록 그리고 전쟁이 더욱 임박할수록 군사력 사용의 유혹은 더욱 커진다. 중국 역시 더 많은 핵심적인 이해관계를 가졌다고 믿는다면, 미국의 공격이 핵확산의 위험을 조절할 능력을 제거하거나 더 낮게 줄이기 전에 먼저 행동할 유인을 가진다. 이 시나리오는 기습공격이라는 쌍방의 두려움에 사로잡힌 위기 불안정성에 대한 전통적인 해결방안에 반향을 보인다. 하지만 재래식 군사력 사용이 핵무기를 가진 국가들 간 위기에 작동하는 전략적 역할로 인해 불안정성의 정도에 따른 결과는 제한적이다. 위기 해결의 거부는 경쟁국의 통제를 벗어나고 재앙의 결과로 인한 확대를 이끈다. 즉각적인 재앙에서 벗어날 수 없는 위험은 재래식전력의 이원구조에서 부재한 만큼 류하는 효과를 양측 모두에게 부과한다. 그 효과는 강하지만 확실하지 않다.

미중위기 시 핵확산의 그림자는 아마도 본토에 군사적으로 가치 있는 목표, 즉 서태평양에서 중국의 작전효율을 위한 핵심적인 미사일 기지와 레이더 기지 등에 제한된 재래식 타격에 착수하더라도 미국의 군사력 사용을 억제할 것이다.[86] 하지만 앞서 언급한 대잠수함전과 위성공격 작전, 그리고 특히 비운동성 에너지공격인 사이버-정보 전쟁을 포함한 미국의 재래식전력의 사용은 덜 위험해 보이기 때문에 유혹적이다. 그러나 그들은 덜 위험하지만 위험에서 자유로운 것은 아니며, 위기 안정성이 완전히 보장되지도 않는다. 반대로 증가하는 사이버 전쟁과 우주전쟁 능력의 함의를 연구하기 시작한 학자들이 지적했듯이, 공격자가 이런 영역에서 누리는 이점과 핵전력과 재래식전력의 자산 통합은 독특하지만 아직 알려지지 않은 위험확대의 '교차영역(cross-domain)'을 만든다. 평화시기에 중요 위성과 컴퓨터 시스템의 상호 취약성은 규제를 촉진한다. 그러나 만약 그 규제가 파괴되면, 사이버 전쟁과 우주전쟁 작전에서 자명한 방화선(firebreak)의 부족과 위기 시 이러한 지역에서 군사작전의 역사적 경험 부족은 위기관리를 위한 새로운 도전을 제기하면서, 양측에게 즉흥적으로라도 처리할 것을 요구하게 될 것이다.[87]

••••••••••••••

86 하지만 앞서 강조한 것처럼 공해상 전투의 일부 개념은 이런 공격을 포괄한다.

87 핵무기, 우주, 그리고 사이버공간에서의 작전에 대한 상호 취약성과 교차영역의 우려사항을 반영해 미국과 중국이 직면한 전략적 도전에 대한 가장 빈틈없는 논의는 다음을 볼 것. Gompert and Saunders, *Paradox of Power*, 그리고 Kenneth Lieberthal and Peter W. Singer, *"Cybersecurity and U.S.-China Relations,"* (Washington, D.C.: Brookings Institution, 2012), pp.29-31; 그리고 Vincent Manzo, "Deterrence and Escalation in Cross-Domain Operations: Where Do Space and Cyberspace Fit?," *Strategic Forum*, No. 272, (Washington, D.C.: Institute for National Strategic Studies, National Defense University, December 2011).

위기 시 미국과 중국의 이해관계는 높을 것이고, 어느 한쪽은 재래식, 우주 혹은 사이버 공격에 의한 확대의 위험을 실행할 가치가 있다고 결정할 수 있다. 심지어 위기 시 이해관계가 무제한적의 핵교전을 선택한 미국이나 중국에게 충분히 높지 않더라도, 일부 이익은 어느 한쪽이 재앙적인 결과로 확대의 위험을 들어 올리는 군사행동의 시작을 선택하기에 충분할 정도로 높다.[88] 앞서 논의한 것처럼, 중국과 미국은 서태평양에서 전쟁위협의 위기에 갇힌 스스로를 발견하는 것보다 상회하는 중요 이익을 가지고 있다. 예를 들어, 남중국해에서 끊임없이 지속되는 분쟁의 처리에 대한 중국과 미국의 신랄한 성명의 최근 패턴은 양측이 이 지역에서 자신들의 이해관계에 높은 가치를 부여하고 있음을 시사한다. 그 가치가 위기 불안정성에 기여할 정도로 충분히 높은지 아닌지는 미리 대답할 수 없는 경험적인 질문이다. 하지만 가장 걱정스러운 불안정성의 자원은 명확하다. 그것은 이렇게 하면 미국과 중국 양국 모두 조작할 유인을 가질 핵재앙의 알 수 없는 위험이 발생하더라도, 협상력을 얻기 위한 방법으로 비핵공격을 사용할 유혹이다.

결론

가까운 미래에 분출할 수 있는 미중위기는, 중국이 미국에 의해 군사적으로 압도되어 있는 반면 독특한 위험성을 표현한다. 이전의 연구는 재래식 무기와 핵능력의 상호작용이 불안정성의 정도를 제한한다고 제시한다. 공통적인 재앙의 위험을 만들 수 있는 상대방의 군사력 사용 능력을 완전히 제거하기 어렵기 때문에, 재래식 무기의 세계에서 선제공격을 매우 유혹적으로 만들었던 유인은 감소되었다. 그러나 핵무기 세계에서 불안정성은 재앙을 야기할 수 있기 때문에, 당사자들이 군사력 사용을 개시할 작은 기회라도 문제가 된다. 위기 시 유리한 결과를 달성하려는 욕구는 위험을 조정할 유인을 제공하고, 양측이 우세를 찾는 것으로서 결의의 신호를 보내는 경우라면 군사력 사용을 조장할 수도 있다. 이는 가장 걱정되는 가능성은

---

88 Schelling, *Arms and Influence*, chap.3.

미국과 중국이 이해관계의 중요성에 대해 서로의 견해를 파악하는 데 실패해서 생기는 위기임을 시사한다. 만약 더 강한 이익이 확고함을 보장한다고 믿는다면, 위험을 조절할 재래식전력의 제한된 사용을 통해 결의를 표현하려는 유혹을 받을 수 있다. 조정된 위험은 궁극적으로 핵교전 확대의 진정한 위험이기 때문에, 이는 학자들이 미중위기에서 위험한 불안정성이라는 현재의 전망을 정책결정자에게 더 잘 이해시킬 수 있는 충분한 이유가 돼야 할 것이다.

중국이 언젠가 미국의 진정한 경쟁자가 될 정도로 충분히 강해질 가능성에 의해 높아진 우려는 많은 관심을 받아왔다. 비록 분명히 중요하지만, 그것은 먼 미래에 관한 논의이다. 그동안에 더 큰 관심은 중국이 여전히 상대적으로 약한 가운데 미국과 중국을 빠져들게 할 수 있는 위기로 즉각적인 불안정성의 위험에 맞춰질 필요가 있다. 아이러니하게도 새로운 안보 도전으로서 더욱 강한 중국이 언젠가 제기할 수 있는 것이 무엇이든지 간에, 현재 중국의 심각한 군사적 약점의 끝은 적어도 여기서 확인된 단기적 핵심문제, 즉 미중 간 힘의 비대칭성에 따른 위기 불안정성의 가능성 악화를 완화시킬 것이다. 그러나 주요한 힘의 이동이 일어나기 전에, 잘못 관리된 미중위기는 장기적인 비극적 논쟁에 대한 모든 추측을 제공할 것이라는 현실적인 가능성이 제한적으로라도 존재한다.

6장
중국의 공업 발전에 대한 야심이 어떻게 충돌을 야기시키는가

조너선 홀스래그(Jonathan Holslag)

공업성장에 대한 중국의 확고한 지지는 자신의 불안정에 대한 대비에서 비롯된다. 그러나 중국이 공업에서 발전을 이룰수록 경제발전모델은 역설적이게도 화평굴기 선언과는 멀어지게 된다. 단기적으로 중국은 탐욕스러운 강대국으로 보이고 더욱 준엄한 견제상황에 직면할지 모르지만, 장기적으로 경제성장의 둔화는 중국으로 하여금 부득이 중등국가의 지위에 머물게 할 것이다. 더욱이 중국의 경제성장이 초래한 이러한 긴장관계는 계속 심화될 잠재적 가능성이 있다. 주요한 원인으로, 경제적인 성공은 미국과 패권경쟁의 극단으로 갈 가능성을 내포하고 있고, 만약 중국의 신산업정책이 일단 실패하게 된다면 중국공산당은 생존을 위하여 힘겨운 투쟁을 시작해야 하는 상황이 초래될 수도 있다. 중국 지도자는 보다 도전적인 조치를 취함으로써 자신의 지위를 유지하고 보호하려고 할 것이다. 따라서 중국이 추구하고 있는 강력한 공업지원정책은 국제적 갈등을 야기하는 근본적 요인이고, 심지어 중국과 타국 간 군사적 충돌이 가속화될 수도 있을 것이다.

조너선 홀스래그(Jonathan Holslag)_ 벨기에 브뤼셀 당대중국연구센터 주임

'**조**화세계 건설' 선언을 설명하기 위해 우선 이해해야 할 것이 있다. 마오쩌둥이 1944년 제기한 중국과 아시아국가 그리고 서구열강에 대하여 "중국 사회의 진보는 공업발전에 의지해야 한다."는 말이다.[1] 그 이후 이는 줄곧 중국경제 정책에서 하나의 준거가 되었다. 현재 중국 정부는 여전히 공업현대화가 사회발전의 전제라고 믿고 있다. 비록 정부가 국내소비를 증가시켜 경제성장의 재균형을 실현하겠다고 공언했음에도 이러한 우려는 가시지 않고 있다. 본고는 중국이 추구하고 있는 강력한 공업정책이 국제적 충돌을 야기시키고 있는 중요한 원인이며, 심지어 중국과 타국의 군사적 충돌으로 가속화될 수 있다고 주장하며 이를 세 단계로 나누어 증명하고자 한다. 우선, 중국의 공업정책은 취약함의 발로로 나타난 결과라는 점이다. 이러한 정책은 중국으로 하여금 취약성 함정에 빠지게 하는, 다시 말하여 중국 정부로 하여금 공업에 더욱 많은 노력을 경주하여 자신의 문제를 외부문제화 하고자 한다. 둘째, 중국이 자신의 문제를 외부화하는 것이 어떻게 기타 국가의 불안을 야기하는가 해석하고자 하였다. 이들 국가들은 세력균형을 바꾸는 중국의 행동이 그들의 이익을 침해하였으며 매우 탐욕스럽게 나타나고 있다고 주장하고 있다. 마지막으로, 이에 초래되는 세 가지 결과를 분석하고 결론을 내리고 있다. 우선, 경제적 실패는 중국공산당이 생존을 위해 힘겨운 투쟁을 진행해야 하는 상황을 초래할 것이다. 경제적인 성공은 중국이 궁극적으로 미국과 패권경쟁의 승부를 지을 가능성을 내포하고 있고, 경제성장의 둔화는 중국으로 하여금 중등소득국가의 지위를 인정하게 할 것이다.

공업에 대한 야심이 충돌을 야기시킨다는 관점은 비교적 흔하다. 그러나 이러한 주장을 하는 대표적 학자들은 급진좌파학자로 분류되고 실제로도 그러하다. 따라서 이러한 관점은 국제정치의 주류연구에서 주목받지 못하는 경우가 많다. 예를 들면 영국 경제학자 홉슨(John Hobson)은 건전하지 못한 산업정책이 제국주의로 이어지는 중요한 근원이라고 주장한다. 왜냐하면 수출에 대한 의존도를 높이고 부

---

1 역자 주: 1944년 7월 14일 마오쩌둥과 미국기자의 대담 참조. 中共中央文獻研究室編: 『毛澤東文集』 (第三卷), (北京: 人民出版社, 1996), p.183.

추거진 투자자들이 해외항목으로의 전환방식을 통해 자금을 이동시키기 때문이다.[2] 조셉 슘페터(Joseph Schumpeter)는 권위주의적, 민족주의 지도자가 이러한 경제적 지배층을 지지한다면 필연적으로 제국주의를 초래할 수밖에 없다고 주장하고 있다. "그때 민중은 단결하여 협력과 독점을 통해 정치적 이익을 추구할 것이다."[3] 또한 경제적 요인이 외교정책을 추동하는 역할을 연구하고 있는 윌리엄(Appleman Williams)은 일부의 논리에 따르면 공산주의를 지지하는 학자로 인식되고 있다. 미국 외교정책이 기타 국가에 미친 영향을 연구하면서 두 가지 획기적인 연구 성과를 발표한 바 있다. 윌리엄에 따르면, 미국의 외교정책은 보다 개방적인 대외시장을 확보하기 위한 욕망에 의해 좌우되는 경우가 많다. 이는 밀접한 관계에 있는 정부 간 경제활동에서 충돌이 발생할 위험을 높인다. 폴 케네디(Paul Kennedy)는 이를 '영향력의 악화'라고 지적하고 있다.[4] 이러한 주장들은 네 가지 비판에 직면하고 있다. 자유발언을 중시하는 외교정책집단에서 이러한 '좌익선동가'로 일컬어지는 이들의 주장을 달게 받아들일 리가 없는 것은 명확하다. "하늘이시여, 왜 하필이면 윌리엄인가요?" 아서 슐레진저(Arthur Schlesinger)는 『미국외교의 비극』이라는 저서에서 윌리엄에 대해 풍자적인 찬미를 피력한 바 있다. 그 외 다른 학자들은 시장을 개척하는 수단이 과거 문호개방정책을 실행하는 제국주의에서 구조적 권력을 통한 정책으로 전환되고 있다고 주장한다.[5] 여기서 주목해야 할 문제는 궁

• • • • • • • • • • • • •

2 John Hobson, *Imperialism a Study*, (New York: Cosimo, 1902).

3 Joseph Schumpeter, *The Economics and Sociology of Capitalism*, (Princeton: Princeton University Press, 1917), p. 208.

4 William Appleman Williams, *The Tragedy of American Diplomacy*, (New York: W.W. Norton, 1959), p.135. Paul Kennedy, *The Rise and Fall of the Great Powers*, (New York: Vintage, 1989), p.359. 또한 Walter LaFeber, *The American Search for Opportunity*, 1815-1913, (Cambridge: Cambridge University Press, 1993). Thomas McCormick, *China Market: America's Quest for Informal Empire, 1893-1901*, (Lanham: Rowman and Littlefield, 1967).

5 John Gallagher and Ronald Robinson, "The Imperialism of Free Trade," *The Economic History Review*, Vol. 4, No. 1, (1953), pp.1-15; Johan Galtung, "A Structural Theory of Imperialism," *Journal of Peace Research*, Vol. 8, No. 2, (1971), pp.81-117; Robert Cooper, "The New Liberal Imperialism," *Observer Worldview*, (April 7, 2002).

극적으로 무슨 요인이 국가로 하여금 제국주의를 추구하게 하는가 하는 것이다.[6] 즉 경제적 요인, 이데올로기, 이익집단 혹은 식민주의자, 세계 기타 지역 간 커다란 힘의 차이에서 비롯된 것인가 이다. 최근 제국주의나 경제민족주의, 공업정책이 번영과 권력을 획득하는 최선의 방법은 아니라고 비판받고 있다.[7]

그러나 홉슨, 슈페터나 윌리엄 등의 저작은 현재 중국의 부상에 대해 여전히 참고할 만한 가치가 있다. 이들을 통해 평화적으로 부상하고자 하는 권력의 욕구를 발견할 수 있다. 이러한 권력도 여러 문제를 내포하고 있으며 역사적으로 강제성, 경쟁성, 확장적 외교정책을 초래한 원인이기도 하다. 분명한 것은 중국이 과잉생산과 방대한 저축을 해외투자의 방식으로 해결하고자 한다는 점이다. 중국 정부는 경제력과 강력한 국가공업을 육성하는 데 관심을 쏟고 있다. 이는 중국의 공업화 과정이 과거 주요 공업대국의 부상과 상당히 다른 양상을 띠게 하였다. 중국은 어떻게 자신의 경제적 이익의 추구와 기타 국가의 이익 간의 형평을 찾을 것인가? 본고는 중국 공업정책에 대한 연구를 진행하는데, 중국의 국가적 불안감과 중국이 현 국제질서에서 2등 국가의 위상에서 벗어나고자 시도하는 것을 이해하는 게 매우 중요하다고 본다. 또한 중국 경제력의 안정성과 이 안정성을 바탕으로 국제 세력전이과정에서 결정적 역할을 하는지에 대한 평가가 가능해진다는 점이다. 이외에도 중국의 공업정책과 이로 야기된 새로운 취약성은 중국의 이익이 변화하고 있고, 자신의 영향력을 부단히 확대하려는 노력과 이러한 영향력을 행사하는 과정에서 나타나는 변화를 파악하는 중요한 요인이 된다. 공업에 대한 확고한 보호는 중국의 지정학적 발전방향과 군사적 선택에도 중요한 영향을 미치고 있다. 개괄하면 중국의 산업무역화로 부상하는 데 있어서 국제정치 분야에서 부정적 요인에 초점을 맞추어 분석하여 본다. 먼저 밝혀둘 것은, 본고는 결코 중국의 경제적인 부상이 국가 간 상호의존을 추진하고 정치적 협력과 평화적인 역할을 수행하는 적극적인

6 Peter Cain and Anthony Hopkins, *British Imperialism: 1688-2000*, (London: Pearsons, 2002); Bernard Semmel, *The Rise of Free Trade Imperialism*, (Cambridge: Cambridge University Press, 1970); Bernard Semmel, *The Liberal Ideal and the Demons of Empire*, (Washington: Johns Hopkins University Press, 1993); Marilyn Young, *The Rhetoric of Empire: American China Policy, 1895-1901*, (Harvard: Harvard University Press, 1968).

7 Jack Snyder, *The Myths of Empire*, (Ithaca: Cornell University Press, 1991).

측면에 초점을 맞춘 연구는 아니라는 점이다.

중국의 공업정책 사례는 기존 국제관계의 이론적 가설에 대해 수정을 요구하고 있다. 예를 들면 수정주의 국가개념을 들 수 있다. 물론 방어적 현실주의자들은 절대다수 국가들이 기존 국제질서 구조를 바꾸려는 야심을 가지고 있지 않다고 주장하고 있다. 그러나 공세적 현실주의자들은 부상하는 모든 강대국은 수정주의국가라고 주장하고 있다. 그러나 전반적으로 절대다수의 현실주의자들은 수정주의 국가개념을 무력적 방식을 통해 국제질서의 구조를 바꾸려는 시도와 준비로 정의하고 있다.[8] 그러나 무력 사용의 의도는 수정주의 의도를 뒷받침하는 유일한 특징이 아니다. 중국의 사례를 우리가 주목해야 할 또 다른 점은 바로 경제 분야에서의 수정주의라는 것이다. 다시 말해 전 지구적 부의 배분상황과 경제규칙의 조정 결과 패권의 혜택을 받는 것이다. 이 또한 안보딜레마에 대한 새로운 이해를 요구하고 있다. 과거 안보딜레마 연구에서 주도적인 해석은 한 나라가 군사안보 분야에서 필요한 수익은 타국의 안보적 손실을 의미하는 것이었다. 중국은 우선적으로 기타 강대국과 협력을 진행하는 방식으로 경제성장을 추구할 것이고 안보딜레마는 그렇게 큰 압력으로 다가오지 않게 느껴지기 때문이다. 그러나 공업정책을 경제적 안보딜레마에 대한 대응으로 파악한다면 상황은 달라진다. 일반적으로 공업정책은 한 나라의 수요와 경제교류의 능력을 평가하는 능력이다. 그러나 기타 국가와 비교할 때 중국이 상업적 이익을 통해 협력하거나 자기억제를 하는 것은 본질적으로 안보전략에 종속된 하나의 책략에 불과하다. 이는 과도적 현상에 불과하다. 중국경제의 추격정책의 성공 여부와 상관없이 이러한 현상은 장기적으로 존재할 것이다. 따라서 안보딜레마에 대한 광범위한 정의는 자유주의자와 기타 낙관주의자들이 주장하는 권력정치가 더욱 합법성을 가지고 있다는 주장을 부인하게 된다. 이는 세력전이이론에서 주장하는 부상하는 강대국이 패권국과 충돌하게 된다는

---

8 방어적 현실주의의 주장으로 Kenneth Waltz, *Theory of International Politics*, (New York: McGraw-Hill, 1979), pp.120-126; Jack Snyder, *Myths of Empire: Domestic Politics and International Ambition*, (Ithaca: Cornell University Press, 1991) 참조. 공세적 현실주의의 주장으로 John Mearsheimer, *The Tragedy of Great Power Politics*, (New York: Norton, 2001)참조.

관점을 수정한 것이다.[9] 본고는 전통적인 세력전이이론 외에 세력전이가 언제 발생하든지 두 가지 중요한 충돌 요인을 모두 고려해야 한다는 점을 주장하고 있다. 즉 하나는 부상하는 강대국의 성공이 요원하거나 가망이 없을 때 이 국가가 해외에서 타협할 수 있는 능력이 제한받게 된다는 것이다. 또한 주변에 비교적 약한 국가의 두려움으로 인해 부상하는 강대국이 패권을 위협하기 이전에 패권국과 부상하는 국가 간 충돌 발생이 가능하다는 점이다.

중국 공업정책의 이론적 토대

중국의 공업정책은 현실주의적 세계경제관에 기초하고 있다. 중국 정부는 세계 경제가 무정부 상태에 기인하고 국가는 국제경제에서 우월한 지위를 취득하기 위해 역할을 해야 한다고 인식하고 있다.[10] 1985년 중국공산당 전국대표대회에서 "경제에서 발전의 정체는 우리나라가 불리한 위치에 처하게 될 수 있고, 타국의 통제에 놓일 수라고 했다. 이는 우리나라의 근대사와 현재 세계의 현실에서 그 해답을 찾을 수 있다. 현재 국제경쟁의 본질은 경제와 과학기술력을 토대로 하는 종합국력 간 힘겨루기"라고 했다. 이러한 측면에서 중국은 경제적 상호의존, 세계화 전문화가 상당히 진전되고 있다고 인식하고 있다. 그럼에도 동시에 한 국가가 이러한 상호의존을 교묘하게 통제함으로써 저개발국가가 불평등한 교환관계에서 벗어나지 못하도록 하여 노동 분야에서 최대 이익을 확보하고, 무역 이윤이 국내시장으로

9 Robert Gilpin, *War and Change in World Politics*, (Cambridge: Cambridge University Press, 1981), p.34; A.F.K Organski and Jacek Kugler, *The War Ledger*, (Chicago: University of Chicago Press, 1980), pp.19-23.

10 이에 대한 가장 탁월한 분석으로 시진핑 주석이 2013년 3월 모스크바에서의 연설을 들 수 있다. 그는 경제위기가 보호주의, 패권주의, 개입행위와 강권정치의 부활을 초래하였다고 주장한바 있다. 『習近平在莫斯科國際關系學院的演講』新華網, 2013.3.24. 『當前經濟形勢和下半年經濟工作』『人民日報』 2013.8.6. 이 문제에 대한 토론으로 張宇燕: 『錯綜複雜 充滿變數――世界經濟形勢分析與展望』一文, 『求是』2013年 第3期, pp.55-57. 중국상무부종합사『世界經濟貿易形勢』, 상무부 사이트, 2013.4.28. http://zhs.mofcom.gov.cn/article/Nocategory/201304/20130400107873.shtml; 王逸舟: 『中國21世紀的外交』, http://en.iwep.org.cn/info/content.asp?infoId=975.

유입되도록 하고 있다.[11] 경쟁은 실제로 협력의 형식을 취하고 있지만 부에 대한 쟁탈은 여전히 치열하게 전개되고 있다.[12] 다른 한편으로 중국 지도자들은 현재 경제질서는 미중 간 불리한 경제적 연계를 통해 만들어진 것임을 인식하고 있다. 미국의 패권적 지위는 달러의 주도적 지위에 의해 뒷받침되고 유지되고 있으며 기타 국가는 선택의 여지 없이 미국의 채무를 구매할 수밖에 없는 것이다. 미국은 첨단기술 분야에서 대부분의 무역수입을 얻고 있고, 세계경제의 표준을 성공적으로 만들어냈다.[13] 중국은 여전히 2등 국가로서 서구 국가의 착취를 받고 있다고 인식하고 있다. 특히 노동력, 자본과 환경 등의 요소에 근거하여 분석한다면 중국은 더욱 큰 희생을 강요당하고 있다고 인식하고 있다. 또한 경제적 열세는 자신의 움직임과 안보에서 자유를 획득하는 데 부정적인 영향을 미치고 있다.[14]

비록 중국의 새로운 지도자들이 향후 정책적 치중점을 서구국가에서 신흥시장 국가로 그 영향력을 옮기는 것으로 자신감을 표출하고 있지만 그들의 언술은 여전히 '정의로운 경제질서 건립'과 '국민들을 빈곤에서 벗어나게 하는 것' 가운데서 반복적으로 흔들리고 있다. 이러한 인식은 지금도 여전하다. 미국이 우세를 점하고 중국과 같은 약소국을 착취하는 준(유사) 단극체제를 종식시키는 것이다. 따라서 중국은 실제로 불만족 국가이다. 중국이 필요한 것은 현행 국제경제 질서를 완

11 이 분야에서 시진핑은 경제는 여전히 강대국 경쟁의 각축장이고 과학기술은 경제건설의 관건임을 강조한바 있다. 「21世紀經濟報道」 2013.7.19; 「習近平: 在第十二屆全國人民代表大會第一次會議上的講話」, 신화망, 2013.3.17.

12 시진핑은 여러 형식의 보호주의가 기승을 부리고 있는데 글로벌 거버넌스는 여전히 개선되어야 하고 여러 나라의 공동발전을 이룩하는 것은 여전히 갈길이 멀다고 주장한 바 있다. 「習近平: 世界經濟進入調整期 各種形式來保護主義上升」, 신화망, 2013.4.7.

13 중국 국내 이러한 논쟁에 대한 훌륭한 기존연구로, Wang Yong, "Seeking a Balanced Approach on the Global Economic Rebalancing: China's Answers to International Policy Cooperation," *Oxford Review of Economic Policy*, Vol. 28, No. 3, (2012), pp.569-586. 또한 黃仁偉: 「全球治理機制變革的新特点和中國參與全球治理的新機遇」, 「當代世界」 2013年 第2期, pp.2-5; 國務院發展研究中心外經濟研究部: 「全球化未來趨勢及對我國的影響」, 「中國經濟時報」 2013.5.13; 劉鶴: 「中國發展成功的原因及未來發展時報」, 「中國經濟」 2012年 第4期, pp.26-27.

14 이는 최근 중국이 강조하고 있는 경제, 기술, 공업 등이 종합국력을 제고정책과 관련지은 가장 선구적인 연구성과로 國務院: 「十二五國家戰略性新興産業發展規劃」國發〔2012〕28號, 2012.7.29. 財政部: 「中國資産評估行業發展規劃」 2013.4.25, 제1부분. 국무원: 「"十二五" 國家自主創新能力建設規劃」國發〔2013〕4號, 2013.1.15.

전히 바꾸는 것이다.[15] 소련의 냉전 패배와 대약진운동의 교훈을 통해 당분간 은 자유 시장에서 이익 획득을 목표로 하고 있다. 따라서 최선의 방식은 중국이 임시적으로 미국 주도의 질서를 받아들이는 것이다. 이로써 현행 세계경제 균형을 바꿀 수 있는 자본과 기술을 획득하는 것이다. 물론 이러한 인내심 있는 수정주의라 할지라도 여전히 패권국에 대한 견제를 어떻게 실현할 것인가 하는 문제가 있다.

이는 국내적 균형에 관한 것이다. 왜냐하면 중국이 부를 추구함으로써 국민들이 서구사회에 대한 수요를 만족시키고, 또한 중국도 기타 강대국과 함께 국제비즈니스의 흐름에 맞추어 자신의 선호를 부각시키고 이용할 수 있기 때문이다. 이는 또한 기타 개도국들과 협력하는 외적 균형을 포함하고 있다. 예를 들어 세계경제규칙을 조정하는 것은 미국이 국제경제조직을 통해 행사하는 구조적인 힘을 약화시킬 수 있고 달러의 우세적 지위를 약화시킨다.

공업화는 이러한 노력에서 굉장히 중요한 지위를 차지하고 있다. 중화인민공화국 성립 이후 공업은 농촌지역 외 가난한 대중들의 발전을 돕고, 도시화를 추동함으로 국가통일의 물질적 토대를 만드는 전제조건으로 인식되어 왔다.[16] 공업화는 현대화와 동의어가 될 정도이며, 현재까지 유효하다.[17] 우선, 공업부문은 기술발전의 촉매제로 인식되어 왔다. 기술적 진보는 중국의 경제효율성을 제고하고 이윤을 높이고 환경 오염과 자연자원의 희소성을 극복하는 등 도전에 대응하는 것으로 인식되었다. 공업은 여전히 취업기회를 만드는 데 없어서는 안 될 분야이다. 특히 정부가 야심차게 추진하고 있는 도시화와 농민을 위한 새로운 기회를 마련하는 데 있어서 더욱 그러하다. 새로운 공장의 건설은 여전히 중국 내륙지역이 번영하기 위해 우선적으로 선택해야 할 정책이다.[18] 다음으로 중국은 공업부문에서 높은 무역수익으로 자본의 유동을 통제하고 있다. 이러한 조치는 공업화를 가속화하면서, 1997년 아시아 국가들이 투기적 투자로 인해 발생한 금융위기와 같은 손실을 예방

•••••••••••••

15 국무원발전연구중심 대외경제연구부: 「全球化未來趨勢及對我國的影響」, 「中國經濟時報」 2013.6.13.
16 「鄧小平選集」 제2권, (北京: 人民出版社, 1994).
17 시진핑이 강조한 것처럼 "공업은 우리나라를 확립하는 근본이고 자력갱생의 정신을 크게 발양하여 국산 브랜드를 연구개발해야 한다."고 강조하였다. 繆金華: 「習近平湖北調研釋放七大"給力"看点」, http://comment.scol.com.cn/html/2013/07/011024_1136669.shtml.
18 「李克强參加遼寧代表團審議」, 新華網, 2012.3.6.

하는 매우 중요한 요인이다.[19] 마지막으로, 중국은 공업의 중요성을 상당부분 국방과 안보 역량을 건설하는 것과 연계시켜 인식하고 있다.[20] 따라서 공업역량은 국력의 핵심으로 인식되어 왔다. 국무원 부총리를 역임했던 우방궈는 다음과 같이 적절하게 표현한 적이 있다. " 한 나라가 큰 그룹이나 회사를 가지고 있다면 세계 시장에서 일정지분을 확보할 수 있을 것이고, 나아가 국제경제질서에서 자신의 지위를 확보할 수 있다. 예를 들면 미국은 GM, 보잉과 같은 다국적 기업에 의존하고 있고, 일본은 6대 산업그룹에 의존하고 있으며, 한국은 10대 대기업을 보유하고 있다. 따라서 21세기 중국도 얼마나 많은 대기업과 그룹을 보유하고 있느냐에 따라 세계경제질서에서 지위가 결정될 것이다."[21]

따라서 합리적인 전략은 다국적 회사를 건립하는 것이다. 즉 '해외진출' 방식과 세계시장에서 보다 경쟁력 있는 자국의 공업을 건설하는 것이다.[22] 이러한 중국의 국가공업역량을 판단하는 5개의 중요 지표가 있다.[23] 물론 가장 중요한 것은 당연히 이윤 문제이다. 중국의 공업 분야는 경쟁이 치열한 분야에서 수익을 올리면서 서구 다국적 기업의 독점적 지위를 타파해야 하는 상황에 놓여있다. 현재 저렴한 노동력시장과 소비시장을 연계하는 방식을 통해 높은 수익을 얻고 있다. 여기서 네 가지 지표에 주목할 필요가 있다. 가장 중요한 지표는 바로 기술적으로 외국기업에 의존이 적은 자국의 혁신을 이룩하여 새로운 국제표준을 만드는 것이다. 다

··············
19 Yu Yongding, "What Can We Learn from the Asian Financial Crisis?" CASS, Research Center for International Finance, *Working Paper*, (August 2001).

20 예를 들면 국무원 「國務院關于印發船舶工業加快結構調整促進轉型升級實施方案(2013-2015年)的通知」 國發〔2013〕 29號, 2013.7.31; 국무원: 「國務院辦公廳關于印發促進民航業發展重点工作分工方案的通知」 國辦函〔2013〕 4號, 2013.1.25.

21 Peter Nolan, *China and the Global Economy*, (Houndmills: Palgrave, 2001), p. 114.

22 이러한 목표에 대한 첫 번째 중요한 논저로 「江澤民在〈財富〉全球論壇"開幕晚宴上的講話」, 홍콩, 2001.5.8. 최근의 언급으로 국무원발전연구중심 대외경제연구부 부부장인 자오진핑(趙晋平)이 "중국의 수출전략은 응당 적극적으로 '해외 진출' 을 전략적으로 지지해야 한다."고 강조한 바 있다. 글로벌 산업벨트에 대한 연장을 통해 원자재, 요소와 기술 등 유동적으로 추진함으로써 자신의 브랜드를 만들어내는 것이라고 언급한 바 있다. 그 목적은 바로 중국 다국적 기업의 영향력을 제고하기 위한 것이라고 언급하였다. 趙海娟: 「出口形勢憂多于喜 外貿發展方式待轉型」, 「中國經濟時報」 2013.7.3.

23 예를 들어, 이는 공업정보화부의 「공업경제운행보고」에 반복적으로 나타나고 있다. 工業和信息化部運行監測協局: 「2013年上半年工業經濟運行報告」, 2013.8.2.

음으로 효율성의 문제도 중요하다. 특히 제조업의 생산효율을 높이는 방법(외국 동종 기업 경쟁자들의 협력이 아닌)이다. 또한 국제적으로 인정받는 공업브랜드를 만드는 것이다. 마지막으로 중국 정부는 공업 분야가 국가의 경제안보를 위해 이바지할 것을 희망하고 있다.[24] 비록 아직 경제안보에 대한 명확한 개념정의가 없지만 주로 중국 정부가 사회 안정을 수호하고 중국에 대한 타국의 경제적 통제를 막아내며, 강대한 국방공업을 뒷받침할 수 있는 경제적 능력을 보유하는 것 등을 들 수 있다.[25]

취약성의 함정

중국은 공업정책을 국가적 역량과 안보 건설을 위해 사용하고 있다. 그러나 과거 수십년간의 공업 발전은 중대한 취약성 문제를 야기시켰다. 첫 번째 중요한 시험은 당연히 1958년에 있은 대약진운동이었다. 본질적으로 이 운동은 일종의 독재적 전략으로 농업과 공업생산을 촉진하는 데 이용되었다. 그러나 결과적으로 국민경제의 붕괴를 야기했고 수입대체정책을 실시하게 되었다. 즉 자본재(capital goods)를 수입하는 것이 아니라 수출을 추진하는 전략이었다. 1980년대 중반에 중국 지도자들은 이러한 정책이 과도한 외국의 기계설비 의존을 야기하여 국내 선진적인 기술산업의 발전을 저해하고 있다는 사실을 인식하게 되었다.[26] 만약 이러한 상황이 지속된다면 무역적자는 1983년 국내총생산의 2%에서 1988년의 5%까지 증가될 추

••••••••••••••

24 국가경제안보를 수호하는 것은 여전히 발전개혁위원회의 열다섯 가지 주요한 역할 중 하나이다. 「발전개혁위 주요 기능」에 관하여 http://www.sdpc.gov.cn/jj/ 참조. 또한 宋群: 「21世紀初國際經濟發展趨勢及中國的戰略選擇」, 「宏觀經濟研究」 2000年 第2期, pp.48-52.

25 예를 들어 중국현대국제관계연구원의 학자인 장융(江涌)은 이 주제의 토론에 관하여 주장을 편 바 있다. 江涌: 「經濟全球化背景下的國家經濟安全」, 「求是」 2007年 第6期, pp.60-62 ; 또한 베이징대 허웨이다이(何維達)의 주장에 관하여, 何維達 編: 「全球化背景下國家經濟安全與發展」, (北京: 機械工業出版社2012); 키신저: 「警惕涉外經濟領域中的經濟安全問題」, 인민망, 2011.3.29; 王斐: 「維護我國産業安全」, 「人民日報」 2013.3.28.

26 Lawrence Reardon, *The Reluctant Dragon: Crisis Cycles in Chinese Foreign Economic Policy*, (Washington, D.C.: Washington University Press, 2002), pp.181-186.

세였다. 당시 경제특구 건립은 바로 이러한 취약성을 완화하기 위한 하나의 조치였다. 일본과 한국이 해상으로 기계 설비를 수입한 것과 달리 중국은 관련 국가들을 중국으로 불러들여 공장을 짓도록 격려하였다. 중국 국내기업과 합자기업을 설립하여 그들의 기술을 공유하는 방식이었다. 그러나 이러한 전략의 부정적 효과는 지나치게 외국투자자들에 의존한다는 점이었다. 외국회사의 중국 공업생산에서의 비중이 1978년 약 1%에서 2003년 30%를 넘어섰다.[27] 이는 새로운 '국가 1등기업(national champions)'을 만들고자 하는 노력을 불러왔다. 정부는 국내 제조업체들에게 대대적인 지원을 약속했다. 국내기업들이 외국기업과 경쟁할 수 있고 나아가 글로벌 시장경쟁에서 기술, 마케팅, 판매 및 고효율의 생산라인 관리를 할 수 있도록 지원해주는 것이었다.

그러나 이는 원자바오 전 총리가 언급한 바와 같이 불안정, 불균형, 부조화, 불지속 등의 새로운 상황을 초래하였다. 이러한 상황은 국가의 투자수준을 새로운 단계까지 끌어올렸다.[28] 국내총생산 가운데 고정자본의 비중이 2003년 39%에서 2012년 들어서는 46%로 상승하였다.[29] 공업부문이 고정자본에서 차지하는 비중이 2003년의 26%에서 2012년에는 36%로 상승하였다.[30] 가계저축 향상으로 투자의 번영이 가능해졌다. 외국투자는 2003년 여전히 중국 고정자본의 18%를 차지하였으나 2012년에는 7%로 하락하였다. 중국 은행업 가운데 국민저축과 대출 간 차액은 2003년 8,870억 달러에서 2012년 3,955억 달러로 하락하였다.[31] 자본은 대차를 통해 특히 증권투자의 방식으로 회사로 흘러들어갔다. 공업부문의 채무는 2003년 12,140억 달러에서 2012년 50,000억 달러로 상승하였다.[32] 중국 국민은 이로써 신흥공업부문의 가장 중요한 주식을 보유하게 되었다. 적극적인 의미에서 이러한

27 중국국가통계국이 발표한 연도보고와 통계수치에 의거함.
28 물론 이러한 불균형은 비교적 일찍 정책결정자들로부터 주목을 받았다. 예를 들어 중국인민은행, 국가개혁발전위원회, 중공중앙정책연구실 그리고 중국사회과학원의 경제학자들에 대한 인터뷰에서 정책적 영감을 얻고 있다. 《冷冷熱熱衆議經濟形勢》, 《經濟參考報》 2004.4.8.
29 World Development Indicators Database.
30 중국국가통계국 월례통계, 부문별 고정재산 투자.
31 중국인민은행 데이터, 금융기구외환수출입 도표. 저축.
32 중국국가통계국 데이터.

공업부문의 절대다수 투자는 여전히 정상적인 이윤이 가능한 상태였다는 점이다. 비록 2008년 금융위기가 발생하였지만 공업부문의 이윤율은 여전히 7~8%로 안정되었다. 철강 부문을 제외한 절대 다수 제조업 부문의 이윤율이 7~9%였다. 그러나 이러한 이윤은 더욱 많은 수출을 통해서만 계속 유지될 수 있었다. 수출제조품의 비중이 2003년의 13%에서 2008년에는 40%로 증가되었고, 2012년에는 29%로 하락하였다.[33] 수출을 높이기 위해 민중의 새로운 희생을 요구할 수밖에 없었다. 즉 국채를 구매하는 방식으로 외국소비자의 구매력을 높인 것이다. 중국은행들의 외환저축액은 2003년 4,200억 달러에서 2012년 40,950억 달러로 급증하였다.[34] 수출 신용대출은 2003년 120억 달러에서 2012년에는 1,520억 달러로 증가했다. 다시 말해 2012년 중국의 상품과 서비스업의 7%는 여러 형식의 신용대출의 영향을 받았다는 점이다.[35](표1 참조)

따라서 새로 발생한 취약점은 정부가 민중으로 하여금 공업/제조업에 과도하게 투자하도록 유도한 점이다. 그러나 만일 수출이 없었다면 공업제조업은 생존이 불가능했을 것이다.[36] 실제로 중국 정부의 외환구입, 수출지향적 세금환급, 무역신용

표-1 중국 공업 부가가치, 공업부문 부채, 수출투자, 외국신용지출

단위 : 10억 달러

	2002	2003	2004	2005	2006	2007	2008	2009	2010	2011	2012	
공업생산	651	7541	893	1,069	1,301	1,654	2,145	2,308	2,771	3,411	N.a.	생산에 사용된 대출
공업부채 현황	1,018	1,214	1,523	1,726	2,041	2,475	3,035	3,485	3,063	4,619	N.a.	
외환보유	291	408	614	822	1,068	1,530	1,949	2,416	2,866	3,203	3,131	수출에 사용된 대출
외부 신용 유동	13	12	41	43	46	60	66	76	103	122	152	

자료 출처: 세계은행, 중국국가통계국, 중국인민은행, 중국국가외환관리국

• • • • • • • • • • • • • •

33 이는 완제품 무역에서 무역흑자 문제와 관련되어 있다. 완제품 무역데이터는 유엔무역과발전회의의 데이터, 완제품 생산량에 관한 데이터는 세계발전지수데이터에 의거하였다.
34 국가외환관리국.
35 국가외환관리국.

대출 등 수출지원 정책들이 없었다면 중국의 공업은 아마 이윤을 내기가 상당히 어려웠을 것이다. 이는 일부분 1990년대 이후 점차 발전된 불균형의 결과이고, 일부는 2000년대 이후 '국가1등 기업' 육성정책이 새로운 단계에 진입하였기 때문이기도 하다.

2008년 글로벌 금융위기와 유럽금융위기 이후 중국의 공업정책은 큰 압력에 직면하고 있다. 한편으로 과도한 수출 의존 그리고 강철, 시멘트, 유리, 태양에너지 건전지 등 산업에서 과잉생산의 경고가 있었지만, 중국의 공업생산력은 여전히 증가하고 있다. IMF 추정에 따르면 중국의 에너지 이용율은 2003년 80%에서 2011년 60%로 급속히 감소하였다.[37] 이로써 단순 수출만으로 공장의 정상적인 가동을 담보할 수 없게 되었다. 다른 한편으로 중국은 무역파트너로부터 무역질서를 교란하고 있다는 비판에 직면하게 되었다. 2003~2012년 중국에 관한 28건의 소송이 있었는데 대다수는 개발도상국들이 낸 것이었다.[38] 미국과 유럽연합에서는 일련의 무역문제에서 중국과 충돌이 발생하였고, 아세안 여러 국가들도 2020년 가동하기로 합의한 자유무역협정에 대해 회의를 품게 되었다.

2012년 새로운 지도부가 등장한 이후 더욱 강력한 수단으로 투자에 지나치게 의존하는 국민경제의 균형을 위해 생산과잉을 억제하고 국내소비를 진작시킬 것을 공약하였다. 리커창 총리는 '교조적이지 않고 신축적인' 경제개혁정책을 실행할 것을 선언하였다. 2013년 상반기 중국인민은행이 갑자기 신용대출을 엄격히 통제하는 조치를 취하였다. 이는 신용대출이 용이한 시대의 종말을 고하는 것이었다. 새로운 담보대출이율은 제한 완화로 이율을 낮추어 은행으로서는 저이율로 회

36 일부 강경한 정책은 이러한 문제에 대한 대응으로 거론되고 있다. 國務院:「國務院關于加快推進産能過剩行業結構調整的通知」國發〔2006〕11號, 2006.3.12; 國務院辦公廳:「國務院批轉發展改革委等部門發于抑制部分行業産能過剩和重複建設引導産業健康發展若干意見的通知」國發〔2009〕38號, 2009.9.29.

37 IMF Country Report, No. 12/195, (July 2012). 이에 대한 토론은 徐海洋:「中國的産能周期與産能過剩」2013.6.3, http://vip.stock.finance.sina.com.cn/q/go.php/vReport_Show/kind/macro/rptid/1887204/index.phtml, 劉菊花, 王敏:「年年淘汰年年過剩, 産能過剩如何解」, 新華網, 2013.7.26; 蔣夢惟:「發改委: 傳統工業産能利用率僅70%-75%」,「北京商報」2013.3.7; 溫家寶:「2013年政府工作報告」, 新華社, 2013.3.18.

38 Chad Bown, China-Specific Safeguards Database 2012. http://econ.worldbank.org/ttbd/csgd/

사에 대출을 내주는 동기가 크게 저하되었다. 인민폐는 완전히 자율 교환할 수 있는 화폐가 되었다. 2013년 7월 공업정보화부는 9대 산업과잉분야 기업들에 부분적으로 생산라인 중지를 요구하였다. 이러한 조치가 특별한 원인은 통지를 받은 기업명단에 그들이 폐업해야 할 구체적인 특정생산라인(설비), 폐업시한까지 명시되어 있었기 때문이다.[39] 물론 아직 회의적인 부분이 있다. 즉 중국이 재균형 전략으로 스스로 취약성의 함정에 들어가는 자신의 해법을 제시하고 있다는 점이다.

여기서 주목해야 할 점은 정부가 재균형을 시도하지 않는 데 있는 것이 아니라 싫증난 군중들이 신속한 개혁을 주문하면서 정부가 실행하고 있는 정책적 조정과 모순되는 면을 보이고 있다는 점이다. 결론적으로 중국 정부는 10년이라는 전환기 시간을 들여 두 가지 측면에서 이러한 조정목표를 실현하고자 하였다. 하나는 수출지향적 경제성장으로 자신의 공업능력을 계속 제고시키는 것이다. 또한 보다 강한 국내소비시장을 형성하는 것이다. 금융시장의 절대다수 개혁은 신중하게 차근차근 진행되고 있지만 언제 어떠한 예상 밖의 결과가 발생하더라도 모두 통제 가능하다고 본다. 이러한 대대적이고 공개적으로 생산라인을 폐쇄하는 결정은 큰 반향을 일으키지는 못하였다. 대다수는 이미 오래전부터 사용하지 않고 폐쇄되어 있었기 때문이다. 1990년대 초반 발생했던 대량의 국유기업 도산으로 발생한 실업인구의 거대한 충격이 다시 발생하는 것은 정치적으로 받아들일 수 없다. 리커창 총리는 경제성장율을 7% 이상 유지해야 한다고 강조하였다. 또 하나는 중국이 경쟁적인 산업을 육성하는 데 결코 성공적이지 않았다는 점이다. 물론 중국은 레노버, 화웨이 등 유명 브랜드를 만들고 기업의 전환과 혁신에 대량의 자원이 사용되었지만, 절대다수의 중국 제조업은 여전히 외국의 경쟁기업에 비하여 매우 취약한 상태에 놓여있다.[40] 따라서 자본을 신속히 전이시킨다면 중국 민중의 매우 중요한 투자의 일부분이 공중분해되는 결과를 초래하게 되고, 이는 중국공산당의 합법성

39 「中國人民共和國工業和信息化部公告」(2013년 제35호), 2013.7.26.

40 이 문제에 대해 개혁발전위원회의 한 전문가가 뛰어난 글을 발표한 바 있다. 그는 중국이 제조업에 과도하게 의존하는 것은 특별한 점이 없다고 강조하고 있다. 이는 중국이 세계화에 참여하고 일체화되는 데 중요한 역할을 하고 있다. 그는 역사적으로 완제품 수출은 한 국가에서 70% 이상의 수입 변화를 설명할 수 있다고 주장하고 있다. 任澤平:「未來十年我國制造業發展前景展望」,「中國經濟時報」2013.7.3; 國家發展和改革委員會:「半月改革動態(2013.7.16-31)」.

에 중대한 해를 끼치게 된다. 그러나 중국은 동시에 이 두 가지 분야의 조정을 실현할 수 없다. 국내총생산에서 점점 증가되고 있는 소비수요는 자본이 다시 민중의 품으로 되돌아오도록 할 것이고, 이는 불가피하게 경제성장의 둔화를 초래할 것이다. 신용대출의 규모를 축소하고 이를 공업부문에 서서히 전이시키는 것(이는 비록 자본이 국내소비에 사용되는 것을 보다 늦추는 효과가 있을지 모르지만)은 경제발전의 중요한 버팀목이라고 할 수 있다.[41] 여전히 불명확한 것은 정책결정자들이 과연 무엇을 생각하고 있는가이다. 단기적으로 그들은 경쟁력이 약한 산업에서 경쟁력 있는 산업으로 자본 전이를 통해 새로운 배분을 시도할 것이다. 장기적으로 투자에서 소비로 이행되는 재균형전략은 중요한 의미를 지니고 있다. 비록 이는 실용주의와 신중한 조치로 비추어질지 모르지만, 이러한 전략은 궁극적으로 중국을 더욱 깊은 함정으로 빠뜨릴지도 모른다. 이는 중국이 줄곧 견지해온 화평굴기의 노력을 저해시킬 것이다. 이하에서는 이 문제에 대해 설명하고자 한다.

충돌

가장 직접적인 결과는 중국이 장기적으로 세계시장을 통해 국내 기업의 정상적인 운영을 하는 것이다. 추정에 따르면 중국이 향후 10년 내내 현재 규모의 무역흑자를 유지할 경우(이는 매우 드물겠지만) 중국은 무역흑자의 규모를 줄일 필요가 있다고 한다.[42] 그러나 어떠한 상황에서도 정부는 자국 완제품의 수출을 증가시킬 방도를 강구하는 것이 필요하다. 시진핑 주석과 리커창 총리는 모두 수출 경로를 넓히고 수출기업에 더욱 큰 지지를 약속하였다.[43] 더 좋은 전략은 수출산업을 구조조정하여 무역구조를 개선하고 서구국가에서 개도국까지 이르는 다원화된 공업품

41 Pettis Michael, *The Great Rebalancing: Trade, Conflict, and the Perilous Road Ahead for the World Economy.* (Princeton: Princeton University Press, 2013).

42 필자와 중국국무원발전연구중심 고위관료와의 대화 참조. 브루셀, 2012.11.22; 발전개혁위원회 관료와의 대화, 베이징, 2011.10.17; 상무부 한 관료와의 대화, 베이징, 2012.12.5.

43 《習近平主持中共中央政治局會議分析研究經濟形勢》, 新華網, 2013.7.30;《李克强主持召開國務院常務會議》新華網, 2013.7.24.

수출을 실현하여 점점 증가하고 있는 원자재 수입의 형평을 유지하는 것이다. 또한 보다 정교한 일련의 제도적 장치를 만들어 수출기업을 지지하는 것이다. 성공적인 사례는 태양에너지 전자판 분야이다. 이에 대한 지원을 위해 중국 정부는 생산기업 간 제휴를 조직한 바 있다. 워싱턴과 브루셀의 무역분쟁 이후 중국 관계자는 "단기적으로 국내시장은 아직 과잉생산을 소화하지 못하고 있다. 따라서 상당 시일 동안 국외시장이 필요하다. 국외시장 분야에서 우리는 두 단계로 나누어 가야 한다. 한편으로 전통시장을 공고히 하고 다른 한편으로 신흥시장을 개척해야 한다."고 언급하였다.[44] 무역구조를 개선 한다는 것은 자원 밀집형 제품생산에서 노동, 자본과 기술 밀집형 제품생산으로의 전환을 의미한다. 동시에 중국 기업이 브랜드와 마케팅 분야에서 더욱 좋은 성과를 낼 수 있게 한다.[45] 개도국을 중시하는 문제에서 관료들은 충분히 인식하고 있는 것처럼 보이지만 이러한 방식은 사실 별로 효과는 없다. 정부부처는 이미 30개의 새로운 수출입 무역 국가를 우선적으로 선정하였다.[46] 원자재와 첨단기술 수입은 중국 무역 전략에서 단지 완제품 수출에 대한 보상을 하는 하나의 특징만이 아니다. 이는 수입가격 협상능력을 제고하는 하나의 기회이기도 하다.[47] 시장개방의 정교한 도구는 주로 신용대출과 관련되어 있다. 예를 들어 신용대출이 무역을 왜곡하는 도구로 인식되는 경향을 피하기 위해 중국은 이미 외국은행을 이용하여 제3국의 소비자에 신용대출을 제공하고 있다. 또 다른 방식은 중국회사가 무역 파트너 국가에 공장을 건립하고 설비를 묶음으로 제공하는 것을 지지하는 것이다. 이로써 "타국 국민의 일자리를 해친다."는 비난을 누그러뜨릴 수 있다. 중국회사도 자신의 국제적 생산 라인을 만들 것이다.[48]

• • • • • • • • • • • • • •

44 「光伏出口呈多元化態勢 發展分布式黌轉變認識」,「中國經濟力報」2013.6.25.

45 胡江云:「國際貿易格局對中國貿易産生重大影響」,「中國經濟時報」2013.7.26.

46 「商務部: 外貿市場多元化 對新興市場進出口快速增長」,中國新聞網, 2013.5.9.

47 국무원관공청:「國務院辦公廳轉發發展改革委等部門關于加快培育國際合作和競爭新優勢指導意見」,國辦發〔2012〕32號, 2012.5.24, 제8부분.

48 이와 관련하여 공업정보화부 류리화(劉利華)의 토론 참조. 劉利華:「以更廣泛的開放錘煉中國工業」, 「求是」2013年 第2期, pp.32-34, 汪洋, 杜子超:「中國進出口銀行支持企業"走出去"」「中國經濟」2012年 第2期, pp.44-45.

그러나 이 모든 것이 완전히 새로운 것은 아니다. 무역관계의 재균형 시도는 과거에도 성공하지 못하였고 중국 문호개방의 정책이 짧은 시일 내 역할을 발휘할 것이라고 확신할 수도 없다. 중국과 기타 무역 파트너도 향후 불균형적인 무역관계로 인하여 현재보다 더 긴장관계에 놓일 수밖에 없다. 기타 제3세계 국가들이 제조업에서 취업기회를 저해할 수 있고, 중국은 이들 국가들에 있어 지속적으로 이기적이고 탐욕스러운 강대국으로 비춰질 수 있다는 점이다. 만약 중국의 의도가 단지 개도국들과 원자재 수출무역을 통해 공업 완제품을 획득하는 데 있다면 중국은 더 많은 비판과 무역마찰을 불러올 수밖에 없을 것이다. 개도국이 중국에 수출하는 원자재 비중은 이미 2003년 23%에서 2012년 43%로 증가되었다.[49] 예를 들어 브라질, 인도와 남아공 등의 국가는 이미 성명을 발표하여 중국과 단지 무역적자를 줄이는 것뿐만 아니라 무역구조의 조정을 바라고 있다. 이러한 입장에 대한 중국의 공식적인 주장은 이미 상당히 공세적이고 귀찮은 듯한 태도를 보이고 있다.[50] 제조업이 중국의 대외직접투자에서 차지하는 비중도 2003년의 11%에서 2011년 4%로 하락하였다.[51] 또한 중국은 타국의 노동 밀집형 산업의 발전을 위한 공간을 마련하지 않았다. 중국의 노동 밀집형 제품이 전 세계 수출에서 차지하는 비중은 2003년의 14%에서 2012년 30%로 증가되었다.[52] 예를 들면 방직업 분야에서 동 시기 중국에서 차지하는 비중은 18~26%였다. 또한 첨단산업이나 기술 밀집형 산업에서 중국은 미국, 유럽연합, 일본과 양자무역 및 제3시장에서 더욱 치열한 경쟁을 전개하게 될 것이다. 이러한 경쟁은 한편으로 국내 첨단기술 분야에서 1등 기업이 부상하였음을 보여주는 상징이라고 할 수 있고, 다른 한편으로 이들 기업이 정부의 재정 지원과 서구 회사가 중국에 전이한 첨단기술 생산라인의 혜택을

49 UNCTAD Statistical Database, Merchandise Trade Matrix, http://unctad.org/en/Pages/Statistics. aspx/, 2012.8.6. 방문.

50 예를 들자면: Nicholas Kotch, "Equitable balance of trade needed between SA, China-Zuma," *Business Day*, (2013.5.26); Ananth Krishnan, "China pledges to fix trade deficit issue with India," *The Hindu*, (2013.5.17); Andre Soliani and Matthew Bristow, "Rousseff Wants China Buying More Than Soybeans, Vale's Iron Ore," *Reuters*, (2013.4.10).

51 상무부: 「2011年度中國對外直接投資統計公報」, 2012.8.30.

52 UNCTAD Statistical Database, Merchandise Trade Matrix, http://unctad.org/en/Pages/Statistics. aspx/, 2012.8.6. 검색.

입은 필연적 결과이기도 하다. 이러한 측면에서 자동차 산업은 하나의 좋은 사례이다. GM, 폭스바겐, 포드 등의 회사는 이미 중국에서 생산한 자동차를 다른 나라에 수출하고 있다. 캐터필러와 고마쓰 그룹은 건축업 분야에서 같은 업종에 종사하고 있다. 수출 측면에서 중국은 모든 것을 망라하는 시장이 되고자 한다. 산업정책은 국내외의 노동분업 분야를 모호하게 하고 있다. 자유시장에서 새로운 노동분업이 자발적으로 형성되지만, 정부의 과도한 간섭으로 만들어진 노동분업 체계에서 원래 자발적으로 진행되던 조정과 전문성은 억제되어 불균형과 정치적 좌절은 더욱 악화될 수 있다.

중국이 수출시장을 추구하는 노력은 전략적 불신을 증가시켰고 중국에 대한 견제를 유발시켰다. 아시아 국가들은 이에 대해 매우 우려하고 있다. 왜냐하면 이들 국가는 경제적으로 중국에 크게 의존하고 있으면서 동시에 변화하고 있는 지역 권력 균형에 미치는 전략적 영향에 크게 주목하고 있다. 중국 상무부의 계획은 아주 분명한 것이었다. 중국이 변경무역을 추진하여 더욱 많은 교통 인프라를 건설하며 나아가 새로운 경제협정을 체결하는 방식으로 주변국에 대한 수출을 촉진하고자 하는 것이다. 지난 10년 동안 주변국들은 모두 헤징전략에 익숙해져 있다. 그러나 중국이 갈수록 주도적인 경제대국이 되면서 이들 국가 역시 중국에 대한 위험분산 정책에서 점차 견제전략으로 선회하게 될 것이다. 한편으로 이는 내부경제 제재의 문제와 관련되어 있다. 예를 들면 이러한 국가의 정부는 더욱 확고하게 광산업과 철강 산업 등이 전략부문에 대한 제재를 강화할 것이다.[53] 중국과의 무역중단은 이로써 피할 수 있지만 이는 적나라한 보호주의는 아니다. 다른 한편으로 여기에는 더 많은 외부경제에 대한 견제가 들어있다. 소국이 주요 경제대국과 연계를 맺

••••••••••••••

53 2012년 5월 중국 알루미늄회사가 첫 주문을 따냈을 때 몽골 정부는 법령을 반포하였다. 만약 외국투자자가 49% 이상의 지분을 획득하려면 몽골 정부의 승인을 받아야 한다는 것이다. 2010년 1월 베트남 정부는 새로운 광업법을 반포하여 광업부문에 대한 통제를 강화하였고 외국투자자에 대한 제한을 강화하였다. 이러한 법안이 통과되기 이전 베트남 정부는 중국이 베트남 북부의 광업부문에 대한 투자에 대해 몇 년에 이르는 논쟁을 하였다. 2008년 6월 카자흐스탄 정부는 전략부문 명단을 공포하였다. 외국투자자를 배제한 것 외에 카자흐스탄 정부는 우선적으로 이러한 전략부문을 구매할 권한이 있다는 것이다. 2007년 말레이시아 정부도 새로운 투자법안을 반포하여 많은 전략부문에서 외국투자자를 밀어냈다. 2010년의 새로운 법안은 이러한 내용을 바꾸지 못하였다.

으려고 하는 것이다. 이 부분은 광산업과 인프라 건설에 있어 외국투자를 다원화하기 위한 노력과 관련 있고 또한 일부는 무역 전이를 방지하고 그들의 제조업자들로 하여금 국제 공급에서 더욱 우세한 지위를 획득하기 위한 복잡한 게임과도 관련이 있다. 경제적으로 주요 참여자인 일본, 유럽연합, 미국과 인도 등은 새로운 경제협정을 통해 재정지원을 제공하고 투자를 촉진하는 방식으로 소국의 주장에 대응하고 있다. 그러나 문제는 이러한 수단이 부단히 증가하고 있는 중국의 영향력을 중단시키지 못하였다는 점이다. 중국의 대아시아 수출은 2003년 6%에서 2012년 12%로 증가되었다. 현재까지 절대다수 아시아 국가들은 완전한 경제적 견제전략을 선택하지 않았다. 궁극적으로 아시아 지역은 여전히 미국의 그늘에 놓여 있는 다극질서이다. 독단적인 무역전략은 성공 여부를 떠나 더욱 많은 견제를 받을 것이다. 중국의 관점에서 이는 일본과 미국 주도하의 아시아가 하나가 되어 중국을 견제하고자 하는 행동으로 오해할 수 있는 것이다.[54] 가장 중요한 결과는 바로 이것이 중국을 괴롭히는 주장을 고착시킨다는 점이다. 즉 중국이 기타 국가와 대립할 것이라는 점이다.

중국의 이익은 바로 이러한 전략적 측면에서 격리되는 것을 피하는 것이다. 동시에 중국이 부상하는 패권국이라는 점을 부정하는 것이다. 혹은 최소한 이러한 국가들에게 인자한 인상으로 비춰지는 것이다. 그러나 이러한 시도는 제3의 요인에 의해 더욱 복잡해질 가능성이 크다. 다시 말해 중국의 경제적 영향력은 불가피하게 강화될 것이기 때문이다. 이미 충분한 근거는 중국이 파트너국가의 자금에 더욱 많은 정치적 간섭을 부가할 것이라는 점이다. 이러한 상황은 두 가지 면에서 발생할 수 있다. 하나는 중국이 일단 매우 중요한 투자자가 된다면 중국은 상대국에 자본을 투자하여 사용할 때 더욱 많은 부가조건을 요구하게 될 것이다. 현재까지 중국 정부는 실제로 투자와 신용대출을 강제적 수단으로 이용되지 않도록 신중

••••••••••••••

54 이러한 점에서 일련의 언론보도와 학술보고는 표면적으로 부상하는 경제적 나토에 주목하고 있는 것 같다. 이와 관련하여 倪月菊: 「"經濟北約"重塑國際貿易格局」, 「人民日報」 2013.7.25, 제23판. 유사한 보도로 劉友法: 「新型大國關系基本特征及中國對策思考」, 「瞭望」 2012年 第4期; 喬良: 「美國雙重圍堵, 中國如何破局」, 「國外理論動態」 2011年 第2期, pp.101-106; 李永: 「TPP與TTIP: 美國意欲何爲」, 新華網, 2013.4.28; 陳言: 「日本重走"圍堵中國"之路」, 「中國經濟周刊」 2013年 第4期.

을 기해왔다. 그러나 많은 여러 언론보도가 지적하고 있듯이 중국의 파키스탄에 대한 재정지원은 이미 변경지역 협력에서 이슬람 극단주의에 대한 투쟁에서 보다 긴밀해지고 있다. 네팔에 대한 차관제공은 티베트 난민에 대한 심사와 관련되어 있으며, 캄보디아에 대한 일괄적인 신용대출은 캄보디아가 남중국해 문제에서 중국의 입장을 보다 이해하고 지지하기 위한 것이었다. 이는 중국이 어떻게 신용대출에 대한 수출을 통해 자신의 상업적 이익을 수호하고 있는가를 보여주고 있다. 2009년 중국 은행은 인도네시아 항공회사가 15대 민용 비행기 주문을 취소한 이후 인도네시아 발전공장에 대한 차관을 중지한 바 있다. 아프리카에서 중국은 전력설비에 대한 차관을 통해 더욱 많은 석유자원 확보를 요구한 바 있다. 2013년 중국은 스리랑카가 담보로 제공한 물품이 적다는 이유로 스리랑카에 대한 차관약속을 취소한 바 있다. 다른 한편으로 약소국과 불안정한 국가에 대한 투자와 무역이익의 증가는 정치적 긴장도를 증가시켰다. 가난한 나라가 약속을 하지 못한 위험은 현실적인 것이다. 2012년 말까지 중국의 금융기구는 2,090억 달러의 차관을 해외에 투입하였는데 절대다수는 아시아-아프리카 국가들이었다.[55] 중국 신용보험회사가 진출하면서 수출신용대출은 3,250억 달러에 달하고 있다. 만약 상품가격이 계속 하락한다면 더욱 많은 상환 문제가 발생하게 될 것이고, 이는 은행이 이러한 국가들과 양호한 관계를 유지하기 위해 차관 시한을 연장함으로 담보물에 대한 계약배상이 증가하는 것과 기타 특권을 추구하는 것 가운데 선택을 해야 하는 상황에 직면하게 된다. 중국수출신용보험회사의 보고에 따르면, 2012년 한해 외국고객에 직접 개입하여 4억 달러에 달하는 연체 채무를 회수한 바 있다. 중국도 부단히 증가하는 비전통 안보 위협에 직면하고 있고 또한 정치엘리트들이 일부 무장반란조직의 공격목표가 되고 있다. 분명한 것은 중국정부가 이미 자국의 해외이익을 보호할 것이라고 공언하였다는 점이다. 그러나 주요한 문제는 여전히 어떻게 할 것인가이다. 이는 네 가지 문제를 초래하였다. 상업이익의 확장은 중국의 안보정책과 군사력이 지리적 영역에서의 확장을 가져왔다. 다른 논문에서 이 문제에 대해 상

....

55 중국인민은행데이터: 《금융기구외환신용대출수지표》. http://www.pbc.gov.cn/publish/html/kuangjia.htm?id=2013s02.htm.

세한 분석을 한 적이 있다.[56] 여기서 그 논문의 주장에 대해 간략하게 요약한다면 아래와 같다. 즉 중국의 지도자들에게 이미 해외이익에 대한 보호는 군대의 중요한 임무이고, 이는 중국 군사적 교리의 조정을 초래할 것이고, 새로운 형식의 훈련 항목을 필요로 할 것이며, 나아가 원격운송기, 보급선, 대형운수선 등에 대한 수요가 필요할 것이다.[57] 아덴만에서 해적소탕 임무를 수행하고 호위함을 파견하여 중국교민을 리비아에서 철수시키는 행동과 메콩강 유역의 연합순찰은 중국이 이 분야에서 최근 수행한 세 가지 이정표라고 불리고 있다. 이러한 접촉은 다자협력의 배경하에서 평화적으로 발전되고 있다. 이러한 활동은 충돌이 아닌 신뢰를 추동하였다. 그러나 이러한 행동이 여전히 향후 충돌을 격화시킬 수 있다는 예상을 하게 한다. 물론 이는 인민해방군의 활동공간을 넓혔고 해방군이 장기간 전통적인 중국 내 강역과 인근해역 방어에만 치중하던 상황을 바꾸었다. 해외이익을 보호하는 데 관한 토론은 중국 민중의 기대를 제고하였다. 지도자의 지위는 이제 그가 얼마나 해외동포의 이익을 보호하고 나아가 세계 어떤 지역에서 사건이 발생하여 중국의 중요한 경제적 이익이 위협받고 있을 때 군사적 능력을 얼마나 발휘할 수 있는가가 중요한 평가의 기준이 될 것이다. 또 다른 결과는 다른 아시아 강국들이 이를 본받을 가능성이 크다는 점이다. 일본, 한국과 인도는 모두 중국의 전략에 맞서는 전략을 확보하고 있음을 확인하려 할 것이다. 기타 지역강국의 지지 없이 해외에서 비전통 안보 문제를 대처하는 데 군사력을 사용하는 것은 실제로 전략적 신뢰를 훼손시키는 것이다. 기타 국가는 중국이 이러한 수단을 통해 군사적 존재를 확대하고 이로써 더욱 많은 실전경험과 정보 수집을 하는 구실로 삼지 않을까 우려하고 있다.[58] 마지막으로 중국이 군사력을 사용하여 경제이익을 수호하고자 하는

· · · · · · · · · · · · · ·

56 Jonathan Holslag, "China's Military Go-global Strategy," *Issues and Studies*, Vol. 34, No. 4, (2009).
57 「3.6萬吨客滾船 "渤海翠珠" 號首航 可載大批戰軍」, 「解放軍報」 2012.8.9.
58 예를 들어, 2012년 일본 국방백서에서는 중국이 이미 비전통안보 분야의 국제사무에 적극적으로 참여하고 있지만, 군사적 현대화의 미래에 대해 명확한 인식이 없다고 주장하고 있다. *Ministry of Defence of Japan, Defence of Japan 2012*, (Tokyo: Ministry of Defence, 2012), p.2. 인도정부는 "인도는 여전히 중국의 군사적 역할이 인근 국가와 지역에 미치는 영향에 주목하고 있다."고 천명한 바 있다. *Department of Defence, India, Annual Report Year 2012-2013*, (Delhi: Department of Defence, 2013), p.6.

준비는 기타 약소국이 국내 민중의 불만을 탄압하고 주요 강대국을 분화시킴으로써 거친 행동이 초래할 수 있는 국제적 반응을 무마하고 강대국의 이해와 용서를 받고, 국내적 불안정이 계속될 경우 중국으로 하여금 경제와 군사적 원조를 제공하는 방식으로 중국을 더 큰 함정에 빠뜨리는 기회로 사용하고자 할 것이다. 현재까지 중국은 이러한 상황을 피하고자 노력하고 있고 동시에 이러한 국가의 반대파들도 접촉하고 있다. 그러나 미얀마, 수단에서의 사례는 결코 낙관적이지만은 않다.[59]

마지막으로 공업정책은 중국의 군사적 현대화를 추동하고 있다. 이는 두 가지 분야를 통해 실현되고 있다. 분명한 것은 중국이 대량의 자원을 공업연구 개발 분야에 투자하고 있는데 이는 군사적으로 매우 중요한 것이다. 그러나 공업기업으로서 그들의 자유시장에서의 발전은 더딜 것이다. 민간 공업 능력의 군사적 현대화에 대한 공헌은 종종 새로운 기간산업과 첨단기술 제조업의 정책적 글과 토론에 집중되어 있다. 2012년 발표된 "국무원이 12차 5개년 계획 국가 전략적 신흥 산업 발전규획의 통지"에서 군민협력의 공동으로 사용할 수 있는 신소재 추진을 강조하고 있고 동시에 국방수요를 만족시킬 수 있는 생산라인을 건설하여 군민통합을 추진하는 것을 국가와 지역산업규획의 주요한 방침으로 추진할 것임을 강조하고 있다.[60] 국방 관련 산업이 혁신과 생산능력 증강에 깊은 인상을 남겨주었다. 중국의 조선업은 이미 세계 기타 지역국가보다 더 많은 해군군함을 생산하고 있고, 이는 항공업에서도 마찬가지이다. 다만 이러한 과잉생산능력은 이미 정부부문에서 지출을 가속화하는 데 중요한 외적 자극을 제공하고 있음을 증명하고 있다. 이는 제조업에서 더욱 선명하게 드러나고 있다. 해군과 일부 경찰기구의 주문은 그들의 정상적인 운영에 있어서 매우 중요하다. 중국공산당 18차 대표대회 이전의 예비회의에서 중국 선박공업그룹 이사장인 후원밍(胡問鳴)은 '상업선박의 주문은 이미 충분하지 않고, 주로 부단히 증가하고 있는 해군의 주문에 의존하고 있다' 고 공개적

59 Jonathan Holslag, "China and the Coups: Coping with Political Instability in Africa," *African Affairs*, Vol. 110, No. 440, (2011), pp.367-386.

60 國務院: 「國務院關於印發"十二五"國家戰略性新興産業發展規劃的通知」國發〔2012〕28호, 第3章, 第4章 第17節和5章, 6章. 發展與改革委員會: 「産業結構調整指導目錄」2011.3.27, 第12章 第8節.

으로 언급한 바 있다.

전쟁공장

이상 중국의 공업야심이 외국시장을 추구하는 새로운 동력을 야기했다는 점에 대해 설명하였다. 뒤집어 말하면 이는 더욱 분명한 견제행위를 불러오게 되었다.[61] 설령 중국의 상업적 추구가 중국 자신의 힘과 마찬가지로 상당히 취약한 상징이라고 하더라도 이는 타국의 중국에 대한 불신을 더욱 증가시켰다. 왜냐하면 이들 국가들은 불평등한 파트너관계이기 때문에 전략적 경제자산에 대한 통제를 상실할까 우려하고 있기 때문이다. 그들은 중국시장에서 부단히 증가하는 의존이 정치적 분쟁으로 이어질까 우려하고 있다. 또 다른 결과는 공업정책이 중국의 군사적 현대화를 가속화하고 있다는 점이다. 공업정책은 이러한 국방능력을 만들어내고, 또한 국방에 대한 수요를 부단히 만들어내고 있다. 마지막으로 이는 중국지도자와 해외 일련의 새로운 이익을 명확하게 글로벌 대국으로 간주하며 군사력을 통해 이러한 이익을 수호해야 하는 필요와 연계된다. 이러한 진화는 물론 군사적 충돌과 직접적으로 관련되는 것은 아니다. 기타 아시아 국가들이 비록 중국 부상에 대한 상당한 관심을 애써 감추고 있지만 이들 국가들은 여전히 중국을 견제할 수 있는 충분한 카드를 보유하고 있다. 또한 중국과 무역을 통해 더 많은 경제적 이익을 취득할 수 있다. 그러나 중국은 여전히 새로운 수단을 통해 자신의 경제적 이익을 재조정할 수 있다. 두 가지 요인이 중국과 이웃국가들로 하여금 계속 이러한 권력게임을 지속할 수 있도록 하고 있다. 미국 주도하의 다극질서는 중국의 영향을 제한하기 위해 충분한 외교 전략과 가능성을 보유하고 있다. 경제성장과 더 빠른 성장을 이어갈 수 있다는 전망은 중국 지도자들이 국가의 안정과 안보의 목표에 매우

---

61 이에 대해 공업정보화부처의 한 글에서 "첨단기술 제품 방면에서 경쟁은 향후 몇 년 내 격렬해질 것이다. 미래에 새로운 형식의 보호주의 역할이 더욱 강화될 것이다."고 분석하였다. 胡一帆:《貿易保護主義死灰複燃光伏産業成高危行業》, 2013.7.8, http://miit.ccidnet.com/art/32927/20120807/4135093_1.html.

매혹적인 기회를 제공하고 있다.

중국의 부상은 현재 다극화된 지역이 단극질서로 전환하는 데 어느 정도의 가능성을 제공하고 있는가. 이는 우리가 어떻게 파악하느냐의 문제와 밀접한 관련이 있다. 강대하고 지속적인 단극질서는 중국이 인자한 리더로서 기타 국가들에게 받아들여질 때만이 가능하고 이는 타국에게 경제적 기회를 제공할 수 있을 것이다.[62] 물론 중국은 현재 이 지역의 1/3의 제품을 생산하고 수출한 총량의 12%에 불과한 제품을 구매하고 있지만, 이웃 국가의 외환보유고에 대한 공헌도는 13%에 달하고 있다.[63] 또한 32개 아시아 파트너국가 가운데 21개국이 중국과 무역적자를 기록하고 있다.[64] 그렇다면 상당히 긴 시기 내 중국 산업정책의 성공은 이들 국가들을 선진국의 대열에 합류시킬 것이며, 경제적으로 더욱 많은 이익을 취득하게 될 것이다. 다시 말하자면 중국은 2차 대전 이후의 일본을 모방하게 될 것이다. 이러한 인자한 소위 '중국 중심'의 경제질서 재구축은 더욱 많은 국가가 편승전략을 취함으로써 경제적 이익을 취할 수 있도록 견인할 것이다. 그러나 이러한 낙관적인 전망과 현실 간 간극은 갈수록 넓어지고 있다. 이는 인자하지 않은 단극체제를 상기시키고 있다. 즉 산업정책의 성공은 더 많은 경제적 이익을 얻는 것을 의미한다. 이는 기회를 기타 국가에서 자신의 것으로 만들어 국가안정과 안보능력을 증강하는 것이다. 이러한 추세는 더욱 많은 견제를 불러올 것이다. 이는 중국이 현재까지 신중한 이웃국가들과 관계에서 긴장을 불러올 위험성을 내포하고 있으며, 또한 중국이 더욱 거칠게 증강된 힘을 사용할 가능성을 내포하고 있다. 첫 번째 단계는 상당 부분 미국에 의해 결정된다. 만약 미국이 아시아 동맹국들에 더욱 많은 안보 공약을 약속한다면 중국은 보다 많은 시간을 확보할 수 있을 것이다. 만약 중국이 슬기롭게 이 시기를 이용한다면 자신의 공업 기반을 보다 현대화할 수 있고 미국은 오히려 더욱 불안하게 될 것이다. 마지막에 미국은 두 가지 압력에 동시에 직면하게 될 것이다. 즉 중국과 보다 힘겨워지는 경제 전쟁과 부단히 증강되고 있

62 이는 순수한 생산능력이 하드파워 행사에는 충분한 것임을 보여주고 있다. 그러나 주로 대륙 패권세력에 속하는 나라에 있어서 이러한 자세는 짧은 시기 내 우위를 상실할 위험성을 내포하고 있다.

63 자료 출처: UNCTAD Stats, Chinese Ministry of Commerce and World Development Indicators.

64 UN Comtrade Database.

는 중국의 군사력에서 비롯된 위협이다. 따라서 미국과 보다 강한 중국이 충돌할 가능성이 높다.

그러나 만약 중국의 산업정책이 실패한다면 수억대의 예상수익을 창출하지 못할 것이고 따라서 미중 간 충돌을 야기시키지 않을 것이다. 물론 이런 보상은 우선 재정적인 면에서이다. 집에 있는 남편을 미치게 하는 가장 효과적인 방법은 바로 저축을 탕진하게 하는 것이다. 실제로 중국의 외부채무가 그렇게 많은 것은 아니다. 그러나 이러한 실패의 부담은 고스란히 중국 국민이 부담하게 될 것이다. 두 번째로 중요한 보상은 사회 안정과 단결이다. 만약 1차 공업부문이 갑자기 수축되어 수천만의 농민공이 타격을 받게 된다면 빈곤지역이 발달한 연해 지역을 따라잡는 노력은 물거품이 되고 말 것이다. 중국공산당은 일찍 경제적인 성공으로 찬사를 받아왔지만 이로써 완전히 나락에 빠지게 될 것이고 대다수 민중의 불만과 분노를 초래하게 될 것이다. 이러한 불확실한 분위기에서 정치적으로 이견을 가진 자들은 공산당의 경쟁라이벌이 되기 쉽다. 중국이 경제적 곤경의 늪에 깊게 빠지면 빠질수록 무역분쟁은 무역보호주의로 발전될 가능성이 크고 이는 중국의 안정을 약화시킬 것이다. 예를 들면 일부 관료들은 여러 곳에서 유럽과 미국의 보호주의가 중국의 경제적 안정을 해치고 있다고 호소하고 있다. 이러한 주장은 정치적 타협의 범위를 약화시킬 뿐만 아니라 좌절의 정서를 분출하는 매력적인 안전띠이기도 하다. 정부로서 최선의 방식은 다른 나라가 자신의 경제문제에 대해 책임을 지는 것이다. 무역전쟁의 가능성은 필연적으로 크게 증가할 것이다. 그러나 경제적 전망이 낙관적이지 않을 때 민족주의자들이 무력을 사용하는 문턱은 낮아질 수 있고, 강경노선을 주장하는 자들이 더욱 큰 영향력을 행사할 수 있게 된다. 중국이 일단 이러한 딜레마에 처하게 되면 침략적인 성향은 더욱 강화될 것이 분명하다.

또한 경제적 실패는 충돌의 가능성을 증가시킬 것이다. 중국 공업모델의 붕괴는 자연적으로 중국을 중요한 수출시장으로 의존하고 있는 역내 기타 국가의 이익을 침해할 수 있다. 또한 일부 중국의 시장수출에 대한 의존 비중이 높은 발달한 나라(예를 들면 일본과 한국)들은 자신의 탄탄한 국내시장으로 이러한 손실이 가져올 수 있는 마이너스 효과를 상쇄할 수 있다. 가장 큰 영향을 받는 것은 바로 중국에 원자재 수출을 크게 의존하는 개도국들이다. 중국 경제성장이 둔화된다면 수출원자재의 가격이 크게 하락될 것이다. 그러나 절대다수 국가는 이로 인해 즉시 혼란과 불안정으로 이어지지는 않을 것이다. 가장 큰 예외는 바로 베트남과 인도이다. 베트남은 중국의 상품과 수출에 크게 의존하고 있다. 따라서 베트남은 민족주의적인 격한 반응을 보일 가능성이 크다. 이에 비하여 인도의 의존도는 그렇게 높은 것은 아니다. 그러나 중국에 대한 철광석 수출로 벌어들이는 수입은 인도 정부가 빈곤한 농촌지역에 보조금을 지급하여 생활을 개선시키는 데 상당히 중요한 의미를 지니고 있다. 인도는 이미 국내정치의 혼란기에 들어섰고 동시에 중국과 국경분쟁의 민감성도 점차 증가되고 있다. 또 다른 문제는 중국의 공업발전모델에서 비롯된 상품 가격의 인하와 경제발전의 전반적인 둔화문제로서, 이것이 아시아와 세계 여러 지역에서 많은 빈곤국과 충돌지역에서 차지하는 지위에 어떠한 영향을 미치는가 하는 것이다. 아프리카, 중앙아시아와 중동지역의 일부 나라들은 중국의 붕괴로 이들 국가들의 더욱 큰 불안정성을 야기할 수 있다. 재차 강조하고 싶은 점은 사실은 이러한 도전이 중국의 존엄을 수호하는 데 있어서 중요한 기회라는 점이다. 그럼에도 이는 중국의 과도한 반응을 초래할 수 있고 기타 국가와 더욱 긴장된 군사관계가 출현될 수 있다.

만약 중국이 신속하게 실패하거나 성공하지 않고 온건하게 자신을 중등소득국가로 자리매김한다면, 즉 중국이 자신의 안정을 유지할 만큼 충분히 강대하지만 지역 내 전략적 위협이 될 만큼 강대하지는 못할 때 어떠한 상황에 직면할 것인가? 예를 들어 소비가 국내총생산에서 차지하는 비중이 더욱 강화된다면 자연적으로 성장은 둔화하게 되고 주민소득은 경제발전에 비해 보다 늘게 될 것이다. 그러나 전반적인 국가의 효율성은 상당히 둔화될 것이다. 따라서 중국의 구매력은 상대적으로 성숙한 공업국가에 비해 여전히 적정한 상태에 머무르게 되는데, 이는 중국이 추구하는 결과가 아니다. 중등소득의 함정은 2012년 이후 상당히 주목받고 있다. 중국 지도부도 이미 이러한 위기를 인지하고 있다. 또한 모든 수단을 강구하여 이를 극복하기 위해 노력할 것임을 천명한 바 있다.[65] 2013년 상반기 많은 전문가

• • • • • • • • • • • • • •

65 예를 들면《習近平在十二屆全國人大一次會議閉幕會講話側記》, 新華網, 2013. 3. 17; 林金波: 《李克強: 城鎭化助力跨越中等收入陷穽》, 財新網, 2012. 11. 29. 참조.

들은 언론매체와의 인터뷰에서 반복적으로 중등소득국가의 함정이 가져올 계층분화에 대해 암시한 바 있다. 경제적으로 발달한 성/도시와 그렇지 못한 성/지역 간 수입격차가 여전히 좁혀지지 않고 있고 도시 주거환경이 여전히 개선되지 않고 있다. 그 결과로 중국은 세계질서에 매우 취약한 지위에 놓이게 되었다. 인터뷰 과정에서 이를 치유할 처방에 대해서도 분명하게 언급된 바 있다. 즉 중국이 향후 일정기간 여전히 높은 경제성장 수준을 계속 유지하고 경제효율을 제고하며 수입배분에서 더욱 많은 조치를 취해야 한다는 점이다. 거의 모든 전문가들이 중국의 산업구조를 개선하는 것이 상당히 중요하다는 데 의견을 같이 하였다.[66] "경제성장이 없이 분배가 있을 수 없다." 중국 고령화 문제연구의 최고권위자인 차이팡(蔡昉)은 노동력 시장이 위축되기 이전에 중국의 공업혁명을 완성해야 한다고 강조하였다.[67] 또 다른 전문가는 첨단기술 산업과 새로운 산업 발전을 통해 중등소득의 함정을 넘어야 한다고 주장하고 있다.[68] 중국의 정책제정자와 전문가들에게 있어 중등소득국가의 지위는 중국의 선택사항이 아니고, 오히려 이를 극복하기 위해 더욱 많은 자본을 경쟁력 있는 산업에 투입해야 하는 강력한 이유인 것이다.

결론

중국은 또다시 중요한 시기에 놓여 있다. 경제적 취약성을 보강하려는 최근 수십 년간의 노력은 과잉생산이라는 문제와 공업 분야에서 중국 국민의 투자 증가가 외국수요 없이 도저히 유지될 수 없는 상황을 초래하였다. 이는 중국이 채무와 무역적자를 구매하는 인위적인 방식으로 정부가 개입할 것을 요구하고 있다. 이러한

66 2013년 중국인민정치협상회의 기간 일부 관점을 참조. "産業結構升級"是一些高層人士所開出的主要葯方, 郭洪海, 華昶:《避開"中等收入陷穽"惟有依靠改革》, 新華網, 2013.3.7; 厲以寧《跨過中等收入陷穽最重要是收入分配改革》,《新快報》2013년3월8일; 汪同三:《跨越中等收入陷穽的根本和重点》,《人民日報》2013.6.9;《我們如何跨越"中等收入陷穽"?》,《光明日報》2013.7.20; 國家發展與改革委員會:《半月改革動態》2012.9.

67 桂杰:《蔡昉: 我們與"中等收入陷穽"距離還蠻很遠》,《中國靑年報》2013.6.13.

68《跨越中等收入陷穽(하)》,《人民日報》2013.6.23, 제5판.

결함을 지도층은 일찍 인식하고 있었지만 충분한 주목을 받지는 못하였다. 새로운 지도부는 소비를 권장하고 공업부문에 대한 개혁을 통해 문제를 극복할 것을 이미 공언한 바 있다. 그러나 대량의 증거가 표명하듯이 현재 중국이 취하고 있는 가장 주요한 선택은 여전히 국내총생산에서 공업투자의 비중을 낮추는 것이 아니라 공업부문의 경쟁력을 높이는 것이다. 이러한 전략이 성공할지 여부는 여전히 의문이다. 한편으로 이는 국내경제 버블화의 위험이 있다. 즉 과도한 투자와 첨단기술 재처리 과정에서 생산에너지 과잉/수출의존 문제를 초래할 수 있다. 다른 한편으로, 본고에서 다루고 있는 가장 중요한 의제로 이러한 정책이 중국으로 하여금 더욱 많은 국제적 충돌에 휩쓸리게 될 수 있고 평화적인 부상의 노력이 어려워지는 것이다. 중국 지도자들은 이러한 결과를 이미 예상하고 있는 듯하다. 따라서 원자재 수입을 통해 본국 공업수출의 재균형을 실현하고 해외에 보다 많이 투자할 것이며 또한 선진국을 위해 서비스업에서 보다 많은 기회를 만들어줄 것을 약속하고 있다. 그러나 이러한 정책은 본질적인 차이가 별로 발견되지 않고 있다. 첫째, 여전히 개도국, 선진국과 무역마찰이 존재할 것이다. 둘째, 기타 나라들은 이러한 긴장관계에 대해 더욱 많은 견제수단을 통해 반응할 것이다. 중국시장에 의존하게 됨으로써 초래되는 정치적 영향력 그리고 중국 공업의 부상으로 인한 군사현대화를 억제하려고 할 것이다. 셋째, 파트너국가들이 중국이 계속 선의의 태도를 보일 것으로 기대한다면 중국이 해외에서 자국의 이익을 보호하는 데 있어 더욱 큰 압력에 직면하게 될 것이다. 넷째, 중국의 공업 야심으로 초래된 공세적 무역은 군사력의 범위를 확대시킬 것이다. 또한 이는 타국의 중국에 대한 불신을 증가시켜 중국으로 하여금 핵심이익이 침해를 받게 되는 상황에서 최종적으로 물리력을 사용하도록 압력을 받게 될 것이다. 마지막으로, 가장 중요한 것은 중국 지도자들이 자국의 경제상황이 악화될 때 위에서 언급한 문제들을 해결하려고 시도하기 더욱 어려워지게 된다는 점이다. 중국 공업의 실패는 통제 가능한 충돌이 폭력적인 경쟁/적대관계로 바뀔 수 있다는 점이다. 이는 세력전이 이론에 대한 중요한 수정이다. 즉 부상하는 강대국이 자신이 임계점에 도달하였을 때 불안한 것만이 아니라는 점이다. 그들이 휘청거리며 정치지도자가 절망한 민중에 직면하였다고 인식하고 있을 때, 적대적인 국제환경 그리고 해외이익을 수호하기 위해 새로운 약속이 필요할 때 더욱 그러하다. 쇠퇴하고 있는 수정주의 국가는 최소한의 이익을 보호하기 위해 패권국가처럼 상당히 공세적인 태도를 취할 가능성이 있다. 본고는 동시에 수정주의 국가에 대한 논쟁적 시각에도 중요한 주장을 하고 있다. 중국의 사례에서 볼 수 있듯이 세계질서에서 처한 불만의 정도가 그 경제적 위상에 정비례할 때, 인민의 수요를 만족시키고 경제 성장의 기대를 실현하고 국가단결 능력을 추진시킨다면 주로 군사대국의 방식으로 기대한 목적을 달성하고자 할 것이다. 그러나 경제력에 대한 집착과 냉전의 교훈으로 중국 지도자들은 이 유효성에 대해 더욱 신중하게 접근하고 있다. 이는 중국 지도자들이 주요 국가 지도자들에 대응할 때 자제하며 이들 국가가 제정한 규칙을 선택적으로 받아들이게 하고 있다.[69] 호전적인 군사력의 건설은 종종 수정주의 국가의 행위로 비추어질 가능성이 크고, 따라서 쉽게 견제를 받기 마련이다. 그러나 다시 한 번 강조하고 싶은 것은 이러한 억제가 중국의 심층적인 전략적 이익이 여전히 수정주의 국가라는 사실을 바꾸지는 않을 것이다. 즉 자신의 부상으로 세계질서를 바꾸는 것이다. 따라서 이는 단순히 권위주의 정치체제로 인해 적대적 행동을 시도하거나 제국주의 전통 또는 지정학적 사명에 기인하여 아시아를 통치하고자 하는 수정주의 학설이 아니다. 수정주의의 가장 중요한 원인은 구조적인 요인이다. 즉 현 국제구조의 성격상, 중국은 상당히 불리한 위치에 놓여 있다. 결과적으로 중국은 충돌을 회피하는 전략을 선택하게 된다. 그러나 이러한 전략은 중국으로 하여금 새로운 충돌에 휘말리게 하고 있다. 중국은 과연 이러한 전망에서 자유로울 수 있을까? 우리는 다만 과거 강대국 지도자들의 관방적인 언론에 대한 분석을 통해 사실은 결코 그렇지 않다는 것을 증명할 수 있다. 중국이 현재 공업대국으로서 정상적이고 올바른 길로 매진하고 있고, 과거의 발전 궤적에 대한 연구를 통해 향후 발생 가능한 혼란 상태를 예측해야 할 것이다.

----

69 가장 중요한 사례로 2001년 중국이 WTO에 가입한 것을 들 수 있다.

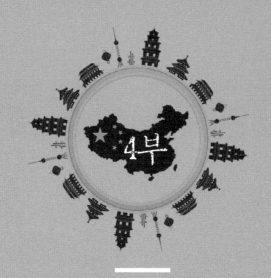

중국 외교정책의 평가

1장
중국 외교정책에 대한 민족주의의 영향

쟈오쉬성(趙穗生)

이 글에서는 근래 중국이 점점 더 적대적이고 강경하게 행위하고 있는 배경으로, 중국의 외교정책에 대한 민족주의의 영향을 다시금 살펴보고자 한다. 중국 정부는 일찍이 대중민족주의(popular nationalism)를 효과적으로 통제하여, 2008년 이전의 중국의 외교정책은 정서적 민족주의로부터 크게 영향을 받은 적이 없었지만, 그 후 날이 갈수록 대중민족주의의 위협을 받아, 서방국가들과 적대적인 입장을 취하고, 영해분쟁 문제에 있어서도 주변국에 대해 보다 강경한 입장을 취하고 있다. 이러한 강경화는 대중의 여론이 중국 정부에 미치는 영향이 보다 증가한 때문이지만, 보다 중요한 것은 국가민족주의와 대중민족주의가 융합·형성되었기 때문이다. 융합된 민족주의는 중국이 강경한 외교정책을 행할 것을 요구한다. 새로운 부와 군사력이 가져온 권력팽창감에, 국내의 사회, 경제, 정치적 긴장국면이 초래한 불안감이 더해져, 중국 정부는 국가의 핵심이익을 추구함에 있어서, 대중민족주의의 요구에 보다 더 영합하게 되었다. 이러한 새로운 변화로 인해 중국 외교가 더 복잡해졌고, 정책이 강경화되는 정치환경이 형성되었다.

───

쟈오쉬성(趙穗生, Sam Suisheng Zhao)_ 미국 덴버대학 Joseph Gobel 국제관계학원 종신교수 겸 미중합작중심 주임. 『당대중국』잡지 편집장. szhao@du.edu

서 구열강에 대한 의혹과 우려가 뿌리 깊이 박혀 있는, 중국의 민족주의는 제 국주의로 인한 백년의 치욕 속에서 발전되고 강화되어, 중국 정부로 하여금 과거의 치욕을 설욕하고, 잃어버렸던 영토를 모두 수복할 것을 요구한다. 중국은 최근 남중국해와 동중국해의 영토분쟁문제에서 힘을 과시하는 외교정책, 소위 '국가핵심이익' 적 행위를 보여줌으로써 많은 국가들에게 우려를 안겨주고 있다: 그들은 적의로 가득 찬 민족주의가 출현한 것인가, 그것이 중국의 외교를 비이성 적이고 경직되게 할 것인가, 그리고 중국의 굴기가 평화와는 동떨어진 방향으로 나아갈 것인가에 대해 걱정한다. 어떤 학자는, 중국의 민족주의가 2008년 "지정학 적 전환"을 했고, "이러한 전환을 가져온 이념과 독일과 일본이 19세기와 20세기 초 추구했던 지정학이 서로 부합한다."고 말한다. 2008년 이후의 변화로 중국 지 도부는 새로운 지정학적 사유에 더 쉽사리 영향을 받게 되었기 때문에, 2008년 이 래 중국의 대외관계에서의 일련의 강경한 행위들은 미국과 기타 아시아 국가들을 향해 경종을 울리고 있다.[1]

최근 1세기 동안 중국의 정치담론에서 민족주의는 줄곧 중요한 주제였지만, 이 처럼 경각심을 불러일으킨 적은 없었다. 지난 90년대 초 중국에서 민족주의가 중 시됨에 따라, 학자들은 줄곧 중국 민족주의가 대외정책에 미치는 영향에 대해 논 쟁하고 있다. 이러한 논쟁에서, 필자는 "중국은 신중하게 민족주의의 경계를 세울 수 있다."는 입장에서 중국민족주의가 확정적, 외향적 혹은 공격적(affirmative, assertive or aggressive)[2]인지 살펴보고자 한다. 필자의 생각에는, 과거 중국 정부는 민 족주의 정서를 이용하면서도, 민족주의 정서가 표출되는 것을 충분히 통제해왔다;

....

[1] Christopher Hughes, "Reclassifying Chinese nationalism: the geopolitikturn," *Journal of Contemporary China* 20(71), (2011), pp. 601-620.

[2] Erica Strecker Downs and Philip C. Saunders, "Legitimacy and the limits of nationalism: China and the Diaoyu Island," International Security 23(3), (Winter 1989-99); Allen Whiting, "Assertive nationalism in Chinese foreign policy," *Asian Survey* 23(8), (1983); Allen Whiting, "Chinese nationalism and foreign policy after Deng," *The China Quarterly* 142, (1995); Michael Oksenberg, "China's confident nationalism," Foreign Affairs 65(3), (1986-87); Chen Zhimin, "Nationalism, internationalism and Chinese foreign policy," *Journal of Contemporary China* 14(42), (2005); Jia Qingguo, "Disrespect and distrust: the external origins of contemporary Chinese nationalism," Journal of Contemporary China 14(42), (2005); Yinan He, "History, Chinese nationalism and the emerging Sino- Japanese conflict," *Journal of Contemporary China* 16(50), (2007).

국내와 국제적 도전에 대해, 중국은 실용적 민족주의를 통해 신중한 외교를 펼쳐왔다.[3] 또 다른 학자의 관점은 이와는 다르다. 그들은 새롭게 출현한 중국 민족주의는 일종의 경솔하고 침략적인 '신민족주의'이며, "중국 외교정책의 결정에 대해 중대한 영향을 줄 것"이라고 생각한다. 그런 학자들은 중국이 민족주의 정서의 자극을 받아, 과거의 치욕에 대한 설욕과 국제적 파워에 대한 갈망으로 인해 미국을 대신해 아시아의 주도적 세력이 되려고 시도할 것이라고 생각한다.[4]

근래 중국이 서방국가, 특히 아태지역 주변국을 대할 때 나날이 적대적이고 강경한 성향이 증가하는 것을 고려하면, 이러한 논쟁을 다시 한 번 살펴 볼 필요가 있다. 2008년 이전에는, 중국 정부가 대중민족주의에 대한 통제에 있어서 탁월한 성과를 보여주었다. 대외정책에 있어서도 정서적 민족주의의 영향을 그다지 크게 받지 않았다. 그러나 지금은 대중민족주의에 대한 중국 정부의 통제가 점점 더 힘들어지고 있고, 오히려 대중민족주의의 요구에 따라 서방국가와 주변 국가를 전보다 적대하고 있다. 특히 남중국해와 동중국해 지역의 영토분쟁 문제에 있어서, 중국은 반복해서 준군사력, 경제제재, 어업과 에너지 등을 포함한 각종 제재수단을 사용하여 자국의 목적을 실현하고자 하고 있다. 이렇듯 강경한 태도는, 부분적으로는 중국 민중이 점점 더 많은 방식으로 그들의 민족주의 정서를 표출하고, 대외정책결정자에게 국가이익을 강하게 지켜내야 한다고 요구함에 따라, 중국 지도부가 더욱더 대중의 여론에 따르게 된 때문이지만, 보다 중요한 원인은 중국의 국가민족주의와 대중민족주의(state nationalism and popular nationalism)의 결합에 있다. 새로운 부와 군사력이 가져온 권력팽창감과 더불어, 국내의 사회, 경제 그리고 정치적 모순의 중첩으로 생긴 불안감으로 인해, 국가의 핵심이익을 추구할 때 중국 정부

••••••••••••••

3 Suisheng Zhao, *A Nation-State by Construction: Dynamics of Modern Chinese Nationalism* (Stanford, CA: Stanford University Press, 2004); Suisheng Zhao, "Nationalism's double-edge," *Wilson Quarterly*, (2005); Suisheng Zhao, "Nationalism as a unifier-and risk," *International Politik* 6(4), (2005); Suisheng Zhao, "China's pragmatic nationalism: is it manageable?," *Washington Quarterly* 29(1), (2005-06); Suisheng Zhao, "The Olympics and Chinese nationalism," *China Security* 4(3), (2008).

4 Peter Gries, *China's New Nationalism*, (Berkeley, CA: University of California Press, 2004), pp.12, 134; Richard Bernstein and Ross H. Munro, "The coming conflict with America," *Foreign Affairs* 76(2), (1997), p. 19.

가 대중민족주의자들에 점점 더 영합하게 된 것이다. 이런 새로운 변화는 중국의 대외정책이 강경화하는 정치환경을 만들어냈고, 중국 외교를 보다 복잡하게 만들었다.

중국의 국가민족주의와 대중민족주의

중국의 민족주의는 주로 두 가지 힘에 의해 움직인다. 첫 번째 힘은 권력을 장악하고 있는 국가엘리트에 의해 위에서 아래로 움직인다. 두 번째 힘은 대중적 사회세력에 의해 아래에서 위로 움직인다. 위에서 아래로 움직이는 민족주의를 국가민족주의라고 하며, 그것은 주로 세 가지 특징을 가지고 있다.

우선, 그것은 중화민족과 공산당정부가 긴밀히 연관되도록 한다. 민족주의적 감정은 공식적으로는 '애국'이라고 부르고, '국가/정부를 사랑한다.'는 뜻이다. 이런 언어환경에서는 국가에 대한 사랑과 정부에 대한 사랑이 구별되지 않는다.[5] 정부는 그들이 정부의 이익뿐만 아니라 모든 민족의 이익을 대변하고 실현한다고 말한다. 따라서 정부는 국가라는 이름으로, 국민 개인의 이익이 정부에 복종할 것을 요구한다. 국가는, 민족주의적 요구의 핵심과 국가의지의 체현으로서, 자신을 민족과 동일시하여 대중의 충성과 지지를 요구한다: "이러한 개념상의 왜곡은 민족주의 정서에 대한 통제는 물론이고 그것의 표현에 대해서도 이루어지며, 이로써 중국의 민족주의는 당-정부의 이익에 따르게 된다."[6]

이러한 목적에 의해서, 지난 90년대, 공산당정부는 광범위한 애국주의 교육운동을 전개했고, 이를 통해 민중의 불만정서를 국가에 대한 충성으로 전이시켰다. 애국주의 교육활동의 핵심은 국정교육이었다. 그것은 중국의 국정이 특이하므로,

....

5 Michael Hunt, "Chinese national identity and the strong state: the late Qing-republican crisis," in Lowell Dittmer and Samuel S. Kim, eds, *China's Quest for National Identity*, Ithaca, (NY: Cornell University Press, 1994), p.63.

6 Jonathan Walton, An Interview with Yingjie guo: Chinese Nationalism and its Future Prospect, Policy Q&A, The National Bureau of Asian Research, (27 June 2012), available at: http://www.nbr.org/research/activity.aspx?id￼258.

서구식 민주는 채택할 수 없다는 점을 분명하게 주장하고자 하는 것이었다. 또, 일당 통치가 계속되어야 하는 이유는, 그것이 정치 안정을 유지하는 데 도움이 되기 때문이며, 그것이 바로 빠른 경제발전을 위한 전제라는 내용이었다. 이로써, 애국주의 교육운동은 강한 국가권력을 수립하여 국가이익을 수호하고, 정치 안정과 경제번영을 전제로 공산주의체제의 합리성을 재차 확립하는 데 이용되었다. 공산당 지도부는 중국인민들에게 부강한 중국을 건설하기 위해 노력해야 한다고 호소하였고, 중국이 해외 열강으로부터 치욕을 받고 있다고 선전하면서, 중국의 저발전 상황을 내세워 일정한 책임을 감내해야 한다고 주장했다.[7]

다음으로, 중국의 국가민족주의는 실용주의를 지도원칙으로 하는데, 실용주의란 행동이 어떠한 가치나 확정된 원칙의 지배를 받지 않는다는 것을 의미한다. 덩샤오핑의 '고양이론'은 실용주의를 생동적으로 해석한 것인데, 즉 "검은 고양이든 하얀 고양이든, 쥐만 잡으면 좋은 고양이다."라는 것이다. 공산당 정부가 민족주의를 이용하는 이유는 그것이 중국 민중의 충성심을 얻기에 가장 믿을 만한 수단이기 때문이었다; 공산주의 이데올로기가 쇠퇴한 이후, 민족주의는 현 체제와 그 비판자들이 충분히 공통된 인식에 이를 수 있는 유일하게 중요한 가치가 되었다. 사실상 서방권력에 대한 역사적 숙원이 중화민족의 영혼 속에 깊이 뿌리박혀있기 때문에, 강대국의 꿈은 중국인이면 누구나 공유하고 있는 것이었다. 탈냉전시대 복잡한 국제변혁에 대한 대응과, 나날이 커져가는 자부심과 오랫동안 축적된 불안감이 뒤섞여, 일종의 불안정한 민족주의가 형성되었는데, 이것은 중국의 다원화된 정치 역량이 약점을 극복하고 세계에서 걸맞은 위치를 찾으려는 시도로 나타나, 정부에 대한 중국 인민의 충성심을 다시금 불러일으켰다. 민족자부심의 상승은, 과거의 치욕과 이전의 결함을 현대화의 추동력으로 바꾸어 놓았다-민족주의는 이미 공산당 정부의 합법성을 증가시켜주는 유효한 도구가 되었다.

민족주의는 중국이 외부의 압력을 받을 때 특히 유용하다. 중국 관리가 말한 것

7 Suisheng Zhao, "A state-led nationalism: the patriotic education campaign in post-Tiananmen China," *Communist and Post-communist Studies* 31(3), (1998).

처럼, 중국 인민들이 외부의 압력을 위협으로 느끼게 되면, 그들의 단결심이 커지고, 민족주의는 통치를 강화하는 유용한 방법이 된다.[8] 부패와 기타 사회경제적 문제들이 공산주의체제의 합법성을 약화시켰지만, 많은 중국인들이 여전히 서방이 제재를 가하면 중국 정부의 편에 선다. 그런 제재들이 전체 중국에 대한 것이지 공산당정부에 대한 것만은 아니라고 생각하기 때문이다. 정부가 얼마나 부패했는가와 상관없이, 외국인은 모두 '이유 없이' 중국을 비난할 권리가 없다고 생각한다. 많은 중국인이 인권, 지적재산권, 무역적자, 무기 확충과 타이완 문제 등에 있어서 미국이 중국에게 압력을 가하는 것에 대해 불만을 갖고 있다. 그들은 미국이 이러한 문제들을 이용하여 중국을 괴물 취급하고 중국의 굴기를 막는다고 생각한다. 천안문 사건 이후 서방의 제재, WTO 가입, 타이완 독립 저지, 2008년 베이징 올림픽 개최 등 일련의 도전에 직면하게 되었을 때, 공산당정부는 자신을 중국 민족의 존엄과 이익의 수호자로서 정립하였고, 이로써 민족주의적 합법성을 키웠다.

셋째, 중국의 국가이익을 잠식, 침해, 위협할 수 있는 외국의 압력에 대응할 때, 중국의 국가민족주의는 국제 업무에 있어서 오랜 동안 소극적이고 피동적이었으며, 중국 정부는 평화와 발전을 외교정책의 주요 목표로 삼고, 국내정치의 안정이야말로 경제번영의 필요조건일 뿐만 아니라, 공산당이 집권당의 지위를 지키는 길이며, 나날이 굴기하는 민족주의적 웅심의 버팀목이라고 강조해왔다. 민족주의를 이용하여 지지를 얻었으므로, 집권층은 반드시 민족주의가 정치 안정과 경제번영 두 가지의 근본목표를 해치지 않는다는 확신이 필요했는데, 결국 그것들이 공산당 집권의 최종적 기초였기 때문이었다. 미국과 서방 각국은 중국 현대화의 열쇠를 쥐고 있었기 때문에, 국가 이익을 보호하기 위해서는 그들과의 협력관계를 발전시키고자 노력할 필요가 있었다. 중국의 국가민족주의는 책략상으로는 유연했고, 전략상으로는 미묘했는데, 그래도 국가핵심이익과 역사적으로 민감한 문제에 있어서 중국 정부는 일말의 타협도 하지 않는다는 원칙을 견지했다. 정부의 통제와 수동적인 반응으로, 중국 국가민족주의는 고정화되고 구체화된 영구불변의 내용이

----

8 Liu Ji, "Making the right choices in twenty-first century Sino? American relations," *Journal of Contemporary China* 7(17), (1998), p.92.

없었고, 어떠한 이데올로기, 종교적 신앙 및 그 밖의 추상적 이념에 의해서도 좌우되지 않았다. 그것은 단지 중국 정부가 급속한 변혁과 불안정의 시대에 정치제도에 대한 중국 인민의 신뢰를 다시금 획득하고, 국가를 하나로 단결시키기 위한 도구일 따름이었다.

중국의 민족주의는 아래로부터 위로의 사회적 역량에 의해 추진되었다. 한 학자가 말한 것처럼,

한 세기에 걸쳐 중국 지식인들에게 서서히 침투한 이후, 민족적 감정은 과거 20년간의 경제번영 속에서 이미 중국 민중의 이데올로기를 통제하고 다시금 새롭게 정의하였다. 민족의식의 결집은 중국이라는 거인이 세계 경쟁에 뛰어들도록 하였으며, 중국에 맞는 국제적 신분과 민중의 기대에 걸맞은 국제적 지위를 획득할 것을 요구했다.[9]

이러한 아래로부터 위로의 대중민족주의는 두 가지 특징을 갖고 있다. 우선, 그것은 일종의 자유주의적 경향을 띠고 있다. 자유민족주의자는 민족을 국민의 집합체로 정의하는데, 국민은 세계 민족의 숲에서 정부가 민족의 권리를 지키는 것을 지지할 책임이 있으며, 또한 이와 동시에 국민의 정부의 정책결정 과정에의 참여를 추구한다. 중국의 대중민족주의자들은 인격적으로 분열되어 있다. 즉 민족정부가 서구열강에 대항하는 것을 지지하면서도, 정치 참여를 부르짖고, 권위주의적 정부에는 반대한다. 다음으로, 대중민족주의는 강한 중국을 건설하여 서방국가의 압력에 맞서기를 갈망한다는 점에서, 정부와 입장이 같다. 서방국가가 중국의 굴기를 막고 심지어는 멈추게 하려는 음모 혹은 비밀계획을 가지고 있다고 의심하기 때문에, 그들은 서방의 사악한 의도를 비판함에 있어서 때로는 정부보다도 더 공개적이고 감정적이다. 비록 수많은 미국인들이 미중 마찰의 주요 원인이 중국의 집단주의에 있고, 이 때문에 중국 정부를 향해 압력을 가하여 중국의 인권과 민주

9 Liah Greenfeld, "Roots of Japan - China rivalry," *Japan Times*, (27 September 2012), available at: http://www.japantimes.co.jp/print/eo20120927a1.html.

사업의 발전을 꾀해야 한다고 생각하지만, 많은 중국의 민족주의자들은 그에 대해 회의적이다: 그들은 중국이 민주화되어도, 양국의 모순은 존재할 것이고 심지어 더 첨예화될 것이라고 생각한다. 왜냐하면 미국은 중국이 자신들보다 부강해지는 것을 원치 않기 때문이며, 그것은 민주화된 중국이라도 마찬가지라는 것이다.

대중민족주의가 지난 90년대 출현한 것은, "아니라고 말하자."라는 일련의 베스트셀러(『중국은 아니라고 할 수 있다』, 『중국은 그래도 아니라고 할 수 있다』, 『중국이 어떻게 아니라고 할까』 등등) 등을 통해 여론의 고지를 빠르게 점령하면서이다. 1999년 미국이 베오그라드 중국 대사관을 고의로 폭격했다고 믿는, 대중민족주의자들이 반미시위에서 주도적인 역할을 하였다 — 절대 다수의 민족주의자가 모두 젊은이였으므로, 그들을 "분노한 청소년(憤靑)"이라고 부르는데, 그것은 주로 통신기술의 발전 특히 인터넷 때문이다. 이들 청소년들이 형성한 대중민족주의운동은 2000년을 전후로 하여 세력이 확대되었다. 일본이 침략역사를 왜곡한 교과서의 사용을 비준하고, 일본 수상 고이즈미 준이치로가 야스쿠니 신사를 참배하고, 미국이 중국의 타이완 '습격' 시 대만에 협력할 것을 승낙하는 등 일련의 사건들이 자극제가 되어, 그들은 2005년 대대적인 서명운동을 벌였고, 인터넷에서 2천만 명 이상이 일본이 UN 안보리에 가입하는 것에 반대하는 서명을 하였으며, 중국 각 대도시에서도 반일시위가 곳곳에서 일어났다. 2008년, 민족의 자부심에 상처를 입었다고 느낀 대중민족주의자들은 또한 국내적 그리고 세계적 범위로 수많은 대도시에서 집회를 열었으며, 올림픽 성화 봉송 보도 시 편견을 가지고 있는 서방매체 앞에서 중국의 단결을 보여주어, 중국이 개최한 올림픽에 대한 지지를 표현하고자 했다. 이것은 바로 세계적 규모의 대규모 항의였는데, 국제사회에서 중국 청년 민족주의 정서에 대한 우려를 가중시켰다.[10]

국가 이익을 보호하겠다는 중국 정부의 약속에 대한 높은 기대로, 민족주의 논조와 피해의식과 보상에 대한 갈망이 만연해졌다. 민족주의자들은 정부가 과거의 외교업무에 있어서의 오랜 독단을 포기하고, 그들에게 외교정책결정 과정을 개방

10 Lijun Yang and Yongnian Zheng, "Fen qings(angry youth) in contemporary China," *Journal of Contemporary China* 21(76), (2012), p. 638.

하기를 요구한다. 대중민족주의자들은 국제무대에서 지위, 인정, 그리고 존중받기를 간절히 바라기 때문에, 공산당정부가 국가핵심이익을 보호할 때 자신감과 경쟁력이 부족하고, 일본과 지나치게 친밀하며, 서방국가에 대해 지나치게 유약하다고 비난하곤 한다.

대중민족주의에 대응하는 쌍방향전략

외교정책결정에서의 독점적 권력을 유지하면서, 계속해서 '도광양회' 책략을 추구하고자 하는 중국 정부로서는, 대중민족주의의 정서화는 그 성격상 하나의 거대한 도전이다: 지난 90년대 초 덩샤오핑이 제기했던 '도광양회'는, 실력을 숨기고, 국가건설에 주력하면서 기회를 엿보자는 것이었다.[11] 비록 대중민족주의자들은 그들이 위협적이라고 생각하는 일본, 미국에 대해 정부가 강경노선을 채택해야 한다고 호소하지만, 상대적으로 취약한 입장에 있는 중국 지도부는 중국이 국력의 한계로 서방에 대항할 힘이 부족하고, 동시에 중국의 경제적 성공이 상당 정도 외부세계와의 일체화과정, 특히 서방 선진국들과의 협력관계에 달려있다는 것이라는 것을 잘 알고 있다.

　'패권과의 공존에 대한 배움'을 통해, 예를 들면 중국 정부는 미국 주도의 국제체제에 적응하여 정책을 조정해야 한다는 것을 인식하고 있어, 미국과의 관계에서 일종의 실용주의적 태도를 취한다. 결국은 "미국이 중국 현대화의 열쇠를 쥐고 있다."[12] 중국은 구소련의 실패가 상당 정도 미국과의 세계패권분쟁에서 적대전략을 취하여, 경제와 군사적 자원을 소진해버렸기 때문이라는 것을 잘 알고 있다; 따라서 구소련의 전철을 밟아 제2의 '아니오 선생(不先生)'이 되고 싶지도, 미국과 적대하여 결국 가산을 탕진하고 싶지도 않다. 반대로, 중국은 일종의 '이성과 냉정'의

11 鄧啓榮主編, 改革開放以來的中國外交(1978-2008), (北京: 世界知識出版社, 2009), 第18頁.

12 Jia Qingguo, "Learning to live with the hegemon: evolution of China's policy toward the US since the end of the Cold War," *Journal of Contemporary China*14(44), (2005), p. 395.

13 沈驥如, 中國不當"不先生": 當代中國的國際戰略問題, (北京: 今日中國出版社, 1998), 第62頁.

냉철한 외교로 자신의 국가 이익을 수호한다.[13] 많은 국가가 중국에 대해 갖고 있는 우려와 거부를 경감시키고, 중국 현대화를 위한 평화적 국제환경을 조성하기 위해, 중국은 지난 90년대 말과 21세기 초 재빠르게 조용한 외교정책을 채택하고, 각 노선에서 미국 및 기타 서방국가와의 충돌 발생을 최대한 피해왔다. 실용적인 입장정립을 통해, 중국 지도자들은 '평화공존', '평화굴기', '평화발전'의 원칙을 강조한다.

중국 지도부는 이런 상황에서, 민족주의가 양날의 검이라는 것을 힘들지 않게 인식하고 있다: 그것은 중국공산당 통치를 합법화하는 수단이면서도, 광대한 인민 대중이 정부의 좋고 나쁨을 판단하는 방식이 되기도 한다: "정부에게 합법성을 부여하면서도, 또한 그것을 빼앗을 수 있다는 점에서, 민족주의는 중국에서 특히 재미있는 힘이 되었다."[14] 만일 제약을 가하지 않는다면, 민족주의는 위험한 판도라의 상자가 되어, 거대한 에너지를 지닌 상상을 초월한 결과를 초래할 가능성이 매우 크다. 만일 중국 지도부가 약속을 이행하지 못한다면, 그들은 민족주의자들의 격렬한 비판 앞에서 극도로 취약해질 것이다. 정부가 대외정책 및 경제발전계획에 있어서 드러나게 실패한다면, 중국 인민은 민족주의적 이유로 공산당정부를 부정할 수도 있다. 결과적으로, "중국 지도층은 민족주의 통치를 합법화하는 수단 및 대중을 동원하여 정책을 지지하게 만드는 도구로만 여긴다."[15]

민족주의의 적극적 측면과 소극적 측면의 균형을 위해, 중국 지도부는 대중민족주의에 대해 쌍방향전략을 취한다. 한편으로, 그들은 국가핵심이익을 보호해야 한다는 대중의 목소리를 용인하고 심지어는 장려하기도 한다. 예를 들면 중국의 주권과 영토를 보호하자는 것이 그것이다. 다른 한편으로, 중공은 민족주의를 표현할 때 '지도'적 힘이 필요하다고 하면서, 민족주의자들이 반외세시위를 하는 것에 대해 조치, 제약, 심지어는 금지하기도 한다. 예를 들면, 비록 중국 정부가 반일시위를 용인했지만, 한 홈페이지 구호에서 5.4 청년절에 대규모의 시위를 하자고

....

14 Nicolas D. Kristofor, "Guess who's a Chinese nationalist now?," *New York Times*, (22 April 2001).
15 Ian Seckington, "Nationalism, ideology and China's 'fourth generation' leadership," *Journal of Contemporary China* 14(42), (2005), p. 28.

한 것을 발견하자, 2005년 4월 하순 중지할 것을 강력하게 요구했다. 잘 알려져 있듯이, 파리강화회의는 독일의 산동에 대한 통제권을 일본에게 넘겨주어 중국민중의 분노를 샀고, 이로 인해 5.4운동이 발발하였다. 사회변혁의 구호로서, 5.4운동을 기념하는 위험성은 일본과의 성급한 적대를 초래할 수도 있고, 반정부적 열기로 전환될 수도 있다. 시위를 막기 위해, 정부는 각 대도시의 핸드폰 사용자에게 대량의 문자를 발송하여, "루머를 퍼뜨리거나, 헛소문을 문자로 보내거나, 불법집회에 참가하지 말라."고 경고했고, 몇몇 인터넷 탄원과 항의 발기인과 조직자들도 구속하였다. 전국 각 대도시의 경찰이 전면적인 경계를 하여, 5.4운동기념일과 같은 민감한 시기에 그리고 그 수개월 후까지 다시금 반일시위가 일어나는 것을 막았다. 천안문광장도 정부가 조직한 18세 성인식을 명목으로 대중에게 출입을 금지시켰는데, 그 의도는 항의활동을 막기 위한 것이라는 것이 분명했다.

중국 정부가 단호한 수단을 써서 외국을 반대하는 시위를 저지한 것은 그것이 처음이 아니었다. 1999년 미국의 중국대사관 폭파 위기로 생긴 엄청난 골칫거리로, 베이징은 충분한 교훈을 얻은 바 있다. 그해 대사관폭파사건은 강한 민족주의 정서를 촉발시켰다. 대학생들이 베이징주재 미국대사관과 각지 영사관 앞에 모여, 계란과 돌을 던졌다. 중국 정부는 이러한 시위행진을 용인하거나 심지어는 부추겼는데, 결국은 통제할 수 없는 상황에 이르게 되었다. 시위활동은 중미관계를 해칠 정도로 위협적으로 변했고, 중국 사회에서 중국 지도부가 미국에 대적하려고 하지 않는다는 격렬한 비판이 일었다. 이틀 뒤, 후진타오 부주석은 텔레비전 담화를 발표하여, 정부는 학생들의 애국주의행동을 지지하지만, 극단적이며 안정을 파괴하는 행위에 대해서는 반대한다고 밝혔다. 동시에,《인민일보》는 수많은 서방국가들이 중국여행에 대해 경고하고 있다는 소식을 전하는 뉴스와 함께, 이미 여행업과 해외투자가 손해를 입었다고 보도하였다. 5월 11일 외빈을 회견할 때, 장쩌민 총서기는 중국의 국내생활이 이미 정상을 회복했으며, 경제발전을 위해, 새로운 장을 열어야 할 때라고 말했다.

2001년 4월 1일 미국 EP-3 정찰기와 중국 전투기가 남중국해 상공에서 충돌하였는데, 중국 정부는 나날이 뜨거워지고 있는 민족주의 정서를 고려하여 1년 전의 반미시위를 피하기로 결정했다. 베이징이 미국을 향해 분명한 요구를 했다: 미국

정부가 정식으로 사과하고, 중국 연해에서 도발적인 정찰행위를 중지한다고 약속한다면, 미국 첩보정찰기의 비행사 모두를 석방할 것이다. 중국은 일찍이 이러한 요구에 대해 일말의 타협도 없다는 원칙을 밝혀왔었지만, 파월 미국 국무장관으로부터 중국 비행사와 비행기 실종에 대해 "매우 죄송하다."라는 말을 들은 후, 등가교환으로서, 다음 날로 미국 비행사를 석방하였다. 이런 모든 것이 외교책략상에서 중국 실용적 지도부의 유연성을 보여준다: 중국 관방매체는 고의로 파월의 "very sorry"를 "죄송합니다(抱歉; baoqian)."로 번역하였다. 이것은 "apology(사죄드립니다; 道歉; daoqian)"의 함의와는 다르지만, 듣기에는 비슷한 것이었다. 베이징이 처음으로 미국에 대해 "죄송합니다."를 요구한 것이라는 것을 알아야 한다. 중국 지도부는 'very sorry'를 일종의 '충분한 사죄'로 이해하였고, 이런 의외의 사건에서 중국 비행기와 비행사의 손실에 대해 표현한 미국인의 유감과 사과('regret'과 'sorry')를 모든 사건에 대한 사과로 해석했다. 국내문제를 고려한 때문이기는 하지만 중국 지도부는 체면을 지키는 해결방법으로, 그들의 강경한 자세를 바꾸지 않으면서도, 실제로는 최대한 미국과의 직접대결을 피하고자 했다.[16]

말은 강경하지만 행동은 조심스러웠다. 중국 지도부는 달아오른 민족주의 정서가 중미, 중일 관계를 해치지 않도록 하였다. 대중민족주의가 불러온 도전에 직면하여, 중국 지도부는 실용적 외교정책을 다시금 펼쳐나갈 수 있었다. 한 중국학자가 지적한 것처럼, "우리는 극단적으로 선동적인 그리고 적대적인 민족주의가 국내에서 정권의 합법성을 확대하고, 세계무대에서 우위를 점하기 위한 최선의 방법이 아니라는 것을 알고 있을 뿐만 아니라, 국가민족주의의 담론권을 독점해야 한다. 이러한 대중민족주의가 외교정책결정 과정에 옳지 않은 영향을 주어서는 안 된다."[17]

16 Peter Hay Gries and Kaiping Feng, "Culture clash? Apologies East and West," *Journal of Contemporary China* 11(30), (2002), pp.173-178.

17 Chen Zimin, "Nationalism, internationalism and Chinese foreign policy," *Journal of Contemporary China* 14(42), (2005), pp.51-52.

대중민족주의에 대한 중국 정부의 태도 변화

하지만, 2008년 세계금융위기가 시작되자 중국 정부는 대중민족주의에 대한 실용적 통제를 완화하기 시작했다. 그리하여 금융위기 이후 중국의 대중민족주의 정서가 현저하게 고양되었다. 여러 국가와 지역에 대한 조사에 따르면 "중국은 세계에서 대중민족주의 정도가 가장 높은 국가 중 하나이다."[18] 대중민족주의 저서인『중국은 불쾌하다(中國不高興)』는 이러한 위기로 서방국가가 질투에 휩싸여 될 수 있는 한 중국을 억제하려고 한다고 외쳤다. 이 책의 저자는 대중은 보편적으로 서방에 대해 불만을 가지고 있으며, 중국은 군사, 외교, 그리고 기타 방식을 이용하여 자주적으로 역사상 대국으로서의 지위를 되찾을 수 있다고 믿었다.[19] 해적판과 인터넷 다운로드를 제외하고도, 이 책은 2009년 초 출판 몇 개월 만에 이미 50만 권이 넘게 팔렸고, 순식간에 최고의 베스트셀러가 되었다.[20]

세계경제 불황을 중국의 기회라고 생각하는 사람들은 중국의 외교정책에 대해 놀랄 정도로 소란을 피우지만, 중국 정부는 이렇게 정서화된 민족주의적 표현을 엄격하게 통제하려고 하지 않았다. 많은 관찰자들이 놀란 것은, 정부 싱크탱크와 대학에서 근무하는 학자들을 제외하고, 많은 베테랑 현역군인들도 허가를 받아 공개적으로 정부에 압력을 행사하며, 일련의 민감한 외교문제에 있어서 미국을 억제해야 한다고 정부에 호소한다는 점이다. 예를 들면, 다이쉬(戴旭) 대령은 2009년 말 출판한 베스트셀러와 선동적인 인터넷 강연을 통해, 중국은 미국이 중국에게 적의 혹은 우려를 갖고 있는 국가들로 조직한 'C형 포위권'에 둘러싸여 힘을 상실하여, 멀지 않은 장래에 전쟁의 비극을 피할 수 없을 것이라고 주장했다. 미국이 이미 중국의 뒤뜰에 불을 질렀기 때문에, 중국의 지도부도 미국의 뒤뜰에 불을 질러야 한다고 주장했다. 류밍푸(劉明福) 대령은 2010년 출판된『중국의 꿈』이라는 책에서 대중민족주의라는 큰 조류에 따라야 한다고 밝히는 용기를 드러냈다. 이 책은 나

• • • • • • • • • • • • •

18 Wenfang Tang and Benjamin Barr, "Chinese nationalism and its political and social origins," *Journal of Contemporary China* 21(77), (2012), p.823.
19 宋曉軍, 王小東, 黃紀蘇, 宋强等著, 中國不高興, (南京: 江蘇人民出版社, 2009).
20 Raymond Zhou, "Why is China angry?," *China Daily*, (2009.4.24).

날이 팽창하고 있는 중국 민족주의 야심을 보여주는 것이었고, 서방이 경제적 쇠퇴의 늪에 깊게 빠진 것을 기회로 중국은 온건한 외교정책을 버리고, 세계에서 가장 강한 군대를 세워 중국의 굴기를 억누르려는 미국의 도전에 맞서야 한다고 호소했다. 만일 중국이 세계 제일이 되지 못한다면, 21세기 버려진 낙오자의 운명을 피할 수 없을 것이라는 것이다.[21] 류밍푸가 국방대학 교수로 재직했을 때, 많은 이들은 "그 저작의 출판이 인터넷 상의 민족주의자들의 관점뿐만 아니라, 워싱턴에 맞서 베이징이 강경한 입장을 취할 것을 요구하는, 군사엘리트의 목소리를 대변하고 있다"[22]고 생각했다.

대중민족주의 언론이 상대적으로 제약을 받지 않는 상황은 적어도 네 가지 중요한 변화를 보여준다. 첫째, 중국의 대외정책결정에서 '여론'의 영향력이 이미 현저하게 증가하였다. 비록 권위주의체제하에서 국가거대권력이 대외정책을 결정하고는 있지만, 중국을 이끄는 것은 이제 마오쩌둥, 덩샤오핑 등 개인적 카리스마를 지닌 지도자들이 아니다. 그들은 개인적 권위로 각종 분쟁을 중재할 수 있었고, 국가의 의사결정에 대해 결정적인 영향력을 가지고 있었다. 그러나 당대 중국의 지도부는 반드시 그 지지자들에게 영합해야 하며, 공산주의 이데올로기의 쇠퇴로 중국 정부의 권력은 날이 가면 갈수록 국가 이익을 수호할 수 있는 능력과 연관성을 갖게 되었고, 시장 주도의 경제개혁으로 사회에 대한 통제가 느슨해져, 번영과 권력에 대한 민족주의자의 요구가 새로운 체제 합법성의 기초가 되었다. 실력자 정치(强人政治)가 집단지도체제로 전환됨에 따라(후자는 국가핵심이익의 문제에서 여론에 더 민감하다), 오늘날의 정치지도부는 이미, 이런 민감한 문제를 제대로 다루지 못하면 사회가 불안정해지고, 정치적 라이벌이 기회를 얻어, 그들의 정치적 지위가 무너질 수 있다는 사실을 잘 알고 있다. 이것이 대략적인 '허용한계'를 만들어 내었고,[23] 일련의 정치상의 승부를 결정하는 의제를 둘러싸고, 정치인들이 누가

21 戴旭, C形包圍—內優外患下的中國突圍, (北京: 文匯出版社, 2009), 劉明福, 中國夢, (北京: 友誼出版公司, 2010).

22 Chris Buckley, "China PLA officer urges challenging US dominance," Reuters, (1 March 2010).

23 David M. Lampton, "China's foreign and national security policy-making process: is it changing and does it matter?," in David M. Lampton, ed., The Making of Chinese Foreign and Security Policy, (Stanford, CA: Stanford University Press, 2001), p.14.

더 강경한지 시합을 벌이게 되었다.

둘째, 정부가 경비를 삭감함에 따라, 많은 신문들이 광고와 정기구독으로 이윤을 얻을 수밖에 없게 되었다. 대부분의 중국 매체가 상업화됨에 따라, 영향력을 가지고 있는 일부 전국성 잡지들은 민족주의적 표현이 독자의 주의를 끌어, 관심과 수익성을 가져온다는 사실을 알아차리게 되었다. 점점 더 많은 매체들에서 대중민족주의의 목소리가 환영을 받게 됨에 따라, 대외정책 결정자들은 거센 대중민족주의에 반드시 때때로, 하지만 점점 더 자주 반응하게 되었고, 외국의 요구를 거부하고자 할 때 민족주의의 한계를 이유로 자국의 정책적 입장을 고수하였다.[24]

현저하게, 중국 정치 엘리트들이 이러한 목소리를 듣고도 못들은 척 할 수 있는 날은 더 이상 오지 않았다. 따라서 중국의 민족주의자들과 블로거들은 고위층에서 맹우를 찾아내었고, 정부 고위층도 이러한 경향에 직접 맞서는 것이 위험하다고 걱정하게 되었다. 이러한 결과 신문출판업은 일종의 위험스럽게 기형적인 자유화 추세를 보였다. 이런 상황에서, 중국의 평론가들은 강경한 민족주의 시각으로 정부를 비판하는 것이 온화하고 국제주의적 관점을 지지하는 것보다 더 안전하다는 사실을 발견하게 되었다.[25]

대중민족주의 사조의 압력에 처하자, 중국 지도부는 그들이 타이완, 시장, 난하이 등 민감한 문제에서의 정책공간이 줄어들었다는 것을 발견했다. 상업적 이익을 추구하는 매체가 팽배해지고 있는 인터넷의 목소리들과 합세하여 사회적으로 대외정책에 대한 논쟁을 확대하였다.

셋째, 정부 내에서 점점 더 많은 실권자들이 그들과 대중민족주의자들의 관점이 유사하다는 것을 알아차림에 따라 그들 모두 세계 권력평형이 중국에게 유리하게 되어가고 있다고 생각하게 되었다─국가민족주의와 대중민족주의가 결합하는 추세가 나타났다. "중국의 지도자들은 전반적으로 현실주의자들이다. 그들은

24 Joseph Fewsmith and Stanley Rosen, "The domestic context of Chinese foreign policy: does public opinion matter?," in Lampton, ed., *The Making of Chinese Foreign and Security Policy*, pp.151-190.

25 Thomas J. Christensen, "The advantages of an assertive China: responding to Beijing's abrasive diplomacy," *Foreign Affairs* 90(2), (2011), available at: http://www.foreignaffairs.com/articles/67477/thomas-j-christensen/the-advantages-of-an-assertive-china.

종종 외교정책을 결정하기 전에 먼저 세계 속에서 중국의 상대적 힘과 지위를 신중하게 평가하곤 한다."[26] 세계경제 불황의 지속과 중국 경제의 신속하고 강한 반등으로 인해 중국 지도부는 자국의 능력에 대해 보다 더 자신감을 갖게 되었고, 자국이 내세우는 조건에 따라 서방과의 관계, 영토분쟁 등의 문제를 처리할 수 있을 것이라고 생각하게 되었다. 그들은 또한 주동적으로 외부환경을 만들고자 했으며, 타국과 수동적으로 타협하려고 하지 않고, 강하게 중국의 국가이익을 수호하고자 하였다. 서방경제가 곤경에 처함에 따른, 중국 경제의 부상과 외교적 영향력의 증가로, 중국 지도부가 다음의 견해를 믿기 시작하였다: 미국이 한편으로는 중국에게 막중한 채무를 지고 있고, 다른 한편으로는 그 우세를 이용하여 중국을 억누르려고 하므로, 그들은 중미관계에서 수동적으로 대응하기보다는, 적극적으로 미국에 도전하고, 그들의 핵심이익을 지키고 싶다. 이는 한 미국학자가 발견한 것과 같다.

2008~2009년 경제위기 이래 수많은 중국 전략가들은 이미 다음과 같은 결론을 내렸다: 미국은 쇠퇴하고 있고, 중국의 굴기속도는 예상보다 더 빠르다. 이런 상황에서, 자국이 점점 더 강대해지고 있다고 믿고 있으며, 때로는 호전적 민족주의 정서가 점점 더 보편화되고 있는데, 특히 젊은이들 사이에서 그렇다.[27]

넷째, 국내 정치경제의 발전이 날이 갈수록 불확실해지고 있다. 세계경제 불황속에서 중국은 예외이지만, 빠른 경제발전은 또한 사회, 경제, 그리고 정치적 관계에서 심각한 긴장을 유발하였고, 정부의 성과에 대한 중국 인민의 기대치 또한 높아지고 있다. 국가로서는 나날이 증가하는 공적 요구가 이미 심각한 도전이 되었고, 경제와 사회발전의 불균형, 부패의 성행, 심각한 오염, 빈약한 의료체계, 사회서비스와 공업생산의 과잉, 인구 노령화, 민족 갈등 등 수많은 문제들에 상응하는 정책수단이 필요하다. 비록 지금의 희망이 서구식 민주화에 있다고 생각하는 사람

26 Suisheng Zhao, "Shaping the regional context of China's rise: how the Obama administration brought back hedge in its engagement with China," *Journal of Contemporary China* 21(75), (2012), p.377.

27 Aaron Friedberg, "The coming clash with China," Washington Street Journal, (17 January 2011), available at: http://online.wsj.com/article/SB10001424052748704323204576085013620618774.html?KEYWORDS⅘aaron Þ friedberg.

은 많지 않지만, 지도부도 역시 그 합법성이 그들이 사회다원화의 요구를 얼마나 만족시킬 수 있는지에 좌우된다는 것을 알고 있다. 세계금융위기의 초기단계에서, 중국 지도부는 중국 경제가 재건될지, 사회혼란으로 나아갈지를 확신할 수 없었다. 중국 지도부의 걱정에도 이유가 없는 것은 아니다. 다들 알다시피, 2008년 티베트 소요와 2009년 신장(新疆)소요, 경제발전으로 인한 주민들의 토지 강제수용, 경제환경의 변화로 인한 노동자 실업문제 이외에도, 중국 정부는 각 민족들과 각 계층의 이런저런 항의활동을 처리할 수밖에 없었다. 금융위기가 전 세계에 만연하게 되었을 때, 중국 지도부는 무슨 일이 일어날지 잘 알지 못했다. 노동집약형 저가상품생산 공장이 폐업함에 따라, 백만에 이르는 농민공이 직장을 잃었고, 화이트칼라들도 해고 또는 감봉되는 운명에 처해졌다. 경제침체가 유발한 장기적인 정치적 결과를 걱정하여, 중국 정부는 보다 적극적으로 대중민족주의에 영합하는 태도를 취했고, 이런 식으로 무능에 대한 비판을 회피하거나 국내문제에 대한 민중의 주의를 돌릴 수 있었다.

2012년 당 대회 이전 지도자 교체로 정치적 불안정이 초래되었다. 권력 교체에 의해, 강경한 민족주의정책이 점점 더 성행하였고, 야심차고 뻔뻔스러운 수많은 권력자들이 이런 특수한 시기에 민족주의정책을 권력을 잡는 발판으로 삼았다. 권력 교체 이전의 마지막 2년간, 후진타오와 원자바오의 지도적 위치가 무척 취약했다. 후-원 정부는 정권의 합법성과 사회의 장기적 안정에 관심을 갖고, 이전의 어느 시기보다도 더 강하게, 될 수 있는 한 민족의 자부심과 국내 안정의 보호자라는 자신들의 명성을 지키려고 했으며, 민족주의를 비판하는 것을 피하고, 정부 관리와 군인들의 정부에 대한 지지를 강화했다. 스스로 민족의 존엄과 정권이 위협에 처한 때에 민족 이익을 수호하는 보수적 입장을 취하면서, 중국 정부는 이례적으로 강경파의 입장을 취했고, 심지어는 민족주의를 지나치게 방임하였다.

외교정책에 대한 영향

대중민족주의에 대한 정부의 입장변화는 외교정책에 중대한 영향을 주었다. 이런 변화가 반영되어, 중국에 국가핵심이익이란 말이 돌연 유행하기 시작했고, 중국 지도자의 강연이나 정부간행물에서도 점점 더 자주 출현하게 되었다. 국가핵심이익이란 '국가생존의 핵심' [28], '본질적으로 타협할 수 없는 것' [29]으로 정의될 수 있다. 이런 단어의 선택은 중국 굴기에 대한 자신감의 표현이다. 중국 지도층은 점차 논쟁이 되고 있는 문제들을 점점 더 많이 국가핵심이익의 범주에 포함시켰고, 외교정책이 보다 강경한 방향으로 전환되었으며, 중국의 국가로서의 존엄성과 이익이 되는 행위를 경시하는 모든 것에 강하게 반응하였다. 이러한 변화는 중국의 외교정책결정에 대해 부정적인 영향을 주었고, 중국과 서방국가 그리고 수많은 아태 주변국들과의 관계를 악화시켰다.

서방국가와의 관계에 있어서, 중국은 점점 더 적대적인 태도를 취했고, "미국 정부가 세계경제위기에 책임을 져야 한다고 질책하였으며, 오바마 대통령의 11월 중국 방문을 엄격히 통제하고, 더 엄격해진 코펜하겐 기후협약에 대한 지지를 거부하고, 안보리에서 미국이 제기한 이란에 대한 엄격한 제재에 대한 협의에 대해 결연히 반대하였다." [30] 중국은 타이완에 대한 미국의 무기판매에 대한 반대를 제기하면서 미국을 격렬히 비난하였으며, 중국의 핵심이익에 대한 심각한 도전임을 표명하였다. 1월 29일 오바마정부가 64억 달러의 타이완에 대한 군사 무기판매를 비준한 후, 베이징의 반응은 역사상 유례없이 격렬했다. 해군소장 양이(楊毅)는, 이제는 중국이 미국의 군수산업이 "미국의 정책선택을 바꾸는 것"을 제재할 때가 되었다고 주장했다. [31] 이에 따라, 이전처럼 곧바로 "미국과 부분적인 군사교류활동을 잠정 정지"한다고 선포하는 것 이외에도, 중국 각 정부부문과 군사기구는 미국에 대해 거센 비판을 가했으며, 중국 외교부 대변인도 공식적으로는 처음으로 무

28 陣岳, 中國當前外交環境及應對, 現代國際關系, 2011年11月, 第4頁.

29 Michael Swain, "China's assertive behavior-part one: on 'core interests'," *China Leadership Monster* No.34, (2011.2.22), available at: http://www.hoover.org/publications/china-leadership-monitor/7216.

30 Katrin Bennhold, "As China rises, conflict with West rises too," *New York Times*, (2010.1.27).

31 "China yesterday urged the United States to cancel a massive arms deal to Taiwan, warning of severe consequences if it does not heed the call," *China Daily*, (8 January 2010).

32 "Chinese threats to sanction Boeing are more sound than fury," *Chinese Economic Review*, (2010.2.3), available at: http://www.chinaeconomicreview.com/today-in-china/2010_02_03/Dont_worry_about_Boeing.html.

기를 판매한 미국기업을 제재해야 한다고 발표했다.[32] 2010년 초 미국의 오바마 대통령이 달라이 라마를 만난 후, 중국 정부는 이전의 온건한 성명을 발표했던 관례와 달리, 서방은 일찍이 강경했던 덩샤오핑의 태도를 잊지 말아야 한다고 경고했다: "어떤 이도 중국이 국가이익에 해가 되는 쓴 과일을 삼킬 것이라고 바라서는 안 된다."[33]

아태국가와의 관계를 처리함에 있어서, 중국은 또한 이전의 관례인, 영토주장은 견지하면서도 무력충돌은 피하고자 하였던 '분쟁 유보' 정책을 조정하였다. 중국이 이전의 관방성명에서 주권과 영토통합이라는 핵심이익을 논할 때는, 일반적으로 타이완, 티베트, 신장(新疆)을 지칭하는 것이었다.[34] 그러나 2009년 중국은 전통적 방식에서 벗어나, 남중국해를 국가핵심이익의 범주에 포함시켰다. 이것은 곧 중국이 같은 식으로 분쟁 중인 몇몇 도서와 해양에 대해 주권을 보유한 동남아국가들과의 대립을 초래했다. 중국은 보다 더 강경하고 새로운 방식을 채택하기 시작했고, 남중국해와 동중국해에 더 많은 인원과 설비를 배치하고, 더 빈번하고 유력하게 정기적으로 해상을 순회하고 남중국해의 분쟁지역에 대해 점유권과 주권을 주장하였다. 중국은 2009~2012년 사이 일련의 사건에 대해 강하게 대응하였는데, 이를 테면 분쟁 중인 남중국해수역에서는 베트남과 필리핀 선박의 석유탐사를 수차례 저지하였고; 동중국해에서는 중일선박이 대치하는 사건과 일본 정부의 센카쿠열도/댜오위다오 국유화 등 일련의 사건이 발생한 후, 일본 정부에 대해 징벌성 조치를 했고, 동시에 군함을 움직여 주권을 수호하고자 하는 중국의 결단을 보여주었는데, 이런 사건 모두 외교위기를 초래하였다.

골치 아픈 남해의 영토분쟁 문제에서, 중국은 오랜 기간 동안 '주권재아(주권은 우리에게 있다)'를 기초로 '분쟁보류, 공동개발'을 진행하였는데, 이것은 어느 정도 외교정책의 유연성을 보여준 것이었다. 이제, 중국의 요구는 달라졌다. 일상화된

••••••••••••••

33 "Press conference of the PRC State Council Information Office for contacts between Central Government and Dalai Lama," *Xinhua*, (2010.2.11), available at: http://news.xinhuanet.com/english2010/china/2010-02/11/c_13172224.htm.

34 Wu Xinbo, "Forging Sino-US partnership in the 21st century: opportunities and challenges," *Journal of Contemporary China* 21(75), (2012), p.393.

전시대비 순찰체제를 수립하여, 어선을 정기적으로 보호하고 분쟁해역에서 군사연습을 실시하여, 남중국해 지역에서 해양집행권의 범위를 확대하였다. 중-베트남, 중-필리핀 간의 잦은 선박 마찰로 인해, 중국과 베트남의 석유탐사선, 필리핀해군의 순찰선 간의 충돌이 한층 위험한 단계로 발전하였다. 결과적으로, 중국 "남중국해지역의 영토와 영해 분쟁이 초래한 지속적인 긴장관계가, 냉전 이후 최고점에 이르렀다."[35]

중국은 베트남이 외국석유 메이저와의 일련의 계약 체결을 통해 전략적 동반자관계를 수립하여, 분쟁 중인 대륙붕 부근에서 현대적인 조사선으로 심도 깊은 조사를 벌여 영토와 영해분쟁의 국제화를 기도하는 데 대응하여, 해양감시부대의 규모와 능력을 신속하게 확대하였으며, 분쟁해역에서 법집행을 강화하였다. 2011년 5월 26일, 세 척의 중국 해양감시선이 베트남 남부로부터 120해리 거리에서 베트남 지진조사선 한 척을 뒤쫓고 탐사케이블을 절단하였다. 이 사건으로 베트남에서는 보기 드물게 반중시위가 일어났는데, 이러한 시위가 자주 발생하는 것은 아니지만 베트남 정부에 의해 제지당하였다. 주권을 주장하는 조치로서, 6월 20일 베트남 국회는 '베트남해양법'을 통과시켰고, 남중국해 스프라틀리 섬(Spratly Islands)/난샤군도의 관할권이 있다고 선언하는 동시에, 모든 외국 선박이 이 해역을 통과할 때는 반드시 베트남 당국에 통지해야 한다고 규정하였다.

중국은 즉시 항의했고, "베트남이 이민법을 통해 중국의 주권을 침해했으며" "베트남의 독단적 행동으로 이제 갈등상황에 이르게 되었다."고 여겼다.[36] 베트남이 독단적 법안을 통과시켰다고 격렬히 비판하였지만, 역설적이게도, 중국은 일찍이 1992년 2월 '중화인민공화국 영해와 접속수역법' (즉 영해법)을 반포하여, 일방적으로 댜오위댜오(센카쿠열도), 난샤군도와 시샤군도, 타이완이 중화인민공화국의 고유영토임을 선포한 바 있다. 베트남의 개발활동을 막기 위해, 중국해양석유공사

35 Ian Storey, "ASEAN and the South China Sea: movement in lieu of progress," *China Brief* 12(9), (2012.4.26), available at: http://www.jamestown.org/programs/chinabrief/single/?tx_ttnews%5Btt _news%5D＝39305& tx_ttnews%5BbackPid%5D＝25&cHash＝1593a4b908a210256255f 8a987eefeaa.

36 Zhou Wa, "Vietnam's maritime claim 'will harm ties'," *Xinhua News Agency*, (2012.6.22), available at: http://www.cdeclips.com/en/world/fullstory.html?id＝74236.

(약칭 중해유)는 국내외 다수의 회사들에게 입찰참가를 요청을 하여, 중해유와 합작으로 베트남 중부 해안에 위치한 분쟁해역의 9개 블록에서 탐사개발에 참여할 것을 요구했다. 중국의 보다 큰 행보는 남중국해의 시사, 중사 그리고 난사군도(Spratly Islands, Paracel Islands와 도련) 및 그 접속수역에 새로운 도시, 산사(三沙) 건설을 선포한 것이다. 비록 인구와 육지 면적으로 보면 산사시는 중국에서 가장 작은 도시라고 할 수 있지만, 그 관할이라고 선언한 지역은 남중국해와 사람이 거주하지 않는 방대한 환초와 군초를 포괄한다. 산사시는 시사, 중사, 난사 제 군도의 200개가 넘는 작은 섬, 모래섬과 군초를 관할하므로, 총면적이 13제곱킬로미터의 육지와 200만 제곱킬로미터의 수역을 관할한다.[37]

분쟁 중인 남중국해 지역에서 다국적 기업이 석유탐사와 천연가스를 채취하도록 하여, 필리핀도 중국으로부터 비난을 받았다. 중-필리핀 간의 영해분쟁은 장기간 존재해왔지만, 2011년 마닐라가 외국기업에게 리위에탄(Reed Bank)부근 지역에서 석유탐사와 천연가스 채취에 대한 경쟁 입찰을 실시하자, 양측의 모순이 첨예화되었다. 대량의 증거에 의해 그 지역에 석유와 가스 자원이 있음이 밝혀짐에 따라, 세계에서 가장 큰 석유회사 중 50여 개가 관심을 가지고 입찰에 참여하겠다는 의사를 밝혔다. 중국은 그 후 필리핀에게 당장 입찰을 그만두라고 항의하였으며, 다시는 중국의 국가주권과 주권적 권리를 침범하지 말라고 요구하였다.[38] 중국은 보복조치로 스카보로해변수역에 순찰선을 파견하여 필리핀 어선과 탐사선의 운행을 방해하였다(그 수역은 필리핀은 파나타그 섬(Panatag Shoal)이라 부르고, 중국은 황옌다오(黃岩島)라고 부르는 지역인데, 필리핀 주요 도서에 위치해 있고—뤼송다오(Luzon Island/呂宋島) 서쪽 130해리에 위치해 있으며, 중국대륙에서는 500해리 이상 떨어져 있다). 중-필리핀 간의 교착국면은 2012년 4월 8일 타개되었는데, 당시 필리핀군이 스카보로해안에서 산호, 조개, 상어를 잡던 중국어민을 체포하려고 하였을 때, 두 척의 중국 군함이 저지하

---

37 "China focus: China's Sansha starts forming government," *Xinhua*, (17 July 2012), available at: http://news. xinhuanet.com/english/china/2012-07/17/c_131721193.htm.

38 "Manila rejects new Chinese claim to territory just 50 miles away from Philippine province," *Washington Post*, (14 November 2011), available at: http://www.washingtonpost.com/world/asia-pacific/manila-rejects-new-chinese-claim-to-territory-just-50-miles-away-from-philippine-province/2011/11/14/gIQAv3lmJN_story.html.

여, 양측이 대치하게 되었다. 결과적으로 중국 어선은 안전하게 그 해역을 떠났다. 그에 대한 반응으로, 필리핀은 필리핀 전투함을 배치하여 필리핀의 주권을 보호하고자 했다. 그러나 중국 최대의 신형 어업순시선이 그 해역에 나타남에 따라, 필리핀의 조치가 무색해졌다. 양자는 모두 분쟁지역에 배를 보내 서로 분노정서를 격화시켜, 정세가 더 긴장되었으며, 외교 분쟁으로 발전했고, 양측의 민족주의 정서가 거세졌다.

5월 수백 명의 필리핀 시위대가 마닐라 중국대사관 밖에서 시위집회를 하였을 때, 중국은 조용히 필리핀에 대한 경제제재를 시작하였다. 중국여행사는 여행객의 안전이 우려된다는 이유로, 필리핀 여행을 취소시켰다. 필리핀에 외국여행객을 세 번째로 많이 보내는 중국의 행동은 필리핀 정부에게 커다란 경제적 압력이 되었다. 이와 동시에, 중국 검역당국도 분쟁해역 충돌에 대해 보복을 하였다. 바나나는 필리핀의 제2대 농업수출품이고, 그의 4분의 1이 바나나가 중국에 수출되고 있다. 중국이 돌연 그에 대한 수입을 제한한 것은 '대재난'이 되었으며, 20만여 명에 이르는 필리핀 농민이 이로 인해 일자리를 잃었다.[39] 그 후, 중국은 필리핀으로부터 수입되는 파파야, 망고, 야자 그리고 파인애플에 대한 검역작업을 미루기 시작했다. 필리핀에게 있어, 중국과 충돌로 발생한 경제적 후유증은 심각했다.[40]

경제적 수단으로 필리핀을 징벌하는 것 이외에, 베이징은 강경파의 목소리와 민족주의 평론가들이 필리핀과 대치 시 군사행동을 취해야 한다고 조장하는 것을 용인했다. 중국에서 가장 잘 알려진 강경파 군 장성 중 하나인 뤄웬(羅援)은, 필리핀이 강제로 중국 어선의 거동을 검사하는 것은 이미 황옌다오에 대한 중국의 주권을 침해한 것이므로, 중국은 반드시 '일전불사'의 '과감한 행동'을 취해야 하고, 주권과 안전을 수호하려는 결심을 보여주어야 하며, 분쟁지역인 황옌다오에

39 Andrew Higgins, "In Philippines, banana growers feel effect of South China Sea dispute," *Washington Post*, (11 June 2012), available at: http://www.washingtonpost.com/world/asia_pacific/in-philippines-banana-growers-feel-effect-of-south-china-sea-dispute/2012/06/10/gJQA47WVTV_story.html?wpisrc＋nl_headlines_Mon.

40 Richard Javad Heydarian, "China splits Philippine politics," *Asia Times*, (2012.10.10), available at: http://www.atimes.com/atimes/Southeast_Asia/NJ10Ae02.html.

대해 영토 주장을 강화해서, 필리핀과 미래의 잠재적 침략자들에게 그와 비슷한 어떠한 행동도 용서받지 못한다는 것을 알려야 한다고 하였다.[41] 비록 그의 논평이 정부의 정책을 대변하지 않을지는 모르지만, 중국 매체에서 호전적인 주장은 대치국면에 관한 보도에서 이미 충분히 보편적인 것이었다. 비타협적 태도로서 극단적 민족주의 입장을 나타내는 목소리 중, 도발적인 사설과 논평으로 유명한《환구시보》가 2011년 11월 26일 발표한 사설이 가장 사람들의 주목을 받았는데, 그 사설은 중국의 해양에 대해 이의를 제기하는 국가에 대해, 만일 그들이 중국에 대한 태도를 바꾸지 않는다면, 대포 소리를 맞을 준비를 해야 한다고 경고했다.[42] 필리핀의 군사력이 약하여, (중국에) 반격할 수 없을 것이라는 생각에, 당시 전쟁에 대한 요구가 무척 떠들썩했다.

고압적인 외교가 이미 효과가 있는 듯했다. 아키노 대통령이 비록 공개적으로는 여전히 중국의 침량행위를 비난했지만, 6월 상순 조용히 베이징과의 협의를 통해, 분쟁지역인 황옌다오 주변 수역에서 동시에 철수하여, 긴장국면을 완화시키고, 지극히 중요한 쌍무무역과 투자관계를 유지할 것을 약속했다. 태풍 '부초이'(Butchoy)가 해당 지역에 다가 오자, 쌍무협의의 일부로서, 6월 15일 아키노는 필리핀선박에게 해당 수역에서의 철수를 명령했으나, 중국선박은 떠나지 않았다. 필리핀이 철수하고 며칠 후, 필리핀 해군정찰기 한 대가 환초호에서 23척의 중국 어선을 발견하였고, 또 5척의 중국 공무선이 환초호 밖의 황옌다오 부근에서 출몰하였다.[43] 중국 외교부 대변인 홍레이(洪磊)는 신문발표회에서, 중국 공무선과 어선은 모래톱 안의 관할과 경계를 유지할 것이라고 밝혔다. 어떠한 필리핀 함정도 해당 수역에서 중국 어선에 도전하지 않았기 때문에, 황옌다오의 긴장국면은 전반적으

• • • • • • • • • • • • • •

41 "Maj. Gen Luo: China won't 'abandon' war option," China.org.cn, (2012.5.10), available at: http://www.china.org.cn/opinion/2012-05/10/content_25350539.html.

42 "Editorial: Don't take peaceful approach for granted," *Global Times*, (2011.10.25), available at: http://www.globaltimes.cn/NEWS/tabid/99/ID/680694/Dont-take-peaceful-approach-for-granted.aspx.

43 Jim Gomez, "China boats return to disputed area: claim," *The Australian*, (2012.6.27), available at: http://www.theaustralian.com.au/news/breaking-news/china-boats-return-to-disputed-area-claim/story-fn3dxix6-1226410543959.

로 완화되기 시작했다.[44]

동중국해에서, 부분적으로는 국내의 반일 민족주의의 폭발로 인해, 중국은 댜오위다오/센카쿠열도에 대한 입장이 보다 강경해졌다. 역사와 지정학적인 이유로, 일본은 중국 민족주의의 굴기에 있어서 중심적 위치를 차지하고 있다. 중국은 1894~1895년 전쟁에서, 치욕적으로 '왜인' 혹은 '소일본'이라고 멸시하던 일본에게 패배하였는데, 이것이 중국의 제1세대 민족주의자가 생긴 중요한 원인이 되었다. '베르사유조약' 이후 중국에서의 일본의 영토 확장으로, 1919년 중국의 반제적 성격의 5.4운동이 발발하였다. 20세기 30년대부터 40년대까지 일본의 중국 침략으로 중국의 반일정서가 강화되었다. 한 학자가 지적한 바와 같이,

중국은 탐욕스러운 중국의 부에 대한 서구열강의 욕망에는 이미 습관이 되었지만, 열강의 능력이 미치지 않는 것에 대해서는 줄곧 자신감을 가져왔다. 하지만 자기 집 뒤뜰의 먼지 같았던 일본이 공격하자 중국의 자신감이 산산이 무너지고, 놀랍고도 참을 수 없는 치욕을 느꼈다.[45]

비록 양국 정부가 1972년 수교회담에서, 영토문제는 기본적으로 보류하기로 동의하고, 1978년 중일평화조약을 체결하였지만, 이러한 공식적인 우호관계는 꽤나 표면적이었다. 왜냐하면 중국인은 여전히 일본에 대해 원한을 품고 있었으며, 일본이 침략역사를 감추고, 배상문제에 대해 진지한 노력이 부족하다고 생각했기 때문이었다.

21세기 중국이 대국으로 성장함에 따라, 중국 민중은 정부가 중일영토분쟁에 대해 강경한 노선을 취하도록 부추기기 시작했다. 쌍방의 분쟁이 점차 격렬해지고 중국 어선의 선장이 일본에 구류되어 재판을 받게 되자 결국은 외교위기로 발전하

· · · · · · · · · · · · ·

44 Jerry E. Esplanada, "China 'relaxed' with no PH ships in Scarborough Shoal," *Philippine Daily Inquirer*, (2012.6.29), available at: http://globalnation.inquirer.net/42045/china-'relaxed'-with-no-ph-ships-in-scarborough-shoal.

45 Greenfeld, "Roots of Japan? China rivalry," *Japan times*, (2012.9.27), available at: http://www.japantimes.co.jp/author/int-liah_greenfeld/

게 되었다. 2010년 일본 해상보안청의 순시선이 댜오위댜오에서 한 척의 중국 어선을 막고, 선장을 구류하고, 9월 7일 일본지방법원을 통해 그를 기소했다. 일본의 조치는 중일어업협정을 위반한 것인데, 이 협정에 의하면 댜오위댜오 주변 지역은 공해에 속하고, 그 지역을 왕래하는 배는 게양된 국기에 해당하는 국가의 관할을 받기로 되어 있었다.[46]

이 사건에 대한 중국 매체의 과장으로 민족주의 물결이 거세어졌고, 여러 도시에서 반일항의운동이 일어났다. 중국 정부는 신속하게, 일본 정부에게 '즉시 무조건' 중국인 선장을 석방하라고 요구했다. 일본이 중국에 양보하도록 하기 위해, 일본 고위층의 방문을 연기할 뿐만 아니라, 양국의 중국동해 춘샤오유전 공동개발프로그램에 대한 회담을 취소하고, 중국 국민의 일본여행을 금지하고, 일본에 대한 희토류 수출을 중지했다 – 희토류는 전자제품, 혼합동력기차, 풍력발전기와 미사일 등에 쓰이는 것으로 일본의 첨단기술 산업에 있어서 지극히 중요하다. 한 발 더 나아간 보복조치로, 중국당국은 허베이 성에서 군사금지구역에 들어가 군사시설을 불법으로 촬영했다는 이유로 네 명의 일본 국민을 체포하였다.[47] 외교적 행보와 경제적 위협을 동시에 가하여, 일본 정부가 베이징의 해결방안을 받아들이도록 압박하였다. 네 명의 일본 국민이 중국에서 체포된 후, 일본 정부는 쟌(詹) 선장을 석방했는데, '우리 국민과 중일관계에 대한 고려'[48]라는 이유를 들어 풀어주었다. 일본 정부가 이미 중국에 양보를 하였지만, 베이징은 여전히 목소리를 높여, 쟌씨에 대한 '불법구금'에 대해 일본의 사죄와 배상을 요구했다. 이러한 강경노선을 통해, 중국은 당연한 이치로 댜오위댜오에 대한 주권적 요구를 신장하였다.

비록 중국 어선과 일본해보청의 충돌이 몇 년 간 베이징과 도쿄의 가장 심각한

••••••••••••••

46 Sourabh Gupta, "China- Japan trawler incident: Japan's unwise-and borderline illegal-detention of the Chinese skipper," *East Asian Forum*, (2010.9.30), available at: http://www.eastasia-forum.org/2010/09/30/china-japan-trawler-incident-japans-unwise-and-borderline-illegal-detention-of-the-chinese-skipper/

47 "China frees last Fujita employee," *Japan Times*, (2010.10.9), available at: http://search.japantimes.co.jp/cgi-bin/nn20101009x1.html.

48 Sachiko Sakamaki, "Japan cites China relations in releasing boat captain," *Business week*, (2010.9.24), available at: http://www.businessweek.com/news/2010-09-24/japan-cites-china-relations-in-releasing-boat-captain.html.

긴장국면을 초래했지만, 2012년 9월 10일, 일본정부가 댜오위댜오/센카쿠열도의 5개 섬 중 3개를 국유화하기로 결정하자 또 한차례 위기가 발생하였다. 이런 위기 속에서 중국은 한층 더 강세를 보여주었다. 이 위기는 우익인사인 일본 도쿄 도지사 이시하라 신타로의 경솔한 요구로 인해 초래되었다. 이시하라는 일본 민간인 섬 주인들에게 댜오위댜오/센카쿠열도의 5개 도서 중 3개를 사서 개발할 것을 요구했다. 그의 더 도발적인 계획을 막기 위해, 일본 정부는 결정 전 수매(국유화)를 하여, 이 도서들을 원상태로 유지하고자 했다. 중국의 반응은 역사상 유례가 없는 것이었는데, 중국은 그 행위를 현상을 바꾸려는 도발적 행위로 보았기 때문이었다. 그에 분노한 항의가 일어났고, 국유매체를 동원해 민족주의 정서를 강화했으며, 호전적 언론이 팽배해졌고, 한동안 반일시위 도중 일본인 재산을 목표로 하는 폭력행위를 용인하였다. 예를 들면 상점과 식당을 강탈하거나, 일제 자동차를 부수거나, 일본회사 건물에 대해 방화를 하거나 일본 슈퍼마켓을 약탈하는 행위 등이었다. 이 밖에도, 중국 정부는 일련의 경제적 보복조치를 취했는데, 일본상품을 보이콧하고 일본기업 직원들의 취업비자를 보류했다.

이 밖에, 중국은 댜오위댜오/센카쿠열도 12해리 내의 수역에 순시선을 파견하여, 더 강력한 대응을 하였다. 중국외교부 대변인은 2012년 7월 11일 공개적으로, 세 척의 중국 어업행정 순시선이 처음으로 댜오위댜오 12해리 내에서 휴어기 예행순시를 하였으며, 이로써 일본의 섬에 대한 유효한 통제를 타파했다고 인정했다. 중국 관방신문은 일본에서 국유화를 선언한 당일, 중국 감시선 두 척이 이미 댜오위댜오 주변 해역에 도착해 "중국 주권을 수호하고 있다."는 소식을 곧바로 보도했다.[49] 4일 후인 9월 14일에도, 중국 감시선 6척이 댜오위댜오 및 그 부속도서 12해리 내에 진입하였다. 배를 따라가 취재한 신화사 기자의 보도에 의하면, 일본 해상보안청 선박이 헬리콥터와 함께 중국선박을 쫓아와 감시하다가, 중국 순시선을 막으려고 하자, 중국 관리가 무선전보로 일본순시선에게 경고했는데, 그 행위는 이미 중국의 주권을 침범한 것으로, 즉시 그들의 권리침해행위를 정지하지 않으면

49 "Two Chinese patrol ships reach waters around Diaoyu Islands," *Xinhua*, (2012.9.11), available at: http://english.peopledaily.com.cn/90883/7944612.html.

모든 책임을 져야 할 것이라고 경고했다. 순항 시 중국의 순시선이 한 번은 댜오위다오로부터 1.55해리 떨어진 지역에 도착했다.[50] 중국 외교부 부장차관보 위에위청(樂玉成)은 9월 14일 토론회에서, 중국의 순시 및 기타 대항조치로 중국의 도서문제에서의 주권을 유효하게 수호하였으며, 또한 일본의 침략행위를 좌절시켰다고 말했다: "정세의 발전에 따라, 우리는 계속 팽팽하게 맞설 것이고 효과적인 조치를 통해 우리나라의 영토주권을 결연히 수호할 것이다."[51] 그 후, 중국은 일본이 주장하는 영해 안에서 정기적이고 일상적인 순시활동을 개시하여, 댜오위다오에 대한 일본의 실질적 통치에 도전하였다. 『인민일보』의 한 논평은, 중국 해양감시선과 어업지도선 활동의 일상화에 대해, 일본은 반드시 배우고 적응해야 한다고 하였다. 중국은 이러한 일상적인 순찰업무를 계속하여, 중국의 영토주권과 합법적 권리를 수호할 것이다: "중국은 꿋꿋하게 그렇게 해야 하며, 또한 충분한 의지와 능력도 있다."[52]

결론

국내의 경제문제, 첨예한 정치위기와 취약한 지정학적 환경에 직면하여, 중국은 민족주의 문제에 있어서 장기간 실용적 태도를 취해왔고, 외교정책도 대중민족주의 영향에 의해, 중국과 서방국가 그리고 아시아 주변국과의 관계를 해치지 않기 위해 노력해왔다. 그리하여 민족주의의 발흥으로 중국 외교정책이 특별히 경직된다거나 비이성적이 되지는 않았다. 하지만, 21세기 중국의 경제, 외교, 군사력이 나날이 강대해짐에 따라, 외교정책도 강경해지기 시작하였다. 중국 지도부는 강경한 수단을 통해 핵심이익을 추구하면서, 민족주의 시각을 더욱 인정하게 되었고,

....

50 "Patrol around Diaoyu Islands successful: official," *Xinhua*, (2012.9.16), available at: http://english.sina.com/china/2012/0916/507037.html.

51 Yang Jingjie, "Chinese surveillance ships enter Diaoyu waters," *Global Times*, (2012.9.15), available at: http://www.globaltimes.cn/content/733258.shtm.

52 鐘聲, 中國需要這樣的堅守,「人民日報」, 2012.10.8. 第3版.

반응도 보다 적극적이 되었다. 정부의 장려로 나날이 비대해지는 대중민족주의가 가하는 압력은 미국, 서방국가 그리고 아시아 주변국에 대해 중국이 강경한 태도를 취하도록 하는 추동력이 되었다. 2008년 이후 베이징의 실력증강으로 2005년 이전의 좋은 시절(온화했던 중국)은 이미 과거가 되어버렸다.[53] 민족주의는 중국 정부와 민중이 공유하는 가치관으로서, 중국이 굴기하는 과정에서 나날이 중요한 작용을 하고 있다.

　서방국가와 중국 주변국에게 이러한 발전은 일종의 경계경보이다. 왜냐하면 중국 민족주의자들은 모두 "중국이 불공평한 대우를 받았고, 그 영토 및 주권이 다른 나라에 의해 박탈당했다."고 굳게 믿고 있기 때문이다. 민족주의 담론은 피해의식을 유발할 뿐 아니라, 또한 "외교 사무에 있어서도 일종의 독특하고 강한 도덕의식과 정의감을 형성하였다." 그 결과, 중국 민중은 중국-서방 관계 및 주변국 사이에서 민감한 주권과 안보상의 어떠한 문제도, 모두 중국이 아니라 상대국이 일으킨 것이라는 생각을 당연시하게 되었고, 다른 국가가 중국에 대해 원망하거나 타협을 요구하는 목소리에 대해서도, 매우 인내심을 상실했다.[54] 만일 중국이 굴기를 하고 있는 시기에 이런 유형의 민족주의가 중국 외교정책에서 우세를 점하게 된다면, 그렇다면 중국은 자국이 인정하는 핵심이익의 영역에서 타협을 하려면, 불가능하지는 않겠지만 그래도 매우 어려울 것이며, 이로 인해 중국 정부는 점점 더 호전적 외교정책을 취하게 될 것이다.

53 Christensen, "The advantages of an assertive China," *Foreign Affairs*, available at: http://www.foreignaffairs.com/articles/67477/thomas-j-christensen/the-advantages-of-an-assertive-china

54 Robert Sutter, "China's self-absorbed nationalism," *The Diplomat*, (2012.8.31), available at: http://thediplomat.com/2012/08/31/chinas-self-absorbed-nationalism/.

2장
중국 인민해방군과 중국 외교: 외교정책 형성에서 군부가 가진 역할에 대한 신화

여우지(由冀)

베이징(北京)의 외교정책 형성에서 인민해방군이 갖는 역할은 잘 알려져 있지 않지만, 중국 외교 연구에서 중요한 연구 주제이다. 이 글은 베이징의 국제적 목표 추구에서 전체적으로 인민해방군이 외교부와 분업체계를 잘 준수하고 있음을 주장한다. 정부가 일반적인 대외 업무와 일상적인 외교 업무의 중심을 지키는 반면, 중앙군사위원회는 안보/군사 관련 외교 업무의 책임을 지며 분쟁지역에서 무력 사용의 마지막 한계선을 규정한다. 제도적으로 인민해방군의 역할은 세부적이라기보다는 방향제시적이며, 수면 아래 감춰진 경우가 많다. 이로 인해 연구가 복잡해지고, 또한 많은 외교 이슈에서 분업의 경계가 모호해지고 만다. 많은 경우 베이징의 일반적인 외교가 어디에서 끝나고 안보/군사의 동학이 어디에서 시작하는지 명확히 규정하기가 어렵다. 이 글은 두 개의 층위에서 외교 및 안보 업무에 대한 정부-군부의 상호작용을 분석한다. 하나는 국제적 압력과 급격한 국내 변화 속에서 중국공산당과 인민해방군의 지도자들이 중국 공산당의 통치 안정성에 대해 갖고 있는 합의이며, 다른 하나는 전체적인 정부의 가이드라인과는 별도로 안보/군사 관련 외교 업무에서 나타나고 있는 인민해방군의 방향제시적 역할이다.

여우지(由冀, Ji You)_ 호주 뉴사우스웨일스대학 사회과학학원 교수

베이징(北京)의 외교정책 결정에서 중국 인민해방군의 영향을 고려하는 것은 비교적 흔한 일이지만, 이러한 방식이 틀렸다고 할 수는 없어도 정확하다고 말하기도 어렵다. 왜냐하면 '영향'이라는 단어는 기본적으로 외부에서 내부를 향한다는 의미가 강하기 때문이다.[1] 실제로 인민해방군은 외교정책의 결정에서 단순히 영향을 주는 것이 아니라 그 정책 결정의 핵심적인 요소이다. 따라서 그 '영향'은 오히려 내부에서 외부를 향한다. 시진핑(習近平)은 중앙 정치국 상무위원회에서 주석의 자격으로 외교정책에 대한 군의 관심과 시각을 대변하고 있다. 중앙 정치국의 외사영도소조와 국가안전영도소조는 중국 외교 관련 업무의 전략적 방향을 결정하는 중요한 기구라고 할 수 있는데, 그곳에서도 인민해방군의 대표부는 항상 자리를 지키고 있다.[2] 일반적인 상황이라면, 베이징의 대외 업무에서 인민해방군과 외교부의 역할은 명확히 구별된다고 할 수 있다. 일상적인 외교 업무와 일반 대외 업무는 모두 외교부의 소관인 반면, 안보 및 군사와 관련된 외교 사안은 중앙군사위원회가 책임을 진다. 나아가 분쟁지역에서 무력 사용의 한계선을 정하는 것도 중앙군사위원회의 소관이다.[3] 최상위에서 정부와 군부는 동일한 제도적 지위에서 서로의 역할을 잘 감당할 수 있도록 잘 조직되어 있는 것이다.[4] 문제는 핵심적인 외교 이슈가 발생하였을 때, 이 두 조직 사이의 역할 경계가 모호해진다는 것이다. 어디까지가 베이징의 일반적인 외교 사안이고 어디서부터가 안보/군사 업

---

1 외교정책에 대한 인민해방군의 영향과 관련된 연구로 다음을 참조. Lai Hongyi and Su-Jeong Kang, "Domestic Bureaucratic Politics and Chinese Foreign Policy," *Journal of Contemporary China*, Vol. 23, No. 86 (March 2014); Ellis Joffe, "How much does the PLA make foreign policy," David Goodman, *China Rising: Interdependence and Nationalism,* (London: Routledge, 1997).

2 국가안전영도소조는 2000년 9월 만들어졌다. 중공중앙 정치국 외사영도소조와 나란한 조직이지만, 동일한 인원으로 구성되어 있다. 동일한 기구가 두 개의 이름을 가지고 있는 것이다(合署辦公). 구성원은 모두 당과 정부, 군부의 최고 지도자로 구성되어 있으며, 그들은 모두 대외업무 전반, 혹은 일부에 대해 책임을 가지고 있다. 회의는 주제에 따라 그 명칭이 결정되기도 하며 참석 인원이 달라질 수 있다.

3 가장 대표적인 예가 여전히 전쟁 상황에 있는 타이완 문제에서 인민해방군이 가지고 있는 역할이다. 이에 대해서는 다음의 연구를 참조. You Ji, "The Anti-Secession Law and the Risk of War in the Taiwan Strait," *Contemporary Security Policy*, Vol. 27, No. 2 (August 2006); Shuisheng Zhao, "Military coercion and peaceful offence: Beijing's strategy of national reunification with Taiwan," *Pacific Affairs*, Vol. 72, No. 4 (Winter, 1999-2000).

4 宮力, 門洪華, 孫東方, "中國外交決策機制變遷研究(1949-2009)", 『世界經濟與政治』 2009年 第11期, pp.44-54.

무의 시작인지 명확하지 않을 때가 많다. 중국과 관련된 국제적인 사안들은 대부분 대외 업무에 속하지만, 동시에 안보/군사의 함의를 가지는 경우가 많다. 이들 사이의 기능적 구별은 여전히 명확하지 않으며 정확하게 확인되지도 않고 있다.[5] 이 연구 주제가 쉽지 않은 것은 인민해방군의 역할이 구체적이라기보다는 방향제시적이고, 또한 수면 위로 잘 드러나지 않기 때문이다. 나아가 베이징의 정책 결정 과정은 불투명한 경우가 많고, 외부 도전에 대한 정부와 군부의 대응은 비조직적인 양상을 띠기도 하며, 영토분쟁 등의 핵심 이익이 걸린 부분에서는 최고 외교 담당자와 고위 군부 사이에 권력 불균형이 나타나기도 한다. 이러한 원인들로 인해 연구가 혼란에 빠지기 쉽다.[6] 그런 점에서 이 글은 외교 및 안보 관련 사안에 대한 정부와 군부의 상호작용을 두 가지 층위에서 분석하려고 한다. 하나는 급격한 국내정세 변화와 국제사회 압력이 초래될 때 통치의 안정을 우선시하는 중국 공산당과 인민해방군 지도자 사이의 폭넓은 합의이며, 다른 하나는 일반적인 정부 방침 안에서 안보/군사 관련 외교 업무에 대해 인민해방군이 수행하고 있는 방향제시적 역할이다. 최근에 있었던 몇 개의 지역 안보 관련 사건이 그 구체적인 분석 대상으로 제시될 터인데, 이를 통해 이 글이 우선적으로 지적하고 싶은 것은 중국의 외교 정책 과정에서 인민해방군의 역할이 잘못 이해되는 경우가 많다는 사실이다. 나아가 제도적인 절차와 성문화된 게임의 규칙에 근거하여 정부와 군부 사이에 존재하는 몇 가지 뚜렷한 상호 관계의 패턴을 확인하고자 한다.

<hr/>

5 일부 학술 논문이 정치적 각도, 혹은 위기관리의 차원에서 이 문제를 논의하고 있다. 이에 대해서는 다음의 연구를 참조. Linda Jakobson et al., *New Foreign Policy Actors in China*, (*SIPRI Policy Paper*, No.26, 2010); Andrew Scobell, et al., *Chinese National Security Decision making under Stress*, (Carlisle, PA: US Army War College Press, 2005).

6 필자의 정보에 따르면 오로지 다이빙궈(戴秉國)만이 후진타오(胡錦濤)에게 직접 전화를 할 수 있었다(당시 왕이(王毅)는 외교부 장관이 아니었다). 반면 인민해방군 내 십여 명의 장군들이 후진타오에게 직접 전화를 할 수 있었다. 시진핑(習近平)은 공식적이든 비공식적이든 외교관 및 장군들과 폭넓게 직접적인 연락을 취하고 있다. 만약 후진타오 시대 가장 강력한 인사 100명을 추린다면, 외교관은 아마도 한두 명에 그치겠지만, 장군은 최소한 10명 이상 포함될 것이다.

토론을 위한 개념적 배경의 구성

이 글이 설명하려는 것은 안보 관련 외교 업무에서 인민해방군은 전체적인 방향(方向主導) 제시의 역할을 하지만, 이는 기본적으로 정부 주도하에 있으며 국내 문제를 최우선으로 한다는 것이다. 외교 업무에서 정부와 군부의 상호작용은 몇 가지 원칙으로 정리해볼 수 있다. 첫째, 인민해방군은 당의 지도를 철저하게 따른다. 이는 중국의 정치 문화와도 관련되는데, 중국에서 군은 전통적으로 정부에 종속되어 왔다.[7] 현재 인민해방군은 중국 공산당의 정책을 따르고 있으며, 특히 군대 내 인사 및 행동은 모두 중앙정치국에 의해 결정된다.[8] 따라서 일부 예외가 있기는 하지만, 덩샤오핑 이후의 인민해방군은 당내 정치와 일반적인 외교정책에서 한 발짝 물러서 있는 것을 하나의 원칙으로 삼아 왔다.[9] 인민해방군은 의식적으로 정부 지도자의 외교정책을 전략적 차원에서 지지해온 것이다.

둘째, 마오 이후 중국공산당과 인민해방군의 유대는 공존구조(共存結構)에서 이익공동체(利益共同體)로 그 성격이 변화해왔다.[10] 이 패러다임의 변화로 인해 인민해방군은 자신의 고유 업무, 예컨대 군대 행정과 작전 시행에서 더 많은 자율성을 확보할 수 있게 되었고, 안보 관련 외교 업무 등의 특정 영역에서 더 많은 정책 결정 영향력을 행사할 수 있게 되었다. 논리적으로만 보면, 이러한 상황은 인민해방

．．．．．．．．．．．．．

7 예를 들어, 인민해방군은 정부-방어 전환과 관련된 당의 정책을 따르고 있다. Dongmin Lee, "Swords to ploughshares: China's defense-conversion policy," *Defense Studies*, Vol. 11, No. 1 (January 2011).

8 You Ji, "The 17th Party Congress and the CCP's changing elite politics," Yang Dali, *China's Reform at 30* (Singapore: World Scientific, 2009).

9 예를 들어, 1992년 양(楊)씨 형제의 개입에 힘입어 덩샤오핑(鄧小平)은 중국의 발전 경로를 바꿀 수 있었다. 궈보슝(郭伯雄) 장군과 쉬차이허우(徐才厚) 장군의 지지가 있었기 때문에, 후진타오는 보시라이(博熙來)에 대한 결정을 비교적 쉽게 내릴 수 있었다. 보시라이 사건을 처리하는 과정에서 중앙군사위원회는 후진타오가 제시한 '정치적 감각을 키우고, 전체적인 상황을 고려하며, 당의 기율을 지키라(講政治, 顧大局, 守紀律)'의 아홉 글자를 충실히 따랐다. 이에 대해서는 다음을 참조. "Daily Military Report", CCTV-7, 2012.2.12.

10 이 공생관계에 대해서는 다음의 연구를 참조. David Shambaugh, *Modernizing China's Military: Progress, Problems and Prospects,* (Berkeley, CA: The UC Press, 2003); Li Nan, *Chinese Civil-Military Relations: The Transformation of the People's Liberation Army,* (London: Routledge, 2006).

군이 외부 위협에 대해 어느 정도 자유롭게 대처할 수 있게 되었음을 의미한다.[11] 실제로 미국이 아시아 회귀 전략을 통해 군사적 차원에서 중국에 대한 헤징 전략을 실행하였을 때 국제무대에서 인민해방군의 모습도 눈에 띄게 강화되었다.[12] 영토분쟁이 심화되고 미국의 주도적 개입이 이뤄지면서 국가 핵심 이익에 대한 중국 인민해방군의 책임이 늘어났고, 그에 따라 외교 업무와 위기관리 방면의 비중 역시 늘어나게 된 것이다. 전쟁 준비가 중국공산당의 업무에서 중요한 사안으로 부각되자 인민해방군의 영향력도 그에 따라 늘어나게 되었다. 안보와 외교가 만나는 그 접합부에서 인민해방군의 핵심적인 지위가 정당성을 얻고 있는 것이다.[13]

이러한 역할은 덩샤오핑(鄧小平)에 의해 만들어졌다고 할 수 있다. 1980년대 덩샤오핑은 중국의 주권 및 영토 수호를 인민해방군의 최우선 업무로 규정하였다.[14] 이 질서 위에서 정부와 군부의 상호작용이 형성되었는데, 당의 지도부는 안보와 관련된 외교정책을 결정할 때 군 최고 참모들의 의견을 참조해야만 했다. 특히 외부 위협에 대해 중국이 어떻게 대처할 것인지는 주로 군부의 몫이었다. 가령 1980년대 이후 미국이 타이완에 무기를 판매할 때마다 베이징은 대화 중단의 방식으로 대처해왔는데, 이는 주로 인민해방군에 의해 주도된 것이라 할 수 있다.[15] 2010년 4~5월, 게이츠 미국방장관이 중국 방문의 가능 여부와 그 시점을 타진했을 때 부정적인 답변을 준 것도 기본적으로 중앙군사위원회였다. 비록 이 사안이 미중 관계의 한 부분에 불과한 것은 사실이지만, 전체적인 양국관계에 영향을 끼친 것 또한 사실이고, 나아가 미중관계가 중국 외교정책의 초석인 이상 결과적으로 중국 외교

....

11 Michael Kiselycznyk, *Civil-Military Relations in China: Assessing the PLA's Role in Elite Politics*, China Strategic Perspectives Paper No. 2, (Washington, DC: The US National Defense University, 2010).
12 James Dobbins, "War with China," *Survival*, Vol. 54, No. 4, (August/September 2012), pp.7-24.
13 시진핑이 군대를 지휘하는 방식은 인민해방군이 전투 준비를 해야 하고 전쟁에서 승리할 수 있어야 한다고 강조하는 데서 드러난다. 이는 현재 정부-군부의 일상 업무에서 가장 우선시되고 있는 의제이다. *The PLA Daily*, 2012.12.11.
14 葛東升, 『國家安全戰略論』(北京: 軍事科學出版社, 2006), p.226.
15 대규모 무기 판매가 있을 때마다 중앙군사위원회는 정부의 건의하에 군사적 교류의 중단을 결정하였다. 이는 1982년 미국의 무기 판매에 대해 덩샤오핑이 취했던 방식을 따르는 것인데 지금까지 여섯 번의 교류 중단이 있었다. 이러한 방식을 정부 지도자가 바꾸는 것은 대단히 어렵다.

정책에 영향을 주었다고 할 수 있다. 워싱턴은 미국의 무기 판매에 대한 인민해방군의 반응을 일종의 게임 체인저(game changer)로 해석하였고, 이로 인해 클린턴은 2010년 7월 아시아-태평양의 안보 질서를 다시 형성하고자 중심축의 이동을 발표하게 된 것이다.[16]

세 번째 원칙은 관리가 가능하다는 전제 아래 중국공산당과 인민해방군은 모두 일정 수준의 강경함이 필요하다고 본다는 점이다. 중국의 영토분쟁에서 보복적 조치가 제기된 이면에는 언제나 인민해방군이 자리하고 있었다. 댜오위/센카쿠 이슈는 중국의 핵심이익으로 정의되고 있지만, 더 정확히 말하자면 '댜오위는 중국의 핵심이익에 영향을 주는 이슈'이다.[17] 두 가지가 중국의 핵심이익을 규정하는 최소 조건인데, 하나는 국내 정치이고 다른 하나는 전쟁 발발의 손익계산이다. 전자는 중국 공산당의 통치 합법성에 대한 일반 대중의 위협 수준으로 평가되고, 후자는 인민해방군의 행동으로 인한 무장충돌의 가능성을 미연에 방지하는 것에 그 초점을 맞추고 있다.

이 글이 말하려는 것 중 하나는 외부 어려움이 쌓여가는 상황임에도 인민해방군은 기본적으로 세계 및 지역 내 힘의 균형이 이전과 다르지 않다고 인식한다는 점이다. 전략적으로 인민해방군은 전쟁 회피라는 당의 노선을 지지하고 있다.[18] 단지 영토분쟁 때문에 무력충돌이 빚어지는 것을 그들은 가능한 피하려 하는 것이다.[19] 그런데 다른 한편으로 인민해방군은 국내 정세 악화와 기타 분쟁 상대자의

• • • • • • • • • • • • • •

16 2010년 3월, 게이츠는 량광례(梁光烈)에게 보내는 편지에서 중국 방문을 희망하는 내용을 전달하였다. 이에 중국 측은 시기적으로 좋지 않다고 대답하면서 그리 멀지 않은 미래에 방문을 환영하게 될 것이라 전달하였다. 5월, 게이츠는 량광례에게 샹그릴라(香格里拉) 대화에 앞서 베이징을 방문하고 싶다는 의사를 다시 전달하였다. 어쩌면 그는 중국의 첫 번째 거절이 형식적인 것이라 생각했을지 모른다. 그러나 인민해방군은 이번에도 시기가 좋지 않다고 대답하였다. 이때 게이츠는 대단히 역정을 냈고, 이것이 7월 ARF 회담에서 워싱턴이 중심축 발언을 하기로 결정하는 데 영향을 준 것으로 보인다. 그러나 인민해방군의 입장에서 보면, 게이츠의 방문은 언제든 환영이지만, 그것이 너무나 빨리 이뤄진다면 군사 교류의 중단이 우스꽝스럽게 보일 수 있었고, 따라서 정치적으로 받아들이기가 힘들었던 것이다. 베이징과 워싱턴의 소식통, 2011년 7월.

17 中國社會科學院日本研究所, 『日本藍皮書(2013)』(北京: 社會科學文獻出版社, 2013).

18 馬曉天, "當前我國外部安全環境的新變化及相關思考", 『學習時報』, 2012.1.2.

19 2013년 6월 2일, 제12차 샹그릴라 대화 기간 중 치젠궈(齊建國)의 연설. 그는 특히 "댜오위다오 분쟁은 마땅히 후대가 결정하도록 내버려둬야 한다."고 언급하였다.

압력으로 타협의 공간이 줄어드는 것에 주의하고 있으며, 이에 효과적으로 대처할 필요가 있다고 본다. 일본이 댜오위다오를 국유화하면서 게임의 양상이 심각하게 변화했는데, 이에 확실하게 반응하지 않는다면 도쿄는 그 섬에서 더 많은 행동을 취할 수도 있는 것이다. 실제로 아베는 2012년 선거운동 중 정부 인력을 그 섬에 파견하겠다고 약속하였다. 만약 적절한 대응을 취하지 않는다면, 그 결과는 군사적 대결로 이어질 수 있는 것이다. 이는 정부와 군부가 공유하고 있는 인식이며, 인민해방군이 혼자서 내세우고 있는 주장이 아니다.[20] 인민해방군의 강한 수사나 심지어는 무력 과시의 행동조차도 불리한 상황에서는 공격적인 움직임이 방어의 효과를 높인다는 손자병법의 맥락으로 읽힌다.[21] 인민해방군의 입장은 판을 키워서 옛 영토를 회복하겠다는 것이 아니라 최소한의 주권을 수호하겠다는 것이다. 물론 이 균형은 깨지기 쉬운 것이어서, 영토분쟁이 제로섬 다툼으로 치달을 수 있고, 나아가 모두를 궁지에 몰아넣을 수도 있다.[22] 역설적인 사실은 인민해방군이 적절한 수준의 강경함을 보여주기 때문에 국내 정세를 최우선으로 여기는 중국 공산당의 기조가 쉽게 유지될 수 있다는 사실이다. 베이징의 소극적 태도에 불만을 갖고 있는 대중을 이러한 방식으로 어느 정도 무마할 수가 있는 것이다. 2012년 9월 일본이 댜오위다오를 국유화하였을 때 대중들이 생각보다 과격하게 반응하였다는 사실을 기억해야 한다. 중국 공산당이 그저 부드러운 태도로 대응해서는 안 된다는 메시지가 여기에 담겨 있다. 시진핑의 개인적인 차원에서도 우호적인 대중 여론은 그의 권력을 강화하는 데 유리하게 작용할 수 있다.[23]

· · · · · · · · · · · · · ·

20 "Support to state reaction to Japan's purchase of Diaoyu is absolute mainstay public opinion," *Global Times*, 2012.9.20, p.1.

21 이 강경한 대처의 논리는 다음의 자료에서 잘 설명되어 있다. Alastair Ian Johnston, "How New and Assertive Is China's New Assertiveness," *International Security*, Vol. 37, No. 4 (Spring 2013), pp.7-48.

22 지역 안보 회의에 참석한 대표들은 자주 이러한 관점을 드러냈는데, 지금 중국으로부터 양보를 얻어내지 못한다면 중국이 정말 강해진 이후에는 가망이 없다고 하였다. '지금이 아니면 안 된다.'는 생각은 영토분쟁에 대한 제로섬 접근을 강조하게 된다.

23 중국 외교정책 형성에서 반일시위가 끼친 영향에 대해서는 다음의 연구를 참조. James Reilly, "A wave to worry about? Public opinion, foreign policy and China's anti-Japan protest," *Journal of Contemporary China*, Vol. 23, No. 86 (2014).

중국의 외교정책에서 정부와 군부가 공유하고 있는 인식

중국 외교 및 안보 정책의 기저에는 정부와 군부 사이의 폭넓은 합의가 존재하고 있는데, 이는 인민해방군이 당의 정치적 노선과 전체적인 외교정책을 지지한다는 것으로 요약될 수 있다.[24] 기본적으로 인민해방군은 후진타오(胡錦濤)와 시진핑의 합리적이고 실용적인, 그러나 '핵심이익'에 대해서는 확고한 국가 운영 방식을 지지하고 있다. 외교정책의 결정에서 후진타오가 보여주었던 원칙은 대략 다음과 같이 정리될 수 있는데, ① 국내 안정 우선, ② 전략적 기회의 시기 확대, ③ 국제 분쟁에서 해결책이 준비되지 않았을 경우 현상 유지에 주력, ④ 모호성의 정치를 통한 위기 회피, ⑤ 개별 사건과 전체적인 외교정책 사이의 구분, ⑥ 직접적인 군사 대응보다 경제 수단(소프트파워)의 활용 등이 그것이다. 이러한 원칙들은 인민해방군도 동일하게 준수하고 있다.

(1) 전쟁 회피, 전략적 기회의 시기를 연장하는 관건

중국공산당이든 인민해방군이든, 그들은 모두 중화인민공화국이 직면할 수 있는 궁극적 도전은 결국 내부에서 비롯될 것이라 믿고 있다.[25] 국내 정치와 외교 사안이 만나는 고리에서 통치의 안정은 우호적인 국제환경이 조성되어야 더 쉽게 성취될 수 있다. 현재 중국공산당의 최대 정치 현안은 중국의 전략적 기회의 시기를 어떻게 2020년까지 연장할 수 있을 것인가이다. 그 시점이 되면 중국의 전체 GDP가 미국과 비슷한 수준에 도달하게 된다. 국제적 현안에서 베이징의 발언권은 더 강화될 것이고, 중국에 대한 미국의 압력도 더 광범위해질 것이다. 구체적으로 전략

---

24 劉繼賢, "中國人民解放軍政治工作新發展: 學習胡錦濤的軍事思想", 『解放軍政治工作』, 2008年 第10期, p.2.

25 장쩌민과 후진타오는 덩샤오핑의 가르침에 충실했다. 덩샤오핑은 "만약 우리가 우리 내부 사안을 잘 처리할 수 있다면 어떠한 외부 압력도 우리를 부술 수 없다."고 하였다. 이는 1989년 9월 4일, 24자로 정리된 외교정책(이른바 '도광양회')으로 장쩌민에게 전해졌다. 몇 년 뒤 덩샤오핑은 여기에 '유소작위'라는 네 글자를 더했다. 정책 개념으로 보면, 덩샤오핑은 국내 질서가 '도광양회'보다 더 중요하다고 강조한 것이다. 冷溶, 『鄧小平年譜(1975-1997)』(北京: 中央編譯出版社, 2007), p.1289.

적 기회의 시기는 전쟁이 부재하는 시기로 정의될 수 있다.[26] 중앙군사위원회도 무분별한 무력 과시는 인민해방군의 이익에 부합하지 않는다고 믿고 있다. 평화는 중앙군사위원회의 정책적 선택이 아니라 미국 군사력에 비해 상대적으로 열악한 현실이 불러온 정치적 필요이다.[27] 전쟁을 회피하는 것이 기회의 시기를 유지할 수 있는 관건이며, 중국 공산당과 인민해방군은 모두 이 부분을 명확하게 인식하고 있다.

오늘날 중국의 부상(浮上)은 대단히 모호한 상황이라고 할 수 있다. 부상 자체는 틀림없지만, 그렇다고 해서 어려움이 아예 없다고 할 수는 없는 것이다. 그 상승세가 원치 않는 전쟁으로 인해 꺾일 수 있다. 시진핑의 입장에서는 강경한 태도를 보이는 것이 여러 가지 차원에서 유리하다. 자신의 정치권력 강화에 도움이 될 뿐 아니라, 중국의 핵심이익을 세계에 확고히 하는 데에도 용이하다. 그러나 지금까지 베이징은 일극주의의 국제사회에서 한편으로는 주권을 확고히 하는 데 힘써왔고 다른 한편으로는 효과적인 위기관리를 통해 균형을 맞추려고 애써왔다. 강경한 태도가 나타나는 것도 그것이 대응의 형식을 취한다는 점에서 영토를 회복하겠다는 의지와는 거리가 멀다. 그것은 높은 국내적 압박과 낮은 군사력 수준이라는 한계로부터 자유롭지 않다. 전략적 환경이 많이 변화했지만, 중국의 전략적 기회의 시기는 크게 훼손되지 않았다.[28] 인민해방군은 악화되고 있는 영토분쟁 속에서도 전체적인 상황은 통제 가능하고 무력 사용의 필요는 대단히 낮다고 평가한다. 베이징 역시 이러한 인민해방군의 평가를 토대로 전쟁 없는 시기가 지속될 수 있으리라 믿고 있다.[29]

중국공산당과 마찬가지로 인민해방군도 전략적 기회의 시기가 조만간 끝나지

26 이 개념은 2002년 장쩌민이 처음 제기한 것이다. 기회는 미국의 테러와의 전쟁에서 비롯되었다. Chen Xiangyang, "Firmly grasp the late period of China's strategic opportunity period," *Outlook Weekly*, 2012.8.15.

27 미국이 아시아로 중심축을 이동함에 따라, 후진타오는 인민해방군에 "중국이 기회의 시기를 유지할 수 있도록 최대의 노력을 다해달라." 는 지침을 전달하였다. *Newspaper for Chinese National Defense*, 2012. 1.12, p.3.

28 "訪陳舟大校", 『中國軍事科學』, 2012年 第1期, p.52.

29 馬曉天, "當前我國外部安全環境的新變化及相關思考", 『學習時報』, 2012.1.2.

않을 것이라 보고 있다는 뚜렷한 증거는 인민해방군이 국경 분쟁에서 더 이상 무력을 사용치 않는다는 사실이다.[30] 인민해방군은 26년간 전쟁을 하지 않고 있는데, 이는 중화인민공화국 역사상 가장 오랜 기간이라고 할 수 있다. 그 이면의 논리는 명확하다. 자신이 스스로 일으킨 전쟁보다 중국의 부상을 더 훼손하는 것은 없다는 것이며, 만에 하나 전쟁이 예상치 못한 방향으로 진행된다면 중국공산당의 통치마저 위험할 수 있다는 것이다. 다른 누군가가 주권 문제를 제기하지 않는 한, 베이징은 현상 유지에 만족할 확률이 높다. 왜냐하면 중국의 부상이 순조롭게 지속되기 위해서는 지금의 현 상황이 바람직하기 때문이다. 현재 중화인민공화국의 영토는 지난 150년 이래로 가장 작은 수준이다. 1949년 이후 국경지역 협상에서 베이징은 분쟁 해소를 위해서 상대국보다 더 타협적인 면모를 보였다.[31] '토지를 대가로 얻은 평화'가 국내에서는 자주 비판의 대상이 되곤 하였지만, 이 원칙은 오늘날까지도 이어지고 있다. 베트남과 러시아(가령 헤이시아즈 섬)와의 영토 협상에서 중국이 보여준 양보는 그 대표적 사례라고 할 수 있다. 협상에 별다른 진척이 보이지는 않는 지역에서는 전체적인 양국관계를 진전시키기 위해서 협상 자체를 보류하기도 한다. 중국과 인도의 협상이 대표적인 경우인데, 이러한 방식으로라도 '뒷마당의 질서가 유지'되는 편이 낫다고 베이징은 보고 있는 것이다. 인민해방군 전략가의 설명에 따르면 인민군은 방어적 태세를 취하고 있다. 불합리하고 비합법적인 이익을 추구할 의사가 없으며, 분쟁이 있더라도 협상을 통해 해결하려 한다는 것이다. 역내 분쟁에서 무력 사용을 자제하는 이러한 태도 변화는 단순히 정책 취향의 변화로 설명될 수 있는 것이 아니다. 그보다 중요한 것은 국제정치에서 군사적으로 대응하는 것이 어떤 의미가 있는지에 대해 인식의 변화가 이뤄지고 있다는 사실이다.[32] 이러한 변화를 당연한 것으로 받아들여서는 안 되는데, 왜냐하면 중국 공산당은 무기를 통해 건설되었기 때문이다. 전쟁을 가능한 피하려고 하는 후

···············

30 Taylor Fravel, "Regime insecurity and international cooperation: explaining China's compromise in territorial disputes," *International Security*, Vol. 30, No. 2 (Fall 2005), p.55.
31 위의 책, 57쪽.
32 모든 분쟁은 중화인민공화국에서 시작된 것이 아니라 중화민국 시기에 비롯되었다. 李殿仁, 『中國特色軍事變革硏究』(北京: 國防大學出版社, 2007), p.73.

진타오의 의지와 전쟁 비용에 대한 인민해방군의 걱정이 '전쟁 회피'라고 하는 제도화된 과정을 낳았다고 봐야 한다. 초강대국에 비해 현격하게 떨어지는 전쟁 준비 능력을 인민해방군은 줄곧 우려해왔다.

이제 문제가 되는 것은 전쟁 회피라고 하는 정부와 군부의 공통된 인식이 시진핑 집권 체제에서 얼마나 유지될 것인가이다. 이는 베이징이 덩샤오핑의 '도광양회(韜光養晦)' 전략을 버렸는가라는 문제와도 직접적으로 관련된다.[33] 장쩌민과 후진타오가 집권하던 시기에는 중국이 덩샤오핑의 전략을 준수하면서 상당한 이익을 취할 수 있었다.[34] 시진핑은 영토분쟁에 대한 베이징의 접근 방식을 바꾸고 있는데, 새로운 지도부는 기본적으로 덩샤오핑의 '도광양회'를 따르면서도 덩샤오핑이 제기했던 또 다른 원칙, 즉 '유소작위(有所作爲)'도 실천하고 있다.[35] 덩샤오핑은 주권 문제에 대해 비교적 엄격했다고 할 수 있다. 그는 '도광양회'를 전수하던 같은 날에 장쩌민에게 다음과 같은 말을 남겼다. "너는 반드시 확고한 태도를 가져야 한다. 만약 네가 유약하게 행동하면 다른 사람들은 너를 존중치 않을 것이다."[36] 시진핑의 새로운 사고는 덩샤오핑의 두 가지 원칙이 변증적으로 통일된 것이라 볼 수 있다. 덩샤오핑의 '도광양회'는 미국과의 충돌 회피로 나타나고 있으며, 이 원칙은 비교적 엄격하게 준수되고 있다. 동시에 시진핑은 핵심 이익 수호의 의지를 확고히 하고 있다. 남중국해 문제와 관련된 일련의 효과적인 조치들은 미중관계가 훼손되지 않는 선에서 취해졌다. 즉 일련의 레드라인을 명확히 하여 미중관계가 불가역전인 상황에 빠지지 않도록 신중을 가한 것이다. 이것이 새롭게 마련된 전제라고 할 수 있다. 몇몇 중국 연구자들이 지적했던 것처럼, 만약 가능하다면, 인민해방군은 가뜩이나 긴장 국면에 처해 있는 중국의 외부환경을 자신의

•••••••••••••

33 "Already world number 2, still need to keep low?" *People's Daily*, 2012.12.11.

34 Shuisheng Zhao, *Chinese Foreign Policy: Pragmatism and Strategic Behavior*, (New York: M.E. Sharpe, 2004).

35 2013년 1월 28일 외교정책에 대한 정치국 회의에서, 시진핑은 '전략적 끈기(戰略定力)'라는 표현으로 새로운 국제환경에서도 덩샤오핑의 외교정책 가이드라인을 지켜갈 것임을 명확히 하였다. "習近平在中共中央政治局第三次集體學習時強調: 更好統籌國內國際兩個大局, 夯實走和平發展道路的基礎,"『人民日報』, 2013.1.29.

36 鄧小平,『鄧小平文選・第三卷』(北京: 人民出版社, 1993), p.320.

무력 사용으로 더욱 악화시키지는 않을 것이다.[37]

(2) 방어적 무장 태세, 다양한 층위의 전쟁 압력을 회피할 수 있는 관건

'무전쟁' 정책과 밀접히 관련된 것이 인민해방군의 방어적 태세이다. 미국의 중심축 이동이 연합 형성을 촉발하고 있는 가운데, 중국에 대한 군사적 압박 역시 다양한 차원에서 증가되고 있다. 황해와 같은 민감 지역에서 거듭되고 있는 군사 훈련이라든지, 혹은 싱가포르와 오스트레일리아 지역에서 이뤄지고 있는 해군 증강 배치 등이 그 대표적인 예이다. 그런데 이러한 상황은 방어의 최우선권이 어디에 있는가를 두고 논쟁이 일어났던 청말(淸末)의 역사를 환기시키고 있다. 외국 해군의 공격에 대비한 해안 방어(江防)에 힘써야 하는지, 아니면 서북부 지방의 침투에 대비한 대륙 방어(塞防)에 힘써야 하는지가 베이징의 고민인 것이다.[38] 청조는 1874년 내륙 접경 지역의 이익이 걸린 신장(新疆)을 회복하기로 결정하였지만, 현재 중국의 최고 지도부는 해양 경계에 우선권을 부여하고 있다. 무장 태세와 배치, 그리고 능력 건설의 구체적인 양상은 중국의 방어적 전략과 외교가 그러한 방향으로 수렴되고 있음을 보여주고 있다.[39]

인민해방군의 방어적 태세는 단순히 앞에서 언급했던 무력 사용 자제라는 당의 요청을 받아들이면서 끝나는 것이 아니다. 일반적으로 말해서, 중앙군사위원회의 두 가지 현실적 판단이 중요하다고 할 수 있는데, 이는 적국에 대비한 전투 서열과 관련되어 있다. 첫째, 2011년 5월 천빙더(陳炳德) 장군이 미국에서 밝혔던 것처럼, 인민해방군은 미국이 심각하게 자신의 이익을 건드리지 않는 한 미국과 맞서는 것을 자제하고 있다. 천빙더는 미국 군대와 인민해방군 사이에 존재하는 현격한 군사력 차이를 우려하였는데, 이는 중앙군사위원회의 일반적인 정서라 해도 무방하다.[40] 아시아의 모든 영토분쟁이 미국과 관련될 수밖에 없는 상황에서 인민해방군

---

37 Qiang Xin, "Cooperation opportunity or confrontation catalyst? The implication of China's naval development for China-US relations," *Journal of Contemporary China*, Vol. 21, No. 76 (2012), p.615.
38 李元鵬, "晩淸 '海防', '塞防' 之爭," 『中國軍事科學』, 2002年 第2期, p.57.
39 馮梁, 『中國的和平發展和海上安全環境』(北京: 世界知識出版社, 2010).
40 2011년 5월 18일 미국 국방 대학교에서의 천빙더 연설.

은 미국의 개입을 최악의 시나리오로 상정하여 계획을 수립할 수밖에 없다. 방어적 태세는 그 의도를 말해줄 수 있을 뿐 아니라 군사적 약점 때문에 어쩔 수 없는 선택이기도 하다. 이는 피할 수 있을 때까지 최대한 군사 행동을 피해야 한다는 전략을 담고 있다. 무력을 사용해야 한다면, 그것은 마지막 대안이어야 한다.[41]

두 번째 판단은 인민해방군이 동시에 두 개의 전선(예컨대 타이완과 다른 하나의 지역)에서 전쟁을 수행해야 하는 상황을 예방해야 한다는 것이다. 이는 1970년대 이래로 인민해방군이 가지고 있던 작전 지침이라고 할 수 있다.[42] 공격적 태세는 선제적 행동을 유발할 수 있고, 따라서 다양한 지역에서 전쟁이 발발할 가능성이 높아진다. 일부 인민해방군 인사들은 최근 몇 년 사이 중국의 영토 수호와 관련하여 강경한 목소리를 내고 있는데, 이들의 발언은 전체적으로 다음의 두 가지 중 어느하나에 속한다고 할 수 있다. 첫 번째 경우는 정책 영향이 적은 상황에서 제기되는 국가 안보의 교육이고, 두 번째 경우는 정책으로 전환되기에 앞서 공식적인 입장을 전하는 경우(奉命放言)이다. 흥미롭게도 이 두 번째 경우는 분쟁의 상대국에게 경고의 메시지를 전하는 의도를 가지고 있다. "우리는 너희가 끝까지 밀고가지만 않으면 너희를 상대로 어떠한 행동도 취하고 싶지 않다. 그러니 부디 우리를 몰아세우지 말아 달라." 이러한 수사는 다른 세력과 어떻게 해서든 충돌하지 않으려는 중앙군사위원회의 의도와 밀접히 관련되어 있다.[43] 정책 결정에 관한 한, 인민해방군의 방어적 태세는 단순히 실제 정책 선호를 알려주는 데 그치는 것이 아니라 행동을 취하고 싶지 않은 전략적 필요를 알려주는 것이다.

이러한 방어적 태세는 전쟁 대비에 있어서도 방어적 전투 원칙으로 이어지고 있다. 구체적으로 내륙지역에서의 방어적 방어라든가 혹은 동부 연안 지역의 방어적 공격이 그러하다.[44] 전체적으로 전쟁 대비는 주로 해상 시나리오에 그 초점이

••••••••••••••

41 예를 들어, 2012년 5월 중국과 필리핀이 대치상황에 놓였을 때, 마샤오텐(馬曉天)은 인민해방군이 무력을 사용하지 않을 것이며, 외교적 해법을 찾을 것이라고 약속하였다. *Diplomat*(Japan), 2012.6.17, p.7.

42 何福東, "靈活應變, 掌握軍事鬪爭主動權", 『國防大學學報』, 1994年 第11期, pp.13-15.

43 극히 일부의 '인민해방군 TV 스타'가 이 두 번째 역할을 담당한다. 예컨대, 해군의 인줘(尹卓), 국방대학의 멍샹청(孟祥青)과 리리(李莉), 공군의 챠오량(喬梁) 등인데, 이들은 모두 인민해방군 총정치부 승인 명단에 올라가 있다.

44 王文榮, 『中國軍隊第三次現代化論綱』(北京: 解放軍出版社, 2005), p.82.

맞춰져 있는데, 다양한 층위의 어려움에 직면해 있는 군으로서는 우선권에 대한 판단이 정책으로 이어질 수밖에 없는 것이다. 그런데 해안 지역의 방어적 공격은 기본적으로 방어라는 범주에서 벗어나 있는 것이 아니다. 선제적 움직임이 여기서 배제되어 있다. 물론 타이완이 독립을 선언하거나 남중국해 지역에서 중국의 이익이 공격을 받게 되면, 인민해방군은 공격 작전을 실천으로 옮길 수 있다. 이러한 상황에서도 아무런 움직임을 취하지 않는다면, 이는 중국공산당의 존립을 위험하게 만드는 것이다. 그러나 이 공격 작전은 기본적으로 대응의 성격을 가지며, 영토 회복(예컨대 통일)을 위한 것은 아니라고 할 수 있다.[45] 동부 연안의 무장 배치가 상대적으로 헐겁고 전면전보다는 비접촉 전쟁을 대비하는 양상을 보이는 것도 이러한 배경과 무관치 않다. 중앙군사위원회의 위원인 장여우샤(張又俠)는 외교와 방어 전략이 이어지는 접합부에서 인민해방군은 정치 차원의 전쟁만 설계할 뿐, 대규모 파괴를 초래하여 미국의 개입을 불러오는 것은 고려치 않고 있다고 하였다. 이 가이드라인으로 인해 중국은 '패배'가 없는 상황을 만들어 전쟁의 결과를 어느 정도 통제할 수 있게 되었다. 전쟁의 핵심 과제가 상륙 침입이 아니라 현상 유지를 위한 환경 조성에 있기 때문이다. 전쟁의 목표가 제한적이라는 사실은 전쟁으로 인해 국내 정세가 불안해지는 것을 원치 않는 중국 정부의 관심을 보여주는 대목이기도 하다.[46]

내륙에서 인민해방군이 방어적 태세를 취하고 있는 것도 중국이 이웃 국가와 현상 유지 외교에 주력하고 있음을 보여준다.[47] 나아가 이는 중국이 명(明)대 이후 처음으로 내륙 접경 지역의 외부 침입을 걱정하지 않고 있음을 보여주며, 동시에 중국 외교 및 안보정책의 비팽창주의를 나타내고 있다. 분쟁의 대상이 되고 있는 영토를 무력 강점할 계획이 없다는 것이다. 비록 분쟁지역 관리에서 인민해방군의

45 You Ji, "Politics in command of Beijing's military policy toward Taiwan," Weixing Hu, *New Dynamics in Cross-Taiwan Straits Relations: How Far Can the Rapprochement Go?*, (London: Routledge, 2013).

46 Zhang Youxia, "War of Sovereignty Control: A Practical Kind of Warfare That Can be Tried in War Preparation," *Military Art*, Vol. 29, No. 11, (2002), pp.3-6.

47 Chen Ligong, *Study of Defensive Joint Land Warfare in Cold Plateau Areas along Border Lines in Response to a China of Wars*, (Beijing: The PLANDU Press, 2005), p.12.

평론가들은 정부의 유약한 모습을 비판하고 있지만, 중앙군사위원회는 무장 배치 및 분쟁지역 개입과 관련된 정부의 가이드라인을 충실히 지키고 있다. 예를 들어, 현재 단지 네 개 군, 곧 제13군과 제14군, 제21군, 그리고 제47군만이 서부 전 지역을 담당하고 있는데(이는 중국 영토의 절반에 해당한다), 여기에는 중국과 인도의 국경 분쟁, 그리고 티베트와 신장의 소요 등 중국에서 가장 골치 아픈 문제가 자리하고 있다. 군사력 수준도 전체 인민해방군 군사력의 1/5에 그치고 있는데, 이 정도 군사력으로 대대적인 군사 공격을 감행한다는 것은 거의 불가능하다고 할 수 있다. 예컨대 중국과 인도의 접경 지역에서 인민해방군의 군사력은 인도 군대의 1/3에 불과하다. 티베트에 비록 미사일 발사대와 공군 기지가 있지만, 그리고 그곳에서 정기적으로 고지대 훈련이 진행되고 있지만, 핵미사일 기지나 전투기 부대가 그곳에 상주하고 있는 것은 아니다. 본래 사단 급이었던 부대도 지금은 여단 급으로 축소되었고, 무장 화기 자체도 대부분 경화기이다. 이러한 사실은 그들의 임무가 방어에 있음을 보여준다. 무장 경찰도 군대 역할보다는 도로 건설과 조경, 채금(採金)에 더 바쁘다. 무엇보다 공격을 위해 빠르게 대규모 병력이 이곳으로 이동하기에는 그 교통/운송 시설이 여의치 않다고 할 수 있다.[48]

인민해방군의 이러한 방어적 태세는 1.5 전쟁이라는 원칙에 그대로 나타나고 있다. 동부 연안 지역의 대규모 전쟁은 내륙의 영토분쟁을 유발할 수 있고, 그 '연쇄작용'으로 반쪽짜리 전쟁이 추가로 발발할 수 있는 것이다.[49] 인민해방군이 가진 자원의 한계를 고려하면, 지금의 방어적 자세는 현상 유지를 위한 어쩔 수 없는 선택이다.[50] 육지전은 '방어를 기조로 하면서 제한적인 반격'만을 허용하고 있다.[51] '반쪽짜리 전쟁'이라 한 것은 규모 및 시간적으로 제한되기 때문이며, 전쟁의 승리를 위해서가 아니라 정치적 목적을 달성하기 위해서이기 때문이다. 핵심 목표는 변경지역의 상황을 공고히 하여 해양 지역(예를 들어, 남중국해)에서의 공격

· · · · · · · · · · · · · ·

48 위의 책, p.41.

49 Liu Yongxin, "Guiding principle for counter-attack campaigns in the border regions," *Military art*, No.3, (2003), p.39.

50 邱達雄, 張利華, "關于我國陸軍發展戰略的思考", 『國防大學學報』, 2003年 第3期, p.29.

51 Xia Fuguo, "Defense as the chief principle but with limited counter attacks for the land border defense," *The Journal of PLANDU*, No.5, (2003), p.42.

작전이 부드럽게 전개되도록 하는 데 있다.[52]

외교와 군사 관계에서 인민해방군의 목표는 더 많은 영토(예를 들어, 1962년 중국과 인도의 전쟁)를 차지하는 것이 아니다. 전략적 계산에 따라 곧 이길 것 같은 전쟁도 빠르게 그만둘 수 있는데, 그렇게 하면 정치적 해결의 여지를 충분히 확보할 수 있다.[53] 이러한 전쟁 관리의 정책 방침은 '현실의 바탕 위에서, 우리에게 유리하도록, 그리고 조심스럽게'로 요약되는 중국의 위기관리 방침에서도 확인할 수 있다. 이 모순된 요청 사이의 균형에서 다시 한 번 국내 정세 안정을 우선시하는 베이징의 인식을 엿볼 수 있다. 더 구체적으로 말하자면, 전략적 공습과 장거리 탄도 미사일 공격이 전쟁 확대의 지표이다. 전쟁 명령은 반드시 세심하게 그 효용을 따져봐야 한다.[54] 만약 1.5 전쟁 원칙을 따른다면, 인민해방군은 결국 동부 연안의 전쟁에 집중하는 사이 서부 지역의 공간을 시간과 맞바꾸는 것이라 할 수 있다.[55]

정부와 군부의 변증적인 외교정책 과정

일부 매체에서 간혹 잡음이 발견되기도 하지만, 인민해방군은 국내 정세 우선과 전쟁 회피라고 하는 일반적인 합의 위에서 중국 공산당의 외교정책에 분명한 지지를 보내고 있다. 자신의 이익에 주의한다면, 무력 충돌이 지연되면 될수록 인민해방군은 미국 군대와의 현격한 차이를 줄일 수 있게 되고, 미국 군대의 개입을 더 효과적으로 억지할 수 있는 더 많은 기회를 갖게 된다. 인민해방군의 관료들은 안보 관련 이슈에서 외교관들보다 훨씬 더 민감한 태도를 가지고 있지만, 그렇다고 해서 그들이 전쟁과 평화, 그리고 전투 서열 등의 핵심 문제에 대해 덜 민감한 것은 결코 아니다. 특히 이것은 군사/작전 방면에서의 미중 간 경쟁을 어떻게 관리할 것

52 위의 책, p.43.

53 Cheng Xiaodong, "A study of control in the final stage of joint operations in informatized warfare," *China Military Science*, No.1, (2012), p.122.

54 Liu Yongxin, "Guiding principle for counter-attack campaigns in the border regions," p.40; Zhang Zhiyong, *Military art*, No.2, (2002), p.20.

55 Chen Ligong, 앞의 책, p.48.

인가와 밀접히 관련되어 있다.[56]

(1) 군에 대한 정부의 거시적 통제

아래는 전략적인 외교 사안에서 인민해방군이 정부 정책에 복종했던 사례들이다.

① 1993년, 츠하오톈(遲浩田) 장군은 아세안 국가 순방 길에서 인민해방군은 무력을 통해 남중국해 지역의 분쟁을 해결하지는 않을 것이라 공언하였다.[57] 그리고 2002년, 최초의 바람과는 상관없이 인민해방군은 중국 정부가 체결한 '동남아 우호 협력 조약'을 지지하였다. 이 조약으로 인해 인민해방군은 난사(南沙) 군도에서 적극적인 행동을 취하는 데 어려움을 겪게 되었다.

② 1995년 인민해방군의 장군들은 타이완에 대한 장쩌민의 여덟 가지 평화 발의를 지지하였다. 여기서 장쩌민은 "중국인은 중국인을 공격하지 않는다"고 하였는데, 인민해방군 장군들은 이것이 너무 서두른 감이 있다고 인식하였다. 이러한 수사는 리덩후이(李登輝) 체제가 타이완 독립의 모멘텀을 찾고 있던 당시 상황을 고려해볼 때, 타이완을 상대로 군사적 수단을 포기한다는 것과 다른 의미가 아니었다. 이후 일련의 사건은 장쩌민의 판단이 잘못된 낙관주의였음을 보여주었지만, 그럼에도 인민해방군은 공개적으로 장쩌민을 비난한 적이 없다.

③ 1996년, 인민해방군은 육상 및 해상 기지의 대륙 간 탄도 미사일을 업그레이드하는 연구를 진행하였는데, 가장 핵심적인 단계에서 인민해방군은 핵 실험을 중지하라는 정부 명령에 복종하였다. 이로 인해 쥐랑(巨浪) 2호 미사일의 개발이 늦어지면서 전체적인 탄두 소형화 작업이 지연되고 말았다.

④ 1980년대부터 1990년대까지, 중앙 정치국은 중국 해군의 항모 건조 요구를 거절하였다. 그 이유 중 하나는 중국의 항모 프로젝트가 지역 불안을 가중할 수 있

· · · · · · · · · · · · · · ·

56 중국 인민해방군 대변인 경옌성(耿雁生)은 2012년 2월 24일 뉴스 브리핑을 하는 자리에서 이러한 관점을 내비쳤다. 피할 수 없는 사안에 대해 대응해야 하는 경우가 아니라면, 인민해방군은 미국 군대와 맞서기를 원치 않는다는 것이다.

57 이 정책의 변화는 1992년 덩샤오핑이 난사 지역의 분쟁 보류 및 공동 개발 원칙을 발표하면서 비롯되었다.

다는 것이었다.[58]

⑤ 1998년, 당의 요청에 따라 인민해방군은 상업적 이익을 포기하였고, 민감 지역의 해외 구매자에 대한 무기 판매를 중지하였다.

⑥ 2001년 4월, 남중국해에서 미 EP-3 정찰기와 중국 전투기 간의 충돌 사건이 발생하였을 때, 인민해방군은 전투 부대에 남중국해에서 이뤄지고 있는 미군의 첩보 행동을 최대한 조심스레 감시하라 하였지만, 결국은 긴장 완화를 선택한 정치국의 결정을 따랐다.[59]

⑦ 정부와 군부 사이의 오래된 의견 불일치는 예산부문이었다. 인민해방군의 전략 전문가들은 20년 전부터 군방 예산을 전체 GDP의 1.5%에서 3%로 올려달라고 요청하였다.[60] 이 수준까지 나가지 못했던 것은 명확한 사실이다. 게다가 인민해방군은 국방 예산이 1980년 정부 예산의 14%에서 2011년 6.5%로 하락하는 현실을 받아들여야 했다. 그들은 12~15%의 비율이 국가경제에 심각한 부담이 될 것이라고 생각하지 않았다.[61]

이러한 예들은 얼마든지 계속 이어질 수 있지만, 덩샤오핑 이후 중국공산당과 인민해방군 간의 전체적인 관계, 특히 외교/안보 사안에 대한 그들의 상호작용을 이해하기에는 이 정도로도 충분할 것이다. 몇몇 사례에서 인민해방군이 불만족스러운 태도를 보인 것은 사실이지만, 그렇다고 해서 그들이 정부의 결정에 직접적으로 도전하는 경우는 거의 없었다. 외교와 안보 사안에서 정부와 군부 사이의 갈등은 양측이 모두 아래와 같은 게임의 규칙을 준수함으로써 무마된다.

58 The Writing Group, *The Textbook of National Defense Strategy*, (Beijing: The PLANDU Press, 1990), p.62.

59 미국 국무장관 파월은 베이징에서 인민해방군이 남중국해의 미국 정찰기를 더 이상 추적하지 않고 있다고 확인해주었다. 이에 대해서는 2001년 7월 28일 베이징에서 열렸던 기자회견 중 그의 발언을 참조.

60 Ku Guishen, "The socialist market economy and the military development," *The Journal of the PLANDU*, No.6, (1993), p.46.

61 彭光謙, 『中國軍事戰略問題硏究』 (北京: 解放軍出版社, 2006), p.256; 『中國國防白皮書(2012)』.

① 인민해방군은 당내 정치와 정부의 일반적인 외교정책 결정에서 언제나 한 걸음 뒤로 물러나 있었다. 이와 동시에 최고 정책 협의 무대에 인민해방군의 대표가 기능적으로 참여하는 것은 언제나 존중을 받아왔다. 이는 인민해방군이 중앙정치국 내에서 이뤄지는 중요한 외교정책에 대해 잘 이해하고 있음을 의미한다.

② 국가 안보 전략을 수립하는 것은 전적으로 인민해방군의 책임이다. 군사위원회 주석은 덩샤오핑 이후 형성된 통이불치(統而不治)의 원칙에 입각하여 군부가 자신의 행정과 작전에서 적절한 자율권을 누릴 수 있도록 허용하고 있다. 인민해방군은 그 대가로 군사위원회 주석의 전반적인 정치 주도권을 지지한다. 자기 영역에서의 자율권을 가지고 있기 때문에 인민해방군은 자기와 상관없는 사안에 대해 비관여적 태도를 갖게 된다.[62]

③ 전략적 외교정책에 대한 논의를 위해 정부와 군부 사이에는 효과적인 최고위 협의 채널이 마련되어 있다.[63] 양측 간의 상호작용은 공식적인 제도를 통해 이뤄지는데, 현재의 책임 시스템에서는 중앙군사위원회 주석이 자동적으로 중앙 외사공작 영도소조와 중앙 국가안전 영도소조를 이끌게 된다. 시진핑은 이 두 기구의 리더로서 이들의 보고를 청취한다. 하나의 관례로 자리를 잡은 중앙 외사공작 영도소조와 중앙 국가안전 영도소조의 회의는 보고와 심사, 그리고 승인 시스템을 통해 외교/안보 사안에 대한 정부와 군부의 상호작용을 공식화한다. 그러나 공식적인 업무 체계에서 외교/안보 사안에 대한 핵심정책결정 기구는 중앙군사위원회이다. 군사위원회 주석이 동의해야 중앙정치국의 비준을 얻을 수 있다.

고위직 간에는 이처럼 일종의 균형이 형성되어 있지만, 그 하위에서는 정부와 군부 간의 협조가 원활하지 않을 수 있다. 인민해방군은 정치적으로 독특한 지위를 갖기 때문에, 일반적으로 장군들은 정부 관리들에게 그들의 외교 사안 결정을 꼭 알려줘야 한다고 생각하지 않는다. 그들 사이에 제도화된 의사소통 기제가 부족한 것은 조직적 차이에 따른 장벽 때문이기도 하지만 정치적 터부(taboo) 때문이

62 You Ji, "Hu Jintao's succession and power consolidation strategy," John Wong and Lai Hongyi, *China's Political and Social Change in Hu Jintao Era*, (Singapore: World Scientific, 2006).

63 Bonnie Glaser and Philip Saunders, "Chinese Civilian Foreign Policy Research Institute: Evolving Roles and Increasing Influence," *China Quarterly*, No. 171, (2002), pp.597-616.

기도 하다. 2011년 보시라이(薄熙來)의 제14군 방문의 경우에서 알 수 있는 것처럼, 정부 관료와 군부 인사 사이의 비공식적인 접촉은 의심을 유발하기가 쉽다. 실제로 인민해방군은 자신의 대외업무기구를 가지고 있고, 전략 및 외교정책 연구를 위한 싱크탱크도 가지고 있으며, 첩보기구도 가지고 있다. 그럼에도 그들은 단지 폐쇄적인 시스템 안에서 중앙군사위원회에만 보고를 한다. 중앙군사위원회는 비록 중앙 정치국에 보고의 형식을 취하고 있기는 하지만, 중앙 외사공작 영도소조보다 정치적으로 높은 지위에 있고, 안보 관련 외교 사안에 대한 최종 결정을 독립적으로 내리고 있다. 인민해방군 사령부는 자신들의 작전이 아무리 광범위한 파급 효과를 일으키더라도 그 구체적인 내용과 위험 부담을 정부 관료들과 함께 나누려고 하지 않는다. 인민해방군의 지도부는 이렇게 하는 것이 자연스럽고 합법적이라 보고 있으며, 민감한 사안에 대한 비밀 유지에도 적절하다고 판단한다.[64]

(2) 승인되지 않은 인민해방군 활동의 신화

인민해방군이 정부의 사전 승인 없이 일련의 활동을 펼치고 있다는 우려가 뿌리 깊게 남아 있다. 그 사례로 자주 언급되는 것이 2007년에 있었던 중국의 공격위성 시험(ASAT)과 J-20 전투기의 시험 비행이다. 그러나 사실 그 어떤 것도 정확하게 확인된 것은 없다.

① 중국 공격위성 테스트

2007년 1월 11일 인민해방군은 펑윈(風雲)1C 기상위성을 격추시켰는데, 국방부 대변인이 뉴스 브리핑 자리에서 이 사건을 생략하면서 서부 지역 군대에 대한 정부 통제력에 대해 의문이 제기되었다. 몇몇 분석가들은 이를 서구의 경우와 비교하면서 인민해방군의 미승인 활동이라고 규정하였다.[65] 그런데 이는 전형적인 오판의 사례라고 할 수 있다. 공격위성 테스트는 의심의 여지없이 중앙군사위원회가 결정

64 2008년 9월 14일 베이징에서 있었던 해외 중국 정책 전문가 대표와 슝광카이(熊光楷) 장군 간의 의견 교환.

65 예를 들어, Ashley Tellis, "China's military space strategy," *Survival*, Vol. 49, No. 3, (Autumn 2007); Craig Covault, "Chinese test anti-satellite weapon," *Aviation Week & Space Technology*, 2007.1.17.

한 것이다. 중앙군사위원회의 주석 책임 시스템에서는 후진타오의 동의가 절대적으로 필요한데, 그 동의를 얻기 위해서는 장군들이 제출해야 하는 것들이 규정으로 정해져 있다. 절차와 형식면에서도 후진타오의 발사 동의가 중앙정치국에서 명확해져야 한다. 이는 후진타오의 개인적인 리더십하고도 관계되는데, 그는 중요한 국가 안보 이슈에서 집단 책임과 정부-군부 간의 보고를 강조해왔다.[66]

기술적으로도 목표 대상의 선정이 정부와 군부의 협조를 확인시켜준다. 격추된 위성이 인민해방군의 소유가 아니기 때문인데, 최소 비용으로 가장 이상적인 위성을 선택할 수 있었던 것은 그 협조가 전제되었기 때문이다. 펑윈1C는 국무원 산하 중앙기상국의 소유였고, 그것은 여전히 운행 중에 있었다. 인민해방군이 다른 정부 기관의 위성을 사전 동의 없이 격추시킬 수 있다는 것은 상상하기 어려운 일이다. 국무원은 두 명의 정치국 위원이 이끌고 있기 때문에, 만약 이것이 사전 협의 없이 이뤄진 것이라면 그 후폭풍은 심각할 수밖에 없다. 게다가 인민해방군이 공격위성 테스트를 하려면 그 준비과정에서 중앙기상국의 구체적인 정보, 예컨대 고도, 속도, 위치, 궤도 등의 자료가 필요하다. 정부의 도움이 없었다면, 인민해방군의 테스트도 성공적으로 끝나기 어려웠을 것이다.

문제는 당시 어느 수준에 있는 정부 관료에게까지 이 테스트의 소식이 전해졌는가 하는 것이다. 분명 국방부나 기상대는 행정직급 상 공격위성 테스트 결정 과정에 참여했을 가능성이 그다지 높지 않다. 그러나 이것이 그들의 최고위 인사에게도 알려지지 않았다는 것을 의미하지는 않는다. 원자바오와 리커창은 중앙기상국의 궁극적인 최고 지도자로서 이 의사 결정 과정에 참여한 것이 분명하다.[67] 국방부 대변인이 이 테스트를 몰랐던 것은 그의 낮은 직급을 고려하면 이상하거나 특별한 것이 아니다. 설사 그가 알았다고 하더라도, 이를 외국인에게 전달할 수 있는 권한을 가지고 있지 않았을 수 있다. 이러한 상황에서 그가 취할 수 있는 최고의 전략은 했던 말을 반복하는 선에서 그치는 것이다.

66 2010년 7월 베이징에서 있었던 외사판공실 및 국방부 인사와의 대화.
67 2009년 6월 베이징에서의 필자 인터뷰.

② J-20 시험 비행

비슷한 사례가 J-20 전투기의 시험 비행이다. 2011년 1월 11일, 후진타오는 로버트 게이츠(Robert Gates)의 질문에 답변하는 과정에서 자기 참모에게 J-20 전투기의 시험 비행에 대해 물었다. 서구 미디어들은 이 사건을 근거로 인민해방군에 대한 후진타오의 통제력이 잃어가고 있다고 해석하였다.[68] 분명 이는 중앙군사위원회가 작동하는 방식을 이해하지 못하면서 발생한 오해이다. 이 시험 비행은 몇 개 부처 간 협력을 통해 수행되었는데, 여기에는 총장비부, 인민해방군 공군, 군수업체, 그리고 쓰촨(四川)성 관련 기구 등이 포함된다. 후진타오의 서명이 없는 상태에서 총장비부가 인민해방군 공군에 시험 비행기를 내주었을 리가 없으며, 총참모부도 공군의 시험 시간표에 동의했을 리가 없다. 인민해방군 공군이 시험 비행을 요청하는 순간부터 중앙군사위원회의 승인 서류가 작성되고 몇 개 부처가 협력하는 과정까지 계속해서 요구되는 것은 후진타오의 동의이다. 물론 중앙군사위원회 부주석 궈보슝(郭伯雄)의 동의도 필요한 것이 사실이지만, 중앙군사위원회의 주석 책임제 시스템에서는 이 역시 불충분한 조건에 속한다.

다음으로 고려해야 할 사실은 게이츠의 질문에 답하던 순간 후진타오는 그 시험 비행의 구체적인 사항을 몰랐을 수 있다는 점이다. 그는 시험 비행이 처음 제기되던 순간에는 그 시행 시점이 언제쯤인지 분명히 알고 있었을 것이다. 그러나 그 기억이 불확실할 수 있고 혹은 그 최종 시간을 몰랐을 수 있다. 예측하기 힘든 기상 조건과 다른 요인들로 인해 시험 비행은 날짜 범위의 형태로 주어지기 마련이다. 더구나 그가 이 구체적인 내용까지 반드시 알아야 하는 것도 아니다. 총 지휘관으로서 그는 단지 그 계획과 시험을 승인하고 사후 보고를 받으면 그만이다. 공교롭게도 게이츠와의 회담이 시험 비행의 시점과 비슷한 시기에 이뤄졌고, 이로 인해 후진타오는 구체적인 보고를 받지 못했을 수 있다. 질문에 정확한 답을 주기 위해 미리 그 시험 비행에 대해 문의한 것은 어떤 면에서는 너무나 자연스러운 일이다.

마지막으로 국방부 외사판공실은 관례대로 게이츠와의 회담 전에 후진타오에

---

68 "Test of stealth fighter clouds Gates visit to China," *New York Times*, 2011.1.11.

게 예비적인 노트를 제공하였는데, 그 노트 안에는 시험 비행에 대한 주제가 없었던 것으로 보인다. 또한 회담에 앞서 게이츠의 수행원은 인민해방군에게 회담의 주제를 건네주었는데, 시험 비행은 게이츠가 준비했던 그 회담 주제 가운데에도 없었다. 게이츠의 질문은 아마도 후진타오를 무방비 상태로 만들었을 수 있다. 그가 참모들과 의견을 나눈 것은 그의 조심스러운 성격과 일치하는 부분이다. 후진타오는 게이츠에게 정확한 정보를 주기 원했고, 이를 통해 나중에 인민해방군 대변인이 수정해야 하는 번거로운 상황이 일어나지 않길 원했다.[69]

(3) 인민해방군 중심의 최전방 분쟁 관리

위에 제시된 사례들은 정부와 군부 간의 상호작용에 대한 우리의 지식이 매우 부족하다는 것을 보여준다. 특히 안보와 관련된 외교 사안에서 인민해방군이 가지고 있는 전략상, 그리고 작전상 책임이 무엇인지를 잘 모르고 있다. 앞서 언급한 바 있는 분업 체계로 말하자면, 인민해방군은 외교정책의 거시적인 가이드라인에 충실한 반면, 국가 안보 이슈와 구체적인 위기관리의 실행에서는 적절한 권력을 행사하고 있다. 관찰자들은 공격위성 테스트와 J-20의 사례를 통해 제한된 범위에서 이뤄지고 있는 인민해방군의 기능적 자율성을 정부 통제에 대한 위반으로 잘못 해석하였다. 인민해방군의 불복종으로 가정하는 것이 혹 자연스러워 보일 수 있지만 사실은 억지에 가깝다.

그런데 여기서 정말 필요한 질문은 군사적 성격의 외교 사안에서 인민해방군의 자율성이 어느 정도까지 제한적으로 허용되는가이다. 국가 안보 관련 이슈에서 정부와 군부 간의 분업 체계는 여전히 비밀스러운 상황이고, 게다가 그 과정에서 이뤄지는 보고와 비준의 메커니즘도 대단히 복잡하다. 따라서 이와 관련하여 군부와 정부의 영역을 명확히 한다는 것은 대단히 어려운 일이 아닐 수 없다. 류화칭(劉華淸)은 자신의 자서전에서 1988년 난사 지역 6개 섬을 점령하였던 것은 전적으로 중앙군사회위원회 덩샤오핑의 비준에 근거하였다고 밝혔다. 즉 중앙 정치국의 비준

....

69 이 정보는 2011년 6월 싱가폴에서 있었던 국방부 외사관공실 고급 관료와의 대화에 기초하고 있다.
70 劉華淸, 『劉華淸回憶錄』(北京: 解放軍出版社, 2004), pp.324-345.

절차는 형식적으로만 이뤄졌던 셈이다.[70] 1996년 타이완 부근 해협에서 진행되었던 군사 훈련도 동일한 경우라고 할 수 있다. 이 두 가지보다 더 전략적인 의미를 갖는 사안은 없을 것이다. 최근 있었던 인민해방군 해군의 소말리아 호위도 국방부의 참여가 부재한 가운데 후진타오의 동의 아래 이뤄진 인민해방군의 결정이었다.[71]

이러한 사례는 대단히 드물다. 더 중요한 것은 일반적인 국가 안보 관련 사안에서 이뤄지고 있는 정부-군부의 상호작용이다. 특히 영토분쟁의 사안에서 인민해방군의 제한선이 어느 정도까지인지에 대해 알려진 바가 거의 없다. 한 가지 확실한 것은 해상분쟁과 같은 최전선의 관리는 주로 인민해방군 해군에 의해 주도된다는 것이다. 이 지역에서의 마찰은 즉각 군사적 대치로 이어질 수 있기 때문인데, 그런 점에서 해상 영토분쟁은 외교 사안이라기보다는 국가 안보의 성격을 더 많이 갖고 있다.[72] 남중국해 분쟁을 관리하는 과정에는 다른 국가 기구들도 많이 참여하였지만, 대치상황이 발생할 경우 이들은 모두 인민해방군의 위기관리와 현장 감독을 따라야 한다. 이러한 종속 관계는 "정부 법률을 수단으로 제일 방어선을 강화하고 해군은 뒷받침한다"는 공식으로 구체화되었다.[73] 중앙군사위원회가 승인한 이러한 틀 속에서 정부 역할은 위기 상황에서 인민해방군을 지지하고 복종하는 것이다. 인민해방군의 행동은 미중관계에 심각한 영향을 끼치기 때문에, 전체적인 정책 방향은 최고 권력층에서 이뤄져야만 한다. 현재 그 방향은 '전략적 인내'로 알려져 있으며, 남중국해에서 대치 국면 발생 시 '냉정하게 처리'하는 것으로 나타나고 있다(무력 비사용). 그런데 이 방침에는 잇따른 적군의 행동에 대해 강하게 보복할 수 있다는 것도 포함되어 있다. 이른바 '원 플러스' 전략이라는 것이 그것인데, 중국은 어떠한 도발도 일으키지 않겠지만, 만약 다른 누군가가 먼저 한 걸음 움

71 You Ji, "The PLAN's Gulf of Aden Mission as Capability Building against NTS Threats," Lyle Goldstein, *Not Congruent but Quite Complementary: Chinese and American Approaches to Non-traditional Security*, (New Ports: US Naval War College Press, 2012).

72 베이징은 황옌다오에 대한 실효 지배를 통하여 마닐라 해군이 중국인 어민 체포에 나선 것에 보복 조치하였고, 분쟁지역에 대한 정기적인 순찰을 실시하여 도쿄의 댜오위다오 국유화 조치에 보복 조치하였다.

73 徐焰, "中菲南海爭執十年," 『學習時報』, 2012.5.21. p.8.

직인다면, 중국은 그보다 더 많은 걸음을 옮길 것이라는 전략이다. 인민해방군은 실제로 이 정부 방침을 굳게 지켜가고 있다.[74]

남중국해의 최전방 위기를 관리하는 중국의 지휘부는 시사(西沙) 해군 감시통제구에 있다. 남중국해의 모든 군사적 행동과 산사(三沙) 지역의 해군 배치는 모두 이 지휘부의 작전 명령을 통해 이뤄진다. 2012년 6월, 베트남 정부가 해안선 경계를 공포하자 중국 정부는 산사 시 정부를 출범시켰는데, 그에 따라 인민해방군의 산사 수비대도 자연스럽게 거론되었다. 이로 인해 이 지역 분쟁이 심각해졌고, 베이징은 그 창설을 반년 미루게 되었다.[75] 그런데 중국의 지방 정부에 위치한 인민해방군 사무실은 단지 수비적인 동원을 목표로 하는 경우가 많다. 산사 지역의 전체 인구가 443명에 불과하다면, 결국 산사 수비대의 기능은 거의 없다고 봐야 하고 단지 상징적인 의미만 갖는다고 봐야 한다. 군대가 없는 군 사무실은 남중국해에서 중국 해군의 지휘 체계를 바꾸지 못할 뿐 아니라 전투태세 역시 바꾸지 못한다. 국가해양국과 같은 다른 정부 기구들도 사전에 준비된 시나리오에 맞춰 현장 사건을 관리하는데, 이 시나리오는 국가해양국과 해군이 공동으로 승인한 것으로 그 책임은 전적으로 해군이 지게 된다.[76]

미 해군의 해양감시선 USS 임페커블(Impeccable)과의 조우를 토대로 이러한 사실을 확인해볼 수 있다. 인민해방군의 입장에서 보면, 야룽(亞龍) 전략 해군기지로부터 48킬로미터 떨어진 지점에서 일어난 USS 임페커블의 첩보 활동은 단순히 외교적 사안이나 운항 자유의 문제에서 그치는 것이 아니라 디지털 전쟁을 의미하는 것이었다. 예컨대, 그 해양감시선이 수집한 신호 정보는 전쟁 발발 시 094 잠수정을 위험에 빠뜨릴 수 있었다. 이러한 행동은 중국 정부가 정의하고 있는 남중국해의 핵심이익과도 부합한다.[77] 이 사건의 전투적 성격과 미중관계에 끼칠 영향 때

．．．．．．．．．．．．．．．

74 인줘는 인민해방군이 먼저 발사하지는 않겠지만 보복할 준비는 하고 있다고 말하였다. 이에 대해서는 다음 자료를 참조. *Chinese National Defense Newspaper*, 2012.2.7.

75 2012년 8월 14일, 진이난(金一南) 소장의 런민왕(人民網) 인터뷰.

76 2013년 7월 31일, 인줘 해군 소장의 런민왕 인민논단에서의 연설.

77 이른바 국가핵심이익이 거론될 때, 그것은 남중국해를 가리키는 경우가 많으며, 하이난(海南) 역시 그중의 일부이다. 서구 매체는 그것을 난사의 일부로 혼동하곤 한다.

문에 중앙외사공작 위원회와 중앙군사위원회는 공동으로 상세한 대처 계획을 마련하였고, 이를 일선 지휘관들이 준수하도록 하였다. 그런데 그 실행 단계에서 정부 지원이 결정적인 역할을 하였는데, 긴장의 수위를 낮추기 위해서 정부 측 요원이 이 작전을 주도했던 것이다. 사전에 정해진 규칙에 따라 임페커블 작전이 실행되었던 것이지, 앞 선에 있던 선원의 독립적인 행동이 아니었다. EP-3 사고에서 왕웨이(王偉)는 어쩌면 필요 이상의 열정으로 대처 계획을 실행에 옮겼을지도 모른다. 그러나 그렇다고 해서 그것이 규율 위반이라고 할 수는 없다.[78]

인민해방군은 자신의 소관 업무에서 자율성을 가지고 있지만, 구체적인 작전에서 그 자율성은 최전선에 일어나는 돌발사건에 대한 통제로 나타나며, 정부 지원을 언제나 수반하게 된다. 임페커블 사건의 처리에서부터 베트남 시추선의 케이블 절단까지 모두 그러한 경우에 속한다.[79] 분쟁지역에서 진행되고 있는 베트남과 필리핀의 석유 탐사는 각종 구조물의 난립으로 이어져왔고, 이로 말미암아 남중국해에는 그 구조물들의 물리적 현존이 확대되었다. 이는 중국이 영유권을 주장하는 지역에 대한 사실상의 통제권으로 비춰질 수 있었다. 만약 사실상의 통제권이 영구적인 소유권으로 해석될 수 있다면, 국제적인 법률 기구들은 향후 조정 심판에서 이를 핵심 근거로 삼을 확률이 높으며 중국은 영원히 난사 군도를 잃어버릴 수 있다. 이 시나리오로 인해 베이징은 엄청난 민족주의 압박에 놓이게 되었다. 시진핑 체제에서 중국은 해상분쟁에 대한 기존의 수동적인 스타일을 바꾸었다. 시진핑 체제는 만약 점령이 계속 이어진다면 무력 사용은 피하기 힘든 선택이 될 것이고, 이는 궁극적으로 중국의 부상에 걸림돌이 될 것이라 믿고 있다. 더욱 중요한 사실은 만약 분쟁 회피가 국내 정세 안정을 목표로 하는 것이라면, 주권 문제를 유약한

78 전하는 바에 따르면, 왕웨이의 전투기가 추락한 이후에, 그의 측면 전투기 대원은 EP-3를 요격해도 되는지 공군 기지의 명령을 요청했다고 한다. 그 이후 중앙군사위원회의 명령이 내려왔는데, '절대 행동하지 말라는 것'이었다. 「베이징, 인민해방군 공군 연구원의 구술 자료」, 2002.7.
79 중국 국방부 장관 량광례는 2011년 샹그리라 대화에서 그의 베트남 상대자에게 인민해방군은 이 사건을 알지 못했다고 하였다. 이는 정부에 의해 행해진 것이다. 필자가 획득한 정보에 따르면 그 명령은 상급기관과의 논의 후에 해군 시사 감시통제구에서 내려왔다고 한다. 그 이유는 중국 선박이 이미 두 시간 동안 베트남 선박에 걸려 있었기 때문이다. 이는 선박의 전복을 유발할 수 있었고, 중국인 승무원을 위험하게 할 수 있었다. 따라서 이는 원했던 선택이었다기보다 최후의 수단이었던 것이다.

태도로 처리하는 것은 대중의 불만을 야기할 수 있다. 결과적으로 이는 정권 합법성에 대한 도전을 야기할 수 있으며, 국내 정세 안정이라는 본래의 목표를 저버리게 할 수 있다. '원 플러스' 보복과 같은 단호한 대응으로 다른 이들의 진일보한 행동을 미연에 방지할 수 있다면, 이는 효과적인 분쟁 관리의 방식이라 할 수 있으며, 궁극적으로 인민해방군이 실제 행동에 나설 필요가 없다는 점에서 더욱 바람직한 방식이라고 할 수 있다. 물론 이 정책이 높은 대가를 유발하고 있고, 중국에 대한 아세안 국가의 불신을 깊게 한 것은 사실이다.[80] 인민해방군은 이러한 '원 플러스' 논리가 만들어지는 과정에서 중요한 역할을 하였고, 그 취지는 강경한 태도를 취하여 하드파워를 사용해야 하는 상황을 사전에 피하자는 것이다. 지역 안보에 대한 위험이 계속해서 증가하는 상황에서 중국 정부와 군부는 모두 이 방어-공격의 전략을 공유하고 있다.[81]

미래 확실성과 불확실성

이상의 내용을 종합해보면, 영토분쟁에서 중국이 보여주고 있는 강경함은 신중하게 계산된 것이라 할 수 있다. 사전에 준비된 범위 안에서, 대응을 기본적인 방향으로 최소한의 시행만 이뤄지고 있다. '원 플러스' 전략에 담긴 베이징의 논리는 중국이 다른 당사국들보다 훨씬 더 넓은 전략의 공간을 가지고 있다는 것이다. 미국은 중국을 견제하기 위해 다른 당사국을 지지하고 있지만, 동시에 군사적으로 중국과 대치하길 원하질 않는다. 그 사이에서 중국은 자신들이 운용할 수 있는 전략적 공간을 쉽게 마련할 수가 있는 것이다. 실제로 중국은 남중국해에서 강경한 대처를 통해 상당한 이익을 챙겼다고 할 수 있다. 그 함의는 2010년 7월 양제츠(楊潔篪)가 아세안 외교장관에게 말했던 '중국은 강대국이고 너희는 소

80 Li Mingjing, "Local liberalism: China's provincial approaches to relations with Southeast Asia," *Journal of Contemporary China*, Vol. 23, No. 86 (2014).

81 Hu Dongxia, "An analysis of Hu Jintao's important instruction on maritime defense," *Chinese Military Science* No.3, (2012), p.63.

국' 이라는 것이다.

외부 압력에 대한 이러한 새로운 접근은 시진핑 체제에서 정부와 군부 사이에 형성되어 있는 고도의 합의에 근거하고 있다. 전략적인 수준에서 정치국 상무 위원회와 중앙 군사위원회는 일반적인 대외 업무와 군사/안보 관련 외교 사안에서 기능적인 분업의 규칙을 비교적 잘 지켜가고 있다. 여기서 마지막 결정권은 물론 정치국 상무 위원회가 가지고 있다. 후진타오/시진핑과 중앙군사위원회가 서로 지지하고 있기 때문에 인민해방군은 자신의 역할을 충분히 발휘할 수 있는 기회를 갖게 된다. 결국 인민해방군은 시진핑의 주요 권력 기반이기 때문에, 시진핑은 자신에 대한 인민해방군의 지지에 보답할 필요가 있다.

미국이 아시아로 중심축을 이동하자 역내 몇몇 국가들은 이를 기회로 삼아 남중국해에서 중국이 드러내고 있는 태도에 반발하였다. 그리고 댜오위다오/센카쿠와 같은 대치 국면이 나타나자 인민해방군은 전쟁에 대비한 전투태세로 조금 더 움직이게 되었다. 이 때문에 중국 외교정책 결정과 전체적인 안보 관리에서 인민해방군의 목소리가 더 커보이게 된 것은 사실이다. 구체적인 차원에서 국가 기구와 인민해방군 부대는 주권 문제에 대해 더욱 긴밀하게 협력하였는데, 여기서 인민해방군은 전체적인 방향만 제시할 뿐 눈에 띄는 역할을 담당하지는 않았다. 정부가 일선에 나서고 인민해방군이 그 뒤로 물러나는 현재의 방식은 최근의 위기 관리에서 대단히 효과적이었으며, 앞으로도 이 방식은 적극적으로 실행될 확률이 높다.

따라서 향후 몇 가지 확실해 보이는 것들을 추려볼 수 있다. 첫째, 국내 안정을 우선시하는 정부와 군부의 공유된 인식은 거대한 외부 조건이 베이징의 우선순위를 바꾸도록 압박하지 않는 한 시진핑 시대에도 계속 유지될 것이다. 이는 대외 업무에서 인민해방군이 취하고 있는 강경함의 한계선이기도 하다.[82] 인민해방군이 선호하는 것이 무엇인지 강력한 수사를 통해 제시될 수도 있지만, 실제 행동과 정

----

[82] 이 강경함에 대해서는 다음의 자료를 참조. Mingjiang Li, "Reconcile assertiveness and cooperation? China's changing approach to the South China Sea dispute," *Security Challenges*, Vol. 6, No. 2 (2010), pp. 49-68.

책은 전체적으로 조심스러운 양상을 보일 것이다. 사실 영토분쟁 이슈는 국제사회에서 상당한 관심을 끌고 있지만, 만약 다른 관련 국가들이 평지풍파를 일으키지 않는다면 이는 베이징의 전체적인 정책 우선순위에서 비교적 낮은 순위를 차지하게 될 것이다. 전략적 기회의 시기를 연장하기 위해 현상 유지를 강조하고 위기 회피를 중시하는 것은 베이징의 외교정책 결정에서 중요한 가이드라인으로 남아있을 확률이 높다. 물론 시진핑은 후진타오보다 좀 더 주도적으로 움직일 수는 있다. 후진타오의 수동성이 역효과를 불러왔다는 사실은 이제 조금 더 명확해졌고, 따라서 시진핑은 어떻게 전략적 기회의 시기를 이어갈 수 있을 것인가의 문제에 대해 조금 더 주도적인 입장을 취할 수 있다.

둘째, 정부 측 지도부가 정책 결정 과정을 장악한 상태에서 직업 군인들의 의견을 이전처럼 계속 존중해간다면 중앙군사위원회는 지금과 마찬가지로 대치 상황을 피하려 하는 정부의 정치 및 외교 노선을 충실히 따를 것이다. 영토분쟁에 관한 한, 시진핑은 인민해방군의 입장을 더 잘 받아들이고 있으며, 그는 권력 공고화를 위해 인민해방군의 지지를 적극적으로 요청하고 있다. 이것이 대외업무에서 시진핑과 인민해방군이 협력하게 되는 기초가 되고 있다.

셋째, 이와 관련하여, 정부-군부의 상호작용은 주고받기 식의 관계에 기초해 긍정적인 효과를 만들어낼 것으로 보인다. 중국 공산당은 엄청난 사회 변화 속에서 자신을 공고히 할 필요가 있으며, 인민해방군은 미국과의 능력 차이를 줄일 수 있는 시간을 벌어야 한다. 가능한 그들은 모두 무장 대치의 상황을 피하려고 한다. 예측 가능한 미래에 인민해방군의 무력 과시는 어느 정도 배제해도 좋을 것이다. 타이완은 조용하고, 난사 군도의 난관은 어느 정도 통제 가능하며, 미중관계는 자율이라는 그들의 논리에 따라 진행되고 있다. 중국과 일본 그 어느 국가도 댜오위다오/센카쿠 분쟁이 그들의 통제 범위를 넘어 확산되는 것을 원치 않는다. 물론 현재의 대치상황을 빠져나갈 수 있는 방식도 찾아야 할 필요가 있다.

반대로 중기적으로는 불확실한 부분도 나타나고 있다. 예컨대, 다음과 같은 것들을 생각해볼 수 있다.

① 시진핑의 권력 계승은 중국 국내 정치와 국제적 목표 추구에서 어떤 변화의

계기가 될 수 있다. 다른 곳에서 필자는 시진핑이 후진타오의 기술 통치 스타일을 종식시키고 강력한 정치 리더십을 발휘하게 될 것이라 하였는데, 이는 문제 회피의 양상을 보였던 후진타오의 수동적 태도가 끝났음을 의미한다.[83] 그렇다면 시진핑은 중국의 핵심이익을 지키는 데 더욱 주도적으로 나설 수 있으며, 이를 자신의 권력 게임 일부로 가져올 확률이 높다. 인민해방군의 지지는 그런 점에서 중요하다. 특히 그의 재임 초기에 더욱 그러한데, 따라서 논리적으로만 보면, 국내든 국외든 시진핑은 인민해방군이 제시하는 특정 정책을 제한하려 하지 않을 것이다.[84] 이것이 대치 국면 조성의 동력이 되지는 않겠지만, 최고 지도자가 갖고 있는 리더십의 유형은 외교정책에 영향을 끼칠 수 있는 핵심 요소 중 하나이다.

② 앞서 언급했던 것처럼, 전략적 외교정책 형성에서 정부가 갖고 있는 통제력과 안보/군사 관련 외교 사안에서 인민해방군이 갖고 있는 자율성이 명확하게 구별될 수 있는 것은 아니다. 만약 국제 정치에서 지도부의 전체적인 정책 방향이 어려움에 처하게 된다면, 작전 수준의 미중 간 우발적 충돌(예컨대 EP3 사건)이 단순한 개별 사건의 수준을 넘어서 전략적 수준에서의 대치 국면을 야기할 수도 있다. 특히 그러한 사건들이 연이어 발생하게 되면, 되돌릴 수 없는 긴장 국면을 조성할 수 있다. 인민해방군의 지휘관들이 규율 문제를 보이는 것은 아니지만, 중국 공산당의 가이드라인을 준수하는 것과 일선에서 일어나는 도발에 대응하여 자율적인 작전을 시행하는 것 사이에는 회색 지대가 있다. 이것이 정부가 마련해놓은 '레드 라인'을 침범하는 배경으로 작용할 수 있는 것이다.

마지막으로 주의해야 할 사실은 중국 외교관들이 군인들보다 민족주의 색채를 덜 가지고 있는 것은 아니라는 점이다. 외교부의 어느 누구도 샤주캉(沙祖康)처럼

83 You Ji, "CCP power transition in the 18th Congress and Xi Jinping's command of the gun," Philip Hsu and Tengshen Chan, *The CCP's 18th Congress and Political Succession*, (Taipei: INK Publishing, 2012).

84 댜오위다오 부근에서 일본 정부가 F-15전투기를 이용하여 중국 민간 항공기를 막아서자, 그 대응 조치로서 중국 정부는 이 지역 순찰을 위한 감시 비행기를 띄웠다. 그때 인민해방군은 이 감시 비행기의 호위를 위한 전투기 파견을 시진핑에게 요청했는데, 시진핑은 이를 거절하였다. 그러나 시진핑은 2013년 1월 10일 인민해방군의 전투기가 일본이 설정한 방공식별구역에 진입하는 것을 승인했다. 서구 분석가들은 이를 댜오위다오 대치국면의 전환점으로 파악하고 있다. Michael Cole, "Japan, China scramble military jet in the East China Sea," 「*The Diplomat*」, 2013.1.11

행동하지는 않지만, 샤주캉의 관점이 지배적인 것은 사실이다. 특히 젊은 외교관 사이에서는 더욱 그렇다. 이는 민족주의 부흥의 부산물로, 이로 인해 누가 외교관이고 누가 군인인지를 구별하기가 힘들다. 반일정서로 인해 중국의 사회 지도층이 민족주의적 태도를 가지게 됨에 따라, 주권 문제에 대한 정부와 군부의 인식도 좀 더 비타협적인 양상으로 흘러가고 있다. 게다가 미국이 아시아로의 중심축 이동을 내놓으면서, 중국 사회는 미국과의 군사적 역량 차이를 좁히기 위해 인민해방군에 대한 재정 확충과 자원 투입에 전반적으로 공감하고 있다. 따라서 향후 외교와 안보 정책은 미국의 압력에 더 강하게 반응하는 양상으로 흘러갈 수 있다. 강경함이 시대의 유행으로 자리를 잡을 수 있는 것이다.

중국은 급격한 변화를 경험하고 있다. 특히 정치와 경제 변화는 사회 영역에서 엄청난 긴장을 만들어내고 있다. 외교정책 형성에서 정부와 군부의 상호작용도 이 영향에서 자유롭지 못하다. 지금까지 우리는 이 상호작용의 성격과 과정을 설명하기에 적절한 모델이나 기본적인 패턴을 만들지 못하고 있다. 이 논문도 단지 초보적인 시도에 불과하다. 더 많은 체계적인 노력이 절실히 요구되고 있다.

3장
중국 외교정책의 변화와 지속성

정재호

중국이 빠르게 부상하면서 중국의 외교정책은 갈수록 많은 영역에서 그 영향력을 행사하고 있다. 그런 점에서 1949년 건국 이후 중국 외교정책의 전개과정을 돌아보는 것은 필요하고 시의적절한 작업이다. 건국 이후 중국의 외교정책은 크게 두 시기로 나누어볼 수 있다. 하나는 '상호 배타적 전략 시기(1949~1982)'이고 다른 하나는 '누적 전략 시기(1982~현재)'이다. 열 가지 특징으로 이 두 시기 사이의 변화를 설명해볼 수 있는데, 실용주의의 대두, 외교범위의 확대, 군사행동의 축소, 국제기구에 대한 적극적인 참여, 다자기구와 지역외교에서의 강화된 능동성, 소프트파워의 발전과 국가 이미지 건설, 유엔 평화유지활동에 대한 태도 및 정책 변화 등이 그것들이다. 마오쩌둥(毛澤東) 이후 중국의 외교정책은 더욱 개방적이고 실용적으로 변하였고, 그에 따라 중국 외교의 범위와 거리는 더욱 넓어졌고, 기능 및 협력 파트너는 더욱 다양해졌으며, 국제사회와 교류하는 방식은 더욱 세련되어졌다. 그러나 이러한 긍정적인 신호와 가시적인 성과에도 불구하고, 중국의 부상에 대한 전 세계의 우려는 여전히 존재하고 있다.

———

정재호_ 서울대학 외교학과 교수, 미중관계 센터 소장

이제는 'G2'라는 호칭이 이상하지 않을 정도로 중국은 빠르게 부상했고, 그에 따라 세계는 현재 베이징의 행보 하나하나를 예의주시하고 있다. 지난 20년 동안 중국은 소련(蘇聯)의 해체에서 비롯된 빈 공간을 빠르게 채워갔는데, 세계 금융과 화폐정책, 북극, 에너지, 천연 자원, 사이버 안보, 기후 변화 등의 다양한 영역에서 중국의 외교정책이 전 세계적인 영향력을 갖게 된 것이다. 중국의 새로운 국가 주석 시진핑(習近平)은 2013년 '중국의 꿈'을 선언하였고, 이는 중국의 발전 경로에 대한 세계 각국의 호기심을 자극하고 있다. 벅찬 주제이기는 하지만, 어쩌면 지금이 1949년 중화인민공화국 수립 이후 중국의 외교정책이 걸어온 길을 평가하기에 가장 적절한 시간일 수 있다.

이 글은 세 부분으로 구성되어 있다. 첫 번째 부분은 지난 60년간 중국의 외교정책이 걸어온 길을 조망하는데, '국치(國恥)'의 기억과 강대국 지위의 동경이 그 핵심으로 제시된다. 두 번째 부분은 그 과정에서 발견되는 시기별(예컨대, 마오시기 대 개혁시기), 혹은 주제별 핵심 변화에 대한 평가이고, 마지막 세 번째 부분은 앞의 논의를 토대로 미래 중국 외교정책의 향방에 대해 몇 가지 추론을 제시한다.

중국의 외교정책이 걸어온 길, 1949~2013

중화인민공화국의 외교정책은 크게 두 시기로 나누어 볼 수 있다. 하나는 '상호 배타적 전략(mutually exclusive strategies)'의 시기(1949~1982)이고 다른 하나는 '누적 전략(cumulative strategies)'의 시기(1982~현재)이다. 우선 '상호 배타적 전략'의 시기를 살펴보면, 1950년대 '소련과의 동맹을 통해 미국에 저항(一邊倒)'하는 전략 기조가 1960년대 '소련 수정주의와 미국 제국주의에 모두 반대(反對帝修反)'하는 전략 기조로 대체되었고, 이는 다시 1970년대 들어 '미국과의 협력을 통해 소련의 위협에 맞서는(一條線)' 새로운 전략으로 바뀌었다. 결국 이 30년 동안의 핵심 전략은 상호 배타성이 가장 큰 특징이라 할 수 있다.[1]

이 시기 중국의 외교정책은 이데올로기와 국가 안보라고 하는 두 가지 축을 중심으로 형성되었다. 물론 1970년대 들어 이데올로기적 요소가 상당히 퇴색한 것은 사실이지만, 마오시기 30년 동안 중국의 대외관계가 대단히 교조적이었던 것은 부인하기 힘든 사실이다. 게다가 이데올로기보다 더 중요했던 것은 주권 수호와 국가 안보에 대한 중국의 집착이었다. 1950년대 후반, 중소 관계에 균열이 발생하게 된 것은 소련의 지도에 대해 중국이 자율성을 확보하고자 한 사실과 무관치 않다. 격동의 1960년대 중국은 미국 및 소련과 동시에 대치하고 있었는데, 이는 현실주의자들의 입장에서는 설명하기가 쉽지 않은 문제이다. 이러한 이중적인 대치 상황은 1960년대 후반 중국이 소련의 위협을 그 어떤 것보다 심각하게 받아들인 이후 워싱턴과의 협력을 모색하면서 종식될 수 있었다.[2]

미국과의 관계 개선을 위한 중국의 은밀한 노력, 그리고 1970년대 초 헨리 키신저(Henry Kissinger)와 리처드 닉슨(Richard Nixon)의 중국 방문은 베이징이 국가 안보에 관해 얼마나 유연할 수 있는지를 보여주었다. 이 극적인 사건들 덕택에 워싱턴의 무역 금지 조치 해제와 중국 투자가 이뤄졌고, 저우언라이(周恩來) 총리는 '4대 현대화'라는 큰 계획을 제시할 수 있었다. 이 역사적인 방문으로부터 1979년 미중 국교 정상화까지 상당히 긴 시간적 공백이 있었지만, 이는 타이완(臺灣)의 끈질긴 로비와 베이징 및 워싱턴의 복잡한 국내 역학에서 비롯된 것으로, 당시 일련의 사건들이 중국 외교정책의 새로운 시대를 여는 중요한 계기였음은 의심의 여지가 없을 것이다.

1979년을 분수령으로 이해하는 것은 어쩌면 관방의 수사를 지나치게 액면 그대로 받아들이는 것일 수 있다. 몇몇 중요한 원칙의 변화가 1970년대 말 이뤄졌다 하더라도, 훨씬 더 근본적인 변화는 1982년 베이징이 미국과 소련에 대해 '독립자주외교(獨立自主外交)'를 표방하면서 이뤄졌다. 이 새로운 노선의 골격은 베이징이 두 강대국과의 역학을 고려치 않고 자신의 외교정책 목표를 추구해가겠다는 것이다. 후야오방(胡耀邦) 당시 중공중앙 총서기는 1982년 중공 제12차 당대회에서 "중국은 두 강대국이 말이 아닌 행동으로 중국에 이익을 가져다주면 그 어느 국가와도 협

1 謝益顯編, 『中國當代外交史1949-1995』(北京: 中國靑年出版社, 1997); 汪徐和, 任向群, 『國之尊: 新中國外交紀實』(杭州: 浙江人民出版社, 1999).

2 William Burr, *The Kissinger Transcripts: The Top-Secret Talks with Beijing and Moscow,* (New York: The New Press, 1999).

력할 용의가 있다."고 하였다.**3**

이때부터 중국의 외교정책은 하나의 핵심전략이 다른 핵심전략으로 간단히 부정되거나 대체되는 양상을 보이지 않는다. 그보다는 앞선 시기의 핵심전략 위에 새로운 전략이 심겨지고 꾸준히 배양되는 양상을 보이는 것이다. 그런 점에서 마오 이후의 개혁시기(1982~현재)는 일종의 '누적 전략'이라 할 수 있다. 예컨대, 1980년대 독립과 자주 외교는 1990년대 '선린외교(睦隣外交)'로 대체되었던 것이 아니며, 이는 후에 2000년대 '평화 발전'이라는 것으로 보완되었다. 마찬가지로 최근에 제기된 '조화세계(和諧世界)'와 '중국의 꿈' 역시 마오 이후의 그 어느 중국 외교정책과도 모순된다고 볼 수 없다.**4**

떠나지 않는 역사의 기억과 강대국 지위에 대한 열망

중국의 외교정책에서 가장 강조되는 부분이 독립과 자주라고 한다면, 이는 중국이 아편 전쟁 이후 '국치'의 기억을 떨쳐내지 못하고 있음을 보여주며, 나아가 또 다시 주권을 상실할 수도 있다는 두려움을 반영한다. 중화인민공화국의 수립 이후에도 중국의 지도자들은 그 기억과 인식에서 자유롭지 못했다.**5** 시기적으로 분명히 차이가 있겠지만, 중국의 외교정책이 언제나 반외세(anti-foreign), 반서구(anti-Western), 반패권주의(anti-hegemonic)를 중심으로 형성되었던 것은 이러한 배경 때

---

3 Carol Lee Hamrin, "China Reassesses the Superpowers," *Pacific Affairs*, Vol. 56, No. 2 (Summer 1983), p.212; 賈慶國, 湯煒, 『棘手的合作－中美關系的現狀與前景』(北京: 文化藝術出版社, 1998), pp.22-23; 解超, 『國際政府組織與中國的外交戰略』(貴陽: 國州人民出版社, 2004), pp.147-153.

4 朱听昌, "論中國睦隣政策的理論與實踐," 『國際政治研究』, 2001年 第2期, pp.43-47; 江西元, 夏立平, 『中國和平崛起』(北京: 中國社會科學出版社, 2004); Jing Chen, "Explaining the Change in China's Attitude toward UN Peace-Keeping: A Norm Change Perspective," *Journal of Contemporary China*, No. 58 (January 2009).

5 Michael H. Hunt, "Chinese Foreign Relations in Historical Perspective," Harry Harding, *China's Foreign Relations in the 1980s*, (New Haven: Yale University Press, 1984), p.xvii; Hao Yufan, Huan Guocang, "Introduction: Chinese Foreign Policy in Transition," Hao Yufan & Huan Guocang, *The Chinese View of the World*, (New York: Pantheon Books, 1989), p.3.

문이라고 할 수 있다(그림 1 참조). 이 좋지 않은 기억이 더 지속적으로, 그리고 더 생생하게 소환될수록, 독립과 자주를 강조하는 외교는 더 강력하게 추구되어 왔다.[6]

그림-1 중국 외교정책의 주요 구성요소

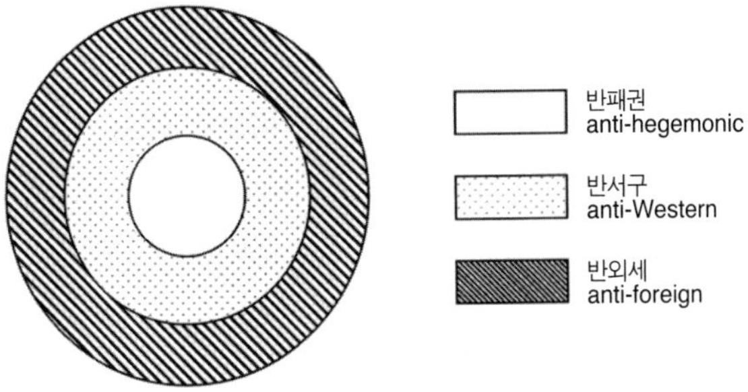

반패권
anti-hegemonic
반서구
anti-Western
반외세
anti-foreign

중국학자들의 국제관계 저작을 살펴보면, 그들은 일반적으로 현실주의적 해석 및 처방을 공유하고 있음이 드러난다.[7] 즉 무정부적 세계질서에서 주권을 수호하려면 힘의 강화가 절대적으로 필요하다는 것이다. '피포위 심리(受堅心態)' 에 가까운 이 주권에 대한 강박 때문에 중국인들은 외부 세계의 간섭과 개입을 받아들이기가 쉽지 않다. 독립과 자주가 끊임없이 추구되는 이유도 여기에서 찾을 수 있는데, 지난 30년간의 경험에서 어떤 유용한 지침을 발견할 수 있다면, 중국은 경제와 외교, 군사, 문화 영역에서 자신의 힘을 키우는 것이 마치 국가의 존엄을 회복할 수 있는 유일한 방식인 것처럼 애써왔다는 사실이다.[8]

중국이 영토주권 문제에 극도로 민감하게 반응하는 것도 이와 무관치 않다. 중

6 宋强, 張藏藏, 『中國可以說不』 (北京: 中華工商聯合出版社, 1996); 劉登閣, 『中國的是非』 (北京: 中國社會出版社, 2003): 王義桅, 『世界圍繞美國轉』 (北京: 北京大學出版社, 2005); 宋曉軍, 『中國不高興』 (蘇州: 江蘇人民出版社, 2009).

7 Gerald Chan, *Chinese Perspectives on International Relations: A Framework for Analysis*, (London: MacMillan, 1999), pp.74-80; 閻學通, 『美國綹權中國安全』 (天津: 天津人民出版社, 2000), 제4장; Daniel Lynch, "Chinese Thinking on the Future of International Relations: Realism as the ti and Rationalism as the yong?" *The China Quarterly*, No. 197, (March 2009).

8 鄭在浩, "中國一直有一種受困心態," 『人民論壇』, 2013年4月, pp.46-48.

국의 대규모 무력분쟁 사례는 그것이 영토분쟁과 관련될 때 그 어떤 경우보다 군사적 개입 강도가 높아졌음을 보여준다.[9] 물론 개혁 시기 동안 영토분쟁에 대한 중국의 입장이 점차 유연해지고 부드러워진 것은 사실이지만, 2010년 이후 남중국해에서 일어나고 있는 상황을 고려해보면, 중국이 이 민감한 이슈를 '남겨두고' 있는 것인지, 아니면 베이징이 또 다른 치밀한 계획을 만들어가고 있는 것인지는 그다지 명확하지 않다.[10]

독립과 자주, 주권, 영토 보전의 집착이 동전의 한 단면이라면, 그 반대쪽 단면은 중세 시기 중국 왕조가 누렸던 강대국의 지위를 다시 회복하는 것이다. 이와 관련된 몇 가지 단서에 주목할 필요가 있다. 중국은 일방주의와 패권주의 폐해를 피할 수 있는 방식으로 오랫동안 '다극화와 국제관계의 민주화'를 주장해왔다. 그러나 이러한 공언에도 불구하고, 덩샤오핑(鄧小平)이 말했던 것처럼, 축의 개수에 상관없이 중국은 언제나 하나의 축이 될 수밖에 없다(四極也好, 五極也好, 所謂多極, 中國算一極, 怎麽樣也算一極).[11] 어떻게 계산하더라도 중국이 그 축에서 빠질 수가 없는 것이다. 중국이 강대국의 지위를 회복하고 싶어 하는 열망이 여기서 드러나고 있는 것이다.

2006년 중국사회과학원의 조사에 따르면, 7,061명의 응답자 중 89%가 중국이 현재 누리고 있는 국제적 지위 상승을 자랑스러워했다.[12] 그런데 관방에서는 이러한 지위 상승을 인정하거나 혹은 과시하는 것에 대단히 조심스러운 태도를 보이고 있다. 가령 베이징은 강대국의 지위를 부정하기 위해서 1인당 평균 소득 지표를 계속해서 사용하고 있으며, 개발도상국으로서의 지위와 함께 중국이 현재 직면하고 있는 많은 국내 문제를 꾸준히 강조하고 있다. 게다가 줄기찬 초청에도 불구하고 중국은 공식적으로 G-8에 가입하는 것에 부정적이었다. 물론 베이징은 새로운 G-

9 Alastair Iain Johnston, "China's Militarized Interstate Dispute Behavior, 1949-1992: A First Cut at the Data," *The China Quarterly*, No. 153, (March 1998), pp.11-12.

10 Taylor Fravel, *Strong Borders Secure Nation: Cooperation and Conflict in China's Territorial Disputes*, (Princeton: Princeton University Press, 2008), pp.133-136.

11 『鄧小平文選·第三卷』(北京: 人民出版社, 1993), pp.354-355; 中共中央黨校課題組, 『二十一世紀中國外交』(北京: 黨建讀物出版社, 2003), pp.29-40; 閻學通, 孫學峰, 『中國崛起及其戰略』(北京: 北京大學出版社, 2005).

12 李培林等, 『中國社會和諧穩定報告』(北京: 社會科學文獻出版社, 2008), p.61.

20 체제가 변화하는 지금의 국제관계를 더 잘 반영해줄 것이라며 환영의 뜻을 드러냈지만, 그렇다고 해서 G-2와 같은 구도를 즐기고 있는 것도 아니다. 시진핑이 '신형대국관계'라는 새로운 개념을 제기한 것도 어쩌면 이러한 맥락의 영향일 수 있다.[13] 이 목표를 획득하는 지름길은 언제나 힘을 기르는 것이었다. 처음에는 그 힘의 초점이 하드파워에 있었지만 지금은 점차 소프트파워로 옮겨가고 있다.[14]

개혁시기 변화에 대한 평가

개혁시기 중국의 대외관계에서 발견되는 주요 변화와 그로 인해 나타난 두드러진 결과는 상호 관련된 몇 가지 특징으로 정리될 수 있다. 우선 실용주의, 즉 이데올로기적 교조주의의 종언과 합리적 국가 이익의 정의가 새로운 방정식에서 가장 중요한 변수로 등장했다. 국가 주권과 영토 보전, 그리고 군사 현대화가 여전히 중요한 것은 사실이지만, 마오 시대와 비교해보면, 경제발전과 상호성, 그리고 지속가능한 성장이 중요한 부분으로 부각되었다.[15] 사상 해방을 통해 외교정책의 형성과 실천이 교조적인 경향에서 좀 더 실천적으로 변화한 것은 사실이지만, 그렇다고 그 역할이 지나치게 과장되어서는 안 된다.[16]

둘째, 실용주의가 강조되면서, 베이징은 외부세계와 경제적 상호작용을 극대화하기 위해 아낌없는 노력을 쏟아부었다. 마오 시대의 경제적 자립 원칙에서 탈피한 이 변화는 중국이 현재 세계에서 가장 큰 무역 대국이라는 사실과 외국인의 중

13 張運成, "中國緣何不參加八國集團首腦會議,"『國際資料信息』, 2000年03期; 成鍵,『區域性國際組織與中國戰略選擇』(貴陽: 貴州人民出版社, 2004), pp.109-118; Jonas Parello-Plesner, "The G-2: No Good for China and for World Governance," *Pacnet*, No. 31A (2009.4.30); Richard C. Bush, "US-China New Pattern of Great-Power Relations," *Pacnet*, No. 40A (2013.6.12).

14 Yong Deng, *China's Struggle for Status: The Realignment of International Relations* (Cambridge: Cambridge University Press, 2008).

15 Susan Shirk, *How China Opened Its Door: The Political Success of the PRC's Foreign Trade and Investment Reforms* (Washington, D. C.: The Brooking Institution Press, 1994); 閻學通,『中國國家利益分析』(天津: 天津人民出版社, 1997), 제4장.

16 『鄧小平外交思想學習綱要』(北京: 世界知識出版社, 2000), pp.8-9; 楊光斌, 李月軍,『中國國內政治經濟與對外關系』(北京: 中國人民大學出版社, 2007), pp.1-13.

국 투자 총액이 2011년까지 1.2조 달러에 달한다는 사실을 통해 확인할 수 있다. 중국의 전체 GDP에서 대외무역이 차지하는 비중은 1978년 9.8%에서 2008년 60% 까지 증가하였다.[17] 개혁 초기의 성공을 통해 중국의 지도부는 개방정책에 대해 확신을 갖게 되었고, 그에 따라 이데올로기적 교조주의가 다시 나타날 가능성은 계속해서 줄어들고 있다.

셋째, 위에서 언급한 두 가지 이유로 인해서 중국의 대외관계의 폭이 넓어지고 있다. 만약 마오 시대 중국의 대외 파트너가 주로 사회주의권과 일부 유럽권 국가로 제한되어 있었다고 한다면, 마오 이후에는 전방위적 개방이 이뤄지면서 새로운 층위의 대외관계가 만들어졌다. 중국이 정상적인 외교 관계를 맺은 국가는 1978년 99개에서 2008년 172개로 늘어났는데, 새롭게 추가된 73개 국가 중에는 미국과 사우디아라비아, 한국, 남아프리카공화국, 싱가포르, 이스라엘과 같은 국가들이 포함되어 있다.[18]

넷째, 실용주의적 외교가 부상한다는 것은 또한 '상호성(互惠)'이 중국 대외 관계의 핵심 이념으로 자리 잡게 되었음을 의미한다. 지난 30년간의 중국과 제3세계 관계가 이 변화를 가장 잘 보여주고 있다. 잘 알려져 있는 것처럼, 마오 시대 중국은 아프리카 국가에 엄청난 양의 해외원조를 제공하였다. 탄자니아와 잠비아 간 철도 건설이 그 지원의 대표적인 예라고 할 수 있다. 그러나 마오 이후의 중국은 제3세계 국가에 대한 원조를 지속적으로 줄여왔다. 중국 정부의 전체 예산에서 제3세계 국가에 대한 원조가 차지하는 비중은 1973년 7.2%에서 1983년 0.5%로 줄었다.[19] 1999년, 중국 대외무역의 57%가 아시아 국가와 이뤄졌는데, 주요 무역 상대국 중 상위 10개 국가에 속하는 제3세계 국가는 단 하나도 없다.

그런데 지금은 그 반대 현상이 나타나고 있다. 중국의 경제적 부상과 함께 제3세계 국가에 제공되는 지원도 눈에 띄게 늘어나고 있다. 빠르게 성장하고 있는 베

....

17 劉賽力, 『中國對外經濟關系』 (北京: 中國經濟出版社, 1999), 『中國統計年鑒 2009』 (北京: 中國統計出版社, 2009).

18 中國人民共和國外交部政策研究室編, 『中國外交(2008年版)』 (北京: 世界知識出版社, 2008), p.368.

19 Zhimin Lin, "China's Third World Policy," Yufan Hao and Guocang Huan, *The Chinese View of the World*, (New York: Pantheon, 1989), p.244.

이징의 경제력에 맞춰 대규모 원조 물자가 아프리카와 라틴아메리카 국가에 제공되고 있다. 이것이 소프트파워를 위한 것인지, 아니면 스마트파워를 위한 것인지는 불확실하지만, 중국이 현재 추구하는 목표가 순수하게 이데올로기 차원에서 이뤄지던 마오 시대의 그것과 다르다는 사실은 명확하다. 중국은 이들 국가의 정치적 지지만큼이나 천연자원과 에너지를 원하고 있으며, 따라서 기본적으로 이익 문제가 그 기저에 자리 잡고 있다. 베이징은 이들 지역에서 일어나고 있는 반정부 활동을 어쩔 수 없이 간혹 인정하고 있지만, 그렇다고 해서 그들을 예전처럼 적극적으로 지원하지는 않고 있다.[20]

다섯째, 지난 30년간의 개혁을 통해 경제적, 군사적 지위가 눈에 띄게 향상되었음에도 불구하고, '공격적 태도가 최고의 전쟁 억지술'이라는 신념에 충실하였던 마오 시대에 비한다면, 현재 중국은 군사분쟁에 개입하거나 혹은 명백한 무력시위를 행사하는 경우가 현격하게 줄었다.[21] 아마도 1979년 베트남과의 전쟁이 마오 이후의 마지막 대규모 전쟁이라고 할 수 있다. 그 외의 다른 사례들은 대부분 일방적인 무력시위(예를 들어, 1995년 대만 해협을 향한 미사일 발사와 2012년 댜오위다오/센카쿠에 대한 비행 감시)이거나 혹은 소규모 실랑이(예를 들어, 2001년의 EP-3사건, 2009년의 임페커블 사건, 그리고 최근 몇 년 사이 남중국해에서 일어난 사건)였다. 2001년 이후 중국 내부의 안보 위협이 커져갔다는 점을 고려하더라도, 중국이 외부 위협을 애써 무시하고 있다는 것은 부인하기 힘든 사실이다. 중국은 자신의 군사전략이 기본적으로 '방어적'임을 강조하면서 군사 현대화에 박차를 가하고 있다.[22] 물론 이에 대해서

．．．．．．．．．．．．．．

20 중국은 이미 110개 국가에 2,000개가 넘는 원조 계획을 실행하고 있으며, 200억 위안에 달하는 개발도상국의 채무를 줄여주거나 탕감해준 바 있다. 李杰, "對新中國60年外交的思考," 『國際問題研究』 2009年 第5期: Joshua Eisenman, Eric Heginbotham and Derek Mitchell, *China and the Developing World: Beijing's Strategy for the Twenty-First Century*, (Armonk: M. E. Sharpe, 2007), Ch. 2, 4; David M. Lampton, *The Three Faces of Chinese Power: Might, Money and Minds*, (Berkeley: University of California Press, 2008); Deborah Brautigam, *The Dragon's Gift: The Real Story of China in Africa*, (Oxford: Oxford University Press, 2010).

21 Allen S. Whiting, *The Chinese Calculus of Deterrence: India and Indochina* (Ann Arbor: University of Michigan Press, 1977), p.202; Alastair Iain Johnston, "China's Militarized Interstate Dispute Behavior, 1949-1992: A First Cut at the Data," *The China Quarterly*, No. 153 (March 1998), p.27.

22 吳學陵, 『國之威——新中國軍隊紀事』(杭州: 浙江人民出版社, 1999), pp.48-58; 陳舟, 『面向未來的國家安全與國防』(北京: 國防大學出版社, 2009), pp.85-97.

는 다른 평가를 내릴 수도 있다. 중국이 수년간의 학습을 통해 점차 국제규범에 적응해가는 것일 수도 있고, 혹은 중국의 부상이 완성될 때까지 중국 위협론을 무마하기 위해 베이징이 취하고 있는 계산된 전술일 수도 있다.

중국의 핵전략은 조금 더 논쟁적이다. 그것의 목표가 최소억제전략으로 남아 있는 것인지, 아니면 제한억제전략인지는 불명확하다.[23] 공식적으로 중국은 여전히 최소억제전략을 고수하고 있다. '핵무기의 선제적 사용 포기(先制不用)', 그리고 '비핵 무기에 대한 비사용, 혹은 비위협'이 강조되고 있으며,[24] 중국의 비축 핵탄두는 1993년 435개에서 2006년 200개 정도로 감소했다. 그러나 최근 몇 년 동안, 단거리 및 중거리 탄도미사일의 수는 대륙 간 및 장거리 탄도 미사일의 수에 비해 상대적으로 늘어나고 있는 추세이다. 게다가 지상 방공만큼이나 다핵탄두 미사일(MIRVs) 및 유인용 탄두 등의 기술 진보 역시 이뤄지고 있는 것도 주의를 요하는 부분이다.[25]

여섯째, 개혁 시기 동안 중국의 국제기구 가입이 빠르게 늘어나고 있다. 양자관계에 대한 중국의 강조가 줄었다고 할 수는 없겠지만, 중국은 국제기구가 단순히 미국의 꼭두각시인 것은 아니라는 인식을 계속해서 강화하고 있으며, 이로 인해 베이징은 적극적으로, 혹은 주도적으로 국제기구에 관여하고 있다. 전체적으로 중국의 국제기구 참가는 기대했던 것보다도 빠르다. 유엔개발계획(UNDP, 1978), 국제통화기금(IMF, 1980), 세계은행(1980), 세계지적재산권기구(WIPO, 1980), 아시아개발은행(ADB, 1986), 유엔환경계획(UNEP, 1992), 경제·사회·문화적 권리에 대한 국제조약(1997), 세계무역기구(WTO, 2001) 등이 그 대표적인 예에 속한다.[26]

• • • • • • • • • • • • •

23 Alastair Iain Johnston, "China's New 'Old Thinking,'" *International Security*, Vol. 20, No. 3, (Winter 1995-1996); Sun Xiangli, "Analysis of China's Nuclear Strategy," *China Security*, No. 1, (Autumn 2005), pp.23-27.

24 『中國的國防』, 2009年 第1期, p.51.

25 Natural Resources Defense Council, "Global Nuclear Stockpiles, 1945-2006," *Bulletin of the Atomic Scientists*, (July/August 2006).

26 Alastair Iain Johnston, "Is China a Status Quo Power?" *International Security*, Vol. 27, No. 4, (Spring 2003), p.14; 儀名海, 『中國與國際組織』 (北京: 新華出版社, 2004), pp.73-133; Ann Kent, *Beyond Compliance: China, International Organizations and Global Security*, (Stanford: Stanford University Press, 2007), p.226.

이러한 중국의 국제기구 가입은 단순히 경제와 무역 방면에 국한된 것이 아니다. 베이징은 전통적으로 군축이나 군비 축소 등의 국제적 관리에서 수동적이거나 유보적 입장을 취해왔는데, 1992년 이후 이러한 상황이 변화하고 있다. 중국은 핵확산금지조약(NPT, 1992), 포괄적 핵실험금지조약(CTBT, 1996), 그리고 화학무기금지협약(CWC, 1997)과 같은 세 가지 중요한 국제 조약에 가입하였고, 나아가 쟁거위원회(1998), 원자력공급국그룹(NSG, 2004), 외기권조약(1983), 남극조약(1983), 해저용무기억제조약(1991) 등에도 가입하고 있다. 마오 시대 중국은 불과 34개 국제 조약에 참가했지만, 1979년부터 1999년까지는 185개로 늘어났다.[27]

일곱째, 다자간 제도와 지역외교에서 중국은 지난 30년간 의미 있는 입장 변화를 보였다. 마오 시대 중국은 사회주의 국가로 구성된 일부 다자간 제도에 참여하였지만, 개혁 이후 중국은 상하이협력기구(SCO)나 중국-아프리카 포럼, 6자 회담 등 새로운 지역 조직 설립에 주도적인 입장을 취하고 있다. 게다가 중국은 다른 국가들이 창설을 주도한 지역 조직과 논의 틀에도 적극적으로 가입하고 있다. 아시아태평양경제협력체(APEC), 동남아국가연합(ASEAN), 아세안지역포럼, 아세안+3, 동아시아정상회의 등이 그 대표적인 예이다.[28] 한 가지 주목 할 사실은 중국이 이처럼 국제기구와 지역외교에 적극적인 이유는 전체적인 발언권 및 의제 설정 권한을 높이려는 의도가 다분히 개재되어 있다는 점이다.[29]

여덟째, 앞에서도 잠깐 언급했지만, 국제기구와 지역외교에서 베이징이 주도적인 입장을 취한다고 해서 전통적으로 강조했던 양자 간의 역학관계가 무시되고 있

27 Bates Gill and Evan Medeiros, "Foreign and Domestic Influences on China's Arms Control and Nonproliferation Policies," *The China Quarterly*, No. 161, (March 2000); Kent, *Beyond Compliance*, p.232; Evan S. Medeiros, *Reluctant Restraint: The Evolution of China's Nonproliferation Policies and Practices*, 1980-2004, (Stanford: Stanford University Press, 2007), pp.78-80; 秦亞青, 『國家身略, 戰略文化與安全利益』, 牛軍, 『中國學者看世界——中國外交卷』(北京: 新世界出版社, 2007), p.69.

28 中國現代國際關系研究所編, 『上海合作組織』(北京: 時事出版社, 2002); Jae Ho Chung, "China and Northeast Asia: A Complex Equation for 'Peaceful Rise'," *Politics*, Vol. 27, No. 3, (2007), pp.156-160; 孫茹, 『朝核問題——地區合作進程研究』(北京: 時事出版社, 2009).

29 Rosemary Foot, *The Practice of Power: US Relations with China since 1949*, (Oxford: Oxford University Press, 1995), pp. 264-265; 倪建民, 陳子舜, 『中國國際戰略』(北京: 人民出版社2003), pp.476-483; 門洪華主編, 『中國軟實力方略』(杭州: 浙江人民出版社, 2007).

는 것은 아니다. 유럽에 비해 동아시아의 지역 정체성은 상대적으로 약하기 때문에, 양자관계는 중국의 대외관계에서 여전히 중요한 지위를 차지하고 있다. 중국 외교부 산하의 정책연구부처가 매년 발간하고 있는 백서를 보면, 베이징과 172개 국가 간의 양자관계에 대한 설명이 가장 큰 부분을 차지하고 있다.[30] 양자관계에 대한 중국의 지속적인 관심은 계속해서 늘어가고 있는 '파트너십'의 유형을 통해서도 확인할 수 있다. 베이징은 이 '파트너십'으로 다른 많은 국가와의 양자관계를 설정하고 있는데, 이 복잡한 양자관계의 차이를 외부 관찰자가 명확하게 해석하기는 쉽지 않겠지만, 그럼에도 동맹을 대체하는 개념으로 중국이 이 개념을 사용한다는 것은 자기만의 독특한 논리가 형성되어 있다는 것을 의미한다.[31]

아홉째, 중국 외교정책의 소프트파워에 대해서도 논의가 필요하다. 특히 세 가지 사실에 주목할 필요가 있는데, 하나는 중국이 최근 들어 긍정적인 '국가 이미지'를 만드는 데 상당한 자원을 쏟아붓고 있다는 사실이다. 이는 주로 중국과 관련된 해외 언론 보도에 주의하면서 부정적 기사에 대해 즉각적인 반박자료를 내는 방식으로 나타나고 있으며, 나아가 국제적인 구호나 재난 구조에 힘쓰는 것으로도 드러나고 있다. 이러한 노력은 시작 단계에 불과하지만, 중국 정부가 이러한 이미지를 만들어가는 데 주도적인 역할을 하고 있다는 것은 의심의 여지가 없다.[32]

또 다른 사실은 중국의 문화적 가치와 미덕을 해외에 전파하는 것과 관련된다. 가장 대표적인 예가 국가가 지원하고 있는 공자학원의 설립이다. 물론 이 노력이 중국의 소프트파워를 얼마나 성공적으로 신장시켰는가에 대해서는 경험 연구를 통해 평가될 필요가 있다. 이와 함께 베이징이 발간하고 있는 백서(白皮書) 역시 주목할 부분이다. 중국 정부는 인권과 여성, 타이완, 티베트, 신장(新疆), 종교적 자유,

••••••••••••••

30 예를 들어, 『中國外交(2008)』의 36.5%(422쪽 중 154쪽)가 중국의 양자관계를 토론하고 있으며, 다자관계에 대한 토론은 전체의 12.3%(52쪽)에 그치고 있다.

31 張建華, 『解決中國再度面臨的緊要問題』(北京: 經濟日報出版社, 2000), p.503.

32 Hongying Wang, "National Image Building and Chinese Foreign Policy," Yong Deng & Fei-ling Wang, *China Rising: Power and Motivation in Chinese Foreign Policy* (Boulder: Lynne Rienner, 2005); 課題組, "提升國家形象, 增强我國軟實力," 『理論動態』, 第1830期(2009.10.20), pp.3-7; Tania Branigan, "China Boosts International Rescue Squad to Match Its Growing World Role," 「Guardian」, 2010.2.26; Michael Barr, *Who's Afraid of China? The Challenge of Chinese Soft Power*, (London: Zed Books, 2011).

우주 개발, 지적재산권, 가족계획 등 민감한 주제에 대한 공식 입장을 이 백서를 통해 설명하고 있다.[33]

마지막 세 번째 사실은 위의 두 경우보다 훨씬 더 많은 함의를 가지고 있어 흥미롭다고 할 수 있다. 일반적으로 세계의 많은 국가들은 중국을 상당한 억압이 있고 폐쇄적인 권위주의 국가라고 생각한다. 그리고 중국은 이 부정적인 이미지를 없애고자 노력하고 있다. 개혁 시기 동안, 중국은 인권과 관련된 다양한 조약에 가입해왔는데, 여기에는 여성차별 철폐 조약(1980년 비준), 난민 지위 협약(1982), 인종차별 철폐 협약(1982), 집단 학살 방지 및 처벌에 관한 조약(1983), 아파르트헤이트 범죄의 진압 및 처벌에 관한 국제 협약(1983), 고문 방지 협약(1988), 남녀 고용평등에 관한 협약(1990), 아동권리협약(1991), 경제·사회 및 문화적 권리에 관한 국제규약(2001) 등이 포함되어 있다.[34]

중국은 인권이 보편적으로 적용해야 하는 미덕이라기보다 각국이 처해있는 구체적인 상황에 따라 달라질 수 있는 것이라 주장한다. 1998년 서명한 시민적·정치적 권리에 관한 국제 규약이 지금까지 비준 처리되지 않고 있는 것은 바로 이러한 배경 때문이다.[35] 중국 국내의 정치적 자유가 최근 몇 년 사이 꾸준히 확대되고 있고 인권 문제에 대한 중국의 관심도 늘어나고 있지만, 아직 국제사회가 기대하는 수준까지는 못 미치고 있는 것이 중국의 현실이다.

열 번째, 중국은 개혁시기 동안 해외에서의 군사력 사용을 극도로 자제해왔지만, 유엔이 지지하고 있는 평화유지활동에 대해서는 베이징의 관점과 정책에 의미 있는 변화가 있어 왔다. 1980년대 그 중요한 변화가 일어났는데, 재정적 지원과 투표 및 참여에 반대하던 입장에서 재정적 지원과 투표, 참여에 찬성하는 입장으로 바뀐 것이다. 그리고 1990년대에 또 다른 중요 변화가 일어났는데, 인력을 제공하

33 Wang, "National Image Building and Chinese Foreign Policy," p.75; Yang Qingchuan, "Booming Confucius Institutes Enhance China's Soft Power," *Xinhua*, 2008. 11, http://www.chinaview.cn.

34 Yong Deng, *China's Struggle for Status: The Realignment of International Relations*, (Cambridge: Cambridge University Press, 2008), p.85.

35 范國祥, "人權, 主權, 霸權," 『國際問題研究』, 2002年 第2期, pp.9-14; 田改偉, "正嚴看待民主是否具有普世价值問題," 『領導參閱』, 2009年 第36期, pp.24-29.

기 시작했으며, 나아가 종족 학살이나 해적과 같은 비전통적 안보 위협에 대한 해외 평화유지활동에도 적극적으로 나섰다.[36]

요약해보면, 마오 이후 개혁 시기의 중국 외교정책은 대외관계에서 이전보다 훨씬 더 개방적이고 실용적이다. 또한 미치는 거리와 범위가 광범해졌고, 기능과 상대도 다양해졌으며, 국제규범을 더 철저히 준수하면서 국제 공동체와의 관계에서도 세련된 태도를 보이고 있다. 물론 변화와 지속 사이를 정확히 측정한다는 것은 매우 어렵다. 나아가 그러한 변화가 중단기적 전술 목표를 위한 것일 수도 있다. 장기적인 역사의 관점에서 다시 논의될 필요가 여전히 남아 있다.

중국의 대국외교와 미래에 대한 몇 가지 함의

많은 긍정적인 신호와 가시적인 개선에도 불구하고, 중국이 미국에 버금가는 강대국으로 부상하는 것에 대해 우려와 걱정, 심지어 두려움으로 바라보는 시각 또한 늘어나고 있다. 다양한 요인에 의해 중국의 부상이 영향을 받고 제한될 수도 있겠지만, 중국이 부상한다는 것, 즉 중국의 능력과 영향력이 커지고 그에 따라 상승효과가 나타나는 것 자체는 지난 30년간의 추세를 고려할 때 더 이상 여부의 문제가 아니라 시간의 문제이다.[37] 마치 동전의 양면처럼, 중국 외교정책의 향방에 대한 희망과 우려의 목소리가 공존하고 있다.

우려가 나타나는 가장 큰 이유는 중국의 부상이 기존 헤게모니와 신흥권력 사이의 세력전이 양상을 보이기 때문이다. 만약 중국의 부상이 필연적으로 미중 간 경쟁과 대치로 이어지는 것이라면, 베이징의 의도 및 바람과 상관없이, 동아시아 뿐 아니라 전 세계 국가는 중국의 부상을 우려해야 하는 이유를 가진다고 할 수 있다.[38] 물론 이에 대해 다른 해석이 존재하는 것도 사실이다. 즉 영국과 미국의 경우

---

36 Chen, "Explaining the Change in China's Attitude toward UN Peace-Keeping."

37 Jae Ho Chung, *Charting China's Future: Political, Social and International Dimensions,* (Lanham: Rowman & Littlefield, 2006); Center for Strategic and International Studies and the Institute for International Economics, *China: The Balance Sheet,* (New York: Public Affairs, 2006).

처럼, 중국의 부상은 평화적인 세력전이일 수 있다. 그럼에도 장기적으로 그 불확실성이 커 보인다는 것은 부인하기 힘들다.[39]

또 다른 이유는 최근 중국이 이웃 국가와의 관계에서 '강경한 태도'를 자주 보인다는 점이다. 2010년 정도까지, 많은 관찰자들은 중국의 외교정책이 대단히 미묘하고 세련되어서 베이징이 '평화로운 부상'에 유리한 외부환경을 조성해갈 수 있을 것으로 생각했으며, 따라서 미국과의 분명한 충돌도 어떻게 해서든 피할 수 있을 것이라 믿었다.[40] 물론 중국이 정말 이전보다 더 강경한 태도를 띠고 있는 것인지, 혹은 누군가의 강경함이란 정확하게 어떻게 평가될 수 있는 것인지는 더 논의될 필요가 있다. 몇몇 관찰자들은 이를 중국 내 관료적 협력의 결핍이라 설명하지만, 또 다른 관찰자들은 중국의 '강경함'을 외부 도발, 혹은 자극에 대한 단순한 반응이라 말하기도 한다.[41]

중국의 부상과 함께, 국제사회에서 경제와 안보 사안을 지배하는 논리도 매우 다른 양상을 보이고 있다. 특히 아시아-태평양 지역의 국가들은 베이징의 의도와 상관없이 중국과의 경제적 협력과 미국과의 안보적 동맹 사이에서 균형을 찾아야 하는 복잡한 딜레마에 빠져 있다.[42] 불확실성이 높기 때문에, 다수의 2차, 혹은 3차 국가들은 그 위험을 회피하는 전략을 취할 수밖에 없다. 이 높은 불확실성은 결국

••••••••••••••

38 John Mearsheimer, *The Tragedy of Great Power Politics*, (New York: W. W. Norton, 2001); 閻學通, 孫學峰,『中國崛起及其戰略』(北京: 北京大學出版社, 2005); Robert D. Kaplan, "The Geography of Chinese Power," *Foreign Affairs*, Vol. 89, No. 3, (May/June 2010), pp.20-41.

39 黃仁偉,『中國崛起的時間和空間』(上海: 上海社會科學院出版社, 2002), pp.1-11; Zhiqun Zhu, *US-China Relations in the 21st Century: Power Transition and Peace*, (London: Routledge, 2006); Robert S. Ross and Zhu Feng, *China's Ascent: Power, Security, and the Future of International Politics*, (Ithaca: Cornell University Press, 2008).

40 Avery Goldstein, *Rising to the Challenge: China's Grand Strategy and International Security*, (Stanford: Stanford University Press, 2005); Yong Deng, "Reputation and the Security Dilemma: China Reacts to the China Threat Theory," Alastair I. Johnston & Robert S. Ross, *New Directions in the Study of China's Foreign Policy*, (Stanford: Stanford University Press, 2006), 제4-5장.

41 예를 들어, 다음의 자료를 참조. Linda Jacobson and Dean Knox, *New Foreign Policy Actors in China*, SIPRI Policy Paper, No.26, (Stockholm: SIPRI, 2010); Thomas Christensen, "More Actors, Less Coordination? New Challenges for the Leader of a Rising China," Gilbert Rozman, *China's Foreign Policy: Who Makes It and How Is It Made?*, (Seoul: Asan Institute for Policy Studies, 2012), pp.19-35; Michael Swaine's contributions to China Leadership Monitor on "China's Assertiveness" in No. 32, (2010), No. 35, (2011) and No. 37, (2012).

중국의 외교정책 목표와 행동에 대해 지역 국가들이 아직 확신하지 못하고 있다는 사실을 반증한다. 간단히 말해서, 중국이 일단 다시 세계의 정점에 오르게 되면, 과거에 보여주었던 지배적 태도와 교조적 모습이 다시 나타날 수 있다. 그에 대한 두려움이 존재하고 있을 뿐 아니라 시간이 흐를수록 강해지고 있다.**43**

이러한 우려는 특히 중국과 국경을 접하고 있는 국가들 사이에서 주로 나타나고 있다. 여기에는 세 가지 이유가 있는데, 우선 무엇보다 거리 때문이라고 할 수 있다. 안보의 딜레마는 서로 국경을 접하고 있는 국가들 사이에서 강하게 나타날 수밖에 없다. 또한 과거 기록을 살펴보면, 영토 이슈에 관한 한 중화인민공화국의 군사 투입은 다른 지역의 국가보다 베트남과 인도 등의 이웃 국가에 대해 훨씬 주도적으로 이뤄졌다. 따라서 중국이 이웃 국가에 대해 '선린우호정책'을 표방하더라도 아시아-태평양 지역 국가들이 가지는 우려는 시간이 흐를수록 커질 수밖에 없는 것이다. 마지막으로, 전통적으로 이 지역에서 중국이 행사했던 지배적 지위의 기억, 특히 최근 들어 더욱 커져가고 있는 중국과 역내 기타 국가들 사이의 역사 문제 논쟁이 중국의 부상에 대한 이 전체적인 우려를 키우고 있다.**44** 이러한 관점에서 보면, 중국의 개방과 전방위적인 외교는 '이웃 국가와 함께 부유해지고(富隣), 이웃 국가와 화목하게 지내는 것(睦隣)'에는 성공적이었던 반면, 안보의 차원에서는 '이웃을 안심시키는 데(安隣)' 그다지 성공적이지 못했다. 이것이 중국에 남겨진 거대한 임무일 것이다. 베이징은 이제 다양한 방식을 통해 중국의 꿈이 결코 이

....

42 G. John Ikenberry, "American Hegemony and East Asian Order," *Australian Journal of International Affairs*, Vol. 58, No. 3, (September 2004); William W. Keller and Thomas G. Rawski, "Asia's Shifting Strategic and Economic Landscape" and Ellen L. Frost, "China's Commercial Diplomacy in Asia: Promise or Threat?," William W. Keller & Thomas G. Rawski, *China's Rise and the Balance of Influence in Asia*, (Pittsburgh, PA: University of Pittsburgh Press, 2007); Jae Ho Chung, "East Asia Responds to the Rise of China: Patterns and Variations," *Pacific Affairs*, Vol. 84, No.4, (Winter 2009/2010).

43 Amitav Acharya, "Will Asia's Past Be Its Future?," *International Security*, Vol. 28, No. 3, (Winter 2003/04); David Kang, "Getting Asia Wrong: The Need for New Analytical Frameworks," *International Security*, Vol. 27, No. 4, (Spring 2003); David Shambaugh, *Power Shift: China and Asia's New Dynamics*, (Berkeley: University of California Press, 2005); Shiping Tang, Mingjiang Li and Amitav Acharya, *Living with China: Regional States and China through Crises and Turning Points*, (Basing Stoke: Palgrave, 2009). Odd Arne Westad, "China's Me-First Foreign Policy," *Los Angeles Times*, 2013.1.20.

웃 국가와 세계 다른 국가에게 위협이 되지 않는다는 것을 확신시켜야 한다. 특히 중국이 단순히 '현상 유지에 힘쓰는 것(維穩)'이 아니라 적극적으로 '경영(經營)'에 나서려 한다면, 이 문제는 생각보다 훨씬 더 심각하다고 할 수 있다.[45]

만약 세력전이가 향후 실제로 일어난다면, 중국은 과연 어떠한 종류의 지도력을 '선택'하게 될 것인가? 몇몇 사람들은 중국이 최고 지위에 오른다면 정점에 있었던 경험이 미국보다 상대적으로 더 많기 때문에 훨씬 더 미묘하고 세련된 제국의 모습을 보일 것이고, 따라서 그 통치도 기존의 그 어떤 제국보다 더 오래갈 것이라고 주장한다. 중국이 더 부유해지고 더 강해질수록, 중국과 이웃 국가 사이의 감각적인 괴리는 더 커져갈 수 있다. 그 때에도 중국은 거만과 허영을 버리고 '온화한 거인'의 모습을 이어갈 수 있을까? 베이징이 오랫동안 고수해왔던 '화이부동(和而不同)'의 원칙을 그때에도 계속 이어갈 수 있을까?[46]

더 구체적인 행위 차원에서, 중국은 "누군가 먼저 범하지 않는다면 내가 먼저 범하지는 않겠다(人不犯我我不犯人, 人若犯我我必犯人)"고 한 원칙을 끝까지 이어갈 수 있을까? 일단 중국이 최고 자리에 앉게 된 뒤에도, '범(犯)'의 조작 정의가 변하지 않고 계속 유지될 수 있을까? 현재 전 세계는 잠시 호흡을 멈추고 지금 웅크리고 앉아 있는 용이 언제, 그리고 어떤 모습으로 부상의 과정을 마치고 밖으로 나올 것인지 예의주시하고 있다.[47] 지난 60년 동안, 베이징은 '시종여일(始終如一)'한 모습을 유지하고자 부단히도 애써왔다. 어쩌면 이것이 전 세계가 중국의 외교정책 향방을 추론해볼 수 있는 가장 좋은 단서일 수 있다.

• • • • • • • • • • • • • •

44 몇몇 논자들은 중국의 부상에 대한 두려움이 동아시아 국가에서는 나타나지 않는다고 제기하지만, 사실 두려움 자체가 없다기보다는 그 두려움이 명확히 드러나는 사건이 없다고 보는 편이 더 옳을 것이다.

45 吳心伯, "大國外交――挑戰與應對",『東方早報』, 2013.3.18.

46 葉自成,『中國大戰略』(北京: 中國社會科學出版社, 2003); 門洪華,『構建中國大戰略的框架』, (北京: 北京大學出版社, 2005); 牛軍, "中國崛起: 夢想與現實," 牛軍,『中國學者看世界――中國外交卷』(北京: 新世界出版社, 2007).

47 중국 학계가 이미 이 문제를 고민하고 있다는 것 자체가 좋은 신호라고 할 수 있다. 다음의 자료를 참조. "未來十年的國際戰略,"『國際關系研究』, 2013年 第1期.

중국전략보고 • 시리즈 02

세계, 중국의길을 묻다
: 전 세계 싱크탱크가 본 중국
全球精英眼中的中国战略走向

1판 1쇄 발행 2015년 1월 15일
1판 2쇄 발행 2015년 5월 29일

편저자	면훙화 · 푸샤오위
옮긴이	성균관대학교 동아시아학술원 성균중국연구소
펴낸이	정규상
펴낸곳	성균관대학교 출판부
출판부장	안대희
편집	신철호 · 현상철 · 구남희
외주디자인	서진기획
마케팅	박인붕 · 박정수
관리	박종상 · 김지현
등록	1975년 5월 21일 제1975-9호
주소	110-745 서울특별시 종로구 성균관로 25-2
전화	02)760-1252~4
팩스	02)762-7452
홈페이지	http://press.skku.edu

ISBN 979-11-5550-096-5 (04340)
     979-11-5550-030-9 (세트)